2023

中国教育经费统计年鉴

China Educational Finance Statistical Yearbook

教　育　部　财　务　司
国家统计局社会科技和文化产业统计司　编

中国统计出版社
China Statistics Press

图书在版编目（CIP）数据

中国教育经费统计年鉴. 2023 / 教育部财务司, 国家统计局社会科技和文化产业统计司编. -- 北京 : 中国统计出版社, 2024.5
ISBN 978-7-5230-0413-5

Ⅰ. ①中… Ⅱ. ①教… ②国… Ⅲ. ①教育经费－统计资料－中国－2023－年鉴 Ⅳ. ①G526.72-54

中国国家版本馆 CIP 数据核字(2024)第 063068 号

中国教育经费统计年鉴 2023

作　　者/教育部财务司　国家统计局社会科技和文化产业统计司
责任编辑/罗　浩
执行编辑/宋怡璇
封面设计/李雪燕
出版发行/中国统计出版社有限公司
通信地址/北京市丰台区西三环南路甲 6 号　邮政编码/100073
发行电话/邮购（010）63376909　书店（010）68783171
网　　址/ http://www.zgtjcbs.com
印　　刷/河北鑫兆源印刷有限公司
经　　销/新华书店
开　　本/880mm×1230mm　1/16
字　　数/1320 千字
印　　张/41
版　　别/2024 年 5 月第 1 版
版　　次/2024 年 5 月第 1 次印刷
定　　价/368.00 元

《中国教育经费统计年鉴2023》
编辑委员会

前　言

《中国教育经费统计年鉴 2023》比较全面、系统地反映了 2022 年全国教育经费来源和使用情况，是编制教育发展规划、制定教育财政政策、开展教育投入研究、提高教育财务管理水平的重要参考。

全国教育经费统计数据是从最基层的学校、单位开始填报，层层汇总形成的。各级教育、财政、统计等部门高度重视、认真组织，各基层单位按照准确、及时、完整的要求编制报表，上海市教育科学研究院、中国教育经济信息研究中心等单位在数据汇总过程中给予了大力支持，保证了全国教育经费统计数据审核汇总工作的顺利完成，在此表示衷心感谢。由于本年鉴涉及范围广、内容多，在数据整理和编撰方面难免存在不足，敬请指正。

编　者

2023 年 12 月

目　录

第一部分　全国教育经费收支

第二部分 各地区按来源分类教育经费收入

第三部分 各地区各级各类教育机构教育经费收入

第五部分　各地区各级各类教育机构财政补助支出明细

第七部分　各地区教育和其他部门各级各类学校生均教育经费

第一部分

全国教育经费收支

1-1　全国教育

年份	合　计 (千元)	国家财政性教育经费	#一般公共预算教育经费	民办学校中举办者投入	捐赠收入	事业收入	#学费	其　他 教育经费
1991	73150282	61782860	48217992		6282097		3234756	1850569
1992	86704905	72875058	56493638		6962852		4393193	2473802
1993	105993744	86776183	67661503	333227	7018561		8714769	3151004
1994	148878126	117473956	93112851	1077952	9744871		14692281	5889066
1995	187795011	141152333	109294729	2036715	16284140		20124225	8197598
1996	226233935	167170455	128808414	2619989	18841895		26103612	11497984
1997	253173257	186254163	144126882	3017464	17065876		32607920	14227834
1998	294905918	203245257	165401831	4803140	14185373	60915149	36974735	11756999
1999	334904164	228717561	191136888	6289571	12586942	74971737	46361079	12338353
2000	384908058	256260557	219176521	8585372	11395569	93827167	59483043	14839393
2001	463766262	305700995	270565484	12808952	11288518	115751371	74560135	18216426
2002	548002776	349140475	325494252	17255487	12727910	146091688	92277917	22787216
2003	620826530	385062366	361909774	25901478	10459269	172183991	112149847	27219426
2004	724259892	446585748	424442091	34785288	9342038	201142680	134655173	32404138
2005	841883905	516107593	494603791	45221850	9316129	233999909	155305446	37238424
2006	981530865	634836475	613534811	54905830	8990776	240730422	155233010	42067362
2007	1214806630	828021421	809433686	8093374	9305839	317723573	213090822	51662423
2008	1450073742	1044962956	1021296753	6984793	10266633	336707107	234929828	51152253
2009	1650270650	1223109354	1197497528	7498291	12549905	352759391	251559826	54353709
2010	1956184707	1467006696	1416390290	10542536	10788394	410606635	301555934	57240446
2011	2386929356	1858670092	1782173800	11193198	11186751	442469266	331697419	63410049
2012	2865530519	2314756979	2031416851	12817531	9569193	461984036	350483008	66402780
2013	3036471815	2448821774	2140567150	14740887	8554445	492620868	373768686	71733841
2014	3280646093	2642058205	2257600985	13134764	7967003	542715808	405303926	74770313
2015	3612919267	2922145113	2586187400	18766195	8699601	580972390	431736109	82335968
2016	3888838503	3139625189	2770063252	20327326	8104474	627682918	477093392	93098597
2017	4256200690	3420775455	2991978381	22500611	8499744	695757339	529328150	108667542
2018	4614299799	3699577044	3199272981	24062098	9475745	773824986	589583432	107359927
2019	5017811662	4004654525	3464856852	22013039	10137523	872350208	668630236	108656368
2020	5303386810	4290815427	3631047281	22925156	11723547	870411767	676143023	107510913
2021	5787366927	4583530889	3746336473	24238215	14266540	1045751597	813065252	119579685
2022	6132913818	4847290938	3925696266	18827649	15431211	1083182147	845162157	168181873

注：1.“其他教育经费”数据1991-1997年包含扣除“学费”后的事业收入；“民办学校中举办者投入”数据1993-2006年为社会团体和公民个人办学总经费；“一般公共预算教育经费”数据1991-2011年包括教育事业费、基本建设经费、教育费附加、科研经费和其他经费，2012年起仅包括教育事业费、基本建设经费和教育费附加，2015年起教育事业费包含地方教育附加和土地出让收益计提的教育资金。

2.表中“#”表示其中的主要项，以下同；表中“空格”表示无该项数据，以下同。

经费总收入

单位：千元

构　成 (%)	国家财政性 教育经费	#一般公共 预算教育经费	民办学校中 举办者投入	捐赠收入	事业收入	#学费	其　他 教育经费
100.00	84.46	65.92		8.59		4.42	2.53
100.00	84.05	65.16		8.03		5.07	2.85
100.00	81.87	63.84	0.31	6.62		8.22	2.97
100.00	78.91	62.54	0.72	6.55		9.87	3.96
100.00	75.16	58.20	1.08	8.67		10.72	4.37
100.00	73.89	56.94	1.16	8.33		11.54	5.08
100.00	73.57	56.93	1.19	6.74		12.88	5.62
100.00	68.92	56.09	1.63	4.81	20.66	12.54	3.99
100.00	68.29	57.07	1.88	3.76	22.39	13.84	3.68
100.00	66.58	56.94	2.23	2.96	24.38	15.45	3.86
100.00	65.92	58.34	2.76	2.43	24.96	16.08	3.93
100.00	63.71	59.40	3.15	2.32	26.66	16.84	4.16
100.00	62.02	58.29	4.17	1.68	27.73	18.06	4.38
100.00	61.66	58.60	4.80	1.29	27.77	18.59	4.47
100.00	61.30	58.75	5.37	1.11	27.79	18.45	4.42
100.00	64.68	62.51	5.59	0.92	24.53	15.82	4.29
100.00	68.16	66.63	0.67	0.77	26.15	17.54	4.25
100.00	72.06	70.43	0.48	0.71	23.22	16.20	3.53
100.00	74.12	72.56	0.45	0.76	21.38	15.24	3.29
100.00	74.99	72.41	0.54	0.55	20.99	15.42	2.93
100.00	77.87	74.66	0.47	0.47	18.54	13.90	2.66
100.00	80.78	70.89	0.45	0.33	16.12	12.23	2.32
100.00	80.65	70.50	0.49	0.28	16.22	12.31	2.36
100.00	80.53	68.82	0.40	0.24	16.54	12.35	2.28
100.00	80.88	71.58	0.52	0.24	16.08	11.95	2.28
100.00	80.73	71.23	0.52	0.21	16.14	12.27	2.39
100.00	80.37	70.30	0.53	0.20	16.35	12.44	2.55
100.00	80.18	69.33	0.52	0.21	16.77	12.78	2.33
100.00	79.81	69.05	0.44	0.20	17.39	13.33	2.17
100.00	80.91	68.47	0.43	0.22	16.41	12.75	2.03
100.00	79.20	64.73	0.42	0.25	18.07	14.05	2.07
100.00	79.04	64.01	0.31	0.25	17.66	13.78	2.74

1-1 续表

指标	总计		
	合计	中央	地方
总计	**6132913818**	**577875034**	**5555038784**
一、国家财政性教育经费	4847290938	424224449	4423066489
1.一般公共预算安排的教育经费	4652229852	388644303	4263585548
(1)一般公共预算教育经费	3925696266	168162795	3757533472
①教育事业费	3707453622	158583600	3548870022
②基本建设经费	92508453	9579195	82929258
③教育费附加	125734192		125734192
(2)其他一般公共预算安排的教育经费	726533585	220481509	506052076
①科研经费	68038708	44789379	23249329
②其他	658494877	175692129	482802748
2.政府性基金预算安排的教育经费	145850745	3717979	142132766
#彩票公益金	5837070	1073411	4763660
3.国有及国有控股企业办学中的企业拨款	2024490	401865	1622624
4.校办产业和社会服务收入用于教育的经费	5484223	3847110	1637113
5.其他属于国家财政性教育经费	41701629	27613192	14088437
二、民办学校中举办者投入	18827649		18827649
三、捐赠收入	15431211	6226112	9205098
#港澳台及海外捐赠	476979	160637	316341
四、事业收入	1083182147	116841438	966340709
#学费	845162157	40734215	804427942
五、其他教育经费	168181873	30583035	137598839

单位：千元

教育部门和其他部门			国有及国有控股企业办学			民办学校
合计	中央	地方	合计	中央	地方	地方
5386592836	**557392153**	**4829200684**	**32898342**	**20482882**	**12415461**	**713422639**
4736649104	406031479	4330617625	23890408	18192971	5697437	86751426
4546102843	371366286	4174736557	20766473	17278017	3488456	85360535
3824832170	153768336	3671063834	17744139	14394459	3349680	83119957
3616617664	146833843	3469783820	14945958	11749757	3196201	75890000
88765116	6934493	81830624	2701855	2644702	57153	1041482
119449390		119449390	96327		96327	6188475
721270673	217597950	503672723	3022334	2883558	138776	2240578
67519402	44711777	22807625	77872	77602	270	441434
653751271	172886173	480865098	2944462	2805956	138506	1799144
144305050	3293721	141011329	711747	424259	287489	833948
5783925	1037753	4746172	35658	35658		17487
			2024490	401865	1622624	
5201081	3816434	1384647	283142	30675	252467	
41040130	27555037	13485092	104556	58154	46401	556943
						18827649
11578791	6223402	5355389	22975	2711	20264	3829445
463303	160637	302666				13675
486485476	115153166	371332310	7602611	1688272	5914339	589094059
295661762	39669436	255992325	5862418	1064778	4797640	543637977
151879466	29984107	121895359	1382348	598928	783420	14920059

1-2　各级各类教育机构

学校类别	总　计	国家财政性教育经费	一般公共预算安排的教育经费	一般公共预算教育经费	教育事业费	基本建设经费	教育费附加	科研经费
总　　计	**6132913818**	**4847290938**	**4652229852**	**3925696266**	**3707453622**	**92508453**	**125734192**	**68038708**
一、高等学校	1638648397	1010465122	920592236	778656345	737483492	34417939	6754914	65889944
1.普通高等学校	1619795301	1001091318	911857581	771223408	730190286	34370582	6662540	65878823
高等本科学校	1280820315	772366819	708678984	583263673	552490311	29088965	1684397	65589656
高职高专学校	338974986	228724498	203178597	187959734	177699975	5281617	4978143	289168
2.成人高等学校	18853096	9373805	8734654	7432938	7293206	47358	92373	11121
二、中等职业学校	324090181	284313289	247394315	218193919	202951857	3599305	11642757	125051
1.中等专业学校	148940932	131963135	116094689	101760536	94091304	1934882	5734349	43450
2.职业高中	118287538	106844919	89900972	80167358	74182206	1060843	4924309	47155
#农村	55226135	50437544	39469284	35776032	33467425	336582	1972025	4514
3.技工学校	47311689	37517591	33577358	29957361	28585171	601822	770368	18304
4.成人中专学校	9550022	7987644	7821295	6308664	6093176	1758	213730	16142
三、中　学	1673817821	1425830825	1400289697	1230092651	1152717321	27761236	49614094	261830
1.普通中学	1673201357	1425251361	1399710928	1229583019	1152214471	27761236	49607312	261830
普通高中	631783851	497132561	482962734	421636492	389940455	13543977	18152060	112015
#农村	245092609	193004829	188275183	165256879	158672992	1825344	4758543	40181
普通初中	1041417506	928118799	916748194	807946528	762274016	14217259	31455252	149815
#农村	540874270	500591946	497073018	438098332	423148578	4154914	10794840	88232
2.成人中学	616464	579465	578769	509631	502849		6782	
四、小　学	1615629813	1479315948	1463086825	1281016668	1218965260	19260396	42791012	213007
1.普通小学	1615628187	1479314322	1463085198	1281015123	1218963715	19260396	42791012	213007
#农村	870593735	824867351	819739232	713620099	693639855	5693087	14287157	115584
2.成人小学	1627	1627	1627	1545	1545			
五、特殊教育	23468590	23182006	22977329	19828178	18866542	351546	610091	5737
1.特殊教育学校	22422219	22190625	21995052	18977403	18078191	350341	548870	5737
2.工读学校	1046371	991381	982277	850776	788350	1205	61221	
六、幼儿园	513825657	298218191	279831983	255694983	241789710	3096083	10809190	252945
#农村	210223677	135877508	127054194	115892133	111520203	1253864	3118067	17758
七、教育行政单位	42698128	41598901	40139737	33306667	32159351	256209	891108	405255
八、教育事业单位	90592260	77118645	73353992	62836362	60792591	439612	1604159	538329
九、其　他	210142972	207248011	204563739	46070493	41727498	3326128	1016868	346610

教育经费收入情况(全国)

单位：千元

其他	政府性基金预算安排的教育经费	#彩票公益金	国有及国有控股企业办学中的企业拨款	校办产业和社会服务收入中用于教育的经费	其他属于国家财政性教育经费	民办学校中举办者投入	捐赠收入	事业收入	#学费	其他教育经费
658494877	**145850745**	**5837070**	**2024490**	**5484223**	**41701629**	**13827649**	**15431211**	**1083182147**	**845162157**	**168181873**
76045946	42867585	835242	962992	4340682	41701629	3123572	10112782	531587106	355501368	83359815
74755350	42636047	834818	958153	3937908	41701629	3123572	10107961	522663094	348707828	82809356
59825655	18404611	382791		3743354	41539870	2225051	9840517	422515056	266120734	73872872
14929695	24231436	452027	958153	194553	161759	898521	267444	100148039	82587093	8936484
1290596	231537	424	4839	402774			4821	8924012	6793541	550459
29075345	36164388	1298688	182589	571997		1502441	128098	32092734	20760696	6053617
14290704	15620033	888044	39612	208800		588907	44952	13895998	8589348	2447940
9686459	16935140	405265	132	8675		835981	39885	8899326	6048967	1667426
3688737	10963595	12528		4665		545909	15792	3424988	2209121	801902
3601693	3460403	1527	137913	341917		33051	27294	7942065	5168466	1791688
1496489	148812	3851	4932	12605		44502	15966	1355346	953916	146563
169935216	25461710	923621	49041	30377		6130633	2288838	207385867	179053553	32181658
169866079	25461014	923621	49041	30377		6130633	2288816	207374053	179050519	32156495
61214227	14116040	217727	23410	30377		4011484	1315493	117562024	98150705	11762289
22978123	4729646	76257				2426549	746872	44942777	36680068	3971582
108651852	11344974	705894	25630			2119148	973323	89812029	80899814	20394206
58886454	3517556	243812	1372			1060602	678538	28608308	25150510	9934875
69137	696						22	11814	3034	25163
181857150	16160210	916520	68913			2108811	1264570	96554419	89199909	36386065
181857068	16160210	916520	68913			2108811	1264570	96554419	89199909	36386065
106003549	5123725	380329	4394			984999	635910	26114109	23100779	17991367
82										
3143414	204677	86785				8121	25831	96377	58373	156256
3011913	195572	84771				5121	25337	57586	32060	143550
131501	9105	2014				3000	494	38791	26312	12706
23884055	17622852	349239	760955	2401		5954071	535473	203190575	200098469	5927347
11144303	8694994	268083	128120	201		1998512	89394	70768854	69648690	1489410
6427814	1459164	117362					74224	119284		905718
9979301	3268814	1280669		495839			996983	10049614		2427019
158146637	2641344	28945		42927			4412	2106170	489789	784380

1-3 各级各类教育机构

学校类别	总 计	国家财政性教育经费	一般公共预算安排的教育经费	一般公共预算教育经费	教育事业费	基本建设经费	教育费附加	科研经费
总 计	**599907547**	**446256962**	**412385851**	**184277453**	**174611912**	**9629972**	**35569**	**47545109**
一、高等学校	417102984	271557793	238962868	165253483	156793113	8438868	21501	47213706
1.普通高等学校	414705628	270967591	238713894	165081537	156621167	8438868	21501	47213687
高等本科学校	410348968	268000998	236492744	163221555	155056864	8143189	21501	47213655
高职高专学校	4356660	2966593	2221149	1859982	1564303	295679		32
2.成人高等学校	2397357	590202	248974	171946	171946			20
二、中等职业学校	1754812	1364969	1266482	1116320	731049	385270		80
1.中等专业学校	1306509	1144321	1061560	923593	538323	385270		80
2.职业高中	18491	18491	18491	17599	17599			
#农村	8066	8066	8066	7174	7174			
3.技工学校	352315	175105	159379	150676	150676			
4.成人中专学校	77498	27052	27052	24452	24452			
三、中 学	8408285	7130304	7127877	6384867	6098532	274915	11420	1095
1.普通中学	8408285	7130304	7127877	6384867	6098532	274915	11420	1095
普通高中	4405942	3399812	3398855	3087643	2891823	188955	6865	548
#农村	577100	502335	502312	465044	451855	13189		196
普通初中	4002344	3730492	3729022	3297224	3206709	85960	4555	547
#农村	1840925	1822755	1821355	1543676	1503424	40252		231
2.成人中学								
四、小 学	5721280	5490578	5487170	4783251	4548572	234679		956
1.普通小学	5721280	5490578	5487170	4783251	4548572	234679		956
#农村	3325812	3291608	3288330	2781755	2718107	63648		434
2.成人小学								
五、特殊教育	9321	9321	8864	6483	6483			
1.特殊教育学校	9321	9321	8864	6483	6483			
2.工读学校								
六、幼儿园	3312889	2509674	2390253	2152370	2079828	69894	2648	32737
#农村	901488	872129	870642	774435	741522	32913		
七、教育行政单位	456590	421144	421013	283711	282287	1424		
八、教育事业单位	8550953	3942415	2894231	2584547	2580816	3730		153488
九、其 他	154590432	153830763	153827093	1712422	1491231	221191		143046

教育经费收入情况(中央)

单位：千元

其 他	政府性基金预算安排的教育经费	#彩 票公益金	国有及国有控股企业办学中的企业拨款	校办产业和社会服务收入中用于教育的经费	其 他属于国家财政性教育经费	民办学校中举办者投入	捐赠收入	事业收入	#学 费	其 他教育经费
180563289	**3719567**	**1077314**	**401865**	**3847110**	**25902569**		**6226112**	**116841438**	**40734215**	**30583035**
26495679	2641292	56650	273834	3777230	25902569		5268213	111872624	39627592	28404355
26418670	2587976	56650	273834	3489318	25902569		5266699	110222339	38121567	28249000
26057535	2121039	40302		3485432	25901782		5264666	108985497	37308980	28097807
361135	466937	16348	273834	3886	787		2033	1236842	812587	151193
77008	53316			287912			1514	1650286	1506025	155355
150082	62343	6933	9625	26519				266091	139050	123752
137886	62343	6933		20419				89963	39820	72224
892										
892										
8703			9625	6101				132148	55723	45062
2600								43980	43507	6466
741914	2427	1915					31670	345943	223444	900369
741914	2427	1915					31670	345943	223444	900369
310663	957	957					25326	344751	223444	636053
37072	23	23					13094	25797	21253	35874
431251	1470	957					6344	1192		264316
277448	1400	887					51	19		18100
702963	3408	1769					1918	100		228685
702963	3408	1769					1918	100		228685
506141	3278	1639					132			34073
2382	457	457								
2382	457	457								
205146	815	765	118406	201			6934	630244	591234	166036
96207	815	765	472	201			20	22061	20984	7278
137302	130	130						177		35268
156196	1008695	1008695		39489			915997	3222931		469609
151971624				3671			1381	503328	152895	254960

1-4 各级各类教育机构

学校类别	总计	国家财政性教育经费	一般公共预算安排的教育经费	一般公共预算教育经费	教育事业费	基本建设经费	教育费附加	科研经费
总计	**5533006272**	**4401033977**	**4239844001**	**3741418814**	**3532841710**	**82878481**	**125698623**	**20493599**
一、高等学校	1221545413	738907330	681629368	613402862	580690379	25979072	6733412	18676238
1.普通高等学校	1205089673	730123727	673143687	606141871	573569118	25931714	6641039	18665137
高等本科学校	870471347	504365822	472186240	420042119	397433447	20945776	1662896	18376001
高职高专学校	334618326	225757906	200957448	186099752	176135671	4985938	4978143	289136
2.成人高等学校	16455740	8783603	8485680	7260992	7121260	47358	92373	11101
二、中等职业学校	322335369	282948320	246127833	217077600	202220808	3214034	11642757	124971
1.中等专业学校	147634423	130818814	115033130	100836942	93552981	1549612	5734349	43370
2.职业高中	118269047	106826428	89882481	80149759	74164607	1060843	4924309	47155
#农村	55218069	50429478	39461218	35768859	33460251	336582	1972025	4514
3.技工学校	46959374	37342486	33417979	29806685	28434495	601822	770368	18304
4.成人中专学校	9472524	7960592	7794243	6284213	6068724	1758	213730	16142
三、中学	1665409535	1418700521	1393161820	1223707783	1146618788	27486321	49602674	260735
1.普通中学	1664793072	1418121057	1392583052	1223198152	1146115939	27486321	49595892	260735
普通高中	627377910	493732749	479563879	418548848	387048632	13355022	18145194	111467
#农村	244515509	192502494	187772871	164791835	158221137	1812155	4758543	39984
普通初中	1037415162	924388307	913019172	804649304	759067307	14131299	31450697	149268
#农村	539033344	498769192	495251663	436554656	421645154	4114662	10794840	88001
2.成人中学	616464	579465	578769	509631	502849		6782	
四、小学	1609908533	1473825371	1457599655	1276233417	1214416689	19025717	42791012	212051
1.普通小学	1609906906	1473823744	1457598029	1276231872	1214415144	19025717	42791012	212051
#农村	867267923	821575743	816450902	710838344	690921748	5629439	14287157	115150
2.成人小学	1627	1627	1627	1545	1545			
五、特殊教育	23459269	23172684	22968465	19821696	18860059	351546	610091	5737
1.特殊教育学校	22412897	22181303	21986188	18970920	18071709	350341	548870	5737
2.工读学校	1046371	991381	982277	850776	788350	1205	61221	
六、幼儿园	510512768	295708516	277441730	253542613	239709882	3026188	10806542	220208
#农村	209322189	135005379	126183552	115117698	110778681	1220951	3118067	17758
七、教育行政单位	42241538	41177757	39718723	33022956	31877064	254784	891108	405255
八、教育事业单位	82041307	73176230	70459760	60251815	58211775	435882	1604159	384841
九、其他	55552540	53417247	50736647	44358071	40236267	3104937	1016868	203563

教育经费收入情况(地方)

单位：千元

其 他	政府性基金预算安排的教育经费	#彩 票 公益金	国有及国有控股企业办学中的企业拨款	校办产业和社会服务收入中用于教育的经费	其 他 属于国家 财 政 性 教育经费	民办学校中举办者投 入	捐赠收入	事业收入	#学 费	其 他 教育经费
477931588	**142131178**	**4759757**	**1622624**	**1637113**	**15799060**	**18827649**	**9205098**	**966340709**	**804427942**	**137598839**
49550267	40226293	778592	689158	563452	15799060	3123572	4844569	419714482	315873776	54955460
48336680	40048071	778169	684319	448590	15799060	3123572	4841263	412440756	310586261	54560356
33768120	16283572	342489		257922	15638088	2225051	4575851	313529559	228811754	45775065
14568560	23764499	435680	684319	190668	160971	898521	265411	98911197	81774506	8785291
1213587	178222	424	4839	114862			3307	7273726	5287515	395104
28925262	36102046	1291755	172964	545478		1502441	128098	31826643	20621647	5929865
14152817	15557690	881111	39612	188382		588907	44952	13806034	8549528	2375715
9685566	16935140	405265	132	8675		835981	39885	8899326	6048967	1667426
3687845	10963595	12528		4665		545909	15792	3424988	2209121	801902
3592990	3460403	1527	128288	335816		33051	27294	7809917	5112743	1746626
1493889	148812	3851	4932	12605		44502	15966	1311367	910409	140098
169193302	25459283	921706	49041	30377		6130633	2257168	207039924	178830109	31281289
169124165	25458587	921706	49041	30377		6130633	2257146	207028110	178827076	31256126
60903564	14115083	216770	23410	30377		4011484	1290167	117217273	97927262	11126236
22941051	4729623	76234				2426549	733778	44916980	36658815	3935708
108220601	11343504	704936	25630			2119148	966979	89810837	80899814	20129890
58609006	3516157	242925	1372			1060602	678487	28608289	25150510	9916775
69137	696						22	11814	3034	25163
181154187	16156802	914751	68913			2108811	1262652	96554319	89199909	36157380
181154105	16156802	914751	68913			2108811	1262652	96554319	89199909	36157380
105497408	5120447	378689	4394			984999	635778	26114109	23100779	17957294
82										
3141032	204220	86327				8121	25831	96377	58373	156256
3009531	195115	84313				5121	25337	57586	32060	143550
131501	9105	2014				3000	494	38791	26312	12706
23678909	17622038	348474	642549	2200		5954071	528539	202560332	199507235	5761310
11048096	8694179	267319	127647			1998512	89374	70746793	69627706	1482132
6290512	1459034	117232					74224	119107		870450
9823105	2260119	271974		456350			80986	6826682		1957409
6175013	2641344	28945		39256			3031	1602842	336894	529420

1-5 各级各类教育机构教育

学校类别	总计	国家财政性教育经费	一般公共预算安排的教育经费	一般公共预算教育经费	教育事业费	基本建设经费	教育费附加	科研经费
总计	**5381349419**	**4731405686**	**4540860120**	**3820448023**	**3612283312**	**88765116**	**119399594**	**67368059**
一、高等学校	1424110257	978287375	890728422	751173307	712728025	31894973	6550309	65386532
1.普通高等学校	1405579247	969011569	882086732	743811791	705506241	31847615	6457935	65375431
高等本科学校	1117066712	752396946	689633662	566096028	537640785	26872987	1582255	65089871
高职高专学校	288512536	216614623	192453069	177715763	167865455	4974628	4875680	285560
2.成人高等学校	18531010	9275806	8641691	7361516	7221784	47358	92373	11101
二、中等职业学校	291984234	274162680	237994635	209155092	194505979	3204034	11445079	90361
1.中等专业学校	135027517	126634495	111233032	97047078	89875706	1549612	5621760	43160
2.职业高中	108544019	104605018	87665718	78043005	72103798	1050843	4888364	12755
#农村	51380767	49572230	38604483	34939291	32639375	336582	1963334	4514
3.技工学校	40062482	35084753	31406283	27884471	26559225	601822	723424	18304
4.成人中专学校	8350216	7838414	7689602	6180538	5967250	1758	211530	16142
三、中学	1468868079	1400483935	1375239623	1206337882	1131330090	27469988	47537805	255522
1.普通中学	1468251615	1399904471	1374660854	1205828251	1130827240	27469988	47531022	255522
普通高中	537883351	489373344	475378993	414650652	383722918	13345022	17582711	109864
#农村	209965212	189725365	185075659	162284847	155867024	1802155	4615669	39611
普通初中	930368264	910531126	899281861	791177599	747104322	14124966	29948311	145658
#农村	503196934	493141712	489638778	431066920	416269401	4109662	10687856	87689
2.成人中学	616464	579465	578769	509631	502849		6782	
四、小学	1490516006	1454839637	1438947012	1257811612	1198935481	19023764	39852367	211505
1.普通小学	1490514379	1454838011	1438945385	1257810067	1198933936	19023764	39852367	211505
#农村	833710434	815441883	810348218	704843792	685143908	5629439	14070445	114774
2.成人小学	1627	1627	1627	1545	1545			
五、特殊教育	23224221	23021254	22819034	19673814	18714910	351546	607357	5737
1.特殊教育学校	22236211	22054082	21858967	18845247	17946238	350341	548667	5737
2.工读学校	988010	967172	960067	828566	768672	1205	58690	
六、幼儿园	340196005	275544543	257971955	234705958	221786206	3025208	9894543	128411
#农村	154990563	128206014	119534332	108553551	104430891	1219971	2902689	9190
七、教育行政单位	42510473	41446693	39987659	33190816	32044924	254784	891108	405255
八、教育事业单位	90429720	76960840	73196187	62705444	60665403	435882	1604159	538171
九、其他	209510423	206658729	203975594	45694098	41572294	3104937	1016868	346563

经费收入情况(教育和其他部门)

单位：千元

其 他	政府性基金预算安排的教育经费	#彩 票公益金	国有及国有控股企业办学中的企业拨款	校办产业和社会服务收入中用于教育的经费	其 他属于国家财政性教育经费	民办学校中举办者投 入	捐赠收入	事业收入	#学 费	其 他教育经费
653044039	**144304355**	**5783823**		**5201081**	**41040130**		**11578791**	**486485476**	**295661762**	**151879466**
74168583	42225596	809910		4293227	41040130		7779340	362231042	204610668	75812501
72899509	41994058	809487		3890649	41040130		7774519	353521320	197945824	75271840
58447763	18138416	373807		3743354	40881513		7572201	288730490	145823016	68367075
14451746	23855642	435680		147295	158616		202318	64790830	52122808	6904765
1269074	231537	424		402578			4821	8709723	6664844	540661
28749182	35828198	1291640		339847			83827	12776473	5207365	4961255
14142794	15284509	881096		116954			32712	6342125	2503437	2018185
9609957	16934474	405165		4826			35810	2487413	851119	1415778
3660678	10963082	12528		4665			14673	1082873	276541	710991
3503508	3460403	1527		218067			12643	3512256	1677168	1452830
1492922	148812	3851					2662	434679	175641	74462
168646218	25213935	918981		30377			1353091	38506783	26132485	28524269
168577081	25213239	918981		30377			1353069	38494969	26129451	28499106
60618477	13963974	216482		30377			871132	37415367	26129451	10223508
22751201	4649706	76056					411986	16168541	11125672	3659320
107958604	11249266	702499					481937	1079603		18275598
58484170	3502933	240803					336262	210951		9508009
69137	696						22	11814	3034	25163
180923894	15892626	906453					944708	628904		34102757
180923812	15892626	906453					944708	628904		34102757
105389652	5093666	378626					497415	226618		17544518
82										
3139483	202220	84327					21015	34061	2248	147892
3007983	195115	84313					20583	24395	2248	137151
131501	7105	14					432	9666		10741
23137586	17572589	345665					321192	60058064	59219207	4272206
10971590	8671683	265900					62763	25559657	25242920	1162128
6391588	1459034	117232					74224	119107		870450
9952573	3268814	1280669		495839			996983	10045932		2425965
157934932	2641344	28945		41791			4412	2085110	489789	762172

1-6 各级各类教育机构教育

学校类别	总计	国家财政性教育经费	一般公共预算安排的教育经费	一般公共预算教育经费	教育事业费	基本建设经费	教育费附加	科研经费
总计	**578926164**	**427565490**	**394654248**	**169464577**	**162443738**	**6985270**	**35569**	**47467507**
一、高等学校	409579772	265659441	233798918	161119141	154112370	6985270	21501	47138459
1.普通高等学校	407325511	265144833	233625472	161003320	153996549	6985270	21501	47138459
高等本科学校	406190339	264421022	233022684	160431542	153468660	6941380	21501	47138427
高职高专学校	1135172	723811	602788	571779	527889	43890		32
2.成人高等学校	2254261	514608	173446	115821	115821			
二、中等职业学校	204937	112515	112515	93606	93606			
1.中等专业学校	159534	110826	110826	91917	91917			
2.职业高中								
#农村								
3.技工学校								
4.成人中专学校	45403	1689	1689	1689	1689			
三、中学	3644904	2504034	2504034	2408784	2397364		11420	
1.普通中学	3644904	2504034	2504034	2408784	2397364		11420	
普通高中	2588250	1668359	1668359	1585313	1578448		6865	
#农村	226806	164526	164526	163717	163717			
普通初中	1056654	835675	835675	823471	818916		4555	
#农村	7672	7672	7672	6667	6667			
2.成人中学								
四、小学	1140081	970897	970897	945356	945356			
1.普通小学	1140081	970897	970897	945356	945356			
#农村	18814	18814	18814	17034	17034			
2.成人小学								
五、特殊教育								
1.特殊教育学校								
2.工读学校								
六、幼儿园	1741237	1023575	1023575	940174	937526		2648	32717
#农村	26133	17080	17080	16117	16117			
七、教育行政单位	268935	268935	268935	167859	167859			
八、教育事业单位	8388414	3784611	2736427	2453628	2453628			153330
九、其他	153957883	153241482	153238947	1336027	1336027			143000

经费收入情况(中央教育和其他部门)

单位：千元

其　他	政府性基金预算安排的教育经费	#彩　票公益金	国有及国有控股企业办学中的企业拨款	校办产业和社会服务收入中用于教育的经费	其　他属于国家财政性教育经费	民办学校中举办者投　入	捐赠收入	事业收入	#学　费	其　他教育经费
177722165	**3295196**	**1041553**		**3816434**	**25799612**		**6223402**	**115153166**	**39669436**	**29984107**
25541318	2286501	32858		3774411	25799612		5267995	110509161	38752591	28143175
25483692	2233185	32858		3486565	25799612		5266481	108925280	37290842	27988917
25452715	2113595	32858		3485432	25799310		5264531	108540659	36999589	27964127
30978	119589			1132	301		1950	384621	291254	24790
57625	53316			287846			1514	1583881	1461749	154258
18909								87142	58416	5280
18909								43428	15175	5280
								43714	43241	
95249							29448	294532	181995	816891
95249							29448	294532	181995	816891
83046							23232	293359	181995	603301
809							13094	13857	10894	35330
12203							6216	1173		213591
1005										
25541							1717	100		167367
25541							1717	100		167367
1780										
50684							6864	560713	523539	150085
963								5512	5182	3541
101076										
129468	1008695	1008695		39489			915997	3219250		468556
151759920				2535			1381	482268	152895	232752

1-7 各级各类教育机构教育

学校类别	总 计	国家财政性教育经费	一般公共预算安排的教育经费	一般公共预算教育经费	教育事业费	基本建设经费	教育费附加	科研经费
总 计	**4802423255**	**4303840196**	**4146205872**	**3650983446**	**3449839574**	**81779846**	**119364025**	**19900552**
一、高等学校	1014530485	712627934	656929504	590054166	558615655	24909703	6528807	18248073
1.普通高等学校	998253736	703866736	648461260	582808471	551509692	24862345	6436434	18236972
高等本科学校	710876373	487975924	456610979	405664486	384172125	19931607	1560754	17951444
高职高专学校	287377363	215890812	191850281	177143985	167337567	4930738	4875680	285528
2.成人高等学校	16276749	8761198	8468244	7245695	7105964	47358	92373	11101
二、中等职业学校	291779297	274050165	237882120	209061486	194412372	3204034	11445079	90361
1.中等专业学校	134867982	126523669	111122206	96955161	89783789	1549612	5621760	43160
2.职业高中	108544019	104605018	87665718	78043005	72103798	1050843	4888364	12755
#农村	51380767	49572230	38604483	34939291	32639375	336582	1963334	4514
3.技工学校	40062482	35084753	31406283	27884471	26559225	601822	723424	18304
4.成人中专学校	8304813	7836725	7687913	6178849	5965561	1758	211530	16142
三、中 学	1465223174	1397979902	1372735589	1203929098	1128932725	27469988	47526385	255522
1.普通中学	1464606711	1397400437	1372156820	1203419466	1128429876	27469988	47519602	255522
普通高中	535295101	487704985	473710634	413065339	382144470	13345022	17575846	109864
#农村	209738405	189560839	184911134	162121131	155703307	1802155	4615669	39611
普通初中	929311610	909695452	898446186	790354128	746285406	14124966	29943756	145658
#农村	503189262	493134040	489631106	431060253	416262735	4109662	10687856	87689
2.成人中学	616464	579465	578769	509631	502849		6782	
四、小 学	1489375924	1453868740	1437976114	1256866256	1197990125	19023764	39852367	211505
1.普通小学	1489374298	1453867113	1437974488	1256864711	1197988580	19023764	39852367	211505
#农村	833691620	815423069	810329403	704826758	685126873	5629439	14070445	114774
2.成人小学	1627	1627	1627	1545	1545			
五、特殊教育	23224221	23021254	22819034	19673814	18714910	351546	607357	5737
1.特殊教育学校	22236211	22054082	21858967	18845247	17946238	350341	548667	5737
2.工读学校	988010	967172	960067	828566	768672	1205	58690	
六、幼儿园	338454767	274520968	256948380	233765784	220848680	3025208	9891896	95694
#农村	154964430	128188935	119517252	108537434	104414774	1219971	2902689	9190
七、教育行政单位	42241538	41177757	39718723	33022956	31877064	254784	891108	405255
八、教育事业单位	82041307	73176230	70459760	60251815	58211775	435882	1604159	384841
九、其 他	55552540	53417247	50736647	44358071	40236267	3104937	1016868	203563

经费收入情况(地方教育和其他部门)

单位：千元

其　他	政府性基金预算安排的教育经费	#彩　票公益金	国有及国有控股企业办学中的企业拨款	校办产业和社会服务收入中用于教育的经费	其　他属于国家财政性教育经费	民办学校中举办者投　入	捐赠收入	事业收入	#学　费	其　他教育经费
475321874	**141009160**	**4742269**		**1384647**	**15240518**		**5355389**	**371332310**	**255992325**	**121895359**
48627265	39939095	777052		518816	15240518		2511345	251721881	165858077	47669326
47415817	39760873	776629		404085	15240518		2508038	244596039	160654982	47282923
32995049	16024821	340949		257922	15082203		2307670	180189831	108823428	40402947
14420768	23736053	435680		146163	158315		200368	64406208	51831554	6879976
1211448	178222	424		114732			3307	7125842	5203095	386403
28730273	35828198	1291640		339847			83827	12689331	5148949	4955975
14123885	15284509	881096		116954			32712	6298697	2488263	2012905
9609957	16934474	405165		4826			35810	2487413	851119	1415778
3660678	10963082	12528		4665			14673	1082873	276541	710991
3503508	3460403	1527		218067			12643	3512256	1677168	1452830
1492922	148812	3851					2662	390965	132400	74462
168550969	25213935	918981		30377			1323643	38212252	25950489	27707378
168481832	25213239	918981		30377			1323621	38200438	25947456	27682215
60535431	13963974	216482		30377			847900	37122008	25947456	9620207
22750392	4649706	76056					398892	16154684	11114778	3623990
107946401	11249266	702499					475721	1078430		18062007
58483165	3502933	240803					336262	210951		9508009
69137	696						22	11814	3034	25163
180898353	15892626	906453					942991	628804		33935390
180898271	15892626	906453					942991	628804		33935390
105387872	5093666	378626					497415	226618		17544518
82										
3139483	202220	84327					21015	34061	2248	147892
3007983	195115	84313					20583	24395	2248	137151
131501	7105	14					432	9666		10741
23086902	17572589	345665					314328	59497350	58695668	4122121
10970628	8671683	265900					62763	25554145	25237737	1158587
6290512	1459034	117232					74224	119107		870450
9823105	2260119	271974		456350			80986	6826682		1957409
6175013	2641344	28945		39256			3031	1602842	336894	529420

1-8 各级各类教育机构教育

学校类别	总计	国家财政性教育经费	一般公共预算安排的教育经费	一般公共预算教育经费	教育事业费	基本建设经费	教育费附加	科研经费
总计	**33605826**	**24597892**	**21473845**	**18367409**	**15568445**	**2701855**	**97109**	**108592**
一、高等学校	12075073	7905469	6407229	5344485	3835688	1508798		75517
1.普通高等学校	11766705	7813403	6320198	5278996	3770198	1508798		75497
高等本科学校	4214034	3583851	3473936	2793888	1592079	1201809		75227
高职高专学校	7552670	4229551	2846261	2485108	2178119	306989		270
2.成人高等学校	308368	92066	87031	65489	65489			20
二、中等职业学校	3732849	2521941	1786187	1583829	1157588	385270	40971	80
1.中等专业学校	2012631	1644537	1192063	1062568	664827	385270	12471	80
2.职业高中	84489	27633	23652	22579	22579			
#农村	8066	8066	8066	7174	7174			
3.技工学校	1559120	806806	545043	475854	447354		28500	
4.成人中专学校	76608	42965	25429	22828	22828			
三、中学	5272313	4801778	4750310	4102551	3820617	274915	7019	1095
1.普通中学	5272313	4801778	4750310	4102551	3820617	274915	7019	1095
普通高中	2001710	1759149	1734782	1506616	1317546	188955	115	548
#农村	451583	337846	337823	301364	288175	13189		196
普通初中	3270603	3042629	3015529	2595934	2503071	85960	6904	547
#农村	1917570	1827271	1824499	1547826	1507574	40252		231
2.成人中学								
四、小学	5201837	5024801	4952480	4267508	4030556	236632	321	956
1.普通小学	5201837	5024801	4952480	4267508	4030556	236632	321	956
#农村	3335469	3292877	3285205	2780227	2716574	63648	4	434
2.成人小学								
五、特殊教育	14453	14316	13859	11477	11477			
1.特殊教育学校	9321	9321	8864	6483	6483			
2.工读学校	5131	4995	4995	4995	4995			
六、幼儿园	6326559	3430292	2665752	2434394	2315701	69894	48799	30740
#农村	1695214	1222730	1093277	985481	910314	32913	42255	5016
七、教育行政单位	187654	152208	152078	115852	114427	1424		
八、教育事业单位	162539	157805	157805	130919	127188	3730		158
九、其他	632549	589281	588145	376395	155204	221191		46

经费收入情况(国有及国有控股企业办)

单位：千元

其　他	政府性基金预算安排的教育经费	#彩　票公益金	国有及国有控股企业办学中的企业拨款	校办产业和社会服务收入中用于教育的经费	其　他属于国家财政性教育经费	民办学校中举办者投　入	捐赠收入	事业收入	#学　费	其　他教育经费
2997843	**711860**	**35760**	**2024490**	**283142**	**104556**		**22975**	**7602611**	**5862418**	**1382348**
987226	383238	23791	962992	47455	104556		1378	3473367	2240980	694859
965704	383238	23791	958153	47259	104556		1378	3266850	2119988	685074
604821	7444	7444			102471		135	477884	332087	152164
360884	375794	16348	958153	47259	2085		1243	2788966	1787901	532910
21522			4839	196				206517	120992	9785
202278	321015	6933	182589	232151			11142	907778	500330	291987
129414	321015	6933	39612	91847				209196	75270	158898
1074			132	3849			76	56486	40326	294
892										
69189			137913	123850			11066	634051	379543	107197
2600			4932	12605				8045	5191	25598
646665	2427	1915	49041				5275	349217	320176	116043
646665	2427	1915	49041				5275	349217	320176	116043
227617	957	957	23410				2339	205615	187716	34607
36263	23	23					245	111905	103050	1587
419047	1470	957	25630				2936	143602	132461	81436
276442	1400	887	1372				51	72081	65039	18167
684016	3408	1769	68913				201	60993	55103	115842
684016	3408	1769	68913				201	60993	55103	115842
504544	3278	1639	4394				132	7472	7239	34989
2382	457	457						137		
2382	457	457								
								137		
200618	1184	765	760955	2401			4979	2786200	2745829	105088
102779	1133	765	128120	201			151	459208	456242	13125
36226	130	130						177		35268
26728								3681		1053
211705				1136				21060		22208

1-9 各级各类教育机构教育

学校类别	总计	国家财政性教育经费	一般公共预算安排的教育经费	一般公共预算教育经费	教育事业费	基本建设经费	教育费附加	科研经费
总　计	**20981383**	**18691472**	**17731602**	**14812876**	**12168174**	**2644702**		**77602**
一、高等学校	7523212	5898352	5163950	4134341	2680744	1453598		75247
1.普通高等学校	7380117	5822758	5088422	4078216	2624619	1453598		75227
高等本科学校	4158629	3579976	3470061	2790013	1588204	1201809		75227
高职高专学校	3221488	2242782	1618361	1288203	1036415	251789		
2.成人高等学校	143096	75594	75528	56125	56125			20
二、中等职业学校	1549875	1252454	1153967	1022713	637443	385270		80
1.中等专业学校	1146974	1033495	950734	831676	446406	385270		80
2.职业高中	18491	18491	18491	17599	17599			
#农村	8066	8066	8066	7174	7174			
3.技工学校	352315	175105	159379	150676	150676			
4.成人中专学校	32095	25363	25363	22763	22763			
三、中　学	4763381	4626270	4623843	3976083	3701168	274915		1095
1.普通中学	4763381	4626270	4623843	3976083	3701168	274915		1095
普通高中	1817691	1731453	1730496	1502330	1313375	188955		548
#农村	350294	337809	337786	301327	288138	13189		196
普通初中	2945690	2894817	2893347	2473753	2387793	85960		547
#农村	1833254	1815083	1813683	1537009	1496758	40252		231
2.成人中学								
四、小　学	4581199	4519680	4516272	3837895	3603216	234679		956
1.普通小学	4581199	4519680	4516272	3837895	3603216	234679		956
#农村	3306998	3272793	3269515	2764721	2701072	63648		434
2.成人小学								
五、特殊教育	9321	9321	8864	6483	6483			
1.特殊教育学校	9321	9321	8864	6483	6483			
2.工读学校								
六、幼儿园	1571651	1486100	1366678	1212196	1142302	69894		20
#农村	875355	855049	853562	758318	725405	32913		
七、教育行政单位	187654	152208	152078	115852	114427	1424		
八、教育事业单位	162539	157805	157805	130919	127188	3730		158
九、其　他	632549	589281	588145	376395	155204	221191		46

经费收入情况(中央国有及国有控股企业办)

单位：千元

其 他	政府性基金预算安排的教育经费	#彩票公益金	国有及国有控股企业办学中的企业拨款	校办产业和社会服务收入中用于教育的经费	其他属于国家财政性教育经费	民办学校中举办者投入	捐赠收入	事业收入	#学费	其他教育经费
2841124	**424371**	**35760**	**401865**	**30675**	**102957**		**2711**	**1688272**	**1064778**	**598928**
954361	354791	23791	273834	2819	102957		218	1363463	875002	261180
934978	354791	23791	273834	2753	102957		218	1297058	830725	260083
604821	7444	7444			102471		135	444838	309392	133680
330158	347348	16348	273834	2753	486		83	852220	521333	126403
19383				66				66405	44277	1097
131174	62343	6933	9625	26519				178949	80634	118472
118978	62343	6933		20419				46535	24645	66944
892										
892										
8703			9625	6101				132148	55723	45062
2600								266	266	6466
646665	2427	1915					2222	51411	41448	83478
646665	2427	1915					2222	51411	41448	83478
227617	957	957					2094	51392	41448	32753
36263	23	23						11940	10359	544
419047	1470	957					128	19		50725
276442	1400	887					51	19		18100
677422	3408	1769					201			61318
677422	3408	1769					201			61318
504361	3278	1639					132			34073
2382	457	457								
2382	457	457								
154462	815	765	118406	201			70	69530	67695	15951
95244	815	765	472	201			20	16549	15801	3736
36226	130	130						177		35268
26728								3681		1053
211705				1136				21060		22208

1-10　各级各类教育机构教育

学校类别	总　计	国家财政性教育经费	一般公共预算安排的教育经费	一般公共预算教育经费	教育事业费	基本建设经费	教育费附加	科研经费
总　　计	**12624444**	**5906421**	**3742242**	**3554533**	**3400271**	**57153**	**97109**	**30990**
一、高等学校	4551860	2007117	1243279	1210144	1154944	55200		270
1.普通高等学校	4386588	1990645	1231776	1200780	1145580	55200		270
高等本科学校	55405	3875	3875	3875	3875			
高职高专学校	4331182	1986770	1227901	1196904	1141704	55200		270
2.成人高等学校	165272	16472	11503	9364	9364			
二、中等职业学校	2182975	1269488	632220	561115	520145		40971	
1.中等专业学校	865657	611042	241329	230892	218422		12471	
2.职业高中	65998	9142	5161	4980	4980			
#农村								
3.技工学校	1206805	631701	385664	325177	296677		28500	
4.成人中专学校	44514	17602	66	66	66			
三、中　学	508932	175508	126468	126468	119449		7019	
1.普通中学	508932	175508	126468	126468	119449		7019	
普通高中	184019	27696	4286	4286	4171		115	
#农村	101289	36	36	36	36			
普通初中	324914	147812	122181	122181	115278		6904	
#农村	84316	12188	10816	10816	10816			
2.成人中学								
四、小　学	620638	505121	436208	429614	427340	1953	321	
1.普通小学	620638	505121	436208	429614	427340	1953	321	
#农村	28471	20083	15690	15506	15502		4	
2.成人小学								
五、特殊教育	5131	4995	4995	4995	4995			
1.特殊教育学校								
2.工读学校	5131	4995	4995	4995	4995			
六、幼儿园	4754908	1944192	1299073	1222198	1173399		48799	30720
#农村	819859	367680	239715	227164	184909		42255	5016
七、教育行政单位								
八、教育事业单位								
九、其　他								

经费收入情况(地方国有及国有控股企业办)

单位：千元

其 他	政府性基金预算安排的教育经费	#彩票公益金	国有及国有控股企业办学中的企业拨款	校办产业和社会服务收入中用于教育的经费	其他属于国家财政性教育经费	民办学校中举办者投入	捐赠收入	事业收入	#学费	其他教育经费
156719	**287489**		**1622624**	**252467**	**1599**		**20264**	**5914339**	**4797640**	**783420**
32865	28447		689158	44635	1599		1160	2109904	1365978	433679
30726	28447		684319	44505	1599		1160	1969791	1289263	424991
								33046	22695	18484
30726	28447		684319	44505	1599		1160	1936746	1266568	406507
2139			4839	130				140113	76715	8688
71105	258673		172964	205631			11142	728829	419696	173515
10437	258673		39612	71428				162661	50625	91954
181			132	3849			76	56486	40326	294
60486			128288	117749			11066	501903	323820	62135
			4932	12605				7779	4926	19133
			49041				3053	297806	278728	32566
			49041				3053	297806	278728	32566
			23410				245	154223	146268	1855
							245	99965	92690	1043
			25630				2808	143583	132461	30711
			1372					72062	65039	67
6594			68913					60993	55103	54524
6594			68913					60993	55103	54524
183			4394					7472	7239	916
								137		
								137		
46155	369		642549	2200			4909	2716670	2678134	89137
7535	318		127647				131	442659	440440	9388

1-11 各级各类教育机构

学校类别	总计	国家财政性教育经费	一般公共预算安排的教育经费	一般公共预算教育经费	教育事业费	基本建设经费	教育费附加	科研经费
总计	**717958573**	**91287360**	**89895887**	**86880835**	**79601865**	**1041482**	**6237488**	**562057**
一、高等学校	202463067	24272279	23456585	22138553	20919779	1014169	204605	427895
1.普通高等学校	202449349	24266346	23450652	22132620	20913846	1014169	204605	427895
高等本科学校	159539569	16386022	15571385	14373757	13257446	1014169	102142	424557
高职高专学校	42909780	7880324	7879267	7758863	7656400		102463	3338
2.成人高等学校	13718	5933	5933	5933	5933			
二、中等职业学校	28373097	7628668	7613493	7454999	7288291	10000	156708	34609
1.中等专业学校	11900784	3684103	3669594	3650889	3550770		100118	210
2.职业高中	9659029	2212268	2211601	2101775	2055829	10000	35945	34399
#农村	3837303	857248	856735	829568	820877		8692	
3.技工学校	5690087	1626032	1626032	1597037	1578593		18444	
4.成人中专学校	1123197	106265	106265	105298	103098		2200	
三、中　学	199677429	20545112	20299764	19652218	17566614	16333	2069271	5213
1.普通中学	199677429	20545112	20299764	19652218	17566614	16333	2069271	5213
普通高中	91898790	6000068	5848959	5479223	4899990	10000	569233	1603
#农村	34675814	2941618	2861701	2670668	2517794	10000	142875	373
普通初中	107778639	14545044	14450805	14172995	12666624	6333	1500038	3610
#农村	35759767	5622964	5609741	5483586	5371603	5000	106983	312
2.成人中学								
四、小　学	119911971	19451510	19187333	18937547	15999223		2938324	546
1.普通小学	119911971	19451510	19187333	18937547	15999223		2938324	546
#农村	33547832	6132591	6105809	5996080	5779372		216707	377
2.成人小学								
五、特殊教育	229916	146436	144436	142887	140154		2733	
1.特殊教育学校	176686	127221	127221	125673	125470		203	
2.工读学校	53230	19215	17215	17215	14684		2531	
六、幼儿园	167303093	19243356	19194276	18554631	17687803	980	865848	93794
#农村	53537900	6448764	6426586	6353101	6178998	980	173123	3552
七、教育行政单位								
八、教育事业单位								
九、其　他								

教育经费收入情况(民办)

单位：千元

其　他	政府性基金预算安排的教育经费	#彩　票公益金	国有及国有控股企业办学中的企业拨款	校办产业和社会服务收入中用于教育的经费	其　他属于国家财政性教育经费	民办学校中举办者投　入	捐赠收入	事业收入	#学　费	其　他教育经费
2452995	**834530**	**17487**			**556943**	**13827649**	**3829445**	**589094059**	**543637977**	**14920059**
890137	258751	1540			556943	3123572	2332064	165882696	148649721	6852455
890137	258751	1540			556943	3123572	2332064	165874925	148642016	6852442
773071	258751	1540			555886	2225051	2268181	133306682	119965631	5353634
117066					1058	898521	63883	32568243	28676384	1498808
								7772	7705	14
123885	15175	115				502441	33130	18408483	15053001	800375
18495	14509	15				588907	12241	7344677	6010640	270857
75427	666	100				835981	3999	6355427	5157523	251354
27166	514					545909	1119	2342115	1932581	90911
28995						33051	3586	3795757	3111755	231661
967						44502	13304	912623	773083	46504
642333	245348	2725				6130633	930472	168529867	152600892	3541346
642333	245348	2725				6130633	930472	168529867	152600892	3541346
368133	151109	288				4011484	442022	79941043	71833538	1504174
190659	79917	178				2426549	334640	28662331	25451346	310675
274200	94239	2437				2119148	488450	88588824	80767353	2037172
125842	13223	2122				1060602	342224	28325277	25085472	408699
249240	264176	8298				2108811	319662	95864522	89144806	2167466
249240	264176	8298				2108811	319662	95864522	89144806	2167466
109353	26781	63				984999	138362	25880019	23093541	411861
1549	2000	2000				8121	4816	62179	56125	8364
1549						5121	4754	33191	29812	6399
	2000	2000				3000	62	28988	26312	1965
545851	49080	2810				5954071	209302	140346311	138133432	1550053
69933	22178	1419				1998512	26480	44749988	43949529	314157

1-12 各级各类教育机构教育

学校类别	合 计				
		个人部分			
			工资福利支出	对个人和家庭的补助支出	
					#助学金
总 计	**5997463338**	**3815444033**	**3374507638**	**440936395**	**232351941**
一、高等学校	1625174948	814871891	645105967	169765924	120445306
1.普通高等学校	1608201847	805711820	636953939	168757881	120245567
高等本科学校	1270656337	638306709	505050064	133256646	93843112
高职高专学校	337545510	167405111	131903875	35501235	26402455
2.成人高等学校	16973101	9160071	8152028	1008043	199739
二、中等职业学校	327453259	174336127	152114610	22221517	11749155
1.中等专业学校	151041714	80531942	68937957	11593985	6177195
2.职业高中	118968798	62447183	55287349	7159834	3954987
#农村	55092499	26725924	23493766	3232158	2172649
3.技工学校	47654022	24541033	21701404	2839629	1533638
4.成人中专学校	9788725	6815968	6187900	628069	83336
三、中 学	1679398626	1179954791	1079258885	100695906	46296311
1.普通中学	1678774664	1179478731	1078805919	100672812	46296311
普通高中	631807107	425722232	394702049	31020184	13653542
#农村	244792685	169854996	156668778	13186218	7657915
普通初中	1046967557	753756499	684103871	69652628	32642770
#农村	543389623	410524370	368377688	42146682	22578224
2.成人中学	623963	476059	452965	23094	
四、小 学	1625136607	1204009744	1083150916	120858828	46912670
1.普通小学	1625134981	1204008379	1083149551	120858828	46912670
#农村	876306041	685429800	607681773	77748028	32624749
2.成人小学	1627	1365	1365		
五、特殊教育	23528729	16298940	15086992	1211948	426020
1.特殊教育学校	22481815	15621723	14454584	1167139	420429
2.工读学校	1046914	677216	632408	44809	5591
六、幼儿园	524809175	329764902	316375897	13389005	6478816
#农村	212757252	137001086	130284883	6716203	4211874
七、教育行政单位	43343647	24779270	20378698	4400571	
八、教育事业单位	88705038	49278593	44063598	5214995	
九、其 他	59913309	22149777	18972076	3177701	43662

经费支出明细(全国)

单位：千元

公用部分	商品和服务支出	其他资本性支出			基本建设支出
			专项公用支出	专项项目支出	
2081693166	**1170840109**	**910853057**	**331473784**	**579379274**	**100326139**
774357434	440963179	333394255	160199731	173194525	35945623
766579772	434524668	332055104	159366493	172688611	35910255
602066614	363783232	238283382	123381468	114901914	30283013
164513158	70741436	93771722	35985025	57786697	5627242
7777662	6438511	1339151	833237	505914	35368
148812926	63093596	85719330	25884617	59834713	4304207
68277797	29809342	38468456	11355812	27112643	2231975
55328114	20059262	35268851	9419884	25848967	1193501
27943214	8313599	19629615	3879792	15749823	423362
22283306	11220516	11062790	4840048	6222742	829683
2923709	2004476	919233	268872	650361	49048
468776540	247681201	221095339	64373443	156721897	30667296
468628636	247543999	221084637	64365161	156719476	30667296
191305737	102408907	88896830	27657344	61239485	14779137
72944046	37818847	35125199	9817377	25307822	1993643
277322899	145135092	132187808	36707817	95479991	15888158
128193802	63791940	64401862	16288627	48113235	4671451
147903	137202	10702	8281	2420	
400199379	225092220	175107159	50501070	124606089	20927484
400199118	225091958	175107159	50501070	124606089	20927484
184625247	100220171	84405077	21345466	63059611	6250993
262	262				
6828335	3897708	2930627	931241	1999386	401454
6459543	3656981	2802561	886410	1916152	400549
368793	240727	128066	44831	83235	905
191702110	126571033	65131077	20507946	44623131	3342163
74461385	44544132	29917254	7534275	22382979	1294780
18213934	13562612	4651322	1602778	3048543	350443
38877410	30902375	7975034	3836120	4138915	549035
33925098	19076184	14848913	3636839	11212074	3838435

1-13 各级各类教育机构

学校类别	合 计				
		个人部分	工资福利支出	对个人和家庭的补助支出	
					#助学金
总 计	**463579192**	**228569041**	**174930315**	**53638726**	**40145291**
一、高等学校	430483076	212526114	160578704	51947410	39836494
1.普通高等学校	429105133	211961258	160044972	51916287	39836494
高等本科学校	424875811	209879523	158314227	51565296	39626649
高职高专学校	4229322	2081736	1730745	350991	209845
2.成人高等学校	1377943	564856	533733	31123	
二、中等职业学校	1735408	740312	628115	112197	47416
1.中等专业学校	1313515	478738	410382	68355	36453
2.职业高中	18491	13597	10732	2865	35
#农村	8066	6228	3986	2242	
3.技工学校	356734	213398	178654	34744	10899
4.成人中专学校	46668	34580	28347	6233	28
三、中 学	8403146	5595041	5022833	572207	123342
1.普通中学	8403146	5595041	5022833	572207	123342
普通高中	4359826	2792224	2576591	215633	57732
#农村	536144	386680	335796	50884	5115
普通初中	4043321	2802816	2446242	356574	65609
#农村	1845828	1438351	1193797	244554	43212
2.成人中学					
四、小 学	5938811	4222169	3651248	570921	96453
1.普通小学	5938811	4222169	3651248	570921	96453
#农村	3343709	2640467	2189338	451128	77478
2.成人小学					
五、特殊教育	9326	7545	5617	1928	160
1.特殊教育学校	9326	7545	5617	1928	160
2.工读学校					
六、幼儿园	4220963	2984142	2819216	164926	18045
#农村	922998	591407	531490	59918	11013
七、教育行政单位	439959	278458	198233	80225	
八、教育事业单位	7651720	1310472	1257590	52882	
九、其 他	4696782	904788	768758	136030	23380

教育经费支出明细(中央)

单位：千元

公用部分	商品和服务支出	其他资本性支出	专项公用支出	专项项目支出	基本建设支出
224098006	**151822589**	**72275418**	**49339376**	**22936041**	**10912144**
208302973	138596186	69706787	48344130	21362658	9653988
207489886	137872602	69617284	48256670	21360614	9653988
205643062	136883611	68759452	47895724	20863728	9353226
1846824	988992	857832	360946	496886	300762
813087	723584	89503	87460	2044	
607248	332852	274396	92754	181642	387848
446929	212839	234090	82892	151197	387848
4894	2211	2683	2247	436	
1838	737	1100	825	275	
143336	106337	36999	7478	29521	
12088	11464	624	136	488	
2533287	1565788	967500	339331	628168	274818
2533287	1565788	967500	339331	628168	274818
1378687	926210	452477	218253	234223	188915
136274	93975	42299	22338	19961	13189
1154601	639577	515023	121078	393945	85904
367224	211403	155822	52624	103198	40253
1509486	881503	627982	215805	412177	207157
1509486	881503	627982	215805	412177	207157
640806	323700	317106	104569	212537	62436
1781	1528	253	216	37	
1781	1528	253	216	37	
1162085	759483	402602	136949	265653	74735
293252	153034	140219	43097	97122	38338
160076	150094	9982	9659	323	1424
6332653	6177716	154937	144432	10505	8595
3488416	3357438	130978	56101	74877	303578

1-14 各级各类教育机构

学校类别	合计	个人部分	工资福利支出	对个人和家庭的补助支出	#助学金
总　计	**5533884147**	**3586874993**	**3199577323**	**387297669**	**192206651**
一、高等学校	1194691872	602345777	484527262	117818514	80608812
1.普通高等学校	1179096714	593750562	476908967	116841595	80409073
高等本科学校	845780526	428427187	346735837	81691350	54216463
高职高专学校	333316188	165323375	130173130	35150245	26192610
2.成人高等学校	15595158	8595215	7618295	976920	199739
二、中等职业学校	325717851	173595815	151486495	22109320	11701739
1.中等专业学校	149728200	80053204	68527574	11525630	6140742
2.职业高中	118950307	62433586	55276617	7156969	3954951
#农村	55084433	26719695	23489780	3229916	2172649
3.技工学校	47297288	24327636	21522750	2804885	1522738
4.成人中专学校	9742057	6781389	6159553	621836	83308
三、中　学	1670995480	1174359750	1074236051	100123699	46172970
1.普通中学	1670371517	1173883691	1073783086	100100605	46172970
普通高中	627447281	422930008	392125457	30804551	13595809
#农村	244256541	169468316	156332982	13135334	7652801
普通初中	1042924236	750953683	681657629	69296054	32577160
#农村	541543795	409086020	367183892	41902128	22535012
2.成人中学	623963	476059	452965	23094	
四、小　学	1619197796	1199787575	1079499668	120287907	46816217
1.普通小学	1619196170	1199786210	1079498303	120287907	46816217
#农村	872962332	682789334	605492434	77296900	32547271
2.成人小学	1627	1365	1365		
五、特殊教育	23519402	16291394	15081375	1210020	425860
1.特殊教育学校	22472489	15614178	14448967	1165211	420269
2.工读学校	1046914	677216	632408	44809	5591
六、幼儿园	520588212	326780759	313556681	13224079	6460770
#农村	211834254	136409678	129753393	6656285	4200861
七、教育行政单位	42903688	24500812	20180465	4320347	
八、教育事业单位	81053318	47968121	42806009	5162112	
九、其　他	55216527	21244989	18203318	3041671	20282

教育经费支出明细(地方)

单位：千元

公用部分	商品和服务支出	其他资本性支出	专项公用支出	专项项目支出	基本建设支出
1857595159	**1019017520**	**838577640**	**282134407**	**556443232**	**89413995**
566054461	302366993	263687468	111855601	151831867	26291634
559089886	296652066	262437820	111109823	151327997	26256267
396423552	226899621	169523931	75485745	94038186	20929787
162666334	69752445	92913889	35624079	57289811	5326479
6964575	5714927	1249648	745778	503870	35368
148205678	62760744	85444934	25791863	59653071	3916359
67830869	29596503	38234366	11272920	26961446	1844127
55323219	20057052	35266168	9417637	25848531	1193501
27941376	8312861	19628515	3878967	15749548	423362
22139969	11114179	11025791	4832570	6193221	829683
2911620	1993011	918609	268736	649873	49048
466243252	246115413	220127839	64034111	156093728	30392477
466095349	245978211	220117138	64025830	156091308	30392477
189927050	101482697	88444353	27439091	61005262	14590223
72807772	37724872	35082900	9795039	25287860	1980454
276168299	144495514	131672785	36586739	95086046	15802254
127826578	63580537	64246041	16236003	48010037	4631197
147903	137202	10702	8281	2420	
398689894	224210717	174479177	50285265	124193913	20720327
398689632	224210455	174479177	50285265	124193913	20720327
183984441	99896470	84087970	21240897	62847073	6188558
262	262				
6826554	3896180	2930374	931025	1999349	401454
6457762	3655453	2802309	886194	1916114	400549
368793	240727	128066	44831	83235	905
190540025	125811550	64728475	20370997	44357478	3267428
74168133	44391098	29777035	7491178	22285857	1256443
18053858	13412518	4641340	1593120	3048220	349019
32544756	24724659	7820097	3691688	4128409	540441
30436681	15718746	14717935	3580738	11137197	3534856

1-15 各级各类教育机构

学校类别	合 计	个人部分	工资福利支出	对个人和家庭的补助支出	#助学金
总 计	**5251499550**	**3395915701**	**2997000243**	**398915457**	**198235046**
一、高等学校	1423990938	735292344	584800477	150491867	103562623
1.普通高等学校	1407324916	726331858	576841170	149490688	103362930
高等本科学校	1122345652	580939989	459155942	121784047	83559130
高职高专学校	284979264	145391869	117685228	27706641	19803800
2.成人高等学校	16666023	8960486	7959307	1001179	199692
二、中等职业学校	295563732	159057887	139691293	19366594	9237935
1.中等专业学校	137233599	73969529	63950314	10019215	4757992
2.职业高中	109267382	57578527	51217166	6361362	3238418
#农村	51623299	24927793	21994989	2932804	1909859
3.技工学校	40579736	21355555	18924449	2431106	1217798
4.成人中专学校	8483015	6154275	5599365	554910	23727
三、中 学	1475525899	1054299205	962435201	91864003	39210118
1.普通中学	1474901937	1053823145	961982236	91840909	39210118
普通高中	539211953	370677151	342874503	27802649	10910858
#农村	209949243	149070932	137230926	11840005	6479202
普通初中	935689984	683145994	619107734	64038260	28299260
#农村	505738608	386079136	346116220	39962917	20850939
2.成人中学	623963	476059	452965	23094	
四、小 学	1498632383	1125202296	1012427046	112775250	41314556
1.普通小学	1498630757	1125200931	1012425681	112775250	41314556
#农村	838849037	661360355	585983057	75377299	30870573
2.成人小学	1627	1365	1365		
五、特殊教育	23281369	16154594	14965873	1188722	410805
1.特殊教育学校	22289004	15502047	14355941	1146107	405596
2.工读学校	992365	652547	609932	42615	5209
六、幼儿园	343518120	210032057	199513059	10518998	4455347
#农村	155884373	98065892	92595603	5470289	3178566
七、教育行政单位	43167428	24686821	20341559	4345261	
八、教育事业单位	88538082	49185674	43981397	5204278	
九、其 他	59281598	22004823	18844338	3160484	43662

教育经费支出明细(教育和其他部门)

单位：千元

公用部分	商品和服务支出	其他资本性支出	专项公用支出	专项项目支出	基本建设支出
1759197563	**959885526**	**799312038**	**293993673**	**505318365**	**96386287**
655410266	386960060	268450205	140169636	128280570	33288328
647740097	380621043	267119054	139342971	127776082	33252961
513358604	322153236	191205367	108325937	82879430	28047059
134381493	58467807	75913686	31017034	44896652	5205901
7670169	6339017	1331152	826664	504487	35368
132599487	52128205	80471282	23971124	56500158	3906359
61419943	25313709	36106234	10477889	25628345	1844127
50505354	16922590	33582764	8896177	24686587	1183501
26272144	7119625	19152519	3671834	15480685	423362
18394498	8356341	10038157	4398815	5639342	829683
2279692	1535566	744126	198243	545883	49048
390850551	192708320	198142231	56866647	141275584	30376144
390702648	192571118	198131530	56858366	141273163	30376144
153954578	78404403	75550176	23542273	52007903	14580223
58907858	29574854	29333004	8180977	21152027	1970454
236748069	114166715	122581354	33316093	89265261	15795921
115033274	54202557	60830717	15015379	45815338	4626197
147903	137202	10702	8281	2420	
352711713	187521574	165190139	46648150	118541989	20718375
352711451	187521312	165190139	46648150	118541989	20718375
171300124	90261431	81038693	20165739	60872955	6188558
262	262				
6725321	3821937	2903384	923815	1979570	401454
6386408	3604868	2781541	879585	1901956	400549
338913	217069	121844	44230	77614	905
130219605	73476831	56742774	16371392	40371382	3266458
56563009	29716126	26846883	6263107	20583776	1255472
18131589	13487188	4644401	1596181	3048220	349019
38807112	30851639	7955474	3827064	4128409	545295
33741919	18929773	14812147	3619664	11192483	3534856

1-16 各级各类教育机构

学校类别	合计	个人部分	工资福利支出	对个人和家庭的补助支出	#助学金
总计	**442739916**	**216926008**	**165284027**	**51641980**	**39520052**
一、高等学校	423267851	209423047	158137518	51285528	39485670
1.普通高等学校	422027872	208961716	157705016	51256700	39485670
高等本科学校	420858733	208302332	157112530	51189802	39442119
高职高专学校	1169138	659384	592487	66898	43551
2.成人高等学校	1239979	461330	432502	28829	
二、中等职业学校	185568	121586	117012	4574	1091
1.中等专业学校	171297	112724	108710	4013	1091
2.职业高中					
#农村					
3.技工学校					
4.成人中专学校	14271	8862	8302	560	
三、中学	3620760	2430279	2357002	73277	6568
1.普通中学	3620760	2430279	2357002	73277	6568
普通高中	2516764	1679388	1620378	59010	5655
#农村	182220	148099	138215	9884	53
普通初中	1103996	750891	736624	14267	913
#农村	6893	6216	6030	186	153
2.成人中学					
四、小学	1334506	815224	798690	16534	1141
1.普通小学	1334506	815224	798690	16534	1141
#农村	20320	17891	17152	739	545
2.成人小学					
五、特殊教育					
1.特殊教育学校					
2.工读学校					
六、幼儿园	2517656	1972476	1896302	76174	2202
#农村	37126	32196	31886	310	102
七、教育行政单位	263740	186009	161094	24915	
八、教育事业单位	7484764	1217553	1175388	42165	
九、其他	4065072	759834	641020	118813	23380

教育经费支出明细(中央教育和其他部门)

单位：千元

公用部分	商品和服务支出	其他资本性支出	专项公用支出	专项项目支出	基本建设支出
217633595	**148360006**	**69273589**	**48210404**	**21063185**	**8180313**
205669345	137021032	68648313	47741180	20907133	8175459
204890697	136325682	68565014	47658590	20906425	8175459
204419985	136024251	68395734	47589585	20806149	8136417
470712	301431	169281	69005	100275	39042
778649	695350	83299	82591	708	
63982	60990	2992	2992		
58573	55581	2992	2992		
5409	5409				
1190481	1007132	183348	176656	6693	
1190481	1007132	183348	176656	6693	
837375	700090	137286	135713	1572	
34121	30611	3510	3510		
353105	307043	46063	40943	5120	
677	577	100	50	50	
519282	415326	103956	55961	47995	
519282	415326	103956	55961	47995	
2429	1836	593	320	273	
545180	442849	102331	56251	46080	
4930	3629	1301	835	466	
77731	74670	3061	3061		
6262356	6126980	135377	135377		4854
3305238	3211026	94211	38926	55286	

1-17 各级各类教育机构

学校类别	合 计	个人部分	工资福利支出	对个人和家庭的补助支出	#助学金
总 计	**4808759634**	**3178989693**	**2831716216**	**347273477**	**158714994**
一、高等学校	1000723088	525869298	426662959	99206339	64076953
1.普通高等学校	985297044	517370142	419136154	98233988	63877260
高等本科学校	701486919	372637658	302043413	70594245	44117011
高职高专学校	283810125	144732485	117092741	27639744	19760249
2.成人高等学校	15426044	8499156	7526805	972351	199692
二、中等职业学校	295378164	158936301	139574281	19362020	9236845
1.中等专业学校	137062302	73856805	63841603	10015202	4756902
2.职业高中	109267382	57578527	51217166	6361362	3238418
#农村	51623299	24927793	21994989	2932804	1909859
3.技工学校	40579736	21355555	18924449	2431106	1217798
4.成人中专学校	8468744	6145413	5591063	554350	23727
三、中 学	1471905139	1051868925	960078200	91790726	39203550
1.普通中学	1471281177	1051392866	959625235	91767631	39203550
普通高中	536695189	368997763	341254125	27743638	10905203
#农村	209767023	148922833	137092711	11830122	6479148
普通初中	934585988	682395103	618371110	64023993	28298347
#农村	505731715	386072920	346110190	39962730	20850786
2.成人中学	623963	476059	452965	23094	
四、小 学	1497297877	1124387072	1011628356	112758716	41313415
1.普通小学	1497296251	1124385707	1011626991	112758716	41313415
#农村	838828717	661342464	585965905	75376560	30870028
2.成人小学	1627	1365	1365		
五、特殊教育	23281369	16154594	14965873	1188722	410805
1.特殊教育学校	22289004	15502047	14355941	1146107	405596
2.工读学校	992365	652547	609932	42615	5209
六、幼儿园	341000464	208059581	197616757	10442824	4453145
#农村	155847247	98033696	92563718	5469979	3178464
七、教育行政单位	42903688	24500812	20180465	4320347	
八、教育事业单位	81053318	47968121	42806009	5162112	
九、其 他	55216527	21244989	18203318	3041671	20282

教育经费支出明细(地方教育和其他部门)

单位：千元

公用部分	商品和服务支出	其他资本性支出	专项公用支出	专项项目支出	基本建设支出
1541563968	**811525520**	**730038448**	**245783268**	**484255180**	**88205973**
449740920	249939028	199801892	92428455	107373437	25112869
442849400	244295361	198554039	91684382	106869657	25077502
308938619	186128985	122809633	60736353	62073281	19910643
133910782	58166376	75744406	30948029	44796377	5166859
6891520	5643667	1247853	744074	503780	35368
132535505	52067215	80468289	23968132	56500158	3906359
61361370	25258128	36103242	10474897	25628345	1844127
50505354	16922590	33582764	8896177	24686587	1183501
26272144	7119625	19152519	3671834	15480685	423362
18394498	8356341	10038157	4398815	5639342	829683
2274283	1530157	744126	198243	545883	49048
389660070	191701187	197958883	56689991	141268891	30376144
389512167	191563986	197948181	56681710	141266471	30376144
153117203	77704313	75412890	23406559	52006331	14580223
58873737	29544243	29329494	8177468	21152027	1970454
236394964	113859673	122535291	33275151	89260140	15795921
115032597	54201980	60830617	15015329	45815288	4626197
147903	137202	10702	8281	2420	
352192431	187106247	165086184	46592189	118493994	20718375
352192170	187105986	165086184	46592189	118493994	20718375
171297695	90259595	81038100	20165418	60872682	6188558
262	262				
6725321	3821937	2903384	923815	1979570	401454
6386408	3604868	2781541	879585	1901956	400549
338913	217069	121844	44230	77614	905
129674425	73033982	56640443	16315141	40325303	3266458
56558079	29712496	26845582	6262271	20583311	1255472
18053858	13412518	4641340	1593120	3048220	349019
32544756	24724659	7820097	3691688	4128409	540441
30436681	15718746	14717935	3580738	11137197	3534856

1-18　各级各类教育机构

学校类别	合　计	个人部分	工资福利支　出	对个人和家庭的补助支出	#助学金
总　　计	**33607508**	**19264003**	**16690027**	**2573975**	**1046976**
一、高等学校	11601560	5524620	4451623	1072996	683500
1.普通高等学校	11302706	5327960	4261248	1066712	683453
高等本科学校	4071387	1612266	1229271	382995	190500
高职高专学校	7231319	3715694	3031978	683716	492953
2.成人高等学校	298854	196660	190375	6285	47
二、中等职业学校	3862651	1829146	1617172	211974	107062
1.中等专业学校	1993673	715045	617428	97617	52452
2.职业高中	188639	49571	43486	6085	3141
#农村	8066	6228	3986	2242	
3.技工学校	1596554	1001280	899276	102004	50846
4.成人中专学校	83786	63250	56982	6268	624
三、中　学	5342334	3452861	2942074	510787	124469
1.普通中学	5342334	3452861	2942074	510787	124469
普通高中	2045081	1236339	1077233	159106	52839
#农村	486611	309041	266771	42270	5676
普通初中	3297253	2216522	1864841	351681	71629
#农村	1928093	1474305	1224896	249409	47661
2.成人中学					
四、小　学	5167387	3712306	3137325	574981	97365
1.普通小学	5167387	3712306	3137325	574981	97365
#农村	3351318	2643228	2190491	452737	77510
2.成人小学					
五、特殊教育	14421	12354	10153	2201	433
1.特殊教育学校	9326	7545	5617	1928	160
2.工读学校	5095	4809	4536	273	273
六、幼儿园	6644269	4402393	4284601	117792	34147
#农村	1765571	1157917	1088589	69328	16626
七、教育行政单位	176219	92449	37139	55310	
八、教育事业单位	166956	92919	82202	10717	
九、其　他	631711	144954	127738	17217	

教育经费支出明细(国有及国有控股企业办)

单位：千元

公用部分	商品和服务支　　出	其他资本性支　　出	专项公用支　　出	专项项目支　　出	基本建设支　　出
11570070	**6686008**	**4884062**	**1803625**	**3080437**	**2773436**
4558759	2600004	1958755	984765	973990	1518182
4456565	2505809	1950755	978192	972563	1518182
1242312	875832	366480	308901	57579	1216809
3214253	1629977	1584276	669291	914985	301373
102194	94195	7999	6573	1426	
1645657	856619	789038	188031	601006	387848
890779	326758	564021	129484	434536	387848
139068	34726	104342	4025	100318	
1838	737	1100	825	275	
595274	478909	116364	52106	64259	
20536	16226	4310	2416	1894	
1614654	757793	856861	194305	662555	274818
1614654	757793	856861	194305	662555	274818
619827	255209	364618	98017	266601	188915
164381	77009	87371	33460	53911	13189
994827	502585	492242	96288	395954	85904
413534	247096	166438	56285	110152	40253
1245972	687908	558064	187053	371011	209109
1245972	687908	558064	187053	371011	209109
645655	324186	321469	104456	217013	62436
2067	1814	253	216	37	
1781	1528	253	216	37	
286	286				
2167141	1509296	657844	216426	441418	74735
569316	341135	228182	74692	153490	38338
82346	75425	6921	6598	323	1424
70297	50736	19561	9055	10505	3740
183178	146412	36766	17175	19591	303578

1-19 各级各类教育机构

学校类别	合计	个人部分	工资福利支出	对个人和家庭的补助支出	#助学金
总　计	**20839275**	**11643033**	**9646288**	**1996746**	**625239**
一、高等学校	7215225	3103067	2441186	661881	350823
1.普通高等学校	7077261	2999542	2339955	659587	350823
高等本科学校	4017078	1577191	1201697	375494	184530
高职高专学校	3060184	1422351	1138258	284093	166293
2.成人高等学校	137963	103525	101231	2294	
二、中等职业学校	1549840	618726	511103	107623	46326
1.中等专业学校	1142218	366014	301672	64342	35363
2.职业高中	18491	13597	10732	2865	35
#农村	8066	6228	3986	2242	
3.技工学校	356734	213398	178654	34744	10899
4.成人中专学校	32397	25718	20045	5673	28
三、中　学	4782386	3164761	2665832	498930	116774
1.普通中学	4782386	3164761	2665832	498930	116774
普通高中	1843062	1112836	956213	156623	52077
#农村	353924	238581	197581	41001	5061
普通初中	2939324	2051925	1709618	342307	64696
#农村	1838935	1432134	1187767	244368	43059
2.成人中学					
四、小　学	4604305	3406945	2852558	554387	95313
1.普通小学	4604305	3406945	2852558	554387	95313
#农村	3323389	2622576	2172187	450389	76933
2.成人小学					
五、特殊教育	9326	7545	5617	1928	160
1.特殊教育学校	9326	7545	5617	1928	160
2.工读学校					
六、幼儿园	1703306	1011666	922914	88752	15844
#农村	885872	559212	499604	59608	10911
七、教育行政单位	176219	92449	37139	55310	
八、教育事业单位	166956	92919	82202	10717	
九、其　他	631711	144954	127738	17217	

教育经费支出明细(中央国有及国有控股企业办)

单位：千元

公用部分	商品和服务支出	其他资本性支出			基本建设支出
			专项公用支出	专项项目支出	
6464411	**3462583**	**3001828**	**1128972**	**1872856**	**2731831**
2633628	1575154	1058474	602949	455525	1478529
2599190	1546920	1052270	598080	454189	1478529
1223077	859360	363718	306139	57579	1216809
1376112	687561	688552	291941	396611	261720
34438	28234	6205	4869	1336	
543266	271862	271404	89761	181642	387848
388356	157259	231097	79900	151197	387848
4894	2211	2683	2247	436	
1838	737	1100	825	275	
143336	106337	36999	7478	29521	
6679	6055	624	136	488	
1342807	558655	784151	162675	621476	274818
1342807	558655	784151	162675	621476	274818
541312	226120	315191	82540	232651	188915
102154	63364	38790	18829	19961	13189
801495	332535	468960	80135	388825	85904
366548	210826	155722	52574	103148	40253
990204	466177	524027	159844	364182	207157
990204	466177	524027	159844	364182	207157
638378	321864	316513	104249	212264	62436
1781	1528	253	216	37	
1781	1528	253	216	37	
616905	316634	300271	80697	219574	74735
288322	149405	138918	42261	96656	38338
82346	75425	6921	6598	323	1424
70297	50736	19561	9055	10505	3740
183178	146412	36766	17175	19591	303578

1-20 各级各类教育机构

学校类别	合 计	个人部分	工资福利支出	对个人和家庭的补助支出	#助学金
总　　计	**12768233**	**7620970**	**7043740**	**577230**	**421737**
一、高等学校	4386336	2421552	2010437	411115	332677
1.普通高等学校	4225445	2328418	1921293	407125	332630
高等本科学校	54309	35075	27573	7502	5970
高职高专学校	4171136	2293343	1893719	399623	326660
2.成人高等学校	160891	93135	89145	3990	47
二、中等职业学校	2312811	1210420	1106069	104351	60736
1.中等专业学校	851455	349031	315756	33275	17089
2.职业高中	170148	35974	32754	3220	3105
#农村					
3.技工学校	1239819	787882	720622	67260	39947
4.成人中专学校	51389	37532	36937	596	596
三、中　学	559947	288100	276243	11857	7695
1.普通中学	559947	288100	276243	11857	7695
普通高中	202018	123503	121020	2483	762
#农村	132687	70460	69190	1270	614
普通初中	357929	164597	155223	9374	6933
#农村	89158	42171	37129	5042	4602
2.成人中学					
四、小　学	563081	305361	284767	20594	2052
1.普通小学	563081	305361	284767	20594	2052
#农村	27929	20652	18304	2348	577
2.成人小学					
五、特殊教育	5095	4809	4536	273	273
1.特殊教育学校					
2.工读学校	5095	4809	4536	273	273
六、幼儿园	4940963	3390727	3361687	29040	18303
#农村	879699	598705	588985	9721	5715
七、教育行政单位					
八、教育事业单位					
九、其　他					

教育经费支出明细(地方国有及国有控股企业办)

单位：千元

公用部分	商品和服务支出	其他资本性支出			基本建设支出
			专项公用支出	专项项目支出	
5105658	**3223425**	**1882234**	**674653**	**1207581**	**41605**
1925131	1024850	900280	381816	518465	39652
1857375	958889	898486	380112	518374	39652
19234	16472	2762	2762		
1838141	942417	895724	377350	518374	39652
67756	65961	1795	1704	91	
1102391	584757	517634	98270	419364	
502423	169500	332924	49585	283339	
134174	32515	101659	1777	99882	
451937	372572	79365	44628	34738	
13857	10171	3686	2280	1406	
271847	199138	72709	31630	41079	
271847	199138	72709	31630	41079	
78515	29088	49427	15477	33950	
62227	13646	48581	14632	33950	
193332	170050	23282	16152	7130	
46986	36270	10716	3711	7005	
255768	221731	34037	27208	6828	1953
255768	221731	34037	27208	6828	1953
7277	2322	4956	208	4748	
286	286				
286	286				
1550236	1192663	357573	135729	221844	
280994	191730	89264	32430	56834	

1-21 各级各类教育机构

学校类别	合　计	个人部分	工资福利支　出	对个人和家庭的补助支出	#助学金
总　计	**712356280**	**400264330**	**360817367**	**39446963**	**33069919**
一、高等学校	189582449	74054926	55853866	18201060	16199183
1.普通高等学校	189574225	74052002	55851520	18200481	16199183
高等本科学校	144239298	55754454	44664851	11089603	10093481
高职高专学校	45334927	18297548	11186670	7110878	6105701
2.成人高等学校	8224	2925	2346	579	
二、中等职业学校	28026876	13449094	10806145	2642949	2404158
1.中等专业学校	11814443	5847368	4370215	1477153	1366751
2.职业高中	9512776	4819085	4026698	792387	713428
#农村	3461134	1791902	1494791	297112	262791
3.技工学校	5477733	2184198	1877680	306519	264993
4.成人中专学校	1221924	598443	531553	66890	58985
三、中　学	198530393	122202725	113881609	8321116	6961725
1.普通中学	198530393	122202725	113881609	8321116	6961725
普通高中	90550074	53808742	50750313	3058429	2689844
#农村	34356831	20475023	19171081	1303943	1173038
普通初中	107980320	68393983	63131296	5262687	4271880
#农村	35722923	22970928	21036573	1934356	1679624
2.成人中学					
四、小　学	121336837	75095142	67586546	7508597	5500749
1.普通小学	121336837	75095142	67586546	7508597	5500749
#农村	34105685	21426217	19508225	1917992	1676666
2.成人小学					
五、特殊教育	232938	131991	110966	21025	14782
1.特殊教育学校	183484	112131	93026	19105	14673
2.工读学校	49454	19860	17940	1921	109
六、幼儿园	174646786	115330451	112578236	2752215	1989322
#农村	55107308	37777277	36600691	1176586	1016682
七、教育行政单位					
八、教育事业单位					
九、其　他					

教育经费支出明细(民办)

单位：千元

公用部分	商品和服务支出	其他资本性支出			基本建设支出
			专项公用支出	专项项目支出	
310925533	**204268575**	**106656958**	**35676486**	**70980471**	**1166416**
114388410	51403115	62985295	19045330	43939965	1139113
114383110	51397815	62985295	19045330	43939965	1139113
87465699	40754163	46711536	14746630	31964905	1019145
26917412	10643652	16273760	4298700	11975060	119968
5299	5299				
14567782	10108772	4459010	1725461	2733549	10000
5967075	4168875	1798201	748439	1049762	
4683692	3101947	1581744	519682	1062062	10000
1669232	1193236	475996	207133	268863	
3293534	2385266	908269	389128	519141	
623481	452684	170797	68213	102584	
76311335	54215088	22096247	7312490	14783757	16333
76311335	54215088	22096247	7312490	14783757	16333
36731332	23749296	12982036	4017054	8964981	10000
13871808	8166984	5704824	1602940	4101884	10000
39580003	30465792	9114211	3295436	5818776	6333
12746994	9342287	3404707	1216963	2187744	5000
46241695	36882738	9358957	3665867	5693090	
46241695	36882738	9358957	3665867	5693090	
12679468	9634554	3044914	1075271	1969643	
100947	73958	26990	7211	19779	
71353	50586	20768	6609	14158	
29594	23372	6222	601	5621	
59315364	51584905	7730459	3920128	3810331	970
17329061	14486871	2842189	1196477	1645713	970

1-22 各级各类教育机构

学校类别	合 计	个人部分	工资福利支 出	对个人和家庭的补助支出	#助学金
总 计	**4645317469**	**3138678605**	**2759737001**	**378941604**	**193376074**
一、高等学校	937424037	519330313	399068524	120261789	88741370
1.普通高等学校	928461230	512855818	393375255	119480563	88560281
高等本科学校	701782066	394831697	304373643	90458054	66468224
高职高专学校	226679164	118024121	89001612	29022509	22092056
2.成人高等学校	8962806	6474495	5693269	781226	181089
二、中等职业学校	285614572	156399678	135523123	20876554	10962255
1.中等专业学校	132848915	72112089	61241442	10870646	5765857
2.职业高中	107335165	57877132	50977669	6899463	3786307
#农村	50626844	25071968	21966231	3105737	2097941
3.技工学校	37407221	20330811	17806399	2524413	1355759
4.成人中专学校	8023271	6079646	5497613	582033	54332
三、中 学	1435054837	1044142971	949847223	94295748	41949786
1.普通中学	1434469167	1043671438	949398529	94272909	41949786
普通高中	500235914	358997810	331559318	27438492	11202184
#农村	194046821	144598266	133038483	11559784	6605961
普通初中	934233254	684673629	617839211	66834418	30747602
#农村	503731143	385991847	345155755	40836091	21787369
2.成人中学	585670	471532	448694	22838	
四、小 学	1488511877	1125240562	1007145635	118094927	45489489
1.普通小学	1488510251	1125239197	1007144270	118094927	45489489
#农村	830625143	658754550	582429170	76325379	31988044
2.成人小学	1627	1365	1365		
五、特殊教育	23218508	16194275	15001061	1193213	417154
1.特殊教育学校	22228207	15533091	14382577	1150513	411865
2.工读学校	990300	661184	618484	42700	5289
六、幼儿园	300857202	184211853	172276869	11934985	5779099
#农村	137128305	87943530	81831195	6112335	3851515
七、教育行政单位	41987076	24551408	20261145	4290263	
八、教育事业单位	76059755	47076646	42151964	4924683	
九、其 他	56589606	21530900	18461458	3069442	36921

财政补助支出明细(全国)

单位：千元

公用部分	商品和服务支出	其他资本性支出	专项公用支出	专项项目支出	基本建设支出
1406312724	**720522807**	**685789917**	**228333868**	**457456049**	**100326139**
382148101	210288317	171859784	82630798	89228986	35945623
379695157	208460151	171235006	82314718	88920288	35910255
276667356	167492820	109174536	56648209	52526327	30283013
103027801	40967331	62060470	25666509	36393961	5627242
2452944	1828166	624778	316080	308698	35368
124910687	47762637	77148051	22508734	54639317	4304207
58504851	23606822	34898029	9894496	25003533	2231975
48264532	15689391	32575141	8588770	23986371	1193501
25131515	6643352	18488163	3531108	14957054	423362
16246727	7238642	9008085	3867951	5140134	829683
1894577	1227781	666796	157517	509279	49048
360244571	169071984	191172587	53307826	137864761	30667296
360130433	168964110	191166323	53302182	137864141	30667296
126458967	56482054	69976913	20289670	49687242	14779137
47454913	20254472	27200440	6882769	20317671	1993643
233671467	112482056	121189410	33012512	88176898	15888158
113067846	52740181	60327665	14921087	45406577	4671451
114137	107873	6264	5644	620	
342343832	179630084	162713747	46093395	116620353	20927484
342343570	179629822	162713747	46093395	116620353	20927484
165619600	85554990	80064610	19974342	60090268	6250993
262	262				
6622779	3758800	2863980	901071	1962909	401454
6294568	3546744	2747824	858663	1889161	400549
328212	212056	116156	42408	73748	905
113303185	59226867	54076318	14642802	39433516	3342163
47889995	21837886	26052108	5614771	20437337	1294780
17085225	12591519	4493706	1535143	2958563	350443
28434073	21379965	7054108	3259095	3795013	549035
31220271	16812635	14407636	3455004	10952632	3838435

1-23 各级各类教育机构

学校类别	合 计	个人部分	工资福利支出	对个人和家庭的补助支出	#助学金
总 计	**247079124**	**142710115**	**109189124**	**33520991**	**27169676**
一、高等学校	222487702	130215627	98160944	32054682	26873781
1.普通高等学校	222192399	130030657	97981449	32049207	26873781
高等本科学校	219571541	128966015	97172122	31793893	26691430
高职高专学校	2620858	1064641	809327	255314	182351
2.成人高等学校	295303	184970	179495	5475	
二、中等职业学校	1321510	514794	409734	105060	45217
1.中等专业学校	1124411	380649	318411	62239	34584
2.职业高中	18491	13597	10732	2865	35
#农村	8066	6228	3986	2242	
3.技工学校	150835	95465	61182	34283	10569
4.成人中专学校	27774	25083	19410	5673	28
三、中 学	7260979	5041354	4505057	536296	118928
1.普通中学	7260979	5041354	4505057	536296	118928
普通高中	3436371	2339199	2155778	183421	53597
#农村	504281	368544	326595	41949	4975
普通初中	3824609	2702154	2349279	352875	65332
#农村	1826328	1431401	1187507	243895	43203
2.成人中学					
四、小 学	5597043	4068810	3508633	560177	96018
1.普通小学	5597043	4068810	3508633	560177	96018
#农村	3306557	2624477	2174399	450078	77456
2.成人小学					
五、特殊教育	9326	7545	5617	1928	160
1.特殊教育学校	9326	7545	5617	1928	160
2.工读学校					
六、幼儿园	2372530	1569843	1477110	92732	17276
#农村	879124	558853	499393	59460	11013
七、教育行政单位	410378	254493	198233	56260	
八、教育事业单位	3937263	408350	381069	27280	
九、其 他	3682392	629300	542725	86575	18295

财政补助支出明细(中央)

单位：千元

公用部分	商品和服务支出	其他资本性支出	专项公用支出	专项项目支出	基本建设支出
93456865	**67910538**	**25546327**	**18448493**	**7097834**	**10912144**
82618087	59159796	23458291	17707969	5750322	9653988
82507754	59073416	23434338	17684016	5750322	9653988
81252300	58585695	22666605	17359560	5307045	9353226
1255454	487722	767733	324456	443276	300762
110333	86380	23953	23953		
418868	187276	231592	75727	155865	387848
355913	158797	197116	71015	126101	387848
4894	2211	2683	2247	436	
1838	737	1100	825	275	
55369	24163	31206	2367	28840	
2691	2105	586	98	488	
1944808	1119831	824977	253585	571392	274818
1944808	1119831	824977	253585	571392	274818
908257	568553	339703	148172	191531	188915
122548	84927	37621	18158	19463	13189
1036551	551277	485274	105413	379861	85904
354673	206318	148355	49486	98869	40253
1321077	787568	533508	188091	345417	207157
1321077	787568	533508	188091	345417	207157
619645	317703	301942	99278	202665	62436
1781	1528	253	216	37	
1781	1528	253	216	37	
727952	407249	320703	101860	218843	74735
281933	146435	135499	42327	93172	38338
154461	145228	9233	8910	323	1424
3520319	3430730	89590	82102	7487	8595
2749513	2671332	78180	30033	48147	303578

1-24 各级各类教育机构

学校类别	合　计	个人部分	工资福利支　出	对个人和家庭的补助支出	#助学金
总　计	**4398238344**	**2995968491**	**2650547877**	**345420613**	**166206398**
一、高等学校	714936335	389114686	300907579	88207107	61867588
1.普通高等学校	706268831	382825162	295393806	87431356	61686499
高等本科学校	482210526	265865682	207201521	58664161	39776794
高职高专学校	224058306	116959480	88192285	28767195	21909705
2.成人高等学校	8667503	6289524	5513774	775751	181089
二、中等职业学校	284293062	155884884	135113389	20771494	10917039
1.中等专业学校	131724504	71731439	60923032	10808408	5731273
2.职业高中	107316674	57863535	50966937	6896598	3786272
#农村	50618778	25065739	21962244	3103495	2097941
3.技工学校	37256387	20235346	17745217	2490129	1345191
4.成人中专学校	7995497	6054563	5478203	576360	54304
三、中　学	1427793857	1039101617	945342166	93759451	41830858
1.普通中学	1427208188	1038630085	944893472	93736613	41830858
普通高中	496799543	356658610	329403540	27255070	11148588
#农村	193542540	144229722	132711888	11517834	6600986
普通初中	930408645	681971475	615489932	66481543	30682270
#农村	501904815	384560445	343968249	40592197	21744166
2.成人中学	585670	471532	448694	22838	
四、小　学	1482914834	1121171752	1003637002	117534750	45393470
1.普通小学	1482913208	1121170387	1003635637	117534750	45393470
#农村	827318586	656130073	580254771	75875301	31910588
2.成人小学	1627	1365	1365		
五、特殊教育	23209181	16186729	14995444	1191285	416994
1.特殊教育学校	22218881	15525546	14376960	1148585	411705
2.工读学校	990300	661184	618484	42700	5289
六、幼儿园	298484672	182642011	170799758	11842252	5761824
#农村	136249181	87384677	81331802	6052875	3840501
七、教育行政单位	41576697	24296915	20062911	4234004	
八、教育事业单位	72122492	46668297	41770894	4897402	
九、其　他	52907214	20901600	17918732	2982867	18626

财政补助支出明细(地方)

单位: 千元

公用部分	商品和服务支出	其他资本性支出			基本建设支出
			专项公用支出	专项项目支出	
1312855859	**652612269**	**660243590**	**209885374**	**450358216**	**89413995**
299530014	151128521	148401493	64922828	83478665	26291634
297187403	149386735	147800668	64630702	83169966	26256267
195415056	108907126	86507931	39288649	47219282	20929787
101772346	40479609	61292737	25342053	35950684	5326479
2342611	1741786	600825	292127	308698	35368
124491819	47575361	76916459	22433007	54483451	3916359
58148938	23448025	34700913	9823481	24877432	1844127
48259638	15687180	32572458	8586523	23985935	1193501
25129677	6642615	18487063	3530283	14956779	423362
16191358	7214479	8976879	3865584	5111294	829683
1891886	1225676	666210	157419	508791	49048
358299763	167952153	190347610	53054241	137293369	30392477
358185626	167844280	190341346	53048597	137292749	30392477
125550710	55913501	69637210	20141498	49495711	14590223
47332364	20169546	27162819	6864611	20298208	1980454
232634916	111930779	120704137	32907099	87797037	15802254
112713173	52533863	60179310	14871602	45307708	4631197
114137	107873	6264	5644	620	
341022755	178842516	162180239	45905304	116274935	20720327
341022493	178842254	162180239	45905304	116274935	20720327
164999955	85237287	79762668	19875064	59887604	6188558
262	262				
6620998	3757271	2863727	900855	1962872	401454
6292787	3545216	2747571	858447	1889124	400549
328212	212056	116156	42408	73748	905
112575233	58819618	53755615	14540942	39214673	3267428
47608061	21691452	25916610	5572444	20344165	1256443
16930764	12446291	4484472	1526233	2958240	349019
24913754	17949235	6964519	3176993	3787526	540441
28470758	14141302	14329456	3424971	10904485	3534856

1-25 各级各类教育机构

学校类别	合　计	个人部分	工资福利支　出	对个人和家庭的补助支出	#助学金
总　计	**4532033370**	**3075205496**	**2725964250**	**349241245**	**169424850**
一、高等学校	907394467	501081305	394374019	106707285	76611028
1.普通高等学校	898524517	494693265	388765033	105928232	76429986
高等本科学校	683120962	384549597	301105823	83443774	60037037
高职高专学校	215403555	110143668	87659210	22484458	16392950
2.成人高等学校	8869950	6388039	5608986	779053	181042
二、中等职业学校	275621371	151160040	132654101	18505939	8824988
1.中等专业学校	127464689	69622981	60057374	9565607	4563283
2.职业高中	105036229	56522784	50281077	6241707	3175093
#农村	49761146	24529758	21663400	2866358	1874426
3.技工学校	35229603	19022418	16861836	2160582	1064980
4.成人中专学校	7890849	5991857	5453814	538043	21632
三、中　学	1409635055	1030201588	940769061	89432528	38297412
1.普通中学	1409049386	1029730056	940320367	89409689	38297412
普通高中	492483541	354280723	328137483	26143240	10168492
#农村	190769959	142463115	131493988	10969126	6089470
普通初中	916565845	675449333	612182883	63266449	28128920
#农村	496255881	381941490	342474190	39467300	20747637
2.成人中学	585670	471532	448694	22838	
四、小　学	1464201196	1110569546	999119783	111449763	41022802
1.普通小学	1464199569	1110568181	999118418	111449763	41022802
#农村	821154012	653378285	578919146	74459139	30656603
2.成人小学	1627	1365	1365		
五、特殊教育	23057379	16106181	14934684	1171496	402712
1.特殊教育学校	22091349	15456372	14325992	1130380	397805
2.工读学校	966030	649808	608692	41116	4906
六、幼儿园	278377658	173230200	163481523	9748676	4228987
#农村	129412155	84668836	79520464	5148373	3035381
七、教育行政单位	41840437	24482924	20224006	4258918	
八、教育事业单位	75901917	46985141	42070803	4914338	
九、其　他	56003890	21388571	18336270	3052302	36921

财政补助支出明细(教育和其他部门)

单位：千元

公用部分	商品和服务支出	其他资本性支出			基本建设支出
			专项公用支出	专项项目支出	
1360441587	**688209128**	**672232460**	**223257480**	**448974980**	**96386287**
373024834	206443187	166581647	80424232	86157415	33288328
370578291	204620401	165957891	80109174	85848717	33252961
270524305	165211196	105313109	55162950	50150160	28047059
100053986	39409205	60644781	24946224	35698557	5205901
2446543	1822786	623757	315059	308698	35368
120554972	44894731	75660242	22094907	53565335	3906359
55997582	22076087	33921495	9631871	24289624	1844127
47329944	15082222	32247722	8531137	23716586	1183501
24808027	6360963	18447064	3512386	14934678	423362
15377502	6545046	8832456	3775293	5057163	829683
1849945	1191376	658569	156607	501962	49048
349057323	160801823	188255500	52558269	135697231	30376144
348943186	160693949	188249236	52552626	135696611	30376144
123622595	55083033	68539561	20085417	48454145	14580223
46336390	19775320	26561071	6814797	19746273	1970454
225320591	105610916	119709675	32467209	87242466	15795921
109688194	49912978	59775216	14723729	45051487	4626197
114137	107873	6264	5644	620	
332913276	171901587	161011688	45368678	115643010	20718375
332913014	171901326	161011688	45368678	115643010	20718375
161587169	82296386	79290783	19697244	59593539	6188558
262	262				
6549744	3708521	2841224	894369	1946854	401454
6234428	3506450	2727978	852335	1875643	400549
315317	202071	113246	42035	71211	905
101881001	49912718	51968283	13686283	38282000	3266458
43487847	18495162	24992685	5238818	19753867	1255472
17008495	12520961	4487533	1529294	2958240	349019
28371480	21333404	7038076	3250551	3787526	545295
31080462	16692196	14388266	3450896	10937370	3534856

1-26 各级各类教育机构

学校类别	合 计	个人部分	工资福利支 出	对个人和家庭的补助支出	#助学金
总 计	**228950895**	**132466090**	**100762087**	**31704003**	**26596421**
一、高等学校	217046399	128005759	96471634	31534125	26572725
1.普通高等学校	216826633	127894255	96363480	31530776	26572725
高等本科学校	216099899	127522324	96023793	31498531	26545622
高职高专学校	726734	371932	339686	32245	27103
2.成人高等学校	219766	111503	108154	3349	
二、中等职业学校	110645	82362	80914	1448	3
1.中等专业学校	108956	80673	79225	1448	3
2.职业高中					
#农村					
3.技工学校					
4.成人中专学校	1689	1689	1689		
三、中 学	2606446	1915996	1872561	43435	2510
1.普通中学	2606446	1915996	1872561	43435	2510
普通高中	1681747	1252053	1220543	31509	1726
#农村	164047	137105	135891	1214	53
普通初中	924700	663943	652017	11926	783
#农村	6893	6216	6030	186	153
2.成人中学					
四、小 学	1060049	684683	676485	8198	1141
1.普通小学	1060049	684683	676485	8198	1141
#农村	17475	15320	14725	595	545
2.成人小学					
五、特殊教育					
1.特殊教育学校					
2.工读学校					
六、幼儿园	987515	787465	781953	5512	1747
#农村	16138	13439	13261	178	102
七、教育行政单位	263740	186009	161094	24915	
八、教育事业单位	3779425	316845	299909	16936	
九、其 他	3096675	486971	417537	69434	18295

财政补助支出明细(中央教育和其他部门)

单位：千元

公用部分	商品和服务支出	其他资本性支出	专项公用支出	专项项目支出	基本建设支出
88304491	**65432543**	**22871948**	**17424219**	**5447729**	**8180313**
80865181	58308068	22557113	17164419	5392695	8175459
80756919	58222737	22534181	17141487	5392695	8175459
80441158	58056753	22384405	17088245	5296160	8136417
315761	165984	149776	53242	96535	39042
108262	85330	22932	22932		
28283	27571	712	712		
28283	27571	712	712		
690451	586841	103609	100210	3399	
690451	586841	103609	100210	3399	
429694	357352	72342	71304	1038	
26942	24081	2860	2860		
260757	229489	31268	28907	2361	
677	577	100	50	50	
375366	334776	40590	34409	6182	
375366	334776	40590	34409	6182	
2155	1586	569	296	273	
200050	165555	34494	21926	12568	
2699	1650	1049	626	424	
77731	74670	3061	3061		
3457726	3384169	73558	73558		4854
2609704	2550894	58810	25925	32885	

1-27　各级各类教育机构

学校类别	合　计	个人部分	工资福利支　出	对个人和家庭的补助支出	#助学金
总　　计	**4303082475**	**2942739405**	**2625202164**	**317537242**	**142828430**
一、高等学校	690348068	373075546	297902385	75173160	50038303
1.普通高等学校	681697884	366799010	292401553	74397457	49857261
高等本科学校	467021063	257027273	205082029	51945244	33491415
高职高专学校	214676821	109771736	87319524	22452213	16365847
2.成人高等学校	8650185	6276536	5500832	775704	181042
二、中等职业学校	275510726	151077677	132573187	18504490	8824985
1.中等专业学校	127355733	69542307	59978149	9564159	4563280
2.职业高中	105036229	56522784	50281077	6241707	3175093
#农村	49761146	24529758	21663400	2866358	1874426
3.技工学校	35229603	19022418	16861836	2160582	1064980
4.成人中专学校	7889160	5990167	5452125	538043	21632
三、中　学	1407028609	1028285593	938896500	89389093	38294902
1.普通中学	1406442939	1027814060	938447806	89366255	38294902
普通高中	490801794	353028671	326916940	26111731	10166765
#农村	190605912	142326010	131358097	10967913	6089417
普通初中	915641145	674785390	611530866	63254524	28128137
#农村	496248988	381935274	342468160	39467113	20747484
2.成人中学	585670	471532	448694	22838	
四、小　学	1463141147	1109884863	998443299	111441564	41021662
1.普通小学	1463139520	1109883498	998441934	111441564	41021662
#农村	821136537	653362965	578904421	74458544	30656058
2.成人小学	1627	1365	1365		
五、特殊教育	23057379	16106181	14934684	1171496	402712
1.特殊教育学校	22091349	15456372	14325992	1130380	397805
2.工读学校	966030	649808	608692	41116	4906
六、幼儿园	277390143	172442735	162699570	9743164	4227240
#农村	129396017	84655397	79507203	5148194	3035279
七、教育行政单位	41576697	24296915	20062911	4234004	
八、教育事业单位	72122492	46668297	41770894	4897402	
九、其　他	52907214	20901600	17918732	2982867	18626

财政补助支出明细(地方教育和其他部门)

单位：千元

公用部分	商品和服务支出	其他资本性支出	专项公用支出	专项项目支出	基本建设支出
1272137096	**622776584**	**649360512**	**205833261**	**443527251**	**88205973**
292159653	148135119	144024534	63259814	80764720	25112869
289821372	146397663	143423709	62967687	80456022	25077502
190083147	107154443	82928704	38074705	44854000	19910643
99738225	39243220	60495005	24892982	35602022	5166859
2338281	1737456	600825	292127	308698	35368
120526690	44867160	75659530	22094195	53565335	3906359
55969299	22048516	33920783	9631159	24289624	1844127
47329944	15082222	32247722	8531137	23716586	1183501
24808027	6360963	18447064	3512386	14934678	423362
15377502	6545046	8832456	3775293	5057163	829683
1849945	1191376	658569	156607	501962	49048
348366872	160214981	188151891	52458059	135693832	30376144
348252735	160107108	188145627	52452415	135693212	30376144
123192901	54725681	68467220	20014113	48453107	14580223
46309449	19751238	26558210	6811937	19746273	1970454
225059834	105381427	119678407	32438302	87240105	15795921
109687517	49912402	59775116	14723679	45051437	4626197
114137	107873	6264	5644	620	
332537909	171566812	160971098	45334270	115636828	20718375
332537648	171566550	160971098	45334270	115636828	20718375
161585014	82294801	79290214	19696947	59593266	6188558
262	262				
6549744	3708521	2841224	894369	1946854	401454
6234428	3506450	2727978	852335	1875643	400549
315317	202071	113246	42035	71211	905
101680951	49747163	51933789	13664357	38269431	3266458
43485147	18493512	24991635	5238193	19753443	1255472
16930764	12446291	4484472	1526233	2958240	349019
24913754	17949235	6964519	3176993	3787526	540441
28470758	14141302	14329456	3424971	10904485	3534856

1-28 各级各类教育机构

学校类别	合 计	个人部分	工资福利支出	对个人和家庭的补助支出	#助学金
总 计	**22075352**	**12415765**	**10157951**	**2257814**	**937130**
一、高等学校	6691152	3001239	2162822	838417	589654
1.普通高等学校	6604228	2916659	2080415	836244	589607
高等本科学校	3475517	1447567	1148329	299238	149684
高职高专学校	3128711	1469092	932086	537006	439923
2.成人高等学校	86923	84580	82407	2173	47
二、中等职业学校	2117651	847357	663183	184174	101037
1.中等专业学校	1530585	449411	367240	82171	50237
2.职业高中	24336	18519	12949	5570	2741
#农村	8066	6228	3986	2242	
3.技工学校	536579	355967	265273	90694	47965
4.成人中专学校	26150	23459	17721	5738	94
三、中 学	4763327	3168298	2672234	496064	118748
1.普通中学	4763327	3168298	2672234	496064	118748
普通高中	1757619	1087562	935487	152075	52034
#农村	340270	231475	190724	40751	4937
普通初中	3005708	2080736	1736747	343989	66714
#农村	1830333	1429171	1184884	244287	43189
2.成人中学					
四、小 学	4905713	3564045	2996626	567418	96418
1.普通小学	4905713	3564045	2996626	567418	96418
#农村	3304654	2622767	2170990	451777	77442
2.成人小学					
五、特殊教育	14321	12354	10153	2201	433
1.特殊教育学校	9326	7545	5617	1928	160
2.工读学校	4995	4809	4536	273	273
六、幼儿园	2692995	1520154	1409445	110709	30839
#农村	1112055	663794	596040	67755	15733
七、教育行政单位	146638	68484	37139	31345	
八、教育事业单位	157838	91505	81161	10344	
九、其 他	585716	142329	125188	17141	

财政补助支出明细(国有及国有控股企业办)

单位：千元

公用部分	商品和服务支出	其他资本性支出	专项公用支出	专项项目支出	基本建设支出
6886151	**3640208**	**3245942**	**1249083**	**1996859**	**2773436**
2171731	1131309	1040422	677053	363369	1518182
2169387	1129987	1039400	676032	363369	1518182
811141	528942	282200	271315	10885	1216809
1358246	601046	757200	404717	352483	301373
2344	1322	1021	1021		
882446	358952	523494	101810	421684	387848
693326	218199	475127	89095	386032	387848
5817	3134	2683	2247	436	
1838	737	1100	825	275	
180612	135515	45097	10369	34728	
2691	2105	586	98	488	
1320210	597306	722904	154786	568118	274818
1320210	597306	722904	154786	568118	274818
481142	213780	267362	76869	190493	188915
95606	60845	34761	15298	19463	13189
839068	383526	455543	77918	377625	85904
360908	212653	148255	49436	98819	40253
1132559	630508	502051	160735	341316	209109
1132559	630508	502051	160735	341316	209109
619451	317941	301510	99118	202392	62436
1967	1714	253	216	37	
1781	1528	253	216	37	
186	186				
1098106	682861	415244	135981	279264	74735
409923	214166	195757	60908	134849	38338
76730	70558	6172	5849	323	1424
62593	46561	16032	8545	7487	3740
139809	120438	19370	4108	15262	303578

1-29 各级各类教育机构

学校类别	合 计	个人部分	工资福利支出	对个人和家庭的补助支出	#助学金
总 计	**18128229**	**10244025**	**8427037**	**1816988**	**573255**
一、高等学校	5441303	2209868	1689311	520557	301056
1.普通高等学校	5365766	2136401	1617970	518431	301056
高等本科学校	3471642	1443691	1148329	295363	145808
高职高专学校	1894124	692710	469641	223069	155248
2.成人高等学校	75537	73467	71341	2126	
二、中等职业学校	1210865	432431	328820	103611	45214
1.中等专业学校	1015454	299976	239186	60790	34581
2.职业高中	18491	13597	10732	2865	35
#农村	8066	6228	3986	2242	
3.技工学校	150835	95465	61182	34283	10569
4.成人中专学校	26085	23393	17721	5673	28
三、中 学	4654533	3125358	2632496	492861	116419
1.普通中学	4654533	3125358	2632496	492861	116419
普通高中	1754624	1087147	935235	151912	51870
#农村	340234	231439	190703	40736	4921
普通初中	2899909	2038211	1697262	340950	64548
#农村	1819435	1425185	1181477	243708	43050
2.成人中学					
四、小 学	4536994	3384127	2832148	551979	94878
1.普通小学	4536994	3384127	2832148	551979	94878
#农村	3289082	2609156	2159673	449483	76911
2.成人小学					
五、特殊教育	9326	7545	5617	1928	160
1.特殊教育学校	9326	7545	5617	1928	160
2.工读学校					
六、幼儿园	1385015	782378	695157	87220	15529
#农村	862985	545414	486132	59282	10911
七、教育行政单位	146638	68484	37139	31345	
八、教育事业单位	157838	91505	81161	10344	
九、其 他	585716	142329	125188	17141	

财政补助支出明细(中央国有及国有控股企业办)

单位：千元

公用部分	商品和服务支出	其他资本性支出			基本建设支出
			专项公用支出	专项项目支出	
5152374	**2477995**	**2674379**	**1024274**	**1650105**	**2731831**
1752906	851728	901178	543551	357627	1478529
1750835	850679	900156	542529	357627	1478529
811141	528942	282200	271315	10885	1216809
939694	321737	617957	271215	346742	261720
2071	1049	1021	1021		
390585	159705	230880	75015	155865	387848
327630	131226	196404	70302	126101	387848
4894	2211	2683	2247	436	
1838	737	1100	825	275	
55369	24163	31206	2367	28840	
2691	2105	586	98	488	
1254357	532989	721368	153374	567993	274818
1254357	532989	721368	153374	567993	274818
478563	211201	267362	76869	190493	188915
95606	60845	34761	15298	19463	13189
775794	321789	454006	76506	377500	85904
353996	205741	148255	49436	98819	40253
945710	452792	492918	153683	339235	207157
945710	452792	492918	153683	339235	207157
617490	316117	301373	98981	202392	62436
1781	1528	253	216	37	
1781	1528	253	216	37	
527902	241694	286208	79934	206274	74735
279234	144785	134449	41701	92748	38338
76730	70558	6172	5849	323	1424
62593	46561	16032	8545	7487	3740
139809	120438	19370	4108	15262	303578

1-30 各级各类教育机构

学校类别	合 计	个人部分	工资福利支出	对个人和家庭的补助支出	#助学金
总 计	**3947122**	**2171740**	**1730914**	**440826**	**363875**
一、高等学校	1249849	791371	473511	317860	288598
1.普通高等学校	1238463	780258	462445	317813	288551
高等本科学校	3875	3875		3875	3875
高职高专学校	1234587	776383	462445	313937	284675
2.成人高等学校	11386	11113	11066	47	47
二、中等职业学校	906786	414926	334363	80563	55823
1.中等专业学校	515131	149435	128054	21381	15656
2.职业高中	5845	4922	2217	2705	2705
#农村					
3.技工学校	385745	260502	204091	56411	37397
4.成人中专学校	66	66		66	66
三、中 学	108794	42940	39738	3203	2329
1.普通中学	108794	42940	39738	3203	2329
普通高中	2994	415	252	163	163
#农村	36	36	21	15	15
普通初中	105799	42525	39486	3039	2166
#农村	10898	3986	3408	579	139
2.成人中学					
四、小 学	368719	179918	164479	15439	1541
1.普通小学	368719	179918	164479	15439	1541
#农村	15572	13610	11316	2294	532
2.成人小学					
五、特殊教育	4995	4809	4536	273	273
1.特殊教育学校					
2.工读学校	4995	4809	4536	273	273
六、幼儿园	1307980	737777	714288	23489	15311
#农村	249069	118381	109907	8473	4822
七、教育行政单位					
八、教育事业单位					
九、其 他					

财政补助支出明细(地方国有及国有控股企业办)

单位：千元

公用部分	商品和服务支出	其他资本性支出	专项公用支出	专项项目支出	基本建设支出
1733777	**1162214**	**571563**	**224809**	**346755**	**41605**
418825	279581	139244	133502	5742	39652
418552	279308	139244	133502	5742	39652
418552	279308	139244	133502	5742	39652
273	273				
491861	199247	292614	26795	265819	
365696	86973	278723	18793	259930	
923	923				
125242	111351	13891	8002	5888	
65853	64316	1537	1412	125	
65853	64316	1537	1412	125	
2579	2579				
63274	61737	1537	1412	125	
6912	6912				
186849	177716	9133	7053	2080	1953
186849	177716	9133	7053	2080	1953
1961	1824	137	137		
186	186				
186	186				
570203	441167	129036	56047	72989	
130689	69381	61308	19207	42102	

1-31 各级各类教育机构

学校类别	合　计	个人部分	工资福利支　出	对个人和家庭的补助支出	#助学金
总　　计	**91208747**	**51057345**	**23614800**	**27442546**	**23014093**
一、高等学校	23338418	15247770	2531683	12716087	11540687
1.普通高等学校	23332485	15245894	2529807	12716087	11540687
高等本科学校	15185587	8834533	2119492	6715042	6281504
高职高专学校	8146898	6411361	410315	6001045	5259183
2.成人高等学校	5933	1875	1875		
二、中等职业学校	7875550	4392281	2205840	2186441	2036230
1.中等专业学校	3853640	2039697	816829	1222868	1152337
2.职业高中	2274599	1335828	683643	652185	608473
#农村	857632	535982	298844	237137	223515
3.技工学校	1641040	952425	679289	273136	242814
4.成人中专学校	106271	64330	26078	38252	32606
三、中　学	20656455	10773084	6405928	4367156	3533626
1.普通中学	20656455	10773084	6405928	4367156	3533626
普通高中	5994754	3629524	2486348	1143176	981659
#农村	2936592	1903676	1353770	549906	511554
普通初中	14661700	7143560	3919580	3223980	2551967
#农村	5644929	2621185	1496681	1124505	996543
2.成人中学					
四、小　学	19404968	11106971	5029225	6077746	4370268
1.普通小学	19404968	11106971	5029225	6077746	4370268
#农村	6166477	2753497	1339034	1414463	1253998
2.成人小学					
五、特殊教育	146808	75740	56224	19516	14009
1.特殊教育学校	127532	69173	50968	18205	13899
2.工读学校	19276	6566	5256	1311	109
六、幼儿园	19786548	9461499	7385900	2075599	1519273
#农村	6604095	2610899	1714692	896208	800400
七、教育行政单位					
八、教育事业单位					
九、其　他					

财政补助支出明细(民办)

单位：千元

公用部分	商品和服务支出	其他资本性支出			基本建设支出
			专项公用支出	专项项目支出	
38984986	**28673471**	**10311515**	**3827305**	**6484210**	**1166416**
6951536	2713821	4237715	1529512	2708202	1139113
6947478	2709763	4237715	1529512	2708202	1139113
5331909	1752683	3579226	1213944	2365282	1019145
1615569	957080	658488	315568	342920	119968
4057	4057				
3473269	2508954	964315	312017	652298	10000
1813943	1312536	501407	173530	327877	
928771	604035	324735	55386	269349	10000
321651	281652	39999	17897	22102	
688614	558082	130532	82289	48243	
41941	34300	7641	812	6829	
9867038	7672855	2194182	594770	1599412	16333
9867038	7672855	2194182	594770	1599412	16333
2355230	1185241	1169990	127385	1042604	10000
1022916	418307	604608	52674	551934	10000
7511807	6487615	1024193	467385	556808	6333
3018743	2614549	404194	147923	256271	5000
8297997	7097988	1200008	563981	636027	
8297997	7097988	1200008	563981	636027	
3412980	2940663	472317	177980	294337	
71068	48565	22503	6486	16018	
58359	38765	19593	6112	13481	
12709	9799	2910	374	2537	
10324079	8631288	1692791	820538	872253	970
3992225	3128559	863666	315045	548621	970

1-32 各级各类教育机构一般公共预算

学校类别	合 计	个人部分	工资福利支出	对个人和家庭的补助支出	#助学金
总 计	**3811096538**	**2645959470**	**2336163370**	**309796100**	**186198547**
一、高等学校	766229393	450581915	343152957	107428958	85769811
1.普通高等学校	758886471	445311104	338399722	106911382	85589356
高等本科学校	577896237	340802595	260207290	80595306	63911048
高职高专学校	180990234	104508509	78192432	26316076	21678309
2.成人高等学校	7342922	5270811	4753235	517576	180455
二、中等职业学校	207128791	129800085	113362962	16437123	10154061
1.中等专业学校	96346460	59288650	50598595	8690055	5359320
2.职业高中	75535611	48336357	42836904	5499453	3509628
#农村	34001846	21424379	18700502	2723877	2008995
3.技工学校	29102924	17475445	15563824	1911621	1230781
4.成人中专学校	6143796	4699633	4363639	335994	54332
三、中 学	1187579880	875571945	800189881	75382064	40542332
1.普通中学	1187071110	875170790	799806067	75364723	40542332
普通高中	406034249	298290538	277168566	21121972	10773237
#农村	161464123	121945284	112014483	9930802	6420869
普通初中	781036862	576880252	522637502	54242751	29769096
#农村	429454568	327689499	292895577	34793922	21442437
2.成人中学	508770	401155	383813	17341	
四、小 学	1245340409	943117408	851281842	91835566	43701296
1.普通小学	1245338864	943116125	851280559	91835566	43701296
#农村	703735598	552947428	492230676	60716752	31506270
2.成人小学	1545	1283	1283		
五、特殊教育	19243787	13214359	12378097	836262	393760
1.特殊教育学校	18450984	12682006	11868866	813141	388882
2.工读学校	792803	532353	509231	23121	4878
六、幼儿园	247797056	160229222	150069091	10160131	5600455
#农村	113909181	76692092	71127517	5564575	3790910
七、教育行政单位	32409767	19055184	16366438	2688746	
八、教育事业单位	60975483	37682988	34505402	3177586	
九、其 他	44391971	16706365	14856700	1849665	36831

教育事业费和基本建设支出明细(全国)

单位：千元

公用部分	商品和服务支出	其他资本性支出			基本建设支出
			专项公用支出	专项项目支出	
1071218601	**628391558**	**442827043**	**174112038**	**268715005**	**93918467**
281994308	170531563	111462745	66864484	44598262	33653170
279957565	168858992	111098573	66616298	44482275	33617802
208775576	131313074	77462503	45255298	32207204	28318065
71181988	37545918	33636071	21361000	12275070	5299737
2036743	1672571	364172	248185	115987	35368
73577947	41755804	31822143	15622305	16199838	3750759
35055260	20032338	15022922	7626319	7396603	2002550
26123277	14039816	12083461	5330665	6752796	1075977
12243282	6199256	6044027	2533385	3510642	334184
10957005	6617991	4339014	2534519	1804495	670475
1442405	1065659	376746	130802	245944	1758
283122563	152583383	130539180	38497657	92041522	28885373
283014947	152480521	130534426	38493054	92041372	28885373
93915186	50667610	43247576	13838928	29408648	13828525
37632960	18899739	18733221	5272131	13461090	1885879
189099761	101812912	87286850	24654126	62632724	15056848
97472422	49883710	47588712	12123137	35465574	4292646
107616	102862	4754	4604	150	
282377162	164107771	118269390	34891882	83377508	19845839
282376900	164107510	118269390	34891882	83377508	19845839
144893413	80702325	64191088	16841758	47349331	5894757
262	262				
5660271	3363854	2296417	714943	1581474	369157
5400725	3182948	2217778	682733	1535045	368252
259546	180906	78640	32210	46430	905
84397652	53395968	31001684	10834030	20167654	3170182
35951562	20305996	15645566	4501274	11144292	1265527
13075196	10738766	2336430	1211129	1125301	279387
22847314	18218036	4629279	2525731	2103548	445181
24166188	13696413	10469775	2949877	7519898	3519419

1-33 各级各类教育机构一般公共预算

学校类别	合计	个人部分	工资福利支出	对个人和家庭的补助支出	#助学金
总计	**184034740**	**114920331**	**84774046**	**30146285**	**25119784**
一、高等学校	164879294	104536807	75547463	28989343	24826498
1.普通高等学校	164704381	104407211	75419967	28987245	24826498
高等本科学校	162931892	103590224	74811346	28778878	24644158
高职高专学校	1772489	816988	608621	208367	182340
2.成人高等学校	174913	129595	127497	2099	
二、中等职业学校	1119827	430123	343112	87011	43337
1.中等专业学校	927646	299954	255260	44694	32705
2.职业高中	17599	12704	9839	2865	35
#农村	7174	5336	3094	2242	
3.技工学校	150131	94934	60776	34158	10569
4.成人中专学校	24452	22530	17236	5294	28
三、中学	6491908	4302550	3869922	432628	118690
1.普通中学	6491908	4302550	3869922	432628	118690
普通高中	3104070	2029048	1873804	155243	53548
#农村	466656	331929	293854	38075	4975
普通初中	3387838	2273502	1996118	277384	65142
#农村	1546631	1154862	961593	193269	43203
2.成人中学					
四、小学	4883546	3366728	2922299	444429	95618
1.普通小学	4883546	3366728	2922299	444429	95618
#农村	2790788	2115204	1750579	364626	77456
2.成人小学					
五、特殊教育	6488	5216	4334	881	160
1.特殊教育学校	6488	5216	4334	881	160
2.工读学校					
六、幼儿园	2134173	1381524	1296965	84559	17185
#农村	780423	485554	429701	55853	10933
七、教育行政单位	274041	150625	128358	22267	
八、教育事业单位	2627224	202902	188697	14206	
九、其他	1618239	543857	472895	70961	18295

教育事业费和基本建设支出明细(中央)

单位：千元

公用部分	商品和服务支出	其他资本性支出	专项公用支出	专项项目支出	基本建设支出
59688106	**42315863**	**17372244**	**13380165**	**3992079**	**9426303**
52079863	36625643	15454220	12669413	2784808	8262625
52034545	36582067	15452478	12667670	2784808	8262625
51344682	36147630	15197052	12483159	2713893	7996986
689863	434437	255426	184511	70915	265638
45318	43575	1742	1742		
301856	174870	126986	70515	56471	387848
239843	147328	92515	65808	26707	387848
4894	2211	2683	2247	436	
1838	737	1100	825	275	
55197	23991	31206	2367	28840	
1922	1341	581	93	488	
1914612	1095916	818696	249363	569333	274746
1914612	1095916	818696	249363	569333	274746
886181	549565	336616	146678	189937	188842
121538	84065	37473	18010	19463	13189
1028432	546351	482081	102684	379396	85904
351516	203920	147596	49192	98404	40253
1309662	780347	529315	186859	342456	207157
1309662	780347	529315	186859	342456	207157
613149	313948	299200	98763	200437	62436
1272	1124	148	148		
1272	1124	148	148		
683339	397226	286113	96469	189643	69310
261956	144177	117779	38806	78973	32913
122065	117708	4358	4034	323	1350
2415727	2338342	77385	75171	2214	8595
859710	784687	75023	28193	46830	214673

1-34　各级各类教育机构一般公共预算

学校类别	合　计	个人部分	工资福利支出	对个人和家庭的补助支出	#助学金
总　　计	**3627061797**	**2531039139**	**2251389324**	**279649814**	**161078762**
一、高等学校	601350099	346045108	267605494	78439615	60943313
1.普通高等学校	594182089	340903893	262979756	77924137	60762858
高等本科学校	414964345	237212372	185395944	51816428	39266890
高职高专学校	179217744	103691521	77583811	26107709	21495968
2.成人高等学校	7168009	5141216	4625738	515478	180455
二、中等职业学校	206008964	129369962	113019850	16350112	10110724
1.中等专业学校	95418814	58988696	50343335	8645360	5326615
2.职业高中	75518012	48323652	42827064	5496588	3509593
#农村	33994672	21419043	18697408	2721635	2008995
3.技工学校	28952793	17380510	15503048	1877463	1220212
4.成人中专学校	6119345	4677103	4346403	330701	54304
三、中　学	1181087972	871269395	796319959	74949436	40423642
1.普通中学	1180579202	870868240	795936145	74932095	40423642
普通高中	402930178	296261490	275294762	20966729	10719689
#农村	160997467	121613355	111720629	9892726	6415894
普通初中	777649024	574606750	520641384	53965366	29703953
#农村	427907936	326534638	291933985	34600653	21399234
2.成人中学	508770	401155	383813	17341	
四、小　学	1240456863	939750680	848359543	91391137	43605678
1.普通小学	1240455318	939749397	848358260	91391137	43605678
#农村	700944810	550832223	490480097	60352126	31428814
2.成人小学	1545	1283	1283		
五、特殊教育	19237300	13209143	12373762	835381	393600
1.特殊教育学校	18444497	12676791	11864531	812260	388722
2.工读学校	792803	532353	509231	23121	4878
六、幼儿园	245662883	158847698	148772126	10075572	5583269
#农村	113128758	76206538	70697816	5508722	3779977
七、教育行政单位	32135726	18904558	16238080	2666479	
八、教育事业单位	58348259	37480085	34316705	3163380	
九、其　他	42773732	16162508	14383805	1778703	18536

教育事业费和基本建设支出明细(地方)

单位：千元

公用部分					基本建设支出
	商品和服务支出	其他资本性支出			
			专项公用支出	专项项目支出	
1011530494	**586075695**	**425454799**	**160731873**	**264722926**	**84492164**
229914445	133905920	96008525	54195071	41813454	25390545
227923019	132276924	95646095	53948628	41697467	25355177
157430894	95165444	62265450	32772139	29493311	20321079
70492125	37111480	33380645	21176489	12204156	5034098
1991426	1628996	362430	246443	115987	35368
73276091	41580934	31695157	15551790	16143367	3362911
34815417	19885010	14930407	7560511	7369896	1614702
26118383	14037605	12080778	5328418	6752360	1075977
12241445	6198518	6042927	2532560	3510367	334184
10901808	6594000	4307807	2532152	1775655	670475
1440483	1064318	376165	130709	245456	1758
281207950	151487467	129720483	38248295	91472189	28610627
281100335	151384605	129715730	38243691	91472039	28610627
93029005	50118045	42910960	13692249	29218711	13639683
37511422	18815674	18695748	5254121	13441627	1872690
188071330	101266561	86804769	24551441	62253328	14970944
97120906	49679790	47441115	12073946	35367170	4252393
107616	102862	4754	4604	150	
281067500	163327425	117740076	34705024	83035052	19638682
281067239	163327163	117740076	34705024	83035052	19638682
144280265	80388377	63891888	16742995	47148893	5832322
262	262				
5658999	3362730	2296269	714795	1581474	369157
5399453	3181824	2217629	682585	1535045	368252
259546	180906	78640	32210	46430	905
83714313	52998742	30715571	10737561	19978010	3100872
35689606	20161819	15527787	4462468	11065319	1232614
12953130	10621058	2332072	1207094	1124978	278037
20431587	15879694	4551894	2450560	2101334	436587
23306478	12911726	10394752	2921684	7473068	3304746

1-35 各级各类教育机构一般公共预算

学校类别	合 计	个人部分	工资福利支出	对个人和家庭的补助支出	#助学金
总 计	**3711759341**	**2590174104**	**2307210317**	**282963786**	**164028485**
一、高等学校	739261451	433267025	339048978	94218047	73771971
1.普通高等学校	731989120	428061454	334360840	93700613	73591563
高等本科学校	561271259	331095310	257260032	73835278	57583042
高职高专学校	170717862	96966144	77100809	19865335	16008522
2.成人高等学校	7272331	5205571	4688137	517434	180408
二、中等职业学校	198052198	124829806	110715361	14114445	8046455
1.中等专业学校	91577944	56904399	49492948	7411450	4167210
2.职业高中	73387548	47063481	42204582	4858899	2914267
#农村	33174019	20911304	18421866	2489438	1789874
3.技工学校	27068836	16246556	14694843	1551713	943346
4.成人中专学校	6017870	4615370	4322987	292383	21632
三、中 学	1165894895	863939501	792654275	71285226	37398645
1.普通中学	1165386125	863538347	792270462	71267885	37398645
普通高中	399620660	294393972	274383550	20010422	9858630
#农村	158643051	120043678	110688284	9355394	5909613
普通初中	765765465	569144375	517886912	51257463	27540015
#农村	422509319	324080947	290587578	33493369	20413470
2.成人中学	508770	401155	383813	17341	
四、小 学	1225126148	931551062	844914011	86637051	40266072
1.普通小学	1225124603	931549779	844912727	86637051	40266072
#农村	695135763	548252735	489298227	58954508	30186423
2.成人小学	1545	1283	1283		
五、特殊教育	19091894	13132154	12315379	816775	379528
1.特殊教育学校	18318769	12609250	11814979	794271	375033
2.工读学校	773124	522904	500400	22504	4496
六、幼儿园	227176119	150232995	142024381	8208614	4128982
#农村	106632026	73648548	69021074	4627473	2989495
七、教育行政单位	32300049	19004325	16337734	2666591	
八、教育事业单位	60844577	37612792	34441061	3171731	
九、其 他	44012011	16604444	14759139	1845305	36831

教育事业费和基本建设支出明细(教育和其他部门)

单位：千元

公用部分	商品和服务支出	其他资本性支出	专项公用支出	专项项目支出	基本建设支出
1031457070	**599404669**	**432052401**	**170016196**	**262036205**	**90128167**
274943475	167527016	107416459	65274881	42141578	31050951
272912084	165858775	107053309	65027718	42025591	31015583
204073887	129693505	74380381	44246217	30134165	26102063
68838197	36165270	32672927	20781501	11891426	4913520
2031392	1668241	363151	247164	115987	35368
69869481	39019788	30849693	15254995	15594698	3352911
33058844	18542318	14516525	7403068	7113458	1614702
25258090	13460464	11797626	5279616	6518010	1065977
11928531	5924340	6004191	2514663	3489528	334184
10151805	5985419	4166387	2442414	1723973	670475
1400742	1031588	369154	129897	239258	1758
273361100	145240936	128120164	37858002	90262163	28594294
273253484	145138074	128115411	37853398	90262013	28594294
91597005	49503878	42093127	13658225	28434902	13629683
36736684	18460395	18276289	5210480	13065809	1862690
181656479	95634196	86022283	24195173	61827110	14964611
94180979	47090741	47090237	11936587	35153650	4247393
107616	102862	4754	4604	150	
273938356	157076965	116861391	34268960	82592431	19636729
273938095	157076704	116861391	34268960	82592431	19636729
141050706	77524187	63526519	16590227	46936292	5832322
262	262				
5590583	3314705	2275878	708421	1567457	369157
5341267	3143231	2198036	676472	1521564	368252
249315	171474	77842	31949	45893	905
73843223	44721645	29121578	9975963	19145615	3099901
31751835	17077696	14674139	4144393	10529746	1231644
13017687	10682672	2335015	1210037	1124978	278037
22790344	18171683	4618661	2517327	2101334	441441
24102821	13649259	10453562	2947609	7505953	3304746

1-36 各级各类教育机构一般公共预算

学校类别	合 计	个人部分	工资福利支出	对个人和家庭的补助支出	#助学金
总 计	**169236512**	**106849147**	**78062336**	**28786811**	**24587894**
一、高等学校	160815135	102919027	74258575	28660452	24564209
1.普通高等学校	160695516	102843705	74185256	28658449	24564209
高等本科学校	160141879	102501872	73873716	28628156	24537106
高职高专学校	553637	341832	311540	30293	27103
2.成人高等学校	119618	75322	73318	2004	
二、中等职业学校	93249	65983	65865	119	3
1.中等专业学校	91560	64294	64176	119	3
2.职业高中					
#农村					
3.技工学校					
4.成人中专学校	1689	1689	1689		
三、中 学	2490980	1817118	1776729	40390	2510
1.普通中学	2490980	1817118	1776729	40390	2510
普通高中	1581385	1167996	1138416	29580	1726
#农村	163235	136294	135110	1183	53
普通初中	909595	649122	638312	10810	783
#农村	5803	5127	4973	153	153
2.成人中学					
四、小 学	1032468	657814	651354	6460	1141
1.普通小学	1032468	657814	651354	6460	1141
#农村	13781	11626	11081	545	545
2.成人小学					
五、特殊教育					
1.特殊教育学校					
2.工读学校					
六、幼儿园	905760	714795	710471	4325	1737
#农村	14813	12114	11953	161	102
七、教育行政单位	164323	99767	99654	112	
八、教育事业单位	2496318	132707	124356	8351	
九、其 他	1238279	441936	375334	66602	18295

教育事业费和基本建设支出明细(中央教育和其他部门)

单位：千元

公用部分	商品和服务支出	其他资本性支出			基本建设支出
			专项公用支出	专项项目支出	
55548291	**40216096**	**15332195**	**12566676**	**2765519**	**6839074**
51061888	36034995	15026893	12316408	2710485	6834219
51017592	35991420	15026172	12315687	2710485	6834219
50844830	35831999	15012831	12302346	2710485	6795177
172762	159421	13341	13341		39042
44296	43575	721	721		
27266	26554	712	712		
27266	26554	712	712		
673861	571234	102627	99228	3399	
673861	571234	102627	99228	3399	
413388	342023	71365	70327	1038	
26942	24081	2860	2860		
260473	229211	31262	28901	2361	
677	577	100	50	50	
374655	334189	40465	34284	6182	
374655	334189	40465	34284	6182	
2155	1586	569	296	273	
190965	157988	32977	20409	12568	
2699	1650	1049	626	424	
64557	61614	2943	2943		
2358757	2291990	66767	66767		4854
796343	737533	58810	25925	32885	

1-37 各级各类教育机构一般公共预算

学校类别	合 计	个人部分	工资福利支出	对个人和家庭的补助支出	#助学金
总 计	**3542522830**	**2483324957**	**2229147981**	**254176976**	**139440591**
一、高等学校	578446316	330347998	264790403	65557595	49207762
1.普通高等学校	571293604	325217749	260175584	65042165	49027354
高等本科学校	401129380	228593437	183386315	45207122	33045936
高职高专学校	170164224	96624312	76789269	19835043	15981419
2.成人高等学校	7152712	5130249	4614819	515431	180408
二、中等职业学校	197958948	124763822	110649496	14114326	8046452
1.中等专业学校	91486384	56840104	49428773	7411331	4167207
2.职业高中	73387548	47063481	42204582	4858899	2914267
#农村	33174019	20911304	18421866	2489438	1789874
3.技工学校	27068836	16246556	14694843	1551713	943346
4.成人中专学校	6016181	4613681	4321298	292383	21632
三、中 学	1163403915	862122383	790877547	71244836	37396135
1.普通中学	1162895145	861721228	790493733	71227495	37396135
普通高中	398039275	293225976	273245133	19980842	9856904
#农村	158479816	119907384	110553174	9354210	5909559
普通初中	764855870	568495253	517248600	51246653	27539231
#农村	422503515	324075820	290582604	33493216	20413317
2.成人中学	508770	401155	383813	17341	
四、小 学	1224093679	930893248	844262657	86630591	40264932
1.普通小学	1224092134	930891965	844261374	86630591	40264932
#农村	695121982	548241109	489287146	58953963	30185878
2.成人小学	1545	1283	1283		
五、特殊教育	19091894	13132154	12315379	816775	379528
1.特殊教育学校	18318769	12609250	11814979	794271	375033
2.工读学校	773124	522904	500400	22504	4496
六、幼儿园	226270359	149518199	141313910	8204289	4127245
#农村	106617213	73636434	69009121	4627312	2989393
七、教育行政单位	32135726	18904558	16238080	2666479	
八、教育事业单位	58348259	37480085	34316705	3163380	
九、其 他	42773732	16162508	14383805	1778703	18536

教育事业费和基本建设支出明细(地方教育和其他部门)

单位：千元

公用部分	商品和服务支出	其他资本性支出			基本建设支出
			专项公用支出	专项项目支出	
975908779	**559188573**	**416720206**	**157449520**	**259270686**	**83289094**
223881587	131492021	92389566	52958473	39431093	24216731
221894492	129867355	92027136	52712030	39315106	24181363
153229057	93861506	59367550	31943871	27423680	19306885
68665435	36005849	32659586	20768159	11891426	4874478
1987095	1624666	362430	246443	115987	35368
69842215	38993235	30848981	15254283	15594698	3352911
33031578	18515764	14515813	7402356	7113458	1614702
25258090	13460464	11797626	5279616	6518010	1065977
11928531	5924340	6004191	2514663	3489528	334184
10151805	5985419	4166387	2442414	1723973	670475
1400742	1031588	369154	129897	239258	1758
272687239	144669701	128017537	37758774	90258764	28594294
272579623	144566840	128012784	37754170	90258614	28594294
91183617	49161855	42021762	13587897	28433865	13629683
36709742	18436313	18273429	5207620	13065809	1862690
181396006	95404985	85991021	24166272	61824749	14964611
94180302	47090165	47090137	11936537	35153600	4247393
107616	102862	4754	4604	150	
273563702	156742776	116820925	34234677	82586249	19636729
273563440	156742514	116820925	34234677	82586249	19636729
141048551	77522601	63525950	16589930	46936019	5832322
262	262				
5590583	3314705	2275878	708421	1567457	369157
5341267	3143231	2198036	676472	1521564	368252
249315	171474	77842	31949	45893	905
73652258	44563657	29088601	9955554	19133047	3099901
31749135	17076046	14673089	4143767	10529322	1231644
12953130	10621058	2332072	1207094	1124978	278037
20431587	15879694	4551894	2450560	2101334	436587
23306478	12911726	10394752	2921684	7473068	3304746

1-38 各级各类教育机构一般公共预算

学校类别	合 计	个人部分	工资福利支出	对个人和家庭的补助支出	#助学金
总 计	**18165684**	**10076735**	**8293742**	**1782993**	**892516**
一、高等学校	5254240	2378699	1735321	643378	550887
1.普通高等学校	5189581	2315335	1672099	643236	550840
高等本科学校	2793888	1092227	937629	154597	110927
高职高专学校	2395693	1223108	734470	488638	439913
2.成人高等学校	64659	63364	63222	142	47
二、中等职业学校	1558990	723382	559733	163649	96812
1.中等专业学校	1068227	374295	309368	64927	48358
2.职业高中	23262	17445	11875	5570	2741
#农村	7174	5336	3094	2242	
3.技工学校	444672	310735	222943	87792	45619
4.成人中专学校	22828	20906	15547	5359	94
三、中 学	4102856	2527741	2132931	394810	117879
1.普通中学	4102856	2527741	2132931	394810	117879
普通高中	1525640	861459	735640	125819	51977
#农村	303457	195671	158764	36907	4937
普通初中	2577216	1666283	1397292	268991	65902
#农村	1551726	1153721	960027	193695	43189
2.成人中学					
四、小 学	4213089	2882247	2435208	447040	95992
1.普通小学	4213089	2882247	2435208	447040	95992
#农村	2792392	2117001	1750633	366369	77438
2.成人小学					
五、特殊教育	11482	10025	8871	1154	433
1.特殊教育学校	6488	5216	4334	881	160
2.工读学校	4995	4809	4536	273	273
六、幼儿园	2404443	1331666	1231072	100594	30513
#农村	950237	580622	516466	64156	15653
七、教育行政单位	109717	50859	28704	22155	
八、教育事业单位	130906	70196	64341	5855	
九、其 他	379961	101921	97562	4359	

教育事业费和基本建设支出明细(国有及国有控股企业办)

单位：千元

公用部分	商品和服务支出	其他资本性支出			基本建设支出
			专项公用支出	专项项目支出	
5460116	**3154562**	**2305554**	**1031428**	**1274126**	**2628834**
1407483	841242	566241	486176	80065	1468058
1406189	840969	565220	485155	80065	1468058
499852	315631	184221	180813	3408	1201809
906336	525338	380998	304342	76657	266248
1295	273	1021	1021		
447760	292170	155590	94640	60950	387848
306084	197276	108808	82101	26707	387848
5817	3134	2683	2247	436	
1838	737	1100	825	275	
133937	90419	43518	10198	33319	
1922	1341	581	93	488	
1300369	582763	717606	151547	566059	274746
1300369	582763	717606	151547	566059	274746
475339	210089	265250	76351	188899	188842
94597	59983	34613	15150	19463	13189
825030	372674	452356	75196	377160	85904
357751	210255	147496	49142	98354	40253
1121732	623750	497982	159628	338354	209109
1121732	623750	497982	159628	338354	209109
612955	314187	298768	98604	200164	62436
1458	1309	148	148		
1272	1124	148	148		
186	186				
1003467	663726	339741	127526	212215	69310
336702	200874	135828	53028	82800	32913
57509	56094	1415	1091	323	1350
56970	46352	10618	8404	2214	3740
63367	47154	16213	2268	13945	214673

1-39　各级各类教育机构一般公共预算

学校类别	合　计	个人部分	工资福利支出	对个人和家庭的补助支出	#助学金
总　计	**14798229**	**8071184**	**6711710**	**1359474**	**531890**
一、高等学校	4064160	1617780	1288889	328891	262289
1.普通高等学校	4008865	1563507	1234710	328796	262289
高等本科学校	2790013	1088351	937629	150722	107052
高职高专学校	1218852	475155	297081	178074	155237
2.成人高等学校	55295	54273	54178	95	
二、中等职业学校	1026578	364139	277247	86892	43334
1.中等专业学校	836086	235660	191084	44576	32702
2.职业高中	17599	12704	9839	2865	35
#农村	7174	5336	3094	2242	
3.技工学校	150131	94934	60776	34158	10569
4.成人中专学校	22763	20841	15547	5294	28
三、中　学	4000929	2485432	2093194	392238	116181
1.普通中学	4000929	2485432	2093194	392238	116181
普通高中	1522686	861051	735388	125663	51821
#农村	303421	195635	158743	36892	4921
普通初中	2478243	1624380	1357806	266575	64359
#农村	1540828	1149735	956619	193116	43050
2.成人中学					
四、小　学	3851078	2708914	2270945	437969	94477
1.普通小学	3851078	2708914	2270945	437969	94477
#农村	2777008	2103578	1739498	364081	76911
2.成人小学					
五、特殊教育	6488	5216	4334	881	160
1.特殊教育学校	6488	5216	4334	881	160
2.工读学校					
六、幼儿园	1228413	666728	586494	80234	15449
#农村	765609	473440	417748	55692	10831
七、教育行政单位	109717	50859	28704	22155	
八、教育事业单位	130906	70196	64341	5855	
九、其　他	379961	101921	97562	4359	

教育事业费和基本建设支出明细(中央国有及国有控股企业办)

单位：千元

公用部分	商品和服务支出	其他资本性支出	专项公用支出	专项项目支出	基本建设支出
4139815	**2099767**	**2040049**	**813489**	**1226560**	**2587229**
1017975	590647	427327	353004	74323	1428405
1016953	590647	426306	351983	74323	1428405
499852	315631	184221	180813	3408	1201809
517101	275016	242084	171170	70915	226596
1021		1021	1021		
274590	148317	126274	69803	56471	387848
212577	120774	91803	65096	26707	387848
4894	2211	2683	2247	436	
1838	737	1100	825	275	
55197	23991	31206	2367	28840	
1922	1341	581	93	488	
1240751	524682	716069	150135	565934	274746
1240751	524682	716069	150135	565934	274746
472792	207542	265250	76351	188899	188842
94597	59983	34613	15150	19463	13189
767959	317140	450819	73784	377035	85904
350840	203343	147496	49142	98354	40253
935007	446158	488849	152575	336274	207157
935007	446158	488849	152575	336274	207157
610994	312363	298631	98467	200164	62436
1272	1124	148	148		
1272	1124	148	148		
492374	239239	253136	76061	177075	69310
259257	142527	116730	38181	78549	32913
57509	56094	1415	1091	323	1350
56970	46352	10618	8404	2214	3740
63367	47154	16213	2268	13945	214673

1-40 各级各类教育机构一般公共预算

学校类别	合　计	个人部分	工资福利支　出	对个人和家庭的补助支出	#助学金
总　计	**3367456**	**2005551**	**1582032**	**423518**	**360626**
一、高等学校	1190080	760919	446433	314486	288598
1.普通高等学校	1180716	751828	437389	314439	288551
高等本科学校	3875	3875		3875	3875
高职高专学校	1176840	747952	437389	310564	284675
2.成人高等学校	9364	9091	9044	47	47
二、中等职业学校	532412	359242	282486	76757	53477
1.中等专业学校	232142	138635	118283	20352	15656
2.职业高中	5664	4741	2036	2705	2705
#农村					
3.技工学校	294541	215801	162167	53634	35050
4.成人中专学校	66	66		66	66
三、中　学	101928	42310	39738	2572	1699
1.普通中学	101928	42310	39738	2572	1699
普通高中	2955	407	252	156	156
#农村	36	36	21	15	15
普通初中	98973	41902	39486	2416	1543
#农村	10898	3986	3408	579	139
2.成人中学					
四、小　学	362011	173333	164262	9071	1515
1.普通小学	362011	173333	164262	9071	1515
#农村	15384	13423	11135	2288	527
2.成人小学					
五、特殊教育	4995	4809	4536	273	273
1.特殊教育学校					
2.工读学校	4995	4809	4536	273	273
六、幼儿园	1176030	664938	644578	20360	15064
#农村	184627	107182	98718	8464	4822
七、教育行政单位					
八、教育事业单位					
九、其　他					

教育事业费和基本建设支出明细(地方国有及国有控股企业办)

单位：千元

公用部分	商品和服务支出	其他资本性支出			基本建设支出
			专项公用支出	专项项目支出	
1320300	**1054795**	**265505**	**217939**	**47566**	**41605**
389509	250595	138914	133172	5742	39652
389236	250322	138914	133172	5742	39652
389236	250322	138914	133172	5742	39652
273	273				
173170	143853	29316	24837	4479	
93507	76502	17005	17005		
923	923				
78740	66429	12311	7832	4479	
59618	58081	1537	1412	125	
59618	58081	1537	1412	125	
2547	2547				
57071	55534	1537	1412	125	
6912	6912				
186725	177592	9133	7053	2080	1953
186725	177592	9133	7053	2080	1953
1961	1824	137	137		
186	186				
186	186				
511093	424488	86605	51465	35139	
77445	58346	19099	14847	4252	

1-41 各级各类教育机构一般公共预算

学校类别	合　计	个人部分	工资福利支　出	对个人和家庭的补助支出	#助学金
总　　计	**81171512**	**45708632**	**20659311**	**25049321**	**21277545**
一、高等学校	21713702	14936191	2368658	12567533	11446953
1.普通高等学校	21707770	14934316	2366783	12567533	11446953
高等本科学校	13831090	8615059	2009629	6605430	6217079
高职高专学校	7876679	6319257	357154	5962103	5229874
2.成人高等学校	5933	1875	1875		
二、中等职业学校	7517603	4246898	2087869	2159029	2010794
1.中等专业学校	3700289	2009957	796279	1213677	1143752
2.职业高中	2124800	1255430	620446	634984	592620
#农村	820654	507740	275542	232197	219121
3.技工学校	1589416	918154	646038	272116	241816
4.成人中专学校	103098	63357	25105	38252	32606
三、中　学	17582129	9104702	5402674	3702028	3025808
1.普通中学	17582129	9104702	5402674	3702028	3025808
普通高中	4887948	3035107	2049376	985731	862629
#农村	2517615	1705935	1167434	538501	506320
普通初中	12694181	6069595	3353298	2716297	2163179
#农村	5393523	2454831	1347973	1106858	985778
2.成人中学					
四、小　学	16001172	8684099	3932624	4751475	3339231
1.普通小学	16001172	8684099	3932624	4751475	3339231
#农村	5807444	2577691	1181816	1395875	1242408
2.成人小学					
五、特殊教育	140411	72180	53848	18333	13799
1.特殊教育学校	125727	67541	49553	17989	13690
2.工读学校	14684	4639	4295	344	109
六、幼儿园	18216493	8664561	6813638	1850923	1440960
#农村	6326918	2462922	1589977	872946	785762
七、教育行政单位					
八、教育事业单位					
九、其　他					

教育事业费和基本建设支出明细(民办)

单位：千元

公用部分	商品和服务支出	其他资本性支出	专项公用支出	专项项目支出	基本建设支出
34301415	**25832327**	**8469088**	**3064414**	**5404674**	**1161465**
5643349	2163304	3480045	1103426	2376619	1134162
5639292	2159247	3480045	1103426	2376619	1134162
4201837	1303938	2897900	828268	2069632	1014194
1437455	855310	582145	275157	306988	119968
4057	4057				
3260706	2443846	816860	272670	544190	10000
1690332	1292743	397589	141150	256438	
859370	576219	283151	48802	234350	10000
312914	274178	38736	17897	20839	
671262	542153	129109	81906	47203	
39741	32731	7010	812	6198	
8461094	6759684	1701409	488109	1213300	16333
8461094	6759684	1701409	488109	1213300	16333
1842841	953643	889198	104352	784846	10000
801680	379361	422319	46501	375818	10000
6618253	5806042	812211	383757	428454	6333
2933692	2582714	350978	137408	213570	5000
7317074	6407056	910017	463294	446723	
7317074	6407056	910017	463294	446723	
3229753	2863951	365801	152927	212874	
68231	47839	20391	6374	14018	
58186	38593	19593	6112	13481	
10045	9247	798	261	537	
9550961	8010596	1540365	730541	809824	970
3863025	3027426	835599	303853	531746	970

1-42 各级各类学校生均教育经费支出(教育和其他部门)

单位：元

学校类别	教育经费支出	个人和公用部分支出			基本建设支出
			个人部分	公用部分	
总 计	**22219.26**	**21811.45**	**14368.23**	**7443.22**	**407.81**
一、高等学校	38120.00	37228.88	19683.65	17545.22	891.12
1.普通高等学校	39204.05	38277.72	20233.53	18044.19	926.33
高等本科学校	45486.60	44349.90	23544.42	20805.48	1136.70
高职高专学校	25391.91	24928.06	12954.55	11973.51	463.85
2.成人高等学校	11430.41	11406.15	6145.56	5260.59	24.26
二、中等职业学校	24675.46	24349.34	13279.12	11070.21	326.13
1.中等专业学校	24085.14	23761.49	12982.00	10779.49	323.65
2.职业高中	26058.11	25775.87	13731.34	12044.53	282.24
#农村	23567.67	23374.40	11380.33	11994.07	193.28
3.技工学校	20788.68	20363.64	10940.28	9423.36	425.04
4.成人中专学校	62856.39	62492.96	45601.19	16891.78	363.43
三、中 学	22602.38	22137.07	16149.95	5987.12	465.31
1.普通中学	22595.06	22129.71	16144.26	5985.45	465.35
普通高中	24860.96	24188.72	17090.48	7098.24	672.24
#农村	19358.88	19177.19	13745.45	5431.74	181.69
普通初中	21467.52	21105.12	15673.41	5431.71	362.41
#农村	19059.11	18884.77	14549.66	4335.11	174.34
2.成人中学	96414.55	96414.55	73560.56	22853.98	
四、小 学	15240.70	15029.99	11443.01	3586.98	210.70
1.普通小学	15240.73	15030.03	11443.03	3586.99	210.70
#农村	14565.48	14458.02	11483.63	2974.40	107.46
2.成人小学	5298.37	5298.37	4445.98	852.39	
五、特殊教育	69778.52	68575.29	48418.27	20157.02	1203.23
1.特殊教育学校	68326.47	67098.59	47521.19	19577.40	1227.87
2.工读学校	133502.00	133380.27	87786.59	45593.68	121.73
六、幼儿园	14926.47	14784.54	9126.26	5658.27	141.93
#农村	11250.46	11159.85	7077.59	4082.26	90.61

1-43　各级各类学校生均一般公共预算教育事业费和基本建设支出（教育和其他部门）

单位：元

学校类别	一般公共预算教育事业费和基本建设支出	事业费支出			基本建设支出
			个人部分	公用部分	
总　　计	**15951.76**	**15564.43**	**11131.61**	**4432.82**	**387.34**
一、高等学校	21941.10	21019.51	12859.26	8160.25	921.58
1.普通高等学校	21852.46	20926.53	12779.15	8147.39	925.92
高等本科学校	24940.41	23780.55	14712.41	9068.14	1159.86
高职高专学校	15530.55	15083.56	8821.21	6262.35	446.99
2.成人高等学校	37080.02	36899.69	26542.06	10357.62	180.33
二、中等职业学校	16534.61	16254.68	10421.55	5833.13	279.92
1.中等专业学校	16072.36	15788.97	9986.99	5801.98	283.39
2.职业高中	17501.48	17247.27	11223.71	6023.56	254.21
#农村	15144.99	14992.43	9546.67	5445.75	152.57
3.技工学校	13867.15	13523.67	8322.98	5200.69	343.48
4.成人中专学校	44590.47	44577.44	34198.40	10379.04	13.03
三、中　学	17859.40	17421.38	13233.99	4187.40	438.01
1.普通中学	17853.37	17415.32	13229.15	4186.16	438.06
普通高中	18424.95	17796.54	13573.36	4223.18	628.41
#农村	14628.07	14456.31	11068.92	3387.40	171.75
普通初中	17568.95	17225.61	13057.87	4167.74	343.33
#农村	15922.56	15762.49	12213.22	3549.28	160.07
2.成人中学	78615.00	78615.00	61986.28	16628.72	
四、小　学	12459.21	12259.51	9473.63	2785.88	199.70
1.普通小学	12459.23	12259.53	9473.64	2785.89	199.70
#农村	12070.09	11968.82	9519.67	2449.15	101.27
2.成人小学	5032.35	5032.35	4179.96	852.39	
五、特殊教育	57221.89	56115.46	39359.46	16756.00	1106.43
1.特殊教育学校	56155.80	55026.93	38653.39	16373.54	1128.87
2.工读学校	104007.78	103886.05	70345.85	33540.20	121.73
六、幼儿园	9871.20	9736.51	6527.89	3208.62	134.70
#农村	7695.83	7606.94	5315.35	2291.59	88.89

1-44 各级各类学校生均教育经费支出(中央教育和其他部门)

单位：元

学校类别	教育经费支出	个人和公用部分支出			基本建设支出
			个人部分	公用部分	
总　计	**71455.86**	**70135.60**	**35010.70**	**35124.90**	**1320.26**
一、高等学校	71109.71	69736.22	35183.42	34552.79	1373.49
1.普通高等学校	72505.59	71101.02	35900.22	35200.80	1404.57
高等本科学校	72824.96	71417.04	36044.42	35372.62	1407.92
高职高专学校	28117.36	27178.40	15857.96	11320.45	938.95
2.成人高等学校					
二、中等职业学校	73745.34	73745.34	48318.62	25426.72	
1.中等专业学校	71682.27	71682.27	47171.30	24510.97	
2.职业高中					
#农村					
3.技工学校					
4.成人中专学校	112666.73	112666.73	69963.72	42703.01	
三、中　学	48610.16	48610.16	32627.47	15982.68	
1.普通中学	48610.16	48610.16	32627.47	15982.68	
普通高中	60293.32	60293.32	40232.58	20060.74	
#农村	33518.85	33518.85	27242.44	6276.41	
普通初中	33716.33	33716.33	22932.40	10783.93	
#农村	30101.71	30101.71	27146.17	2955.53	
2.成人中学					
四、小　学	21959.46	21959.46	13414.61	8544.85	
1.普通小学	21959.46	21959.46	13414.61	8544.85	
#农村	23784.32	23784.32	20941.31	2843.01	
2.成人小学					
五、特殊教育					
1.特殊教育学校					
2.工读学校					
六、幼儿园	24231.07	24231.07	18984.01	5247.06	
#农村	14453.37	14453.37	12534.04	1919.33	

1-45 各级各类学校生均一般公共预算教育事业费和基本建设支出（中央教育和其他部门）

单位：元

学校类别	一般公共预算教育事业费和基本建设支出	事业费支出			基本建设支出
			个人部分	公用部分	
总　计	**29061.93**	**27887.50**	**18348.54**	**9538.96**	**1174.43**
一、高等学校	28821.80	27596.94	18445.47	9151.47	1224.85
1.普通高等学校	29101.52	27863.86	18624.71	9239.15	1237.66
高等本科学校	29221.30	27981.37	18703.65	9277.72	1239.92
高职高专学校	13314.77	12375.82	8220.95	4154.87	938.95
2.成人高等学校					
二、中等职业学校	37057.61	37057.61	26222.07	10835.54	
1.中等专业学校	38315.07	38315.07	26905.18	11409.89	
2.职业高中					
#农村					
3.技工学校					
4.成人中专学校	13334.67	13334.67	13334.67		
三、中　学	33442.40	33442.40	24395.54	9046.86	
1.普通中学	33442.40	33442.40	24395.54	9046.86	
普通高中	37884.74	37884.74	27981.32	9903.42	
#农村	30026.76	30026.76	25070.92	4955.85	
普通初中	27779.26	27779.26	19824.36	7954.90	
#农村	25342.36	25342.36	22386.83	2955.53	
2.成人中学					
四、小　学	16989.40	16989.40	10824.41	6164.99	
1.普通小学	16989.40	16989.40	10824.41	6164.99	
#农村	16130.62	16130.62	13608.32	2522.29	
2.成人小学					
五、特殊教育					
1.特殊教育学校					
2.工读学校					
六、幼儿园	8717.45	8717.45	6879.52	1837.93	
#农村	5766.89	5766.89	4716.07	1050.82	

1-46 各级各类学校生均教育经费支出(地方教育和其他部门)

单位：元

学校类别	教育经费支出	个人和公用部分支出	个人部分	公用部分	基本建设支出
总　计	**20893.76**	**20510.51**	**13812.51**	**6698.00**	**383.25**
一、高等学校	31866.96	31067.26	16745.74	14321.52	799.69
1.普通高等学校	32759.36	31925.57	17201.63	14723.95	833.78
高等本科学校	37125.21	36071.47	19721.33	16350.14	1053.74
高职高专学校	25381.77	24919.69	12943.75	11975.94	462.08
2.成人高等学校	11630.48	11603.81	6407.94	5195.87	26.67
二、中等职业学校	24665.15	24338.96	13271.76	11067.20	326.20
1.中等专业学校	24065.17	23741.38	12967.66	10773.73	323.79
2.职业高中	26058.11	25775.87	13731.34	12044.53	282.24
#农村	23567.67	23374.40	11380.33	11994.07	193.28
3.技工学校	20788.68	20363.64	10940.28	9423.36	425.04
4.成人中专学校	62809.60	62445.83	45578.30	16867.53	363.77
三、中　学	22572.67	22106.83	16131.13	5975.70	465.84
1.普通中学	22565.34	22099.46	16125.43	5974.03	465.89
普通高中	24792.64	24119.10	17045.85	7073.25	673.53
#农村	19351.78	19170.00	13738.68	5431.32	181.78
普通初中	21458.32	21095.64	15667.95	5427.68	362.68
#农村	19059.02	18884.68	14549.55	4335.12	174.34
2.成人中学	96414.55	96414.55	73560.56	22853.98	
四、小　学	15236.54	15025.71	11441.79	3583.92	210.83
1.普通小学	15236.57	15025.74	11441.81	3583.93	210.83
#农村	14565.34	14457.89	11483.49	2974.40	107.46
2.成人小学	5298.37	5298.37	4445.98	852.39	
五、特殊教育	69778.52	68575.29	48418.27	20157.02	1203.23
1.特殊教育学校	68326.47	67098.59	47521.19	19577.40	1227.87
2.工读学校	133502.00	133380.27	87786.59	45593.68	121.73
六、幼儿园	14884.27	14741.70	9081.56	5660.14	142.58
#农村	11249.87	11159.24	7076.58	4082.66	90.63

1-47 各级各类学校生均一般公共预算教育事业费和基本建设支出(地方教育和其他部门)

单位：元

学校类别	一般公共预算教育事业费和基本建设支出	事业费支出			基本建设支出
			个人部分	公用部分	
总　计	**15615.24**	**15248.11**	**10946.36**	**4301.75**	**367.13**
一、高等学校	20575.49	19714.10	11750.57	7963.53	861.40
1.普通高等学校	20421.59	19557.20	11625.31	7931.89	864.39
高等本科学校	23562.34	22428.25	13427.58	9000.67	1134.09
高职高专学校	15538.97	15093.84	8823.49	6270.35	445.13
2.成人高等学校	51687.55	51431.97	37072.65	14359.32	255.58
二、中等职业学校	16530.29	16250.31	10418.23	5832.08	279.98
1.中等专业学校	16063.03	15779.52	9979.89	5799.63	283.51
2.职业高中	17501.48	17247.27	11223.71	6023.56	254.21
#农村	15144.99	14992.43	9546.67	5445.75	152.57
3.技工学校	13867.15	13523.67	8322.98	5200.69	343.48
4.成人中专学校	44619.83	44606.79	34218.00	10388.80	13.04
三、中　学	17841.60	17403.08	13221.24	4181.85	438.51
1.普通中学	17835.56	17397.01	13216.40	4180.61	438.56
普通高中	18387.43	17757.80	13545.57	4212.23	629.62
#农村	14620.35	14448.51	11061.90	3386.61	171.84
普通初中	17561.27	17217.68	13052.79	4164.90	343.59
#农村	15922.48	15762.41	12213.13	3549.28	160.07
2.成人中学	78615.00	78615.00	61986.28	16628.72	
四、小　学	12456.41	12256.58	9472.79	2783.79	199.82
1.普通小学	12456.43	12256.61	9472.81	2783.80	199.82
#农村	12070.03	11968.76	9519.61	2449.15	101.27
2.成人小学	5032.35	5032.35	4179.96	852.39	
五、特殊教育	57221.89	56115.46	39359.46	16756.00	1106.43
1.特殊教育学校	56155.80	55026.93	38653.39	16373.54	1128.87
2.工读学校	104007.78	103886.05	70345.85	33540.20	121.73
六、幼儿园	9876.44	9741.13	6526.29	3214.84	135.31
#农村	7696.19	7607.28	5315.46	2291.82	88.91

第二部分

各地区按来源分类教育经费收入

2-1 教育经费总收入

单位：千元

地区	总计			教育部门和其他部门			国有及国有控股企业办学			民办学校
	合计	中央	地方	合计	中央	地方	合计	中央	地方	地方
合 计	**5982867426**	**427828642**	**5555038784**	**5236546444**	**407345760**	**4829200684**	**32898342**	**20482882**	**12415461**	**713422639**
北 京	281994713	123451230	158543483	265912311	123441370	142470941	294118	9860	284258	15788284
天 津	76382889	10724021	65658868	69952849	10689599	59263250	426423	34421	392001	6003617
河 北	246371101	2413548	243957552	210017941	2365411	207652531	770080	48138	721942	35583080
山 西	121400391	145740	121254651	108754884	145740	108609145	520495		520495	12125012
内蒙古	92481975	176601	92305374	88041656	176601	87865055	141990		141990	4298329
辽 宁	128254286	11509224	116745062	114444678	11509224	102935454	259889		259889	13549720
吉 林	82592049	7751369	74840680	74772165	7751369	67020796	65243		65243	7754641
黑龙江	102565220	14500124	88065096	94047747	12799406	81248342	1989717	1700718	288999	6527756
上 海	206379225	37209951	169169274	184098285	37185909	146912377	165359	24042	141317	22115581
江 苏	419847849	31644362	388203488	378011625	31603417	346408208	397036	40945	356091	41439188
浙 江	359574077	15173420	344400657	306388570	15173420	291215150	381731		381731	52803776
安 徽	215001831	9680959	205320872	191476821	9680959	181795862	863010		863010	22662001
福 建	183476798	7220033	176256765	162729690	7220033	155509657	227446		227446	20519663
江 西	189569937	410230	189159707	168920993	403537	168517456	308304	6693	301611	20340640
山 东	383729804	12286119	371443685	335424025	12286119	323137906	2158663		2158663	46147117
河 南	298308371	1351287	296957083	247042461	1254302	245788159	529478	96985	432493	50736431
湖 北	226259722	32204383	194055339	196549099	31918053	164631046	549174	286330	262844	29161450
湖 南	230780101	9774913	221005188	201657444	9768755	191888689	333017	6157	326860	28789639
广 东	636652614	17632589	619020025	501813624	17568001	484245622	1014999	64588	950411	133823992
广 西	170738159	350443	170387716	154056642	350443	153706198	65420		65420	16616097
海 南	48540184	203568	48336616	40516463	203568	40312895	111767		111767	7911955
重 庆	139567055	8097095	131469960	124758206	7968198	116790008	378629	128897	249732	14430220
四 川	306355452	23410863	282944589	260605113	23034586	237570527	2088486	376277	1712209	43661854
贵 州	158276401	263101	158013300	144210061	263101	143946960	81281		81281	13985058
云 南	171122713	437700	170685013	153217861	437700	152780161	327860		327860	17576991
西 藏	36432586		36432586	36353219		36353219				79367
陕 西	175874906	26331065	149543841	155471663	26323975	129147688	406897	7090	399807	19996346
甘 肃	95306561	4747612	90558949	91296660	4747612	86549047	127895		127895	3882007
青 海	30859007	6661	30852345	30171330	6661	30164669	55424		55424	632253
宁 夏	34265485	943288	33322196	31635470	943288	30692182	116745		116745	2513270
新 疆	133905964	17777141	116128823	114196887	125401	114071486	17741769	17651740	90029	1967308
大 连	18281783	22364	18259419	16694225	22364	16671861	11653		11653	1575905
宁 波	46025628	151643	45873984	38632964	151643	38481320				7392664
厦 门	28337698	11322	28326375	24481523	11322	24470201	91970		91970	3764205
青 岛	47441704		47441704	38655573		38655573	677065		677065	8109066
深 圳	135925144	562031	135363113	110844325	562031	110282295				25080818

注：辽宁数据包含大连，浙江数据包含宁波，福建数据包含厦门，山东数据包含青岛，广东数据包含深圳，以下同。

2-2 国家财政性教育经费

单位：千元

地区	总计			教育部门和其他部门			国有及国有控股企业办学			民办学校
	合计	中央	地方	合计	中央	地方	合计	中央	地方	地方
合计	**4697244546**	**274178057**	**4423066489**	**4586602712**	**255985086**	**4330617625**	**23890408**	**18192971**	**5697437**	**86751426**
北京	212728963	75361829	137367134	211370025	75352262	136017763	163032	9567	153465	1195906
天津	60699533	6777667	53921866	60009900	6777609	53232291	209174	58	209115	480459
河北	198057091	1653471	196403620	193587797	1627817	191959980	391932	25654	366278	4077362
山西	101151406	140539	101010867	99083492	140539	98942953	260388		260388	1807526
内蒙古	83038236	169981	82868255	82338774	169981	82168793	86988		86988	612474
辽宁	100011094	7756006	92255088	99024392	7756006	91268386	54210		54210	932492
吉林	65995165	5680682	60314483	65307677	5680682	59626995	60492		60492	626997
黑龙江	81846371	7979643	73866727	80123652	6697165	73426486	1452666	1282478	170187	270054
上海	160024607	20828576	139196031	157330265	20828576	136501689	35289		35289	2659053
江苏	327657359	20833877	306823483	323645312	20812937	302832375	161980	20939	141041	3850067
浙江	269926281	9508424	260417857	260436432	9508424	250928008	87770		87770	9402079
安徽	172841476	7039748	165801728	169887507	7039748	162847759	343101		343101	2610868
福建	146367297	4380810	141986487	144418771	4380810	140037961	94345		94345	1854181
江西	150280174	403618	149876556	148476498	403537	148072961	42442	81	42361	1761234
山东	302575655	7567294	295008361	294366235	7567294	286798941	1258090		1258090	6951330
河南	225312043	1188446	224123597	219642347	1164471	218477876	96891	23975	72916	5572804
湖北	168011490	20746006	147265484	166064787	20694543	145370244	190057	51463	138594	1756646
湖南	171495175	6189687	165305488	168421695	6189667	162232028	211643	20	211623	2861837
广东	468515888	11388220	457127669	447900681	11343549	436557132	261551	44670	216880	20353657
广西	136532683	350303	136182380	134676497	350303	134326194	1032		1032	1855154
海南	38810809	188238	38622571	38072849	188238	37884610	8388		8388	729573
重庆	111172674	5277657	105895016	108316407	5277657	103038750	52986		52986	2803281
四川	230855905	13917464	216938441	225027893	13677815	211350078	1385550	239648	1145902	4442462
贵州	132951042	263101	132687941	131682160	263101	131419059	31921		31921	1236961
云南	144269545	431721	143837824	142329417	431721	141897696	81571		81571	1858558
西藏	36114209		36114209	36040687		36040687				73522
陕西	132904753	17208833	115695920	129903696	17208676	112695020	199824	156	199667	2801233
甘肃	85471227	3550685	81920541	84769637	3550685	81218951	51475		51475	650115
青海	29021389	6661	29014728	28833729	6661	28827068	43642		43642	144018
宁夏	28704045	781575	27922470	28368441	781575	27586867	18813		18813	316790
新疆	123900962	16607294	107293668	107145060	113035	107032024	16553166	16494259	58907	202736
大连	15963942	5091	15958850	15904995	5091	15899904	3009		3009	55938
宁波	34655344	151643	34503700	33887590	151643	33735947				767754
厦门	24162730	6722	24156008	23249738	6722	23243016	58973		58973	854019
青岛	38620618		38620618	37038847		37038847	514352		514352	1067419
深圳	111708373	484921	111223452	103055631	484921	102570710				8652742

2-3 一般公共预算安排的教育经费

单位：千元

地区	总计			教育部门和其他部门			国有及国有控股企业办学			民办学校
	合计	中央	地方	合计	中央	地方	合计	中央	地方	地方
合计	**4502183460**	**238597911**	**4263585548**	**4396056451**	**221319894**	**4174736557**	**20766473**	**17278017**	**3488456**	**85360535**
北京	202401750	66795910	135605841	201186226	66795910	134390316	26833		26833	1188692
天津	57657498	5768877	51888621	57020109	5768877	51251232	157200		157200	480189
河北	189544917	1362794	188182123	185134465	1361157	183773307	335392	1637	333755	4075060
山西	98075439	2304	98073135	96196716	2304	96194412	72488		72488	1806236
内蒙古	81966443	156613	81809831	81349512	156613	81192900	4753		4753	612178
辽宁	97906181	7029665	90876516	96942191	7029665	89912526	39633		39633	924357
吉林	64073115	5576537	58496578	63402036	5576537	57825499	55067		55067	616012
黑龙江	80268271	6822197	73446075	78906082	5882351	73023732	1092152	939846	152306	270037
上海	154604506	18467604	136136902	151941758	18467604	133474154	6575		6575	2656174
江苏	313251287	17918817	295332470	309280246	17897877	291382369	140024	20939	119084	3831018
浙江	245999131	5940891	240058239	237678320	5940891	231737428	24531		24531	8296280
安徽	166048807	5514448	160534359	163205582	5514448	157691134	250869		250869	2592356
福建	135653483	4083132	131570351	133756645	4083132	129673513	48165		48165	1848673
江西	140872098	278758	140593340	139072185	278677	138793507	40222	81	40141	1759691
山东	290282242	6775886	283506356	282956583	6775886	276180697	379499		379499	6946159
河南	216571298	599251	215972046	210975400	582456	210392944	30054	16795	13259	5565844
湖北	158149340	18676396	139472945	156246660	18625843	137620817	150017	50553	99464	1752663
湖南	168494111	5841873	162652238	165494338	5841873	159652465	140225		140225	2859547
广东	455055754	10165032	444890722	434557105	10120412	424436693	215476	44620	170856	20283172
广西	129871011	205290	129665720	128015907	205290	127810616	1032		1032	1854072
海南	37261892	10000	37251892	36529261	10000	36519261	7118		7118	725513
重庆	106067669	4385231	101682438	103218244	4385231	98833013	47685		47685	2801740
四川	221621917	11142165	210479752	216001003	10947517	205053486	1187748	194648	993100	4433166
贵州	127636906	174785	127462122	126463643	174785	126288859	31724		31724	1141539
云南	139173418	103400	139070018	137252164	103400	137148764	63069		63069	1858185
西藏	35985837		35985837	35912315		35912315				73522
陕西	126560457	14418598	112141859	123641601	14418442	109223159	124053	156	123897	2794803
甘肃	83405169	3495027	79910142	82724484	3495027	79229457	30570		30570	650115
青海	28731668	6661	28725007	28554293	6661	28547631	33358		33358	144018
宁夏	28537219	768828	27768391	28207917	768828	27439089	12511		12511	316790
新疆	120454627	16110942	104343685	104233461	102201	104131259	16018429	16008740	9689	202736
大连	15857408		15857408	15798461		15798461	3009		3009	55938
宁波	32696783	5538	32691246	32033186	5538	32027649				663597
厦门	21960704	6722	21953982	21073856	6722	21067134	33973		33973	852875
青岛	36518426		36518426	35446006		35446006	5001		5001	1067419
深圳	110467689	364921	110102768	101858285	364921	101493364				8609404

2-4 一般公共预算教育经费

单位：千元

地 区	总 计			教育部门和其他部门			国有及国有控股企业办学			民办学校
	合计	中央	地方	合计	中央	地方	合计	中央	地方	地方
合 计	**3925696266**	**168162795**	**3757533472**	**3824832170**	**153768336**	**3671063834**	**17744139**	**14394459**	**3349680**	**83119957**
北 京	162216890	46117293	116099597	161006306	46117293	114889013	26833		26833	1183751
天 津	51707321	4219731	47487590	51086489	4219731	46866757	140643		140643	480189
河 北	176664947	1204459	175460488	172313008	1202822	171110186	320049	1637	318412	4031890
山 西	85584500		85584500	83747029		83747029	70512		70512	1766959
内蒙古	67451259	30347	67420912	66845073	30347	66814726	4120		4120	602066
辽 宁	79627858	5310056	74317802	78675268	5310056	73365212	38192		38192	914398
吉 林	54092967	4357728	49735239	53427871	4357728	49070142	49178		49178	615918
黑龙江	66463060	4994694	61468366	65391970	4334996	61056974	801054	659698	141356	270037
上 海	120698476	11389385	109309092	118119741	11389385	106730357	6575		6575	2572160
江 苏	265654625	11221841	254432784	261873287	11200901	250672385	127751	20939	106811	3653588
浙 江	223125997	4871160	218254838	215378410	4871160	210507250	24496		24496	7723091
安 徽	145101125	3093985	142007140	142307983	3093985	139213998	239659		239659	2553482
福 建	122444393	2767323	119677070	120661438	2767323	117894115	48165		48165	1734790
江 西	131760051	45214	131714837	129992636	45133	129947503	39980	81	39899	1727435
山 东	264355198	4658389	259696809	257204309	4658389	252545920	328468		328468	6822421
河 南	184886594	321334	184565260	179460634	304539	179156095	29409	16795	12614	5396551
湖 北	142146220	14166677	127979542	140273056	14116124	126156932	149757	50553	99204	1723406
湖 南	156806391	3777434	153028957	153860536	3777434	150083102	139956		139956	2805899
广 东	392433460	6120191	386313269	372335062	6075570	366259492	214480	44620	169859	19883918
广 西	114136934	17883	114119051	112289087	17883	112271205	1001		1001	1846845
海 南	30638475	9949	30628526	29914525	9949	29904577	6949		6949	717001
重 庆	86648910	3882600	82766310	83837134	3882600	79954534	47660		47660	2764115
四 川	194196006	8570186	185625819	188731821	8387983	180343838	1175268	182204	993065	4288916
贵 州	115312798	31549	115281250	114162314	31549	114130765	30772		30772	1119713
云 南	115905945	30606	115875339	114071085	30606	114040480	63069		63069	1771790
西 藏	31666556		31666556	31593035		31593035				73522
陕 西	115303012	10069107	105233904	112402268	10068951	102333317	123248	156	123092	2777495
甘 肃	72626148	2783188	69842961	71953274	2783188	69170086	29903		29903	642971
青 海	23092278		23092278	22923464		22923464	27017		27017	141797
宁 夏	22038620	677026	21361594	21715000	677026	21037974	12511		12511	311109
新 疆	110909255	13423462	97485793	97279056	5687	97273369	13427464	13417775	9689	202735
大 连	12592286		12592286	12533339		12533339	3009		3009	55938
宁 波	29648849		29648849	28999186		28999186				649663
厦 门	19120649	3838	19116811	18338180	3838	18334342	33973		33973	748496
青 岛	32804149		32804149	31731729		31731729	5001		5001	1067419
深 圳	92911255		92911255	84552970		84552970				8358285

2-5 教育事业费

单位：千元

地区	总计			教育部门和其他部门			国有及国有控股企业办学			民办学校
	合计	中央	地方	合计	中央	地方	合计	中央	地方	地方
合计	**3707453622**	**158583600**	**3548870022**	**3616617664**	**146833843**	**3469783820**	**14945958**	**11749757**	**3196201**	**75890000**
北京	154379344	43101100	111278243	153168760	43101100	110067659	26833		26833	1183751
天津	50149563	3750401	46399162	49528731	3750401	45778329	140643		140643	480189
河北	171967452	1204459	170762993	167671545	1202822	166468723	317195	1637	315558	3978712
山西	81682486		81682486	79942217		79942217	70190		70190	1670079
内蒙古	63338251	30347	63307904	62832112	30347	62801765	4120		4120	502019
辽宁	76021473	5238156	70783317	75088473	5238156	69850317	36204		36204	896796
吉林	52823737	4329768	48493969	52159397	4329768	47829629	49178		49178	615162
黑龙江	64280437	4888219	59392218	63211581	4230756	58980825	798818	657462	141356	270037
上海	100357439	10899275	89458165	99313934	10899275	88414659	6575		6575	1036931
江苏	250672885	10846001	239826884	247124116	10825061	236299055	97358	20939	76419	3451410
浙江	207882872	4397110	203485762	200498423	4397110	196101313	15759		15759	7368690
安徽	138297710	3058795	135238915	135664783	3058795	132605988	184459		184459	2448468
福建	116994969	2737503	114257466	115365145	2737503	112627642	47943		47943	1581881
江西	124953361	45214	124908147	123255977	45133	123210844	39980	81	39899	1657404
山东	251434824	4498529	246936295	244582267	4498529	240083738	281246		281246	6571311
河南	176446172	321334	176124838	171077337	304539	170772798	29409	16795	12614	5339426
湖北	141548960	13569417	127979542	139675796	13518864	126156932	149757	50553	99204	1723406
湖南	150666665	3655854	147010811	147856470	3655854	144200616	139956		139956	2670238
广东	349325303	6076951	343248352	332890415	6032330	326858085	210058	44620	165438	16224830
广西	110057902	17883	110040020	108239605	17883	108221723	1001		1001	1817296
海南	29877120	9949	29867172	29153469	9949	29143520	6949		6949	716703
重庆	81911095	3771960	78139135	79156816	3771960	75384856	47660		47660	2706619
四川	185683971	8289546	177394425	180284938	8107343	172177595	1173163	182204	990960	4225870
贵州	110115787	31549	110084239	109052399	31549	109020851	30772		30772	1032616
云南	112620604	30606	112589999	110876632	30606	110846026	63069		63069	1680904
西藏	30104919		30104919	30031397		30031397				73522
陕西	109431821	9643857	99787964	106586039	9643701	96942338	123233	156	123077	2722549
甘肃	69478319	2681798	66796521	68807493	2681798	66125695	29903		29903	640923
青海	20997616		20997616	20829433		20829433	27017		27017	141166
宁夏	21045263	677026	20368237	20772776	677026	20095750	12511		12511	259976
新疆	102905303	10780995	92124308	91919186	5687	91913499	10784997	10775308	9689	201119
大连	11757976		11757976	11701571		11701571	3009		3009	53396
宁波	28476609		28476609	27851499		27851499				625110
厦门	17354091	3838	17350254	16685564	3838	16681727	33953		33953	634574
青岛	30027349		30027349	29013393		29013393	5001		5001	1008955
深圳	60292850		60292850	55413117		55413117				4879733

2-6 基本建设经费

单位：千元

地 区	总 计			教育部门和其他部门			国有及国有控股企业办学			民办学校
	合计	中央	地方	合计	中央	地方	合计	中央	地方	地方
合 计	**92508453**	**9579195**	**82929258**	**88765116**	**6934493**	**81830624**	**2701855**	**2644702**	**57153**	**1041482**
北 京	7230292	3016193	4214100	7230292	3016193	4214100				
天 津	1284580	469330	815250	1284580	469330	815250				
河 北	1645474		1645474	1645474		1645474				
山 西	1009905		1009905	1009905		1009905				
内蒙古	1249785		1249785	1249785		1249785				
辽 宁	1080480	71900	1008580	1080480	71900	1008580				
吉 林	488083	27960	460123	488083	27960	460123				
黑龙江	1128540	106475	1022064	1126304	104240	1022064	2235	2235		
上 海	3710216	490110	3220106	3710216	490110	3220106				
江 苏	824925	375840	449085	824925	375840	449085				
浙 江	6202449	474050	5728399	6200496	474050	5726446	1953		1953	
安 徽	2745732	35190	2710542	2690532	35190	2655342	55200		55200	
福 建	515254	29820	485434	515254	29820	485434				
江 西	3387739		3387739	3337739		3337739				50000
山 东	880327	159860	720467	870327	159860	710467				10000
河 南	1984132		1984132	1984132		1984132				
湖 北	597260	597260		597260	597260					
湖 南	1041105	121580	919525	1040505	121580	918925				600
广 东	28901638	43240	28858398	27987470	43240	27944230				914169
广 西	2406307		2406307	2406307		2406307				
海 南	533372		533372	533372		533372				
重 庆	2697593	110640	2586953	2697593	110640	2586953				
四 川	2790383	280640	2509743	2789049	280640	2508409				1333
贵 州	2346001		2346001	2346001		2346001				
云 南	1392300		1392300	1382300		1382300				10000
西 藏	1559461		1559461	1559461		1559461				
陕 西	2692544	425250	2267294	2687164	425250	2261914				5380
甘 肃	1387733	101390	1286343	1387733	101390	1286343				
青 海	1750239		1750239	1750239		1750239				
宁 夏	585100		585100	535100		535100				50000
新 疆	6459503	2642467	3817036	3817036		3817036	2642467	2642467		
大 连	124440		124440	124440		124440				
宁 波										
厦 门	202466		202466	202466		202466				
青 岛										
深 圳	24298986		24298986	23384817		23384817				914169

2-7 教育费附加

单位：千元

地区	总计			教育部门和其他部门			国有及国有控股企业办学			民办学校
	合计	中央	地方	合计	中央	地方	合计	中央	地方	地方
合计	**125734192**		**125734192**	**119449390**		**119449390**	**96327**		**96327**	**6188475**
北京	607254		607254	607254		607254				
天津	273178		273178	273178		273178				
河北	3052021		3052021	2995989		2995989	2854		2854	53178
山西	2892109		2892109	2794907		2794907	322		322	96880
内蒙古	2863223		2863223	2763176		2763176				100047
辽宁	2525905		2525905	2506314		2506314	1988		1988	17602
吉林	781146		781146	780390		780390				756
黑龙江	1054084		1054084	1054084		1054084				
上海	16630821		16630821	15095592		15095592				1535230
江苏	14156816		14156816	13924246		13924246	30392		30392	202178
浙江	9040676		9040676	8679490		8679490	6785		6785	354401
安徽	4057682		4057682	3952668		3952668				105014
福建	4934170		4934170	4781039		4781039	222		222	152909
江西	3418950		3418950	3398920		3398920				20031
山东	12040046		12040046	11751715		11751715	47222		47222	241110
河南	6456291		6456291	6399165		6399165				57125
湖北										
湖南	5098621		5098621	4963561		4963561				135060
广东	14206518		14206518	11457177		11457177	4422		4422	2744919
广西	1672725		1672725	1643176		1643176				29549
海南	227983		227983	227685		227685				298
重庆	2040222		2040222	1982726		1982726				57496
四川	5721652		5721652	5657834		5657834	2105		2105	61713
贵州	2851010		2851010	2763913		2763913				87097
云南	1893040		1893040	1812154		1812154				80887
西藏	2176		2176	2176		2176				
陕西	3178646		3178646	3129065		3129065	15		15	49567
甘肃	1760096		1760096	1758047		1758047				2049
青海	344424		344424	343792		343792				632
宁夏	408257		408257	407124		407124				1133
新疆	1544449		1544449	1542833		1542833				1615
大连	709870		709870	707328		707328				2542
宁波	1172240		1172240	1147687		1147687				24553
厦门	1564091		1564091	1450149		1450149	20		20	113922
青岛	2776799		2776799	2718336		2718336				58464
深圳	8319419		8319419	5755035		5755035				2564384

2-8 其他一般公共预算安排的教育经费

单位：千元

地区	总计			教育部门和其他部门			国有及国有控股企业办学			民办学校
	合计	中央	地方	合计	中央	地方	合计	中央	地方	地方
合 计	**576487193**	**70435117**	**506052076**	**571224281**	**67551558**	**503672723**	**3022334**	**2883558**	**138776**	**2240578**
北 京	40184860	20678616	19506244	40179919	20678616	19501303				4940
天 津	5950177	1549146	4401031	5933620	1549146	4384474	16557		16557	
河 北	12879970	158335	12721635	12821457	158335	12663121	15343		15343	43170
山 西	12490939	2304	12488635	12449687	2304	12447383	1975		1975	39277
内蒙古	14515185	126266	14388919	14504440	126266	14378174	633		633	10112
辽 宁	18278323	1719609	16558713	18266923	1719609	16547314	1441		1441	9959
吉 林	9980148	1218809	8761339	9974166	1218809	8755357	5889		5889	93
黑龙江	13805211	1827503	11977708	13514112	1547354	11966758	291099	280148	10950	
上 海	33906030	7078219	26827811	33822017	7078219	26743797				84013
江 苏	47596662	6696976	40899686	47406959	6696976	40709983	12273		12273	177430
浙 江	22873134	1069732	21803402	22299910	1069732	21230178	35		35	573189
安 徽	20947682	2420463	18527220	20897598	2420463	18477135	11210		11210	38874
福 建	13209090	1315809	11893282	13095207	1315809	11779398				113883
江 西	9112047	233545	8878503	9079548	233545	8846004	242		242	32257
山 东	25927044	2117497	23809547	25752274	2117497	23634777	51031		51031	123739
河 南	31684704	277917	31406787	31514766	277917	31236849	645		645	169292
湖 北	16003121	4509718	11493403	15973603	4509718	11463885	260		260	29257
湖 南	11687720	2064439	9623281	11633802	2064439	9569364	269		269	53648
广 东	62622294	4044841	58577452	62222043	4044841	58177202	997		997	399254
广 西	15734077	187408	15546669	15726819	187408	15539411	30		30	7227
海 南	6623417	51	6623366	6614735	51	6614684	170		170	8512
重 庆	19418759	502631	18916129	19381110	502631	18878479	25		25	37625
四 川	27425912	2571979	24853933	27269182	2559534	24709648	12480	12445	35	144250
贵 州	12324108	143236	12180872	12301330	143236	12158094	953		953	21826
云 南	23267473	72794	23194679	23181079	72794	23108285				86394
西 藏	4319280		4319280	4319280		4319280				
陕 西	11257445	4349491	6907954	11239333	4349491	6889842	806		806	17307
甘 肃	10779021	711840	10067181	10771211	711840	10059371	667		667	7143
青 海	5639389	6661	5632728	5630828	6661	5624167	6341		6341	2220
宁 夏	6498599	91802	6406797	6492918	91802	6401115				5681
新 疆	9545372	2687480	6857892	6954405	96515	6857890	2590965	2590965		2
大 连	3265122		3265122	3265122		3265122				
宁 波	3047934	5538	3042397	3034000	5538	3028463				13934
厦 门	2840055	2885	2837171	2735676	2885	2732792				104379
青 岛	3714277		3714277	3714277		3714277				
深 圳	17556433	364921	17191513	17305315	364921	16940394				251119

2-9 科研经费

单位：千元

地区	总计			教育部门和其他部门			国有及国有控股企业办学			民办学校
	合计	中央	地方	合计	中央	地方	合计	中央	地方	地方
合计	**68038708**	**44789379**	**23249329**	**67519402**	**44711777**	**22807625**	**77872**	**77602**	**270**	**441434**
北京	15064836	13522040	1542797	15064836	13522040	1542797				
天津	504634	437305	67329	504634	437305	67329				
河北	282769	16638	266130	282535	16638	265896	180		180	54
山西	1057864		1057864	1057864		1057864				
内蒙古	360454	120348	240106	360454	120348	240106				
辽宁	1403266	1037376	365890	1403266	1037376	365890				
吉林	822436	678166	144271	822436	678166	144271				
黑龙江	1478423	1091215	387208	1478423	1091215	387208				
上海	7426870	5197852	2229018	7426870	5197852	2229018				
江苏	6415738	4704991	1710747	6415178	4704991	1710187				560
浙江	1559768	453636	1106132	1206869	453636	753233				352899
安徽	2328404	2138406	189998	2325404	2138406	186998				3000
福建	1537430	979907	557524	1537361	979907	557455				69
江西	742742	233233	509509	742732	233233	509499				10
山东	2552582	1078086	1474496	2552582	1078086	1474496				
河南	859285	157885	701400	858915	157885	701030				370
湖北	3179265	2484510	694755	3179265	2484510	694755				
湖南	2735755	1638007	1097748	2700132	1638007	1062125	90		90	35533
广东	8313462	3159935	5153527	8274238	3159935	5114304				39224
广西	400026	187385	212641	400024	187385	212639				2
海南	337168		337168	335187		335187				1981
重庆	129504	97287	32217	128840	97287	31553				664
四川	2314254	1329485	984768	2312118	1329485	982633				2136
贵州	310019	140687	169332	309053	140687	168367				965
云南	717712	48316	669396	716434	48316	668117				1279
西藏	32888		32888	32888		32888				
陕西	3451615	3158261	293354	3451595	3158261	293334				20
甘肃	901377	480424	420953	901377	480424	420953				
青海	199994	6661	193333	199994	6661	193333				
宁夏	211825	59891	151935	209156	59891	149265				2669
新疆	406344	151448	254896	328742	73846	254896	77602	77602		
大连	217		217	217		217				
宁波	26552		26552	26552		26552				
厦门	33046	2885	30162	33046	2885	30162				
青岛	74248		74248	74248		74248				
深圳	3542396	364921	3177475	3534922	364921	3170001				7474

2-10 其他经费

单位：千元

地区	总计			教育部门和其他部门			国有及国有控股企业办学			民办学校
	合计	中央	地方	合计	中央	地方	合计	中央	地方	地方
合 计	**508448484**	**25645738**	**482802748**	**503704879**	**22839781**	**480855098**	**2944461**	**2805957**	**138506**	**1799144**
北 京	25120024	7156577	17963447	25115084	7156577	17958507				4940
天 津	5445543	1111841	4333703	5428985	1111841	4317145	16557		16557	
河 北	12597201	141697	12455504	12538922	141697	12397225	15163		15163	43116
山 西	11433075	2304	11430771	11391823	2304	11389519	1975		1975	39277
内蒙古	14154731	5918	14148813	14143985	5918	14138067	633		633	10113
辽 宁	16875057	682233	16192823	16863657	682233	16181424	1441		1441	9959
吉 林	9157710	540643	8617068	9151729	540643	8611085	5889		5889	93
黑龙江	12326788	736288	11590500	12035689	456140	11579551	291099	280149	10951	
上 海	26479161	1880368	24598793	26395147	1880368	24514779				84013
江 苏	41180924	1991985	39188939	40991781	1991985	38999795	12273		12273	176870
浙 江	21313365	616096	20697269	21093041	616096	20476946	35		35	220291
安 徽	18619278	282057	18337222	18572194	282057	18290136	11210		11210	35874
福 建	11671660	335903	11335758	11557846	335903	11221944				113814
江 西	8369305	312	8368993	8336816	312	8336504	243		243	32246
山 东	23374462	1039411	22335050	23199693	1039411	22160281	51031		51031	123738
河 南	30825419	120032	30705387	30655850	120032	30535818	646		646	168922
湖 北	12823856	2025208	10798649	12794339	2025208	10769131	260		260	29257
湖 南	8951964	426431	8525533	8933671	426431	8507238	179		179	18116
广 东	54308831	884907	53423925	53947804	884907	53062897	997		997	360030
广 西	15334052	23	15334029	15326796	23	15326773	30		30	7225
海 南	6286249	51	6286198	6279548	51	6279497	170		170	6531
重 庆	19289256	405343	18883913	19252270	405343	18845926	25		25	36960
四 川	25111657	1242494	23869164	24957064	1230049	23727015	12480	12445	35	142114
贵 州	12014089	2549	12011540	11992277	2549	11989728	953		953	20861
云 南	22549761	24478	22525283	22464645	24478	22440167				85116
西 藏	4286393		4286393	4286393		4285393				
陕 西	7805829	1191229	6614599	7787737	1191229	6595506	806		806	17287
甘 肃	9877644	231416	9646228	9869835	231416	9633418	667		667	7144
青 海	5439396		5439396	5430835		5430835	6341		6341	2220
宁 夏	6286774	31912	6254863	6283761	31912	6251850				3012
新 疆	9139028	2536032	6602997	6625664	22669	6602995	2513363	2513363		2
大 连	3264906		3264906	3264906		3264906				
宁 波	3021382	5538	3015844	3007449	5538	3001912				13934
厦 门	2807009		2807009	2702630		2702630				104379
青 岛	3640028		3640028	3640028		3640028				
深 圳	14014037		14014037	13770392		13770392				243645

2-11 政府性基金预算安排的教育经费

单位：千元

地区	总计			教育部门和其他部门			国有及国有控股企业办学			民办学校
	合计	中央	地方	合计	中央	地方	合计	中央	地方	地方
合计	**145850745**	**3717979**	**142132766**	**144305050**	**3293721**	**141011329**	**711747**	**424259**	**287489**	**833948**
北京	1654352	1139528	514824	1654352	1139528	514824				
天津	2328663	447275	1881388	2328663	447275	1881388				
河北	7783925		7783925	7782425		7782425				1500
山西	2525907		2525907	2525907		2525907				
内蒙古	954238		954238	954223		954223				15
辽宁	922294		922294	922294		922294				
吉林	1402818	371	1402447	1402318	371	1401947				500
黑龙江	366024	5370	360654	365954	5300	360654	70	70		
上海	2276617	25331	2251287	2276617	25331	2251287				
江苏	10048993	11710	10037283	10043946	11710	10032236				5047
浙江	17593581	1000	17592581	16901395	1000	16900395	234		234	691952
安徽	4550308	5765	4544543	4532031	5765	4526266				18277
福建	9764362	248	9764115	9763822	248	9763575				540
江西	9118622		9118622	9118622		9118622				
山东	9555058		9555058	9294385		9294385	258673		258673	2000
河南	7859471		7859471	7854751		7854751				4720
湖北	6932308	4789	6927519	6932308	4789	6927519				
湖南	2320512	37968	2282545	2318412	37968	2280445				2100
广东	11183388	104575	11078813	11181610	104525	11077085	50	50		1728
广西	6197607		6197607	6197607		6197607				
海南	1360046		1360046	1360046		1360046				
重庆	3801774	462	3801312	3801011	462	3800549				764
四川	7219251	1447686	5771565	7182522	1447686	5734836	28582		28582	8147
贵州	5199406	54054	5145352	5104184	54054	5050130				95222
云南	4469991		4469991	4469841		4469841				150
西藏	122910		122910	122910		122910				
陕西	2739600	6280	2733320	2738314	6280	2732034				1285
甘肃	1949578	1430	1948148	1949578	1430	1948148				
青海	275791		275791	275791		275791				
宁夏	73340		73340	73340		73340				
新疆	3300008	424139	2875869	2875869		2875869	424139	424139		
大连	80848		80848	80848		80848				
宁波	1500627		1500627	1427599		1427599				73028
厦门	2168684		2168684	2168684		2168684				
青岛	1592841		1592841	1592841		1592841				
深圳	1065636		1065636	1065556		1065556				80

2-12 彩票公益金

单位：千元

地区	总计 合计	总计 中央	总计 地方	教育部门和其他部门 合计	教育部门和其他部门 中央	教育部门和其他部门 地方	国有及国有控股企业办学 合计	国有及国有控股企业办学 中央	国有及国有控股企业办学 地方	民办学校 地方
合计	**5837070**	**1073411**	**4763660**	**5783925**	**1037753**	**4746172**	**35658**	**35658**		**17487**
北京	1060624	1015103	45522	1060624	1015103	45522				
天津	28515		28515	28515		28515				
河北	219318		219318	219318		219318				
山西	459102		459102	459102		459102				
内蒙古	110059		110059	110044		110044				15
辽宁	72823		72823	72823		72823				
吉林	37547	371	37176	37047	371	36676				500
黑龙江	33835	70	33765	33765		33765	70	70		
上海	16584	6526	10058	16584	6526	10058				
江苏	179898	770	179128	179893	770	179123				5
浙江	224732	1000	223732	224425	1000	223425				307
安徽	220715	660	220055	219238	660	218578				1477
福建	106928	248	106680	106388	248	106140				540
江西	206804		206804	206804		206804				
山东	287709		287709	285709		285709				2000
河南	377277		377277	377107		377107				170
湖北	237263	4469	232795	237263	4469	232795				
湖南	170761	1568	169193	168661	1568	167093				2100
广东	437420	500	436920	436570	500	436070				850
广西	62602		62602	62602		62602				
海南	39403		39403	39403		39403				
重庆	79504	462	79042	79484	462	79022				20
四川	390862	1238	389624	382793	1238	381556				8068
贵州	74375		74375	74375		74375				
云南	172007		172007	171857		171857				150
西藏	61060		61060	61060		61060				
陕西	179800	3410	176390	178514	3410	175104				1285
甘肃	36146	1430	34716	36146	1430	34716				
青海	112361		112361	112361		112361				
宁夏	61951		61951	61951		61951				
新疆	79086	35588	43499	43499		43499	35588	35588		
大连	8571		8571	8571		8571				
宁波	39554		39554	39554		39554				
厦门	16679		16679	16679		16679				
青岛	62880		62880	62880		62880				
深圳	81936		81936	81856		81856				80

2-13 国有及国有控股企业办学中的企业拨款

单位：千元

地区	总计			教育部门和其他部门			国有及国有控股企业办学			民办学校
	合计	中央	地方	合计	中央	地方	合计	中央	地方	地方
合计	**2024490**	**401865**	**1622624**				**2024490**	**401865**	**1622624**	
北京	132055	9567	122488				132055	9567	122488	
天津	38857	58	38799				38857	58	38799	
河北	35163	4678	30485				35163	4678	30485	
山西	176707		176707				176707		176707	
内蒙古	73844		73844				73844		73844	
辽宁	1000		1000				1000		1000	
吉林	5425		5425				5425		5425	
黑龙江	360196	342562	17633				360196	342562	17633	
上海	26769		26769				26769		26769	
江苏	21956		21956				21956		21956	
浙江	63005		63005				63005		63005	
安徽	67214		67214				67214		67214	
福建	46180		46180				46180		46180	
江西	2220		2220				2220		2220	
山东	619918		619918				619918		619918	
河南	59256		59256				59256		59256	
湖北	39130		39130				39130		39130	
湖南	13994		13994				13994		13994	
广东	35320		35320				35320		35320	
广西										
海南										
重庆	5300		5300				5300		5300	
四川	84101	45000	39101				84101	45000	39101	
贵州	197		197				197		197	
云南	1000		1000				1000		1000	
西藏										
陕西	75770		75770				75770		75770	
甘肃	18446		18446				18446		18446	
青海	10285		10285				10285		10285	
宁夏	6302		6302				6302		6302	
新疆	4881		4881				4881		4881	
大连										
宁波										
厦门	25000		25000				25000		25000	
青岛	509351		509351				509351		509351	
深圳										

2-14 校办产业和社会服务收入用于教育的经费

单位：千元

地区	总计			教育部门和其他部门			国有及国有控股企业办学			民办学校
	合计	中央	地方	合计	中央	地方	合计	中央	地方	地方
合 计	**5484223**	**3847110**	**1637113**	**5201081**	**3816434**	**1334647**	**283142**	**30675**	**252467**	
北 京	2394978	2269580	125398	2390834	2269580	121255	4144		4144	
天 津	64878	13935	50943	51761	13935	37826	13117		13117	
河 北	25625	20696	4929	4248	1357	2891	21377	19339	2038	
山 西	19867		19867	8674		8674	11193		11193	
内蒙古	18015		18015	9623		9623	8392		8392	
辽 宁	61333	2836	58497	47756	2836	44920	13578		13578	
吉 林	25435		25435	25435		25435				
黑龙江	204325	202677	1648	204077	202677	1400	248		248	
上 海	386233	373535	12698	384288	373535	10754	1945		1945	
江 苏	465902	166332	299571	465902	166332	299571				
浙 江	115869	24625	91244	115869	24625	91244				
安 徽	97343	64670	32673	73698	64670	9028	23645		23645	
福 建	50098	13631	36467	50098	13631	36467				
江 西	21998		21998	21998		21998				
山 东	191917	113500	78417	191917	113500	78417				
河 南	79045	7180	71865	71464		71464	7581	7180	401	
湖 北	162414	156363	6051	161504	155453	5051	910	910		
湖 南	347641	193551	154090	290442	193551	95891	57199		57199	
广 东	123696	40691	83004	112991	40691	72300	10705		10705	
广 西	21896		21896	21896		21896				
海 南	1828		1828	558		558	1269		1269	
重 庆	57369	38260	19109	57369	38260	19109				
四 川	206293	28285	178008	121659	28285	93374	84634		84634	
贵 州	16620		16620	16620		16620				
云 南	79929		79929	62428		62428	17502		17502	
西 藏										
陕 西	156137	65917	90220	156137	65917	90220				
甘 肃	56089	47601	8488	53629	47601	6028	2460		2460	
青 海										
宁 夏	5113		5113	5113		5113				
新 疆	26339	3246	23094	23094		23094	3246	3246		
大 连										
宁 波	2409		2409	2409		2409				
厦 门	4650		4650	4650		4650				
青 岛										
深 圳	106		106	106		106				

2-15 其他属于国家财政性教育经费

单位：千元

地区	总计			教育部门和其他部门			国有及国有控股企业办学			民办学校
	合计	中央	地方	合计	中央	地方	合计	中央	地方	地方
合 计	**41701629**	**27613192**	**14088437**	**41040130**	**27555037**	**13485092**	**104556**	**58154**	**46401**	**556943**
北 京	6145827	5147245	998583	6138613	5147245	991369				7214
天 津	609637	547522	62115	609367	547522	61845				270
河 北	667461	265303	402158	666659	265303	401356				802
山 西	353484	138235	215249	352194	138235	213959				1290
内蒙古	25695	13368	12327	25415	13368	12047				281
辽 宁	1120287	723505	396781	1112152	723505	388646				8135
吉 林	488373	103774	384599	477887	103774	374113				10485
黑龙江	647555	606837	40718	647538	606837	40701				17
上 海	2730481	1962106	768375	2727602	1962106	765496				2880
江 苏	3869220	2737018	1132202	3855218	2737018	1118200				14002
浙 江	6154696	3541908	2612788	5740850	3541908	2198942				413846
安 徽	2077804	1454865	622939	2076197	1454865	621331	1374		1374	234
福 建	853174	283800	569374	848206	283800	564405				4968
江 西	265236	124860	140376	263693	124860	138834				1542
山 东	1926521	677908	1248613	1923350	677908	1245442				3171
河 南	742973	582015	160959	740733	582015	158718				2241
湖 北	2728297	1908459	819839	2724315	1908459	815856				3982
湖 南	318917	116296	202621	318503	116276	202227	225	20	205	190
广 东	2117731	1077921	1039810	2048974	1077921	971053				68757
广 西	442170	145012	297157	441088	145012	296075				1082
海 南	187043	178239	8804	182983	178239	4744				4060
重 庆	1240561	853705	386857	1239784	853705	386079				777
四 川	1724344	1254327	470016	1722709	1254327	468382	486		486	1148
贵 州	97913	34262	63651	97713	34262	63451				200
云 南	545207	328321	216885	544984	328321	216663				223
西 藏	5462		5462	5462		5462				
陕 西	3372789	2718038	654751	3367644	2718038	649606				5145
甘 肃	41946	6627	35318	41946	6627	35318				
青 海	3645		3645	3645		3645				
宁 夏	82071	12747	69325	82071	12747	69325				
新 疆	115107	68968	46139	12636	10834	1802	102471	58134	44337	
大 连	25686	5091	20595	25686	5091	20595				
宁 波	455524	146106	309418	424395	146106	278290				31128
厦 门	3692		3692	2548		2548				1144
青 岛										
深 圳	174942	120000	54941	131684	120000	11683				43258

2-16 民办学校中举办者投入

单位：千元

地区	总计			教育部门和其他部门			国有及国有控股企业办学			民办学校
	合计	中央	地方	合计	中央	地方	合计	中央	地方	地方
合计	**18827649**		**18827649**							**18827649**
北京	96619		96619							96619
天津	311588		311588							311588
河北	587575		587575							587575
山西	254731		254731							254731
内蒙古	343223		343223							343223
辽宁	95334		95334							95334
吉林	112844		112844							112844
黑龙江	60594		60594							60594
上海	25621		25621							25621
江苏	1007569		1007569							1007569
浙江	1631499		1631499							1631499
安徽	595452		595452							595452
福建	293300		293300							293300
江西	1663286		1663286							1663286
山东	1537596		1537596							1537596
河南	2384224		2384224							2384224
湖北	698906		698906							698906
湖南	580391		580391							580391
广东	2593309		2593309							2593309
广西	382896		382896							382896
海南	159858		159858							159858
重庆	332447		332447							332447
四川	1691362		1691362							1691362
贵州	482013		482013							482013
云南	512511		512511							512511
西藏										
陕西	190573		190573							190573
甘肃	80306		80306							80306
青海	20421		20421							20421
宁夏	30083		30083							30083
新疆	71518		71518							71518
大连	9982		9982							9982
宁波	31632		31632							31632
厦门	52934		52934							52934
青岛	89091		89091							89091
深圳	211959		211959							211959

2-17 捐赠收入

单位：千元

地区	总计			教育部门和其他部门			国有及国有控股企业办学			民办学校
	合计	中央	地方	合计	中央	地方	合计	中央	地方	地方
合　计	**15431211**	**6226112**	**9205098**	**11578791**	**6223402**	**5355389**	**22975**	**2711**	**20264**	**3829445**
北　京	3595720	3539946	55775	3556202	3539946	16256				39518
天　津	97463	46593	50870	80591	46593	33998				16871
河　北	1038934	2825	1036109	114139	2825	111314				924795
山　西	102713		102713	95958		95958	2813		2813	3942
内蒙古	108750		108750	106858		106858				1892
辽　宁	97647	44318	53330	90218	44318	45901	24		24	7405
吉　林	61464	16941	44522	48390	16941	31448				13074
黑龙江	51216	25362	25853	50000	25362	24637				1216
上　海	608562	513923	94639	520339	513923	6416				88223
江　苏	2002638	335622	1667017	754835	335622	419213	11780		11780	1236023
浙　江	707355	4660	702695	380786	4660	376126				326570
安　徽	111266	51365	59901	101154	51365	49790				10111
福　建	1322029	385589	936440	704922	385589	319333				617107
江　西	157142		157142	132619		132619	3058		3058	21465
山　东	552165	53726	498440	486270	53726	432544	1236		1236	64659
河　南	361654		361654	342748		342748	31		31	18875
湖　北	860773	584279	276495	811464	584279	227185	46		46	49264
湖　南	300588	84792	215796	287528	84792	202736				13060
广　东	1428816	214587	1214229	1198923	214587	984336	66		66	229828
广　西	76268		76268	70132		70132				6136
海　南	2967		2967	2629		2629				337
重　庆	154355	43242	111113	103313	43242	60071	947		947	50095
四　川	494687	74017	420670	449672	73944	375728	73	73		44942
贵　州	76527		76527	70947		70947				5580
云　南	384658		384658	360173		360173	245		245	24240
西　藏	9202		9202	9202		9202				
陕　西	364871	188519	176352	360045	188519	171526	18		18	4808
甘　肃	112035	13171	98865	103909	13171	90739				8126
青　海	77506		77506	76806		76806				700
宁　夏	25020		25020	24554		24554				466
新　疆	86217	2638	83579	83464		83464	2638	2638		115
大　连	4891		4891	1591		1591				3300
宁　波	125051		125051	98266		98266				26785
厦　门	21531		21531	11952		11952				9579
青　岛	52984		52984	12264		12264				40721
深　圳	181468		181468	87945		87945				93523

2-18 港澳台及海外捐赠

单位：千元

地区	总计			教育部门和其他部门			国有及国有控股企业办学			民办学校
	合计	中央	地方	合计	中央	地方	合计	中央	地方	地方
合 计	**476979**	**160637**	**316341**	**463303**	**160637**	**302666**				**13675**
北 京	8592	8547	45	8592	8547	45				
天 津	1849	1849		1849	1849					
河 北										
山 西	1000		1000	1000		1000				
内蒙古										
辽 宁	359	90	268	359	90	268				
吉 林	794		794	794		794				
黑龙江	320	320	1	320	320					1
上 海	58134	48407	9726	48534	48407	127				9600
江 苏	2079	173	1905	1929	173	1755				150
浙 江	23209		23209	23109		23109				100
安 徽	107		107	17		17				90
福 建	92382	90477	1906	92253	90477	1777				129
江 西	124		124	124		124				
山 东	1870	1675	195	1870	1675	195				
河 南	369		369	369		369				
湖 北	324	324		324	324					
湖 南	1174	1009	165	1174	1009	165				
广 东	274143	2000	272143	270759	2000	268759				3384
广 西	794		794	575		575				219
海 南	12		12	12		12				
重 庆	2538	2118	420	2538	2118	420				
四 川	3518	3298	219	3518	3298	219				
贵 州	7		7	7		7				
云 南	2400		2400	2396		2396				4
西 藏										
陕 西	304		304	304		304				
甘 肃	577	350	227	577	350	227				
青 海										
宁 夏										
新 疆	1		1	1		1				
大 连										
宁 波	21520		21520	21520		21520				
厦 门										
青 岛										
深 圳										

2-19 事业收入

单位：千元

地区	总计			教育部门和其他部门			国有及国有控股企业办学			民办学校
	合计	中央	地方	合计	中央	地方	合计	中央	地方	地方
合计	**1083182147**	**116841438**	**966340709**	**486485476**	**115153166**	**371332310**	**7602611**	**1688272**	**5914339**	**589094059**
北京	54831349	35169012	19662337	40784541	35168728	5615814	105746	284	105462	13941062
天津	13520902	3531801	9989101	8270231	3509707	4760524	158391	22094	136297	5092280
河北	44100894	639286	43461609	14249945	616802	13633143	373280	22483	350796	29477669
山西	18616049	1572	18614477	8477411	1572	8475839	231752		231752	9906886
内蒙古	7955915	3914	7952001	4701654	3914	4697740	55001		55001	3199259
辽宁	25891689	3244032	22647656	13655925	3244032	10411893	204405		204405	12031358
吉林	13680887	1461822	12219065	6931591	1461822	5469769	4737		4737	6744558
黑龙江	17800084	5821312	11978772	11284675	5449164	5835512	473559	372148	101411	6041849
上海	39176754	12634506	26542247	20766419	12634506	8131912	89618		89618	18320717
江苏	72031663	8746488	63285175	37889132	8735404	29153728	199638	11084	188553	33942894
浙江	71834481	4114130	67720351	31426522	4114130	27312392	263162		263162	40144798
安徽	35246625	1562961	33683665	15872081	1562961	14309121	490522		490522	18884022
福建	31343964	2016855	29327109	13892853	2016855	11875999	132804		132804	17318306
江西	29482171	80	29482091	12744317		12744317	171278	80	171198	16566576
山东	71126457	4013919	67112538	33376747	4013919	29362828	715888		715888	37033822
河南	65301931	114247	65187684	22524252	45662	22478590	400382	68585	331797	42377297
湖北	48141017	7266573	40874443	21710119	7051360	14658759	329795	215213	114582	26101103
湖南	47456115	2638711	44817404	22480703	2632858	19847845	119313	5853	113459	24856100
广东	154796682	4856653	149940029	45259109	4837625	40421483	722958	19027	703930	108814615
广西	29687730	70	29687660	15696190	70	15696120	49791		49791	13941749
海南	8931265	14673	8916591	2068464	14673	2053790	16805		16805	6845996
重庆	23562309	2268899	21293410	12398876	2160332	10238543	300632	108567	192065	10862801
四川	60553659	7546971	53006688	23841549	7432255	16409294	583432	114716	468716	36128678
贵州	20012553		20012553	7962143		7962143	48355		48355	12002054
云南	23139565	5907	23133658	8206888	5907	8200982	227693		227693	14704984
西藏	258779		258779	252934		252934				5845
陕西	36401616	7260483	29141132	19701299	7257766	12443533	191727	2717	189010	16508590
甘肃	8531884	1025756	7506127	5374039	1025756	4348282	76314		76314	3081531
青海	1291391		1291391	817515		817515	11780		11780	462096
宁夏	3533965	144456	3389509	1348154	144456	1203697	97346		97346	2088465
新疆	4941804	736348	4205457	2519199	10929	2508270	756508	725419	31090	1666097
大连	2144393	17018	2127376	655366	17018	638348	8644		8644	1480384
宁波	9817321		9817321	3402306		3402306				6415014
厦门	3787677	4600	3783077	977859	4600	973259	32931		32931	2776887
青岛	8175553		8175553	1378472		1378472	160772		160772	6636310
深圳	22175935	77110	22098825	6237254	77110	6160144				15938681

2-20 学费

单位：千元

地区	总计			教育部门和其他部门			国有及国有控股企业办学			民办学校
	合计	中央	地方	合计	中央	地方	合计	中央	地方	地方
合 计	**845162157**	**40734215**	**804427942**	**295661762**	**39669436**	**255992325**	**5862418**	**1064778**	**4797640**	**543637977**
北 京	27548822	11185603	16363220	14213511	11185603	3027908	92309		92309	13243002
天 津	9451957	1074356	8377601	4580730	1052869	3527862	119449	21487	97962	4751777
河 北	37438897	334200	37104697	10284569	312329	9972239	313340	21871	291470	26840988
山 西	14663639	1204	14662435	5424493	1204	5423289	210684		210684	9028462
内蒙古	6807096	3914	6803181	3703303	3914	3699388	54556		54556	3049237
辽 宁	19757669	1422769	18334899	8682634	1422769	7259865	145449		145449	10929586
吉 林	11161593	652517	10509077	4707116	652517	4054600	2022		2022	6452455
黑龙江	11414280	1177638	10236642	5592982	1025136	4567846	244207	152502	91705	5577091
上 海	26694394	4467705	22226689	9324914	4467705	4857209	39148		39148	17330332
江 苏	55127518	2734147	52393370	22546713	2724131	19822581	140286	10016	130270	32440519
浙 江	54831397	1084481	53746917	17328584	1084481	16244103	252733		252733	37250080
安 徽	28536029	738260	27797769	10853693	738260	10115433	349920		349920	17332416
福 建	25633658	942860	24690798	9465006	942860	8522146	131867		131867	16036785
江 西	23687845	64	23687781	8889645		8889645	151982	64	151918	14646218
山 东	57958255	1375829	56582425	23066560	1375829	21690731	452185		452185	34439510
河 南	54776129	50576	54725553	16112251	41171	16071080	304613	9405	295208	38359264
湖 北	37390760	3163017	34227743	13415835	3011641	10404194	243766	151376	92390	23731160
湖 南	37873329	922448	36950881	15253174	918124	14335049	81708	4323	77384	22538448
广 东	133837225	2148282	131688942	31582568	2139560	29443008	691307	8723	682585	101563349
广 西	23667688	70	23667618	10811171	70	10811101	49046		49046	12807472
海 南	7315880	7331	7308549	1288799	7331	1281468	13654		13654	6013427
重 庆	18124182	1253062	16871120	8007336	1163363	6843973	263536	89698	173838	9853309
四 川	46374049	2552887	43821162	12610659	2464601	10146058	483178	88286	394892	33280212
贵 州	16725986		16725986	5625400		5625400	38646		38646	11061940
云 南	19508783	5521	19503262	5697952	5521	5692431	191340		191340	13619491
西 藏	124396		124396	118551		118551				5845
陕 西	24362232	2205113	22157119	9522913	2202546	7320368	174575	2567	172007	14664744
甘 肃	6836272	608263	6228009	3864350	608263	3256087	71233		71233	2900689
青 海	946327		946327	486994		486994	11780		11780	447553
宁 夏	2870859	111608	2759250	952817	111608	841208	8574		8574	1909468
新 疆	3715013	510490	3204524	1646540	6030	1640510	535325	504460	30866	1533147
大 连	1920507	10600	1909907	496793	10600	486194	8644		8644	1415069
宁 波	8499506		8499506	2393125		2393125				6106381
厦 门	3430318	4600	3425718	816354	4600	811754	32451		32451	2581512
青 岛	7456578		7456578	1231057		1231057	19715		19715	6205807
深 圳	18817955	1350	18816606	3821389	1350	3820039				14996566

2-21 其他教育经费

单位：千元

地区	总计			教育部门和其他部门			国有及国有控股企业办学			民办学校
	合计	中央	地方	合计	中央	地方	合计	中央	地方	地方
合计	**168181873**	**30583035**	**137598839**	**151879466**	**29984107**	**121895359**	**1382348**	**598928**	**783420**	**14920059**
北京	10742062	9380443	1361618	10201542	9380435	821107	25340	9	25331	515180
天津	1753402	367959	1385443	1592127	355691	1236437	58858	12269	46589	102417
河北	2586606	117966	2468640	2066060	117966	1948094	4868		4868	515678
山西	1275492	3628	1271863	1098024	3628	1094395	25541		25541	151927
内蒙古	1035851	2706	1033144	894370	2706	891664				141481
辽宁	2158522	464868	1693654	1674142	464868	1209274	1250		1250	483130
吉林	2741690	591924	2149766	2484507	591924	1892583	14		14	257168
黑龙江	2806956	673806	2133149	2589420	627714	1961706	63492	46092	17400	154043
上海	6543682	3232946	3310736	5481263	3208904	2272359	40452	24042	16410	1021967
江苏	17148619	1728375	15420244	15722346	1719454	14002892	23638	8921	14717	1402635
浙江	15474461	1546206	13928255	14144830	1546206	12598624	30800		30800	1298831
安徽	6207012	1026886	5180126	5616078	1026886	4589191	29387		29387	561548
福建	4150209	436779	3713430	3713144	436779	3276365	297		297	436768
江西	7987164	6531	7980633	7567560		7567560	91526	6531	84994	328079
山东	7937930	651180	7286750	7194772	651180	6543592	183449		183449	559709
河南	4948519	48595	4899924	4533114	44170	4488944	32174	4425	27749	383231
湖北	8547536	3607525	4940012	7962729	3587871	4374858	29275	19654	9622	555532
湖南	10947831	861723	10086108	10467519	861439	9606080	2061	284	1777	478251
广东	9317920	1173131	8144789	7454912	1172240	6282671	30425	890	29535	1832583
广西	4058583	70	4058513	3613823	70	3613753	14598		14598	430162
海南	635286	656	634629	372521	656	371864	86574		86574	176191
重庆	4345270	507297	3837974	3939610	486967	3452643	24064	20330	3734	381596
四川	12759839	1872412	10887427	11285999	1850572	9435426	119430	21839	97591	1354410
贵州	4754266		4754266	4494811		4494811	1005		1005	258450
云南	2816433	72	2816361	2321382	72	2321310	18352		18352	476699
西藏	50396		50396	50396		50396				
陕西	6013094	1673230	4339864	5506623	1669014	3837610	15328	4216	11112	491142
甘肃	1111110	158000	953110	1049075	158000	891075	106		106	61928
青海	448300		448300	443280		443280	2		2	5018
宁夏	1972371	17257	1955114	1894322	17257	1877064	585		585	77465
新疆	4905462	430861	4474601	4449165	1437	4447729	429457	429425	32	26841
大连	158576	255	158321	132274	255	132018				26302
宁波	1396280		1396280	1244801		1244801				151480
厦门	312825		312825	241975		241975	65		65	70786
青岛	503457		503457	225990		225990	1941		1941	275526
深圳	1647409		1647409	1463495		1463495				183914

第三部分

各地区各级各类教育机构教育经费收入

3-1 教育经费收入情况

地区	总计	国家财政性教育经费	一般公共预算安排的教育经费	一般公共预算教育经费	教育事业费	基本建设经费	教育费附加	科研经费	其他
合计	**5982867426**	**4697244546**	**4502183460**	**3925696266**	**3707453622**	**92508453**	**125734192**	**68038708**	**508448485**
北京	281994713	212728963	202401750	162216890	154379344	7230292	607254	15064836	25120024
天津	76382889	60699533	57657498	51707321	50149563	1284580	273178	504634	5445543
河北	246371101	198057091	189544917	176664947	171967452	1645474	3052021	282769	12597201
山西	121400391	101151406	98075439	85584500	81682486	1009905	2892109	1057864	11433075
内蒙古	92481975	83038236	81966443	67451259	63338251	1249785	2863223	360454	14154731
辽宁	128254286	100011094	97906181	79627858	76021473	1080480	2525905	1403266	16875057
吉林	82592049	65995165	64073115	54092967	52823737	488083	781146	822436	9157712
黑龙江	102565220	81846371	80268271	66463060	64280437	1128540	1054084	1478423	12326788
上海	206379225	160024607	154604506	120698476	100357439	3710216	16630821	7426870	26479160
江苏	419847849	327657359	313251287	265654625	250672885	824925	14156816	6415738	41180924
浙江	359574077	269926281	245999131	223125997	207882872	6202449	9040676	1559768	21313365
安徽	215001831	172841476	166048807	145101125	138297710	2745732	4057682	2328404	18619278
福建	183476798	146367297	135653483	122444393	116994969	515254	4934170	1537430	11671660
江西	189569937	150280174	140872098	131760051	124953361	3387739	3418950	742742	8369305
山东	383729804	302575655	290282242	264355198	251434824	880327	12040046	2552582	23374462
河南	298308371	225312043	216571298	184886594	176446172	1984132	6456291	859285	30825419
湖北	226259722	168011490	158149340	142146220	141548960	597260		3179265	12823856
湖南	230780101	171495175	168494111	156806391	150666665	1041105	5098621	2735755	8951965
广东	636652614	468515888	455055754	392433460	349325303	28901638	14206518	8313462	54308832
广西	170738159	136532683	129871011	114136934	110057902	2406307	1672725	400026	15334051
海南	48540184	38810809	37261892	30638475	29877120	533372	227983	337168	6286249
重庆	139567055	111172674	106067669	86648910	81911095	2697593	2040222	129504	19289256
四川	306355452	230855905	221621917	194196006	185683971	2790383	5721652	2314254	25111658
贵州	158276401	132951042	127636906	115312798	110115787	2346001	2851010	310019	12014090
云南	171122713	144269545	139173418	115905945	112620604	1392300	1893040	717712	22549761
西藏	36432586	36114209	35985837	31666556	30104919	1559461	2176	32888	4286392
陕西	175874906	132904753	126560457	115303012	109431821	2692544	3178646	3451615	7805830
甘肃	95306561	85471227	83405169	72626148	69478319	1387733	1760096	901377	9877644
青海	30859007	29021389	28731668	23092278	20997616	1750239	344424	199994	5439395
宁夏	34265485	28704045	28537219	22038620	21045263	585100	408257	211825	6286774
新疆	133905964	123900962	120454627	110909255	102905303	6459503	1544449	406344	9139028
大连	18281783	15963942	15857408	12592286	11757976	124440	709870	217	3264905
宁波	46025628	34655344	32696783	29648849	28476609		1172240	26552	3021382
厦门	28337698	24162730	21960704	19120649	17354091	202466	1564091	33046	2807009
青岛	47441704	38620618	36518426	32804149	30027349		2776799	74248	3640029
深圳	135925144	111708373	110467689	92911255	60292850	24298986	8319419	3542396	14014038

(各级各类教育机构)

单位：千元

政府性基金预算安排的教育经费	#彩票公益金	国有及国有控股企业办学中的企业拨款	校办产业和社会服务收入中用于教育的经费	其他属于国家财政性教育经费	民办学校中举办者投入	捐赠收入	事业收入	#学费	其他教育经费
145850745	**5837070**	**2024490**	**5484223**	**41701629**	**18827649**	**15431211**	**1083182147**	**845162157**	**168181873**
1654352	1060624	132055	2394978	6145827	96619	3595720	54831349	27548822	10742062
2328663	28515	38857	64878	609637	311588	97463	13520902	9451957	1753402
7783925	219318	35163	25625	667461	587575	1038934	44100894	37438897	2586606
2525907	459102	176707	19867	353484	254731	102713	18616049	14663639	1275492
954238	110059	73844	18015	25695	343223	108750	7955915	6807096	1035851
922294	72823	1000	61333	1120287	95334	97647	25891689	19757669	2158522
1402818	37547	5425	25435	488373	112844	61464	13680887	11161593	2741690
366024	33835	360196	204325	647555	60594	51216	17800084	11414280	2806956
2276617	16584	26769	386233	2730481	25621	608562	39176754	26694394	6543682
10048993	179898	21956	465902	3869220	1007569	2002638	72031663	55127518	17148619
17593581	224732	63005	115869	6154696	1631499	707355	71834481	54831397	15474461
4550308	220715	67214	97343	2077804	595452	111266	35246625	28536029	6207012
9764362	106928	46180	50098	853174	293300	1322029	31343964	25633658	4150209
9118622	206804	2220	21998	265236	1663286	157142	29482171	23687845	7987164
9555058	287709	619918	191917	1926521	1537596	552165	71126457	57958255	7937930
7859471	377277	59256	79045	742973	2384224	361654	65301931	54776129	4948519
6932308	237263	39130	162414	2728297	698906	860773	48141017	37390760	8547536
2320512	170761	13994	347641	318917	580391	300588	47456115	37873329	10947831
11183388	437420	35320	123696	2117731	2593309	1428816	154796682	133837225	9317920
6197607	62602		21896	442170	382896	76268	29687730	23667688	4058583
1360046	39403		1828	187043	159858	2967	8931265	7315880	635286
3801774	79504	5300	57369	1240561	332447	154355	23562309	18124182	4345270
7219251	390862	84101	206293	1724344	1691362	494687	60553659	46374049	12759839
5199406	74375	197	16620	97913	482013	76527	20012553	16725986	4754266
4469991	172007	1000	79929	545207	512511	384658	23139565	19508783	2816433
122910	61060			5462		9202	258779	124396	50396
2739600	179800	75770	156137	3372789	190573	364871	36401616	24362232	6013094
1949578	36146	18446	56089	41946	80306	112035	8531884	6836272	1111110
275791	112361	10285		3645	20421	77506	1291391	946327	448300
73340	61951	6302	5113	82071	30083	25020	3533965	2870859	1972371
3300008	79086	4881	26339	115107	71518	86217	4941804	3715013	4905462
80848	8571			25686	9982	4891	2144393	1920507	158576
1500627	39554		2409	455524	31632	125051	9817321	8499506	1396280
2168684	16679	25000	4650	3692	52934	21531	3787677	3430318	312825
1592841	62880	509351			89091	52984	8175553	7456578	503457
1065636	81936		106	174942	211959	181468	22175935	18817955	1647409

3-2 教育经费收入情况

地区	总计	国家财政性教育经费	一般公共预算安排的教育经费	一般公共预算教育经费	教育事业费	基本建设经费	教育费附加	科研经费	其他
合计	**5533006272**	**4401033977**	**4239844001**	**3741418814**	**3532841710**	**82878481**	**125698623**	**20493599**	**477931588**
北京	152781715	131605366	129984217	113511065	108689761	4214100	607204	302006	16171146
天津	65370694	53633692	51550059	46943805	45855377	815250	273178	367795	4238459
河北	244229358	196675425	188200442	175466842	170769348	1645474	3052021	278095	12455505
山西	121392886	101149102	98073135	85584500	81682486	1009905	2892109	1057864	11430771
内蒙古	92475223	83038104	81966311	67451127	63338118	1249785	2863223	360454	14154731
辽宁	116791011	92301036	91135073	74373685	70841797	1008580	2523307	625436	16135953
吉林	73537961	59011765	57429211	49416319	48175049	460123	781146	125599	7887293
黑龙江	87418652	73220284	72751200	61102811	59026662	1022064	1054084	55261	11593128
上海	164166586	134193343	130265881	106481048	86662850	3220106	16598092	582780	23202053
江苏	387088636	305708631	293605488	253043094	238437194	449085	14156816	1396809	39165584
浙江	343580328	259597529	240350161	218273362	203504287	5728399	9040676	1373991	20702807
安徽	204732027	165212884	159993964	141478579	134710354	2710542	4057682	154585	18360801
福建	175878450	141608171	131219799	119330705	113911102	485434	4934170	636153	11252941
江西	189562932	150279781	140871705	131759970	124953280	3387739	3418950	742742	8368993
山东	370221883	293786560	282401891	259029940	246269426	720467	12040046	1089721	22282230
河南	297707305	224873819	216140254	184575582	176135160	1984132	6456291	859285	30705386
湖北	192260061	145470206	137974798	126634769	126634769			526681	10813348
湖南	220212196	164512496	161743450	152806943	146788946	919525	5098471	941883	7994625
广东	616684625	454792269	441860565	383319584	340262486	28850621	14206476	5212918	53328064
广西	170738018	136532683	129871011	114136934	110057902	2406307	1672725	400026	15334051
海南	48514028	38799982	37251065	30627648	29866293	533372	227983	337168	6286249
重庆	130795214	105220271	101162893	82241112	77613937	2586953	2040222	37869	18883912
四川	281589961	215583813	209071102	184684543	176483148	2479743	5721652	517395	23869164
贵州	158219736	132894378	127634296	115312667	110115656	2346001	2851010	310019	12011610
云南	171092415	144245227	139149099	115905943	112620603	1392300	1893040	717712	22525444
西藏	36432586	36114209	35985837	31666556	30104919	1559461	2176	32888	4286392
陕西	148753307	114905386	111482028	104690835	99257895	2254294	3178646	253961	6537231
甘肃	90416158	81777751	79760724	69658340	66611901	1286343	1760096	455945	9646439
青海	30859007	29021389	28731668	23092278	20997616	1750239	344424	199994	5439395
宁夏	33330200	27930474	27805200	21338513	20345156	585100	408257	211825	6254862
新疆	116173111	107337956	104421476	97479717	92118232	3817036	1544449	328742	6613017
大连	18260310	15959742	15853208	12588085	11756374	124440	707272	217	3264905
宁波	46025628	34655344	32696783	29648849	28476609		1172240	26552	3021382
厦门	28333097	24162730	21960704	19120649	17354091	202466	1564091	33046	2807009
青岛	47441704	38620618	36518426	32804149	30027349		2776799	74248	3640029
深圳	135465369	111325708	110009264	92528590	59910227	24298986	8319377	3466636	14014038

(地方各级各类教育机构)

单位:千元

政府性基金预算安排的教育经费	#彩票公益金	国有及国有控股企业办学中的企业拨款	校办产业和社会服务收入中用于教育的经费	其他属于国家财政性教育经费	民办学校中举办者投入	捐赠收入	事业收入	#学费	其他教育经费
142131178	**4759757**	**1622624**	**1637113**	**15799060**	**18827649**	**9205098**	**966340709**	**804427942**	**137598839**
511324	42022	122488	125398	861938	96619	55775	19662337	16363220	1361618
1880388	27515	38799	50943	113503	311588	50870	9989101	8377601	1385443
7783925	219318	30485	4929	655644	587575	1036109	43461609	37104697	2468640
2525907	459102	176707	19867	353484	254731	102713	18614477	14662435	1271863
954238	110059	73844	18015	25695	343223	108750	7952001	6803181	1033144
922294	72823	1000	58497	184173	95334	53330	22647656	18334899	1693654
1401447	37176	5425	25435	150247	112844	44522	12219065	10509077	2149766
360541	33662	17633	1648	89262	60594	25853	11978772	10236642	2133149
2253287	12058	26769	12698	1634708	25621	94639	26542247	22226689	3310736
10037283	179128	21956	299571	1744333	1007569	1667017	63285175	52393370	15420244
17592581	223732	63005	91244	1500538	1631499	702695	67720351	53746917	13928255
4547868	220055	67214	32673	571165	595452	59901	33683665	27797769	5180126
9762815	105380	46180	36467	542910	293300	936440	29327109	24690798	3713430
9118622	206804	2220	21998	265236	1663286	157142	29482091	23687781	7980633
9555058	287709	619918	78417	1131276	1537596	498440	67112538	56582425	7286750
7859471	377277	59256	71865	742973	2384224	361654	65187684	54725553	4899924
6927519	232795	39130	6051	522707	698906	276495	40874443	34227743	4940012
2282045	168693	13994	154090	318917	580391	215796	44817404	36950881	10086108
11079313	437420	35320	83004	1734067	2593309	1214229	149940029	131688942	8144789
6197607	62602		21896	442170	382896	76268	29687660	23667618	4058513
1360046	39403		1828	187043	159858	2967	8916591	7308549	634629
3801312	79042	5300	19109	231657	332447	111113	21293410	16871120	3837974
5771565	389624	39101	178008	524038	1691362	420670	53006688	43821162	10887427
5145352	74375	197	16620	97913	482013	76527	20012553	16725986	4754266
4469991	172007	1000	79929	545207	512511	384658	23133658	19503262	2816361
122910	61060			5462		9202	258779	124396	50396
2733320	176390	75770	90220	524048	190573	176352	29141132	22157119	4339864
1948148	34716	18446	8488	41946	80306	98865	7506127	6228009	953110
275791	112361	10285		3645	20421	77506	1291391	946327	448300
73340	61951	6302	5113	40519	30083	25020	3389509	2759250	1955114
2875869	43499	4881	23094	12636	71518	83579	4205457	3204524	4474601
80848	8571			25686	9982	4891	2127376	1909907	158321
1500627	39554		2409	455524	31632	125051	9817321	8499506	1396280
2168684	16679	25000	4650	3692	52934	21531	3783077	3425718	312825
1592841	62880	509351			89091	52984	8175553	7456578	503457
1065636	81936		106	250702	211959	181468	22098825	18816606	1647409

3-3 教育经费收入情况(高等学校)

地区	总计	国家财政性教育经费	一般公共预算安排的教育经费	一般公共预算教育经费	教育事业费	基本建设经费	教育费附加	科研经费	其他
合计	**1638648397**	**1010465122**	**920592236**	**778656345**	**737483492**	**34417939**	**6754914**	**65889944**	**76045946**
北京	143280997	94593050	86031709	63888287	60198187	3688844	1256	14505997	7637425
天津	30675221	19684960	17002906	14282786	13553888	728898		504553	2215567
河北	52410748	30737246	28801545	27828929	26646558	1170390	11981	250477	722139
山西	30475571	21916135	21285584	19546818	18993814	460282	92722	995133	743633
内蒙古	18834867	14495404	14046090	11722649	11162108	560353	188	357832	1965608
辽宁	48990241	29263676	27625929	22436724	21373011	802538	261175	1399100	3790104
吉林	30437245	19316097	18302759	15430721	15217296	145276	68148	821269	2050769
黑龙江	37364476	22572564	21216331	18480596	17895650	486683	98263	1478423	1257312
上海	84230464	54970976	51845144	36320782	32744424	2821789	754569	7406370	8117993
江苏	120301157	71776766	65649746	51660689	50576530	507986	576173	6335159	7653898
浙江	91555530	54262997	44635051	38002567	35742072	1196433	1064062	1314850	5317634
安徽	52308890	32558727	29594097	25275271	24199279	1022547	53446	2310226	2008600
福建	43751885	25313811	21964925	18731728	18237473	174790	319465	1486714	1746483
江西	44654888	26738999	24375292	22661493	21210996	1450325	172	737710	976089
山东	92951999	53389221	47187044	42445089	41388715	762910	293463	2546914	2195041
河南	71253035	42350837	37800426	34090026	33152882	595996	341149	803434	2906965
湖北	80720804	47108374	42332291	36379867	35782607	597260		3137218	2815206
湖南	54080022	30735490	29278421	25357727	24725392	385347	246988	2659694	1261001
广东	147474399	92439149	88326214	74302217	64017461	8593240	1691515	8059951	5964046
广西	41355043	24428025	18987391	17827986	17198639	625207	4140	354649	804756
海南	10703265	6503408	6316006	5351260	5160796	190464		277015	687730
重庆	37465271	21006817	18971320	17400138	16756175	609885	34078	118011	1453172
四川	79888261	45320931	41306648	37281359	36057236	1191923	32200	2143408	1881882
贵州	29688585	21373333	20426079	18583271	17665580	719407	198284	274517	1568292
云南	34928500	22292405	19258374	16673190	16459046	209604	4540	665819	1919366
西藏	3534200	3260178	3213709	2874976	2758436	116539		32507	306227
陕西	66255758	37181873	32770557	26967048	26031077	930838	5133	3424758	2378751
甘肃	22165287	16173477	15739811	13541237	12545884	422093	573261	844607	1353967
青海	5795465	4958997	4857318	4074081	3509224	564857		196832	586405
宁夏	8213273	4990378	4863482	3899965	3493045	395000	11921	208726	754792
新疆	22903050	18750821	16580034	15336871	13030010	2290234	16627	238070	1005094
大连	1644290	1347880	1282244	1028963	761935	65701	201327		253281
宁波	8434120	4368758	3760843	3280070	3277466		2604	22936	457836
厦门	3635678	1858930	1778284	1651704	1464316		187388	32888	93692
青岛	6492082	3279645	1841645	1683716	1650761		32954	74248	83681
深圳	31426248	25908563	25718245	20367499	12875037	5909420	1583042	3535536	1815209

单位：千元

政府性基金预算安排的教育经费	#彩票公益金	国有及国有控股企业办学中的企业拨款	校办产业和社会服务收入中用于教育的经费	其他属于国家财政性教育经费	民办学校中举办者投入	捐赠收入	事业收入	#学费	其他教育经费
42867585	**835242**	**962992**	**4340682**	**41701629**	**3123572**	**10112782**	**531587106**	**355501368**	**83359815**
138365	13939		2277149	6145827	6250	2609538	37360580	14509980	8711579
2010601	11611	33298	28517	609637	763	64939	9846145	5982322	1078415
1266081	55754		2159	667461	42996	976086	18359938	14851232	2294482
218367	3760	58557	143	353484		5797	8019366	5473102	534273
418037	4412		5581	25695		71578	3965303	3254577	302583
492494	15358		24966	1120287		76436	18137999	12763747	1512131
496729	3082	2919	25317	488373		44608	9879962	7570979	1196578
276166	1838	228834	203678	647555		39896	13850441	7917797	901575
24220	5416		371130	2730481		544647	24428083	12598216	4286757
2026342	4898		231457	3869220		1661424	36475031	22263738	10387936
3402994	11510		70257	6154696	289388	203974	30718546	17217864	6080625
761946	40241	34787	90093	2077804	251196	79725	15522109	11175374	3897133
2454824	33724		40888	853174	35764	484993	16417224	12018591	1500093
2079736	4551		18736	265236	1465363	91464	15277019	11933232	1082043
3638829	14739	506877	129950	1926521		473966	33445456	23492991	5643356
3791720	63607	15000	718	742973	115188	211678	26410202	21008681	2165130
1855943	44147	35000	156842	2728297	160200	804600	26817219	18982488	5830411
859989	11161		278162	318917		209124	20668614	14676627	2466795
1890357	52748		104847	2117731	108840	780590	49316032	36999680	4829789
4985759	5697		12706	442170		13509	15375026	11956423	1538483
359	359			187043	10030	328	3975152	3193392	214347
754229	2762		40707	1240561	248423	90777	13590895	9704063	2528359
2184954	248743	45799	59185	1724344	198160	97815	29627895	19274995	4643460
840364	3833		8976	97913	175353	23065	6345317	4754795	1771517
2459323	5001		29501	545207		68728	11160789	8798491	1406578
41006	41006			5462			233072	108835	40951
961659	41439		76868	3372789	5660	325997	25315961	14819455	3426266
340270	5740	1920	49530	41946	10000	27934	5236833	4016518	717044
98035	1000			3645			678121	430520	158347
44468	44468		356	82071		647	2052004	1565817	1170243
2053417	38699		2263	115107		28918	3080774	2186848	1042537
39951				25686		110	290867	180102	5433
152391	391			455524		83330	3717733	2711993	264299
76151			802	3692	22700	9198	1637902	1385862	106949
931122		506877				39498	2916791	2500870	256148
15377	5343			174942		157792	4534037	2351559	825856

3-4 教育经费收入情况

地区	总计	国家财政性教育经费	一般公共预算安排的教育经费	一般公共预算教育经费	教育事业费	基本建设经费	教育费附加	科研经费	其他
合计	**1221545413**	**738907330**	**681629368**	**613402862**	**580690379**	**25979072**	**6733412**	**18676238**	**49550267**
北京	29815557	23015966	22102938	21579451	20905544	672652	1256	72215	451272
天津	19753189	12660483	10936774	9557267	9297699	259568		367714	1011793
河北	50333170	29393715	27471187	26644493	25462122	1170390	11981	245804	580890
山西	30475571	21916135	21285584	19546818	18993814	460282	92722	995133	743633
内蒙古	18834867	14495404	14046090	11722649	11162108	560353	188	357832	1965608
辽宁	37576458	21563666	20864869	17186751	16194938	730638	261175	621270	3056848
吉林	21751608	12617573	11943731	11038049	10852584	117316	68148	124431	781251
黑龙江	23199523	14906852	14545724	13899959	13419253	382443	98263	55261	590504
上海	43071615	29682195	28046467	22524700	19459912	2331679	733109	562280	4959487
江苏	87670732	49932591	46108501	39082255	38373937	132146	576173	1316231	5710016
浙江	75575228	43941928	38993764	33149932	31363488	722383	1064062	1129073	4714759
安徽	42056022	24930943	23540062	21652982	20612179	987357	53446	136406	1750675
福建	36283187	20595668	17572223	15649836	15185401	144970	319465	585437	1336950
江西	44654888	26738999	24375292	22661493	21210996	1450325	172	737710	976089
山东	79450192	44606239	39312807	37119830	36223317	603050	293463	1084053	1108923
河南	70807444	41966279	37415868	33811285	32874140	595996	341149	803434	2801148
湖北	47390349	25117037	22707697	21400833	21400833			484633	822231
湖南	43582479	23788176	22563126	21390540	20879785	263767	246988	865822	306765
广东	127582371	78760288	75175734	65233049	54999353	8542223	1691473	4959407	4983278
广西	41355043	24428025	18987391	17827986	17198639	625207	4140	354649	804756
海南	10703265	6503408	6316006	5351260	5160796	190464		277015	687730
重庆	29029444	15294467	14306596	13228703	12695380	499245	34078	26376	1051517
四川	55336232	30144620	28851614	27819430	26905947	881283	32200	346549	685636
贵州	29634399	21319147	20425948	18583139	17665448	719407	198284	274517	1568292
云南	34928500	22292405	19258374	16673190	16459046	209604	4540	665819	1919366
西藏	3534200	3260178	3213709	2874976	2758436	116539		32507	306227
陕西	39542015	19481128	17990749	16629448	16131727	492588	5133	227104	1134197
甘肃	17336499	12530058	12145423	10613347	9719384	320703	573261	399175	1132901
青海	5795465	4958997	4857318	4074081	3509224	564857		196832	586405
宁夏	7278594	4216807	4131463	3199858	2792938	395000	11921	208726	722880
新疆	17207306	13847953	12136338	11675272	10822009	836636	16627	162823	298243
大连	1644290	1347880	1282244	1028963	761935	65701	201327		253281
宁波	8434120	4368758	3760843	3280070	3277466		2604	22936	457836
厦门	3635678	1858930	1778284	1651704	1464316		187388	32888	93692
青岛	6492082	3279645	1841645	1683716	1650761		32954	74248	83681
深圳	30967823	25525898	25259820	19984834	12492414	5909420	1583000	3459776	1815209

（地方高等学校）

单位：千元

政府性基金预算安排的教育经费	#彩票公益金	国有及国有控股企业办学中的企业拨款	校办产业和社会服务收入中用于教育的经费	其他属于国家财政性教育经费	民办学校中举办者投入	捐赠收入	事业收入	#学费	其他教育经费
40226293	**778592**	**689158**	**563452**	**15799060**	**3123572**	**4844569**	**419714482**	**315873776**	**54955460**
4032	4032		47058	861938	6250	2519	6044388	3663364	746434
1562326	10611	33298	14582	113503	763	18347	6343038	4936053	730559
1266081	55754		802	655644	42996	973262	17746683	14542451	2176515
218367	3760	58557	143	353484		5797	8019366	5473102	534273
418037	4412		5581	25695		71578	3965303	3254577	302583
492494	15358		22130	184173		32118	14928611	11365236	1052063
495358	2710	2919	25317	150247		27977	8442538	6942821	663521
270866	1838		1000	89262		14584	8049979	6760655	228108
890	890		130	1634708		35258	12208570	8446517	1145592
2014632	4128		65125	1744333		1325802	27742540	19542518	8669799
3401994	10510		45632	1500538	289388	199314	26607964	16136931	4536634
759506	39581	34787	25423	571165	251196	28360	13970676	10448420	2874847
2453276	32176		27258	542910	35764	99434	14483347	11086460	1068975
2079736	4551		18736	265236	1465363	91464	15277019	11933232	1082043
3638829	14739	506877	16450	1131276		420241	29431537	22117162	4992176
3791720	63607	15000	718	742973	115188	211678	26383948	20984700	2130351
1851154	39678	35000	479	522707	160200	233415	19596327	15861426	2283369
821521	9093		84611	318917		128467	18054430	13774574	1611406
1786332	52748		64156	1734067	108840	566003	44489691	34871405	3657549
4985759	5697		12706	442170		13509	15375026	11956423	1538483
359	359			187043	10030	328	3975152	3193392	214347
753767	2300		2447	231657	248423	47539	11344436	8468030	2094579
737268	247505	799	30900	524038	198160	24112	22138619	16763326	2830721
786310	3833		8976	97913	175353	23065	6345317	4754795	1771517
2459323	5001		29501	545207		68728	11160789	8798491	1406578
41006	41006			5462			233072	108835	40951
955379	38029		10952	524048	5660	137488	18085059	12640845	1832679
338840	4310	1920	1930	41946	10000	14763	4222633	3419812	559044
98035	1000			3645			678121	430520	158347
44468	44468		356	40519		647	1908153	1454815	1152986
1698625	14908		354	12636		28773	2462150	1742890	868431
39951				25686		110	290867	180102	5433
152391	391			455524		83330	3717733	2711993	264299
76151			802	3692	22700	9198	1637902	1385862	106949
931122		506877				39498	2916791	2500870	256148
15377	5343			250702		157792	4458277	2351559	825856

3-5 教育经费收入情况

地区	总计	国家财政性教育经费	一般公共预算安排的教育经费	一般公共预算教育经费	教育事业费	基本建设经费	教育费附加	科研经费	其他
合计	**1619795301**	**1001091318**	**911857581**	**771223408**	**730190286**	**34370582**	**6662540**	**65878823**	**74755350**
北京	139950136	93266714	85073872	63081293	59392449	3688844		14505997	7486581
天津	30324850	19443079	16761025	14071317	13362419	708898		504553	2185155
河北	51658567	30238790	28303143	27364544	26183112	1170390	11042	250466	688133
山西	30230496	21753175	21122630	19412445	18859734	460282	92430	995133	715052
内蒙古	18633380	14391072	13941758	11632950	11072409	560353	188	357832	1950976
辽宁	48567496	28988115	27351959	22221782	21161864	802538	257380	1399100	3731076
吉林	29844505	18920509	17910191	15128310	14916198	145276	66836	821209	1960671
黑龙江	36869537	22231769	20875699	18244875	17660924	486683	97267	1478223	1152601
上海	83021833	54092890	50967189	35589520	32015273	2821789	752458	7406370	7971299
江苏	120099901	71622285	65495494	51536680	50462637	507986	566058	6335159	7623654
浙江	90018252	53378785	43908393	37356585	35100746	1196378	1059461	1314427	5237381
安徽	51900319	32420237	29455637	25158283	24082321	1022547	53416	2310226	1987129
福建	43055871	24995146	21647140	18440354	17946299	174790	319265	1485914	1720872
江西	44100928	26453945	24090238	22387156	20936832	1450325		737710	965371
山东	92166485	53197694	46995518	42274428	41232255	749910	292264	2546914	2174175
河南	70942902	42218459	37668097	33989302	33053157	595996	340149	802698	2876096
湖北	80624547	47048528	42272445	36328380	35731120	597260		3137218	2806848
湖南	53340555	30362259	28975744	25078897	24497395	385347	196155	2659634	1237213
广东	145061457	91484271	87373290	73517893	63240515	8593240	1684138	8057684	5797712
广西	41018826	24273046	18832412	17689733	17060791	625207	3735	354113	788565
海南	10591338	6424205	6236803	5302869	5112405	190464		276600	657333
重庆	37448578	21001124	18965627	17397329	16753444	609885	34000	118011	1450287
四川	78936650	44986566	40976486	36991756	35769433	1191923	30399	2143408	1841323
贵州	29381859	21171898	20244661	18420584	17514883	707417	198284	274517	1549560
云南	34711377	22238999	19204969	16632307	16418163	209604	4540	665819	1906843
西藏	3534200	3260178	3213709	2874976	2758436	116539		32507	306227
陕西	65527998	36788372	32385288	26603338	25670516	929525	3297	3424758	2357193
甘肃	21951665	16058150	15626404	13448172	12452819	422093	573261	844137	1334095
青海	5751931	4930415	4828735	4055114	3490257	564857		196832	576789
宁夏	8213273	4990378	4863482	3899965	3493045	395000	11921	208726	754792
新疆	22315588	18460264	16289543	15092269	12788435	2289234	14600	232926	964348
大连	1474689	1233419	1167782	945515	679814	65701	200000		222267
宁波	8077196	4163409	3595494	3132151	3129651		2500	22910	440433
厦门	3635678	1858930	1778284	1651704	1464316		187388	32888	93692
青岛	6327931	3245558	1807558	1656481	1624726		31755	74248	76829
深圳	31285874	25826888	25636570	20312574	12823269	5909420	1579885	3535536	1788460

(普通高等学校)

单位：千元

政府性基金预算安排的教育经费	#彩票公益金	国有及国有控股企业办学中的企业拨款	校办产业和社会服务收入中用于教育的经费	其他属于国家财政性教育经费	民办学校中举办者投入	捐赠收入	事业收入	#学费	其他教育经费
42636047	**834818**	**958153**	**3937908**	**41701629**	**3123572**	**10107961**	**522663094**	**348707828**	**82809356**
85049	13939		1961966	6145827	6250	2608024	35516434	12788525	8552713
2010601	11611	33298	28517	609637	763	64939	9774962	5914102	1041108
1266079	55752		2107	667461	42996	976086	18108967	14639874	2291727
218367	3760	58557	136	353484		5797	7941152	5455637	530373
418037	4412		5581	25695		71578	3868149	3173755	302582
492494	15358		23376	1120287		76436	17991035	12749413	1511909
496729	3082		25217	488373		44608	9731716	7490452	1147673
276003	1675	228834	203678	647555		39896	13733856	7809688	864016
24220	5416		371000	2730481		544647	24121946	12422506	4262350
2026114	4670		231457	3869220		1661424	36432344	22230657	10383848
3245461	11510		70236	6154696	289388	201061	30139204	16845085	6009814
761916	40211	34787	90093	2077804	251196	79725	15259661	11052605	3889500
2454824	33724		40007	853174	35764	484852	16048017	11740994	1492093
2079736	4551		18736	265236	1465363	91464	15011759	11760333	1078398
3638829	14739	506877	129950	1926521		473966	32858838	23018777	5635986
3791671	63607	15000	718	742973	115188	211678	26252745	20874623	2144833
1855943	44147	35000	156842	2728297	160200	804600	26782910	18953431	5828310
859989	11161		207609	318917		209124	20322105	14413318	2447066
1890157	52748		103094	2117731	108840	780386	47869672	35842543	4818288
4985759	5697		12706	442170		13509	15219524	11902367	1512747
359	359			187043	10030	328	3944698	3193386	212077
754229	2762		40707	1240561	248423	90777	13579895	9693063	2528359
2184954	248743	45799	54983	1724344	198160	97815	29026757	18693796	4627353
820348	3833		8976	97913	175353	23065	6242488	4655490	1769055
2459323	5001		29501	545207		68728	11000255	8794258	1403396
41006	41006			5462			233072	108835	40951
961659	41439		68635	3372789	5660	325947	24993925	14536753	3414093
340270	5740		49530	41946	10000	27934	5141200	3932376	714380
98035	1000			3645			663974	416374	157542
44468	44468		356	82071		647	2052004	1565817	1170243
2053417	38699		2197	115107		28918	2799831	2038995	1026574
39951				25686		110	235728	172526	5432
112391	391			455524		83330	3573093	2647772	257363
76151			802	3692	22700	9198	1637902	1385862	106949
931122		506877				39498	2786791	2376623	256084
15377	5343			174942		157792	4476648	2294169	824546

3-6 教育经费收入情况

地区	总计	国家财政性教育经费	一般公共预算安排的教育经费	一般公共预算教育经费	教育事业费	基本建设经费	教育费附加	科研经费	其他
合计	**1205089673**	**730123727**	**673143687**	**606141871**	**573569118**	**25931714**	**6641039**	**18665137**	**48336680**
北京	28736573	22204238	21318546	20888279	20215627	672652		72215	358053
天津	19402818	12418602	10694893	9345798	9106230	239568		367714	981380
河北	49580989	28895259	26972786	26180109	24998676	1170390	11042	245793	546884
山西	30230496	21753175	21122630	19412445	18859734	460282	92430	995133	715052
内蒙古	18633380	14391072	13941758	11632950	11072409	560353	188	357832	1950976
辽宁	37156097	21288106	20590899	16971809	15983791	730638	257380	621270	2997820
吉林	21158869	12221984	11551163	10735638	10551486	117316	66836	124371	691153
黑龙江	22704584	14566057	14205092	13664238	13184528	382443	97267	55061	485793
上海	41862984	28804109	27168511	21793439	18730761	2331679	730999	562280	4812793
江苏	87469477	49778110	45954249	38958247	38260043	132146	566058	1316231	5679772
浙江	74037950	43057716	38267106	32503950	30722161	722328	1059461	1128650	4634506
安徽	41647451	24792453	23401603	21535994	20495221	987357	53416	136406	1729203
福建	35587173	20277002	17254439	15358463	14894228	144970	319265	584637	1311339
江西	44100928	26453945	24090238	22387156	20936832	1450325		737710	965371
山东	78664677	44414712	39121281	36949170	36066856	590050	292264	1084053	1088057
河南	70497311	41833901	37283538	33710561	32774416	595996	340149	802698	2770279
湖北	47294092	25057191	22647850	21349345	21349345			484633	813872
湖南	42843012	23414945	22260449	21111710	20651788	263767	196155	865762	282978
广东	125169429	77805410	74222810	64448726	54222407	8542223	1684096	4957140	4816944
广西	41018826	24273046	18832412	17689733	17060791	625207	3735	354113	788565
海南	10591338	6424205	6236803	5302869	5112405	190464		276600	657333
重庆	29012751	15288773	14300903	13225895	12692650	499245	34000	26376	1048632
四川	54384621	29810255	28521452	27529826	26618144	881283	30399	346549	645077
贵州	29327674	21117713	20244530	18420453	17514752	707417	198284	274517	1549560
云南	34711377	22238999	19204969	16632307	16418163	209604	4540	665819	1906843
西藏	3534200	3260178	3213709	2874976	2758436	116539		32507	306227
陕西	38814255	19087626	17605480	16265738	15771166	491275	3297	227104	1112639
甘肃	17122876	12414731	12032016	10520282	9626318	320703	573261	398705	1113029
青海	5751931	4930415	4828735	4055114	3490257	564857		196832	576789
宁夏	7278594	4216807	4131463	3199858	2792938	395000	11921	208726	722880
新疆	16762939	13632990	11921375	11486795	10636559	835636	14600	157699	276881
大连	1474689	1233419	1167782	945515	679814	65701	200000		222267
宁波	8077196	4163409	3595494	3132151	3129651		2500	22910	440433
厦门	3635678	1858930	1778284	1651704	1464316		187388	32888	93692
青岛	6327931	3245558	1807558	1656481	1624726		31755	74248	76829
深圳	30827449	25444223	25178145	19929909	12440646	5909420	1579843	3459776	1788460

(地方普通高等学校)

单位：千元

政府性基金预算安排的教育经费	#彩票公益金	国有及国有控股企业办学中的企业拨款	校办产业和社会服务收入中用于教育的经费	其他属于国家财政性教育经费	民办学校中举办者投入	捐赠收入	事业收入	#学费	其他教育经费
40048071	**778169**	**684319**	**448590**	**15799060**	**3123572**	**4841263**	**412440756**	**310586261**	**54560356**
4032	4032		19722	861938	6250	2519	5781927	3402898	741639
1562326	10611	33298	14582	113503	763	18347	6271855	4867833	693252
1266079	55752		750	655644	42996	973262	17495712	14331092	2173761
218367	3760	58557	136	353484		5797	7941152	5455637	530373
418037	4412		5581	25695		71578	3868149	3173755	302582
492494	15358		20540	184173		32118	14783844	11351663	1052029
495358	2710		25217	150247		27977	8294292	6862294	614616
270703	1675		1000	89262		14584	7933394	6652545	190549
890	890			1634708		35258	11902432	8270807	1121185
2014404	3900		65125	1744333		1325802	27699852	19509438	8665711
3244461	10510		45611	1500538	289388	196401	26028622	15764152	4465822
759476	39551	34787	25423	571165	251196	28360	13708228	10325650	2867214
2453276	32176		26377	542910	35764	99293	14114139	10808864	1060975
2079736	4551		18736	265236	1465363	91464	15011759	11760333	1078398
3638829	14739	506877	16450	1131276		420241	28844919	21642947	4984805
3791671	63607	15000	718	742973	115188	211678	26226491	20850641	2110054
1851154	39678	35000	479	522707	160200	233415	19562018	15832369	2281267
821521	9093		14058	318917		128467	17707922	13511265	1591678
1786132	52748		62402	1734067	108840	565800	43043331	33714268	3646048
4985759	5697		12706	442170		13509	15219524	11902367	1512747
359	359			187043	10030	328	3944698	3193386	212077
753767	2300		2447	231657	248423	47539	11333436	8457030	2094579
737268	247505	799	26698	524038	198160	24112	21537481	16182128	2814614
766294	3833		8976	97913	175353	23065	6242488	4655490	1769055
2459323	5001		29501	545207		68728	11000255	8794258	1403396
41006	41006			5462			233072	108835	40951
955379	38029		2718	524048	5660	137438	17763024	12358143	1820506
338840	4310		1930	41946	10000	14763	4127001	3335671	556380
98035	1000			3645			663974	416374	157542
44468	44468		356	40519		647	1908153	1454815	1152986
1698625	14908		354	12636		28773	2247612	1639314	853564
39951				25686		110	235728	172526	5432
112391	391			455524		83330	3573093	2647772	257363
76151			802	3692	22700	9198	1637902	1385862	106949
931122		506877				39498	2786791	2376623	256084
15377	5343			250702		157792	4400888	2294169	824546

3-7 教育经费收入情况

地区	总计	国家财政性教育经费							
			一般公共预算安排的教育经费						
				一般公共预算教育经费				科研经费	其他
					教育事业费	基本建设经费	教育费附加		
合计	**1280820315**	**772366819**	**708678984**	**583263673**	**552490311**	**29088965**	**1684397**	**65589656**	**59825655**
北京	135823082	89750388	81564842	59749529	56115116	3634413		14505567	7309746
天津	25831635	16295701	13800475	11320465	10716567	603898		504494	1975517
河北	39052791	22252154	21025577	20257502	19582019	674583	900	243363	524711
山西	23871001	16661152	16167601	14737536	14277255	460282		994112	435952
内蒙古	12368683	9415540	9380300	7691110	7312524	378398	188	351584	1337606
辽宁	41166175	23543541	22348691	17768455	16820727	747612	200116	1396318	3183919
吉林	25028160	15550094	15025665	12400895	12266037	134858		820716	1804053
黑龙江	30422184	17802524	16773208	14713999	14317311	396688		1477969	581240
上海	78819678	51605098	48496107	33335556	30805833	2506549	23174	7406370	7754181
江苏	96216538	55314864	50162934	38376621	37468188	483686	424747	6322918	5463396
浙江	73375263	42875680	34360594	29410271	27575443	1069247	765580	1272544	3677780
安徽	37490398	22535731	20306490	16698915	16108016	590900		2307173	1300402
福建	32109741	18665905	16564957	13643218	13465935	134790	42493	1475829	1445910
江西	30949042	17491081	16363346	15208933	13950952	1257981		726737	427676
山东	68709389	36855532	33439396	29317383	28684444	503866	129073	2546279	1575734
河南	48113429	26345270	24137854	21512808	21137800	344839	30169	792269	1832778
湖北	67061191	38359884	34621086	29117173	28519913	597260		3074594	2429319
湖南	37627537	20439269	19736693	16095786	15782922	296020	16844	2642574	998334
广东	112352054	70292149	67367343	54801138	46720277	8072907	7955	8006029	4560176
广西	25920060	14258226	12025278	11098185	10820335	277710	139	353849	573244
海南	8651276	5318647	5132037	4401391	4210927	190464		272380	458266
重庆	25905769	14255384	12804383	11624247	11270929	353318		116317	1063819
四川	60983165	34369347	31110142	27490329	26439869	1050392	68	2134107	1485705
贵州	19001275	12758626	12603652	11237586	10608881	587124	41581	273678	1092388
云南	25014027	15914894	13835742	11725011	11574376	150536	99	663916	1446816
西藏	2815315	2569653	2523684	2242097	2129017	113080		32507	249080
陕西	55885381	30487371	27004429	21481616	20769577	712038		3424584	2098229
甘肃	16500477	11794383	11656295	9782882	9365221	416390	1271	837731	1035682
青海	4227625	3546818	3537939	2902112	2417255	484857		193732	442095
宁夏	5397885	3591137	3508199	2775806	2525806	250000		206791	525602
新疆	14130092	11450775	11294043	10345118	8730838	1614280		212625	736300
大连	1118245	973297	907721	743574	477873	65701	200000		164146
宁波	6424629	3020700	2480819	2208533	2208533			22874	249412
厦门	2190505	1291530	1269848	1173336	1168816		4520	32878	63634
青岛	4366438	1859260	1098138	1007387	975637		31750	74073	16677
深圳	26145330	21251221	21094073	16335650	10925007	5409688	955	3509929	1248494

(普通高等本科学校)

单位：千元

政府性基金预算安排的教育经费	#彩票公益金	国有及国有控股企业办学中的企业拨款	校办产业和社会服务收入中用于教育的经费	其他属于国家财政性教育经费	民办学校中举办者投入	捐赠收入	事业收入	#学费	其他教育经费
18404611	**382791**		**3743354**	**41539870**	**2225051**	**9840517**	**422515056**	**266120734**	**73872872**
82518	11408		1958204	6144825		2606070	34998744	12383602	8467879
1871097	11223		14538	609590		55866	8557277	4870048	922791
558687	55257		1885	666006	200[illegible]	965997	13774595	10850908	2058044
140131	2804		127	353292		4812	6745506	4402683	459531
4339	439		5206	25695		69151	2636637	2134565	247355
54491	14540		20146	1120213		74292	16193970	11165575	1354372
13199	2882		23123	488108		43073	8366625	6231479	1068368
178755	1316		203045	647516		26533	11830056	6248053	763072
8656	5416		371000	2729335		543570	22513368	11089579	4157642
1105110	4170		224970	3821850		1615606	29647244	16849058	9638823
2343493	4573		34412	6137181	289388	184728	24703518	13110740	5321948
84640	2560		68170	2076431	230544	78955	11141450	7625251	3503718
1221040	24398		27932	851976	13064	466768	11761046	8143820	1202958
862119	3500		863	264753	1410002	75013	11096375	8495302	876572
1375020	10898		127676	1913439		460350	26418252	17806235	4975255
1465857	60670		46	741513	28000	203434	19676160	15093584	1860564
855738	22370		155532	2727528	200	801744	22231025	15398854	5668338
191413	3668		193613	317550		198862	14902713	9843305	2086693
790476	3415		77802	2056527	66840	768205	36923143	26904418	4301717
1780963	3499		10030	441956		10617	10437395	7928343	1213823
359	359			186251		328	3181626	2562631	150675
175662	2762		40707	1234633	4000	60377	9492700	6325116	2093307
1489432	28930		48619	1721154		90543	22457278	13163151	4065996
57434	1749			97540	175353	19891	4469034	3224958	1578371
1514681	3789		19462	545010		58550	7873477	6144442	1167105
40506	40506			5462			204711	98148	40951
41519	38649		68635	3372789	5660	325578	22122582	12090518	2944188
49430	3430		47601	41058		22989	3994227	2975170	688878
5235	1000			3645			532779	315302	148027
1000	1000			81938		13	1727126	1386477	79608
41613	11613		11	115107		8598	1904417	1259419	766302
39951				25625		110	140443	94234	4396
87000				452881		77063	3134112	2330698	192755
18151			51	3480		9051	826464	656439	63460
761122						39028	2221816	2026474	246334
2052				155096		157492	3941661	1950414	794956

3-8 教育经费收入情况

地区	总计	国家财政性教育经费	一般公共预算安排的教育经费	一般公共预算教育经费	教育事业费	基本建设经费	教育费附加	科研经费	其他
合计	**870471347**	**504365822**	**472186240**	**420042119**	**397433447**	**20945776**	**1662896**	**18376001**	**33768120**
北京	24807233	18858280	17979135	17715003	17052893	662110		71785	192348
天津	14909603	9271224	7734343	6594946	6460378	134568		367655	771743
河北	36975212	20908622	19695219	19073067	18397584	674583	900	238690	383462
山西	23871001	16661152	16167601	14737536	14277255	460282		994112	435952
内蒙古	12368683	9415540	9380300	7691110	7312524	378398	188	351584	1337606
辽宁	29754775	15843531	15587632	12518482	11642654	675712	200116	618488	2450662
吉林	16342523	8851570	8666637	8008223	7901325	106898		123879	534535
黑龙江	17228216	10709429	10446384	10256601	9964153	292448		54807	134977
上海	37888756	26458189	24823738	19659609	17641456	2016439	1714	562280	4601849
江苏	63586114	33470690	30621689	25798187	25265594	107846	424747	1303989	3519513
浙江	57394960	32554611	28719308	24557636	23196858	595197	765580	1086767	3074905
安徽	27237530	14907947	14252456	13076626	12520916	555710		133353	1042477
福建	24641044	13947762	12172255	10561327	10413863	104970	42493	574552	1036377
江西	30949042	17491081	16363346	15208933	13950952	1257981		726737	427676
山东	55207582	28072550	25565159	23992125	23519046	344006	129073	1083418	489616
河南	47667838	25960712	23753296	21234067	20859059	344839	30169	792269	1726961
湖北	34151906	16480756	15107789	14249437	14249437			422009	436344
湖南	27266860	13554063	13083506	12190675	11999391	174440	16844	848734	44098
广东	92895314	56902005	54400872	45902306	37872503	8021889	7913	4905485	3593081
广西	25920060	14258226	12025278	11098185	10820335	277710	139	353849	573244
海南	8651276	5318647	5132037	4401391	4210927	190464		272380	458266
重庆	17743046	8687241	8283866	7574500	7331822	242678		24682	684684
四川	36730722	19420231	18836817	18205664	17465844	739752	68	337249	293904
贵州	18947089	12704441	12603521	11237455	10608750	587124	41581	273678	1092388
云南	25014027	15914894	13835742	11725011	11574376	150536	99	663916	1446816
西藏	2815315	2569653	2523684	2242097	2129017	113080		32507	249080
陕西	29171637	12786626	12224621	11144016	10870227	273788		226930	853675
甘肃	11671689	8150964	8061906	6854992	6538721	315000	1271	392299	814616
青海	4227625	3546818	3537939	2902112	2417255	484857		193732	442095
宁夏	4463206	2817566	2776181	2075699	1825699	250000		206791	493691
新疆	9971463	7870799	7823983	7555105	7142634	412470		137398	131480
大连	1118245	973297	907721	743574	477873	65701	200000		164146
宁波	6424629	3020700	2480819	2208533	2208533			22874	249412
厦门	2190505	1291530	1269848	1173336	1168816		4520	32878	63634
青岛	4366438	1859260	1098138	1007387	975637		31750	74073	16677
深圳	25686905	20868556	20635648	15952985	10542384	5409688	913	3434169	1248494

(地方普通高等本科学校)

单位：千元

政府性基金预算安排的教育经费	#彩票公益金	国有及国有控股企业办学中的企业拨款	校办产业和社会服务收入中用于教育的经费	其他属于国家财政性教育经费	民办学校中举办者投入	捐赠收入	事业收入	#学费	其他教育经费
16283572	**342489**		**257922**	**15638088**	**2225051**	**4575851**	**313529559**	**228811754**	**45775065**
1500	1500		16709	860936		2515	5285103	3016323	661335
1422823	10223		603	113456		9274	5054170	3823779	574935
558687	55257		528	654188	2000	963172	13161340	10542126	1940078
140131	2804		127	353292		4812	6745506	4402683	459531
4339	439		5206	25695		69151	2636637	2134565	247355
54491	14540		17310	184099		29974	12986778	9767824	894491
11828	2510		23123	149982		26442	6929201	5603321	535311
173455	1316		367	89223		1221	6382209	5224234	135357
890	890			1633562		34181	10366211	7001293	1030174
1093400	3400		58639	1696962		1279985	20914752	14127839	7920687
2342493	3573		9787	1483023	289388	180068	20592937	12029807	3777956
82200	1900		3500	569791	230544	27591	9590016	6898297	2481432
1219493	22850		14301	541712	13064	81209	9827169	7211690	771841
862119	3500		863	264753	1410002	75013	11096375	8495302	876572
1375020	10898		14176	1118195		406625	22404333	16430406	4324074
1465857	60670		46	741513	28000	203434	19649906	15069603	1825785
850949	17901		79	521938	200	230560	15296427	12456621	2143964
152945	1600		62	317550		118206	12363286	9007620	1231305
790476	3415		37493	1673164	66840	553619	32239825	24889536	3133026
1780963	3499		10030	441956		10617	10437395	7928343	1213823
359	359			186251		328	3181626	2562631	150675
175200	2300		2447	225729	4000	17139	7354808	5178781	1679858
41746	27693		20334	521334		16913	15038984	10710406	2254594
3380	1749			97540	175353	19891	4469034	3224958	1578371
1514681	3789		19462	545010		58550	7873477	6144442	1167105
40506	40506			5462			204711	98148	40951
35239	35239		2718	524048	5660	137069	14891681	9911909	1350601
48000	2000			41058		9818	2980028	2378464	530878
5235	1000			3645			532779	315302	148027
1000	1000			40385		13	1583276	1275475	62351
34169	4169		11	12636		8463	1459579	950028	632622
39951				25625		110	140443	94234	4396
87000				452881		77063	3134112	2330698	192755
18151			51	3480		9051	826464	656439	63460
761122						39028	2221816	2026474	246334
2052				230856		157492	3865901	1950414	794956

3-9 教育经费收入情况

地区	总计	国家财政性教育经费	一般公共预算安排的教育经费	一般公共预算教育经费	教育事业费	基本建设经费	教育费附加	科研经费	其他
合计	**338974986**	**228724498**	**203178597**	**187959734**	**177699975**	**5281617**	**4978143**	**289168**	**14929695**
北京	4127054	3516326	3509030	3331764	3277333	54432		430	176835
天津	4493215	3147378	2960550	2750853	2645853	105000		60	209638
河北	12605777	7986636	7277567	7107042	6601093	495807	10142	7103	163422
山西	6359495	5092023	4955030	4674909	4582479		92430	1021	279100
内蒙古	6264697	4975532	4561458	3941840	3759885	181955		6248	613370
辽宁	7401321	5444574	5003268	4453327	4341137	54926	57264	2783	547158
吉林	4816346	3370415	2884526	2727415	2650161	10419	66836	493	156618
黑龙江	6447353	4429246	4102492	3530876	3343614	89995	97267	254	571361
上海	4202155	2487793	2471082	2253964	1209439	315240	729285		217118
江苏	23883363	16307420	15332559	13160060	12994449	24300	141311	12242	2160258
浙江	16642990	10503105	9547798	7946314	7525303	127131	293881	41883	1559601
安徽	14409921	9884506	9149147	8459368	7974305	431647	53416	3053	686726
福建	10946130	6329241	5082183	4797136	4480364	40000	276772	10085	274962
江西	13151885	8962864	7726892	7178224	6985879	192344		10973	537695
山东	23457096	16342162	13556122	12957045	12547810	246043	163191	635	598441
河南	22829473	15873188	13530242	12476494	11915357	251157	309979	10430	1043319
湖北	13563356	8688643	7651359	7211206	7211206			62624	377529
湖南	15713018	9922990	9239051	8983111	8714473	89328	179311	17060	238880
广东	32709404	21192122	20005946	18716755	16520238	520334	1676183	51655	1237537
广西	15098766	10014820	6807134	6591548	6240456	347497	3595	264	215322
海南	1940062	1105558	1104765	901478	901478			4220	199067
重庆	11542809	6745740	6161244	5773082	5482516	256567	34000	1693	386468
四川	17953486	10617219	9866344	9501426	9329564	141531	30332	9300	355618
贵州	10380584	8413272	7641009	7182998	6906002	120293	156703	839	457172
云南	9697351	6324105	5369227	4907296	4843788	59068	4441	1903	460027
西藏	718886	690525	690025	632878	629420	3459			57146
陕西	9642617	6301000	5380860	5121722	4900939	217487	3297	174	258964
甘肃	5451188	4263767	3970109	3665290	3087598	5703	571990	6407	298413
青海	1524306	1383596	1290796	1153002	1073002	80000		3100	134695
宁夏	2815388	1399241	1355283	1124159	967238	145000	11921	1935	229189
新疆	8185495	7009489	4995500	4747151	4057597	674954	14600	20301	228048
大连	356444	260123	260062	201941	201941				58121
宁波	1652567	1142710	1114675	923618	921118		2500	36	191021
厦门	1445173	567400	508436	478367	295500		182868	10	30059
青岛	1961492	1386298	709421	649094	649089		5	175	60152
深圳	5140544	4575667	4542497	3976924	1898261	499732	1578931	25607	539966

（普通高职高专学校）

单位：千元

政府性基金预算安排的教育经费	#彩票公益金	国有及国有控股企业办学中的企业拨款	校办产业和社会服务收入中用于教育的经费	其他属于国家财政性教育经费	民办学校中举办者投入	捐赠收入	事业收入	#学费	其他教育经费
24231436	**452027**	**958153**	**194553**	**161759**	**89852[illegible]**	**267444**	**100148039**	**82587093**	**8936484**
2532	2532		3763	1003	6250	1954	517690	404923	84833
139504	388	33298	13979	47	763	9073	1217685	1044054	118317
707392	496		222	1455	40996	10089	4334372	3788966	233682
78236	955	58557	9	192		985	1195645	1052954	70842
413699	3973		375			2427	1231512	1039189	55227
438004	818		3229	74		2144	1797066	1583838	157537
483530	200		2094	265		1535	1365091	1258973	79305
97249	359	228834	633	39		13363	1903800	1561635	100944
15564				1146		1077	1608578	1332926	104708
921004	500		6486	47371		45818	6785100	5381599	745025
901968	6937		35824	17515		16333	5435685	3734345	687866
677276	37651	34787	21923	1374	20652	770	4118212	3427354	385782
1233784	9326		12076	1198	22700	18084	4286970	3597174	289135
1217617	1051		17873	483	55361	16451	3915384	3265031	201826
2263809	3841	506877	2273	13082		13616	6440586	5212542	660731
2325814	2936	15000	672	1460	87188	8244	6576585	5781039	284268
1000205	21777	35000	1310	770	160000	2856	4551885	3554578	159972
668576	7493		13996	1367		10262	5419393	4570014	360373
1099680	49333		25292	61204	42000	12181	10946529	8938125	516571
3204797	2198		2676	214		2892	4782130	3974024	298924
				792	10030		763072	630755	61402
578567				5928	244423	30400	4087195	3367947	435052
695522	219812	45799	6363	3190	198160	7272	6569478	5530645	561357
762914	2085		8976	373		3174	1773454	1430533	190684
944642	1212		10039	197		10177	3126778	2649816	236290
500	500						28361	10687	
920141	2790					369	2871343	2446235	469905
290840	2310		1930	888	10000	4945	1146973	957207	25502
92800							131195	101072	9515
43468	43468		356	134		634	324877	179340	1090635
2011804	27086		2186			20320	895414	779576	260272
				61			95285	78292	1036
25391	391			2643		6268	438981	317074	64608
58000			751	213	22700	147	811438	729422	43488
170000		506877				470	564975	350149	9749
13325	5343			19845		300	534987	343755	29590

3-10 教育经费收入情况

地区	总计	国家财政性教育经费	一般公共预算安排的教育经费	一般公共预算教育经费	教育事业费	基本建设经费	教育费附加	科研经费	其他
合计	334618326	225757906	200957448	186099752	176135671	4985938	4978143	289136	14568560
北京	3929340	3345958	3339411	3173276	3162734	10542		430	165705
天津	4493215	3147378	2960550	2750853	2645853	105000		60	209638
河北	12605777	7986636	7277567	7107042	6601093	495807	10142	7103	163422
山西	6359495	5092023	4955030	4674909	4582479		92430	1021	279100
内蒙古	6264697	4975532	4561458	3941840	3759885	181955		6248	613370
辽宁	7401321	5444574	5003268	4453327	4341137	54926	57264	2783	547158
吉林	4816346	3370415	2884526	2727415	2650161	10419	66836	493	156618
黑龙江	5476368	3856628	3758708	3407638	3220375	89995	97267	254	350816
上海	3974229	2345920	2344774	2133830	1089305	315240	729285		210944
江苏	23883363	16307420	15332559	13160060	12994449	24300	141311	12242	2160258
浙江	16642990	10503105	9547798	7946314	7525303	127131	293881	41883	1559601
安徽	14409921	9884506	9149147	8459368	7974305	431647	53416	3053	686726
福建	10946130	6329241	5082183	4797136	4480364	40000	276772	10085	274962
江西	13151885	8962864	7726892	7178224	6985879	192344		10973	537695
山东	23457096	16342162	13556122	12957045	12547810	246043	163191	635	598441
河南	22829473	15873188	13530242	12476494	11915357	251157	309979	10430	1043319
湖北	13142186	8576436	7540061	7099908	7099908			62624	377529
湖南	15576152	9860882	9176943	8921035	8652397	89328	179311	17028	238880
广东	32274115	20903405	19821938	18546420	16349903	520334	1676183	51655	1223863
广西	15098766	10014820	6807134	6591548	6240456	347497	3595	264	215322
海南	1940062	1105558	1104765	901478	901478			4220	199067
重庆	11269705	6601532	6017037	5651395	5360828	256567	34000	1693	363948
四川	17653899	10390024	9684636	9324162	9152300	141531	30332	9300	351173
贵州	10380584	8413272	7641009	7182998	6906002	120293	156703	839	457172
云南	9697351	6324105	5369227	4907296	4843788	59068	4441	1903	460027
西藏	718886	690525	690025	632878	629420	3459			57146
陕西	9642617	6301000	5380860	5121722	4900939	217487	3297	174	258964
甘肃	5451188	4263767	3970109	3665290	3087598	5703	571990	6407	298413
青海	1524306	1383596	1290796	1153002	1073002	80000		3100	134695
宁夏	2815388	1399241	1355283	1124159	967238	145000	11921	1935	229189
新疆	6791476	5762191	4097392	3931691	3493925	423166	14600	20301	145401
大连	356444	260123	260062	201941	201941				58121
宁波	1652567	1142710	1114675	923618	921118		2500	36	191021
厦门	1445173	567400	508436	478367	295500		182868	10	30059
青岛	1961492	1386298	709421	649094	649089		5	175	60152
深圳	5140544	4575667	4542497	3976924	1898261	499732	1578931	25607	539966

(地方普通高职高专学校)

单位：千元

政府性基金预算安排的教育经费	#彩票公益金	国有及国有控股企业办学中的企业拨款	校办产业和社会服务收入中用于教育的经费	其他属于国家财政性教育经费	民办学校中举办者投入	捐赠收入	事业收入	#学费	其他教育经费
23764499	**435680**	**684319**	**190668**	**160971**	**898521**	**265411**	**98911197**	**81774506**	**8785291**
2532	2532		3013	1003	6250	4	496824	386575	80304
139504	388	33298	13979	47	763	9073	1217685	1044054	118317
707392	496		222	1455	40996	10089	4334372	3788966	233682
78236	955	58557	9	192		985	1195645	1052954	70842
413699	3973		375			2427	1231512	1039189	55227
438004	818		3229	74		2144	1797066	1583838	157537
483530	200		2094	265		1535	1365091	1258973	79305
97249	359		633	39		13363	1551185	1428311	55192
				1146		1077	1536221	1269514	91011
921004	500		6486	47371		45818	6785100	5381599	745025
901968	6937		35824	17515		16333	5435685	3734345	687866
677276	37651	34787	21923	1374	20652	770	4118212	3427354	385782
1233784	9326		12076	1198	22700	18084	4286970	3597174	289135
1217617	1051		17873	483	55361	16451	3915384	3265031	201826
2263809	3841	506877	2273	13082		13616	6440586	5212542	660731
2325814	2936	15000	672	1460	87188	8244	6576585	5781039	284268
1000205	21777	35000	400	770	160000	2856	4265591	3375748	137303
668576	7493		13996	1367		10262	5344635	4503645	360373
995655	49333		24909	60903	42000	12181	10803507	8824732	513022
3204797	2198		2676	214		2892	4782130	3974024	298924
				792	10030		763072	630755	61402
578567				5928	244423	30400	3978628	3278249	414722
695522	219812	799	6363	2704	198160	7199	6498497	5471721	560020
762914	2085		8976	373		3174	1773454	1430533	190684
944642	1212		10039	197		10177	3126778	2649816	236290
500	500						28361	10687	
920141	2790					369	2871343	2446235	469905
290840	2310		1930	888	10000	4945	1146973	957207	25502
92800							131195	101072	9515
43468	43468		356	134		634	324877	179340	1090635
1664456	10739		342			20310	788033	689286	220942
				61			95285	78292	1036
25391	391			2643		6268	438981	317074	64608
58000			751	213	22700	147	811438	729422	43488
170000		506877				470	564975	350149	9749
13325	5343			19845		300	534987	343755	29590

3-11 教育经费收入情况

地区	总计	国家财政性教育经费	一般公共预算安排的教育经费	一般公共预算教育经费	教育事业费	基本建设经费	教育费附加	科研经费	其他
合计	**18853096**	**9373805**	**8734654**	**7432938**	**7293206**	**47358**	**92373**	**11121**	**1290596**
北京	3330861	1326335	957838	806993	805738		1256		150844
天津	350370	241881	241881	211468	191468	20000			30412
河北	752181	498456	498401	464385	463446		939	11	34006
山西	245075	162961	162954	134373	134080		292		28581
内蒙古	201486	104332	104332	89699	89699				14632
辽宁	422745	275560	273970	214942	211147		3795		59028
吉林	592740	395589	392569	302411	301098		1313	60	90098
黑龙江	494939	340795	340632	235721	234726		996	200	104711
上海	1208631	878086	877956	731262	729151		2110		146694
江苏	201256	154481	154252	124008	113893		10115		30244
浙江	1537278	884212	726658	645982	641326	55	4600	423	80253
安徽	408571	138490	138460	116988	116958		30		21472
福建	696014	318666	317785	291374	291174		200	800	25611
江西	553960	285055	285055	274336	274165		172		10718
山东	785514	191526	191526	170660	156461	13000	1199		20866
河南	310133	132378	132330	100724	99724		1000	736	30869
湖北	96257	59846	59846	51488	51488				8358
湖南	739467	373231	302677	278830	227997		50833	60	23787
广东	2412942	954878	952924	784324	776947		7377	2267	166334
广西	336217	154979	154979	138253	137848		405	536	16190
海南	111927	79203	79203	48391	48391			415	30397
重庆	16693	5693	5693	2808	2730		78		2885
四川	951611	334365	330162	289603	287803		1800		40559
贵州	306726	201434	181418	162686	150696	11990			18732
云南	217123	53405	53405	40883	40883				12522
西藏									
陕西	727760	393502	385268	363710	360561	1313	1836		21558
甘肃	213622	115327	113407	93065	93065			470	19872
青海	43534	28583	28583	18967	18967				9616
宁夏									
新疆	587463	290557	290491	244602	241575	1000	2027	5144	40745
大连	169601	114461	114461	83448	82121		1327		31014
宁波	356924	205349	165349	147919	147815		104	26	17404
厦门									
青岛	164151	34087	34087	27234	26035		1199		6852
深圳	140374	81675	81675	54926	51769		3157		26749

(成人高等学校)

单位：千元

政府性基金预算安排的教育经费	#彩票公益金	国有及国有控股企业办学中的企业拨款	校办产业和社会服务收入中用于教育的经费	其他属于国家财政性教育经费	民办学校中举办者投入	捐赠收入	事业收入	#学费	其他教育经费
231537	**424**	**4839**	**402774**			**4821**	**8924012**	**6793541**	**550459**
53316			315182			1514	1844145	1721454	158866
							71183	68220	37307
2	2		53				250970	211359	2755
			7				78214	17465	3900
							97154	80822	1
			1590				146964	14334	221
		2919	101				148246	80527	48905
163	163						116585	108109	37559
			130				306138	175710	24407
229	229						42687	33081	4088
157533			21			2913	579342	372779	70811
30	30						262448	122769	7633
			881			141	369208	277596	7999
							265260	172899	3645
							586618	474215	7370
49							157457	134059	20297
							34309	29056	2102
			70553				346508	263309	19728
200			1754			203	1446360	1157137	11501
							155502	54056	25736
							30455	6	2270
							11000	11000	
			4203				601139	581198	16107
20016							102829	99304	2462
							160535	4233	3183
			8233			50	322036	282702	12173
		1920					95632	84141	2663
							14147	14147	804
			66				280943	147854	15963
							55139	7576	1
40000							144639	64221	6936
							130000	124246	65
							57389	57389	1310

3-12 教育经费收入情况

地区	总计	国家财政性教育经费							其他
			一般公共预算安排的教育经费					科研经费	
				一般公共预算教育经费					
					教育事业费	基本建设经费	教育费附加		
合计	**16455740**	**8783603**	**8485680**	**7260992**	**7121260**	**47358**	**92373**	**11101**	**1213587**
北京	1078984	811727	784391	691173	689917		1256		93219
天津	350370	241881	241881	211468	191468	20000			30412
河北	752181	498456	498401	464385	463446		939	11	34006
山西	245075	162961	162954	134373	134080		292		28581
内蒙古	201486	104332	104332	89699	89699				14632
辽宁	420362	275560	273970	214942	211147		3795		59028
吉林	592740	395589	392569	302411	301098		1313	60	90098
黑龙江	494939	340795	340632	235721	234726		996	200	104711
上海	1208631	878086	877956	731262	729151		2110		146694
江苏	201256	154481	154252	124008	113893		10115		30244
浙江	1537278	884212	726658	645982	641326	55	4600	423	80253
安徽	408571	138490	138460	116988	116958		30		21472
福建	696014	318666	317785	291374	291174		200	800	25611
江西	553960	285055	285055	274336	274165		172		10718
山东	785514	191526	191526	170660	156461	13000	1199		20866
河南	310133	132378	132330	100724	99724		1000	736	30869
湖北	96257	59846	59846	51488	51488				8358
湖南	739467	373231	302677	278830	227997		50833	60	23787
广东	2412942	954878	952924	784324	776947		7377	2267	166334
广西	336217	154979	154979	138253	137848		405	536	16190
海南	111927	79203	79203	48391	48391			415	30397
重庆	16693	5693	5693	2808	2730		78		2885
四川	951611	334365	330162	289603	287803		1800		40559
贵州	306726	201434	181418	162686	150696	11990			18732
云南	217123	53405	53405	40883	40883				12522
西藏									
陕西	727760	393502	385268	363710	360561	1313	1836		21558
甘肃	213622	115327	113407	93065	93065			470	19872
青海	43534	28583	28583	18967	18967				9616
宁夏									
新疆	444367	214963	214963	188476	185450	1000	2027	5124	21362
大连	169601	114461	114461	83448	82121		1327		31014
宁波	356924	205349	165349	147919	147815		104	26	17404
厦门									
青岛	164151	34087	34087	27234	26035		1199		6852
深圳	140374	81675	81675	54926	51769		3157		26749

（地方成人高等学校）

单位：千元

政府性基金预算安排的教育经费	#彩票公益金	国有及国有控股企业办学中的企业拨款	校办产业和社会服务收入中用于教育的经费	其他属于国家财政性教育经费	民办学校中举办者投入	捐赠收入	事业收入	#学费	其他教育经费
178222	**424**	**4839**	**114862**			**3307**	**7273726**	**5287515**	**395104**
			27336				262462	260466	4795
							71183	68220	37307
2	2		53				250970	211359	2755
			7				78214	17465	3900
							97154	80822	1
			1590				144767	13573	35
		2919	101				148246	80527	48905
163	163						116585	108109	37559
			130				306138	175710	24407
229	229						42687	33081	4088
157533			21			2913	579342	372779	70811
30	30						262448	122769	7633
			881			141	369208	277596	7999
							265260	172899	3645
							586618	474215	7370
49							157457	134059	20297
							34309	29056	2102
			70553				346508	263309	19728
200			1754			203	1446360	1157137	11501
							155502	54056	25736
							30455	6	2270
							11000	11000	
			4203				601139	581198	16107
20016							102829	99304	2462
							160535	4233	3183
			8233			50	322036	282702	12173
		1920					95632	84141	2663
							14147	14147	804
							214538	103577	14866
							55139	7576	1
40000							144639	64221	6936
							130000	124246	65
							57389	57389	1310

3-13 教育经费收入情况

地区	总计	国家财政性教育经费	一般公共预算安排的教育经费	一般公共预算教育经费	教育事业费	基本建设经费	教育费附加	科研经费	其他
合计	**324090181**	**284313289**	**247394315**	**218193919**	**202951857**	**3599305**	**11642757**	**125051**	**29075345**
北京	6519677	6158935	6053289	5194959	5183484	2384	9091	276	858054
天津	2697093	2495999	2410094	2198418	2198412		6		211675
河北	19254528	17119093	12906115	12117306	11592819	14861	509626	16910	771899
山西	7980759	7499950	5892048	5069701	4891801	43553	134346	2372	819976
内蒙古	4739545	4513458	4258255	3562713	3341291	113052	108371	154	695388
辽宁	6259123	5652671	5345104	4265244	3878487	63532	323225		1079859
吉林	4353455	4043637	3440953	2883235	2812669	17475	53091	69	557649
黑龙江	4529733	4064636	4038630	3451561	3346951	31665	72944		587069
上海	6976681	6554240	6478481	5534612	3636910	3149	1894553		943869
江苏	23469811	20565939	18557317	15342036	14356113	14500	971423	2391	3212890
浙江	23653569	21879227	18420553	16440849	14760094	1123285	557470	6823	1972881
安徽	12269487	10525250	9094957	7977251	7525719	72917	378615	1763	1115942
福建	11011840	10130048	8515297	7685350	6694813	19874	970663	19	829928
江西	12538973	10935020	7124162	6758440	6203033	120957	434450	87	365635
山东	25767852	23094665	20820374	19237523	17233587	63838	1940098	160	1582691
河南	16504084	14430279	12339792	10664997	9816125	80398	768474	2842	1671954
湖北	10009685	8874143	7400594	6589507	6589507			3679	807408
湖南	13599798	10829702	10006012	9261504	8729967	44851	486686	32952	711556
广东	33882655	28169292	26016284	23336738	22432543	46030	858165	14205	2665340
广西	9065549	7652523	7220261	6481278	5919947	446351	114979	15720	723263
海南	2304197	2029904	2012925	1692477	1650442	21460	20574	60	320388
重庆	9470510	7936872	6574336	5586657	5362233	45481	178942	30	987649
四川	14619998	12211924	10598640	9485885	9119647	103728	262510	3884	1108871
贵州	6625229	5325396	4683066	3924258	3733838	109480	80940	838	757970
云南	9998144	8788719	7108281	5918079	5765804	55211	97064	7229	1182973
西藏	1480069	1480069	1479969	1298227	1298227				181742
陕西	7603782	5868188	4888543	4497893	4341923	21311	134659	50	390600
甘肃	4749452	4472959	3754283	3325480	3046936	162045	116500	204	428599
青海	1350767	1318017	1243042	1055615	966108	76762	12745		187428
宁夏	1618205	1442130	1437373	1222027	1115630	60000	46397		215346
新疆	9185930	8250408	7275286	6134100	5406796	621156	106149	12334	1128852
大连	1180794	1112239	1093793	842087	808383	11146	22559		251706
宁波	3907666	3725665	3386693	2882974	2791825		91149	367	503353
厦门	2194350	2069575	1831515	1505609	1184151	14256	307201		325906
青岛	4359986	4070606	3884751	3451400	2740379		711021		433351
深圳	3540353	2798219	2778501	2242861	1886191	27562	329107		535640

（中等职业学校）

单位：千元

政府性基金预算安排的教育经费	#彩票公益金	国有及国有控股企业办学中的企业拨款	校办产业和社会服务收入中用于教育的经费	其他属于国家财政性教育经费	民办学校中举办者投入	捐赠收入	事业收入	#学费	其他教育经费
36164388	**1298688**	**182589**	**571997**		**1502441**	**128098**	**32092734**	**20760696**	**6053617**
52909	27773	9567	43170			745	303348	197427	56648
79617	7520	5559	729		3166	170	145360	115248	52399
4183467	18802	8180	21330		79436	3090	1988613	1466292	64296
1591387	384426	1552	14964		10996	1482	401744	234174	66587
207592	11435	38600	9011		11689	1070	198453	143560	14876
280901	28334	1000	25666		10180	424	534577	392242	61272
600178	6908	2505			3873	1001	237789	181809	67156
26006	9986				112	5640	339867	249798	119478
44141		26769	4850			464	301274	227738	120703
1945594	89222		63028		3518	17012	2395247	1604638	488096
3441704	78719		16970		98500	4256	1246025	745698	425561
1411477	61217	14850	3967		55667	961	1459853	972826	227756
1610743	23681		4008		17765	8578	575302	330643	280146
3808788	10418		2070		35650	3769	1483369	1065388	81164
2200393	143289	29028	44870		337224	1991	2083795	1383013	250176
2054917	24969	10579	24989		188762	2218	1742412	1055899	140413
1471486	41929		2063		51884	256	999504	582016	83899
745811	10698	8400	69478		163722	832	2335214	1542986	270329
2128100	88439	11000	13908		92691	23074	5246506	3865702	351092
428390	3003		3873		28808	2682	1066710	227870	314825
15151			1828		2158	535	180082	99576	91519
1348570	5021		13966		1505	12295	1061972	482770	457866
1525314	36706		87971		221247	16094	1915940	1172422	254792
636413	34781		5918		20711	3528	855532	530374	420063
1662844	42314		17594		30024	10784	893793	554172	274825
100	100								
904154	16810	5000	70490		14141	308	1586460	1128038	134686
718146	11363		530		4622	895	244515	64343	26461
64975	64975	10000					18726	9023	14023
			4756		11303	592	114170	78838	50010
975122	15849				3088	3350	136585	56174	792498
18445	6820				120	100	62299	35464	6037
338971	17508				1300	530	143282	81825	36890
234214	956		3846			100	114649	85459	10026
185855	29439				8078		201009	154686	80294
19719	19719					1333	689824	538060	50976

3-14 教育经费收入情况

地区	总计	国家财政性教育经费	一般公共预算安排的教育经费	一般公共预算教育经费	教育事业费	基本建设经费	教育费附加	科研经费	其他
合计	**322335369**	**282948320**	**246127833**	**217077600**	**202220808**	**3214034**	**11642757**	**124971**	**28925262**
北京	6306672	6038499	5942420	5102999	5091524	2384	9091	276	839145
天津	2678516	2493529	2407683	2196007	2196001		6		211675
河北	19221256	17098468	12904829	12116020	11591533	14861	509626	16910	771899
山西	7980759	7499950	5892048	5069701	4891801	43553	134346	2372	819976
内蒙古	4739545	4513458	4258255	3562713	3341291	113052	108371	154	695388
辽宁	6259123	5652671	5345104	4265244	3878487	63532	323225		1079859
吉林	4353455	4043637	3440953	2883235	2812669	17475	53091	69	557649
黑龙江	4413892	3951441	3925436	3340414	3235805	31665	72944		585022
上海	6950408	6552010	6476251	5532382	3634680	3149	1894553		943869
江苏	23428866	20544999	18536377	15321096	14335173	14500	971423	2391	3212890
浙江	23653569	21879227	18420553	16440849	14760094	1123285	557470	6823	1972881
安徽	12269487	10525250	9094957	7977251	7525719	72917	378615	1763	1115942
福建	11011840	10130048	8515297	7685350	6694813	19874	970663	19	829928
江西	12532280	10934939	7124081	6758359	6202952	120957	434450	87	365635
山东	25767852	23094665	20820374	19237523	17233587	63838	1940098	160	1582691
河南	16407099	14406303	12322997	10648202	9799330	80398	768474	2842	1671954
湖北	10006639	8873783	7400234	6589147	6589147			3679	807408
湖南	13593661	10829702	10006012	9261504	8729967	44851	486686	32952	711556
广东	33827467	28126052	25973044	23293499	22389303	46030	858165	14205	2665340
广西	9065549	7652523	7220261	6481278	5919947	446351	114979	15720	723263
海南	2304197	2029904	2012925	1692477	1650442	21460	20574	60	320388
重庆	9470510	7936872	6574336	5586657	5362233	45481	178942	30	987649
四川	14504011	12160175	10546890	9442135	9075897	103728	262510	3884	1100871
贵州	6625229	5325396	4683066	3924258	3733838	109480	80940	838	757970
云南	9998144	8788719	7108281	5918079	5765804	55211	97064	7229	1182973
西藏	1480069	1480069	1479969	1298227	1298227				181742
陕西	7596693	5868031	4888387	4497737	4341767	21311	134659	50	390600
甘肃	4749452	4472959	3754283	3325480	3046936	162045	116500	204	428599
青海	1350767	1318017	1243042	1055615	966108	76762	12745		187428
宁夏	1618205	1442130	1437373	1222027	1115630	60000	46397		215346
新疆	8170154	7284895	6372116	5352136	5010102	235885	106149	12254	1007726
大连	1180794	1112239	1093793	842087	808383	11146	22559		251706
宁波	3907666	3725665	3386693	2882974	2791825		91149	367	503353
厦门	2194350	2069575	1831515	1505609	1184151	14256	307201		325906
青岛	4359986	4070606	3884751	3451400	2740379		711021		433351
深圳	3540353	2798219	2778501	2242861	1886191	27562	329107		535640

(地方中等职业学校)

单位：千元

政府性基金预算安排的教育经费	#彩票公益金	国有及国有控股企业办学中的企业拨款	校办产业和社会服务收入中用于教育的经费	其他属于国家财政性教育经费	民办学校中举办者投入	捐赠收入	事业收入	#学费	其他教育经费
36102046	**1291755**	**172964**	**545478**		**1502441**	**128098**	**31826643**	**20621647**	**5929865**
52909	27773		43170			745	216064	139138	51364
79617	7520	5501	729		3165	170	141521	112016	40131
4183467	18802	8180	1991		79435	3090	1975966	1454257	64296
1591387	384426	1552	14964		10995	1482	401744	234174	66587
207592	11435	38600	9011		11689	1070	198453	143560	14876
280901	28334	1000	25666		10180	424	534577	392242	61272
600178	6908	2505			3873	1001	237789	181809	67156
26006	9986				112	5640	337220	247332	119478
44141		26769	4850			464	301274	227738	96660
1945594	89222		63028		3513	17012	2384163	1594622	479175
3441704	78719		16970		98500	4256	1246025	745698	425561
1411477	61217	14850	3967		55667	961	1459853	972826	227756
1610743	23681		4008		17765	8578	575302	330643	280146
3808788	10418		2070		35650	3769	1483289	1065324	74633
2200393	143289	29028	44870		337224	1991	2083795	1383013	250176
2054917	24969	10579	17809		188762	2218	1673827	1046494	135988
1471486	41929		2063		51884	256	996823	579612	83893
745811	10698	8400	69478		163722	832	2329360	1538663	270045
2128100	88439	11000	13908		92691	23074	5235448	3864798	350202
428390	3003		3873		28808	2682	1066710	227870	314825
15151			1828		2153	535	180082	99576	91519
1348570	5021		13966		1505	12295	1061972	482770	457866
1525314	36706		87971		221247	16094	1872206	1143060	234289
636413	34781		5918		20711	3528	855532	530374	420063
1662844	42314		17594		30024	10784	893793	554172	274825
100	100								
904154	16810	5000	70490		14141	308	1583743	1125471	130469
718146	11363		530		4622	895	244515	64343	26461
64975	64975	10000					18726	9023	14023
			4756		11303	592	114170	78838	50010
912779	8916				3088	3350	122703	52193	756117
18445	6820				120	100	62299	35464	6037
338971	17508				1300	530	143282	81825	36890
234214	956		3846			100	114649	85459	10026
185855	29439				8078		201009	154686	80294
19719	19719					1333	689824	538060	50976

3-15 教育经费收入情况

地区	总计	国家财政性教育经费							其他
			一般公共预算安排的教育经费					科研经费	
				一般公共预算教育经费	教育事业费	基本建设经费	教育费附加		
合计	**148940932**	**131963135**	**116094689**	**101760536**	**94091304**	**1934882**	**5734349**	**43450**	**14290704**
北京	2664884	2504557	2450840	2021430	2018844	2297	289	130	429280
天津	1566201	1472558	1460632	1354860	1354860				105771
河北	6778958	5274185	3785123	3645591	3516242	12411	116939	632	138900
山西	2745546	2607634	2202715	1813424	1785605	13796	14022	1642	387649
内蒙古	1315737	1186148	1176399	947777	880410	67170	196		228622
辽宁	3264847	3084743	3030767	2363855	2117166	28143	218545		666912
吉林	1472934	1344306	1060197	912287	903583		8704	69	147841
黑龙江	1257557	926709	917838	833019	801955		31064		84819
上海	4270560	3995897	3972143	3415988	2102056	3149	1310784		556155
江苏	16580364	14846713	13519871	11160355	10454527	6500	699329	2035	2357481
浙江	4160819	3882904	3184135	2515792	2301534	154819	59440	434	667908
安徽	11136597	9504134	8423868	7360054	6938818	68917	352320	1763	1062051
福建	8401377	7956225	6793345	6089011	5345685	19874	723452	19	704315
江西	7608330	6992000	4519121	4268901	3897310	96696	274896	87	250133
山东	12879125	11584674	10084095	9195487	8378306	21972	795209	150	888457
河南	5616260	4931029	4714615	4162649	3688549	74320	399779	200	551766
湖北	6831869	6033209	5033284	4463056	4463056			3679	566549
湖南	1663182	1417365	1346346	1291863	1236736		55127		54483
广东	14824628	12812690	11237273	10067839	9681814	20385	365640	6039	1163395
广西	6481401	5584065	5283549	4762709	4352002	358386	52321	15720	505119
海南	1355160	1204906	1203136	1045884	1045884			60	157192
重庆	2100582	1644588	1329852	1211033	1187822	5000	18211		118818
四川	4304470	3312548	3244577	2903004	2815035	61617	26352	1658	339914
贵州	2156428	1860369	1691807	1491960	1405136	61282	25543	391	199456
云南	4080956	3307268	2760597	2393737	2337330	41782	14626	4451	362409
西藏	1382435	1382435	1382335	1221527	1221527				160808
陕西	1106685	964036	939865	770498	760118	10380			169368
甘肃	3411757	3244951	2766076	2450822	2201425	160313	89084	204	315050
青海	1348583	1315834	1240859	1053431	963924	76762	12745		187428
宁夏	625344	534239	529642	446802	405385	30000	11417		82841
新疆	5547357	5250217	4809789	4125889	3528662	538912	58316	4087	679813
大连	597161	580663	565744	411748	394253	9564	7931		153996
宁波	898227	883370	866350	653213	653213				213137
厦门	1548058	1525932	1439191	1147279	942706	14256	190317		291912
青岛	431292	403082	373644	241115	228133		12982		132529
深圳	786826	760552	741130	595829	524853	13332	57644		145300

(中等专业学校)

单位：千元

政府性基金预算安排的教育经费	#彩票公益金	国有及国有控股企业办学中的企业拨款	校办产业和社会服务收入中用于教育的经费	其他属于国家财政性教育经费	民办学校中举办者投入	捐赠收入	事业收入	#学费	其他教育经费
15620033	**888044**	**39612**	**208800**		**588907**	**44952**	**13895998**	**8589348**	**2447940**
52909	27773		808			1	135284	73776	25042
7520	7520	3815	592			160	78507	62053	14976
1469723	16191		19339		72398	1026	1385112	1099640	46237
389423	47366	1552	13946		3163	263	85685	20481	48800
9653	9653		97		5365		116934	82115	7290
41888	26262		12088		3570	92	167743	128857	8699
284109	4985				570	500	104413	80577	23146
8870	8870					620	264744	201340	65484
17241		1710	4802			194	194846	145156	79623
1326579	85849		263		3000	2790	1502272	1005005	225589
698769	77235					700	197399	104316	79817
1078928	28901	1338			46358	961	1394976	939654	190168
1161193	23681		1688		14976	7478	205623	75669	217074
2470810	10418		2070		11144	1235	567588	349148	36363
1434511	141239	21198	44870		172589		1040930	663694	80931
215335	22862		1079		49180	618	561003	333059	74429
997862	41829		2063		51884	256	692488	378789	54032
2650	2650		68368			2	190538	91367	55278
1575215	87440		202		68065	14901	1819256	1226300	109716
298390	3003		2127		28808	2554	689005	182759	176969
			1770		1000	535	58015	31913	90704
300770	3770		13966			400	319637	151816	135957
62774	34725		5196		32373	1064	844933	546242	113552
168292	34781		269		1640	3135	211337	40363	79947
546632	34667		40		14652	1777	641126	396973	116133
100	100								
15610	15610		8561			42	110274	57453	32333
478875	10963				2030	307	150604	25109	13866
64975	64975	10000					18726	9023	14023
			4596		4000	192	64020	48693	22893
440428	14724				2141	3150	82981	38008	208868
14919	6820						15976	2078	523
17020	17020						8534	3748	6323
85214	956		1526			100	13829	3408	8197
29439	29439						18483	15434	9727
19422	19422						12128	2641	14146

3-16 教育经费收入情况

地区	总计	国家财政性教育经费	一般公共预算安排的教育经费	一般公共预算教育经费	教育事业费	基本建设经费	教育费附加	科研经费	其他
合计	**147634423**	**130818814**	**115033130**	**100836942**	**93552981**	**1549612**	**5734349**	**43370**	**14152817**
北京	2507143	2395377	2341660	1931159	1928572	2297	289	130	410371
天津	1566201	1472558	1460632	1354860	1354860				105771
河北	6745686	5253560	3783837	3644305	3514956	12411	116939	632	138900
山西	2745546	2607634	2202715	1813424	1785605	13796	14022	1642	387649
内蒙古	1315737	1186148	1176399	947777	880410	67170	196		228622
辽宁	3264847	3084743	3030767	2363855	2117166	28143	218545		666912
吉林	1472934	1344306	1060197	912287	903583		8704	69	147841
黑龙江	1252649	921982	913112	828292	797228		31064		84819
上海	4244287	3993667	3969913	3413758	2099826	3149	1310784		556155
江苏	16580364	14846713	13519871	11160355	10454527	6500	699329	2035	2357481
浙江	4160819	3882904	3184135	2515792	2301534	154819	59440	434	667908
安徽	11136597	9504134	8423868	7360054	6938818	68917	352320	1763	1062051
福建	8401377	7956225	6793345	6089011	5345685	19874	723452	19	704315
江西	7601637	6991919	4519040	4268820	3897229	96696	274896	87	250133
山东	12879125	11584674	10084095	9195487	8378306	21972	795209	150	888457
河南	5607991	4929949	4714615	4162649	3688549	74320	399779	200	551766
湖北	6828824	6032849	5032924	4462696	4462696			3679	566549
湖南	1663182	1417365	1346346	1291863	1236736		55127		54483
广东	14769440	12769450	11194033	10024599	9638575	20385	365640	6039	1163395
广西	6481401	5584065	5283549	4762709	4352002	358386	52321	15720	505119
海南	1355160	1204906	1203136	1045884	1045884			60	157192
重庆	2100582	1644588	1329852	1211033	1187822	5000	18211		118818
四川	4298683	3307163	3239193	2897620	2809651	61617	26352	1658	339914
贵州	2156428	1860369	1691807	1491960	1405136	61282	25543	391	199456
云南	4080956	3307268	2760597	2393737	2337330	41782	14626	4451	362409
西藏	1382435	1382435	1382335	1221527	1221527				160808
陕西	1106685	964036	939865	770498	760118	10380			169368
甘肃	3411757	3244951	2766076	2450822	2201425	160313	89084	204	315050
青海	1348583	1315834	1240859	1053431	963924	76762	12745		187428
宁夏	625344	534239	529642	446802	405385	30000	11417		82841
新疆	4542022	4292802	3914717	3349875	3137917	153641	58316	4007	560836
大连	597161	580663	565744	411748	394253	9564	7931		153996
宁波	898227	883370	866350	653213	653213				213137
厦门	1548058	1525932	1439191	1147279	942706	14256	190317		291912
青岛	431292	403082	373644	241115	228133		12982		132529
深圳	786826	760552	741130	595829	524853	13332	57644		145300

（地方中等专业学校）

单位：千元

政府性基金预算安排的教育经费	#彩票公益金	国有及国有控股企业办学中的企业拨款	校办产业和社会服务收入中用于教育的经费	其他属于国家财政性教育经费	民办学校中举办者投入	捐赠收入	事业收入	#学费	其他教育经费
15557690	**881111**	**39612**	**188382**		**588907**	**44952**	**13806034**	**8549528**	**2375715**
52909	27773		808			1	91999	58728	19767
7520	7520	3815	592			160	78507	62053	14976
1469723	16191				72398	1026	1372465	1087606	46237
389423	47366	1552	13946		3163	263	85685	20481	48800
9653	9653		97		5365		116934	82115	7290
41888	26262		12088		3570	92	167743	128857	8699
284109	4985				570	500	104413	80577	23146
8870	8870					620	264563	201340	65484
17241		1710	4802			194	194846	145156	55580
1326579	85849		263		3000	2790	1502272	1005005	225589
698769	77235					700	197399	104316	79817
1078928	28901	1338			46358	961	1394976	939654	190168
1161193	23681		1688		14976	7478	205623	75669	217074
2470810	10418		2070		11144	1235	567508	349084	29831
1434511	141239	21198	44870		172589		1040930	663694	80931
215335	22862				49180	618	553814	326476	74429
997862	41829		2063		51884	256	689808	376384	54027
2650	2650		68368			2	190538	91367	55278
1575215	87440		202		68065	14901	1808198	1225396	108826
298390	3003		2127		28808	2554	689005	182759	176969
			1770		1000	535	58015	31913	90704
300770	3770		13966			400	319637	151816	135957
62774	34725		5196		32373	1064	844530	546242	113552
168292	34781		269		1640	3135	211337	40363	79947
546632	34667		40		14652	1777	641126	396973	116133
100	100								
15610	15610		8561			42	110274	57453	32333
478875	10963				2030	307	150604	25109	13866
64975	64975	10000					18726	9023	14023
			4596		4000	192	64020	48693	22893
378085	7791				2141	3150	70540	35227	173388
14919	6820						15976	2078	523
17020	17020						8534	3748	6323
85214	956		1526			100	13829	3408	8197
29439	29439						18483	15434	9727
19422	19422						12128	2641	14146

3-17 教育经费收入情况

地区	总计	国家财政性教育经费	一般公共预算安排的教育经费	一般公共预算教育经费	教育事业费	基本建设经费	教育费附加	科研经费	其他
合计	118287538	106844919	89900972	80167358	74182206	1060843	4924309	47155	9686459
北京	2090379	1987278	1987278	1565158	1556269	87	8802	146	421975
天津	563572	522330	522330	461013	461007		6		61317
河北	9887163	9582054	6897709	6452674	6091783	2450	358441	464	444571
山西	4408265	4113980	2912016	2580416	2442723	24865	112828	720	330880
内蒙古	3259998	3169615	2971515	2533023	2378967	45881	108174	154	438338
辽宁	2392935	2032592	1793255	1471052	1394615	18663	57775		322203
吉林	1883305	1736053	1420348	1205504	1153708	16375	35422		214844
黑龙江	1842191	1795589	1785687	1526405	1460466	30665	35274		259281
上海	2274904	2182357	2155458	1825955	1289258		536697		329503
江苏	4002911	3633176	3017514	2472102	2312511		159591	60	545353
浙江	16415647	15294046	12651772	11679900	10587944	633141	458814	5768	966104
安徽	248877	221955	188018	164254	146204	4000	14050		23764
福建	908648	878701	665056	637515	495738		141777		27541
江西	4027219	3254348	2052370	1983823	1804583	24261	154979		68547
山东	8088306	7410450	6674223	6203410	5136650	10000	1056761		470813
河南	6407412	5895850	4703478	4102890	3814237	3885	284767		600588
湖北	2392124	2145797	1852173	1665089	1665089				187085
湖南	10604715	8341843	7619840	7006301	6575930	44851	385521	32431	581108
广东	6657157	6171631	6051797	5283289	5012063	20301	250925	2031	766477
广西	142306	137995	137995	125703	125324		379		12293
海南	576789	490540	483781	412075	390780	721	20574		71706
重庆	4958288	4495471	3891417	3297039	3138011	3301	155728	30	594348
四川	8887365	7882634	6420104	5748479	5482421	42111	223947	2126	669499
贵州	3279532	2843526	2375406	2149990	2046395	48199	55397	447	224969
云南	3431836	3273854	2721759	2190634	2108480	13045	69109	2729	528396
西藏									
陕西	4561069	3766517	2877973	2721371	2577546	10931	132895	50	156552
甘肃	1145166	1081815	842544	760557	731409	1733	27415		81987
青海	2184	2184	2184	2184	2184				
宁夏	992861	907891	907731	775226	710246	30000	34980		132505
新疆	1954412	1592845	1318240	1164327	1089666	31379	43283		153913
大连	453812	407939	407939	328961	323724		5237		78978
宁波	2450869	2378343	2064018	1824805	1750004		74801	269	238943
厦门	175094	174374	124374	114663	69743		44920		9711
青岛	3410515	3190867	3037240	2772058	2114024		658034		265182
深圳	1418555	1264443	1264147	996848	859353	14230	123266		267298

（职业高中）

单位：千元

政府性基金预算安排的教育经费	#彩票公益金	国有及国有控股企业办学中的企业拨款	校办产业和社会服务收入中用于教育的经费	其他属于国家财政性教育经费	民办学校中举办者投入	捐赠收入	事业收入	#学费	其他教育经费
16935140	**405265**	**132**	**8675**		**835981**	**39885**	**8899326**	**6048967**	**1667426**
						20	85687	65037	17393
					3016		37752	35456	473
2684346	2611				2040	2004	297967	170925	3098
1201964	337060				7833	1219	270106	196270	15126
197939	1782		161		6324	1070	76094	56900	6896
235488	2072		3849		6610	250	302636	237868	50848
315705	1923				3000	496	114434	94869	29322
9903	353				112	10	36299	22988	10180
26899						270	65169	60737	27108
615662	20				518	100	251395	202172	117722
2642274	1484				95800	2977	757920	475226	264906
33805	32316	132			3310		23612	20404	
213645							27069	18313	2877
1201978					19505	683	731928	581422	20755
736228	2050				161644	1019	459789	327797	55404
1187866	2107		4505		111755	1510	372992	220094	25305
293623	100						227741	159779	18586
722003	7941				163722	825	1929343	1306755	168983
119834	659				14626	6470	413956	269687	50474
							2390		1920
6759					1158		84756	66207	335
604054	1251				1505	10787	273207	128140	177318
1462530	1981				187514	2820	753645	433768	60753
468120					19071	393	313323	167107	103219
552095	6920				5156	6429	93696	55157	52701
888544	1200				10921	131	757995	596069	25504
239271	400				2592	3	52757	32803	7999
			160		7303	400	50150	30145	27117
274605	1035				947		35518	16875	325101
					120	100	40138	33385	5514
314325	488					30	57021	25110	15476
50000							721		
153627					8078		167364	126159	44206
296	296					858	140402	113020	12851

3-18 教育经费收入情况

地区	总计	国家财政性教育经费	一般公共预算安排的教育经费	一般公共预算教育经费	教育事业费	基本建设经费	教育费附加	科研经费	其他
合计	**118269047**	**106826428**	**89882481**	**80149759**	**74164607**	**1060843**	**4924309**	**47155**	**9685566**
北京	2090379	1987278	1987278	1565158	1556269	87	8802	146	421975
天津	563572	522330	522330	461013	461007		6		61317
河北	9887163	9582054	6897709	6452674	6091783	2450	358441	464	444571
山西	4408265	4113980	2912016	2580416	2442723	24865	112828	720	330880
内蒙古	3259998	3169615	2971515	2533023	2378967	45881	108174	154	438338
辽宁	2392935	2032592	1793255	1471052	1394615	18663	57775		322203
吉林	1883305	1736053	1420348	1205504	1153708	16375	35422		214844
黑龙江	1823700	1777098	1767196	1508807	1442868	30665	35274		258389
上海	2274904	2182357	2155458	1825955	1289258		536697		329503
江苏	4002911	3633176	3017514	2472102	2312511		159591	60	545353
浙江	16415647	15294046	12651772	11679900	10587944	633141	458814	5768	966104
安徽	248877	221955	188018	164254	146204	4000	14050		23764
福建	908648	878701	665056	637515	495738		141777		27541
江西	4027219	3254348	2052370	1983823	1804583	24261	154979		68547
山东	8088306	7410450	6674223	6203410	5136650	10000	1056761		470813
河南	6407412	5895850	4703478	4102890	3814237	3885	284767		600588
湖北	2392124	2145797	1852173	1665089	1665089				187085
湖南	10604715	8341843	7619840	7006301	6575930	44851	385521	32431	581108
广东	6657157	6171631	6051797	5283289	5012063	20301	250925	2031	766477
广西	142306	137995	137995	125703	125324		379		12293
海南	576789	490540	483781	412075	390780	721	20574		71706
重庆	4958288	4495471	3891417	3297039	3138011	3301	155728	30	594348
四川	8887365	7882634	6420104	5748479	5482421	42111	223947	2126	669499
贵州	3279532	2843526	2375406	2149990	2046395	48199	55397	447	224969
云南	3431836	3273854	2721759	2190634	2108480	13045	69109	2729	528396
西藏									
陕西	4561069	3766517	2877973	2721371	2577546	10931	132895	50	156552
甘肃	1145166	1081815	842544	760557	731409	1733	27415		81987
青海	2184	2184	2184	2184	2184				
宁夏	992861	907891	907731	775226	710246	30000	34980		132505
新疆	1954412	1592845	1318240	1164327	1089666	31379	43283		153913
大连	453812	407939	407939	328961	323724		5237		78978
宁波	2450869	2378343	2064018	1824805	1750004		74801	269	238943
厦门	175094	174374	124374	114663	69743		44920		9711
青岛	3410515	3190867	3037240	2772058	2114024		658034		265182
深圳	1418555	1264443	1264147	996848	859353	14230	123266		267298

(地方职业高中)

单位：千元

政府性基金预算安排的教育经费	#彩票公益金	国有及国有控股企业办学中的企业拨款	校办产业和社会服务收入中用于教育的经费	其他属于国家财政性教育经费	民办学校中举办者投入	捐赠收入	事业收入	#学费	其他教育经费
16935140	**405265**	**132**	**8675**		**835981**	**39885**	**8899326**	**6048967**	**1667426**
						20	85687	65037	17393
					3016		37752	35456	473
2684346	2611				2040	2004	297967	170925	3098
1201964	337060				7833	1219	270106	196270	15126
197939	1782		161		6324	1070	76094	56900	6896
235488	2072		3849		6610	250	302636	237868	50848
315705	1923				3000	496	114434	94869	29322
9903	353				112	10	36299	22988	10180
26899						270	65169	60737	27108
615662	20				518	100	251395	202172	117722
2642274	1484				95800	2977	757920	475226	264906
33805	32316	132			3310		23612	20404	
213645							27069	18313	2877
1201978					19505	683	731928	581422	20755
736228	2050				161644	1019	459789	327797	55404
1187866	2107		4505		111755	1510	372992	220094	25305
293623	100						227741	159779	18586
722003	7941				163722	825	1929343	1306755	168983
119834	659				14626	6470	413956	269687	50474
							2390		1920
6759					1158		84756	66207	335
604054	1251				1505	10787	273207	128140	177318
1462530	1981				187514	2820	753645	433768	60753
468120					19071	393	313323	167107	103219
552095	6920				5156	6429	93696	55157	52701
888544	1200				10921	131	757995	596069	25504
239271	400				2592	3	52757	32803	7999
			160		7303	400	50150	30145	27117
274605	1035				947		35518	16875	325101
					120	100	40138	33385	5514
314325	488					30	57021	25110	15476
50000							721		
153627					8078		167364	126159	44206
296	296					858	140402	113020	12851

3-19 教育经费收入情况

地区	总计	国家财政性教育经费	一般公共预算安排的教育经费	一般公共预算教育经费	教育事业费	基本建设经费	教育费附加	科研经费	其他
合计	**55226135**	**50437544**	**39469284**	**35776032**	**33467425**	**336582**	**1972025**	**4514**	**3688737**
北京	171117	125304	125304	99681	99681				25624
天津	111851	107182	107182	93120	93120				14062
河北	6079196	5928957	4122007	3887031	3655132	2450	229448	415	234562
山西	2489577	2380656	1666440	1453788	1371599	5639	76550	720	211932
内蒙古	2078038	2027220	1831684	1590989	1501165	19235	70589		240695
辽宁	545706	480881	480347	384239	376653	61	7525		96108
吉林	967782	884727	714314	618578	590790	12621	15167		95736
黑龙江	815939	802319	792973	681567	637655	30214	13698		111406
上海	198895	181761	174862	141156	56526		84630		33706
江苏	1783725	1744308	1213350	1071034	1022971		48063		142317
浙江	6604613	6036638	4317986	3960308	3763886	90526	105896	1380	356298
安徽	104847	84940	83451	79163	75163	4000			4287
福建	543032	531527	385582	375235	265478		109757		10347
江西	2808322	2525680	1521690	1473244	1331786	24261	117197		48445
山东	2400558	2107906	1829665	1717876	1459149		258727		111789
河南	3907062	3594136	2901982	2555174	2340957	300	213917		346809
湖北	685730	623357	570257	556959	556959				13298
湖南	5466764	4586554	4092043	3939868	3633126	43032	263710		152175
广东	697072	584251	544251	498658	477719		20940		45593
广西	96878	92748	92748	81781	81702		79		10967
海南	259925	213134	212357	189293	188572	721			23064
重庆	2033508	1864013	1404112	1182985	1161186	1200	20598		221128
四川	5002996	4328442	3341697	3020980	2869993	31325	119663		320717
贵州	1874388	1721899	1431221	1279309	1227430	19100	32779		151912
云南	2323571	2266733	1791449	1452850	1407785	13045	32021	1999	336600
西藏									
陕西	2542097	2364030	1759352	1669460	1569745	10540	89175		89892
甘肃	897973	883303	660432	591392	573648	1733	16011		69040
青海	2184	2184	2184	2184	2184				
宁夏	481293	452661	452501	379168	378006		1162		73333
新疆	1251496	910092	845857	748962	697658	26579	24725		96896
大连	46788	46788	46788	37473	37162		311		9315
宁波	809966	768155	495940	457658	447450		10208		38282
厦门	175094	174374	124374	114663	69743		44920		9711
青岛	95194	44268	43393	37067	32819		4248		6326
深圳									

（农村职业高中）

单位：千元

政府性基金预算安排的教育经费	#彩票公益金	国有及国有控股企业办学中的企业拨款	校办产业和社会服务收入中用于教育的经费	其他属于国家财政性教育经费	民办学校中举办者投入	捐赠收入	事业收入	#学费	其他教育经费
10963595	12528		4665		545909	15792	3424988	2209121	801902
							30208	23622	15604
					3016		1653	1653	
1806950	2611				1206	2004	146681	85801	348
714215					2515	1215	93506	63647	11684
195536	104				6193	1070	37928	26756	5628
534	534				52	150	61852	39939	2772
170413					1642	96	68342	53968	12975
9346	228						10668	6684	2953
6899							9044	8859	8090
530958							28335	15949	11082
1718652	549				94000	2078	378920	266208	92977
1489					3310		16598	14582	
145945							10585	5779	920
1003990					1520	683	265662	193223	14777
278241	2050				89416	934	197133	152051	5169
687648			4505		77339	1510	228559	145443	5517
53100	100						54324	29153	8049
494511	3861				62702	16	743702	469112	73789
40000					7139	609	98182	75046	6890
							2269		1860
777					158		46632	36238	1
459901	20					489	51574	12192	117432
986744					177568	2236	455255	270179	39495
290678					5394	374	133259	63549	13462
475284	394				2495	1805	45674	25859	6864
604678	1200				4096	120	153916	94548	19935
222871					200	3	10064	4538	4402
			160		5000	400	16395	10597	6837
64234	876				947		28069	13947	312388
272215	400						37235	25110	4576
50000							721		
875					7048		40637	35494	3242

3-20 教育经费收入情况

地区	总计	国家财政性教育经费	一般公共预算安排的教育经费	一般公共预算教育经费	教育事业费	基本建设经费	教育费附加	科研经费	其他
合计	**55218069**	**50429478**	**39461218**	**35768859**	**33460251**	**336582**	**1972025**	**4514**	**3687845**
北京	171117	125304	125304	99681	99681				25624
天津	111851	107182	107182	93120	93120				14062
河北	6079196	5928957	4122007	3887031	3655132	2450	229448	415	234562
山西	2489577	2380656	1666440	1453788	1371599	5639	76550	720	211932
内蒙古	2078038	2027220	1831684	1590989	1501165	19235	70589		240695
辽宁	545706	480881	480347	384239	376653	61	7525		96108
吉林	967782	884727	714314	618578	590790	12621	15167		95736
黑龙江	807873	794253	784907	674393	630481	30214	13698		110513
上海	198895	181761	174862	141156	56526		84630		33706
江苏	1783725	1744308	1213350	1071034	1022971		48063		142317
浙江	6604613	6036638	4317986	3960308	3763886	90526	105896	1380	356298
安徽	104847	84940	83451	79163	75163	4000			4287
福建	543032	531527	385582	375235	265478		109757		10347
江西	2808322	2525680	1521690	1473244	1331786	24261	117197		48445
山东	2400558	2107906	1829665	1717876	1459149		258727		111789
河南	3907062	3594136	2901982	2555174	2340957	300	213917		346809
湖北	685730	623357	570257	556959	556959				13298
湖南	5466764	4586554	4092043	3939868	3633126	43032	263710		152175
广东	697072	584251	544251	498658	477719		20940		45593
广西	96878	92748	92748	81781	81702		79		10967
海南	259925	213134	212357	189293	188572	721			23064
重庆	2033508	1864013	1404112	1182985	1161186	1200	20598		221128
四川	5002996	4328442	3341697	3020980	2869993	31325	119663		320717
贵州	1874388	1721899	1431221	1279309	1227430	19100	32779		151912
云南	2323571	2266733	1791449	1452850	1407785	13045	32021	1999	336600
西藏									
陕西	2542097	2364030	1759352	1669460	1569745	10540	89175		89892
甘肃	897973	883303	660432	591392	573648	1733	16011		69040
青海	2184	2184	2184	2184	2184				
宁夏	481293	452661	452501	379168	378006		1162		73333
新疆	1251496	910092	845857	748962	697658	26579	24725		96896
大连	46788	46788	46788	37473	37162		311		9315
宁波	809966	768155	495940	457658	447450		10208		38282
厦门	175094	174374	124374	114663	69743		44920		9711
青岛	95194	44268	43393	37067	32819		4248		6326
深圳									

(地方农村职业高中)

单位：千元

政府性基金预算安排的教育经费	#彩票公益金	国有及国有控股企业办学中的企业拨款	校办产业和社会服务收入中用于教育的经费	其他属于国家财政性教育经费	民办学校中举办者投入	捐赠收入	事业收入	#学费	其他教育经费
10963595	**12528**		**4665**		**545909**	**15792**	**3424988**	**2209121**	**801902**
							30208	23622	15604
					3016		1653	1653	
1806950	2611				1206	2004	146681	85801	348
714215					2515	1215	93506	63647	11684
195536	104				6193	1070	37928	26756	5628
534	534				52	150	61852	39939	2772
170413					1642	96	68342	53968	12975
9346	228						10668	6684	2953
6899							9044	8859	8090
530958							28335	15949	11082
1718652	549				94000	2078	378920	266208	92977
1489					3310		16598	14582	
145945							10585	5779	920
1003990					1520	683	265662	193223	14777
278241	2050				89416	934	197133	152051	5169
687648			4505		77339	1510	228559	145443	5517
53100	100						54324	29153	8049
494511	3861				62702	16	743702	469112	73789
40000					7139	609	98182	75046	6890
							2269		1860
777					158		46632	36238	1
459901	20					489	51574	12192	117432
986744					177568	2236	455255	270179	39495
290678					5394	374	133259	63549	13462
475284	394				2495	1805	45674	25859	6864
604678	1200				4096	120	153916	94548	19935
222871					200	3	10064	4538	4402
			160		5000	400	16395	10597	6837
64234	876				947		28069	13947	312388
272215	400						37235	25110	4576
50000							721		
875					7048		40637	35494	3242

3-21 教育经费收入情况

地区	总计	国家财政性教育经费	一般公共预算安排的教育经费	一般公共预算教育经费	教育事业费	基本建设经费	教育费附加	科研经费	其他
合计	**47311689**	**37517591**	**33577358**	**29957361**	**28585171**	**601822**	**770368**	**18304**	**3601693**
北京	1686053	1639076	1587148	1584392	1584392				2756
天津	537575	478228	404249	363102	363102				41147
河北	1258902	1001930	991758	930748	911428		19320		61011
山西	747358	700032	699014	617888	607174	4892	5822		81126
内蒙古	118885	113572	66219	49260	49260				16959
辽宁	601340	535336	521081	430337	366706	16726	46905		90744
吉林	301900	282495	282495	226285	223009		3276		56209
黑龙江	718520	658173	650940	568779	567779	1000			82161
上海	291613	236518	211411	165967	119207		46761		45444
江苏	2598912	1882837	1819737	1540451	1420976	8000	111475	296	278990
浙江	2582290	2252086	2135881	1830431	1477807	335324	17300	562	304888
安徽	804178	733615	417523	395279	393800		1479		22245
福建	1666707	1267344	1029119	935294	830740		104554		93825
江西	719246	508458	412458	371362	371362				41096
山东	4516601	3880478	3846285	3658028	3574768	31865	51395	10	188247
河南	3060625	2793255	2111555	1736863	1719863	2192	14807	2532	372160
湖北	727235	659162	479162	436164	436164				42997
湖南	656567	521178	492616	451727	417065		34662	522	40367
广东	12209729	9020447	8563184	7842081	7599466	5345	237270	6135	714967
广西	2381735	1873983	1742237	1557119	1407073	87965	62081		185119
海南	355540	317750	309300	234518	213779	20739			74782
重庆	1483162	1013599	639899	573973	537085	36523	365		65926
四川	1001403	731564	660864	611503	603700		7803		49362
贵州	1088286	523466	517818	189634	189634				328183
云南	1921841	1714934	1134348	978226	975148	384	2694		156122
西藏	97634	97634	97634	76700	76700				20934
陕西	1655979	868296	801366	766516	766516				34850
甘肃	125036	90897	90897	74926	74926				15971
青海									
宁夏									
新疆	1396838	1121251	861162	759807	706541	50865	2401	8248	93107
大连	129821	123637	120111	101379	90406	1582	9391		18732
宁波	258804	185667	178543	150303	150303			40	28200
厦门	471197	369270	267950	243667	171702		71964		24283
青岛	518144	476657	473867	438227	398222		40005		35640
深圳	1334972	773224	773224	650183	501985		148198		123041

(技工学校)

单位：千元

政府性基金预算安排的教育经费	#彩票公益金	国有及国有控股企业办学中的企业拨款	校办产业和社会服务收入中用于教育的经费	其他属于国家财政性教育经费	民办学校中举办者投入	捐赠收入	事业收入	#学费	其他教育经费
3460403	**1527**	**137913**	**341917**		**33051**	**27294**	**7942065**	**5168466**	**1791688**
		9567	42361			660	33328	15374	12990
72097		1744	137		150	10	27954	16592	31233
		8180	1991		4998		241537	174183	10437
			1018				44739	17420	2587
		38600	8753				4624	4091	689
3526		1000	9729			82	64198	25518	1725
					303		8824	4158	10279
7233	763					5000	32217	20547	23129
		25059	48				41259	21845	13836
335	335		62765			14122	570887	361889	131066
99234			16970		2700	580	262281	161960	64643
298744		13380	3967				32976	11033	37588
235905			2320		2790	1100	337119	233459	58354
96000					5000	1852	180839	134308	23096
28790		5403			2591	471	521818	338641	111243
651716		10579	19405			90	235973	24634	31307
180000							56793	30203	11280
19052		8400	1110				96112	51303	39277
432557	340	11000	13706		10000	1703	2986890	2351412	190690
130000			1746			128	371939	42774	135685
8392			58				37311	1456	479
373700						1109	343371	130758	125084
			70699		1300		221157	141474	47383
			5648				327926	321636	236894
563032			17554			53	102920	54331	103934
		5000	61929		3220	136	709239	472088	75089
							30070	4088	4069
260089	89					200	17765	1292	257622
3526							6185		
7124					1300	500	68691	52952	2646
99000			2320				100099	82051	1829
2790							15161	13093	26326
						475	537293	422399	23979

3-22 教育经费收入情况

地区	总计	国家财政性教育经费	一般公共预算安排的教育经费	一般公共预算教育经费	教育事业费	基本建设经费	教育费附加	科研经费	其他
合计	**46959374**	**37342486**	**33417979**	**29806685**	**28434495**	**601822**	**770368**	**18304**	**3592990**
北京	1676193	1629509	1587148	1584392	1584392				2756
天津	524714	475759	401838	360691	360691				41147
河北	1258902	1001930	991758	930748	911428		19320		61011
山西	747358	700032	699014	617888	607174	4892	5822		81126
内蒙古	118885	113572	66219	49260	49260				16959
辽宁	601340	535336	521081	430337	366706	16726	46905		90744
吉林	301900	282495	282495	226285	223009		3276		56209
黑龙江	646497	588350	581118	498957	497957	1000			82161
上海	291613	236518	211411	165967	119207		46761		45444
江苏	2557967	1861897	1798797	1519511	1400036	8000	111475	296	278990
浙江	2582290	2252086	2135881	1830431	1477807	335324	17300	562	304888
安徽	804178	733615	417523	395279	393800		1479		22245
福建	1666707	1267344	1029119	935294	830740		104554		93825
江西	719246	508458	412458	371362	371362				41096
山东	4516601	3880478	3846285	3658028	3574768	31865	51395	10	188247
河南	2971908	2770359	2094760	1720068	1703068	2192	14807	2532	372160
湖北	727235	659162	479162	436164	436164				42997
湖南	650429	521178	492616	451727	417065		34662	522	40367
广东	12209729	9020447	8563184	7842081	7599466	5345	237270	6135	714967
广西	2381735	1873983	1742237	1557119	1407073	87965	62081		185119
海南	355540	317750	309300	234518	213779	20739			74782
重庆	1483162	1013599	639899	573973	537085	36523	365		65926
四川	891203	685198	614499	573137	565335		7803		41362
贵州	1088286	523466	517818	189634	189634				328183
云南	1921841	1714934	1134348	978226	975148	384	2694		156122
西藏	97634	97634	97634	76700	76700				20934
陕西	1648890	868139	801210	766360	766360				34850
甘肃	125036	90897	90897	74926	74926				15971
青海									
宁夏									
新疆	1392356	1118362	858273	757621	704355	50865	2401	8248	92404
大连	129821	123637	120111	101379	90406	1582	9391		18732
宁波	258804	185667	178543	150303	150303			40	28200
厦门	471197	369270	267950	243667	171702		71964		24283
青岛	518144	476657	473867	438227	398222		40005		35640
深圳	1334972	773224	773224	650183	501985		148198		123041

(地方技工学校)

单位：千元

政府性基金预算安排的教育经费	#彩票公益金	国有及国有控股企业办学中的企业拨款	校办产业和社会服务收入中用于教育的经费	其他属于国家财政性教育经费	民办学校中举办者投入	捐赠收入	事业收入	#学费	其他教育经费
3460403	**1527**	**128288**	**335816**		**33051**	**27294**	**7809917**	**5112743**	**1746626**
			42361			660	33043	15374	12981
72097		1686	137		150	10	24114	13360	24681
		8180	1991		4998		241537	174183	10437
			1018				44739	17420	2587
		38600	8753				4624	4091	689
3526		1000	9729			82	64198	25518	1725
					303		8824	4158	10279
7233	763					5000	30017	18347	23129
		25059	48				41259	21845	13836
335	335		62765			14122	559803	351873	122145
99234			16970		2700	580	262281	161960	64643
298744		13380	3967				32976	11033	37588
235905			2320		2790	1100	337119	233459	58354
96000					5000	1852	180839	134308	23096
28790		5403			2591	471	521818	338641	111243
651716		10579	13304			90	174577	21812	26882
180000							56793	30203	11280
19052		8400	1110				90259	46980	38993
432557	340	11000	13706		10000	1703	2986890	2351412	190690
130000			1746			128	371939	42774	135685
8392			58				37311	1456	479
373700						1109	343371	130758	125084
			70699		1300		177826	112111	26880
			5648				327926	321636	236894
563032			17554			53	102920	54331	103934
		5000	61929		3220	136	706522	469521	70873
							30070	4088	4069
260089	89					200	16323	92	257470
3526							6185		
7124					1300	500	68691	52952	2646
99000			2320				100099	82051	1829
2790							15161	13093	26326
						475	537293	422399	23979

3-23 教育经费收入情况

地区	总计	国家财政性教育经费	一般公共预算安排的教育经费	一般公共预算教育经费	教育事业费	基本建设经费	教育费附加	科研经费	其他
合计	**9550022**	**7987644**	**7821295**	**6308664**	**6093176**	**1758**	**213730**	**16142**	**1496489**
北京	78361	28024	28024	23979	23979				4044
天津	29746	22882	22882	19442	19442				3440
河北	1329504	1260923	1231525	1088294	1073366		14927	15814	127418
山西	79591	78303	78303	57973	56299		1674	10	20320
内蒙古	44925	44123	44123	32654	32654				11469
辽宁									
吉林	695315	680783	677914	539159	532369	1100	5690		138755
黑龙江	711466	684165	684165	523357	516751		6606		160808
上海	139604	139468	139468	126702	126390		312		12767
江苏	287625	203212	200195	169128	168099		1029		31066
浙江	494813	450192	448765	414726	392810		21917	58	33981
安徽	79836	65547	65547	57663	46897		10766		7883
福建	35109	27777	27777	23530	22650		880		4247
江西	184177	180212	140212	134353	129777		4576		5860
山东	283819	219062	215771	180597	143863		36734		35173
河南	1419787	810145	810145	662595	593475		69120	110	147440
湖北	58457	35975	35975	25198	25198				10777
湖南	675335	549317	547211	511612	500236		11376		35599
广东	191141	164524	164030	143530	139199		4330		20501
广西	60106	56479	56479	35747	35548		199		20732
海南	16708	16708	16708						16708
重庆	928478	783214	713168	504611	499315	658	4638		208557
四川	426759	285180	273094	222899	218490		4408	100	50096
贵州	100983	98035	98035	92673	92673				5362
云南	563512	492663	491578	355482	344847		10635	50	136047
西藏									
陕西	280049	269338	269338	239508	237743		1765		29830
甘肃	67492	55296	54766	39175	39175				15590
青海									
宁夏									
新疆	287324	286095	286095	84077	81927		2149		202019
大连									
宁波	299766	278285	277783	254652	238304		16348	58	23073
厦门									
青岛	35								
深圳									

(成人中等专业学校)

单位：千元

政府性基金预算安排的教育经费	#彩票公益金	国有及国有控股企业办学中的企业拨款	校办产业和社会服务收入中用于教育的经费	其他属于国家财政性教育经费	民办学校中举办者投入	捐赠收入	事业收入	#学费	其他教育经费
148812	3851	4932	12605		44502	15966	1355346	953916	146563
						64	49049	43241	1223
							1147	1147	5716
29399						60	63996	21544	4525
							1214	4	74
							801	454	1
363		2505				5	10118	2204	4409
						10	6606	4923	20685
									135
3018	3018						70693	35572	13719
1427							28425	4197	16195
					6000		8289	1735	
							5492	3202	1840
40000							3014	510	951
865		2426			400	501	61258	52881	2598
					27827		572444	478112	9371
							22481	13246	1
2106	106					5	119221	93562	6792
494							26404	18303	213
							3377	2336	250
70045							125757	72055	19507
10			12075		60	12210	96205	50938	33104
							2946	1268	3
1085	727				10215	2526	56050	47710	2058
							8952	2429	1759
			530			586	11084	2343	527
							322		907
502							9036	16	12445
									35

3-24 教育经费收入情况

地区	总计	国家财政性教育经费	一般公共预算安排的教育经费	一般公共预算教育经费	教育事业费	基本建设经费	教育费附加	科研经费	其他
合计	**9472524**	**7960592**	**7794243**	**6284213**	**6068724**	**1758**	**213730**	**16142**	**1493889**
北京	32958	26335	26335	22290	22290				4044
天津	24029	22882	22882	19442	19442				3440
河北	1329504	1260923	1231525	1088294	1073366		14927	15814	127418
山西	79591	78303	78303	57973	56299		1674	10	20320
内蒙古	44925	44123	44123	32654	32654				11469
辽宁									
吉林	695315	680783	677914	539159	532369	1100	5690		138755
黑龙江	691047	664011	664011	504358	497752		6606		159653
上海	139604	139468	139468	126702	126390		312		12767
江苏	287625	203212	200195	169128	168099		1029		31066
浙江	494813	450192	448765	414726	392810		21917	58	33981
安徽	79836	65547	65547	57663	46897		10766		7883
福建	35109	27777	27777	23530	22650		880		4247
江西	184177	180212	140212	134353	129777		4576		5860
山东	283819	219062	215771	180597	143863		36734		35173
河南	1419787	810145	810145	662595	593475		69120	110	147440
湖北	58457	35975	35975	25198	25198				10777
湖南	675335	549317	547211	511612	500236		11376		35599
广东	191141	164524	164030	143530	139199		4330		20501
广西	60106	56479	56479	35747	35548		199		20732
海南	16708	16708	16708						16708
重庆	928478	783214	713168	504611	499315	658	4638		208557
四川	426759	285180	273094	222899	218490		4408	100	50096
贵州	100983	98035	98035	92673	92673				5362
云南	563512	492663	491578	355482	344847		10635	50	136047
西藏									
陕西	280049	269338	269338	239508	237743		1765		29830
甘肃	67492	55296	54766	39175	39175				15590
青海									
宁夏									
新疆	281365	280886	280886	80313	78163		2149		200573
大连									
宁波	299766	278285	277783	254652	238304		16348	58	23073
厦门									
青岛	35								
深圳									

(地方成人中等专业学校)

单位：千元

政府性基金预算安排的教育经费	#彩票公益金	国有及国有控股企业办学中的企业拨款	校办产业和社会服务收入中用于教育的经费	其他属于国家财政性教育经费	民办学校中举办者投入	捐赠收入	事业收入	#学费	其他教育经费
148812	**3851**	**4932**	**12605**		**44502**	**15966**	**1311367**	**910409**	**140098**
						64	5335		1223
							1147	1147	
29399						60	63996	21544	4525
							1214	4	74
							801	454	1
363		2505				5	10118	2204	4409
						10	6341	4657	20685
									135
3018	3018						70693	35572	13719
1427							28425	4197	16195
					6000		8289	1735	
							5492	3202	1840
40000							3014	510	951
865		2426			400	501	61258	52881	2598
					27827		572444	478112	9371
							22481	13246	1
2106	106					5	119221	93562	6792
494							26404	18303	213
							3377	2336	250
70045							125757	72055	19507
10			12075		60	12210	96205	50938	33104
							2946	1268	3
1085	727				10215	2526	56050	47710	2058
							8952	2429	1759
			530			586	11084	2343	527
							322		157
502							9036	16	12445
									35

3-25 教育经费收入情况

地区	总计	国家财政性教育经费	一般公共预算安排的教育经费	一般公共预算教育经费	教育事业费	基本建设经费	教育费附加	科研经费	其他
合计	**1673817821**	**1425830825**	**1400289697**	**1230092651**	**1152717321**	**27761236**	**49614094**	**261830**	**169935216**
北京	43350794	38077059	37851605	32203863	29769483	2188870	245510	1245	5646497
天津	17644617	15783064	15774279	14477613	14366540	10000	101073		1296667
河北	75778009	62290124	60962206	56737298	55380208	133299	1223791	1252	4223656
山西	35443072	30423933	30329347	26202925	24777655	177413	1247857	13601	4112821
内蒙古	27898734	26283058	26199169	21686076	20077537	288830	1319709	620	4512473
辽宁	32728824	29667844	29616451	24095061	22961224	123629	1010208	1262	5520128
吉林	20853414	18215170	18167395	15390203	14920290	143168	326745		2777191
黑龙江	29288277	26360863	26335774	21357279	20382733	424421	550125		4978495
上海	44998590	37528328	36665937	30002017	23647127	601231	5753658		6663920
江苏	118846436	103690220	100276966	86284612	79790244	82994	6411374	12692	13979663
浙江	94426088	74891535	71341172	65280262	60411144	1879833	2989285	21338	6039572
安徽	66462343	55914085	54795597	47835891	44777331	1062445	1996114	3589	6956117
福建	51489199	43969551	42691283	38752269	37012749	121561	1617959	3624	3935391
江西	57807777	48105612	47040535	43944509	41755221	753373	1435916	50	3095976
山东	119338233	104391542	102957854	93761616	88607186	13300	5141130	258	9195980
河南	94311637	77341044	76636026	64926141	61160164	965156	2800822	2566	11707319
湖北	60010492	49940859	48343744	44167765	44167765			5604	4170375
湖南	73572188	58474880	58286188	55303062	52354415	276842	2671805	10894	2972232
广东	182638737	144820435	141528217	122194962	106361200	11185106	4648656	12383	19320873
广西	49168473	43530911	43233644	37676829	36073794	875305	727730	267	5556548
海南	14525484	12584895	11748464	9599350	9381554	139355	78441	30156	2118958
重庆	40129465	36870523	36434817	29303567	27659784	1006818	636964	1879	7129371
四川	86639319	71075688	69856208	60511482	57862450	448161	2200871	6462	9338264
贵州	49555086	42381839	40633813	36736067	34856211	970200	909656	17248	3880498
云南	51686821	46642099	46513525	38943592	37797227	421379	724986	26439	7543494
西藏	9967221	9947331	9946368	8688423	8466586	221406	431	100	1257845
陕西	39283631	35218621	35026169	33036500	30753511	991476	1291512	4060	1985610
甘肃	27019350	25704794	25511682	22211349	21274553	382071	554725	26677	3273656
青海	9748012	9392534	9357392	7387539	6881456	348431	157652	400	1969454
宁夏	10416802	9590272	9588681	7235266	7043203	48590	143472	1401	2352014
新疆	38790691	36722112	36639189	34159266	31986776	1476575	695915	55765	2424159
大连	6849164	6097225	6084388	4796874	4578060	42292	176521		1287514
宁波	13072245	10275755	9957321	9066395	8635803		430591	1210	889716
厦门	8090069	7307581	6670991	5711688	5209569	42294	459825	113	959190
青岛	15507088	13485311	13286089	11733091	10798667		934424		1552998
深圳	37293846	31586328	31185313	26222241	14195061	9787362	2239819	1725	4961347

(中学)

单位：千元

政府性基金预算安排的教育经费	#彩票公益金	国有及国有控股企业办学中的企业拨款	校办产业和社会服务收入中用于教育的经费	其他属于国家财政性教育经费	民办学校中举办者投入	捐赠收入	事业收入	#学费	其他教育经费
25461710	**923621**	**49041**	**30377**		**6130633**	**2288838**	**207385867**	**179053553**	**32181658**
163164	9014	47669	14621		3500	33415	4444856	3834090	791963
8784					135345	5277	1371998	1308854	348933
1327917	41384				239110	28343	13158073	11486152	62358
94586	13280				88843	67464	4507574	3860011	355259
83889	32108				38368	16517	1169883	996473	390909
44093	2841		7300		35940	904	2691113	2383913	333024
47775	9661				2653	6930	1591320	1501052	1037341
23717	9798	1372			5993	3833	1713623	1538152	1203966
862391	6168				3111	38019	6443889	6235905	985243
3413253	39310				298723	172121	12521523	11622381	2163849
3550362	50676				174801	214771	15936493	14265599	3208489
1118488	38106				153368	21117	9600521	8132614	773251
1278268	16448				142332	730312	5670819	5185074	976185
1065077	81786				93749	25599	6480646	5037028	3102170
1433688	61075				717518	33861	13560660	12113851	634652
705017	154740				1249042	58109	14705834	12039113	957609
1596415	14355		700		326863	29642	8605195	7147900	1107932
188692	24944				298706	61271	10721457	8720844	4015874
3292045	143765		173		1004849	226100	35065154	30598273	1522199
294564	4896		2703		184266	49261	4921784	3919146	482252
836432	291				21990	1176	1795246	1497976	122177
433894	27657		1813		9042	6464	2803633	2319423	439803
1219480	29969				594181	220269	11760396	9698798	2988786
1746300	17749		1726		190105	17500	5968527	4994698	997115
128574	38108				84391	82133	4460939	3902129	417259
963	763					2417	11545	8493	5928
192452	9233				22624	15518	3171800	2474540	855068
193112	5634				9358	37349	1127168	1003336	140681
35141	31871				239	61293	196793	175303	97153
1591	1265					10763	542658	474829	273110
81582	6725		1341		1622	11090	664745	577604	1391122
12837	483				6540	297	652792	601086	92310
318435	6572				5932	27840	2315234	2190937	447483
636589	3060					1380	681544	631200	99564
199222	17779				51559	4135	1924904	1728980	41180
401014	28662				106234	12422	5320313	4735203	268550

3-26 教育经费收入情况

地区	总计	国家财政性教育经费	一般公共预算安排的教育经费	一般公共预算教育经费	教育事业费	基本建设经费	教育费附加	科研经费	其他
合计	1665409535	1418700521	1393161820	1223707783	1146618788	27486321	49602674	260735	169193302
北京	41192995	36686690	36461235	30860414	28426034	2188870	245510	1245	5599576
天津	17644617	15783064	15774279	14477613	14366540	10000	101073		1296667
河北	75778009	62290124	60962206	56737298	55380208	133299	1223791	1252	4223656
山西	35443072	30423933	30329347	26202925	24777655	177413	1247857	13601	4112821
内蒙古	27898734	26283058	26199169	21686076	20077537	288830	1319709	620	4512473
辽宁	32728824	29667844	29616451	24095061	22961224	123629	1010208	1262	5520128
吉林	20631809	18042119	17994344	15217153	14747240	143168	326745		2777191
黑龙江	28888973	25964295	25939329	20989950	20017639	422185	550125		4949379
上海	44655863	37301443	36439052	29821646	23478027	601231	5742388		6617406
江苏	118846436	103690220	100276966	86284612	79790244	82994	6411374	12692	13979663
浙江	94426088	74891535	71341172	65280262	60411144	1879833	2989285	21338	6039572
安徽	66462327	55914085	54795597	47835891	44777331	1062445	1996114	3589	6956117
福建	51489199	43969551	42691283	38752269	37012749	121561	1617959	3624	3935391
江西	57807777	48105612	47040535	43944509	41755221	753373	1435916	50	3095976
山东	119338233	104391542	102957854	93761616	88607186	13300	5141130	258	9195980
河南	94311637	77341044	76636026	64926141	61160164	965156	2800822	2566	11707319
湖北	59565739	49574612	47977496	43801517	43801517			5604	4170375
湖南	73548415	58460468	58271775	55288649	52340152	276842	2671655	10894	2972232
广东	182638737	144820435	141528217	122194962	106361200	11185106	4648656	12383	19320873
广西	49168473	43530911	43233644	37676829	36073794	875305	727730	267	5556548
海南	14525484	12584895	11748464	9599350	9381554	139355	78441	30156	2118958
重庆	39935783	36718237	36282531	29151281	27507498	1006818	636964	1879	7129371
四川	86613278	71072188	69852708	60507982	57858950	448161	2200871	6462	9338264
贵州	49555086	42381839	40633813	36736067	34856211	970200	909656	17248	3880498
云南	51686821	46642099	46513525	38943592	37797227	421379	724986	26439	7543494
西藏	9967221	9947331	9946368	8688423	8466586	221406	431	100	1257845
陕西	39061487	35053626	34861174	32871504	30588516	991476	1291512	4060	1985610
甘肃	27006988	25692507	25499394	22200876	21264080	382071	554725	26677	3271842
青海	9748012	9392534	9357392	7387539	6881456	348431	157652	400	1969454
宁夏	10416802	9590272	9588681	7235266	7043203	48590	143472	1401	2352014
新疆	34426615	32492409	32411791	30550512	28650701	1203895	695915	54669	1806610
大连	6849164	6097225	6084388	4796874	4578060	42292	176521		1287514
宁波	13072245	10275755	9957321	9066395	8635803		430591	1210	889716
厦门	8090069	7307581	6670991	5711688	5209569	42294	459825	113	959190
青岛	15507088	13485311	13286089	11733091	10798667		934424		1552998
深圳	37293846	31586328	31185313	26222241	14195061	9787362	2239819	1725	4961347

（地方中学）

单位：千元

政府性基金预算安排的教育经费	#彩票公益金	国有及国有控股企业办学中的企业拨款	校办产业和社会服务收入中用于教育的经费	其他属于国家财政性教育经费	民办学校中举办者投入	捐赠收入	事业收入	#学费	其他教育经费
25459283	**921706**	**49041**	**30377**		**6130633**	**2257168**	**207039924**	**178830109**	**31281289**
163164	9014	47669	14621		3500	23895	4303670	3790287	175242
8784					135346	5277	1371998	1308854	348933
1327917	41384				239110	28343	13158073	11486152	62358
94586	13280				88843	67464	4507574	3860011	355259
83889	32108				38368	16517	1169883	996473	390909
44093	2841		7300		35940	904	2691113	2383913	333024
47775	9661				2653	6620	1575318	1485089	1005098
23594	9675	1372			5993	3833	1711121	1535794	1203730
862391	6168				3111	34401	6357821	6151014	959086
3413253	39310				298723	172121	12521523	11622381	2163849
3550362	50676				174801	214771	15936493	14265599	3208489
1118488	38106				153368	21117	9600521	8132614	773234
1278268	16448				142332	730312	5670819	5185074	976185
1065077	81786				93749	25599	6480646	5037028	3102170
1433688	61075				717518	33861	13560660	12113851	634652
705017	154740				1249042	58109	14705834	12039113	957609
1596415	14355		700		326863	16548	8584796	7130942	1062920
188692	24944				298706	58366	10717838	8719137	4013038
3292045	143765		173		1004849	226100	35065154	30598273	1522199
294564	4896		2703		184266	49261	4921784	3919146	482252
836432	291				21990	1176	1795246	1497976	122177
433894	27657		1813		9042	6464	2792462	2313564	409577
1219480	29969				594181	220269	11759564	9698308	2967076
1746300	17749		1726		190105	17500	5968527	4994698	997115
128574	38108				84391	82133	4460939	3902129	417259
963	763					2417	11545	8493	5928
192452	9233				22624	15518	3156621	2462289	813098
193112	5634				9358	37349	1127093	1003261	140681
35141	31871				239	61293	196793	175303	97153
1591	1265					10763	542658	474829	273110
79277	4933		1341		1622	8868	615836	538514	1307880
12837	483				6540	297	652792	601086	92310
318435	6572				5932	27840	2315234	2190937	447483
636589	3060					1380	681544	631200	99564
199222	17779				51559	4135	1924904	1728980	41180
401014	28662				106234	12422	5320313	4735203	268550

3-27 教育经费收入情况

地区	总计	国家财政性教育经费	一般公共预算安排的教育经费	一般公共预算教育经费	教育事业费	基本建设经费	教育费附加	科研经费	其他
合计	**1673201357**	**1425251361**	**1399710928**	**1229583019**	**1152214471**	**27761236**	**49607312**	**261830**	**169866079**
北京	43257063	37985008	37759554	32133493	29699113	2188870	245510	1245	5624816
天津	17582771	15721235	15712450	14419881	14308808	10000	101073		1292569
河北	75778009	62290124	60962206	56737298	55380208	133299	1223791	1252	4223656
山西	35443072	30423933	30329347	26202925	24777655	177413	1247857	13601	4112821
内蒙古	27898734	26283058	26199169	21686076	20077537	288830	1319709	620	4512473
辽宁	32728824	29667844	29616451	24095061	22961224	123629	1010208	1262	5520128
吉林	20850958	18212714	18164939	15388566	14918681	143168	326717		2776372
黑龙江	29288277	26360863	26335774	21357279	20382733	424421	550125		4978495
上海	44998590	37528328	36665937	30002017	23647127	601231	5753658		6663920
江苏	118664028	103514413	100101160	86136182	79644890	82994	6408298	12692	13952286
浙江	94166833	74659298	71109632	65058993	60193082	1879833	2986077	21338	6029301
安徽	66462343	55914085	54795597	47835891	44777331	1062445	1996114	3589	6956117
福建	51489199	43969551	42691283	38752269	37012749	121561	1617959	3624	3935391
江西	57807777	48105612	47040535	43944509	41755221	753373	1435916	50	3095976
山东	119338233	104391542	102957854	93761616	88607186	13300	5141130	258	9195980
河南	94311637	77341044	76636026	64926141	61160164	965156	2800822	2566	11707319
湖北	60010492	49940859	48343744	44167765	44167765			5604	4170375
湖南	73568153	58472456	58283764	55301049	52352402	276842	2671805	10894	2971821
广东	182626061	144807829	141515611	122186837	106353545	11185106	4648185	12383	19316391
广西	49168473	43530911	43233644	37676829	36073794	875305	727730	267	5556548
海南	14525484	12584895	11748464	9599350	9381554	139355	78441	30156	2118958
重庆	40129465	36870523	36434817	29303567	27659784	1006818	636964	1879	7129371
四川	86639319	71075688	69856208	60511482	57862450	448161	2200871	6462	9338264
贵州	49555086	42381839	40633813	36736067	34856211	970200	909656	17248	3880498
云南	51686821	46642099	46513525	38943592	37797227	421379	724986	26439	7543494
西藏	9967221	9947331	9946368	8688423	8466586	221406	431	100	1257845
陕西	39283631	35218621	35026169	33036500	30753511	991476	1291512	4060	1985610
甘肃	27019350	25704794	25511682	22211349	21274553	382071	554725	26677	3273656
青海	9748012	9392534	9357392	7387539	6881456	348431	157652	400	1969454
宁夏	10416802	9590272	9588681	7235266	7043203	48590	143472	1401	2352014
新疆	38790637	36722057	36639134	34159211	31986721	1476575	695915	55765	2424159
大连	6849164	6097225	6084388	4796874	4578060	42292	176521		1287514
宁波	13072245	10275755	9957321	9066395	8635803		430591	1210	889716
厦门	8090069	7307581	6670991	5711688	5209569	42294	459825	113	959190
青岛	15507088	13485311	13286089	11733091	10798667		934424		1552998
深圳	37293846	31586328	31185313	26222241	14195061	9787362	2239819	1725	4961347

（普通中学）

单位：千元

政府性基金预算安排的教育经费	#彩票公益金	国有及国有控股企业办学中的企业拨款	校办产业和社会服务收入中用于教育的经费	其他属于国家财政性教育经费	民办学校中举办者投入	捐赠收入	事业收入	#学费	其他教育经费
25461014	**923621**	**49041**	**30377**		**6130633**	**2288816**	**207374053**	**179050519**	**32156495**
163164	9014	47669	14621		3500	33415	4443176	3832410	791963
8784					135346	5277	1371998	1308854	348915
1327917	41384				239110	28343	13158073	11486152	62358
94586	13280				88843	67464	4507574	3860011	355259
83889	32108				38368	16517	1169883	996473	390909
44093	2841		7300		35940	904	2691113	2383913	333024
47775	9661				2653	6930	1591320	1501052	1037341
23717	9798	1372			5993	3833	1713623	1538152	1203966
862391	6168				3111	38019	6443889	6235905	985243
3413253	39310				298723	172121	12515035	11622381	2163737
3549667	50676				174801	214749	15934459	14265599	3183525
1118488	38106				153368	21117	9600521	8132614	773251
1278268	16448				142332	730312	5670819	5185074	976185
1065077	81786				93749	25599	6480646	5037028	3102170
1433688	61075				717518	33861	13560660	12113851	634652
705017	154740				1249042	58109	14705834	12039113	957609
1596415	14355		700		326863	29642	8605195	7147900	1107932
188692	24944				298706	61271	10719846	8719490	4015874
3292045	143765		173		1004849	226100	35065154	30598273	1522129
294564	4896		2703		184266	49261	4921784	3919146	482252
836432	291				21990	1176	1795246	1497976	122177
433894	27657		1813		9042	6464	2803633	2319423	439803
1219480	29969				594181	220269	11760396	9698798	2988786
1746300	17749		1726		190105	17500	5968527	4994698	997115
128574	38108				84391	82133	4460939	3902129	417259
963	763					2417	11545	8493	5928
192452	9233				22624	15518	3171800	2474540	855068
193112	5634				9358	37349	1127168	1003336	140681
35141	31871				239	61293	196793	175303	97153
1591	1265					10763	542658	474829	273110
81582	6725		1341		1622	11090	664745	577604	1391122
12837	483				6540	297	652792	601086	92310
318435	6572				5932	27840	2315234	2190937	447483
636589	3060					1380	681544	631200	99564
199222	17779				51559	4135	1924904	1728980	41180
401014	28662				106234	12422	5320313	4735203	268550

3-28 教育经费收入情况

地 区	总 计	国家财政性教育经费	一般公共预算安排的教育经费	一般公共预算教育经费	教育事业费	基本建设经费	教育费附加	科研经费	其 他
合 计	**1664793072**	**1418121057**	**1392583052**	**1223198152**	**1146115939**	**27486321**	**49595892**	**260735**	**169124165**
北 京	41099264	36594638	36369184	30790044	28355664	2188870	245510	1245	5577896
天 津	17582771	15721235	15712450	14419881	14308808	10000	101073		1292569
河 北	75778009	62290124	60962206	56737298	55380208	133299	1223791	1252	4223656
山 西	35443072	30423933	30329347	26202925	24777655	177413	1247857	13601	4112821
内蒙古	27898734	26283058	26199169	21686076	20077537	288830	1319709	620	4512473
辽 宁	32728824	29667844	29616451	24095061	22961224	123629	1010208	1262	5520128
吉 林	20629353	18039663	17991888	15215516	14745631	143168	326717		2776372
黑龙江	28888973	25964295	25939329	20989950	20017639	422185	550125		4949379
上 海	44655863	37301443	36439052	29821646	23478027	601231	5742388		6617406
江 苏	118664028	103514413	100101160	86136182	79644890	82994	6408298	12692	13952286
浙 江	94166833	74659298	71109632	65058993	60193082	1879833	2986077	21338	6029301
安 徽	66462327	55914085	54795597	47835891	44777331	1062445	1996114	3589	6956117
福 建	51489199	43969551	42691283	38752269	37012749	121561	1617959	3624	3935391
江 西	57807777	48105612	47040535	43944509	41755221	753373	1435916	50	3095976
山 东	119338233	104391542	102957854	93761616	88607186	13300	5141130	258	9195980
河 南	94311637	77341044	76636026	64926141	61160164	965156	2800822	2566	11707319
湖 北	59565739	49574612	47977496	43801517	43801517			5604	4170375
湖 南	73544380	58458044	58269351	55286636	52338139	276842	2671655	10894	2971821
广 东	182626061	144807829	141515611	122186837	106353545	11185106	4648185	12383	19316391
广 西	49168473	43530911	43233644	37676829	36073794	875305	727730	267	5556548
海 南	14525484	12584895	11748464	9599350	9381554	139355	78441	30156	2118958
重 庆	39935783	36718237	36282531	29151281	27507498	1006818	636964	1879	7129371
四 川	86613278	71072188	69852708	60507982	57858950	448161	2200871	6462	9338264
贵 州	49555086	42381839	40633813	36736067	34856211	970200	909656	17248	3880498
云 南	51686821	46642099	46513525	38943592	37797227	421379	724986	26439	7543494
西 藏	9967221	9947331	9946368	8688423	8466586	221406	431	100	1257845
陕 西	39061487	35053626	34861174	32871504	30588516	991476	1291512	4060	1985610
甘 肃	27006988	25692507	25499394	22200876	21264080	382071	554725	26677	3271842
青 海	9748012	9392534	9357392	7387539	6881456	348431	157652	400	1969454
宁 夏	10416802	9590272	9588681	7235266	7043203	48590	143472	1401	2352014
新 疆	34426560	32492354	32411736	30550457	28650647	1203895	695915	54669	1806610
大 连	6849164	6097225	6084388	4796874	4578060	42292	176521		1287514
宁 波	13072245	10275755	9957321	9066395	8635803		430591	1210	889716
厦 门	8090069	7307581	6670991	5711688	5209569	42294	459825	113	959190
青 岛	15507088	13485311	13286089	11733091	10798667		934424		1552998
深 圳	37293846	31586328	31185313	26222241	14195061	9787362	2239819	1725	4961347

(地方普通中学)

单位：千元

政府性基金预算安排的教育经费	#彩票公益金	国有及国有控股企业办学中的企业拨款	校办产业和社会服务收入中用于教育的经费	其他属于国家财政性教育经费	民办学校中举办者投入	捐赠收入	事业收入	#学费	其他教育经费
25458587	**921706**	**49041**	**30377**		**6130633**	**2257146**	**207028110**	**178827076**	**31256126**
163164	9014	47669	14621		3500	23895	4301989	3788607	175242
8784					135346	5277	1371998	1308854	348915
1327917	41384				239110	28343	13158073	11486152	62358
94586	13280				88843	67464	4507574	3860011	355259
83889	32108				38368	16517	1169883	996473	390909
44093	2841		7300		35940	904	2691113	2383913	333024
47775	9661				2653	6620	1575318	1485089	1005098
23594	9675	1372			5993	3833	1711121	1535794	1203730
862391	6168				3111	34401	6357821	6151014	959086
3413253	39310				298723	172121	12515035	11622381	2163737
3549667	50676				174801	214749	15934459	14265599	3183525
1118488	38106				153368	21117	9600521	8132614	773234
1278268	16448				142332	730312	5670819	5185074	976185
1065077	81786				93749	25599	6480646	5037028	3102170
1433688	61075				717518	33861	13560660	12113851	634652
705017	154740				1249042	58109	14705834	12039113	957609
1596415	14355		700		326863	16548	8584796	7130942	1062920
188692	24944				298706	58366	10716227	8717784	4013038
3292045	143765		173		1004849	226100	35065154	30598273	1522129
294564	4896		2703		184266	49261	4921784	3919146	482252
836432	291				21990	1176	1795246	1497976	122177
433894	27657		1813		9042	6464	2792462	2313564	409577
1219480	29969				594181	220269	11759564	9698308	2967076
1746300	17749		1726		190105	17500	5968527	4994698	997115
128574	38108				84391	82133	4460939	3902129	417259
963	763					2417	11545	8493	5928
192452	9233				22624	15518	3156621	2462289	813098
193112	5634				9358	37349	1127093	1003261	140681
35141	31871				239	61293	196793	175303	97153
1591	1265					10763	542658	474829	273110
79277	4933		1341		1622	8868	615836	538514	1307880
12837	483				6540	297	652792	601086	92310
318435	6572				5932	27840	2315234	2190937	447483
636589	3060					1380	681544	631200	99564
199222	17779				51559	4135	1924904	1728980	41180
401014	28662				106234	12422	5320313	4735203	268550

3-29 教育经费收入情况

地区	总计	国家财政性教育经费	一般公共预算安排的教育经费	一般公共预算教育经费	教育事业费	基本建设经费	教育费附加	科研经费	其他
合计	**631783851**	**497132561**	**482962734**	**421636492**	**389940455**	**13543977**	**18152060**	**112015**	**61214227**
北京	16683451	13955383	13884966	11693440	10830419	770883	92139	783	2190743
天津	6749409	5712167	5712167	5228416	5199825		28591		483752
河北	29583977	21833654	20894818	19318624	18928453	763	389408	477	1575716
山西	14795521	12299069	12269122	10583803	10021190	85292	477322	4063	1681255
内蒙古	11480658	10577654	10569252	8890779	8210733	187708	492338	180	1678293
辽宁	12100558	9857159	9832754	7961022	7561088	61115	338819		1871732
吉林	7792633	6049077	6044632	5107790	4972745	45240	89805		936842
黑龙江	10783778	8951970	8935354	7319529	6752968	273389	293172		1615824
上海	15407743	12404595	11992077	9739048	7408563	473189	1857297		2253028
江苏	46400942	39472588	36852202	31545331	28447782	50000	3047548	7704	5299166
浙江	36068968	26268969	25015298	22541433	20572415	1003480	965538	9415	2464451
安徽	24705756	18668216	17835886	15107439	13572484	657017	877938	334	2728112
福建	18261326	14377516	13804524	12303260	11707923	50880	544456	81	1501183
江西	21968734	16343100	15604235	14519404	13696222	375456	447727	43	1084788
山东	42793531	33955686	33542157	30507542	28921119		1586423	112	3034503
河南	36925278	26364423	25943191	22151539	20372918	743546	1035075	1947	3789705
湖北	24110300	17900329	16608086	15095079	15095079			2501	1510507
湖南	28740213	19908116	19800225	18783599	17426684	60106	1296810	3909	1012717
广东	70886718	52947430	51350804	44036383	37030389	5550420	1455574	2983	7311438
广西	18016849	14140811	13956364	12091103	11512869	408144	170090	120	1865141
海南	5105632	4004003	3774146	3081663	3041274	18851	21538	10320	682164
重庆	15083181	13174828	12959142	10405837	9964899	234031	206906	944	2552361
四川	30636731	23674379	22868888	19685580	18798754	112724	774102	4334	3178974
贵州	19144592	14694408	13678940	12266008	11089097	772306	404605	13742	1399190
云南	19285703	15951190	15873724	13201343	12645705	261813	293825	15860	2656521
西藏	3437181	3421982	3421789	3012508	2854176	158332		100	409181
陕西	14164894	12378199	12224877	11462206	10625897	446341	389968	2000	760671
甘肃	10526254	9619368	9517698	8217972	7833054	144287	240632	25115	1274611
青海	3830280	3534930	3510198	2772968	2582961	123124	66883	300	736929
宁夏	4024530	3541159	3541159	2629617	2586805	4250	38562	1050	910492
新疆	12288531	11150201	11144060	10376226	9675965	471290	228971	3599	764235
大连	2530043	1955279	1955171	1489406	1459862		29544		465765
宁波	5169772	3620925	3446893	2989180	2892858		96322	762	456952
厦门	3156979	2626606	2306675	1947914	1743451	42294	162169	31	358730
青岛	5782798	4710551	4680867	4108996	3844442		264553		571872
深圳	16031381	12963385	12895448	11041045	5395017	4924164	721865	504	1853899

(普通高中)

单位：千元

政府性基金预算安排的教育经费	#彩票公益金	国有及国有控股企业办学中的企业拨款	校办产业和社会服务收入中用于教育的经费	其他属于国家财政性教育经费	民办学校中举办者投入	捐赠收入	事业收入	#学费	其他教育经费
14116040	**217727**	**23410**	**30377**		**4011484**	**1315493**	**117562024**	**98150705**	**11762289**
32386	249	23410	14621		3500	10745	2146237	1667575	567586
					92630	816	794934	748269	148861
938836	11291				133739	18249	7553186	6547991	45150
29947	2978				17166	42313	2275250	1874487	161723
8402	5033				24439	9303	610361	478096	258901
17105	96		7300		35680	350	2000992	1748388	206378
4445	4445				1150	4254	1031244	958943	706908
16617	4223				5000	3421	1100221	953863	723166
412519					2000	5942	2396386	2326825	598820
2620386	20396				88471	114246	6039957	5436772	685682
1253671	5296				93105	120931	8978259	7896903	607703
832330	11340				28477	16419	5748969	4688241	243675
572992	7680				53994	402170	3105249	2795933	322397
738865	5883				87693	21419	4458240	3277311	1058282
413529	4168				562510	16094	8127482	7202675	131758
421232	17695				1050469	26937	9344095	7432393	139354
1291543	6391		700		275007	23719	5478695	4396367	432551
107891	9633				188494	21409	6829088	5430134	1793106
1596454	38177		173		483082	128071	16777228	14194067	550907
181744	1119		2703		171564	43161	3474204	2693679	187110
229857					3177	504	1045871	826060	52076
213874	2244		1813		1356	1930	1808120	1464134	96947
805490	6972				358770	130559	5971604	4522711	501419
1013743	10154		1726		177013	13641	3957039	3198039	302491
77466	11362				59995	50868	3067734	2642213	155916
193	193						11545	8493	3654
153323	2030				2126	4041	1516790	1079599	263737
101669	774				9258	25317	793870	707065	78441
24733	24733					47111	189944	169154	58294
						9038	363236	300604	111097
4800	3170		1341		1622	2515	565996	483724	568198
109	65				6540	277	501846	460214	66101
174032	327				5338	16532	1423043	1331381	103933
319930	293					684	485112	447398	44577
29684					35444	500	1012061	868594	24241
67937	3890				100668	9560	2803847	2367518	153921

3-30 教育经费收入情况

地区	总计	国家财政性教育经费	一般公共预算安排的教育经费	一般公共预算教育经费	教育事业费	基本建设经费	教育费附加	科研经费	其他
合计	**627377910**	**493732749**	**479563879**	**418548848**	**387048632**	**13355022**	**18145194**	**111467**	**60903564**
北京	15080449	12972831	12902414	10747497	9884476	770883	92139	783	2154134
天津	6749409	5712167	5712167	5228416	5199825		28591		483752
河北	29583977	21833654	20894818	19318624	18928453	763	389408	477	1575716
山西	14795521	12299069	12269122	10583803	10021190	85292	477322	4063	1681255
内蒙古	11480658	10577654	10569252	8890779	8210733	187708	492338	180	1678293
辽宁	12100558	9857159	9832754	7961022	7561088	61115	338819		1871732
吉林	7693255	5995183	5990738	5053896	4918851	45240	89805		936842
黑龙江	10622050	8792808	8776214	7165747	6599185	273389	293172		1610468
上海	15143134	12239497	11826979	9619578	7295861	473189	1850528		2207401
江苏	46400942	39472588	36852202	31545331	28447782	50000	3047548	7704	5299166
浙江	36068968	26268969	25015298	22541433	20572415	1003480	965538	9415	2464451
安徽	24705756	18668216	17835886	15107439	13572484	657017	877938	334	2728112
福建	18261326	14377516	13804524	12303260	11707923	50880	544456	81	1501183
江西	21968734	16343100	15604235	14519404	13696222	375456	447727	43	1084788
山东	42793531	33955686	33542157	30507542	28921119		1586423	112	3034503
河南	36925278	26364423	25943191	22151539	20372918	743546	1035075	1947	3789705
湖北	23735387	17600278	16308035	14795028	14795028			2501	1510507
湖南	28727464	19899891	19792000	18775374	17418555	60106	1296713	3909	1012717
广东	70886718	52947430	51350804	44036383	37030389	5550420	1455574	2983	7311438
广西	18016849	14140811	13956364	12091103	11512869	408144	170090	120	1865141
海南	5105632	4004003	3774146	3081663	3041274	18851	21538	10320	682164
重庆	14997690	13112816	12897130	10343825	9902887	234031	206906	944	2552361
四川	30622132	23672467	22866977	19683669	18796842	112724	774102	4334	3178974
贵州	19144592	14694408	13678940	12266008	11089097	772306	404605	13742	1399190
云南	19285703	15951190	15873724	13201343	12645705	261813	293825	15860	2656521
西藏	3437181	3421982	3421789	3012508	2854176	158332		100	409181
陕西	14036074	12288199	12134876	11372206	10535896	446341	389968	2000	760671
甘肃	10521564	9614752	9513083	8214166	7829247	144287	240632	25115	1273802
青海	3830280	3534930	3510198	2772968	2582961	123124	66883	300	736929
宁夏	4024530	3541159	3541159	2629617	2586805	4250	38562	1050	910492
新疆	10632568	9577910	9572703	9027678	8516372	282335	228971	3051	541975
大连	2530043	1955279	1955171	1489406	1459862		29544		465765
宁波	5169772	3620925	3446893	2989180	2892858		96322	762	456952
厦门	3156979	2626606	2306675	1947914	1743451	42294	162169	31	358730
青岛	5782798	4710551	4680867	4108996	3844442		264553		571872
深圳	16031381	12963385	12895448	11041045	5395017	4924164	721865	504	1853899

(地方普通高中)

单位：千元

政府性基金预算安排的教育经费	#彩票公益金	国有及国有控股企业办学中的企业拨款	校办产业和社会服务收入中用于教育的经费	其他属于国家财政性教育经费	民办学校中举办者投入	捐赠收入	事业收入	#学费	其他教育经费
14115083	**216770**	**23410**	**30377**		**4011484**	**1290167**	**117217273**	**97927262**	**11126236**
32386	249	23410	14621		3500	3120	2005142	1623772	95856
					92630	816	794934	748269	148861
938836	11291				133739	18249	7553186	6547991	45150
29947	2978				17166	42313	2275250	1874487	161723
8402	5033				24439	9303	610361	478096	258901
17105	96		7300		35680	350	2000992	1748388	206378
4445	4445				1150	3944	1015242	942980	677736
16594	4200				5000	3421	1097719	951505	723101
412519					2000	4143	2310318	2241934	587175
2620386	20396				88471	114246	6039957	5436772	685682
1253671	5296				93105	120931	8978259	7896903	607703
832330	11340				28477	16419	5748969	4688241	243675
572992	7680				53994	402170	3105249	2795933	322397
738865	5883				87693	21419	4458240	3277311	1058282
413529	4168				562510	16094	8127482	7202675	131758
421232	17695				1050469	26937	9344095	7432393	139354
1291543	6391		700		275007	10625	5458297	4379409	391182
107891	9633				188494	21004	6826120	5428427	1791955
1596454	38177		173		483082	128071	16777228	14194067	550907
181744	1119		2703		171564	43161	3474204	2693679	187110
229857					3177	504	1045871	826060	52076
213874	2244		1813		1356	1930	1796949	1458275	84639
805490	6972				358770	130559	5970772	4522220	489563
1013743	10154		1726		177013	13641	3957039	3198039	302491
77466	11362				59995	50868	3067734	2642213	155916
193	193						11545	8493	3654
153323	2030				2126	4041	1502040	1067348	239667
101669	774				9258	25317	793795	706990	78441
24733	24733					47111	189944	169154	58294
						9038	363236	300604	111097
3866	2236		1341		1622	421	517105	444634	535510
109	65				6540	277	501846	460214	66101
174032	327				5338	16532	1423043	1331381	103933
319930	293					684	485112	447398	44577
29684					35444	500	1012061	868594	24241
67937	3890				100668	9560	2803847	2367518	153921

3-31 教育经费收入情况

地区	总计	国家财政性教育经费	一般公共预算安排的教育经费	一般公共预算教育经费	教育事业费	基本建设经费	教育费附加	科研经费	其他
合计	245092609	193004829	188275183	165256879	158672992	1825344	4758543	40181	22978123
北京	1046740	720965	692685	599099	493955	105144			93586
天津	1057195	864868	864868	784036	784036				80832
河北	16312072	11601600	11048174	10041640	9871893	763	168984	26	1006508
山西	6848145	5916159	5890930	5112579	4836653	36511	239415		778351
内蒙古	5430058	5095747	5092134	4328453	3995575	109266	223612	150	763531
辽宁	2763198	2286314	2286314	1862123	1814960	2366	44797		424191
吉林	2863985	2337578	2333241	1993734	1973227	5688	14818		339508
黑龙江	4007928	3331709	3329242	2751948	2638262	96437	17249		577294
上海	1309438	1121608	1105947	873175	740857		132318		232773
江苏	15820482	13406174	12277060	10515705	9619326	50000	846380	3114	1758241
浙江	12283517	9370917	9034444	8225755	7602680	327042	296033	4734	803956
安徽	12850230	9379478	8855445	7568013	7452048	1016	114948	334	1287098
福建	7965315	6229467	6118356	5715464	5587606		127858	50	402842
江西	11150121	8592904	8281712	7702913	7326721	105437	270755		578799
山东	15059482	11060761	10892423	9863625	9357210		506415		1028798
河南	20310224	13657617	13491352	11509153	11012611	92925	403617	1448	1980751
湖北	6708064	4972590	4733004	4390301	4390301			2301	340403
湖南	15469893	10684568	10615425	9960094	9524363	41407	394324	3246	652085
广东	13750379	9970313	9833038	8301690	8215908	3718	82064	1417	1529931
广西	7867477	6627282	6584643	5684966	5522933	88331	73702	54	899623
海南	2078880	1755883	1690730	1420761	1400196	18657	1909	103	269866
重庆	5201847	4762194	4726905	3709602	3676004	7530	26068	41	1017262
四川	13290162	11094631	10706876	9185363	8883453	98630	203280		1521513
贵州	9871147	7802324	7487994	6649635	6438054	111151	100429	446	837914
云南	10618931	9266424	9252537	7703711	7544020	68041	91651	179	1548647
西藏	1041397	1041397	1041358	917805	893873	23932			123554
陕西	6609150	5885741	5859690	5599757	5251374	171620	176763		259933
甘肃	6366697	5908368	5908227	5097715	4951880	22093	123742	22141	788371
青海	2189730	1991487	1974337	1560674	1434964	85171	40539	150	413513
宁夏	1488379	1296212	1296212	955818	941815		14002		340395
新疆	5462347	4971550	4969879	4671572	4496233	152467	22871	247	298060
大连	163076	116249	116249	86659	86659				29589
宁波	1507155	1066055	986381	856328	850353		5975		130053
厦门	72501	69447	42410	37461	36262		1199		4949
青岛	594352	467557	467557	400805	325365		75440		66752
深圳									

（农村高中）

单位：千元

政府性基金预算安排的教育经费	#彩票公益金	国有及国有控股企业办学中的企业拨款	校办产业和社会服务收入中用于教育的经费	其他属于国家财政性教育经费	民办学校中举办者投入	捐赠收入	事业收入	#学费	其他教育经费
4729646	**76257**				**2426549**	**746872**	**44942777**	**36680068**	**3971582**
28280					2000	500	320377	295753	2897
					62600	226	114013	102489	15488
553426	9948				85416	17649	4584887	3956560	22522
25229					12354	22055	857208	712351	40369
3613	1480				21650	2014	159558	102288	151088
1	1				2000		418054	346922	56830
4336	4336					2435	345429	320659	178542
2467	1739				5000	143	333547	302066	337529
15660						50	169808	160513	17972
1129114	12253				62515	31483	2108355	1854146	211954
336473	1628				25866	74907	2657459	2368732	154368
524033	5225				19332	7720	3342714	2786038	100986
111111	6132				52000	324356	1201929	1069562	157564
311192	2806				77144	8537	2252469	1562817	219066
168338	509				303935	13624	3624505	3230014	56657
166266	63				925872	826	5671628	4334381	54281
239586					23378	17306	1558066	1188530	136725
69143	4339				100166	11208	3591958	2821997	1081993
137275	1649				222393	27347	3469970	2898323	60356
42639	549				44560	16383	1115084	826316	64167
65153					3177	504	289085	226726	30231
35289	1553				500	496	431002	315934	7655
387755	2061				250679	56360	1781808	1225902	106685
314330	10				96167	4639	1803729	1436804	164288
13887	682				24212	33497	1244407	1068346	50392
39	39								
26051	2030				2126	3984	635057	414202	82242
142	26				1506	21536	391478	341371	43809
17150	17150					44511	116240	101507	37492
						2576	153213	133061	36378
1671	51						199740	175757	291057
							41280	38209	5547
79675						15040	369962	348923	56098
27037							3054	2821	
					1708	220	124315	109795	553

3-32 教育经费收入情况

地区	总计	国家财政性教育经费	一般公共预算安排的教育经费	一般公共预算教育经费	教育事业费	基本建设经费	教育费附加	科研经费	其他
合计	**244515509**	**192502494**	**187772871**	**164791835**	**158221137**	**1812155**	**4758543**	**39984**	**22941051**
北京	1046740	720965	692685	599099	493955	105144			93586
天津	1057195	864868	864868	784036	784036				80832
河北	16312072	11601600	11048174	10041640	9871893	763	168984	26	1006508
山西	6848145	5916159	5890930	5112579	4836653	36511	239415		778351
内蒙古	5430058	5095747	5092134	4328453	3995575	109266	223612	150	763531
辽宁	2763198	2286314	2286314	1862123	1814960	2366	44797		424191
吉林	2863985	2337578	2333241	1993734	1973227	5688	14818		339508
黑龙江	3869907	3195874	3193430	2621493	2507807	96437	17249		571937
上海	1309438	1121608	1105947	873175	740857		132318		232773
江苏	15820482	13406174	12277060	10515705	9619326	50000	846380	3114	1758241
浙江	12283517	9370917	9034444	8225755	7602680	327042	296033	4734	803956
安徽	12850230	9379478	8855445	7568013	7452048	1016	114948	334	1287098
福建	7965315	6229467	6118356	5715464	5587606		127858	50	402842
江西	11150121	8592904	8281712	7702913	7326721	105437	270755		578799
山东	15059482	11060761	10892423	9863625	9357210		506415		1028798
河南	20310224	13657617	13491352	11509153	11012611	92925	403617	1448	1980751
湖北	6485948	4812680	4573094	4230390	4230390			2301	340403
湖南	15469893	10684568	10615425	9960094	9524363	41407	394324	3246	652085
广东	13750379	9970313	9833038	8301690	8215908	3718	82064	1417	1529931
广西	7867477	6627282	6584643	5684966	5522933	88331	73702	54	899623
海南	2078880	1755883	1690730	1420761	1400196	18657	1909	103	269866
重庆	5201847	4762194	4726905	3709602	3676004	7530	26068	41	1017262
四川	13290162	11094631	10706876	9185363	8883453	98630	203280		1521513
贵州	9871147	7802324	7487994	6649635	6438054	111151	100429	446	837914
云南	10618931	9266424	9252537	7703711	7544020	68041	91651	179	1548647
西藏	1041397	1041397	1041358	917805	893873	23932			123554
陕西	6609150	5885741	5859690	5599757	5251374	171620	176763		259933
甘肃	6362006	5903753	5903611	5093909	4948073	22093	123742	22141	787561
青海	2189730	1991487	1974337	1560674	1434964	85171	40539	150	413513
宁夏	1488379	1296212	1296212	955818	941815		14002		340395
新疆	5250074	4769576	4767904	4500700	4338550	139278	22871	51	267154
大连	163076	116249	116249	86659	86659				29589
宁波	1507155	1066055	986381	856328	850353		5975		130053
厦门	72501	69447	42410	37461	36262		1199		4949
青岛	594352	467557	467557	400805	325365		75440		66752
深圳									

(地方农村高中)

单位：千元

政府性基金预算安排的教育经费	#彩票公益金	国有及国有控股企业办学中的企业拨款	校办产业和社会服务收入中用于教育的经费	其他属于国家财政性教育经费	民办学校中举办者投入	捐赠收入	事业收入	#学费	其他教育经费
4729623	**76234**				**2426549**	**733778**	**44916980**	**36658815**	**3935708**
28280					2000	500	320377	295753	2897
					62600	226	114013	102489	15488
553426	9948				85416	17649	4584887	3956560	22522
25229					12354	22055	857208	712351	40369
3613	1480				21650	2014	159558	102288	151088
1	1				2000		418054	346922	56830
4336	4336					2435	345429	320659	178542
2444	1716				5000	143	331427	300032	337464
15660						50	169808	160513	17972
1129114	12253				62515	31483	2108355	1854146	211954
336473	1628				25866	74907	2657459	2368732	154368
524033	5225				19332	7720	3342714	2786038	100986
111111	6132				52000	324356	1201929	1069562	157564
311192	2806				77144	8537	2252469	1562817	219066
168338	509				303935	13624	3624505	3230014	56657
166266	63				925872	826	5671628	4334381	54281
239586					23378	4212	1544284	1177711	101395
69143	4339				100166	11208	3591958	2821997	1081993
137275	1649				222393	27347	3469970	2898323	60356
42639	549				44560	16383	1115084	826316	64167
65153					3177	504	289085	226726	30231
35289	1553				500	496	431002	315934	7655
387755	2061				250679	56360	1781808	1225902	106685
314330	10				96167	4639	1803729	1436804	164288
13887	682				24212	33497	1244407	1068346	50392
39	39								
26051	2030				2126	3984	635057	414202	82242
142	26				1506	21536	391403	341296	43809
17150	17150					44511	116240	101507	37492
						2576	153213	133061	36378
1671	51						189921	167431	290578
							41280	38209	5547
79675						15040	369962	348923	56098
27037							3054	2821	
					1708	220	124315	109795	553

3-33 教育经费收入情况

地区	总计	国家财政性教育经费	一般公共预算安排的教育经费	一般公共预算教育经费	教育事业费	基本建设经费	教育费附加	科研经费	其他
合计	**1041417506**	**928118799**	**916748194**	**807946528**	**762274016**	**14217259**	**31455252**	**149815**	**108651852**
北京	26573612	24029625	23874588	20440053	18868693	1417988	153371	462	3434073
天津	10833362	10009067	10000283	9191465	9108983	10000	72483		808818
河北	46194032	40456470	40067389	37418674	36451755	132536	834383	775	2647940
山西	20647551	18124864	18060225	15619122	14756466	92121	770535	9537	2431566
内蒙古	16418076	15705404	15629916	12795297	11866804	101122	827371	440	2834179
辽宁	20628266	19810684	19783697	16134039	15400136	62514	671389	1262	3648396
吉林	13058326	12163637	12120307	10280776	9945936	97928	236912		1839531
黑龙江	18504499	17408892	17400420	14037750	13629765	151031	256953		3362670
上海	29590848	25123732	24673860	20262968	16238564	128042	3896362		4410892
江苏	72263086	64041825	63248958	54590851	51197107	32994	3360750	4987	8653120
浙江	58097865	48390329	46094334	42517560	39620667	876354	2020540	11923	3564850
安徽	41756588	37245870	36959711	32728451	31204847	405428	1118176	3255	4228005
福建	33227873	29592035	28886759	26449009	25304826	70680	1073503	3542	2434208
江西	35839043	31762512	31436300	29425105	28058999	377917	988190	7	2011188
山东	76544702	70435856	69415697	63254074	59686067	13300	3554707	146	6161477
河南	57386359	50976621	50692835	42774602	40787245	221610	1765747	619	7917614
湖北	35900192	32040531	31735658	29072686	29072686			3103	2659868
湖南	44827940	38564340	38483539	36517450	34925718	216736	1374995	6985	1959104
广东	111739343	91860399	90164807	78150454	69323156	5634686	3192611	9400	12004954
广西	31151624	29390100	29277280	25585726	24560925	467160	557640	147	3691407
海南	9419852	8580892	7974318	6517687	6340280	120504	56903	19836	1436794
重庆	25046284	23695695	23475675	18897730	17694885	772787	430058	936	4577009
四川	56002588	47401309	46987320	40825902	39063696	335437	1426769	2128	6159290
贵州	30410494	27687431	26954874	24470059	23767114	197894	505050	3506	2481309
云南	32401119	30690909	30639801	25742249	25151522	159567	431160	10579	4886973
西藏	6530040	6525349	6524579	5675915	5612410	63074	431		848664
陕西	25118737	22840422	22801292	21574293	20127614	545135	901544	2060	1224939
甘肃	16493096	16085426	15993984	13993376	13441499	237784	314093	1562	1999045
青海	5917732	5857603	5847195	4614570	4298494	225306	90770	100	1232525
宁夏	6392272	6049113	6047522	4605649	4456398	44340	104911	351	1441522
新疆	26502105	25571856	25495074	23782985	22310756	1005285	466944	52166	1659923
大连	4319121	4141946	4129217	3307468	3118198	42292	146977		821749
宁波	7902473	6654830	6510428	6077215	5742945		334270	448	432765
厦门	4933090	4680975	4364316	3763774	3466118		297656	82	600460
青岛	9724290	8774759	8605221	7624095	6954225		669870		981126
深圳	21262465	18622942	18289865	15181196	8800044	4863198	1517954	1221	3107447

(普通初中)

单位：千元

政府性基金预算安排的教育经费	#彩票公益金	国有及国有控股企业办学中的企业拨款	校办产业和社会服务收入中用于教育的经费	其他属于国家财政性教育经费	民办学校中举办者投入	捐赠收入	事业收入	#学费	其他教育经费
11344974	**705894**	**25630**			**2119148**	**973323**	**89812029**	**80899814**	**20394206**
130779	8765	24259				22671	2296939	2164835	224377
8784					42715	4462	577064	560585	200054
389081	30093				105372	10095	5604887	4938162	17209
64639	10301				71676	25151	2232324	1985525	193536
75487	27075				13929	7214	559522	518377	132008
26988	2745				260	554	690121	635525	126646
43330	5216				1503	2677	560076	542109	330433
7101	5574	1372			993	413	613402	584289	480799
449873	6168				1111	32077	4047503	3909080	386423
792867	18914				210252	57875	6475078	6185609	1478055
2295995	45380				81696	93818	6956200	6368697	2575822
286159	26766				124892	4698	3851552	3444373	529576
705276	8767				88338	328141	2565570	2389140	653788
326212	75904				6057	4180	2022406	1759717	2043888
1020160	56906				155008	17767	5433178	4911176	502894
283785	137044				198573	31172	5361739	4606720	818255
304873	7964				51857	5923	3126500	2751533	675382
80801	15311				110212	39862	3890758	3289356	2222768
1695591	105588				521768	98029	18287926	16404206	971221
112820	3778				12702	6100	1447580	1225467	295142
606574	291				18813	671	749375	671917	70101
220020	25413				7686	4534	995513	855290	342856
413989	22997				235411	89710	5788792	5176087	2487367
732557	7595				13092	3859	2011489	1796659	694623
51108	26746				24396	31265	1393206	1259917	261343
770	570					2417			2274
39130	7203				20498	11476	1655010	1394941	591331
91443	4860				100	12032	333298	296271	62239
10409	7139				239	14182	6849	6149	38859
1591	1265					1725	179422	174225	162013
76781	3555					8575	98750	93880	822925
12729	417					20	150946	140872	26209
144403	6245				594	11308	892191	859556	343549
316659	2767					696	196432	183803	54987
169538	17779				16115	3635	912842	860386	16938
333077	24772				5566	2862	2516466	2367685	114629

3-34 教育经费收入情况

地区	总计	国家财政性教育经费	一般公共预算安排的教育经费	一般公共预算教育经费	教育事业费	基本建设经费	教育费附加	科研经费	其他
合计	**1037415162**	**924388307**	**913019172**	**804649304**	**759067307**	**14131299**	**31450697**	**149268**	**108220601**
北京	26018815	23621807	23466770	20042547	18471187	1417988	153371	462	3423761
天津	10833362	10009067	10000283	9191465	9108983	10000	72483		808818
河北	46194032	40456470	40067389	37418674	36451755	132536	834383	775	2647940
山西	20647551	18124864	18060225	15619122	14756466	92121	770535	9537	2431566
内蒙古	16418076	15705404	15629916	12795297	11866804	101122	827371	440	2834179
辽宁	20628266	19810684	19783697	16134039	15400136	62514	671389	1262	3648396
吉林	12936098	12044480	12001150	10161620	9826779	97928	236912		1839531
黑龙江	18266923	17171487	17163115	13824203	13418454	148796	256953		3338911
上海	29512729	25061946	24612074	20202068	16182166	128042	3891860		4410005
江苏	72263086	64041825	63248958	54590851	51197107	32994	3360750	4987	8653120
浙江	58097865	48390329	46094334	42517560	39620667	876354	2020540	11923	3564850
安徽	41756571	37245870	36959711	32728451	31204847	405428	1118176	3255	4228005
福建	33227873	29592035	28886759	26449009	25304826	70680	1073503	3542	2434208
江西	35839043	31762512	31436300	29425105	28058999	377917	988190	7	2011188
山东	76544702	70435856	69415697	63254074	59686067	13300	3554707	146	6161477
河南	57386359	50976621	50692835	42774602	40787245	221610	1765747	619	7917614
湖北	35830352	31974334	31669461	29006489	29006489			3103	2659868
湖南	44816916	38558152	38477351	36511262	34919584	216736	1374942	6985	1959104
广东	111739343	91860399	90164807	78150454	69323156	5634686	3192611	9400	12004954
广西	31151624	29390100	29277280	25585726	24560925	467160	557640	147	3691407
海南	9419852	8580892	7974318	6517687	6340280	120504	56903	19836	1436794
重庆	24938092	23605421	23385401	18807456	17604611	772787	430058	936	4577009
四川	55991146	47399720	46985731	40824313	39062108	335437	1426769	2128	6159290
贵州	30410494	27687431	26954874	24470059	23767114	197894	505050	3506	2481309
云南	32401119	30690909	30639801	25742249	25151522	159567	431160	10579	4886973
西藏	6530040	6525349	6524579	5675915	5612410	63074	431		848664
陕西	25025413	22765427	22726298	21499299	20052620	545135	901544	2060	1224939
甘肃	16485424	16077755	15986312	13986710	13434832	237784	314093	1562	1998040
青海	5917732	5857603	5847195	4614570	4298494	225306	90770	100	1232525
宁夏	6392272	6049113	6047522	4605649	4456398	44340	104911	351	1441522
新疆	23793992	22914444	22839033	21522779	20134274	921561	466944	51619	1264635
大连	4319121	4141946	4129217	3307468	3118198	42292	146977		821749
宁波	7902473	6654830	6510428	6077215	5742945		334270	448	432765
厦门	4933090	4680975	4364316	3763774	3466118		297656	82	600460
青岛	9724290	8774759	8605221	7624095	6954225		669870		981126
深圳	21262465	18622942	18289865	15181196	8800044	4863198	1517954	1221	3107447

（地方普通初中）

单位：千元

政府性基金预算安排的教育经费	#彩票公益金	国有及国有控股企业办学中的企业拨款	校办产业和社会服务收入中用于教育的经费	其他属于国家财政性教育经费	民办学校中举办者投入	捐赠收入	事业收入	#学费	其他教育经费
11343504	**704936**	**25630**			**2119148**	**966979**	**89810837**	**80899814**	**20129890**
130779	8765	24259				20774	2296848	2164835	79386
8784					42715	4462	577064	560585	200054
389081	30093				105372	10095	5604887	4938162	17209
64639	10301				71676	25151	2232324	1985525	193536
75487	27075				13929	7214	559522	518377	132008
26988	2745				260	554	690121	635525	126646
43330	5216				1503	2677	560076	542109	327362
7001	5475	1372			993	413	613402	584289	480629
449873	6168				1111	30258	4047503	3909080	371911
792867	18914				210252	57875	6475078	6185609	1478055
2295995	45380				81696	93818	6956200	6368697	2575822
286159	26766				124892	4698	3851552	3444373	529559
705276	8767				88338	328141	2565570	2389140	653788
326212	75904				6057	4180	2022406	1759717	2043888
1020160	56906				155008	17767	5433178	4911176	502894
283785	137044				198573	31172	5361739	4606720	818255
304873	7964				51857	5923	3126500	2751533	671738
80801	15311				110212	37362	3890106	3289356	2221083
1695591	105588				521768	98029	18287926	16404206	971221
112820	3778				12702	6100	1447580	1225467	295142
606574	291				18813	671	749375	671917	70101
220020	25413				7686	4534	995513	855290	324938
413989	22997				235411	89710	5788792	5176087	2477513
732557	7595				13092	3859	2011489	1796659	694623
51108	26746				24396	31265	1393206	1259917	261343
770	570					2417			2274
39130	7203				20498	11476	1654580	1394941	573431
91443	4860				100	12032	333298	296271	62239
10409	7139				239	14182	6849	6149	38859
1591	1265					1725	179422	174225	162013
75411	2698					8447	98731	93880	772370
12729	417					20	150946	140872	26209
144403	6245				594	11308	892191	859556	343549
316659	2767					696	196432	183803	54987
169538	17779				16115	3635	912842	860386	16938
333077	24772				5566	2862	2516466	2367685	114629

3-35 教育经费收入情况

地区	总计	国家财政性教育经费	一般公共预算安排的教育经费	一般公共预算教育经费	教育事业费	基本建设经费	教育费附加	科研经费	其他
合计	540874270	500591946	497073018	438098332	423148578	4154914	10794840	88232	58886454
北京	4714472	4328656	4267183	3726535	3454054	262107	10375		540648
天津	2583919	2514815	2514815	2289194	2289191		3		225621
河北	30162942	26475527	26345821	24453183	23990910	17286	444987	304	1892335
山西	11576333	10567594	10522312	9026380	8566268	44406	415705	3889	1492043
内蒙古	10135097	9861785	9831318	8093383	7525210	45227	522946		1737935
辽宁	7993844	7826777	7826644	6348309	6242135	1404	104769	1262	1477074
吉林	7807045	7508725	7466149	6298714	6153745	45343	99627		1167434
黑龙江	10169428	9790112	9785483	7931034	7778931	87685	64418		1854449
上海	3330388	2964278	2950180	2312405	1978615		333791		637775
江苏	29701822	26904686	26695386	22851724	21719163		1132562	1166	3842496
浙江	22369742	19615521	18987616	17530673	16656407	296399	577867	5960	1450982
安徽	28841197	26079176	25838947	22780533	21833795	388696	558041	255	3058159
福建	17240653	15660946	15463769	14543435	14223726	21993	297715	1587	918746
江西	23625480	21401442	21306280	19872832	19144786	142846	585199		1433448
山东	39131879	36275706	35788279	32626757	30936016	9300	1681441	146	3161377
河南	38594943	34697048	34616345	29309873	28184358	113333	1012182	92	5306380
湖北	17904330	16762654	16663460	15392525	15392525			2902	1268034
湖南	28934628	25683646	25628371	24153885	23569522	164805	419558	6646	1467841
广东	35169772	31829072	31725746	26765911	26035708	281715	448488	6008	4953827
广西	20755165	20263304	20200224	17644565	17227003	129131	288431	9	2555650
海南	5578529	5289290	4932357	4055283	3908858	111614	34811	165	876909
重庆	12362982	12009537	11918548	9321261	9080733	131557	108971	282	2597006
四川	33030919	30310389	30030996	26023762	25174126	273178	576458	1564	4005670
贵州	20502826	19329431	19285363	17353338	17075718	128304	149317	1637	1930387
云南	23787796	23220408	23182794	19566487	19324902	64070	177515	356	3615951
西藏	4469403	4466894	4466521	3847883	3817297	30155	431		618638
陕西	13443937	12690045	12659034	11983900	11408829	234342	340729	2060	673074
甘肃	11763442	11670278	11657917	10241137	9900918	174520	165699	134	1416645
青海	3759543	3717841	3707609	2878380	2711356	141162	25862		829230
宁夏	3526189	3416378	3414972	2579168	2516650	24340	38178	151	835652
新疆	17905625	17459986	17392579	16295882	15327122	789996	178764	51659	1045038
大连	698038	672802	672802	517891	498198		19694		154911
宁波	2467939	2175517	2102863	1921562	1862642		58920	190	181111
厦门	344797	336081	284881	259791	240191		19600	8	25082
青岛	2059815	1981767	1957925	1731229	1629709		101521		226696
深圳									

(农村初中)

单位：千元

政府性基金预算安排的教育经费	#彩票公益金	国有及国有控股企业办学中的企业拨款	校办产业和社会服务收入中用于教育的经费	其他属于国家财政性教育经费	民办学校中举办者投入	捐赠收入	事业收入	#学费	其他教育经费
3517556	**243812**	**1372**			**1060602**	**678538**	**28608308**	**25150510**	**9934875**
61473	692					840	369737	353637	15239
					600	4316	34496	31418	29692
129706	13419				75414	10055	3595965	3126531	5981
45283	3398				13777	21974	876380	784246	96607
30467	13935				13552	3981	181981	162530	73799
133	103					21	125350	114709	41696
42576	4992				1503	2280	190821	184733	103716
3258	2678	1372				21	159933	157324	219362
14097						15857	265927	257480	84326
209300	1774				89882	14265	2089402	1941176	603587
627906	7404				26969	67573	1811051	1674065	848627
240229	11416				76456	4603	2322307	2040224	358655
197177	3813				86676	294806	844172	764106	354053
95162	66658				4673	2397	976344	806525	1240624
487426	17798				69844	10989	2496714	2255318	278625
80703	4523				125728	11236	3234684	2732443	526248
99194	730				5217	5898	727922	628948	402639
55274	8312				72919	33246	1665860	1379510	1478957
103326	13881				237835	33459	2912794	2556262	156613
63080	1134				4543	4206	419113	355228	63999
356933	269				16180	671	237200	210753	35188
90989	24650				989	1508	166945	117364	184003
279393	8489				132689	67010	1216727	1059310	1304104
44068	1894				2240	2066	711694	642656	457395
37614	15252				669	23097	400701	362004	142921
373	273					2417			91
31011	2965				2247	10649	478212	368645	262784
12361	4119					11415	54059	44665	27690
10231	6961					13229	4438	3828	24035
1406	1129					1140	36816	34874	71856
67407	1149					3311	561		441767
						20	23598	23259	1618
72654	209					5432	165513	159378	121477
51200	266						8715	7968	
23842	12793				5063	728	71940	68217	317

3-36 教育经费收入情况

地区	总计	国家财政性教育经费	一般公共预算安排的教育经费	一般公共预算教育经费	教育事业费	基本建设经费	教育费附加	科研经费	其他
合计	**539033344**	**498769192**	**495251663**	**436554656**	**421645154**	**4114662**	**10794840**	**88001**	**58609006**
北京	4714472	4328656	4267183	3726535	3454054	262107	10375		540648
天津	2583919	2514815	2514815	2289194	2289191		3		225621
河北	30162942	26475527	26345821	24453183	23990910	17286	444987	304	1892335
山西	11576333	10567594	10522312	9026380	8566268	44406	415705	3889	1492043
内蒙古	10135097	9861785	9831318	8093383	7525210	45227	522946		1737935
辽宁	7993844	7826777	7826644	6348309	6242135	1404	104769	1262	1477074
吉林	7807045	7508725	7466149	6298714	6153745	45343	99627		1167434
黑龙江	9960774	9581628	9577099	7746409	7594306	87685	64418		1830690
上海	3330388	2964278	2950180	2312405	1978615		333791		637775
江苏	29701822	26904686	26695386	22851724	21719163		1132562	1166	3842496
浙江	22369742	19615521	18987616	17530673	16656407	296399	577867	5960	1450982
安徽	28841197	26079176	25838947	22780533	21833795	388696	558041	255	3058159
福建	17240653	15660946	15463769	14543435	14223726	21993	297715	1587	918746
江西	23625480	21401442	21306280	19872832	19144786	142846	585199		1433448
山东	39131879	36275706	35788279	32626757	30936016	9300	1681441	146	3161377
河南	38594943	34697048	34616345	29309873	28184358	113333	1012182	92	5306380
湖北	17904330	16762654	16663460	15392525	15392525			2902	1268034
湖南	28934628	25683646	25628371	24153885	23569522	164805	419558	6646	1467841
广东	35169772	31829072	31725746	26765911	26035708	281715	448488	6008	4953827
广西	20755165	20263304	20200224	17644565	17227003	129131	288431	9	2555650
海南	5578529	5289290	4932357	4055283	3908858	111614	34811	165	876909
重庆	12362982	12009537	11918548	9321261	9080733	131557	108971	282	2597006
四川	33030919	30310389	30030996	26023762	25174126	273178	576458	1564	4005670
贵州	20502826	19329431	19285363	17353338	17075718	128304	149317	1637	1930387
云南	23787796	23220408	23182794	19566487	19324902	64070	177515	356	3615951
西藏	4469403	4466894	4466521	3847883	3817297	30155	431		618638
陕西	13443937	12690045	12659034	11983900	11408829	234342	340729	2060	673074
甘肃	11755770	11662607	11650245	10234471	9894252	174520	165699	134	1415640
青海	3759543	3717841	3707609	2878380	2711356	141162	25862		829230
宁夏	3526189	3416378	3414972	2579168	2516650	24340	38178	151	835652
新疆	16281026	15853387	15787280	14943498	14014989	749744	178764	51428	792354
大连	698038	672802	672802	517891	498198		19694		154911
宁波	2467939	2175517	2102863	1921562	1862642		58920	190	181111
厦门	344797	336081	284881	259791	240191		19600	8	25082
青岛	2059815	1981767	1957925	1731229	1629709		101521		226696
深圳									

(地方农村初中)

单位：千元

政府性基金预算安排的教育经费	#彩票公益金	国有及国有控股企业办学中的企业拨款	校办产业和社会服务收入中用于教育的经费	其他属于国家财政性教育经费	民办学校中举办者投入	捐赠收入	事业收入	#学费	其他教育经费
3516157	**242925**	**1372**			**1060602**	**678487**	**28608289**	**25150510**	**9916775**
61473	692					840	369737	353637	15239
					6000	4316	34496	31418	29692
129706	13419				75414	10055	3595965	3126531	5981
45283	3398				13777	21974	876380	784246	96607
30467	13935				13552	3981	181981	162530	73799
133	103					21	125350	114709	41696
42576	4992				1503	2280	190821	184733	103716
3158	2578	1372				21	159933	157324	219191
14097						15857	265927	257480	84326
209300	1774				89882	14265	2089402	1941176	603587
627906	7404				26969	67573	1811051	1674065	848627
240229	11416				76456	4603	2322307	2040224	358655
197177	3813				86676	294806	844172	764106	354053
95162	66658				4673	2397	976344	806525	1240624
487426	17798				69844	10989	2496714	2255318	278625
80703	4523				125728	11236	3234684	2732443	526248
99194	730				5217	5898	727922	628948	402639
55274	8312				72919	33246	1665860	1379510	1478957
103326	13881				237835	33459	2912794	2556262	156613
63080	1134				4543	4206	419113	355228	63999
356933	269				16180	671	237200	210753	35188
90989	24650				989	1508	166945	117364	184003
279393	8489				132689	67010	1216727	1059310	1304104
44068	1894				2240	2066	711694	642656	457395
37614	15252				669	23097	400701	362004	142921
373	273					2417			91
31011	2965				2247	10649	478212	368645	262784
12361	4119					11415	54059	44665	27690
10231	6961					13229	4438	3828	24035
1406	1129					1140	36816	34874	71856
66107	361					3259	543		423837
						20	23598	23259	1618
72654	209					5432	165513	159378	121477
51200	266						8715	7968	
23842	12793				5063	728	71940	68217	317

3-37 教育经费收入情况

地区	总计	国家财政性教育经费	一般公共预算安排的教育经费	一般公共预算教育经费	教育事业费	基本建设经费	教育费附加	科研经费	其他
合计	**616464**	**579465**	**578769**	**509631**	**502849**		**6782**		**69137**
北京	93731	92051	92051	70370	70370				21681
天津	61846	61829	61829	57732	57732				4097
河北									
山西									
内蒙古									
辽宁									
吉林	2456	2456	2456	1637	1609		28		819
黑龙江									
上海									
江苏	182408	175807	175807	148431	145354		3076		27376
浙江	259256	232236	231541	221269	218062		3208		10271
安徽									
福建									
江西									
山东									
河南									
湖北									
湖南	4035	2424	2424	2013	2013				411
广东	12676	12606	12606	8125	7654		470		4481
广西									
海南									
重庆									
四川									
贵州									
云南									
西藏									
陕西									
甘肃									
青海									
宁夏									
新疆	55	55	55	55	55				
大连									
宁波									
厦门									
青岛									
深圳									

(成人中学)

单位：千元

政府性基金预算安排的教育经费	#彩票公益金	国有及国有控股企业办学中的企业拨款	校办产业和社会服务收入中用于教育的经费	其他属于国家财政性教育经费	民办学校中举办者投入	捐赠收入	事业收入	#学费	其他教育经费
696						**22**	**11814**	**3034**	**25163**
							1680	1680	
									17
							6489		113
696						22	2034		24964
							1611	1354	
									70

3-38 教育经费收入情况

地区	总计	国家财政性教育经费	一般公共预算安排的教育经费	一般公共预算教育经费	教育事业费	基本建设经费	教育费附加	科研经费	其他
合计	**1615629813**	**1479315948**	**1463086825**	**1281016668**	**1218965260**	**19260396**	**42791012**	**213007**	**181857150**
北京	47489631	42789642	42455002	36320368	35004500	1084182	231686	1615	6133018
天津	16401859	15523507	15502306	14305652	14132932	28301	144419	32	1196623
河北	74651482	70467204	70118177	64692628	63372250	100542	1219836	6444	5419106
山西	32992546	30915108	30830652	26481369	25062140	235999	1183229	1762	4347521
内蒙古	27353036	26771224	26699462	21528001	20364860	162331	1000810	95	5171366
辽宁	28027249	27155785	27107639	22045778	21300899	48025	696855	1545	5060316
吉林	19915624	19228831	19155190	16099525	15662113	162107	275305		3055665
黑龙江	22904037	22179642	22169225	17724106	17363609	92632	267865		4445119
上海	37725686	33039414	32771197	26475806	21331788	46124	5097894		6295391
江苏	108759166	99454921	97734316	85186916	80235071	195188	4756657	4333	12543067
浙江	92395750	80672858	77346552	71486574	67311463	1317600	2857511	13804	5846174
安徽	60201559	57263106	56794178	49700169	48203184	298353	1198632	182	7093827
福建	50243674	47602313	46189325	42343115	40667341	132685	1543089	8659	3837551
江西	52630310	47709648	47510575	44323449	42756171	384139	1183139	2225	3184900
山东	100778576	94232399	92996055	84550127	80853802	5780	3690545	3026	8442903
河南	85783562	76516817	76200536	63882431	61413695	282891	2185846	2445	12315661
湖北	51763304	47140752	45980071	42167306	42167306			10686	3802078
湖南	64588862	57622791	57507825	54115143	52509344	299835	1305965	17031	3375651
广东	192530872	160549869	158968589	135958259	121840431	8324774	5793054	17201	22993130
广西	54554218	51669932	51549615	44431339	43418126	312899	700314	20918	7097357
海南	14441969	12892196	12530353	9924130	9705732	129458	88939	20187	2586036
重庆	38417060	37088030	36355560	27878317	26116677	1003240	758400	2540	8474704
四川	84697514	74305575	73482016	63392762	60729532	606868	2056362	2483	10086771
贵州	50345967	47585019	46692750	42380615	41044441	174380	1161793	6510	4305625
云南	55795406	54256592	54104872	44482901	43452420	270906	759575	11670	9610301
西藏	13803128	13794173	13774934	12040075	11099226	940221	627		1734860
陕西	42199472	38687007	38571341	36544240	34862744	432439	1249057	6311	2020790
甘肃	29526452	29077167	28978178	25344414	24644084	267949	432381	1986	3631778
青海	10407840	10332140	10316518	8109136	7513539	442947	152649	387	2206995
宁夏	10248998	9856857	9852746	7441213	7187343	74130	179740	1698	2409836
新疆	44055003	42935429	42841070	39660806	37638501	1403469	618836	47234	3133030
大连	5972819	5683692	5674240	4513189	4273224		239965	48	1161004
宁波	12993607	11504419	11077107	10249763	9866224		383540	626	826718
厦门	9215763	8746107	7888914	6861668	6249173	93571	518924	45	1027201
青岛	14106227	13108904	12926921	11721164	10966687		754477		1205756
深圳	43658151	37301213	36751861	30617348	19150582	7949382	3517384	2419	6132094

（小学）

单位：千元

政府性基金预算安排的教育经费	#彩票公益金	国有及国有控股企业办学中的企业拨款	校办产业和社会服务收入中用于教育的经费	其他属于国家财政性教育经费	民办学校中举办者投入	捐赠收入	事业收入	#学费	其他教育经费
16160210	**916520**	**68913**			**2108811**	**1264570**	**96554419**	**89199909**	**36386065**
270121	1203	64519				17706	4459621	4355981	222662
21201	409				28806	12823	603976	591561	232748
349026	59075				49974	30679	3975357	3560790	128268
81153	33642	3302			53317	17300	1789772	1592904	217049
71762	27155				14772	13726	312018	288742	241296
48146	3107				2243	19026	675715	629428	174480
73641	4582				12717	3926	343361	337717	326788
9326	7913	1092			498	530	189550	168011	533817
268217					1889	20487	4121558	4066832	542338
1720605	16236				190163	84622	6200050	6045967	2829410
3326307	38147				152545	173481	7504254	7034982	3892611
468927	29099				57918	3286	1960193	1765115	917056
1412989	15744				17423	60941	1496166	1394657	1066831
199073	85644				5928	9630	1334403	1184200	3570702
1236343	21692				228013	22041	5181055	4851410	1115068
316281	96167				138870	82704	7480905	6438701	1564267
1160681	131675				59735	19725	3233693	2891131	1309399
114966	14287				35512	25265	2957239	2454498	3948055
1581280	119582				657034	273359	29217050	27436830	1833561
120318	21088				26858	8871	1317530	1122817	1531027
361843	502				47290	916	1331202	1142243	170365
732471	29530				9485	11536	697683	605952	610326
823560	41552				222781	67702	5526840	5053208	4574616
892269	6991				14458	13841	1449488	1291426	1283161
151720	50374				15806	162098	848760	783855	512150
19239	10420					6127			2829
115667	18612				63437	15094	1950699	1750440	1483235
98989	10032				792	39268	260408	234220	148817
15622	13170				548	6512	5930	5562	62709
4111	1177					11061	81727	76150	299353
94359	7713					30287	48215	44579	1041072
9452	1224				1000	4348	234048	221793	49730
427312	13713				1068	7577	951201	918777	529343
857193	10803				1050	1687	409484	384412	57435
181984	2566				7573	8034	883621	864024	98094
549352	24049				26434	3317	6126606	5920965	200581

3-39 教育经费收入情况

地区	总计	国家财政性教育经费	一般公共预算安排的教育经费	一般公共预算教育经费	教育事业费	基本建设经费	教育费附加	科研经费	其他
合计	1609908533	1473825371	1457599655	1276233417	1214416689	19025717	42791012	212051	181154187
北京	47001180	42380795	42046155	35926379	34610510	1084182	231686	1615	6118161
天津	16361185	15490094	15468893	14272239	14099518	28301	144419	32	1196623
河北	74651482	70467204	70118177	64692628	63372250	100542	1219836	6444	5419106
山西	32992546	30915108	30830652	26481369	25062140	235999	1183229	1762	4347521
内蒙古	27353036	26771224	26699462	21528001	20364860	162331	1000810	95	5171366
辽宁	28027249	27155785	27107639	22045778	21300899	48025	696855	1545	5060316
吉林	19790299	19120759	19047117	15991453	15554041	162107	275305		3055665
黑龙江	22671844	21947553	21937186	17515723	17155225	92632	267865		4421463
上海	37697146	33018587	32750370	26455559	21311541	46124	5097894		6294811
江苏	108759166	99454921	97734316	85186916	80235071	195188	4756657	4333	12543067
浙江	92395750	80672858	77346552	71486574	67311463	1317600	2857511	13804	5846174
安徽	60201324	57263106	56794178	49700169	48203184	298353	1198632	182	7093827
福建	50243674	47602313	46189325	42343115	40667341	132685	1543089	8659	3837551
江西	52630310	47709648	47510575	44323449	42756171	384139	1183139	2225	3184900
山东	100778576	94232399	92996055	84550127	80853802	5780	3690545	3026	8442903
河南	85768231	76506079	76189799	63876327	61407591	282891	2185846	2445	12311027
湖北	51591935	46975768	45815087	42002323	42002323			10686	3802078
湖南	64575556	57613929	57498963	54106281	52500481	299835	1305965	17031	3375651
广东	192530872	160549869	158968589	135958259	121840431	8324774	5793054	17201	22993130
广西	54554218	51669932	51549615	44431339	43418126	312899	700314	20918	7097357
海南	14441969	12892196	12530353	9924130	9705732	129458	88939	20187	2586036
重庆	38322511	37000556	36268086	27794532	26032891	1003240	758400	2540	8471015
四川	84685475	74304031	73480471	63391217	60727987	606868	2056362	2483	10086771
贵州	50345967	47585019	46692750	42380615	41044441	174380	1161793	6510	4305625
云南	55795406	54256592	54104872	44482901	43452420	270906	759575	11670	9610301
西藏	13803128	13794173	13774934	12040075	11099226	940221	627		1734860
陕西	42068025	38579687	38464020	36436919	34755423	432439	1249057	6311	2020790
甘肃	29507638	29058353	28959364	25327380	24627050	267949	432381	1986	3629998
青海	10407840	10332140	10316518	8109136	7513539	442947	152649	387	2206995
宁夏	10248998	9856857	9852746	7441213	7187343	74130	179740	1698	2409836
新疆	39705997	38647838	38556837	36031295	34243668	1168790	618836	46278	2479265
大连	5972819	5683692	5674240	4513189	4273224		239965	48	1161004
宁波	12993607	11504419	11077107	10249763	9866224		383540	626	826718
厦门	9215763	8746107	7888914	6861668	6249173	93571	518924	45	1027201
青岛	14106227	13108904	12926921	11721164	10966687		754477		1205756
深圳	43658151	37301213	36751861	30617348	19150582	7949382	3517384	2419	6132094

（地方小学）

单位：千元

政府性基金预算安排的教育经费	#彩票公益金	国有及国有控股企业办学中的企业拨款	校办产业和社会服务收入中用于教育的经费	其他属于国家财政性教育经费	民办学校中举办者投入	捐赠收入	事业收入	#学费	其他教育经费
16156802	**914751**	**68913**			**2108811**	**1262652**	**96554319**	**89199909**	**36157380**
270121	1203	64519				17276	4459621	4355981	143488
21201	409				28806	12823	603976	591561	225486
349026	59075				49974	30679	3975357	3560790	128268
81153	33642	3302			53317	17300	1789772	1592904	217049
71762	27155				14772	13726	312018	288742	241296
48146	3107				2243	19026	675715	629428	174480
73641	4582				12717	3926	343361	337717	309536
9276	7873	1092			498	530	189550	168011	533713
268217					1889	20434	4121558	4066832	534678
1720605	16236				190163	84622	6200050	6045967	2829410
3326307	38147				152545	173481	7504254	7034982	3892611
468927	29099				57918	3286	1960193	1765115	916822
1412989	15744				17423	60941	1496166	1394657	1066831
199073	85644				5928	9630	1334403	1184200	3570702
1236343	21692				228013	22041	5181055	4851410	1115068
316281	96167				138870	82704	7480905	6438701	1559674
1160681	131675				59735	19725	3233693	2891131	1303013
114966	14287				35512	24035	2957239	2454498	3944841
1581280	119582				657034	273359	29217050	27436830	1833561
120318	21088				26858	8871	1317530	1122817	1531027
361843	502				47290	916	1331202	1142243	170365
732471	29530				9485	11532	697583	605952	603354
823560	41552				222781	67702	5526840	5053208	4564123
892269	6991				14458	13841	1449488	1291426	1283161
151720	50374				15806	162098	848760	783855	512150
19239	10420					6127			2829
115667	18612				63437	15094	1950699	1750440	1459109
98989	10032				792	39268	260408	234220	148817
15622	13170				548	6512	5930	5562	62709
4111	1177					11061	81727	76150	299353
91001	5984					30087	48215	44579	979857
9452	1224				1000	4348	234048	221793	49730
427312	13713				1068	7577	951201	918777	529343
857193	10803				1050	1687	409484	384412	57435
181984	2566				7573	8034	883621	864024	98094
549352	24049				26434	3317	6126606	5920965	200581

3-40 教育经费收入情况

地 区	总 计	国家财政性教育经费	一般公共预算安排的教育经费	一般公共预算教育经费	教育事业费	基本建设经费	教育费附加	科研经费	其 他
合 计	**1615628187**	**1479314322**	**1463085198**	**1281015123**	**1218963715**	**19260396**	**42791012**	**213007**	**181857068**
北 京	47489631	42789642	42455002	36320368	35004500	1084182	231686	1615	6133018
天 津	16401859	15523507	15502306	14305652	14132932	28301	144419	32	1196623
河 北	74651482	70467204	70118177	64692628	63372250	100542	1219836	6444	5419106
山 西	32992546	30915108	30830652	26481369	25062140	235999	1183229	1762	4347521
内蒙古	27353036	26771224	26699462	21528001	20364860	162331	1000810	95	5171366
辽 宁	28027249	27155785	27107639	22045778	21300899	48025	696855	1545	5060316
吉 林	19915624	19228831	19155190	16099525	15662113	162107	275305		3055665
黑龙江	22904037	22179642	22169225	17724106	17363609	92632	267865		4445119
上 海	37725686	33039414	32771197	26475806	21331788	46124	5097894		6295391
江 苏	108759166	99454921	97734316	85186916	80235071	195188	4756657	4333	12543067
浙 江	92395750	80672858	77346552	71486574	67311463	1317600	2857511	13804	5846174
安 徽	60201559	57263106	56794178	49700169	48203184	298353	1198632	182	7093827
福 建	50242462	47601101	46188112	42341903	40666129	132685	1543089	8659	3837551
江 西	52630310	47709648	47510575	44323449	42756171	384139	1183139	2225	3184900
山 东	100778576	94232399	92996055	84550127	80853802	5780	3690545	3026	8442903
河 南	85783562	76516817	76200536	63882431	61413695	282891	2185846	2445	12315661
湖 北	51763304	47140752	45980071	42167306	42167306			10686	3802078
湖 南	64588862	57622791	57507825	54115143	52509344	299835	1305965	17031	3375651
广 东	192530872	160549869	158968589	135958259	121840431	8324774	5793054	17201	22993130
广 西	54554218	51669932	51549615	44431339	43418126	312899	700314	20918	7097357
海 南	14441969	12892196	12530353	9924130	9705732	129458	88939	20187	2586036
重 庆	38416646	37087616	36355145	27877984	26116344	1003240	758400	2540	8474622
四 川	84697514	74305575	73482016	63392762	60729532	606868	2056362	2483	10086771
贵 州	50345967	47585019	46692750	42380615	41044441	174380	1161793	6510	4305625
云 南	55795406	54256592	54104872	44482901	43452420	270906	759575	11670	9610301
西 藏	13803128	13794173	13774934	12040075	11099226	940221	627		1734860
陕 西	42199472	38687007	38571341	36544240	34862744	432439	1249057	6311	2020790
甘 肃	29526452	29077167	28978178	25344414	24644084	267949	432381	1986	3631778
青 海	10407840	10332140	10316518	8109136	7513539	442947	152649	387	2206995
宁 夏	10248998	9856857	9852746	7441213	7187343	74130	179740	1698	2409836
新 疆	44055003	42935429	42841070	39660806	37638501	1403469	618836	47234	3133030
大 连	5972819	5683692	5674240	4513189	4273224		239965	48	1161004
宁 波	12993607	11504419	11077107	10249763	9866224		383540	626	826718
厦 门	9215763	8746107	7888914	6861668	6249173	93571	518924	45	1027201
青 岛	14106227	13108904	12926921	11721164	10966687		754477		1205756
深 圳	43658151	37301213	36751861	30617348	19150582	7949382	3517384	2419	6132094

(普通小学)

单位：千元

政府性基金预算安排的教育经费	#彩票公益金	国有及国有控股企业办学中的企业拨款	校办产业和社会服务收入中用于教育的经费	其他属于国家财政性教育经费	民办学校中举办者投入	捐赠收入	事业收入	#学费	其他教育经费
16160210	**916520**	**68913**			**2108811**	**1264570**	**96554419**	**89199909**	**36386065**
270121	1203	64519				17706	4459621	4355981	222662
21201	409				28806	12823	603976	591561	232748
349026	59075				49974	30679	3975357	3560790	128268
81153	33642	3302			53317	17300	1789772	1592904	217049
71762	27155				14772	13726	312018	288742	241296
48146	3107				2243	19026	675715	629428	174480
73641	4582				12717	3926	343361	337717	326788
9326	7913	1092			498	530	189550	168011	533817
268217					1889	20487	4121558	4066832	542338
1720605	16236				190163	84622	6200050	6045967	2829410
3326307	38147				152545	173481	7504254	7034982	3892611
468927	29099				57918	3286	1960193	1765115	917056
1412989	15744				17423	60941	1496166	1394657	1066831
199073	85644				5928	9630	1334403	1184200	3570702
1236343	21692				228013	22041	5181055	4851410	1115068
316281	96167				138870	82704	7480905	6438701	1564267
1160681	131675				59735	19725	3233693	2891131	1309399
114966	14287				35512	25265	2957239	2454498	3948055
1581280	119582				657034	273359	29217050	27436830	1833561
120318	21088				26858	8871	1317530	1122817	1531027
361843	502				47290	916	1331202	1142243	170365
732471	29530				9485	11536	697683	605952	610326
823560	41552				222781	67702	5526840	5053208	4574616
892269	6991				14458	13841	1449488	1291426	1283161
151720	50374				15806	162098	848760	783855	512150
19239	10420					6127			2829
115667	18612				63437	15094	1950699	1750440	1483235
98989	10032				792	39268	260408	234220	148817
15622	13170				548	6512	5930	5562	62709
4111	1177					11061	81727	76150	299353
94359	7713					30287	48215	44579	1041072
9452	1224				1000	4348	234048	221793	49730
427312	13713				1068	7577	951201	918777	529343
857193	10803				1050	1687	409484	384412	57435
181984	2566				7573	8034	883621	864024	98094
549352	24049				26434	3317	6126606	5920965	200581

3-41 教育经费收入情况

地 区	总 计	国家财政性教育经费	一般公共预算安排的教育经费	一般公共预算教育经费	教育事业费	基本建设经费	教育费附加	科研经费	其 他
合 计	**1609906906**	**1473823744**	**1457598029**	**1276231872**	**1214415144**	**19025717**	**42791012**	**212051**	**181154105**
北 京	47001180	42380795	42046155	35926379	34610510	1084182	231686	1615	6118161
天 津	16361185	15490094	15468893	14272239	14099518	28301	144419	32	1196623
河 北	74651482	70467204	70118177	64692628	63372250	100542	1219836	6444	5419106
山 西	32992546	30915108	30830652	26481369	25062140	235999	1183229	1762	4347521
内蒙古	27353036	26771224	26699462	21528001	20364860	162331	1000810	95	5171366
辽 宁	28027249	27155785	27107639	22045778	21300899	48025	696855	1545	5060316
吉 林	19790299	19120759	19047117	15991453	15554041	162107	275305		3055665
黑龙江	22671844	21947553	21937186	17515723	17155225	92632	267865		4421463
上 海	37697146	33018587	32750370	26455559	21311541	46124	5097894		6294811
江 苏	108759166	99454921	97734316	85186916	80235071	195188	4756657	4333	12543067
浙 江	92395750	80672858	77346552	71486574	67311463	1317600	2857511	13804	5846174
安 徽	60201324	57263106	56794178	49700169	48203184	298353	1198632	182	7093827
福 建	50242462	47601101	46188112	42341903	40666129	132685	1543089	8659	3837551
江 西	52630310	47709648	47510575	44323449	42756171	384139	1183139	2225	3184900
山 东	100778576	94232399	92996055	84550127	80853802	5780	3690545	3026	8442903
河 南	85768231	76506079	76189799	63876327	61407591	282891	2185846	2445	12311027
湖 北	51591935	46975768	45815087	42002323	42002323			10686	3802078
湖 南	64575556	57613929	57498963	54106281	52500481	299835	1305965	17031	3375651
广 东	192530872	160549869	158968589	135958259	121840431	8324774	5793054	17201	22993130
广 西	54554218	51669932	51549615	44431339	43418126	312899	700314	20918	7097357
海 南	14441969	12892196	12530353	9924130	9705732	129458	88939	20187	2586036
重 庆	38322096	37000142	36267671	27794199	26032559	1003240	758400	2540	8470933
四 川	84685475	74304031	73480471	63391217	60727987	606868	2056362	2483	10086771
贵 州	50345967	47585019	46692750	42380615	41044441	174380	1161793	6510	4305625
云 南	55795406	54256592	54104872	44482901	43452420	270906	759575	11670	9610301
西 藏	13803128	13794173	13774934	12040075	11099226	940221	627		1734860
陕 西	42068025	38579687	38464020	36436919	34755423	432439	1249057	6311	2020790
甘 肃	29507638	29058353	28959364	25327380	24627050	267949	432381	1986	3629998
青 海	10407840	10332140	10316518	8109136	7513539	442947	152649	387	2206995
宁 夏	10248998	9856857	9852746	7441213	7187343	74130	179740	1698	2409836
新 疆	39705997	38647838	38556837	36031295	34243668	1168790	618836	46278	2479265
大 连	5972819	5683692	5674240	4513189	4273224		239965	48	1161004
宁 波	12993607	11504419	11077107	10249763	9866224		383540	626	826718
厦 门	9215763	8746107	7888914	6861668	6249173	93571	518924	45	1027201
青 岛	14106227	13108904	12926921	11721164	10966687		754477		1205756
深 圳	43658151	37301213	36751861	30617348	19150582	7949382	3517384	2419	6132094

(地方普通小学)

单位：千元

政府性基金预算安排的教育经费	#彩票公益金	国有及国有控股企业办学中的企业拨款	校办产业和社会服务收入中用于教育的经费	其他属于国家财政性教育经费	民办学校中举办者投入	捐赠收入	事业收入	#学费	其他教育经费
16156802	**914751**	**68913**			**2108811**	**1262652**	**96554319**	**89199909**	**36157380**
270121	1203	64519				17276	4459621	4355981	143488
21201	409				28806	12823	603976	591561	225486
349026	59075				49974	30679	3975357	3560790	128268
81153	33642	3302			53317	17300	1789772	1592904	217049
71762	27155				14772	13726	312018	288742	241296
48146	3107				2243	19026	675715	629428	174480
73641	4582				12717	3926	343361	337717	309536
9276	7873	1092			498	530	189550	168011	533713
268217					1889	20434	4121558	4066832	534678
1720605	16236				190163	84622	6200050	6045967	2829410
3326307	38147				152545	173481	7504254	7034982	3892611
468927	29099				57918	3286	1960193	1765115	916822
1412989	15744				17423	60941	1496166	1394657	1066831
199073	85644				5928	9630	1334403	1184200	3570702
1236343	21692				228013	22041	5181055	4851410	1115068
316281	96167				138870	82704	7480905	6438701	1559674
1160681	131675				59735	19725	3233693	2891131	1303013
114966	14287				35512	24035	2957239	2454498	3944841
1581280	119582				657034	273359	29217050	27436830	1833561
120318	21088				26858	8871	1317530	1122817	1531027
361843	502				47290	916	1331202	1142243	170365
732471	29530				9485	11532	697583	605952	603354
823560	41552				222781	67702	5526840	5053208	4564123
892269	6991				14458	13841	1449488	1291426	1283161
151720	50374				15806	162098	848760	783855	512150
19239	10420					6127			2829
115667	18612				63437	15094	1950699	1750440	1459109
98989	10032				792	39268	260408	234220	148817
15622	13170				548	6512	5930	5562	62709
4111	1177					11061	81727	76150	299353
91001	5984					30087	48215	44579	979857
9452	1224				1000	4348	234048	221793	49730
427312	13713				1068	7577	951201	918777	529343
857193	10803				1050	1687	409484	384412	57435
181984	2566				7573	8034	883621	864024	98094
549352	24049				26434	3317	6126606	5920965	200581

3-42 教育经费收入情况

地区	总计	国家财政性教育经费	一般公共预算安排的教育经费	一般公共预算教育经费	教育事业费	基本建设经费	教育费附加	科研经费	其他
合计	**870593735**	**824867351**	**819739232**	**713620099**	**693639855**	**5693087**	**14287157**	**115584**	**106003549**
北京	7755068	7129161	6984821	6043984	5750317	289393	4273	200	940637
天津	3491421	3383555	3383146	3091602	3091314		288	32	291512
河北	52449140	49928566	49700752	45826969	45016309	91148	719512	6411	3867373
山西	20538219	19756977	19719073	16629549	15862839	96239	670471	449	3089074
内蒙古	18693106	18442545	18404887	14704034	13999662	92556	611816		3700853
辽宁	11752894	11562896	11562606	9332773	9181462	6047	145263	1497	2228336
吉林	12882110	12597563	12564129	10478416	10320127	44005	114284		2085714
黑龙江	13404599	13150469	13143015	10316027	10168860	58300	88867		2826988
上海	4702093	4197000	4186159	3298063	2767482		530580		888097
江苏	41922323	39182017	38539810	32751428	31154509		1596919	600	5787782
浙江	36836269	33468060	32235511	29760337	28091182	761274	907881	5835	2469338
安徽	41208667	39387120	38930041	33771322	33049584	278421	443316	20	5158700
福建	26253518	25167413	24898281	23087526	22519751	24302	543473	2232	1808524
江西	35254164	32544202	32410104	30078051	29298764	221251	558037	2135	2329918
山东	53091239	50046459	49748524	45097191	43340868	5780	1750543		4651333
河南	60545907	54566827	54476793	45718824	44499873	175790	1043161	694	8757276
湖北	25038465	23450528	23372524	21454571	21454571			9051	1908903
湖南	41037249	37337684	37302545	34885128	34121548	165656	597924	15610	2401807
广东	60636634	55680976	55453484	45420158	44776619	103837	539701	147	10033179
广西	39063185	38019843	37964725	32897879	32415993	130886	351000	11858	5054989
海南	9123638	8512180	8376227	6493647	6332924	111965	48758	1434	1881146
重庆	19796642	19367526	19217710	14254808	13993908	105714	155186	539	4962363
四川	50896740	47546400	47224481	40468444	39295817	401399	771228	2369	6753668
贵州	36674048	35260281	35080301	31521476	30980384	55034	486059	3118	3555707
云南	43237290	42706815	42572702	35007489	34510519	113946	383024	1648	7563565
西藏	11217062	11210856	11200688	9812988	9027123	785237	627		1387701
陕西	22995215	22024613	21964428	20788907	20023569	192366	572972	1121	1174400
甘肃	23042140	22922846	22904415	20068896	19581986	231749	255161	1224	2834295
青海	7807486	7757630	7744909	6125753	5704424	345993	75336	100	1619056
宁夏	6193575	6027776	6026178	4487990	4377234	39210	71546	600	1537588
新疆	33053628	32530569	32446262	29945872	28930337	765587	249948	46661	2453728
大连	1081996	1008006	1007970	784393	740205		44188		223577
宁波	4197897	3856942	3648125	3315546	3222117		93430	131	332448
厦门	874244	862199	773781	678711	602489	5911	70312		95070
青岛	2914359	2803737	2799468	2545720	2433189		112531		253748
深圳									

(农村小学)

单位：千元

政府性基金预算安排的教育经费	#彩票公益金	国有及国有控股企业办学中的企业拨款	校办产业和社会服务收入中用于教育的经费	其他属于国家财政性教育经费	民办学校中举办者投入	捐赠收入	事业收入	#学费	其他教育经费
5123725	**380329**	**4394**			**984999**	**635910**	**26114109**	**23100779**	**17991367**
144340						853	603101	580389	21953
409	409				9430	1576	49489	47651	47372
227813	47095				40463	30466	2432584	2145231	17062
34602	5967	3302			7026	15687	629569	544193	128960
37658	15939				11177	11087	101143	86090	127155
290	214					3353	143054	133513	43591
33434	2979				2171	3005	157034	154731	122336
6363	5908	1092				56	23527	22477	230547
10840						13873	257777	253604	233444
642207	749				113792	5875	1476078	1411170	1144562
1232549	8611				89266	137727	1707170	1570262	1434046
457078	24475				48671	2806	1215319	1088888	554752
269132	3455				6276	26887	414716	380333	638225
134097	78777				2262	3817	561088	470696	2142795
297935	6431				170929	9861	2175836	1999054	688153
90034	9174				84972	71295	4782297	4036966	1040516
78004	4817				4190	8144	909271	793525	666332
35139	9374				20634	20377	1332386	1082159	2326169
227492	8491				222272	74793	4166618	3798078	491975
55118	11359				11594	7899	289281	235802	734568
135953	472				42001	916	481536	401255	87004
149816	19411				1749	5815	108583	66413	312970
321919	24943				90353	37187	993110	871707	2229690
179980	3631				659	12584	514760	453714	885764
134114	41167				1909	81313	123731	106934	323521
10168	9839					6127			80
60185	8920				2923	12949	400871	319372	553859
18430	9303				280	17597	46500	34660	54917
12721	10268					5660	219	29	43977
1599	836					1772	17460	11883	146567
84307	7316					4553			518506
36	36					3350	65935	64876	4704
208817	1316					221	138823	132627	201911
88418	124						12045	11012	
4269	14				5982	1150	103264	100856	226

3-43 教育经费收入情况

地区	总计	国家财政性教育经费	一般公共预算安排的教育经费	一般公共预算教育经费	教育事业费	基本建设经费	教育费附加	科研经费	其他
合计	**867267923**	**821575743**	**816450902**	**710838344**	**690921748**	**5629439**	**14287157**	**115150**	**105497408**
北京	7755068	7129161	6984821	6043984	5750317	289393	4273	200	940637
天津	3491421	3383555	3383146	3091602	3091314		288	32	291512
河北	52449140	49928566	49700752	45826969	45016309	91148	719512	6411	3867373
山西	20538219	19756977	19719073	16629549	15862839	96239	670471	449	3089074
内蒙古	18693106	18442545	18404887	14704034	13999662	92556	611816		3700853
辽宁	11752894	11562896	11562606	9332773	9181462	6047	145263	1497	2228336
吉林	12882110	12597563	12564129	10478416	10320127	44005	114284		2085714
黑龙江	13200965	12946939	12939534	10136203	9989036	58300	88867		2803332
上海	4702093	4197000	4186159	3298063	2767482		530580		888097
江苏	41922323	39182017	38539810	32751428	31154509		1596919	600	5787782
浙江	36836269	33468060	32235511	29760337	28091182	761274	907881	5835	2469338
安徽	41208667	39387120	38930041	33771322	33049584	278421	443316	20	5158700
福建	26253518	25167413	24898281	23087526	22519751	24302	543473	2232	1808524
江西	35254164	32544202	32410104	30078051	29298764	221251	558037	2135	2329918
山东	53091239	50046459	49748524	45097191	43340868	5780	1750543		4651333
河南	60545907	54566827	54476793	45718824	44499873	175790	1043161	694	8757276
湖北	25038465	23450528	23372524	21454571	21454571			9051	1908903
湖南	41037249	37337684	37302545	34885128	34121548	165656	597924	15610	2401807
广东	60636634	55680976	55453484	45420158	44776619	103837	539701	147	10033179
广西	39063185	38019843	37964725	32897879	32415993	130886	351000	11858	5054989
海南	9123638	8512180	8376227	6493647	6332924	111965	48758	1434	1881146
重庆	19796642	19367526	19217710	14254808	13993908	105714	155186	539	4962363
四川	50896740	47546400	47224481	40468444	39295817	401399	771228	2369	6753668
贵州	36674048	35260281	35080301	31521476	30980384	55034	486059	3118	3555707
云南	43237290	42706815	42572702	35007489	34510519	113946	383024	1648	7563565
西藏	11217062	11210856	11200688	9812988	9027123	785237	627		1387701
陕西	22995215	22024613	21964428	20788907	20023569	192366	572972	1121	1174400
甘肃	23023326	22904031	22885601	20051861	19564952	231749	255161	1224	2832515
青海	7807486	7757630	7744909	6125753	5704424	345993	75336	100	1619056
宁夏	6193575	6027776	6026178	4487990	4377234	39210	71546	600	1537588
新疆	29950264	29461305	29380227	27360975	26409088	701939	249948	46228	1973024
大连	1081996	1008006	1007970	784393	740205		44188		223577
宁波	4197897	3856942	3648125	3315546	3222117		93430	131	332448
厦门	874244	862199	773781	678711	602489	5911	70312		95070
青岛	2914359	2803737	2799468	2545720	2433189		112531		253748
深圳									

(地方农村小学)

单位：千元

政府性基金预算安排的教育经费	#彩票公益金	国有及国有控股企业办学中的企业拨款	校办产业和社会服务收入中用于教育的经费	其他属于国家财政性教育经费	民办学校中举办者投入	捐赠收入	事业收入	#学费	其他教育经费
5120447	**378689**	**4394**			**984999**	**635778**	**26114109**	**23100779**	**17957294**
144340						853	603101	580389	21953
409	409				9430	1576	49489	47651	47372
227813	47095				40463	30466	2432584	2145231	17062
34602	5967	3302			7026	15687	629569	544193	128960
37658	15939				11177	11087	101143	86090	127155
290	214					3353	143054	133513	43591
33434	2979				2171	3005	157034	154731	122336
6313	5868	1092				56	23527	22477	230443
10840						13873	257777	253604	233444
642207	749				113792	5875	1476078	1411170	1144562
1232549	8611				89266	137727	1707170	1570262	1434046
457078	24475				48671	2806	1215319	1088888	554752
269132	3455				6276	26887	414716	380333	638225
134097	78777				2262	3817	561088	470696	2142795
297935	6431				170929	9861	2175836	1999054	688153
90034	9174				84972	71295	4782297	4036966	1040516
78004	4817				4190	8144	909271	793525	666332
35139	9374				20634	20377	1332386	1082159	2326169
227492	8491				222272	74793	4166618	3798078	491975
55118	11359				11594	7899	289281	235802	734568
135953	472				42001	916	481536	401255	87004
149816	19411				1749	5815	108583	66413	312970
321919	24943				90353	37187	993110	871707	2229690
179980	3631				659	12584	514760	453714	885764
134114	41167				1909	81313	123731	106934	323521
10168	9839					6127			80
60185	8920				2923	12949	400871	319372	553859
18430	9303				280	17597	46500	34660	54917
12721	10268					5660	219	29	43977
1599	836					1772	17460	11883	146567
81079	5716					4422			484537
36	36					3350	65935	64876	4704
208817	1316					221	138823	132627	201911
88418	124						12045	11012	
4269	14				5982	1150	103264	100856	226

3-44 教育经费收入情况

地区	总计	国家财政性教育经费	一般公共预算安排的教育经费	一般公共预算教育经费	教育事业费	基本建设经费	教育费附加	科研经费	其他
合计	**1627**	**1627**	**1627**	**1545**	**1545**				**82**
北京									
天津									
河北									
山西									
内蒙古									
辽宁									
吉林									
黑龙江									
上海									
江苏									
浙江									
安徽									
福建	1212	1212	1212	1212	1212				
江西									
山东									
河南									
湖北									
湖南									
广东									
广西									
海南									
重庆	414	414	414	333	333				82
四川									
贵州									
云南									
西藏									
陕西									
甘肃									
青海									
宁夏									
新疆									
大连									
宁波									
厦门									
青岛									
深圳									

(成人小学)

单位：千元

政府性基金预算安排的教育经费	#彩票公益金	国有及国有控股企业办学中的企业拨款	校办产业和社会服务收入中用于教育的经费	其他属于国家财政性教育经费	民办学校中举办者投入	捐赠收入	事业收入	#学费	其他教育经费

3-45 教育经费收入情况

地区	总计	国家财政性教育经费							
			一般公共预算安排的教育经费						
				一般公共预算教育经费					
					教育事业费	基本建设经费	教育费附加	科研经费	其他
合计	**23468590**	**23182006**	**22977329**	**19828178**	**18866542**	**351546**	**610091**	**5737**	**3143414**
北京	711439	710189	710189	583278	576105	3664	3509		126911
天津	260440	254155	254155	229488	229428		60		24667
河北	832422	826095	826091	769854	751090	12000	6764	53	56184
山西	585942	580286	563174	423392	417403		5989	55	139728
内蒙古	473878	473392	469972	381433	376106	760	4566		88539
辽宁	746767	746107	735314	587840	575920	1227	10694		147474
吉林	380085	378194	378144	318688	307611	6437	4640		59456
黑龙江	524038	523697	523697	428986	414514	3133	11340		94711
上海	1033438	1023578	1020427	827404	726011		101393		193023
江苏	1542303	1517189	1512998	1274471	1239328	1542	33601	87	238440
浙江	1311966	1287331	1221975	1118575	1067861	25147	25566	40	103360
安徽	1472450	1463030	1461068	1365243	1328700	5145	31399	16	95809
福建	830540	820966	797256	738352	720569		17783	40	58864
江西	592634	582627	582417	546808	507058	18368	21382		35608
山东	1721245	1714542	1691930	1533452	1493740		39712		158478
河南	821084	815210	814932	670323	660871	1000	8452		144609
湖北	653111	642127	640237	509827	509827				130410
湖南	939019	900029	897657	849592	793780	3420	52393		48065
广东	2824136	2788851	2777903	2365752	2197474	104289	63990	5398	406753
广西	583951	572976	561992	446328	442153	915	3260		115664
海南	152133	152132	150888	125841	124989	330	522		25047
重庆	362258	360848	359994	281184	277324		3860		78810
四川	1134057	1128624	1122419	981382	864160	14037	103186		141036
贵州	728507	712950	711484	653446	533646	90284	29516		58037
云南	638213	631868	631344	525993	513155	9332	3507		105351
西藏	146663	146662	146635	123027	123027				23608
陕西	540016	532257	531010	481608	413313	50000	18295		49402
甘肃	258823	257999	255391	221482	221187		295	48	33861
青海	113957	109129	109129	89735	89150		585		19394
宁夏	248459	238644	229645	116147	114941		1205		113499
新疆	304614	290322	287862	259245	256101	517	2627		28617
大连	143989	143988	143988	112896	110086		2810		31092
宁波	158654	153285	150938	137283	136113		1170		13655
厦门	173973	173708	150901	137281	127623		9658		13620
青岛	331690	329876	316658	262169	253362		8807		54489
深圳	598587	597272	597258	479417	354266	81062	44088		117841

(特殊教育)

单位：千元

政府性基金预算安排的教育经费	#彩票公益金	国有及国有控股企业办学中的企业拨款	校办产业和社会服务收入中用于教育的经费	其他属于国家财政性教育经费	民办学校中举办者投入	捐赠收入	事业收入	#学费	其他教育经费
204677	**86785**				**8121**	**25831**	**96377**	**58373**	**156256**
						220	150		880
						839			5446
4	2				1	127	4932	4470	1267
17112	16992				5	2185	1617	1421	1849
3420	3412					192	38		255
10792	10403					572	79		9
50	50					473	29		1389
						93	7		241
3151						5			9855
4191	3051				600	1407	1855	1125	21253
65356	3051					1407	6922	3339	16306
1962	26					1471	686	482	7264
23710						1873	1919	247	5782
211	207				2044	1403	415	124	6144
22611	14520				1428	244	1742	1658	3289
278	278					1061	4147	3872	666
1890	1225					1110	245	1	9629
2372	2366				3000	2839	18776	17006	14375
10948	1389				559	1850	26845	20670	6031
10984	10139					109	10052	577	814
1244									1
854	854					200	1083	112	127
6206	4007					646	697		4090
1467	200					413	594		14550
524	250					2538	559	553	3249
27	27								2
1247	1247				484	826	4707	2224	1742
2608	1632					40	461	461	323
									4828
8998	8998					91	7778	31	1947
2461	2461					1595	43		12654
2347						80			5289
22807						161			105
13218	13098					40			1774
14	14								1315

3-46 教育经费收入情况

地区	总计	国家财政性教育经费	一般公共预算安排的教育经费	一般公共预算教育经费	教育事业费	基本建设经费	教育费附加	科研经费	其他
合计	**22422219**	**22190625**	**21995052**	**18977403**	**18078191**	**350341**	**548870**	**5737**	**3011913**
北京	592554	591597	591597	485898	479217	3664	3016		105700
天津	246706	245432	245432	222143	222083		60		23289
河北	832422	826095	826091	769854	751090	12000	6764	53	56184
山西	559636	554004	536892	401583	395702		5881	55	135254
内蒙古	473878	473392	469972	381433	376106	760	4566		88539
辽宁	689996	689352	678560	542211	532182	1227	8802		136349
吉林	366735	364846	364796	307068	296491	6437	4140		57728
黑龙江	515983	515642	515642	422434	408516	3133	10785		93208
上海	878130	868499	868499	705942	614626		91316		162556
江苏	1517195	1492115	1487923	1251308	1216867	1542	32899	87	236529
浙江	1283215	1258588	1196231	1095088	1044375	25147	25566	40	101103
安徽	1452510	1443089	1441128	1349039	1318496	5145	25399	16	92072
福建	830540	820966	797256	738352	720569		17783	40	58864
江西	531351	521790	521579	490299	457077	18368	14854		31280
山东	1721245	1714542	1691930	1533452	1493740		39712		158478
河南	800594	794720	794442	654480	646287	1000	7193		139963
湖北	633190	622206	620316	493520	493520				126797
湖南	894660	876509	876137	828093	772616	3420	52057		48044
广东	2699992	2678624	2667690	2262781	2099357	103384	60041	5398	399511
广西	539976	536895	525912	412526	409421	915	2190		113386
海南	150257	150255	149677	124738	123886	330	522		24939
重庆	351164	349754	348900	272798	268938		3860		76102
四川	1047012	1042093	1035887	900647	804880	14037	81730		135241
贵州	607671	595354	593887	545582	432079	90284	23219		48305
云南	615150	609563	609314	507782	495243	9032	3507		101531
西藏	146663	146662	146635	123027	123027				23608
陕西	518212	512216	510969	468986	400691	50000	18295		41984
甘肃	258823	257999	255391	221482	221187		295	48	33861
青海	113957	109129	109129	89735	89150		585		19394
宁夏	248459	238644	229645	116147	114941		1205		113499
新疆	304343	290051	287590	258973	255829	517	2627		28617
大连	133537	133536	133536	105097	102868		2229		28439
宁波	158654	153285	150938	137283	136113		1170		13655
厦门	173973	173708	150901	137281	127623		9658		13620
青岛	331690	329876	316658	262169	253362		8807		54489
深圳	563428	562554	562554	451685	330483	81062	40139		110869

（特殊教育学校）

单位：千元

政府性基金预算安排的教育经费	#彩票公益金	国有及国有控股企业办学中的企业拨款	校办产业和社会服务收入中用于教育的经费	其他属于国家财政性教育经费	民办学校中举办者投入	捐赠收入	事业收入	#学费	其他教育经费
195572	**84771**				**5121**	**25337**	**57586**	**32060**	**143550**
						220			737
						839			435
4	2				1	127	4932	4470	1267
17112	16992				5	2185	1593	1421	1849
3420	3412					192	38		255
10792	10403					572	63		9
50	50					473	29		1386
						93	7		241
									9631
4191	3051				600	1407	1855	1125	21219
62356	3051					1407	6922	3339	16299
1962	26					1471	686	482	7264
23710						1873	1919	247	5782
211	207				2044	1218	415	124	5884
22611	14520				1428	244	1742	1658	3289
278	278					1061	4147	3872	666
1890	1225					1110	245	1	9629
372	366					2839	2899	2559	12413
10934	1375				559	1550	13669	8805	5589
10984	10139					109	2404	577	567
579									1
854	854					200	1083	112	127
6206	4007					643	697		3579
1467	200					413	457		11448
250	250					2538	559	553	2491
27	27								2
1247	1247				484	826	2944	2224	1742
2608	1632					40	461	461	323
									4828
8998	8998					91	7778	31	1947
2461	2461					1595	43		12654
2347						80			5289
22807						161			105
13218	13098					40			1774
									874

3-47 教育经费收入情况

地区	总计	国家财政性教育经费	一般公共预算安排的教育经费	一般公共预算教育经费	教育事业费	基本建设经费	教育费附加	科研经费	其他
合计	**1046371**	**991381**	**982277**	**850776**	**788350**	**1205**	**61221**		**131501**
北京	118885	118592	118592	97380	96888		492		21211
天津	13734	8723	8723	7345	7345				1378
河北									
山西	26306	26282	26282	21808	21701		108		4473
内蒙古									
辽宁	56771	56754	56754	45630	43737		1893		11125
吉林	13350	13348	13348	11620	11120		500		1727
黑龙江	8056	8055	8055	6552	5998		554		1503
上海	155308	155079	151928	121461	111384		10077		30467
江苏	25108	25074	25074	23163	22461		702		1911
浙江	28751	28744	25744	23486	23486				2258
安徽	19940	19940	19940	16204	10204		6000		3736
福建									
江西	61284	60837	60837	56509	49981		6528		4328
山东									
河南	20490	20490	20490	15844	14584		1259		4646
湖北	19921	19921	19921	16307	16307				3614
湖南	44359	23520	21520	21499	21164		335		20
广东	124145	110227	110213	102971	98118	905	3949		7242
广西	43975	36080	36080	33802	32732		1070		2278
海南	1876	1876	1211	1103	1103				108
重庆	11094	11094	11094	8386	8386				2708
四川	87044	86531	86531	80736	59280		21456		5795
贵州	120836	117597	117597	107864	101567		6297		9732
云南	23062	22305	22031	18211	17911	300			3820
西藏									
陕西	21804	20041	20041	12622	12622				7419
甘肃									
青海									
宁夏									
新疆	272	272	272	272	272				
大连	10452	10452	10452	7799	7218		581		2653
宁波									
厦门									
青岛									
深圳	35159	34718	34704	27732	23783		3949		6972

（工读学校）

单位：千元

政府性基金预算安排的教育经费	#彩票公益金	国有及国有控股企业办学中的企业拨款	校办产业和社会服务收入中用于教育的经费	其他属于国家财政性教育经费	民办学校中举办者投入	捐赠收入	事业收入	#学费	其他教育经费
9105	**2014**				**3000**	**494**	**38791**	**26312**	**12706**
							150		143
									5011
							24		1
							17		
									2
									1
3151						5			224
									34
3000									7
						186			261
2000	2000				3000		15877	14447	1963
14	14					300	13175	11865	442
							7648		247
665									
						3			510
							137		3103
274									757
							1763		
14	14								441

3-48 教育经费收入情况

地区	总计	国家财政性教育经费	一般公共预算安排的教育经费	一般公共预算教育经费	教育事业费	基本建设经费	教育费附加	科研经费	其他
合计	**513825657**	**298218191**	**279831983**	**255694983**	**241789710**	**3096083**	**10809190**	**252945**	**23884055**
北京	20843721	15827217	15795628	13657695	13344198	229014	84483	237201	1900732
天津	5727079	4090081	3890596	3604346	3576727		27619		286250
河北	17601910	11298367	10708125	9884969	9798528	7290	79150	87	823070
山西	8410591	4728076	4104986	3664595	3481552	16234	166810	236	440155
内蒙古	8975500	6530459	6338589	5417466	4966738	78829	371900		921122
辽宁	6368229	2624418	2595473	2327842	2207685	13749	106408		267630
吉林	4020113	2285090	2159849	1856051	1818990	9875	27186	262	303535
黑龙江	4543227	2838895	2706667	2342292	2290774	44016	7502		364375
上海	22508189	18634481	17982155	15037094	12287742	78273	2671079		2945062
江苏	36158595	20955054	20226287	18378830	17194490	22715	1161624	598	1846859
浙江	42068189	23999119	21725330	20659542	19052760	457843	1148940	3522	1062265
安徽	17196042	10352205	9660669	8972672	8673162	46000	253509	56	687941
福建	18982236	11912864	10107853	9487740	9108292	26658	352790	278	619835
江西	16276275	11298010	9501016	9060782	8593678	143208	323896		440234
山东	32423338	15966878	14925626	14105135	13485754	500	618881		820491
河南	22984235	7602274	6698833	5786340	5511096	26042	249202		912493
湖北	15224344	6982566	6244158	5804292	5804292			158	439709
湖南	18021606	7278552	6991224	6780038	6457321	27391	295326	186	210999
广东	63305954	26576891	24668774	23474165	22324817	399618	749729	83	1194526
广西	12511932	5754287	5427635	4848695	4631951	135736	81008	378	578561
海南	5064606	3425320	3308586	3006046	2920815	52304	32927	646	301895
重庆	10127317	4779902	4577188	4066561	3867421	30027	169114		510627
四川	28270067	16270796	15298927	14197105	13321451	161406	714248	1018	1100804
贵州	16387757	10966643	10059521	9105585	8661331	113366	330888	45	953891
云南	13023004	6865224	6836061	5731820	5389885	76048	265887	44	1104197
西藏	4414665	4407840	4407567	3887066	3781887	104926	254	140	520360
陕西	14962848	10557363	10172928	9687648	9110854	200111	376683	4650	480630
甘肃	8883384	7256244	6662170	5907122	5760087	90439	56597	3335	751713
青海	1873781	1449778	1437667	1326397	1171700	137345	17351		111271
宁夏	2577199	1735461	1726720	1528622	1495925	7380	25316		198099
新疆	14089724	12967837	12885174	12100430	11697807	359740	42883	20	784724
大连	1685671	790760	790717	723961	687159		36802		66756
宁波	6270553	3539380	3309071	3130403	2917776		212627	1293	177375
厦门	3980572	2987906	2780681	2520826	2422703	17659	80464		259855
青岛	4975060	2733771	2650428	2564580	2457458		107122		85848
深圳	16486129	10633888	10562376	10470608	9808649	328951	333008		91768

（幼儿园）

单位：千元

政府性基金预算安排的教育经费	#彩票公益金	国有及国有控股企业办学中的企业拨款	校办产业和社会服务收入中用于教育的经费	其他属于国家财政性教育经费	民办学校中举办者投入	捐赠收入	事业收入	#学费	其他教育经费
17622852	**349239**	**760955**	**2401**		**5954071**	**535473**	**203190575**	**200098469**	**5927347**
21098		10300	191		86869	17590	4714735	4631146	197311
199485					143508	10740	1463910	1453972	18840
563259	19979	26982			176057	167	6121764	6067365	5556
509793	5860	113297			101570	1087	3540939	3502026	38919
156626	20807	35244			278394	1865	2123998	2123495	40785
28945	43				46972	119	3673469	3588189	23251
125241	11260				93600	1830	1576306	1568722	63287
3082	169	128899	248		53991	190	1615826	1540522	34325
652326					20621	3778	3452236	3435963	397073
706810	859	21956			514566	62903	13570402	13541029	1055669
2210785	5386	63005			916265	99857	15784150	15563324	1268799
673961	4602	17576			77303	4656	6461051	6433248	300827
1758832	15030	46180			80016	21128	6773108	6690291	195120
1794774	4667	2220			60553	9854	4822280	4467874	85578
957240	7580	84013			253412	18623	16037846	16031717	146578
869764	802	33677			692362	5718	14632724	14200823	51156
734277	10	4130			100224	2608	8008844	7785977	130102
281734	102498	5594			79452	1214	10581515	10436361	80873
1882036	11627	24320	1761		729336	95466	35302024	34898050	602238
326653	17088				142964	1356	6536883	6440856	76442
116733	30000				78390	12	1530184	1382693	30700
197414	1671	5300			63992	31877	5070277	5005459	181270
933568	5870	38301			454994	88802	11281495	11155321	173981
906925	8925	197			81387	4857	5174958	5148050	159912
28163	3065	1000			382291	28748	5649351	5454458	97390
274	92					27	6795	6795	2
313665	69136	70770			84227	2366	4240613	4187484	78278
577547		16526			55534	3273	1530224	1516535	38109
11826	1345	285			19634	7902	325900	323679	70567
2439	114	6302			18780	1037	686070	670393	135851
77581	755	4881	201		66807	5824	900699	846653	148556
43	43				2322	36	889528	882062	3026
230309	1110				23332	5693	2612408	2595974	89740
182225		25000			29184	9005	944099	943385	10378
80868		2474			21882	1277	2208019	2208019	10111
71512					79291	6604	5467598	5260842	298748

3-49 教育经费收入情况

地区	总计	国家财政性教育经费							
			一般公共预算安排的教育经费						
				一般公共预算教育经费					
					教育事业费	基本建设经费	教育费附加	科研经费	其他
合计	**510512768**	**295708516**	**277441730**	**253542613**	**239709882**	**3026188**	**10806542**	**220208**	**23678909**
北京	19757114	15016376	14984787	12899195	12585747	229014	84433	204484	1881108
天津	5699347	4087777	3888293	3602173	3574554		27619		286119
河北	17571466	11281305	10695742	9872585	9786145	7290	79150	87	823070
山西	8405390	4728076	4104986	3664595	3481552	16234	166810	236	440155
内蒙古	8968748	6530327	6338457	5417334	4966606	78829	371900		921122
辽宁	6324585	2620217	2591272	2323642	2206082	13749	103811		267630
吉林	3999492	2282236	2156995	1853198	1816137	9875	27186	262	303535
黑龙江	4340927	2652347	2633857	2274183	2222665	44016	7502		359674
上海	22282333	18519323	17866997	14935222	12185870	78273	2671079		2931775
江苏	36135941	20936630	20207864	18366672	17182333	22715	1161624	598	1840593
浙江	42062426	23999119	21725330	20659542	19052760	457843	1148940	3522	1062265
安徽	17179910	10351949	9660412	8972415	8672906	46000	253509	56	687941
福建	18975081	11912864	10107853	9487740	9108292	26658	352790	278	619835
江西	16276275	11298010	9501016	9060782	8593678	143208	323896		440234
山东	32423338	15966878	14925626	14105135	13485754	500	618881		820491
河南	22947413	7589657	6686216	5776969	5501725	26042	249202		909247
湖北	15191838	6981741	6243334	5803467	5803467			158	439709
湖南	17997565	7269566	6982238	6771052	6448335	27391	295326	186	210999
广东	63285181	26575372	24667305	23472696	22323348	399618	749729	83	1194526
广西	12511792	5754287	5427635	4848695	4631951	135736	81008	378	578561
海南	5038449	3414492	3297759	2995218	2909987	52304	32927	646	301895
重庆	10079536	4779610	4576896	4066269	3867129	30027	169114		510627
四川	28243267	16264404	15292536	14196366	13320712	161406	714248	1018	1095152
贵州	16387757	10966643	10059521	9105585	8661331	113366	330888	45	953891
云南	13015507	6863705	6834542	5731819	5389883	76048	265887	44	1102680
西藏	4414665	4407840	4407567	3887066	3781887	104926	254	140	520360
陕西	14939717	10555260	10170825	9685544	9108750	200111	376683	4650	480630
甘肃	8858528	7242870	6648797	5894711	5747676	90439	56597	3335	750750
青海	1873781	1449778	1437667	1326397	1171700	137345	17351		111271
宁夏	2576593	1735461	1726720	1528622	1495925	7380	25316		198099
新疆	12748810	11674393	11592686	10957724	10624995	289846	42883		634962
大连	1664198	786560	786517	719761	685556		34204		66756
宁波	6270553	3539380	3309071	3130403	2917776		212627	1293	177375
厦门	3975972	2987906	2780681	2520826	2422703	17659	80464		259855
青岛	4975060	2733771	2650428	2564580	2457458		107122		85848
深圳	16484779	10633888	10562376	10470608	9808649	328951	333008		91768

(地方幼儿园)

单位：千元

政府性基金预算安排的教育经费	#彩票公益金	国有及国有控股企业办学中的企业拨款	校办产业和社会服务收入中用于教育的经费	其他属于国家财政性教育经费	民办学校中举办者投入	捐赠收入	事业收入	#学费	其他教育经费
17622038	**348474**	**642549**	**2200**		**5954071**	**528539**	**202560332**	**199507235**	**5761310**
21098		10300	191		86869	11100	4488528	4413330	154241
199485					143508	10740	1439056	1429117	18266
563259	19979	22304			176057	167	6108380	6053981	5556
509793	5860	113297			101570	1087	3539367	3500822	35290
156626	20807	35244			278394	1865	2120084	2119581	38079
28945	43				46972	119	3638826	3563930	18450
125241	11260				93600	1830	1567911	1560327	53915
3072	159	15170	248		53991	140	1600124	1524850	34325
652326					20621	3778	3350862	3334589	387750
706810	859	21956			514566	62903	13567490	13538116	1054352
2210785	5386	63005			916265	99857	15780602	15559776	1266584
673961	4602	17576			77303	4656	6449524	6421942	296478
1758832	15030	46180			80016	21128	6765953	6683636	195120
1794774	4667	2220			60553	9854	4822280	4467874	85578
957240	7580	84013			253412	18623	16037846	16031717	146578
869764	802	33677			692362	5718	14613317	14183633	46359
734277	10	4130			100224	2608	7986241	7763385	121023
281734	102498	5594			79452	1214	10566460	10421996	80873
1881986	11627	24320	1761		729336	95466	35282770	34878948	602238
326653	17088				142964	1356	6536812	6440786	75372
116733	30000				78390	12	1515511	1375362	30044
197414	1671	5300			63992	31877	5059107	4994290	144950
933568	5870	38301			454994	88488	11268366	11143955	167014
906925	8925	197			81387	4857	5174958	5148050	159912
28163	3065	1000			382291	28748	5643444	5448937	97318
274	92					27	6795	6795	2
313665	69136	70770			84227	2356	4228928	4175799	68947
577547		16526			55534	3273	1518741	1505052	38109
11826	1345	285			19634	7902	325900	323679	70567
2439	114	6302			18780	1037	685464	669787	135851
76826		4881			66807	5754	870686	823192	131169
43	43				2322	36	872510	871462	2770
230309	1110				23332	5693	2612408	2595974	89740
182225		25000			29184	9005	939499	938784	10378
80868		2474			21882	1277	2208019	2208019	10111
71512					79291	6604	5466248	5259492	298748

3-50 教育经费收入情况

地区	总计	国家财政性教育经费							
			一般公共预算安排的教育经费						
				一般公共预算教育经费				科研经费	其他
					教育事业费	基本建设经费	教育费附加		
合计	**210223677**	**135877508**	**127054194**	**115892133**	**111520203**	**1253864**	**3118067**	**17758**	**11144303**
北京	3257756	2800277	2783513	2538901	2506215	31471	1214	8550	236062
天津	684675	551342	551248	526397	524999		1398		24851
河北	11233571	7897236	7489481	6853353	6801913	3103	48338	87	636041
山西	4201444	2938338	2549089	2272956	2167756	7570	97631	146	275987
内蒙古	5089636	4155239	4072845	3463616	3097843	35121	330653		609229
辽宁	1164199	640380	616380	546090	532338	200	13552		70291
吉林	1648814	1089526	1040630	890548	884932	1739	3876		150083
黑龙江	2010404	1496664	1486788	1280166	1243686	34398	2082		206622
上海	2945408	2604280	2587689	2138560	1835291		303268		449130
江苏	10426961	6410128	6333915	5762037	5422013		340024		571879
浙江	14782102	8939088	7875280	7551629	6942392	242167	367070	1783	321868
安徽	9832978	6418658	5887008	5395417	5225742	35200	134475	56	491535
福建	8183807	5349848	4246673	4082574	3963797	8760	110018		164098
江西	9857562	7205181	6071633	5775597	5584284	45131	146182		296036
山东	13812191	7730007	7280349	6858556	6574028	500	284028		421793
河南	13156188	4334969	3959318	3432855	3306790	18842	107223		526463
湖北	5571397	2900696	2440820	2262773	2262773			63	177983
湖南	9541640	4343173	4128719	3993900	3855593	22678	115629	68	134752
广东	13049983	5288581	4512145	4013146	3927966	19664	65516	71	498928
广西	6860449	3464368	3321333	2969380	2867946	82794	18639	8	351946
海南	2654641	2020684	1969320	1763585	1698049	52304	13232	572	205163
重庆	3215849	1901429	1877486	1631743	1586803	11560	33380		245743
四川	11032340	7647700	7132963	6492896	6214819	74516	203561	860	639208
贵州	10207733	7288980	6962555	6248755	6138326	33341	77088	24	713776
云南	7148726	4398856	4373580	3656704	3557254	50875	48576	4	716872
西藏	3094321	3093792	3093583	2708612	2628360	79998	254	140	384831
陕西	6966052	5605491	5396048	5097312	4862975	45577	188761	4650	294086
甘肃	5906332	5365435	5042500	4468031	4383031	50660	34340	676	573793
青海	1253902	1065210	1053384	987791	884260	97006	6524		65594
宁夏	1212583	927402	925077	825486	810598	7380	7508		99591
新疆	10220033	10004549	9992841	9402770	9227432	161310	14028		590071
大连	127692	82605	82605	77914	74273		3641		4691
宁波	1996800	1178117	978042	935697	890850		44846		42345
厦门	251139	207969	188842	184183	160259		23923		4660
青岛	665372	483121	451113	438348	403509		34839		12765
深圳									

（农村幼儿园）

单位：千元

政府性基金预算安排的教育经费	#彩票公益金	国有及国有控股企业办学中的企业拨款	校办产业和社会服务收入中用于教育的经费	其他属于国家财政性教育经费	民办学校中举办者投入	捐赠收入	事业收入	#学费	其他教育经费
8694994	**268083**	**128120**	**201**		**1998512**	**89394**	**70768854**	**69648690**	**1489410**
8764		8000			1847	1250	439552	425954	14831
94					11714	548	120350	120301	721
396314	5730	11440			97123	6	3235766	3207224	3441
339216	174	50033			15749	971	1231051	1223909	15334
82394	12100				25410	1517	898971	898971	8500
24000					2274	30	520749	508961	765
48895					18357	130	525093	524752	15708
2938	25	6938			14130	103	482443	443398	17065
16591					1400		294174	293447	45553
76213	36				128947	7342	3721312	3709649	159231
1059883	360	3925			389827	18842	4946978	4903475	487368
529420	4447	2230			40005	1164	3335417	3324565	37735
1097077	14132	6099			22519	5045	2740459	2708520	65935
1133549	4281				46549	1360	2579764	2456024	24708
425125	7580	24534			75482	4059	5958582	5958582	44061
375142	185	510			368716	1014	8444995	8172578	6493
459876					17892	488	2639872	2568193	12450
214454	102348				21981	532	5127586	5054324	48369
774249	44	2187			166918	6083	7530246	7500174	58155
143035	6495				65818	929	3307978	3266354	21357
51364	30000				49936	12	572557	496514	11451
18642	1671	5300			19296	4265	1268971	1242804	21888
512878	5545	1859			180797	10883	3180006	3116398	12954
326424	2872				57085	992	2754186	2739554	106489
25276	638				79118	13253	2621552	2538311	35947
209	27					27	502	502	
204379	67293	5064			23463	478	1311168	1286987	25451
322934					31259	147	492823	486295	16669
11826	1345				188	6952	126756	125513	54796
2325					4402	702	247310	239227	32766
11508	755		201		20310	272	111685	107231	83216
					107		44465	44256	515
200075					14508	342	773038	770077	30794
19127					148		43011	43011	11
32008					1483	167	180568	180568	33

3-51 教育经费收入情况

地区	总计	国家财政性教育经费	一般公共预算安排的教育经费	一般公共预算教育经费	教育事业费	基本建设经费	教育费附加	科研经费	其他
合计	**209322189**	**135005379**	**126183552**	**115117698**	**110778681**	**1220951**	**3118067**	**17758**	**11048096**
北京	3251850	2795500	2778736	2534124	2501438	31471	1214	8550	236062
天津	683445	551342	551248	526397	524999		1398		24851
河北	11232027	7896615	7489333	6853205	6801764	3103	48338	87	636041
山西	4201444	2938338	2549089	2272956	2167756	7570	97631	146	275987
内蒙古	5089636	4155239	4072845	3463616	3097843	35121	330653		609229
辽宁	1164199	640380	616380	546090	532338	200	13552		70291
吉林	1648814	1089526	1040630	890548	884932	1739	3876		150083
黑龙江	1950662	1437722	1427856	1225934	1189455	34398	2082		201921
上海	2945408	2604280	2587689	2138560	1835291		303268		449130
江苏	10426961	6410128	6333915	5762037	5422013		340024		571879
浙江	14782102	8939088	7875280	7551629	6942392	242167	367070	1783	321868
安徽	9832978	6418658	5887008	5395417	5225742	35200	134475	56	491535
福建	8183807	5349848	4246673	4082574	3963797	8760	110018		164098
江西	9857562	7205181	6071633	5775597	5584284	45131	146182		296036
山东	13812191	7730007	7280349	6858556	6574028	500	284028		421793
河南	13154312	4334969	3959318	3432855	3306790	18842	107223		526463
湖北	5570802	2900552	2440676	2262629	2262629			63	177983
湖南	9541242	4343157	4128704	3993884	3855577	22678	115629	68	134752
广东	13039549	5287062	4510676	4011677	3926497	19664	65516	71	498928
广西	6860309	3464368	3321333	2969380	2867946	82794	18639	8	351946
海南	2653528	2020684	1969320	1763585	1698049	52304	13232	572	205163
重庆	3215849	1901429	1877486	1631743	1586803	11560	33380		245743
四川	11032340	7647700	7132963	6492896	6214819	74516	203561	860	639208
贵州	10207733	7288980	6962555	6248755	6138326	33341	77088	24	713776
云南	7148726	4398856	4373580	3656704	3557254	50875	48576	4	716872
西藏	3094321	3093792	3093583	2708612	2628360	79998	254	140	384831
陕西	6964438	5605318	5395875	5097140	4862802	45577	188761	4650	294086
甘肃	5892990	5353668	5030734	4457227	4372227	50660	34340	676	572831
青海	1253902	1065210	1053384	987791	884260	97006	6524		65594
宁夏	1212583	927402	925077	825486	810598	7380	7508		99591
新疆	9416478	9210377	9199624	8700097	8557672	128397	14028		499527
大连	127692	82605	82605	77914	74273		3641		4691
宁波	1996800	1178117	978042	935697	890850		44846		42345
厦门	251139	207969	188842	184183	160259		23923		4660
青岛	665372	483121	451113	438348	403509		34839		12765
深圳									

（地方农村幼儿园）

单位：千元

政府性基金预算安排的教育经费	#彩票公益金	国有及国有控股企业办学中的企业拨款	校办产业和社会服务收入中用于教育的经费	其他属于国家财政性教育经费	民办学校中举办者投入	捐赠收入	事业收入	#学费	其他教育经费
8694179	**267319**	**127647**			**1998512**	**89374**	**70746793**	**69627706**	**1482132**
8764		8000			1847	1250	438443	424846	14811
94					11714	548	119121	119072	721
396314	5730	10968			97123	6	3234843	3206301	3441
339216	174	50033			15749	971	1231051	1223909	15334
82394	12100				25410	1517	898971	898971	8500
24000					2274	30	520749	508961	765
48895					18357	130	525093	524752	15708
2928	15	6938			14130	103	481643	442628	17064
16591					1400		294174	293447	45553
76213	36				128947	7342	3721312	3709649	159231
1059883	360	3925			389827	18842	4946978	4903475	487368
529420	4447	2230			40005	1164	3335417	3324565	37735
1097077	14132	6099			22519	5045	2740459	2708520	65935
1133549	4281				46549	1360	2579764	2456024	24708
425125	7580	24534			75482	4059	5958582	5958582	44061
375142	185	510			368716	1014	8444910	8172492	4703
459876					17892	488	2639421	2567742	12450
214454	102348				21981	532	5127203	5054272	48369
774199	44	2187			166918	6083	7521331	7491411	58155
143035	6495				65818	929	3307908	3266284	21286
51364	30000				49936	12	571682	495639	11213
18642	1671	5300			19296	4265	1268971	1242804	21888
512878	5545	1859			180797	10883	3180006	3116398	12954
326424	2872				57085	992	2754186	2739554	106489
25276	638				79118	13253	2621552	2538311	35947
209	27					27	502	502	
204379	67293	5064			23463	478	1311150	1286969	24029
322934					31259	147	491247	484719	16669
11826	1345				188	6952	126756	125513	54796
2325					4402	702	247310	239227	32766
10753					20310	252	106058	102170	79481
					107		44465	44256	515
200075					14508	342	773038	770077	30794
19127					148		43011	43011	11
32008					1483	167	180568	180568	33

3-52 教育经费收入情况

地区	总计	国家财政性教育经费							
			一般公共预算安排的教育经费						
				一般公共预算教育经费					
					教育事业费	基本建设经费	教育费附加	科研经费	其他
合计	**42698128**	**41598901**	**40139737**	**33306667**	**32159351**	**256209**	**891108**	**405255**	**6427814**
北京	1003533	1003514	1003514	714777	714057		720		288737
天津	365058	360180	351431	314111	314111				37320
河北	942992	934282	930858	818227	818227				112631
山西	1159091	1142209	1141206	909944	892466		17477	28689	202573
内蒙古	761658	722761	719869	548957	529940		19016	112	170801
辽宁	750108	744035	738506	578012	554290	1046	22675	910	159584
吉林	429122	421009	420819	352543	347619		4924	261	68015
黑龙江	1492713	1482694	1456230	1200576	1174773	17638	8166		255654
上海	498309	496199	496199	369821	341825		27996		126377
江苏	2172798	2108599	2079106	1657921	1643888		14032	44036	377150
浙江	2744039	2698042	2297316	2061342	1902486	56850	102006	10567	225408
安徽	1515429	1461717	1430006	1212377	1164575		47802	10091	207538
福建	1040487	1013645	1004461	816848	791691	9586	15571	11631	175982
江西	855057	838297	832779	745072	742719		2353	949	86757
山东	2898866	2829619	2812006	2457573	2457427		146	298	354136
河南	1538709	1523920	1515051	1201886	1145003		56883	37819	275346
湖北	1590252	1561518	1462655	1287691	1287691			2501	172463
湖南	2863196	2749303	2683584	2488153	2475779		12375	10969	184462
广东	4424586	4357265	4309372	3614122	3405736	10617	197768	36620	658630
广西	599502	575513	574691	474602	470240		4362	2361	97729
海南	351021	347920	345904	282628	280248		2380	249	63027
重庆	1334055	1314096	996389	714269	646153		68117	100	282020
四川	3145028	3104656	2879520	2303129	2210861	5000	87268	137729	438662
贵州	1922226	1816244	1804960	1546130	1392937	24863	128330	10741	248089
云南	1568818	1510852	1493511	1070306	1007608	46140	16558	40	423165
西藏	879975	879975	873487	752544	683879	68665			120942
陕西	1349645	1338403	1233884	996154	962857	6300	26997	8161	229570
甘肃	608111	587581	582866	480726	474910		5816	3792	98348
青海	254432	240902	240710	176383	167796	8079	507		64327
宁夏	233661	223179	220375	144831	144649		182		75544
新疆	1405652	1210770	1208471	1015013	1012910	1424	679	46632	146826
大连	112223	112223	112183	84221	82389		1832		27962
宁波	154892	152353	152302	117913	117888		25	120	34269
厦门	224315	223560	223560	183926	174340	9586			39633
青岛	361008	360953	360953	315411	315411				45541
深圳	820299	819881	818411	712380	558181	8810	145389		106031

（教育行政单位）

单位：千元

政府性基金预算安排的教育经费	#彩票公益金	国有及国有控股企业办学中的企业拨款	校办产业和社会服务收入中用于教育的经费	其他属于国家财政性教育经费	民办学校中举办者投入	捐赠收入	事业收入	#学费	其他教育经费
1459164	117362					74224	119284		905718
									19
8749	8749					2528			2350
3424	1187						621		8089
1003						7379	648		8856
2893	2733					2858	7394		28644
5530	3208								6073
190						1015			7098
26464	2868					951			9068
									2111
29493	14005					3150	23360		37689
400726	1041					2753	827		42416
31711	25549					50	11755		41907
9185	440					880			25962
5519	5519					5072			11688
17612	1121					1	26347		42899
8869	6374					60	10224		4504
98863						2550	5		26179
65719	1881					44	3539		110311
47893	8867					3646			63675
822	457					259	39		23690
2016									3101
317707	930						1681		18278
225136	6472					3341	1260		35771
11285	1396					13323	26172		66487
17341	13243					13238	5194		39534
6488	49								
104519	10427					3572	43		7628
4715	715					1726			18804
192						681			12849
2804						271			10211
2299	130					4879	177		189826
40									
51									2539
									755
									55
1470	1470								418

3-53 教育经费收入情况

地区	总计	国家财政性教育经费	一般公共预算安排的教育经费	一般公共预算教育经费	教育事业费	基本建设经费	教育费附加	科研经费	其他
合计	42241538	41177757	39718723	33022956	31877064	254784	891108	405255	6290512
北京	734597	734579	734579	546918	546198		720		187661
天津	365058	360180	351431	314111	314111				37320
河北	942992	934282	930858	818227	818227				112631
山西	1159091	1142209	1141206	909944	892466		17477	28689	202573
内蒙古	761658	722761	719869	548957	529940		19016	112	170801
辽宁	750108	744035	738506	578012	554290	1046	22675	910	159584
吉林	429122	421009	420819	352543	347619		4924	261	68015
黑龙江	1482849	1472830	1446366	1190796	1164992	17638	8166		255571
上海	498309	496199	496199	369821	341825		27996		126377
江苏	2172798	2108599	2079106	1657921	1643888		14032	44036	377150
浙江	2744039	2698042	2297316	2061342	1902486	56850	102006	10567	225408
安徽	1515429	1461717	1430006	1212377	1164575		47802	10091	207538
福建	1040487	1013645	1004461	816848	791691	9586	15571	11631	175982
江西	855057	838297	832779	745072	742719		2353	949	86757
山东	2898866	2829619	2812006	2457573	2457427		146	298	354136
河南	1538709	1523920	1515051	1201886	1145003		56883	37819	275346
湖北	1590252	1561518	1462655	1287691	1287691			2501	172463
湖南	2863196	2749303	2683584	2488153	2475779		12375	10969	184462
广东	4424586	4357265	4309372	3614122	3405736	10617	197768	36620	658630
广西	599502	575513	574691	474602	470240		4362	2361	97729
海南	351021	347920	345904	282628	280248		2380	249	63027
重庆	1334055	1314096	996389	714269	646153		68117	100	282020
四川	3145028	3104656	2879520	2303129	2210861	5000	87268	137729	438662
贵州	1922226	1816244	1804960	1546130	1392937	24863	128330	10741	248089
云南	1568818	1510852	1493511	1070306	1007608	46140	16558	40	423165
西藏	879975	879975	873487	752544	683879	68665			120942
陕西	1349645	1338403	1233884	996154	962857	6300	26997	8161	229570
甘肃	608111	587581	582866	480726	474910		5816	3792	98348
青海	254432	240902	240710	176383	167796	8079	507		64327
宁夏	233661	223179	220375	144831	144649		182		75544
新疆	1227862	1068426	1066257	908942	908263		679	46632	110682
大连	112223	112223	112183	84221	82389		1832		27962
宁波	154892	152353	152302	117913	117888		25	120	34269
厦门	224315	223560	223560	183926	174340	9586			39633
青岛	361008	360953	360953	315411	315411				45541
深圳	820299	819881	818411	712380	558181	8810	145389		106031

(地方教育行政单位)

单位：千元

政府性基金预算安排的教育经费	#彩票公益金	国有及国有控股企业办学中的企业拨款	校办产业和社会服务收入中用于教育的经费	其他属于国家财政性教育经费	民办学校中举办者投入	捐赠收入	事业收入	#学费	其他教育经费
1459034	**117232**					**74224**	**119107**		**870450**
									19
8749	8749					2528			2350
3424	1187						621		8089
1003						7379	648		8856
2893	2733					2858	7394		28644
5530	3208								6073
190						1015			7098
26464	2868					951			9068
									2111
29493	14005					3150	23360		37689
400726	1041					2753	827		42416
31711	25549					50	11755		41907
9185	440					880			25962
5519	5519					5072			11688
17612	1121					1	26347		42899
8869	6374					60	10224		4504
98863						2550	5		26179
65719	1881					44	3539		110311
47893	8867					3646			63675
822	457					259	39		23690
2016									3101
317707	930						1681		18278
225136	6472					3341	1260		35771
11285	1396					13323	26172		66487
17341	13243					13238	5194		39534
6488	49								
104519	10427					3572	43		7628
4715	715					1726			18804
192						681			12849
2804						271			10211
2169						4879			154558
40									
51									2539
									755
									55
1470	1470								418

3-54 教育经费收入情况

地区	总计	国家财政性教育经费	一般公共预算安排的教育经费	一般公共预算教育经费				科研经费	其他
					教育事业费	基本建设经费	教育费附加		
合计	**90592260**	**77118645**	**73353992**	**62836362**	**60792591**	**439612**	**1604159**	**538329**	**9979301**
北京	13949806	9124480	8055937	6968826	6904494	33333	31000	155097	932014
天津	1328234	1230458	1215412	1103225	1103225			49	112138
河北	3067214	2582899	2500660	2247854	2246981		873	2050	250756
山西	2734667	2349112	2343107	1980007	1937382	3213	39412	14441	348659
内蒙古	2248400	2086541	2076972	1611605	1581689	235	29681	798	464569
辽宁	2804299	2624854	2610140	2043093	1957386	7930	77777	250	566798
吉林	1379063	1304885	1245753	1089749	1070788	2354	16607		156004
黑龙江	1160497	1068343	1066680	867926	830100	2882	34943		198754
上海	6836155	6478684	6049995	5172429	4723203	119548	329678		877566
江苏	5584405	4701461	4487697	3767395	3655098		112298	5472	714829
浙江	7076859	6089286	5464260	4770751	4506193	44210	220348	177497	516012
安徽	1570407	1444460	1366933	1140601	1071838		68763	88	226245
福建	3453353	3070394	2875553	2583504	2473934	25100	84471	24857	267192
江西	2009517	1938377	1923211	1800107	1788730	1094	10283		123104
山东	4322874	3606060	3569728	3282494	3204662		77832	877	286357
河南	3067537	2751395	2662440	2046339	2000851	800	44688	7001	609100
湖北	3035479	2570023	2564878	2276315	2276315			599	287965
湖南	1373970	1216878	1215518	1159811	1132880		26931	768	54939
广东	6674918	6011882	5707979	4928818	4722665	12542	193611	116515	662646
广西	1852265	1384680	1384365	1149636	1137000	9685	2950	4648	230082
海南	537663	442607	434356	346947	342748		4199	6185	81225
重庆	1407196	1014949	1001713	778267	746502		31765		223446
四川	3866073	3500578	3372964	2867080	2749992	14013	103076	7714	498169
贵州	625274	508792	501352	444528	424274	18887	1367		56824
云南	1666717	1529133	1479598	1093962	1048102	37355	8504	1686	383950
西藏	1540965	1532856	1478042	1366845	1263281	102700	864		111197
陕西	2218642	2093958	1939752	1767458	1733149		34310	3626	168668
甘肃	1164780	1084592	1065419	888611	874646		13966	7413	169395
青海	623592	586656	536656	342663	341729		933		193993
宁夏	323404	277376	273447	182965	182943		23		90482
新疆	1088034	911999	883473	766551	759813	3730	3008	699	116223
大连	493425	482136	482136	362812	335284		27528	100	119224
宁波	790572	717134	691118	613874	563341		50534		77244
厦门	692884	667671	508167	447072	421341	25100	632		61095
青岛	481463	430564	430564	357341	355456		1885		73223
深圳	1420902	1397804	1395124	1230174	1094990	12051	123132		164951

(教育事业单位)

单位：千元

政府性基金预算安排的教育经费	#彩票公益金	国有及国有控股企业办学中的企业拨款	校办产业和社会服务收入中用于教育的经费	其他属于国家财政性教育经费	民办学校中举办者投入	捐赠收入	事业收入	#学费	其他教育经费
3268814	**1280669**		**495839**			**996983**	**10049614**		**2427019**
1008695	1008695		59848			916017	3351395		557915
226	226		14821			146	88887		8743
80103	23103		2136			440	463820		20055
1245	988		4761				334494		51061
6146	4124		3423			945	145206		15708
11312	9529		3402			166	146853		32425
59014	2004		118			1160	41648		31370
1263	1263		400			72	88403		3679
422171	5000		6517			300	190950		166220
42346	12006		171418				746671		136273
600780	36202		24246			6856	493872		486845
74244	21874		3283				104627		21320
194160	1861		680			13294	293789		75876
13974	13894		1192			10351	18343		42446
19235	15106		17097			1439	638676		76698
35616	29503		53338			106	271185		44852
2335	730		2809			281	424566		40609
1360	1360						134273		22819
301004	11002		2899			24446	538820		99770
314	233					221	392288		75075
8251	8251						93338		1718
12352	11078		883			1206	287397		103645
68820	10520		58795			19	318687		46788
7439							82811		33672
20623	19583		28912			14392	65378		57814
54813	8604					631	6794		685
145427	12266		8778			1189	107485		16010
14141	981		5031			1551	59462		19175
50000						1118	25495		10323
3929	3929					558	26459		19012
7474	6755		21053			78	67539		108418
							9465		1824
26016	260						61991		11446
159504	1861								25212
							36748		14151
2680	2680						22624		473

3-55 教育经费收入情况

地区	总计	国家财政性教育经费	一般公共预算安排的教育经费	一般公共预算教育经费	教育事业费	基本建设经费	教育费附加	科研经费	其他
合计	**82041307**	**73176230**	**70459760**	**60251815**	**58211775**	**435882**	**1604159**	**384841**	**9823105**
北京	5561392	5339869	5319510	4515198	4450866	33333	31000	1766	802546
天津	1328234	1230458	1215412	1103225	1103225			49	112138
河北	3067214	2582899	2500660	2247854	2246981		873	2050	250756
山西	2734667	2349112	2343107	1980007	1937382	3213	39412	14441	348659
内蒙古	2248400	2086541	2076972	1611605	1581689	235	29681	798	464569
辽宁	2804299	2624854	2610140	2043093	1957386	7930	77777	250	566798
吉林	1379063	1304885	1245753	1089749	1070788	2354	16607		156004
黑龙江	1148960	1056805	1055143	856388	818563	2882	34943		198754
上海	6836155	6478684	6049995	5172429	4723203	119548	329678		877566
江苏	5584405	4701461	4487697	3767395	3655098		112298	5472	714829
浙江	7076859	6089286	5464260	4770751	4506193	44210	220348	177497	516012
安徽	1570407	1444460	1366933	1140601	1071838		68763	88	226245
福建	3453353	3070394	2875553	2583504	2473934	25100	84471	24857	267192
江西	2009517	1938377	1923211	1800107	1788730	1094	10283		123104
山东	4322874	3606060	3569728	3282494	3204662		77832	877	286357
河南	3067537	2751395	2662440	2046339	2000851	800	44688	7001	609100
湖北	3035479	2570023	2564878	2276315	2276315			599	287965
湖南	1373970	1216878	1215518	1159811	1132880		26931	768	54939
广东	6674918	6011882	5707979	4928818	4722665	12542	193611	116515	662646
广西	1852265	1384680	1384365	1149636	1137000	9685	2950	4648	230082
海南	537663	442607	434356	346947	342748		4199	6185	81225
重庆	1407196	1014949	1001713	778267	746502		31765		223446
四川	3866073	3500578	3372964	2867080	2749992	14013	103076	7714	498169
贵州	625274	508792	501352	444528	424274	18887	1367		56824
云南	1666717	1529133	1479598	1093962	1048102	37355	8504	1686	383950
西藏	1540965	1532856	1478042	1366845	1263281	102700	864		111197
陕西	2218642	2093958	1939752	1767458	1733149		34310	3626	168668
甘肃	1164780	1084592	1065419	888611	874646		13966	7413	169395
青海	623592	586656	536656	342663	341729		933		193993
宁夏	323404	277376	273447	182965	182943		23		90482
新疆	937033	765732	737205	647170	644162		3008	541	89494
大连	493425	482136	482136	362812	335284		27528	100	119224
宁波	790572	717134	691118	613874	563341		50534		77244
厦门	692884	667671	508167	447072	421341	25100	632		61095
青岛	481463	430564	430564	357341	355456		1885		73223
深圳	1420902	1397804	1395124	1230174	1094990	12051	123132		164951

(地方教育事业单位)

单位：千元

政府性基金预算安排的教育经费	#彩票公益金	国有及国有控股企业办学中的企业拨款	校办产业和社会服务收入中用于教育的经费	其他属于国家财政性教育经费	民办学校中举办者投入	捐赠收入	事业收入	#学费	其他教育经费
2260119	**271974**		**456350**			**80986**	**6826682**		**1957409**
			20359			20	132145		89358
226	226		14821			146	88887		8743
80103	23103		2136			440	463820		20055
1245	988		4761				334494		51061
6146	4124		3423			945	145206		15708
11312	9529		3402			166	146853		32425
59014	2004		118			1160	41648		31370
1263	1263		400			72	88403		3679
422171	5000		6517			300	190950		166220
42346	12006		171418				746671		136273
600780	36202		24246			6856	493872		486845
74244	21874		3283				104627		21320
194160	1861		680			13294	293789		75876
13974	13894		1192			10351	18343		42446
19235	15106		17097			1439	638676		76698
35616	29503		53338			106	271185		44852
2335	730		2809			281	424566		40609
1360	1360						134273		22819
301004	11002		2899			24446	538820		99770
314	233					221	392288		75075
8251	8251						93338		1718
12352	11078		883			1206	287397		103645
68820	10520		58795			19	318687		46788
7439							82811		33672
20623	19583		28912			14392	65378		57814
54813	8604					631	6794		685
145427	12266		8778			1189	107485		16010
14141	981		5031			1551	59462		19175
50000						1118	25495		10323
3929	3929					558	26459		19012
7474	6755		21053			78	63858		107365
							9465		1824
26016	260						61991		11446
159504	1861								25212
							36748		14151
2680	2680						22624		473

3-56 教育经费收入情况

地区	总计	国家财政性教育经费	一般公共预算安排的教育经费	一般公共预算教育经费	教育事业费	基本建设经费	教育费附加	科研经费	其他
合计	**60096580**	**57201618**	**54517347**	**46070493**	**41727498**	**3326128**	**1016868**	**346610**	**8100245**
北京	4845116	4444877	4444877	2684837	2684837			163406	1596634
天津	1283286	1277130	1256318	1191681	674300	517381			64637
河北	1831795	1801782	1791139	1567882	1360791	207091		5496	217761
山西	1618151	1596597	1585336	1305751	1228273	73211	4267	1575	278010
内蒙古	1196356	1161939	1158066	992359	937981	45396	8982	843	164864
辽宁	1579446	1531705	1531626	1248263	1212570	18805	16887	199	283164
吉林	823928	802253	802253	672251	666359	1392	4500	576	129426
黑龙江	758221	755037	755037	609739	581333	25470	2936		145299
上海	1571714	1298707	1294971	958512	918410	40102		20500	315959
江苏	3013178	2887212	2726855	2101757	1982123		119634	10970	614128
浙江	4342086	4145885	3546923	3305535	3128799	101248	75489	11328	230060
安徽	2005223	1858896	1851303	1621650	1353922	238325	29403	2394	227259
福建	2673585	2533705	1507531	1305487	1288107	5000	12380	1609	200435
江西	2204507	2133584	1982112	1919391	1395756	516276	7359	1720	61001
山东	3526822	3350729	3321625	2982190	2709951	34000	238239	1050	338385
河南	2044487	1980268	1903260	1618110	1585485	31849	776	3178	281972
湖北	3252252	3191129	3180711	2963650	2963650			18819	198241
湖南	1741439	1687550	1627681	1491361	1487788	3420	153	3261	133060
广东	2896357	2802254	2752421	2258427	2022976	225421	10031	51106	442888
广西	1047227	963835	931417	800242	766051	208	33982	1084	130091
海南	459846	432428	414410	309796	309796			2670	101944
重庆	853922	800636	796352	639951	478827	2142	158982	6944	149457
四川	4095136	3937133	3704576	3175821	2768643	245247	161931	11556	517198
贵州	2397771	2280825	2123881	1938898	1803530	125133	10236	119	184863
云南	1817089	1752653	1747850	1466102	1187357	266325	12421	4784	276964
西藏	665699	665126	665126	635373	630369	5004		141	29613
陕西	1461111	1427082	1426272	1324464	1222394	60070	42000		101809
甘肃	930922	856414	855367	705725	636033	63137	6556	13315	136327
青海	691161	633236	633236	530731	356913	171818	2000	2376	100129
宁夏	385483	349748	344748	267584	267584				77164
新疆	2083264	1861264	1854067	1476973	1116589	302658	57726	5590	371504
大连	199408	193799	193719	127283	121457	5300	526	69	66367
宁波	243319	218594	211390	170173	170173				41217
厦门	130093	127693	127690	100875	100875				26815
青岛	827100	820989	820417	715277	489167		226110		105140
深圳	680628	665204	660599	568727	369892	194386	4449	2715	89158

(其他教育机构)

单位：千元

政府性基金预算安排的教育经费	#彩票公益金	国有及国有控股企业办学中的企业拨款	校办产业和社会服务收入中用于教育的经费	其他属于国家财政性教育经费	民办学校中举办者投入	捐赠收入	事业收入	#学费	其他教育经费
2641344	**28945**		**42927**			**4412**	**2106170**	**489789**	**784380**
						488	196665	20200	203086
			20811				626		5530
10643	30						27777	2595	2235
11262	155					20	19895		1639
3873	3873						33622	250	795
79							31883	150	15858
						520	10472	1314	10683
						10	2367		806
			3735			863	238763	129741	33381
160357	310						97523	48640	28443
594567			4394				143393	591	52808
7593							125830	56371	20498
1021652			4521			30	115635	14154	24215
151472	118						65695		5229
29104	8588						150880	83614	25213
77008	839						44298	29040	19922
10418	3192						51747	1247	9376
59869	1568						35489	25008	18400
49727			106			286	84251	18019	9565
29804			2614				67418		15974
18018							26060		1358
4284							47689	6402	5598
232215	7022		342				120449	19305	37554
156945	500						109155	6644	7790
880	70		3923			2000	54801	15126	7635
							573	273	
810	630						23848	50	10181
50	50		997				72813	860	1695
							40425	2239	17501
5000	2000						23101	4800	12634
5715			1482			195	43026	3154	178779
79							5394		215
4795			2409				15472		9253
			2						2401
571							4461		1650
4498			106				14933	11327	492

3-57 教育经费收入情况

地区	总计	国家财政性教育经费	一般公共预算安排的教育经费	一般公共预算教育经费	教育事业费	基本建设经费	教育费附加	科研经费	其他
合计	**55552540**	**53417247**	**50736647**	**44358071**	**40236267**	**3104937**	**1016868**	**203563**	**6175013**
北京	1700768	1682404	1682404	1497234	1497234			20406	164765
天津	1280107	1273951	1253139	1191681	674300	517381			61459
河北	1831347	1801334	1790691	1567882	1360791	207091		5496	217313
山西	1615847	1594293	1583032	1305751	1228273	73211	4267	1575	275706
内蒙古	1196356	1161939	1158066	992359	937981	45396	8982	843	164864
辽宁	1573598	1525857	1525778	1248263	1212570	18805	16887	199	277316
吉林	823028	801353	801353	672251	666359	1392	4500	576	128526
黑龙江	747646	744462	744462	606412	578006	25470	2936		138051
上海	1141319	1121324	1120123	841884	801782	40102		20500	257739
江苏	2947987	2822021	2661664	2101757	1982123		119634	10970	548937
浙江	4334403	4138202	3539240	3305535	3128799	101248	75489	11328	222377
安徽	2004671	1858344	1850751	1621650	1353922	238325	29403	2394	226707
福建	2551089	2492723	1466549	1273691	1256311	5000	12380	1609	191249
江西	2204195	2133272	1981800	1919391	1395756	516276	7359	1720	60689
山东	3520708	3344616	3315511	2982190	2709951	34000	238239	1050	332271
河南	2038151	1973932	1896924	1618110	1585485	31849	776	3178	275636
湖北	3234720	3173597	3163179	2963650	2963650			18819	180709
湖南	1738335	1684446	1624577	1491361	1487788	3420	153	3261	129956
广东	2896357	2802254	2752421	2258427	2022976	225421	10031	51106	442888
广西	1047227	963835	931417	800242	766051	208	33982	1084	130091
海南	459846	432428	414410	309796	309796			2670	101944
重庆	853922	800636	796352	639951	478827	2142	158982	6944	149457
四川	4062541	3904537	3671981	3175821	2768643	245247	161931	11556	484603
贵州	2395292	2278346	2121402	1938898	1803530	125133	10236	119	182384
云南	1794289	1729853	1725050	1466102	1187357	266325	12421	4784	254164
西藏	665699	665126	665126	635373	630369	5004		141	29613
陕西	1437066	1403037	1402227	1324464	1222394	60070	42000		77764
甘肃	925341	850832	849786	705725	636033	63137	6556	13315	130746
青海	691161	633236	633236	530731	356913	171818	2000	2376	100129
宁夏	385483	349748	344748	267584	267584				77164
新疆	1454042	1275309	1269249	1103905	964713	81467	57726	5544	159799
大连	199408	193799	193719	127283	121457	5300	526	69	66367
宁波	243319	218594	211390	170173	170173				41217
厦门	130093	127693	127690	100875	100875				26815
青岛	827100	820989	820417	715277	489167		226110		105140
深圳	680628	665204	660599	568727	369892	194386	4449	2715	89158

(地方其他教育机构)

单位：千元

政府性基金预算安排的教育经费	#彩票公益金	国有及国有控股企业办学中的企业拨款	校办产业和社会服务收入中用于教育的经费	其他属于国家财政性教育经费	民办学校中举办者投入	捐赠收入	事业收入	#学费	其他教育经费
2641344	28945		39256			3031	1602842	336894	529420
							17771	1120	593
			20811				626		5530
10643	30						27777	2595	2235
11262	155					20	19895		1639
3873	3873						33622	250	795
79							31883	150	15858
						520	10472	1314	10683
						10	2367		806
			1201				11212		8783
160357	310						97523	48640	28443
594567			4394				143393	591	52808
7593							125830	56371	20498
1021652			4521				39813	10080	18554
151472	118						65695		5229
29104	8588						150880	83614	25213
77008	839						44298	29040	19922
10418	3192						51747	1247	9376
59869	1568						35489	25008	18400
49727			106			286	84251	18019	9565
29804			2614				67418		15974
18018							26060		1358
4284							47689	6402	5598
232215	7022		342				120449	19305	37554
156945	500						109155	6644	7790
880	70		3923			2000	54801	15126	7635
							573	273	
810	630						23848	50	10181
50	50		997				72813	860	1695
							40425	2239	17501
5000	2000						23101	4800	12634
5715			346			195	21966	3154	156571
79							5394		215
4795			2409				15472		9253
			2						2401
571							4461		1650
4498			106				14933	11327	492

第四部分

各地区各级各类教育机构教育经费支出明细

4-1 教育经费支出明细

地区	合计	个人部分	工资福利支出	对个人和家庭的补助支出	#助学金
合计	**5997463338**	**3815444033**	**3374507638**	**440936395**	**232351941**
北京	293056986	164588049	140628105	23959943	17194599
天津	78767932	51771990	48129483	3642508	2339286
河北	251265437	167702306	145984307	21717999	8769897
山西	120112409	77813474	70178020	7635454	3956985
内蒙古	92507536	64623153	58213542	6409611	3504626
辽宁	129906648	88500299	79375387	9124912	5006871
吉林	82202751	55000429	49575605	5424824	2959226
黑龙江	100927603	70754901	59108176	11646725	3388508
上海	210683219	121188636	112016905	9171731	6761892
江苏	415396209	279249600	250147887	29101713	12307224
浙江	355440021	210795727	193718780	17076947	9167962
安徽	219854825	137976048	116481933	21494115	8384580
福建	186870816	117899973	106338507	11561466	4738263
江西	191024375	102822791	93976165	8846627	5563874
山东	383382233	259341955	236775203	22566752	9010676
河南	294627059	189487768	169722049	19765719	11996007
湖北	223435156	138572004	121609873	16962131	8602423
湖南	229839331	145443039	126982993	18460047	9136595
广东	638628605	393225770	348819344	44406426	16599468
广西	170615311	114182184	100534285	13647900	8793550
海南	47931973	28286110	26297485	1988625	1340969
重庆	140560129	87767320	75007714	12759605	6276728
四川	306819837	194172852	167324672	26848180	15344576
贵州	157938030	105755778	87326246	18429532	11235691
云南	173273544	122105477	105891841	16213635	12404021
西藏	34684685	24937977	20960013	3977964	3351928
陕西	174237626	102397313	89736135	12661178	9024547
甘肃	94977441	65198864	56497542	8701322	4703718
青海	29942062	19684675	16982648	2702027	1470605
宁夏	35143012	22891551	19945956	2945595	2229705
新疆	133410540	91306019	80220837	11085183	6786942
大连	18491963	14122881	13562097	560784	92254
宁波	46998342	28985922	27128563	1857360	936656
厦门	28465723	17203679	15239081	1964598	313275
青岛	47565731	30907485	28563632	2343853	512679
深圳	135600689	64084554	56569520	7515034	3487346

(各级各类教育机构)

单位：千元

公用部分	商品和服务支出	其他资本性支出			基本建设支出
			专项公用支出	专项项目支出	
2081693166	**1170840109**	**910853057**	**331473784**	**579379274**	**100326139**
119326567	88233568	31092999	21665721	9427278	9142370
25327981	15338915	9989067	5447889	4541178	1667960
81945801	40468322	41477479	14442271	27035208	1617330
40880119	22749593	18130526	7318956	10811570	1418816
26522121	14343906	12178215	3970836	8207379	1362262
40093159	27149874	12943285	6269409	6673875	1313189
26656145	16300169	10355976	5283266	5072710	546177
28402852	18246708	10156144	4691958	5464186	1769850
85278882	62334133	22944750	14140801	8803949	4215700
135109265	75223229	59886036	18843385	41042651	1037345
138183911	78171045	60012866	17256879	42755987	6460383
78412014	37327842	41084172	15096812	25987360	3466763
67937343	33192332	34745012	11489552	23255460	1033499
84935386	25181073	59754313	16953099	42801214	3266198
123158226	63427922	59730304	17397146	42333158	882052
102751972	53576645	49175327	13487434	35687894	2387319
84195626	44418934	39776692	11987820	27788872	667526
83446287	51022676	32423611	12894402	19529209	950004
216169198	140195024	75974174	35933188	40040986	29233636
53633823	27292299	26341523	10626566	15714958	2799304
18937063	10160540	8776523	3311767	5464755	708801
49784046	30980459	18803586	6638061	12165525	3008763
109833660	63834955	45998705	16119120	29879585	2813324
49934967	24924770	25010196	8602065	16408131	2247285
49506412	24260794	25245618	6674469	18571149	1661654
8604786	3532872	5071914	1940173	3131742	1141922
69146514	39350744	29795769	10686323	19109446	2693799
28425407	12796138	15629269	3849984	11779284	1353170
8449162	3513630	4935532	1322121	3613410	1808225
11666361	5890464	5775897	2671985	3103912	585100
35038108	17400530	17637577	4460327	13177251	7066413
4175839	3293578	882262	441060	441202	193243
18012420	9348620	8663800	2020049	6643750	
10868245	5618130	5250115	2248872	3001243	393800
16658246	7682480	8975766	2615156	6360611	
47156763	35752961	11403802	8797475	2606327	24359372

4-2 教育经费支出明细

地区	合计	个人部分	工资福利支出	对个人和家庭的补助支出	#助学金
合计	**5533884147**	**3586874993**	**3199577323**	**387297669**	**192206651**
北京	157290148	101517232	96152424	5364808	1812186
天津	65678133	46272098	43688709	2583389	1419339
河北	248997494	166285005	144867142	21417863	8640255
山西	120094610	77799545	70165583	7633962	3956985
内蒙古	92502131	64619160	58209549	6409611	3504626
辽宁	117075874	81968433	74030329	7938104	4013214
吉林	71369184	48959256	45050455	3908800	2193323
黑龙江	86885042	64331898	54086589	10245308	2515913
上海	162363987	99440577	94144243	5296334	3265872
江苏	383872513	262021531	237321073	24700458	9293264
浙江	341999045	204720776	189204473	15516303	7828482
安徽	210281425	133190161	113061899	20128261	7550437
福建	178088519	112979678	102480772	10498905	3984192
江西	191019258	102819040	93972890	8846151	5563858
山东	369269671	252418911	231339478	21079433	8014674
河南	294056754	189248269	169501444	19746825	11990362
湖北	191390536	120522217	107412348	13109869	5794092
湖南	218610249	140122814	122750415	17372399	8305589
广东	617024036	383539930	341361971	42177960	15219761
广西	170614874	114181756	100533857	13647900	8793550
海南	47881831	28251247	26262622	1988625	1340969
重庆	132071438	82921427	71184521	11736905	5587821
四川	281978879	181339134	156711806	24627328	13610472
贵州	157880209	105754491	87326246	18428245	11234404
云南	173239545	122097626	105883992	16213634	12404019
西藏	34684685	24937977	20960013	3977964	3351928
陕西	147384070	88319124	78557596	9761528	6866032
甘肃	90308584	62347820	54449828	7897991	4227705
青海	29942062	19684675	16982648	2702027	1470605
宁夏	34171038	22334447	19485132	2849315	2153659
新疆	115858321	81928738	72437274	9491463	6299062
大连	18441707	14078633	13520193	558441	92254
宁波	46998342	28985922	27128563	1857360	936656
厦门	28460795	17200151	15235553	1964598	313275
青岛	47565731	30907485	28563632	2343853	512679
深圳	135109385	64082653	56567906	7514747	3487346

(地方各级各类教育机构)

单位：千元

公用部分	商品和服务支出	其他资本性支出			基本建设支出
			专项公用支出	专项项目支出	
1857595159	**1019017520**	**838577640**	**282134407**	**556443232**	**89413995**
49687146	39736640	9950507	7772878	2177629	6085770
18591148	11768084	6823065	2684329	4138736	814887
81136771	39881816	41254955	14251082	27003873	1575717
40876249	22745775	18130474	7318904	10811570	1418816
26520709	14342950	12177760	3970560	8207199	1362262
33973667	23254933	10718735	4467902	6250833	1133773
21895577	13172739	8722838	3763290	4959547	514352
21104143	12954695	8149448	3358351	4791097	1449001
59283747	44123235	15160513	8384805	6775708	3639663
121180297	64990041	56190256	16059217	40131039	670685
131246932	72977543	58269389	15923767	42345623	6031336
73945250	34193397	39751853	14166605	25585248	3146014
64123051	31205979	32917072	10529612	22387460	985790
84934020	25179707	59754313	16953099	42801214	3266198
116130293	58762721	57367572	16247368	41120205	720467
102588761	53449653	49139108	13451839	35687269	2219724
70780939	35080875	35700064	9248910	26451154	87380
77669582	47262089	30407493	11173777	19233716	817852
204257018	133489711	70767307	31830248	38937059	29227088
53633814	27292290	26341523	10626566	15714958	2799304
18921783	10156696	8765087	3309043	5456044	708801
46306622	27985282	18321340	6276778	12044562	2843389
98090961	56091888	41999073	13988252	28010820	2548784
49878433	24922291	24956142	8602065	16354077	2247285
49480265	24236843	25243422	6673844	18569578	1661654
8604786	3532872	5071914	1940173	3131742	1141922
56710234	30475481	26234753	8369551	17865202	2354712
26749539	11818599	14930940	3460662	11470278	1211225
8449162	3513630	4935532	1322121	3613410	1808225
11251492	5657659	5593833	2596182	2997650	585100
29592766	14761406	14831360	3412627	11418733	4336817
4169831	3289514	880317	439784	440534	193243
18012420	9348620	8663800	2020049	6643750	
10866845	5616730	5250115	2248872	3001243	393800
16658246	7682480	8975766	2615156	6360611	
46667359	35686511	10980848	8374521	2606327	24359372

4-3 教育经费支出明细

地区	合计	个人部分	工资福利支出	对个人和家庭的补助支出	#助学金
合计	**1625174948**	**814871891**	**645105967**	**169765924**	**120445306**
北京	148871519	74416555	53737410	20679146	16792332
天津	32919802	16093873	13635870	2458002	2053696
河北	55294518	29448724	22443512	7005212	3324436
山西	28810815	14396448	11335725	3060723	2020796
内蒙古	18202694	10952900	8764096	2188804	1644617
辽宁	49860827	25603396	20641824	4961572	4028482
吉林	29841171	15721474	12157624	3563850	2306066
黑龙江	34618922	18808540	14961041	3847499	2554421
上海	89022991	41624136	35222948	6401187	5577788
江苏	116348933	64169095	51569081	12600014	8577611
浙江	86019915	40463222	33109696	7353526	4984180
安徽	52882139	27416953	19938143	7478810	4132724
福建	45492143	23706119	18761710	4944409	3139447
江西	46443165	21242390	17545245	3697145	2884492
山东	92024217	46775238	38840388	7934850	5230585
河南	67839940	34351737	27879209	6472527	4684656
湖北	77163637	41078963	32656076	8422887	5741095
湖南	53527952	27788406	21871169	5917236	3770824
广东	143938477	66450549	54192618	12257931	7209389
广西	40301137	18460537	14224663	4235874	3290610
海南	9959818	4809373	3838417	970956	759396
重庆	37607211	18843341	14488206	4355135	3343302
四川	80780054	39449873	31866190	7583682	5785211
贵州	27608219	13344098	9355753	3988345	2848598
云南	35623528	15820411	12693382	3127029	2772023
西藏	3019153	1854185	1325879	528306	487514
陕西	64506560	33314541	26598231	6716311	5243503
甘肃	21370586	11077090	8434114	2642976	1944319
青海	4559763	2113061	1688028	425033	229049
宁夏	8396166	4674084	2903386	1770698	1516296
新疆	22318977	10602578	8426331	2176247	1567848
大连	1643093	754621	671383	83238	35523
宁波	8717147	4082487	3396247	686240	421065
厦门	3536804	1818480	1296465	522016	143881
青岛	6448093	1668776	1429035	239740	200999
深圳	29453004	9690343	8165263	1525081	1058602

(高等学校)

单位：千元

公用部分					基本建设支出
	商品和服务支出	其他资本性支出			
			专项公用支出	专项项目支出	
774357434	**440963179**	**333394255**	**160199731**	**173194525**	**35945623**
70682291	47557561	23124730	15634674	7490055	3772673
15713289	8812755	6900533	4440645	2459888	1112641
24706840	10895540	13811300	8134726	5676574	1138954
13784036	6859406	6924630	3330779	3593850	630332
6713337	3956680	2756657	1288296	1468361	536457
23401593	14699737	8701856	4534125	4167731	855838
13957144	8954821	5002323	3613225	1389098	162553
14876914	9736400	5140514	2835825	2304689	933468
44133381	31941060	12192321	9148853	3043468	3265474
51621227	34086650	17534577	8488861	9045716	558611
44375077	27802228	16572849	7331084	9241765	1181617
24191559	11720500	12471058	5956360	6514698	1273628
21530003	11125062	10404941	4314173	6090768	256021
23907094	8146188	15760906	6191127	9569779	1293681
44484345	23706333	20778012	8629737	12148275	764634
32897972	16190173	16707798	6166562	10541237	590232
35422999	20646852	14776147	6658285	8117862	661675
25444592	14988303	10456289	5947032	4509257	294954
68867534	39481260	29386275	15759360	13626915	8620394
21114813	9043022	12071791	5606538	6465253	725787
4774758	2347152	2427606	833644	1593962	375686
18182257	10661219	7521037	2808585	4712452	581613
40258009	20662896	19595113	7295328	12299785	1072172
13736668	6238556	7498112	2287535	5210578	527453
19489290	8570499	10918791	2925324	7993467	313827
1048550	619232	429317	323777	105540	116418
30296519	19384550	10911969	4801027	6110942	895500
9914502	4794377	5120126	1838761	3281365	378993
2059584	737497	1322087	495142	826945	387118
3327081	1795274	1531807	1039189	492618	395000
9444177	4801395	4642782	1541149	3101633	2272222
763441	622443	140998	93106	47892	125030
4634659	2916755	1717904	786207	931698	
1691175	988736	702439	181883	520555	27149
4779318	1276595	3502723	647700	2855023	
13825627	9219684	4605943	4503367	102576	5937034

4-4 教育经费支出明细

地 区	合 计	个人部分	工资福利支出	对个人和家庭的补助支出	#助学金
合 计	**1194691872**	**602345777**	**484527262**	**117818514**	**80608812**
北 京	28512167	16181840	13818982	2362857	1427600
天 津	19977000	10678448	9277829	1400619	1134095
河 北	53089695	28080432	21374717	6705714	3194925
山 西	28810815	14396448	11335725	3060723	2020796
内蒙古	18202694	10952900	8764096	2188804	1644617
辽 宁	37152792	19172705	15389422	3783283	3034825
吉 林	19391907	9979279	7926917	2052361	1540221
黑龙江	21655268	13250175	10658076	2592099	1684260
上 海	41839597	20507146	17967821	2539325	2089689
江 苏	84953968	46984529	38784855	8199674	5564565
浙 江	72599245	34398454	28605108	5793346	3644700
安 徽	43392042	22660927	16546749	6114178	3298581
福 建	36876983	18859572	14973754	3885818	2388918
江 西	46443165	21242390	17545245	3697145	2884492
山 东	77917770	39852194	33404663	6447531	4234583
河 南	67431458	34219724	27763004	6456719	4679157
湖 北	45764063	23524895	18941885	4583010	2932800
湖 南	42446282	22580185	17750160	4830025	2939970
广 东	122422659	56831772	46793579	10038193	5830691
广 西	40301137	18460537	14224663	4235874	3290610
海 南	9959818	4809373	3838417	970956	759396
重 庆	29485547	14295461	10955674	3339787	2655740
四 川	56177138	26746052	21355415	5390636	4062054
贵 州	27552878	13342810	9355753	3987058	2847310
云 南	35623528	15820411	12693382	3127029	2772023
西 藏	3019153	1854185	1325879	528306	487514
陕 西	38070235	19530310	15703250	3827060	3085871
甘 肃	16764772	8277418	6435552	1841866	1470242
青 海	4559763	2113061	1688028	425033	229049
宁 夏	7427296	4120004	2445586	1674418	1440250
新 疆	16871037	8622142	6883074	1739068	1339268
大 连	1643093	754621	671383	83238	35523
宁 波	8717147	4082487	3396247	686240	421065
厦 门	3536804	1818480	1296465	522016	143881
青 岛	6448093	1668776	1429035	239740	200999
深 圳	28963996	9689893	8164813	1525081	1058602

(地方高等学校)

单位：千元

公用部分	商品和服务支出	其他资本性支出	专项公用支出	专项项目支出	基本建设支出
566054461	**302366993**	**263687468**	**111855601**	**151831867**	**26291634**
11609400	9230861	2378539	2093558	284981	720928
9038984	5302075	3736908	1679462	2057446	259568
23911922	10318524	13593398	7946320	5647079	1097341
13784036	6859406	6924630	3330779	3593850	630332
6713337	3956680	2756657	1288296	1468361	536457
17303666	10821015	6482651	2735372	3747279	676421
9281901	5903813	3378088	2101622	1276466	130728
7790239	4562812	3227427	1523095	1704332	614854
18643014	14179694	4463320	3416618	1046702	2689436
37777488	23935351	13842137	5707856	8134281	191951
37448221	22617445	14830775	5998326	8832450	752570
19778236	8592086	11186150	5031431	6154720	952879
17809099	9225205	8583894	3358426	5225469	208312
23907094	8146188	15760906	6191127	9569779	1293681
37462526	19047246	18415280	7479959	10935322	603050
32789098	16113329	16675768	6134532	10541237	422637
22157638	11428945	10728693	3942871	6785822	81530
19703295	11260040	8443255	4229412	4213844	162802
56977042	32794613	24182430	11658943	12523486	8613845
21114813	9043022	12071791	5606538	6465253	725787
4774758	2347152	2427606	833644	1593962	375686
14773848	7720636	7053212	2456933	4596279	416239
28623454	13018678	15604776	5171945	10432831	807632
13682614	6238556	7444058	2287535	5156524	527453
19489290	8570499	10918791	2925324	7993467	313827
1048550	619232	429317	323777	105540	116418
17983512	10603893	7379620	2504242	4875378	556413
8250307	3826869	4423438	1450559	2972878	237048
2059584	737497	1322087	495142	826945	387118
2912292	1562549	1349743	963386	386356	395000
7455203	3783081	3672121	988572	2683550	793693
763441	622443	140998	93106	47892	125030
4634659	2916755	1717904	786207	931698	
1691175	988736	702439	181883	520555	27149
4779318	1276595	3502723	647700	2855023	
13337068	9154007	4183062	4080485	102576	5937034

4-5 教育经费支出明细

地区	合计	个人部分	工资福利支出	对个人和家庭的补助支出	#助学金
合计	**1608201847**	**805711820**	**636953939**	**168757881**	**120245567**
北京	146664271	73275303	52676922	20598381	16792328
天津	32570241	15844184	13397981	2446203	2052489
河北	54490388	28929962	21997993	6931969	3316063
山西	28566608	14225877	11181818	3044059	2019287
内蒙古	18012426	10843535	8662672	2180863	1644367
辽宁	49448846	25329707	20387181	4942526	4028463
吉林	29299762	15337815	11815587	3522228	2298454
黑龙江	34145588	18451155	14685490	3765664	2554244
上海	87813601	41012557	34640031	6372527	5577072
江苏	116141425	64053075	51471582	12581493	8575643
浙江	84501532	39743398	32423279	7320119	4980953
安徽	52480657	27195071	19734512	7460559	4132403
福建	44782317	23409582	18506180	4903402	3128455
江西	45912386	20916416	17267391	3649025	2858619
山东	91317407	46577548	38662346	7915202	5229832
河南	67551770	34163917	27713025	6450892	4683721
湖北	77065734	41016314	32601524	8414790	5741070
湖南	52801493	27464290	21589147	5875142	3770416
广东	142005865	65358253	53272077	12086176	7202522
广西	39988194	18303121	14088527	4214593	3280969
海南	9851624	4743128	3780189	962939	752108
重庆	37590517	18833972	14479954	4354018	3343302
四川	79879941	39070094	31516373	7553721	5783204
贵州	27309658	13187632	9260825	3926807	2802380
云南	35410778	15741592	12615235	3126358	2772019
西藏	3019153	1854185	1325879	528306	487514
陕西	63764054	32863554	26221060	6642494	5180260
甘肃	21154867	10942915	8308397	2634518	1944319
青海	4517970	2082290	1659693	422596	229049
宁夏	8396166	4674084	2903386	1770698	1516296
新疆	21746610	10267291	8107681	2159610	1567748
大连	1474063	644638	565830	78808	35504
宁波	8372277	3949854	3269981	679873	420371
厦门	3536804	1818480	1296465	522016	143881
青岛	6280872	1619851	1383607	236245	200872
深圳	29339406	9624156	8106811	1517345	1058256

（普通高等学校）

单位：千元

公用部分	商品和服务支出	其他资本性支出	专项公用支出	专项项目支出	基本建设支出
766579772	**434524668**	**332055104**	**159366493**	**172688611**	**35910255**
69616295	46596123	23020172	15534495	7485677	3772673
15633417	8745941	6887476	4427588	2459888	1092641
24421472	10675597	13745874	8073103	5672772	1138954
13710399	6791466	6918934	3327565	3591369	630332
6632434	3882806	2749628	1284448	1465180	536457
23263301	14569296	8694005	4528507	4165498	855838
13799394	8813428	4985966	3598782	1387183	162553
14760965	9633506	5127459	2829905	2297554	933468
43535570	31387908	12147662	9111054	3036608	3265474
51529739	34010487	17519252	8475959	9043293	558611
43576571	27288453	16288118	7266671	9021447	1181562
24011958	11561052	12450906	5939786	6511120	1273628
21116714	10738769	10377945	4295470	6082474	256021
23702289	7962518	15739770	6171565	9568205	1293681
43988224	23250723	20737501	8615048	12122453	751634
32797621	16095605	16702016	6162190	10539826	590232
35387745	20612941	14774804	6656942	8117862	661675
25042249	14702601	10339648	5882109	4457539	294954
68027219	38731535	29295684	15684897	13610786	8620394
20959286	8918975	12040311	5581868	6458443	725787
4732809	2307297	2425512	831862	1593650	375686
18174932	10653991	7520941	2808489	4712452	581613
39737674	20332517	19405158	7135630	12269527	1072172
13594573	6155183	7439390	2244860	5194530	527453
19355359	8463400	10891959	2906277	7985682	313827
1048550	619232	429317	323777	105540	116418
30006313	19145270	10861043	4777207	6083836	894187
9832959	4726420	5106539	1831006	3275532	378993
2048563	730018	1318544	491599	826945	387118
3327081	1795274	1531807	1039189	492618	395000
9208097	4626334	4581763	1528644	3053119	2271222
704394	566266	138129	92279	45849	125030
4422423	2800750	1621672	768184	853488	
1691175	988736	702439	181883	520555	27149
4661021	1160524	3500497	645475	2855023	
13778217	9173635	4604582	4502006	102576	5937034

4-6 教育经费支出明细

地区	合计	个人部分	工资福利支出	对个人和家庭的补助支出	#助学金
合计	**1179096714**	**593750562**	**476908967**	**116841595**	**80409073**
北京	27533788	15491866	13180944	2310922	1427595
天津	19627439	10428760	9039940	1388820	1132888
河北	52285565	27561670	20929198	6632471	3186552
山西	28566608	14225877	11181818	3044059	2019287
内蒙古	18012426	10843535	8662672	2180863	1644367
辽宁	36751922	18909068	15144830	3764237	3034806
吉林	18850498	9595620	7584880	2010739	1532609
黑龙江	21181934	12892789	10382526	2510264	1684082
上海	40630207	19895568	17384904	2510664	2088973
江苏	84746460	46868509	38687356	8181153	5562596
浙江	71080861	33678630	27918691	5759939	3641473
安徽	42990560	22439046	16343119	6095927	3298260
福建	36167157	18563035	14718224	3844811	2377927
江西	45912386	20916416	17267391	3649025	2858619
山东	77210959	39654504	33226620	6427883	4233830
河南	67143288	34031904	27596820	6435084	4678222
湖北	45666160	23462246	18887333	4574913	2932775
湖南	41719823	22256069	17468138	4787931	2939562
广东	120490047	55739475	45873038	9866437	5823823
广西	39988194	18303121	14088527	4214593	3280969
海南	9851624	4743128	3780189	962939	752108
重庆	29468854	14286092	10947422	3338670	2655740
四川	55277025	26366273	21005598	5360675	4060047
贵州	27254317	13186345	9260825	3925520	2801093
云南	35410778	15741592	12615235	3126358	2772019
西藏	3019153	1854185	1325879	528306	487514
陕西	37327729	19079323	15326079	3753243	3022627
甘肃	16549053	8143242	6309834	1833408	1470242
青海	4517970	2082290	1659693	422596	229049
宁夏	7427296	4120004	2445586	1674418	1440250
新疆	16436634	8390380	6665654	1724726	1339168
大连	1474063	644638	565830	78808	35504
宁波	8372277	3949854	3269981	679873	420371
厦门	3536804	1818480	1296465	522016	143881
青岛	6280872	1619851	1383607	236245	200872
深圳	28850398	9623706	8106361	1517345	1058256

(地方普通高等学校)

单位：千元

公用部分	商品和服务支出	其他资本性支出			基本建设支出
			专项公用支出	专项项目支出	
559089886	**296652066**	**262437820**	**111109823**	**151327997**	**26256267**
11320994	8963715	2357280	2075970	281310	720928
8959112	5235261	3723851	1666405	2057446	239568
23626554	10098581	13527973	7884696	5643277	1097341
13710399	6791466	6918934	3327565	3591369	630332
6632434	3882806	2749628	1284448	1465180	536457
17166432	10691633	6474799	2729754	3745045	676421
9124150	5762419	3361731	2087179	1274552	130728
7674290	4459918	3214372	1517175	1697197	614854
18045202	13626542	4418661	3378819	1039842	2689436
37686000	23859187	13826813	5694955	8131858	191951
36649716	22103670	14546045	5933913	8612132	752515
19598636	8432638	11165998	5014856	6151142	952879
17395810	8838913	8556898	3339723	5217175	208312
23702289	7962518	15739770	6171565	9568205	1293681
36966406	18591636	18374769	7465269	10909500	590050
32688747	16018761	16669986	6130160	10539826	422637
22122384	11395034	10727350	3941528	6785822	81530
19300952	10974338	8326614	4164489	4162125	162802
56136727	32044888	24091839	11584481	12507358	8613845
20959286	8918975	12040311	5581868	6458443	725787
4732809	2307297	2425512	831862	1593650	375686
14766523	7713408	7053115	2456836	4596279	416239
28103120	12688299	15414821	5012247	10402573	807632
13540519	6155183	7385336	2244860	5140476	527453
19355359	8463400	10891959	2906277	7985682	313827
1048550	619232	429317	323777	105540	116418
17693306	10364612	7328694	2480421	4848273	555100
8168763	3758912	4409851	1442805	2967046	237048
2048563	730018	1318544	491599	826945	387118
2912292	1562549	1349743	963386	386356	395000
7253561	3636254	3617308	980936	2636372	792693
704394	566266	138129	92279	45849	125030
4422423	2800750	1621672	768184	853488	
1691175	988736	702439	181883	520555	27149
4661021	1160524	3500497	645475	2855023	
13289658	9107957	4181701	4079124	102576	5937034

4-7 教育经费支出明细

地区	合计	个人部分	工资福利支出	对个人和家庭的补助支出	#助学金
合计	**1270656337**	**638306709**	**505050064**	**133256646**	**93843112**
北京	142570074	70795867	50448932	20346936	16648303
天津	27800196	13073972	10953214	2120758	1800736
河北	41878263	22420319	16945650	5474669	2471038
山西	22321734	10567777	8365095	2202682	1387751
内蒙古	11873798	7383907	5881305	1502602	1095898
辽宁	41764567	21234175	17506241	3727934	2925365
吉林	24709218	13280326	10334343	2945983	1856445
黑龙江	27790212	14763805	11839346	2924460	2026668
上海	83575629	38876329	32681389	6194941	5455834
江苏	91998033	50394607	39958937	10435670	7113694
浙江	67662832	31235738	25193512	6042225	4108578
安徽	37913697	20229254	14792520	5436734	2741813
福建	33632994	18726178	14774217	3951961	2462136
江西	33198981	14740413	12262455	2477958	1842169
山东	67636204	34723464	28667347	6056117	4037882
河南	45195352	23721376	19467087	4254290	2958399
湖北	63276103	33974433	26965932	7008500	4883154
湖南	37705894	18988508	14694054	4294454	2692152
广东	108723149	48624115	39435807	9188308	5463508
广西	25894076	12635921	9917633	2718289	1973014
海南	7912991	3688887	3021813	667074	521320
重庆	26342843	13769658	10802673	2966985	2186079
四川	60052353	30599548	25047528	5552020	4314553
贵州	17522553	8579259	6192495	2386764	1523647
云南	25981009	11507822	9514497	1993325	1719201
西藏	2382650	1414393	1019594	394799	361045
陕西	54706650	28269141	22700469	5568672	4325302
甘肃	15904298	8714805	6703226	2011579	1386887
青海	3511961	1553713	1235268	318445	166624
宁夏	5575174	2651156	2100018	551138	329870
新疆	13642848	7167841	5627469	1540372	1064044
大连	1118273	428699	378555	50144	14170
宁波	6677458	3132068	2535531	596537	358918
厦门	2159696	1242931	858975	383957	103196
青岛	4148921	889252	737027	152225	141890
深圳	24377655	7475315	6232912	1242403	909406

(普通高等本科学校)

单位：千元

公用部分	商品和服务支出	其他资本性支出			基本建设支出
			专项公用支出	专项项目支出	
602066614	**363783232**	**238283382**	**123381468**	**114901914**	**30283013**
68049974	45455038	22594937	15149404	7445533	3724232
13738583	7642283	6096299	3970080	2126219	987641
18814798	8297314	10517484	6727890	3789594	643146
11123625	5384500	5739125	2824886	2914239	630332
4150736	2595041	1555695	684281	871414	339156
19738032	12753389	6984643	3550634	3434009	792360
11276758	7755457	3521302	2916062	605239	152134
12317083	8321240	3995842	2193516	1802326	709324
41794923	29980941	11813981	8883359	2930622	2904376
41056965	28211348	12845618	6589521	6256097	546461
35456265	22746217	12710047	5510335	7199712	970830
16846112	8757963	8088149	4245526	3842623	838331
14752483	8458745	6293738	3098867	3194872	154332
17244675	6031675	11213000	4316393	6896607	1213893
32407149	18878201	13528948	6430165	7098784	505591
21084207	11948014	9136192	3360361	5775831	389769
28639996	17934628	10705368	5306456	5398911	661675
18473855	11477326	6996530	4476173	2520357	243530
52003429	31319645	20683784	11953487	8730297	8095605
12854913	6516342	6338571	2893422	3445150	403242
3968386	1789788	2178598	684259	1494339	255718
12263679	7823931	4439748	1682376	2757372	309505
28525611	16255421	12270190	5126573	7143617	927194
8559938	4327515	4232423	939179	3293244	383356
14218428	6185264	8033163	2248733	5784431	254759
861303	520840	340463	241304	99159	106954
25765536	17376332	8389204	4067965	4321238	671972
6821253	3731771	3089482	1290833	1798649	368240
1646737	552539	1094198	321307	772890	311512
2674018	1414966	1259052	887101	371951	250000
4937164	3339558	1597606	811019	786587	1537843
564543	481225	83318	41233	42085	125030
3545390	2326658	1218732	593534	625198	
916765	672708	244056	105875	138182	
3259669	875016	2384653	495915	1888738	
11465038	7742205	3722832	3620256	102576	5437302

4-8 教育经费支出明细

地区	合计	个人部分	工资福利支出	对个人和家庭的补助支出	#助学金
合计	**845780526**	**428427187**	**346735837**	**81691350**	**54216463**
北京	23652206	13106183	11032214	2073969	1295049
天津	14857394	7658548	6595174	1063374	881135
河北	39673440	21052026	15876855	5175171	2341528
山西	22321734	10567777	8365095	2202682	1387751
内蒙古	11873798	7383907	5881305	1502602	1095898
辽宁	29067643	14813536	12263890	2549646	1931708
吉林	14259954	7538131	6103636	1434494	1090600
黑龙江	15734336	9836856	8047260	1789597	1190417
上海	36666748	17911336	15565455	2345880	1979586
江苏	60603068	33210041	27174711	6035330	4100648
浙江	54242161	25170969	20688925	4482045	2769098
安徽	28423600	15473228	11401126	4072102	1907670
福建	25017834	13879631	10986261	2893370	1711608
江西	33198981	14740413	12262455	2477958	1842169
山东	53529757	27800420	23231622	4568798	3041880
河南	44786869	23589364	19350882	4238481	2952900
湖北	32303279	16699518	13475062	3224456	2117623
湖南	26754089	13880719	10673477	3207243	1861298
广东	87647578	39260088	32264279	6995809	4098496
广西	25894076	12635921	9917633	2718289	1973014
海南	7912991	3688887	3021813	667074	521320
重庆	18510358	9350323	7369706	1980617	1525202
四川	35704914	18037697	14647007	3390690	2616816
贵州	17467212	8577972	6192495	2385477	1522360
云南	25981009	11507822	9514497	1993325	1719201
西藏	2382650	1414393	1019594	394799	361045
陕西	28270324	14484910	11805488	2679422	2167669
甘肃	11298485	5915132	4704664	1210469	912810
青海	3511961	1553713	1235268	318445	166624
宁夏	4606304	2097076	1642218	454858	253824
新疆	9625770	5590650	4425772	1164878	879514
大连	1118273	428699	378555	50144	14170
宁波	6677458	3132068	2535531	596537	358918
厦门	2159696	1242931	858975	383957	103196
青岛	4148921	889252	737027	152225	141890
深圳	23888646	7474865	6232462	1242403	909406

(地方普通高等本科学校)

单位：千元

公用部分	商品和服务支出	其他资本性支出	专项公用支出	专项项目支出	基本建设支出
396423552	**226899621**	**169523931**	**75485745**	**94038186**	**20929787**
9834494	7892827	1941667	1700501	241166	711529
7064278	4131603	2932674	1208897	1723777	134568
18019880	7720298	10299583	6539484	3760099	601534
11123625	5384500	5739125	2824886	2914239	630332
4150736	2595041	1555695	684281	871414	339156
13641163	8875726	4765437	1751881	3013556	612944
6601515	4704448	1897067	1404459	492608	120309
5506769	3368861	2137908	913046	1224862	390711
16427074	12309322	4117752	3163742	954010	2328339
27213226	18060048	9153178	3808516	5344662	179801
28529409	17561435	10967974	4177577	6790397	541783
12432790	5629549	6803241	3320596	3482645	517581
11031580	6558888	4472692	2143119	2329572	106623
17244675	6031675	11213000	4316393	6896607	1213893
25385331	14219114	11166217	5280386	5885831	344006
20975332	11871170	9104162	3328331	5775831	222173
15522231	8834524	6687707	2606287	4081420	81530
12761992	7773280	4988712	2763769	2224943	111378
40298433	24698229	15600205	7893214	7706990	8089056
12854913	6516342	6338571	2893422	3445150	403242
3968386	1789788	2178598	684259	1494339	255718
9015904	5043982	3971922	1330723	2641199	144131
17004563	8720438	8284125	3007462	5276663	662654
8505884	4327515	4178369	939179	3239190	383356
14218428	6185264	8033163	2248733	5784431	254759
861303	520840	340463	241304	99159	106954
13452529	8595674	4856854	1771180	3085675	332886
5157057	2764263	2392794	902631	1490163	226295
1646737	552539	1094198	321307	772890	311512
2259229	1182241	1076988	811299	265689	250000
3714087	2480198	1233889	504880	729008	321034
564543	481225	83318	41233	42085	125030
3545390	2326658	1218732	593534	625198	
916765	672708	244056	105875	138182	
3259669	875016	2384653	495915	1888738	
10976479	7676528	3299951	3197374	102576	5437302

4-9 教育经费支出明细

地区	合计	个人部分	工资福利支出	对个人和家庭的补助支出	#助学金
合计	**337545510**	**167405111**	**131903875**	**35501235**	**26402455**
北京	4094198	2479436	2227990	251445	144025
天津	4770046	2770212	2444766	325445	251753
河北	12612125	6509644	5052343	1457301	845025
山西	6244874	3658100	2816723	841377	631536
内蒙古	6138627	3459628	2781367	678261	548470
辽宁	7684279	4095532	2880940	1214592	1103098
吉林	4590543	2057489	1481244	576245	442008
黑龙江	6355375	3687349	2846144	841205	527576
上海	4237972	2136228	1958642	177586	121237
江苏	24143391	13658468	11512645	2145823	1461948
浙江	16838699	8507660	7229767	1277894	872374
安徽	14566960	6965817	4941992	2023825	1390590
福建	11149323	4683404	3731963	951441	666319
江西	12713405	6176003	5004936	1171067	1016450
山东	23681202	11854084	9994999	1859085	1191949
河南	22356418	10442541	8245938	2196602	1725322
湖北	13789630	7041881	5635592	1406289	857916
湖南	15095599	8475782	6895094	1580688	1078263
广东	33282716	16734138	13836271	2897867	1739014
广西	14094118	5667199	4170895	1496305	1307955
海南	1938632	1054241	758376	295865	230788
重庆	11247674	5064314	3677281	1387033	1157223
四川	19827587	8470547	6468846	2001701	1468651
贵州	9787105	4608373	3068330	1540043	1278732
云南	9429769	4233770	3100738	1133032	1052818
西藏	636503	439792	306285	133507	126469
陕西	9057405	4594413	3520591	1073822	854958
甘肃	5250569	2228110	1605171	622939	557431
青海	1006009	528577	424426	104152	62425
宁夏	2820992	2022929	803369	1219560	1186425
新疆	8103763	3099450	2480212	619238	503704
大连	355790	215939	187275	28664	21334
宁波	1694818	817786	734450	83335	61453
厦门	1377108	575549	437490	138059	40685
青岛	2131951	730600	646580	84020	58982
深圳	4961752	2148841	1873899	274942	148849

(普通高职高专学校)

单位：千元

公用部分	商品和服务支出	其他资本性支出	专项公用支出	专项项目支出	基本建设支出
164513158	**70741436**	**93771722**	**35985025**	**57786697**	**5627242**
1566321	1141085	425235	385091	40144	48441
1894834	1103657	791177	457507	333669	105000
5606674	2378284	3228390	1345213	1883178	495807
2586774	1406965	1179809	502679	677130	
2481698	1287765	1193933	600167	593766	197301
3525269	1815908	1709361	977873	731489	63478
2522636	1057971	1464664	682720	781944	10419
2443883	1312266	1131617	636389	495227	224143
1740647	1406966	333681	227695	105985	361098
10472773	5799139	4673634	1886439	2787196	12150
8120307	4542236	3578071	1756336	1821735	210732
7165846	2803089	4362756	1694259	2668497	435297
6364231	2280025	4084206	1196603	2887603	101689
6457613	1930843	4526770	1855172	2671598	79788
11581075	4372522	7208553	2184883	5023669	246043
11713415	4147591	7565824	2801829	4763995	200463
6747749	2678313	4069436	1350486	2718950	
6568394	3225275	3343119	1405936	1937182	51424
16023790	7411890	8611900	3731410	4880490	524788
8104373	2402633	5701740	2688446	3013294	322545
764423	517508	246914	147603	99311	119968
5911253	2830060	3081193	1126113	1955080	272107
11212063	4077095	7134968	2009057	5125910	144978
5034636	1827669	3206967	1305681	1901286	144097
5136931	2278136	2858795	657544	2201251	59068
187247	98392	88854	82473	6381	9464
4240777	1768938	2471839	709241	1762598	222215
3011706	994649	2017057	540174	1476883	10753
401826	177479	224347	170292	54055	75606
653063	380308	272755	152088	120667	145000
4270933	1286776	2984157	717625	2266532	733379
139852	85040	54811	51046	3765	
877033	474093	402940	174651	228290	
774410	316028	458382	76009	382373	27149
1401352	285508	1115844	149559	966285	
2313179	1431429	881750	881750		499732

4-10 教育经费支出明细

地区	合计	个人部分	工资福利支出	对个人和家庭的补助支出	#助学金
合计	**333316188**	**165323375**	**130173130**	**35150245**	**26192610**
北京	3881582	2385683	2148730	236953	132546
天津	4770046	2770212	2444766	325445	251753
河北	12612125	6509644	5052343	1457301	845025
山西	6244874	3658100	2816723	841377	631536
内蒙古	6138627	3459628	2781367	678261	548470
辽宁	7684279	4095532	2880940	1214592	1103098
吉林	4590543	2057489	1481244	576245	442008
黑龙江	5447598	3055933	2335266	720667	493665
上海	3963458	1984232	1819448	164784	109387
江苏	24143391	13658468	11512645	2145823	1461948
浙江	16838699	8507660	7229767	1277894	872374
安徽	14566960	6965817	4941992	2023825	1390590
福建	11149323	4683404	3731963	951441	666319
江西	12713405	6176003	5004936	1171067	1016450
山东	23681202	11854084	9994999	1859085	1191949
河南	22356418	10442541	8245938	2196602	1725322
湖北	13362882	6762729	5412272	1350457	815152
湖南	14965734	8375350	6794662	1580688	1078263
广东	32842469	16479387	13608759	2870628	1725328
广西	14094118	5667199	4170895	1496305	1307955
海南	1938632	1054241	758376	295865	230788
重庆	10958496	4935769	3577717	1358053	1130538
四川	19572111	8328576	6358591	1969985	1443232
贵州	9787105	4608373	3068330	1540043	1278732
云南	9429769	4233770	3100738	1133032	1052818
西藏	636503	439792	306285	133507	126469
陕西	9057405	4594413	3520591	1073822	854958
甘肃	5250569	2228110	1605171	622939	557431
青海	1006009	528577	424426	104152	62425
宁夏	2820992	2022929	803369	1219560	1186425
新疆	6810864	2799730	2239882	559848	459654
大连	355790	215939	187275	28664	21334
宁波	1694818	817786	734450	83335	61453
厦门	1377108	575549	437490	138059	40685
青岛	2131951	730600	646580	84020	58982
深圳	4961752	2148841	1873899	274942	148849

(地方普通高职高专学校)

单位：千元

公用部分	商品和服务支出	其他资本性支出			基本建设支出
			专项公用支出	专项项目支出	
162666334	**69752445**	**92913889**	**35624079**	**57289811**	**5326479**
1486500	1070888	415613	375469	40144	9399
1894834	1103657	791177	457507	333669	105000
5606674	2378284	3228390	1345213	1883178	495807
2586774	1406965	1179809	502679	677130	
2481698	1287765	1193933	600167	593766	197301
3525269	1815908	1709361	977873	731489	63478
2522636	1057971	1464664	682720	781944	10419
2167521	1091058	1076464	604130	472334	224143
1618128	1317220	300909	215076	85832	361098
10472773	5799139	4673634	1886439	2787196	12150
8120307	4542236	3578071	1756336	1821735	210732
7165846	2803089	4362756	1694259	2668497	435297
6364231	2280025	4084206	1196603	2887603	101689
6457613	1930843	4526770	1855172	2671598	79788
11581075	4372522	7208553	2184883	5023669	246043
11713415	4147591	7565824	2801829	4763995	200463
6600153	2560510	4039643	1335241	2704401	
6538960	3201057	3337903	1400720	1937182	51424
15838293	7346659	8491634	3691267	4800367	524788
8104373	2402633	5701740	2688446	3013294	322545
764423	517508	246914	147603	99311	119968
5750619	2669426	3081193	1126113	1955080	272107
11098557	3967862	7130695	2004785	5125910	144978
5034636	1827669	3206967	1305681	1901286	144097
5136931	2278136	2858795	657544	2201251	59068
187247	98392	88854	82473	6381	9464
4240777	1768938	2471839	709241	1762598	222215
3011706	994649	2017057	540174	1476883	10753
401826	177479	224347	170292	54055	75606
653063	380308	272755	152088	120667	145000
3539475	1156056	2383419	476056	1907364	471659
139852	85040	54811	51046	3765	
877033	474093	402940	174651	228290	
774410	316028	458382	76009	382373	27149
1401352	285508	1115844	149559	966285	
2313179	1431429	881750	881750		499732

4-11 教育经费支出明细

地区	合计	个人部分	工资福利支出	对个人和家庭的补助支出	#助学金
合计	**16973101**	**9160071**	**8152028**	**1008043**	**199739**
北京	2207248	1141252	1060488	80764	5
天津	349561	249689	237889	11799	1207
河北	804130	518762	445519	73243	8373
山西	244207	170571	153907	16664	1510
内蒙古	190268	109364	101423	7941	250
辽宁	411981	273689	254643	19046	19
吉林	541409	383659	342037	41622	7613
黑龙江	473334	357385	275550	81835	178
上海	1209390	611578	582918	28661	716
江苏	207509	116020	97499	18521	1969
浙江	1518384	719824	686417	33407	3227
安徽	401482	221881	203631	18251	321
福建	709826	296537	255531	41007	10991
江西	530780	325974	277854	48120	25873
山东	706811	197690	178042	19648	753
河南	288170	187820	166184	21635	935
湖北	97903	62649	54552	8097	25
湖南	726459	324116	282022	42094	408
广东	1932612	1092296	920541	171756	6867
广西	312943	157416	136135	21281	9641
海南	108194	66245	58228	8017	7287
重庆	16693	9369	8252	1117	
四川	900113	379779	349817	29961	2007
贵州	298561	156465	94928	61538	46218
云南	212750	78819	78147	671	4
西藏					
陕西	742506	450987	377170	73817	63243
甘肃	215719	134175	125717	8458	
青海	41792	30771	28335	2436	
宁夏					
新疆	572366	335287	318650	16636	100
大连	169030	109983	105552	4430	19
宁波	344870	132633	126266	6368	694
厦门					
青岛	167221	48924	45429	3496	127
深圳	113598	66188	58452	7736	347

(成人高等学校)

单位：千元

公用部分	商品和服务支出	其他资本性支出			基本建设支出
			专项公用支出	专项项目支出	
7777662	**6438511**	**1339151**	**833237**	**505914**	**35368**
1065996	961438	104557	100179	4379	
79872	66814	13057	13057		20000
285368	219942	65425	61624	3802	
73636	67941	5696	3214	2482	
80904	73874	7029	3848	3181	
138292	130440	7852	5618	2234	
157750	141393	16357	14442	1914	
115949	102893	13055	5920	7135	
597812	553152	44660	37799	6860	
91488	76164	15325	12902	2423	
798505	513775	284730	64413	220318	55
179600	159448	20153	16575	3578	
413289	386292	26996	18703	8294	
204806	183670	21136	19562	1574	
496121	455610	40511	14689	25822	13000
100351	94568	5782	4372	1410	
35254	33911	1343	1343		
402343	285702	116641	64923	51718	
840316	749725	90591	74462	16129	
155527	124047	31480	24671	6809	
41949	39856	2094	1782	312	
7325	7228	96	96		
520334	330379	189955	159698	30257	
142095	83373	58723	42675	16048	
133931	107098	26833	19048	7785	
290206	239280	50926	23821	27105	1313
81543	67957	13587	7754	5832	
11021	7479	3542	3542		
236080	175061	61019	12505	48513	1000
59047	56178	2869	826	2043	
212237	116005	96232	18022	78210	
118297	116071	2226	2226		
47410	46049	1361	1361		

4-12 教育经费支出明细

地区	合计	个人部分	工资福利支出	对个人和家庭的补助支出	#助学金
合计	**15595158**	**8595215**	**7618295**	**976920**	**199739**
北京	978379	689974	638038	51936	5
天津	349561	249689	237889	11799	1207
河北	804130	518762	445519	73243	8373
山西	244207	170571	153907	16664	1510
内蒙古	190268	109364	101423	7941	250
辽宁	400870	263637	244591	19046	19
吉林	541409	383659	342037	41622	7613
黑龙江	473334	357385	275550	81835	178
上海	1209390	611578	582918	28661	716
江苏	207509	116020	97499	18521	1969
浙江	1518384	719824	686417	33407	3227
安徽	401482	221881	203631	18251	321
福建	709826	296537	255531	41007	10991
江西	530780	325974	277854	48120	25873
山东	706811	197690	178042	19648	753
河南	288170	187820	166184	21635	935
湖北	97903	62649	54552	8097	25
湖南	726459	324116	282022	42094	408
广东	1932612	1092296	920541	171756	6867
广西	312943	157416	136135	21281	9641
海南	108194	66245	58228	8017	7287
重庆	16693	9369	8252	1117	
四川	900113	379779	349817	29961	2007
贵州	298561	156465	94928	61538	46218
云南	212750	78819	78147	671	4
西藏					
陕西	742506	450987	377170	73817	63243
甘肃	215719	134175	125717	8458	
青海	41792	30771	28335	2436	
宁夏					
新疆	434403	231761	217420	14342	100
大连	169030	109983	105552	4430	19
宁波	344870	132633	126266	6368	694
厦门					
青岛	167221	48924	45429	3496	127
深圳	113598	66188	58452	7736	347

(地方成人高等学校)

单位：千元

公用部分	商品和服务支出	其他资本性支出	专项公用支出	专项项目支出	基本建设支出
6964575	**5714927**	**1249648**	**745778**	**503870**	**35368**
288406	267147	21259	17588	3671	
79872	66814	13057	13057		20000
285368	219942	65425	61624	3802	
73636	67941	5696	3214	2482	
80904	73874	7029	3848	3181	
137233	129382	7852	5618	2234	
157750	141393	16357	14442	1914	
115949	102893	13055	5920	7135	
597812	553152	44660	37799	6860	
91488	76164	15325	12902	2423	
798505	513775	284730	64413	220318	55
179600	159448	20153	16575	3578	
413289	386292	26996	18703	8294	
204806	183670	21136	19562	1574	
496121	455610	40511	14689	25822	13000
100351	94568	5782	4372	1410	
35254	33911	1343	1343		
402343	285702	116641	64923	51718	
840316	749725	90591	74462	16129	
155527	124047	31480	24671	6809	
41949	39856	2094	1782	312	
7325	7228	96	96		
520334	330379	189955	159698	30257	
142095	83373	58723	42675	16048	
133931	107098	26833	19048	7785	
290206	239280	50926	23821	27105	1313
81543	67957	13587	7754	5832	
11021	7479	3542	3542		
201641	146828	54814	7636	47178	1000
59047	56178	2869	826	2043	
212237	116005	96232	18022	78210	
118297	116071	2226	2226		
47410	46049	1361	1361		

4-13 教育经费支出明细

地区	合计	个人部分	工资福利支出	对个人和家庭的补助支出	#助学金
合计	**327453259**	**174336127**	**152114610**	**22221517**	**11749155**
北京	6517386	4330048	4020112	309936	65420
天津	2729437	1960662	1830050	130613	44354
河北	19465672	10363813	8899408	1464405	630452
山西	7978858	4088683	3618642	470041	317336
内蒙古	4793402	2924425	2551528	372897	261092
辽宁	6376726	4309668	3667667	642002	171000
吉林	4312653	2576894	2359906	216987	133929
黑龙江	4720834	3245641	2692324	553317	85094
上海	7015722	4078297	3742699	335598	183118
江苏	23626502	14689591	13499485	1190106	312620
浙江	24370168	12083252	11464030	619222	310960
安徽	13288187	6013886	4730764	1283122	751931
福建	11144096	5387212	4867408	519803	159110
江西	12592632	3875347	3242579	632769	514821
山东	26042117	14453886	13143758	1310128	424031
河南	16603351	7953133	7004749	948384	621901
湖北	10094192	5135609	4401194	734415	387633
湖南	13496414	6748159	5758514	989645	640762
广东	33713360	19484112	17463854	2020259	437335
广西	9322659	4791546	4180859	610687	403034
海南	2277343	1229140	1077147	151993	130321
重庆	9543080	4662393	3549271	1113122	753970
四川	14414010	8060683	6594379	1466304	889007
贵州	6971917	3821364	2876318	945046	794265
云南	10122955	5351264	4362873	988391	769721
西藏	1535517	926493	788480	138013	119808
陕西	7478014	3950833	3437122	513711	364837
甘肃	4813905	2580516	2174144	406372	272203
青海	1328947	654099	503822	150277	102405
宁夏	1640357	786792	685028	101764	72862
新疆	9122846	3818682	2926495	892187	623824
大连	1214639	844237	813082	31155	3897
宁波	4362579	2125339	2039210	86128	32692
厦门	2332783	1041927	853985	187943	81781
青岛	4394542	2626722	2370535	256186	29881
深圳	3446019	1704085	1491194	212891	78576

(中等职业学校)

单位：千元

公用部分	商品和服务支出	其他资本性支出			基本建设支出
			专项公用支出	专项项目支出	
148812926	**63093596**	**85719330**	**25884617**	**59834713**	**4304207**
2185058	1655274	529783	407236	122547	2280
768775	382112	386663	76503	310160	
9086998	3166914	5920084	1309364	4610720	14861
3843302	1335905	2507397	1022783	1484614	46873
1751679	918463	833216	306140	527076	117299
1984440	1374153	610287	371899	238388	82618
1705500	690453	1015048	229774	785273	30258
1435611	863828	571782	266093	305690	39582
2934276	2338385	595891	441382	154509	3149
8918995	4070797	4848198	1395759	3452439	17917
11018443	4156983	6861460	1831876	5029584	1268473
7199984	2577831	4622153	1399734	3222419	74317
5658027	1780288	3877739	1110393	2767346	98857
8596327	1497593	7098735	1199234	5899500	120957
11524394	4585328	6939066	1643187	5295879	63838
8555646	3486365	5069281	1202067	3867213	94572
4958583	1837307	3121277	706365	2414911	
6703405	3275008	3428397	1384437	2043959	44851
14149077	7462814	6686263	3051248	3635015	80171
3934836	2017278	1917558	982542	935016	596278
1027096	570458	456638	382085	74553	21107
4748388	2476131	2272257	553623	1718634	132299
6249598	3127482	3122116	1071923	2050194	103728
3024832	1513310	1511522	485143	1026379	125720
4715160	1526770	3188389	1155225	2033165	56531
609024	189029	419995	231053	188941	
3503020	1483925	2019095	542371	1476725	24161
2067347	640205	1427142	229110	1198031	166042
593489	232468	361021	165013	196008	81358
793565	350404	443161	264174	178987	60000
4568052	1510336	3057716	466878	2590838	736112
349782	281731	68051	32820	35231	20620
2237240	734640	1502600	257068	1245533	
1199821	423908	775913	243731	532182	91035
1767821	651269	1116551	410581	705971	
1714372	1356569	357803	296106	61697	27562

4-14 教育经费支出明细

地区	合计	个人部分	工资福利支出	对个人和家庭的补助支出	#助学金
合计	**325717851**	**173595815**	**151486495**	**22109320**	**11701739**
北京	6326016	4200706	3895399	305307	64332
天津	2710801	1950752	1820505	130247	44010
河北	19434032	10340115	8875930	1464185	630369
山西	7978858	4088683	3618642	470041	317336
内蒙古	4793402	2924425	2551528	372897	261092
辽宁	6376726	4309668	3667667	642002	171000
吉林	4312653	2576894	2359906	216987	133929
黑龙江	4606511	3173465	2638169	535296	84445
上海	6986211	4054253	3718655	335598	183118
江苏	23585558	14662825	13473594	1189231	311745
浙江	24370168	12083252	11464030	619222	310960
安徽	13288187	6013886	4730764	1283122	751931
福建	11144096	5387212	4867408	519803	159110
江西	12587827	3871597	3239304	632293	514805
山东	26042117	14453886	13143758	1310128	424031
河南	16502007	7891646	6943416	948230	621824
湖北	10085509	5129809	4395428	734381	387599
湖南	13490288	6742653	5753008	989645	640762
广东	33664843	19450470	17436914	2013555	436594
广西	9322659	4791546	4180859	610687	403034
海南	2277343	1229140	1077147	151993	130321
重庆	9543080	4662393	3549271	1113122	753970
四川	14296449	7995189	6553237	1441952	878895
贵州	6971917	3821364	2876318	945046	794265
云南	10122955	5351264	4362873	988391	769721
西藏	1535517	926493	788480	138013	119808
陕西	7471633	3945527	3431992	513534	364681
甘肃	4813905	2580516	2174144	406372	272203
青海	1328947	654099	503822	150277	102405
宁夏	1640357	786792	685028	101764	72862
新疆	8107279	3545296	2709298	835997	590583
大连	1214639	844237	813082	31155	3897
宁波	4362579	2125339	2039210	86128	32692
厦门	2332783	1041927	853985	187943	81781
青岛	4394542	2626722	2370535	256186	29881
深圳	3446019	1704085	1491194	212891	78576

(地方中等职业学校)

单位：千元

公用部分	商品和服务支出	其他资本性支出	专项公用支出	专项项目支出	基本建设支出
148205678	**62760744**	**85444934**	**25791863**	**59653071**	**3916359**
2123030	1596239	526791	404244	122547	2280
760049	373661	386388	76229	310160	
9079057	3163396	5915660	1306730	4608930	14861
3843302	1335905	2507397	1022783	1484614	46873
1751679	918463	833216	306140	527076	117299
1984440	1374153	610287	371899	238388	82618
1705500	690453	1015048	229774	785273	30258
1393464	853135	540329	263108	277222	39582
2928810	2332919	595891	441382	154509	3149
8904816	4056618	4848198	1395759	3452439	17917
11018443	4156983	6861460	1831876	5029584	1268473
7199984	2577831	4622153	1399734	3222419	74317
5658027	1780288	3877739	1110393	2767346	98857
8595273	1496539	7098735	1199234	5899500	120957
11524394	4585328	6939066	1643187	5295879	63838
8515790	3449173	5066617	1199621	3866996	94572
4955699	1834427	3121272	706361	2414911	
6702784	3274435	3428349	1384390	2043959	44851
14134202	7449404	6684798	3049899	3634898	80171
3934836	2017278	1917558	982542	935016	596278
1027096	570458	456638	382085	74553	21107
4748388	2476131	2272257	553623	1718634	132299
6197532	3082011	3115522	1067088	2048434	103728
3024832	1513310	1511522	485143	1026379	125720
4715160	1526770	3188389	1155225	2033165	56531
609024	189029	419995	231053	188941	
3501946	1482876	2019070	542346	1476725	24161
2067347	640205	1427142	229110	1198031	166042
593489	232468	361021	165013	196008	81358
793565	350404	443161	264174	178987	60000
4213720	1380456	2833264	391717	2441547	348264
349782	281731	68051	32820	35231	20620
2237240	734640	1502600	257068	1245533	
1199821	423908	775913	243731	532182	91035
1767821	651269	1116551	410581	705971	
1714372	1356569	357803	296106	61697	27562

4-15 教育经费支出明细

地 区	合 计	个人部分	工资福利支出	对个人和家庭的补助支出	#助学金
合 计	**151041714**	**80531942**	**68937957**	**11593985**	**6177195**
北 京	2659640	1644172	1548925	95247	33687
天 津	1581673	1081179	1010645	70534	31591
河 北	7015656	3678252	2859969	818284	406191
山 西	2721888	1577843	1386216	191626	102189
内蒙古	1345518	788829	661361	127467	81827
辽 宁	3352374	2417593	1965878	451715	62762
吉 林	1436477	766802	689870	76932	48350
黑龙江	1407648	781307	661783	119524	31022
上 海	4302086	2454788	2252906	201882	119182
江 苏	16803495	10676579	9798175	878405	221900
浙 江	4349349	2082827	1939188	143639	91990
安 徽	11814012	5651330	4473393	1177936	673868
福 建	8355822	4202227	3786231	415996	145827
江 西	7657514	2437678	2034910	402768	304698
山 东	13147297	7165561	6454440	711121	302230
河 南	5627291	2750850	2302387	448463	314044
湖 北	6914820	3411779	2941293	470486	249988
湖 南	1477656	718549	592669	125880	90334
广 东	14900569	8536749	7442741	1094008	259175
广 西	6662262	3409108	2969417	439691	291938
海 南	1344198	715309	634284	81025	75516
重 庆	2041902	835569	536431	299137	254098
四 川	4325170	2646304	2100375	545928	340787
贵 州	2328220	1218963	848289	370674	292599
云 南	4050364	2129133	1653821	475312	404485
西 藏	1397240	891449	759417	132032	115373
陕 西	1083054	667527	572814	94713	62191
甘 肃	3440699	1827012	1540142	286870	196573
青 海	1326721	652535	503301	149234	101361
宁 夏	630676	309790	262326	47464	28597
新 疆	5540421	2404347	1754355	649993	442820
大 连	602756	434067	414907	19159	1796
宁 波	906094	508742	480949	27793	15993
厦 门	1549990	788341	619129	169212	79176
青 岛	429906	281254	247672	33582	1190
深 圳	787632	425225	376901	48325	21370

（中等专业学校）

单位：千元

公用部分	商品和服务支出	其他资本性支出	专项公用支出	专项项目支出	基本建设支出
68277797	**29809342**	**38468456**	**11355812**	**27112643**	**2231975**
1013463	762331	251132	223330	27802	2005
500494	248832	251662	43826	207835	
3324992	1372556	1952436	295983	1656453	12411
1130512	498183	632329	114239	518090	13534
487672	334049	153623	78455	75168	69017
902863	689952	212910	145596	67315	31918
669675	247357	422318	92390	329928	
622742	391961	230781	85018	145763	3600
1844150	1568688	275462	229700	45762	3149
6116999	2776543	3340456	1035701	2304755	9917
2000938	691153	1309785	415100	894685	265584
6092365	2181362	3911003	1339731	2571272	70317
4100492	1297011	2803481	791015	2012466	53103
5123140	850840	4272300	800165	3472136	96696
5959763	2355255	3604508	736220	2868288	21972
2802590	1335313	1467277	437479	1029798	73851
3503041	1363529	2139512	486681	1652831	
759108	642796	116311	52130	64181	
6333102	3071011	3262092	1165322	2096769	30717
2835447	1423835	1411612	615791	795821	417707
628889	334304	294585	254784	39802	
1199723	682026	517696	171962	345735	6610
1617250	1137581	479669	217875	261794	61617
1023985	486101	537885	226392	311493	85272
1878444	804407	1074037	278805	795232	42787
505791	168995	336796	219548	117249	
405147	266428	138720	93806	44914	10380
1450377	487178	963198	161481	801717	163310
592828	231957	360871	164863	196008	81358
290886	135287	155599	80882	74717	30000
2560930	972522	1588408	301543	1286866	575143
159126	133067	26059	12957	13103	9564
397352	142552	254800	95102	159697	
714164	292236	421928	135140	286789	47485
148652	117457	31195	24937	6259	
349074	263137	85937	59679	26258	13332

4-16 教育经费支出明细

地区	合计	个人部分	工资福利支出	对个人和家庭的补助支出	#助学金
合计	**149728200**	**80053204**	**68527574**	**11525630**	**6140742**
北京	2492158	1532834	1441597	91237	32600
天津	1581673	1081179	1010645	70534	31591
河北	6984016	3654554	2836490	818063	406107
山西	2721888	1577843	1386216	191626	102189
内蒙古	1345518	788829	661361	127467	81827
辽宁	3352374	2417593	1965878	451715	62762
吉林	1436477	766802	689870	76932	48350
黑龙江	1403445	778074	659139	118935	30434
上海	4272576	2430744	2228862	201882	119182
江苏	16803495	10676579	9798175	878405	221900
浙江	4349349	2082827	1939188	143639	91990
安徽	11814012	5651330	4473393	1177936	673868
福建	8355822	4202227	3786231	415996	145827
江西	7652710	2433928	2031635	402292	304683
山东	13147297	7165561	6454440	711121	302230
河南	5619376	2744988	2296551	448437	314044
湖北	6906137	3405979	2935527	470452	249954
湖南	1477656	718549	592669	125880	90334
广东	14852051	8503106	7415802	1087305	258434
广西	6662262	3409108	2969417	439691	291938
海南	1344198	715309	634284	81025	75516
重庆	2041902	835569	536431	299137	254098
四川	4319559	2645338	2100375	544963	339821
贵州	2328220	1218963	848289	370674	292599
云南	4050364	2129133	1653821	475312	404485
西藏	1397240	891449	759417	132032	115373
陕西	1083054	667527	572814	94713	62191
甘肃	3440699	1827012	1540142	286870	196573
青海	1326721	652535	503301	149234	101361
宁夏	630676	309790	262326	47464	28597
新疆	4535274	2137946	1543284	594662	409882
大连	602756	434067	414907	19159	1796
宁波	906094	508742	480949	27793	15993
厦门	1549990	788341	619129	169212	79176
青岛	429906	281254	247672	33582	1190
深圳	787632	425225	376901	48325	21370

(地方中等专业学校)

单位：千元

公用部分					基本建设支出
	商品和服务支出	其他资本性支出			
			专项公用支出	专项项目支出	
67830869	**29596503**	**38234366**	**11272920**	**26961446**	**1844127**
957320	709180	248140	220338	27802	2005
500494	248832	251662	43826	207835	
3317051	1369039	1948013	293350	1654663	12411
1130512	498183	632329	114239	518090	13534
487672	334049	153623	78455	75168	69017
902863	689952	212910	145596	67315	31918
669675	247357	422318	92390	329928	
621771	391200	230571	84808	145763	3600
1838684	1563222	275462	229700	45762	3149
6116999	2776543	3340456	1035701	2304755	9917
2000938	691153	1309785	415100	894685	265584
6092365	2181362	3911003	1339731	2571272	70317
4100492	1297011	2803481	791015	2012466	53103
5122086	849786	4272300	800165	3472136	96696
5959763	2355255	3604508	736220	2868288	21972
2800537	1333828	1466708	436910	1029798	73851
3500157	1360650	2139508	486676	1652831	
759108	642796	116311	52130	64181	
6318228	3057601	3260626	1163973	2096653	30717
2835447	1423835	1411612	615791	795821	417707
628889	334304	294585	254784	39802	
1199723	682026	517696	171962	345735	6610
1612604	1132935	479669	217875	261794	61617
1023985	486101	537885	226392	311493	85272
1878444	804407	1074037	278805	795232	42787
505791	168995	336796	219548	117249	
405147	266428	138720	93806	44914	10380
1450377	487178	963198	161481	801717	163310
592828	231957	360871	164863	196008	81358
290886	135287	155599	80882	74717	30000
2210034	846051	1363983	226408	1137575	187295
159126	133067	26059	12957	13103	9564
397352	142552	254800	95102	159697	
714164	292236	421928	135140	286789	47485
148652	117457	31195	24937	6259	
349074	263137	85937	59679	26258	13332

4-17 教育经费支出明细

地区	合计	个人部分	工资福利支出	对个人和家庭的补助支出	#助学金
合计	118968798	62447183	55287349	7159834	3954987
北京	2186480	1703741	1551506	152234	8206
天津	556716	483426	455812	27614	3918
河北	9790608	4709693	4285784	423910	195222
山西	4415287	1963627	1817423	146205	98220
内蒙古	3285403	1998268	1760923	237345	178459
辽宁	2422326	1508510	1400088	108422	38502
吉林	1895004	1015377	959351	56026	33370
黑龙江	1852440	1284220	1053810	230411	46124
上海	2253006	1364419	1249917	114502	58591
江苏	3921068	2416704	2265500	151204	39287
浙江	16875648	8470450	8066770	403680	195050
安徽	254031	123307	58843	64464	53354
福建	948164	338461	301049	37411	5946
江西	4093902	1037394	865020	172373	158164
山东	8130186	4479028	4072509	406519	81690
河南	6391048	3136562	2827162	309400	210102
湖北	2378162	1388982	1165131	223851	123200
湖南	10664684	5222926	4450492	772434	506260
广东	6548282	4357499	3933782	423716	58005
广西	139184	97808	79428	18380	7983
海南	565970	325901	273641	52259	37819
重庆	4976809	2639242	2069282	569961	370737
四川	8679235	4476362	3745441	730922	435593
贵州	3484848	1836860	1466891	369970	301222
云南	3569025	2119823	1751228	368595	272713
西藏					
陕西	4561094	2215457	1937163	278294	196692
甘肃	1172525	614924	507802	107122	71050
青海	2225	1564	521	1043	1043
宁夏	1009681	477002	422702	54300	44265
新疆	1945756	639645	492379	147266	124201
大连	481895	348974	339084	9890	1789
宁波	2869576	1249083	1206759	42324	14383
厦门	255314	60943	56526	4417	343
青岛	3446888	2042562	1825540	217022	28188
深圳	1408398	752589	670749	81839	21171

(职业高中)

单位：千元

公用部分	商品和服务支出	其他资本性支出	专项公用支出	专项项目支出	基本建设支出
55328114	**20059262**	**35268851**	**9419884**	**25848967**	**1193501**
482464	393280	89184	57643	31541	275
73290	63554	9736	9206	530	
5078465	1258597	3819867	940380	2879488	2450
2424063	625022	1799041	844404	954637	27596
1238854	569512	669342	222859	446483	48281
879843	517263	362580	207913	154668	33973
859873	324038	535836	113621	422215	19754
533238	291060	242178	134704	107474	34982
888587	600039	288547	179801	108747	
1504364	488289	1016075	142280	873795	
7770703	2798695	4972008	1078225	3893783	634496
126724	81387	45337	11553	33784	4000
566154	100088	466066	96370	369696	43550
3032247	479698	2552549	333495	2219053	24261
3641158	1070365	2570793	596386	1974408	10000
3245559	1089858	2155701	370523	1785178	8927
989180	361606	627574	148194	479380	
5396907	2257791	3139117	1258818	1880299	44851
2170483	1403749	766734	404986	361748	20301
41376	18886	22490	13023	9467	
239702	149099	90603	66624	23978	368
2329311	1204323	1124988	280598	844390	8256
4160761	1626244	2534517	804548	1729968	42111
1607539	663783	943756	235330	708425	40449
1435841	341160	1094681	192072	902609	13360
2331856	713888	1617968	371352	1246616	13781
554868	121914	432954	37451	395503	2733
661	511	150	150		
502679	215116	287562	183292	104270	30000
1221364	230447	990917	84083	906834	84747
123447	95598	27849	9247	18603	9474
1620493	416939	1203555	134127	1069428	
150821	15469	135352	5321	130031	43550
1404326	424629	979698	353903	625795	
641579	500745	140835	128548	12287	14230

4-18 教育经费支出明细

地区	合计	个人部分	工资福利支出	对个人和家庭的补助支出	#助学金
合计	**118950307**	**62433586**	**55276617**	**7156969**	**3954951**
北京	2186480	1703741	1551506	152234	8206
天津	556716	483426	455812	27614	3918
河北	9790608	4709693	4285784	423910	195222
山西	4415287	1963627	1817423	146205	98220
内蒙古	3285403	1998268	1760923	237345	178459
辽宁	2422326	1508510	1400088	108422	38502
吉林	1895004	1015377	959351	56026	33370
黑龙江	1833949	1270623	1043078	227546	46089
上海	2253006	1364419	1249917	114502	58591
江苏	3921068	2416704	2265500	151204	39287
浙江	16875648	8470450	8066770	403680	195050
安徽	254031	123307	58843	64464	53354
福建	948164	338461	301049	37411	5946
江西	4093902	1037394	865020	172373	158164
山东	8130186	4479028	4072509	406519	81690
河南	6391048	3136562	2827162	309400	210102
湖北	2378162	1388982	1165131	223851	123200
湖南	10664684	5222926	4450492	772434	506260
广东	6548282	4357499	3933782	423716	58005
广西	139184	97808	79428	18380	7983
海南	565970	325901	273641	52259	37819
重庆	4976809	2639242	2069282	569961	370737
四川	8679235	4476362	3745441	730922	435593
贵州	3484848	1836860	1466891	369970	301222
云南	3569025	2119823	1751228	368595	272713
西藏					
陕西	4561094	2215457	1937163	278294	196692
甘肃	1172525	614924	507802	107122	71050
青海	2225	1564	521	1043	1043
宁夏	1009681	477002	422702	54300	44265
新疆	1945756	639645	492379	147266	124201
大连	481895	348974	339084	9890	1789
宁波	2869576	1249083	1206759	42324	14383
厦门	255314	60943	56526	4417	343
青岛	3446888	2042562	1825540	217022	28188
深圳	1408398	752589	670749	81839	21171

(地方职业高中)

单位：千元

公用部分	商品和服务支出	其他资本性支出			基本建设支出
			专项公用支出	专项项目支出	
55323219	**20057052**	**35266168**	**9417637**	**25848531**	**1193501**
482464	393280	89184	57643	31541	275
73290	63554	9736	9206	530	
5078465	1258597	3819867	940380	2879488	2450
2424063	625022	1799041	844404	954637	27596
1238854	569512	669342	222859	446483	48281
879843	517263	362580	207913	154668	33973
859873	324038	535836	113621	422215	19754
528344	288849	239494	132456	107038	34982
888587	600039	288547	179801	108747	
1504364	488289	1016075	142280	873795	
7770703	2798695	4972008	1078225	3893783	634496
126724	81387	45337	11553	33784	4000
566154	100088	466066	96370	369696	43550
3032247	479698	2552549	333495	2219053	24261
3641158	1070365	2570793	596386	1974408	10000
3245559	1089858	2155701	370523	1785178	8927
989180	361606	627574	148194	479380	
5396907	2257791	3139117	1258818	1880299	44851
2170483	1403749	766734	404986	361748	20301
41376	18886	22490	13023	9467	
239702	149099	90603	66624	23978	368
2329311	1204323	1124988	280598	844390	8256
4160761	1626244	2534517	804548	1729968	42111
1607539	663783	943756	235330	708425	40449
1435841	341160	1094681	192072	902609	13360
2331856	713888	1617968	371352	1246616	13781
554868	121914	432954	37451	395503	2733
661	511	150	150		
502679	215116	287562	183292	104270	30000
1221364	230447	990917	84083	906834	84747
123447	95598	27849	9247	18603	9474
1620493	416939	1203555	134127	1069428	
150821	15469	135352	5321	130031	43550
1404326	424629	979698	353903	625795	
641579	500745	140835	128548	12287	14230

4-19 教育经费支出明细

地区	合计	个人部分	工资福利支出	对个人和家庭的补助支出	#助学金
合计	**55092499**	**26725924**	**23493766**	**3232158**	**2172649**
北京	179754	127971	122347	5625	1515
天津	112999	96859	95651	1208	179
河北	5981507	2689493	2427360	262132	149569
山西	2503716	1160781	1068687	92094	62320
内蒙古	2092296	1240347	1103089	137258	108817
辽宁	564028	404266	375726	28540	11083
吉林	971567	520547	489028	31519	22496
黑龙江	808988	566148	469686	96463	32021
上海	204736	137798	124762	13037	8342
江苏	1784231	925774	872674	53100	17474
浙江	6490870	3209549	3039921	169629	73566
安徽	108380	64242	26225	38017	35441
福建	628451	181334	160102	21233	3267
江西	2862507	566565	488876	77690	67276
山东	2422964	1249846	1164155	85691	21912
河南	3862753	1818604	1647466	171138	127747
湖北	683676	421329	351139	70190	55182
湖南	5412514	2512400	2131029	381371	286274
广东	678687	402833	370665	32168	10817
广西	95966	69830	62020	7811	3545
海南	244401	124244	91704	32539	26413
重庆	1961412	973458	765508	207950	138999
四川	4816154	2271480	1883094	388386	279089
贵州	1951118	1095866	860570	235296	194820
云南	2447994	1495298	1273755	221543	174813
西藏					
陕西	2544741	1157653	980569	177085	109126
甘肃	920727	458489	389734	68755	41975
青海	2225	1564	521	1043	1043
宁夏	504594	263263	229600	33662	29963
新疆	1248542	518091	428103	89988	77564
大连	62788	42096	41389	707	65
宁波	802378	368921	355962	12959	6583
厦门	255314	60943	56526	4417	343
青岛	113243	55710	52494	3217	2289
深圳					

（农村职业高中）

单位：千元

公用部分	商品和服务支出	其他资本性支出			基本建设支出
			专项公用支出	专项项目支出	
27943214	**8313599**	**19629615**	**3879792**	**15749823**	**423362**
51783	44369	7414	5993	1421	
16140	12190	3950	3468	482	
3289564	770135	2519429	495029	2024400	2450
1334565	360653	973912	350594	623318	8370
832715	349878	482837	135952	346885	19235
159700	110629	49071	21370	27701	61
435020	181656	253364	55759	197605	16000
211568	122721	88847	59542	29305	31272
66937	51788	15149	8111	7038	
858457	165619	692838	56744	636094	
3190795	1013851	2176944	307546	1869398	90526
40138	20662	19475	227	19249	4000
403567	52194	351373	59635	291738	43550
2271680	245664	2026017	195547	1830469	24261
1173118	329308	843811	154308	689503	
2043849	656578	1387270	178606	1208664	300
262346	101668	160679	42840	117839	
2857082	1093548	1763534	614495	1149040	43032
275855	137967	137888	34271	103617	
26136	13581	12555	9108	3447	
119789	63565	56225	44639	11585	368
986753	339348	647405	95191	552214	1200
2513349	889595	1623754	342907	1280847	31325
843903	292439	551463	82802	468661	11350
939336	195830	743506	138243	605263	13360
1373698	339705	1033993	179942	854051	13390
459506	71198	388308	29424	358884	2733
661	511	150	150		
241331	84652	156679	103049	53630	
663873	202099	461774	74301	387472	66579
20692	3729	16963	963	16000	
433457	129804	303654	27267	276386	
150821	15469	135352	5321	130031	43550
57533	25875	31658	12529	19128	

4-20 教育经费支出明细

地区	合计	个人部分	工资福利支出	对个人和家庭的补助支出	#助学金
合计	**55084433**	**26719695**	**23489780**	**3229916**	**2172649**
北京	179754	127971	122347	5625	1515
天津	112999	96859	95651	1208	179
河北	5981507	2689493	2427360	262132	149569
山西	2503716	1160781	1068687	92094	62320
内蒙古	2092296	1240347	1103089	137258	108817
辽宁	564028	404266	375726	28540	11083
吉林	971567	520547	489028	31519	22496
黑龙江	800922	559920	465699	94221	32021
上海	204736	137798	124762	13037	8342
江苏	1784231	925774	872674	53100	17474
浙江	6490870	3209549	3039921	169629	73566
安徽	108380	64242	26225	38017	35441
福建	628451	181334	160102	21233	3267
江西	2862507	566565	488876	77690	67276
山东	2422964	1249846	1164155	85691	21912
河南	3862753	1818604	1647466	171138	127747
湖北	683676	421329	351139	70190	55182
湖南	5412514	2512400	2131029	381371	286274
广东	678687	402833	370665	32168	10817
广西	95966	69830	62020	7811	3545
海南	244401	124244	91704	32539	26413
重庆	1961412	973458	765508	207950	138999
四川	4816154	2271480	1883094	388386	279089
贵州	1951118	1095866	860570	235296	194820
云南	2447994	1495298	1273755	221543	174813
西藏					
陕西	2544741	1157653	980569	177085	109126
甘肃	920727	458489	389734	68755	41975
青海	2225	1564	521	1043	1043
宁夏	504594	263263	229600	33662	29963
新疆	1248542	518091	428103	89988	77564
大连	62788	42096	41389	707	65
宁波	802378	368921	355962	12959	6583
厦门	255314	60943	56526	4417	343
青岛	113243	55710	52494	3217	2289
深圳					

(地方农村职业高中)

单位：千元

公用部分	商品和服务支出	其他资本性支出	专项公用支出	专项项目支出	基本建设支出
27941376	**8312861**	**19628515**	**3878967**	**15749548**	**423362**
51783	44369	7414	5993	1421	
16140	12190	3950	3468	482	
3289564	770135	2519429	495029	2024400	2450
1334565	360653	973912	350594	623318	8370
832715	349878	482837	135952	346885	19235
159700	110629	49071	21370	27701	61
435020	181656	253364	55759	197605	16000
209730	121983	87747	58717	29030	31272
66937	51788	15149	8111	7038	
858457	165619	692838	56744	636094	
3190795	1013851	2176944	307546	1869398	90526
40138	20662	19475	227	19249	4000
403567	52194	351373	59635	291738	43550
2271680	245664	2026017	195547	1830469	24261
1173118	329308	843811	154308	689503	
2043849	656578	1387270	178606	1208664	300
262346	101668	160679	42840	117839	
2857082	1093548	1763534	614495	1149040	43032
275855	137967	137888	34271	103617	
26136	13581	12555	9108	3447	
119789	63565	56225	44639	11585	368
986753	339348	647405	95191	552214	1200
2513349	889595	1623754	342907	1280847	31325
843903	292439	551463	82802	468661	11350
939336	195830	743506	138243	605263	13360
1373698	339705	1033993	179942	854051	13390
459506	71198	388308	29424	358884	2733
661	511	150	150		
241331	84652	156679	103049	53630	
663873	202099	461774	74301	387472	66579
20692	3729	16963	963	16000	
433457	129804	303654	27267	276386	
150821	15469	135352	5321	130031	43550
57533	25875	31658	12529	19128	

4-21 教育经费支出明细

地区	合计	个人部分	工资福利支出	对个人和家庭的补助支出	#助学金
合计	47654022	24541033	21701404	2839629	1533638
北京	1621220	948954	887647	61308	23526
天津	560632	373007	344156	28851	8846
河北	1323763	850587	736898	113688	28377
山西	761569	482793	353782	129011	116741
内蒙古	118118	95216	90457	4760	807
辽宁	602026	383565	301700	81865	69736
吉林	277134	183717	123844	59874	52129
黑龙江	745217	534464	450589	83875	7923
上海	320672	220018	205541	14477	5345
江苏	2587500	1411924	1271923	140002	46182
浙江	2647127	1200973	1147127	53846	23538
安徽	1140666	199009	161167	37841	24709
福建	1811972	826467	762173	64294	7337
江西	656905	317431	263132	54299	51958
山东	4471326	2638166	2459887	178279	39620
河南	3079884	1209139	1074247	134893	72907
湖北	741351	289431	258853	30579	13532
湖南	668056	388294	341627	46668	21950
广东	12071018	6465614	5977592	488022	119750
广西	2462351	1240797	1093031	147766	103069
海南	347529	180116	161506	18610	16986
重庆	1547314	671247	496067	175180	123232
四川	980596	628611	473008	155603	104066
贵州	994189	706226	514037	192189	192004
云南	1937588	639137	533182	105955	88802
西藏	138277	35044	29063	5981	4435
陕西	1554531	835551	700820	134731	105954
甘肃	135518	82415	75223	7192	3401
青海					
宁夏					
新疆	1349975	503118	413127	89991	56775
大连	129988	61197	59091	2106	312
宁波	285518	157527	153290	4238	2316
厦门	527479	192644	178330	14314	2261
青岛	517713	302873	297291	5583	503
深圳	1249989	526271	443544	82727	36034

(技工学校)

单位：千元

公用部分	商品和服务支出	其他资本性支出			基本建设支出
			专项公用支出	专项项目支出	
22283306	**11220516**	**11062790**	**4840048**	**6222742**	**829683**
672265	483362	188904	125699	63204	
187625	62423	125202	23408	101794	
473177	380265	92911	58766	34145	
273034	198876	74158	62271	11887	5742
22901	12936	9966	4540	5426	
201734	166938	34796	18391	16405	16726
84012	52616	31397	10215	21182	9405
209752	124343	85409	35986	49423	1000
100654	72143	28511	28511		
1167576	745515	422061	205554	216507	8000
1077761	527197	550564	314392	236172	368393
941658	284711	656947	44892	612055	
983301	377211	606090	221928	384162	2205
339473	133620	205854	58126	147728	
1801294	1116807	684488	285427	399060	31865
1858951	655673	1203277	332383	870894	11794
451919	100166	351753	69053	282700	
279761	161095	118666	57318	61348	
5576251	2940047	2636203	1478095	1158109	29153
1042984	559741	483243	353515	129728	178570
146674	75771	70903	60130	10773	20739
806582	333165	473417	74570	398847	69485
351985	267045	84940	44218	40722	
287963	286625	1338	331	1007	
1298067	289651	1008416	677463	330953	384
103233	20034	83198	11506	71693	
718980	474791	244189	73349	170840	
53102	24142	28960	28960		
770635	293606	477029	81051	395978	76222
67209	53067	14143	10617	3526	1582
127991	96479	31511	18937	12575	
334836	116203	218633	103270	115363	
214839	109181	105659	31741	73918	
723718	592688	131031	107879	23152	

4-22 教育经费支出明细

地区	合计	个人部分	工资福利支出	对个人和家庭的补助支出	#助学金
合计	**47297288**	**24327636**	**21522750**	**2804885**	**1522738**
北京	1611603	939813	878564	61249	23526
天津	548042	365421	336935	28486	8501
河北	1323763	850587	736898	113688	28377
山西	761569	482793	353782	129011	116741
内蒙古	118118	95216	90457	4760	807
辽宁	602026	383565	301700	81865	69736
吉林	277134	183717	123844	59874	52129
黑龙江	674008	497883	423361	74521	7897
上海	320672	220018	205541	14477	5345
江苏	2546556	1385158	1246032	139127	45307
浙江	2647127	1200973	1147127	53846	23538
安徽	1140666	199009	161167	37841	24709
福建	1811972	826467	762173	64294	7337
江西	656905	317431	263132	54299	51958
山东	4471326	2638166	2459887	178279	39620
河南	2986456	1153515	1018750	134765	72830
湖北	741351	289431	258853	30579	13532
湖南	661929	382788	336121	46668	21950
广东	12071018	6465614	5977592	488022	119750
广西	2462351	1240797	1093031	147766	103069
海南	347529	180116	161506	18610	16986
重庆	1547314	671247	496067	175180	123232
四川	868647	564082	431866	132217	94920
贵州	994189	706226	514037	192189	192004
云南	1937588	639137	533182	105955	88802
西藏	138277	35044	29063	5981	4435
陕西	1548151	830245	695691	134554	105797
甘肃	135518	82415	75223	7192	3401
青海					
宁夏					
新疆	1345486	500762	411170	89591	56501
大连	129988	61197	59091	2106	312
宁波	285518	157527	153290	4238	2316
厦门	527479	192644	178330	14314	2261
青岛	517713	302873	297291	5583	503
深圳	1249989	526271	443544	82727	36034

(地方技工学校)

单位：千元

公用部分	商品和服务支出	其他资本性支出			基本建设支出
			专项公用支出	专项项目支出	
22139969	**11114179**	**11025791**	**4832570**	**6193221**	**829683**
671790	482886	188904	125699	63204	
182622	57694	124928	23134	101794	
473177	380265	92911	58766	34145	
273034	198876	74158	62271	11887	5742
22901	12936	9966	4540	5426	
201734	166938	34796	18391	16405	16726
84012	52616	31397	10215	21182	9405
175125	117678	57447	35568	21879	1000
100654	72143	28511	28511		
1153397	731336	422061	205554	216507	8000
1077761	527197	550564	314392	236172	368393
941658	284711	656947	44892	612055	
983301	377211	606090	221928	384162	2205
339473	133620	205854	58126	147728	
1801294	1116807	684488	285427	399060	31865
1821147	619965	1201182	330505	870677	11794
451919	100166	351753	69053	282700	
279141	160523	118618	57270	61348	
5576251	2940047	2636203	1478095	1158109	29153
1042984	559741	483243	353515	129728	178570
146674	75771	70903	60130	10773	20739
806582	333165	473417	74570	398847	69485
304565	226219	78346	39383	38963	
287963	286625	1338	331	1007	
1298067	289651	1008416	677463	330953	384
103233	20034	83198	11506	71693	
717906	473742	244164	73324	170840	
53102	24142	28960	28960		
768502	291474	477029	81051	395978	76222
67209	53067	14143	10617	3526	1582
127991	96479	31511	18937	12575	
334836	116203	218633	103270	115363	
214839	109181	105659	31741	73918	
723718	592688	131031	107879	23152	

4-23 教育经费支出明细

地区	合计	个人部分	工资福利支出	对个人和家庭的补助支出	#助学金
合计	**9788725**	**6815968**	**6187900**	**628069**	**83336**
北京	50046	33181	32034	1147	
天津	30416	23050	19437	3613	
河北	1335645	1125281	1016758	108524	663
山西	80115	64421	61221	3199	186
内蒙古	44363	42112	38787	3325	
辽宁					
吉林	704037	610998	586841	24157	80
黑龙江	715529	645650	526143	119507	25
上海	139958	39073	34335	4738	
江苏	314439	184383	163888	20495	5250
浙江	498044	329002	310945	18057	382
安徽	79478	40241	37361	2880	
福建	28138	20057	17955	2103	
江西	184311	82844	79516	3328	
山东	293309	171131	156922	14208	491
河南	1505128	856581	800952	55629	24847
湖北	59859	45416	35917	9499	913
湖南	686018	418390	373726	44664	22217
广东	193491	124250	109738	14512	406
广西	58862	43832	38983	4850	43
海南	19645	7815	7715	100	
重庆	977055	516335	447491	68843	5903
四川	429008	309406	275555	33851	8561
贵州	164660	59315	47101	12214	8441
云南	565977	463170	424642	38529	3721
西藏					
陕西	279334	232298	226324	5974	
甘肃	65164	56164	50977	5187	1178
青海					
宁夏					
新疆	286694	271572	266635	4937	28
大连					
宁波	301391	209986	198213	11773	
厦门					
青岛	35	32	32		
深圳					

(成人中等专业学校)

单位：千元

公用部分	商品和服务支出	其他资本性支出		基本建设支出
			专项公用支出	专项项目支出	
2923709	**2004476**	**919233**	**268872**	**650361**	**49048**
16866	16302	564	564		
7366	7303	63	63		
210363	155495	54869	14235	40634	
15694	13824	1870	1870		
2251	1966	286	286		
91940	66442	25498	13549	11949	1100
69879	56464	13415	10385	3030	
100885	97515	3370	3370		
130055	60449	69606	12223	57383	
169042	139939	29103	24160	4944	
39237	30371	8866	3558	5308	
8081	5979	2102	1079	1022	
101467	33435	68031	7448	60584	
122178	42901	79277	25154	54123	
648547	405521	243026	61682	181343	
14443	12006	2438	2438		
267629	213326	54303	16172	38131	
69241	48007	21234	2845	18389	
15030	14816	213	213		
11830	11283	547	547		
412772	256616	156156	26494	129662	47948
119603	96612	22991	5282	17709	
105345	76801	28544	23090	5454	
102807	91553	11254	6884	4370	
47037	28817	18219	3864	14355	
8999	6970	2029	1218	811	
15123	13762	1361	200	1161	
91405	78670	12735	8902	3833	
3	3				

4-24 教育经费支出明细

地 区	合 计	个人部分	工资福利支出	对个人和家庭的补助支出	#助学金
合 计	**9742057**	**6781389**	**6159553**	**621836**	**83308**
北 京	35775	24319	23733	586	
天 津	24370	20726	17113	3613	
河 北	1335645	1125281	1016758	108524	663
山 西	80115	64421	61221	3199	186
内蒙古	44363	42112	38787	3325	
辽 宁					
吉 林	704037	610998	586841	24157	80
黑龙江	695110	626885	512591	114294	25
上 海	139958	39073	34335	4738	
江 苏	314439	184383	163888	20495	5250
浙 江	498044	329002	310945	18057	382
安 徽	79478	40241	37361	2880	
福 建	28138	20057	17955	2103	
江 西	184311	82844	79516	3328	
山 东	293309	171131	156922	14208	491
河 南	1505128	856581	800952	55629	24847
湖 北	59859	45416	35917	9499	913
湖 南	686018	418390	373726	44664	22217
广 东	193491	124250	109738	14512	406
广 西	58862	43832	38983	4850	43
海 南	19645	7815	7715	100	
重 庆	977055	516335	447491	68843	5903
四 川	429008	309406	275555	33851	8561
贵 州	164660	59315	47101	12214	8441
云 南	565977	463170	424642	38529	3721
西 藏					
陕 西	279334	232298	226324	5974	
甘 肃	65164	56164	50977	5187	1178
青 海					
宁 夏					
新 疆	280763	266943	262465	4478	
大 连					
宁 波	301391	209986	198213	11773	
厦 门					
青 岛	35	32	32		
深 圳					

(地方成人中等专业学校)

单位：千元

公用部分	商品和服务支出	其他资本性支出			基本建设支出
			专项公用支出	专项项目支出	
2911620	**1993011**	**918609**	**268736**	**649873**	**49048**
11457	10893	564	564		
3644	3581	63	63		
210363	155495	54869	14235	40634	
15694	13824	1870	1870		
2251	1966	286	286		
91940	66442	25498	13549	11949	1100
68224	55408	12817	10275	2542	
100885	97515	3370	3370		
130055	60449	69606	12223	57383	
169042	139939	29103	24160	4944	
39237	30371	8866	3558	5308	
8081	5979	2102	1079	1022	
101467	33435	68031	7448	60584	
122178	42901	79277	25154	54123	
648547	405521	243026	61682	181343	
14443	12006	2438	2438		
267629	213326	54303	16172	38131	
69241	48007	21234	2845	18389	
15030	14816	213	213		
11830	11283	547	547		
412772	256616	156156	26494	129662	47948
119603	96612	22991	5282	17709	
105345	76801	28544	23090	5454	
102807	91553	11254	6884	4370	
47037	28817	18219	3864	14355	
8999	6970	2029	1218	811	
13820	12485	1335	174	1161	
91405	78670	12735	8902	3833	
3	3				

4-25 教育经费支出明细

地区	合计	个人部分	工资福利支出	对个人和家庭的补助支出	#助学金
合计	**1679398626**	**1179954791**	**1079258885**	**100695906**	**46296311**
北京	45369186	29595738	28379361	1216377	143818
天津	17486048	14332451	13833855	498596	161754
河北	76358527	53985676	48935613	5050062	2362693
山西	35545708	25534642	23936425	1598217	779508
内蒙古	28042166	20389627	18847667	1541960	851289
辽宁	32843548	26554174	25131997	1422177	397396
吉林	20907445	15987961	15251162	736800	309538
黑龙江	29733732	23403390	20504558	2898831	305134
上海	44368846	29055354	28001663	1053691	471521
江苏	118076106	85111083	79373930	5737153	1405139
浙江	94962409	64011095	60592109	3418986	1741715
安徽	67600809	46460339	40747129	5713210	1812382
福建	51753518	36787111	34504484	2282628	751764
江西	57332654	33437726	31371648	2066078	1201992
山东	119349961	89769987	83941465	5828522	1741947
河南	93980076	64259040	58242467	6016573	3371125
湖北	60100516	42172225	38700524	3471702	1204852
湖南	73083975	49335541	44046855	5288686	2350197
广东	183511130	119552893	109134561	10418332	3405938
广西	49497693	36467551	32631697	3835854	2661141
海南	14580897	8785136	8360510	424626	242379
重庆	40251785	28938013	26141590	2796422	1189115
四川	86646460	62148598	54779055	7369543	3859899
贵州	50374774	35859256	30791179	5068077	3321657
云南	52395964	41658064	36653253	5004811	4013649
西藏	9746152	7276240	6294701	981539	880222
陕西	39367724	25908644	23607730	2300915	1533921
甘肃	27062781	20463397	18280288	2183109	1072314
青海	9822757	7098390	6318706	779683	449162
宁夏	10636282	7703884	7269668	434216	294005
新疆	38608998	27911566	24653036	3258531	2009144
大连	6811760	5611140	5447285	163855	43309
宁波	12834133	8883978	8431924	452054	241651
厦门	8109244	5284694	4851745	432949	26233
青岛	15552798	11392731	10586964	805767	101583
深圳	37666398	17106672	15431026	1675646	642543

(中学)

单位：千元

公用部分	商品和服务支出	其他资本性支出	专项公用支出	专项项目支出	基本建设支出
468776540	**247681201**	**221095339**	**64373443**	**156721897**	**30667296**
12582424	9519144	3063280	2391292	671988	3191023
3143090	2171512	971577	407393	564184	10507
22237411	11490040	10747370	2362055	8385316	135440
9769994	5860979	3909015	1244906	2664109	241072
7273316	3658013	3615303	1127556	2487747	379223
6111314	4423229	1688086	543307	1144779	178060
4774602	2748746	2025856	621149	1404707	144882
5762474	3569282	2193192	736167	1457025	567869
14691687	10293600	4398087	2146013	2252074	621805
32811430	13904192	18907238	3914795	14992442	153593
29015289	15409138	13606150	2826123	10780028	1936025
19609478	9527121	10082356	3331244	6751113	1530993
14783191	6949006	7834184	2143922	5690262	183216
23106124	6344813	16761310	4448978	12312332	788804
29566674	13603622	15963052	3264941	12698111	13300
28620708	14259951	14360757	3444645	10916112	1100328
17922447	7937515	9984932	2202043	7782889	5844
23471592	14133157	9338436	2782004	6556432	276842
52695008	34045028	18649980	7726600	10923379	11263230
12087902	6364785	5723117	1944115	3779002	942240
5664984	2538914	3126071	1068545	2057526	130777
10117371	6910698	3206673	1351633	1855040	1196402
23976840	14012372	9964468	3001396	6963072	521022
13534878	6443579	7091298	2877299	4213999	980640
10301297	5243759	5057538	1177129	3880409	436603
2237807	688238	1549569	623267	926302	232105
12447969	6313220	6134749	1970367	4164382	1011111
6217299	2643393	3573906	801419	2772487	382085
2354222	855583	1498639	270543	1228095	370146
2883808	1304894	1578914	557845	1021069	48590
9003912	4513677	4490236	1064751	3425485	1693519
1158327	881052	277275	148678	128597	42292
3950155	1887985	2062170	410081	1652090	
2754850	1336495	1418355	548467	869888	69700
4160066	2103508	2056558	671281	1385277	
10770521	8178016	2592505	1632781	959723	9789205

4-26 教育经费支出明细

地区	合计	个人部分	工资福利支出	对个人和家庭的补助支出	#助学金
合计	**1670995480**	**1174359750**	**1074236051**	**100123699**	**46172970**
北京	43271944	28356864	27181328	1175535	140849
天津	17486048	14332451	13833855	498596	161754
河北	76358527	53985676	48935613	5050062	2362693
山西	35545708	25534642	23936425	1598217	779508
内蒙古	28042166	20389627	18847667	1541960	851289
辽宁	32843548	26554174	25131997	1422177	397396
吉林	20667042	15803553	15070335	733218	309481
黑龙江	29335388	23087397	20258272	2829124	303644
上海	44013636	28778535	27729543	1048992	470416
江苏	118076106	85111083	79373930	5737153	1405139
浙江	94962409	64011095	60592109	3418986	1741715
安徽	67597301	46460024	40746814	5713210	1812382
福建	51753518	36787111	34504484	2282628	751764
江西	57332654	33437726	31371648	2066078	1201992
山东	119349961	89769987	83941465	5828522	1741947
河南	93980076	64259040	58242467	6016573	3371125
湖北	59705781	41852478	38390996	3461482	1204852
湖南	73017455	49282010	43993641	5288370	2350047
广东	183511130	119552893	109134561	10418332	3405938
广西	49497693	36467551	32631697	3835854	2661141
海南	14580897	8785136	8360510	424626	242379
重庆	40035573	28763754	25972310	2791444	1187769
四川	86620419	62130892	54761480	7369412	3859768
贵州	50374774	35859256	30791179	5068077	3321657
云南	52395964	41658064	36653253	5004811	4013649
西藏	9746152	7276240	6294701	981539	880222
陕西	39157896	25753972	23461297	2292676	1533319
甘肃	27051721	20453450	18270610	2182839	1072107
青海	9822757	7098390	6318706	779683	449162
宁夏	10636282	7703884	7269668	434216	294005
新疆	34224956	25062798	22233490	2829308	1893860
大连	6811760	5611140	5447285	163855	43309
宁波	12834133	8883978	8431924	452054	241651
厦门	8109244	5284694	4851745	432949	26233
青岛	15552798	11392731	10586964	805767	101583
深圳	37666398	17106672	15431026	1675646	642543

(地方中学)

单位：千元

公用部分	商品和服务支出	其他资本性支出	专项公用支出	专项项目支出	基本建设支出
466243252	**246115413**	**220127839**	**64034111**	**156093728**	**30392477**
11724058	8793704	2930353	2258547	671806	3191023
3143090	2171512	971577	407393	564184	10507
22237411	11490040	10747370	2362055	8385316	135440
9769994	5860979	3909015	1244906	2664109	241072
7273316	3658013	3615303	1127556	2487747	379223
6111314	4423229	1688086	543307	1144779	178060
4718607	2695907	2022700	617994	1404707	144882
5682358	3533029	2149329	724058	1425272	565633
14613296	10226284	4387012	2134939	2252074	621805
32811430	13904192	18907238	3914795	14992442	153593
29015289	15409138	13606150	2826123	10780028	1936025
19606284	9526951	10079333	3330979	6748354	1530993
14783191	6949006	7834184	2143922	5690262	183216
23106124	6344813	16761310	4448978	12312332	788804
29566674	13603622	15963052	3264941	12698111	13300
28620708	14259951	14360757	3444645	10916112	1100328
17847459	7879127	9968332	2188631	7779700	5844
23458603	14121473	9337130	2780698	6556432	276842
52695008	34045028	18649980	7726600	10923379	11263230
12087902	6364785	5723117	1944115	3779002	942240
5664984	2538914	3126071	1068545	2057526	130777
10075417	6870625	3204792	1349752	1855040	1196402
23968505	14005374	9963131	3000059	6963072	521022
13534878	6443579	7091298	2877299	4213999	980640
10301297	5243759	5057538	1177129	3880409	436603
2237807	688238	1549569	623267	926302	232105
12392813	6270006	6122806	1958937	4163869	1011111
6216187	2642381	3573806	801369	2772437	382085
2354222	855583	1498639	270543	1228095	370146
2883808	1304894	1578914	557845	1021069	48590
7741221	3991275	3749947	914184	2835762	1420936
1158327	881052	277275	148678	128597	42292
3950155	1887985	2062170	410081	1652090	
2754850	1336495	1418355	548467	869888	69700
4160066	2103508	2056558	671281	1385277	
10770521	8178016	2592505	1632781	959723	9789205

4-27 教育经费支出明细

地区	合计	个人部分	工资福利支出	对个人和家庭的补助支出	#助学金
合计	**1678774664**	**1179478731**	**1078805919**	**100672812**	**46296311**
北京	45274099	29515989	28301445	1214544	143818
天津	17423708	14271852	13775477	496375	161754
河北	76358527	53985676	48935613	5050062	2362693
山西	35545708	25534642	23936425	1598217	779508
内蒙古	28042166	20389627	18847667	1541960	851289
辽宁	32843548	26554174	25131997	1422177	397396
吉林	20904985	15985637	15249205	736432	309538
黑龙江	29733732	23403390	20504558	2898831	305134
上海	44368846	29055354	28001663	1053691	471521
江苏	117893725	84977847	79248933	5728914	1405139
浙江	94699837	63823979	60413293	3410686	1741715
安徽	67600809	46460339	40747129	5713210	1812382
福建	51753518	36787111	34504484	2282628	751764
江西	57332654	33437726	31371648	2066078	1201992
山东	119349961	89769987	83941465	5828522	1741947
河南	93980076	64259040	58242467	6016573	3371125
湖北	60100516	42172225	38700524	3471702	1204852
湖南	73079940	49332968	44044322	5288646	2350197
广东	183496097	119542431	109126192	10416239	3405938
广西	49497693	36467551	32631697	3835854	2661141
海南	14580897	8785136	8360510	424626	242379
重庆	40251785	28938013	26141590	2796422	1189115
四川	86646460	62148598	54779055	7369543	3859899
贵州	50374774	35859256	30791179	5068077	3321657
云南	52395964	41658064	36653253	5004811	4013649
西藏	9746152	7276240	6294701	981539	880222
陕西	39367724	25908644	23607730	2300915	1533921
甘肃	27062781	20463397	18280288	2183109	1072314
青海	9822757	7098390	6318706	779683	449162
宁夏	10636282	7703884	7269668	434216	294005
新疆	38608943	27911566	24653036	3258531	2009144
大连	6811760	5611140	5447285	163855	43309
宁波	12834133	8883978	8431924	452054	241651
厦门	8109244	5284694	4851745	432949	26233
青岛	15552798	11392731	10586964	805767	101583
深圳	37666398	17106672	15431026	1675646	642543

(普通中学)

单位：千元

公用部分	商品和服务支　出	其他资本性支　出	专项公用支　出	专项项目支　出	基本建设支　出
468628636	**247543999**	**221084637**	**64365161**	**156719476**	**30667296**
12567087	9503843	3063245	2391257	671988	3191023
3141349	2169818	971531	407347	564184	10507
22237411	11490040	10747370	2362055	8385316	135440
9769994	5860979	3909015	1244906	2664109	241072
7273316	3658013	3615303	1127556	2487747	379223
6111314	4423229	1688086	543307	1144779	178060
4774466	2748610	2025856	621149	1404707	144882
5762474	3569282	2193192	736167	1457025	567869
14691687	10293600	4398087	2146013	2252074	621805
32762285	13856617	18905668	3913225	14992442	153593
28939832	15342022	13597810	2819732	10778078	1936025
19609478	9527121	10082356	3331244	6751113	1530993
14783191	6949006	7834184	2143922	5690262	183216
23106124	6344813	16761310	4448978	12312332	788804
29566674	13603622	15963052	3264941	12698111	13300
28620708	14259951	14360757	3444645	10916112	1100328
17922447	7937515	9984932	2202043	7782889	5844
23470130	14131771	9338360	2781928	6556432	276842
52690437	34041090	18649347	7726438	10922909	11263230
12087902	6364785	5723117	1944115	3779002	942240
5664984	2538914	3126071	1068545	2057526	130777
10117371	6910698	3206673	1351633	1855040	1196402
23976840	14012372	9964468	3001396	6963072	521022
13534878	6443579	7091298	2877299	4213999	980640
10301297	5243759	5057538	1177129	3880409	436603
2237807	688238	1549569	623267	926302	232105
12447969	6313220	6134749	1970367	4164382	1011111
6217299	2643393	3573906	801419	2772487	382085
2354222	855583	1498639	270543	1228095	370146
2883808	1304894	1578914	557845	1021069	48590
9003858	4513622	4490236	1064751	3425485	1693519
1158327	881052	277275	148678	128597	42292
3950155	1887985	2062170	410081	1652090	
2754850	1336495	1418355	548467	869888	69700
4160066	2103508	2056558	671281	1385277	
10770521	8178016	2592505	1632781	959723	9789205

4-28 教育经费支出明细

地区	合计	个人部分	工资福利支出	对个人和家庭的补助支出	#助学金
合计	1670371517	1173883691	1073783086	100100605	46172970
北京	43176857	28277114	27103412	1173702	140849
天津	17423708	14271852	13775477	496375	161754
河北	76358527	53985676	48935613	5050062	2362693
山西	35545708	25534642	23936425	1598217	779508
内蒙古	28042166	20389627	18847667	1541960	851289
辽宁	32843548	26554174	25131997	1422177	397396
吉林	20664581	15801229	15068378	732850	309481
黑龙江	29335388	23087397	20258272	2829124	303644
上海	44013636	28778535	27729543	1048992	470416
江苏	117893725	84977847	79248933	5728914	1405139
浙江	94699837	63823979	60413293	3410686	1741715
安徽	67597301	46460024	40746814	5713210	1812382
福建	51753518	36787111	34504484	2282628	751764
江西	57332654	33437726	31371648	2066078	1201992
山东	119349961	89769987	83941465	5828522	1741947
河南	93980076	64259040	58242467	6016573	3371125
湖北	59705781	41852478	38390996	3461482	1204852
湖南	73013420	49279437	43991108	5288330	2350047
广东	183496097	119542431	109126192	10416239	3405938
广西	49497693	36467551	32631697	3835854	2661141
海南	14580897	8785136	8360510	424626	242379
重庆	40035573	28763754	25972310	2791444	1187769
四川	86620419	62130892	54761480	7369412	3859768
贵州	50374774	35859256	30791179	5068077	3321657
云南	52395964	41658064	36653253	5004811	4013649
西藏	9746152	7276240	6294701	981539	880222
陕西	39157896	25753972	23461297	2292676	1533319
甘肃	27051721	20453450	18270610	2182839	1072107
青海	9822757	7098390	6318706	779683	449162
宁夏	10636282	7703884	7269668	434216	294005
新疆	34224901	25062798	22233490	2829308	1893860
大连	6811760	5611140	5447285	163855	43309
宁波	12834133	8883978	8431924	452054	241651
厦门	8109244	5284694	4851745	432949	26233
青岛	15552798	11392731	10586964	805767	101583
深圳	37666398	17106672	15431026	1675646	642543

(地方普通中学)

单位：千元

公用部分					基本建设支出
	商品和服务支出	其他资本性支出			
			专项公用支出	专项项目支出	
466095349	**245978211**	**220117138**	**64025830**	**156091308**	**30392477**
11708721	8778403	2930318	2258511	671806	3191023
3141349	2169818	971531	407347	564184	10507
22237411	11490040	10747370	2362055	8385316	135440
9769994	5860979	3909015	1244906	2664109	241072
7273316	3658013	3615303	1127556	2487747	379223
6111314	4423229	1688086	543307	1144779	178060
4718471	2695771	2022700	617994	1404707	144882
5682358	3533029	2149329	724058	1425272	565633
14613296	10226284	4387012	2134939	2252074	621805
32762285	13856617	18905668	3913225	14992442	153593
28939832	15342022	13597810	2819732	10778078	1936025
19606284	9526951	10079333	3330979	6748354	1530993
14783191	6949006	7834184	2143922	5690262	183216
23106124	6344813	16761310	4448978	12312332	788804
29566674	13603622	15963052	3264941	12698111	13300
28620708	14259951	14360757	3444645	10916112	1100328
17847459	7879127	9968332	2188631	7779700	5844
23457141	14120087	9337054	2780622	6556432	276842
52690437	34041090	18649347	7726438	10922909	11263230
12087902	6364785	5723117	1944115	3779002	942240
5664984	2538914	3126071	1068545	2057526	130777
10075417	6870625	3204792	1349752	1855040	1196402
23968505	14005374	9963131	3000059	6963072	521022
13534878	6443579	7091298	2877299	4213999	980640
10301297	5243759	5057538	1177129	3880409	436603
2237807	688238	1549569	623267	926302	232105
12392813	6270006	6122806	1958937	4163869	1011111
6216187	2642381	3573806	801369	2772437	382085
2354222	855583	1498639	270543	1228095	370146
2883808	1304894	1578914	557845	1021069	48590
7741166	3991220	3749947	914184	2835762	1420936
1158327	881052	277275	148678	128597	42292
3950155	1887985	2062170	410081	1652090	
2754850	1336495	1418355	548467	869888	69700
4160066	2103508	2056558	671281	1385277	
10770521	8178016	2592505	1632781	959723	9789205

4-29 教育经费支出明细

地区	合计	个人部分	工资福利支出	对个人和家庭的补助支出	#助学金
合计	**631807107**	**425722232**	**394702049**	**31020184**	**13653542**
北京	17116890	11318986	10832990	485996	41645
天津	6659195	5488635	5286079	202556	95110
河北	29926327	20411025	18659469	1751555	846292
山西	14786290	10273341	9701252	572089	280358
内蒙古	11580111	7888104	7259845	628259	383442
辽宁	12065734	9300800	8851766	449035	139419
吉林	7801640	5715868	5429025	286844	155473
黑龙江	11152967	8005167	7214228	790939	112530
上海	15002567	9207914	8910355	297559	102751
江苏	45719076	30532289	28768510	1763779	323474
浙江	36317753	24211918	23169605	1042313	440621
安徽	25035054	16837080	15261576	1575504	537327
福建	18374428	12582112	11884289	697823	136341
江西	21361191	12386315	11609962	776353	447899
山东	42742680	31410657	29897956	1512701	390588
河南	36658988	22566145	20820507	1745638	931111
湖北	24030712	15833448	14788536	1044911	397660
湖南	28328674	18486233	16909212	1577021	691869
广东	70857755	43785001	40625759	3159242	751256
广西	18143074	12618502	11562753	1055748	711932
海南	5227494	3224712	3084428	140283	84206
重庆	15095224	10919235	10005648	913587	431475
四川	30723495	21305126	19108435	2196690	1206318
贵州	19635761	12523596	11077694	1445902	865856
云南	19486024	14548516	13020925	1527590	1163522
西藏	3405015	2465082	2165864	299218	262181
陕西	14210177	9281381	8572741	708640	444695
甘肃	10441603	7852204	7094496	757708	328015
青海	3859646	2735112	2453504	281608	170505
宁夏	4065089	2986925	2822277	164648	111461
新疆	11996472	9020806	7852361	1168444	668212
大连	2473194	2009336	1942967	66370	28811
宁波	4939795	3308465	3165198	143268	75329
厦门	3192337	1909953	1767914	142039	6764
青岛	5858937	3981625	3748024	233600	22997
深圳	16099074	6433748	5935510	498237	161256

（普通高中）

单位：千元

公用部分					基本建设支出
	商品和服务支出	其他资本性支出	专项公用支出	专项项目支出	
191305737	**102408907**	**88896830**	**27657344**	**61239485**	**14779137**
4756879	3725394	1031485	848747	182739	1041024
1170327	956620	213707	108193	105513	233
9514539	5176355	4338183	993447	3344737	763
4404627	2532081	1872546	574920	1297627	108322
3444734	1822888	1621846	594273	1027573	247273
2698182	2019312	678870	232648	446222	66752
2040532	1237451	803081	251062	552019	45240
2765124	1616402	1148722	304058	844663	382676
5300891	3579114	1721776	763882	957894	493763
15136642	5448134	9688508	1836441	7852067	50145
11082123	6142765	4939358	1258573	3680786	1023712
7105957	3620574	3485382	1181240	2304142	1092017
5740741	2746287	2994454	884494	2109961	51574
8582687	2563140	6019547	1533680	4485868	392189
11332023	5995653	5336370	1313402	4022968	
13315119	6680419	6634700	2115978	4518722	777724
8191420	3429265	4762155	996545	3765610	5844
9782335	6069115	3713220	1096223	2616997	60106
21485291	13753570	7731720	3553647	4178074	5587463
5129243	2731546	2397697	912760	1484937	395330
1984091	924929	1059162	448970	610192	18692
3816028	2765683	1050345	493903	556442	359961
9297146	5283579	4013566	1286669	2726897	121224
6329624	2979733	3349891	1630947	1718944	782542
4675781	2416624	2259158	546034	1713123	261727
787496	269606	517890	266039	251852	152437
4474001	2575694	1898307	709191	1189115	454796
2450466	1155559	1294907	321131	973776	138933
994270	354896	639374	109238	530135	130264
1073914	521623	552291	189527	362764	4250
2443505	1314896	1128608	301480	827128	532162
463858	397853	66005	32554	33451	
1631329	774836	856493	199427	657065	
1240090	559598	680492	221151	459341	42294
1877312	869744	1007568	232378	775190	
4736293	3603160	1133133	934706	198427	4929034

4-30 教育经费支出明细

地区	合计	个人部分	工资福利支出	对个人和家庭的补助支出	#助学金
合计	**627447281**	**422930008**	**392125457**	**30804551**	**13595809**
北京	15632069	10430362	9975052	455310	38978
天津	6659195	5488635	5286079	202556	95110
河北	29926327	20411025	18659469	1751555	846292
山西	14786290	10273341	9701252	572089	280358
内蒙古	11580111	7888104	7259845	628259	383442
辽宁	12065734	9300800	8851766	449035	139419
吉林	7685963	5639598	5356172	283426	155472
黑龙江	10992197	7888218	7121696	766521	111261
上海	14718171	8985305	8692184	293121	101645
江苏	45719076	30532289	28768510	1763779	323474
浙江	36317753	24211918	23169605	1042313	440621
安徽	25035054	16837080	15261576	1575504	537327
福建	18374428	12582112	11884289	697823	136341
江西	21361191	12386315	11609962	776353	447899
山东	42742680	31410657	29897956	1512701	390588
河南	36658988	22566145	20820507	1745638	931111
湖北	23703206	15568769	14534077	1034692	397660
湖南	28299313	18464737	16887898	1576839	691768
广东	70857755	43785001	40625759	3159242	751256
广西	18143074	12618502	11562753	1055748	711932
海南	5227494	3224712	3084428	140283	84206
重庆	14969286	10823304	9914294	909009	430351
四川	30709274	21295456	19098838	2196619	1206247
贵州	19635761	12523596	11077694	1445902	865856
云南	19486024	14548516	13020925	1527590	1163522
西藏	3405015	2465082	2165864	299218	262181
陕西	14079500	9185003	8481698	703305	444164
甘肃	10437437	7848473	7090849	757625	327961
青海	3859646	2735112	2453504	281608	170505
宁夏	4065089	2986925	2822277	164648	111461
新疆	10314181	8024919	6988680	1036240	617403
大连	2473194	2009336	1942967	66370	28811
宁波	4939795	3308465	3165198	143268	75329
厦门	3192337	1909953	1767914	142039	6764
青岛	5858937	3981625	3748024	233600	22997
深圳	16099074	6433748	5935510	498237	161256

(地方普通高中)

单位：千元

公用部分	商品和服务支出	其他资本性支出			基本建设支出
			专项公用支出	专项项目支出	
189927050	**101482697**	**88444353**	**27439091**	**61005262**	**14590223**
4160683	3232388	928295	745730	182565	1041024
1170327	956620	213707	108193	105513	233
9514539	5176355	4338183	993447	3344737	763
4404627	2532081	1872546	574920	1297627	108322
3444734	1822888	1621846	594273	1027573	247273
2698182	2019312	678870	232648	446222	66752
2001125	1201122	800003	247984	552019	45240
2721303	1597936	1123367	296810	826558	382676
5239103	3526947	1712156	754262	957894	493763
15136642	5448134	9688508	1836441	7852067	50145
11082123	6142765	4939358	1258573	3680786	1023712
7105957	3620574	3485382	1181240	2304142	1092017
5740741	2746287	2994454	884494	2109961	51574
8582687	2563140	6019547	1533680	4485868	392189
11332023	5995653	5336370	1313402	4022968	
13315119	6680419	6634700	2115978	4518722	777724
8128593	3378955	4749638	984913	3764724	5844
9774470	6061648	3712822	1095825	2616997	60106
21485291	13753570	7731720	3553647	4178074	5587463
5129243	2731546	2397697	912760	1484937	395330
1984091	924929	1059162	448970	610192	18692
3786021	2736442	1049579	493137	556442	359961
9292594	5279758	4012836	1285939	2726897	121224
6329624	2979733	3349891	1630947	1718944	782542
4675781	2416624	2259158	546034	1713123	261727
787496	269606	517890	266039	251852	152437
4439702	2548381	1891320	702718	1188603	454796
2450031	1155124	1294907	321131	973776	138933
994270	354896	639374	109238	530135	130264
1073914	521623	552291	189527	362764	4250
1946014	1107243	838771	226189	612582	343248
463858	397853	66005	32554	33451	
1631329	774836	856493	199427	657065	
1240090	559598	680492	221151	459341	42294
1877312	869744	1007568	232378	775190	
4736293	3603160	1133133	934706	198427	4929034

4-31 教育经费支出明细

地 区	合 计	个人部分	工资福利支 出	对个人和家庭的补助支出	#助学金
合 计	**244792685**	**169854996**	**156668778**	**13186218**	**7657915**
北 京	1254248	630515	610449	20066	6644
天 津	974988	836547	826807	9740	1614
河 北	16584105	10992771	10125877	866893	534696
山 西	6825288	4772827	4455117	317710	171856
内蒙古	5509902	3749286	3441854	307432	206972
辽 宁	2768786	2160058	2093169	66889	33932
吉 林	2825122	2013295	1904595	108701	56456
黑龙江	4294764	2983503	2620257	363246	51733
上 海	1266451	916451	895717	20734	6854
江 苏	15324385	10237372	9713480	523892	155176
浙 江	12459064	8886897	8500439	386458	149233
安 徽	12954523	9184210	8290218	893992	357390
福 建	7839629	5802322	5563506	238816	77497
江 西	11002695	6045134	5688176	356958	247423
山 东	15004035	11061712	10640517	421195	196250
河 南	19986030	12170108	11300065	870043	566729
湖 北	6647884	4632150	4294655	337495	211603
湖 南	15259122	9949500	9152737	796762	459620
广 东	13793649	9601306	8999993	601313	207893
广 西	7870669	5671208	5084895	586313	434567
海 南	2172823	1347585	1265482	82103	52889
重 庆	5182964	4133072	3759007	374065	225715
四 川	13353239	9471857	8378923	1092935	709951
贵 州	9929344	7096895	6235291	861604	577124
云 南	10731167	8348508	7401891	946617	798574
西 藏	1056964	914165	815629	98535	87341
陕 西	6621934	4198881	3810210	388671	261223
甘 肃	6353242	4982997	4442500	540497	256592
青 海	2229189	1595715	1436802	158914	107832
宁 夏	1475060	1170321	1107746	62575	47020
新 疆	5241419	4297829	3812776	485053	399519
大 连	157310	122347	117547	4800	704
宁 波	1478891	1052792	1015576	37216	17912
厦 门	72501	34676	33088	1588	164
青 岛	612831	397408	375782	21626	1635
深 圳					

（农村高中）

单位：千元

公用部分	商品和服务支出	其他资本性支出	专项公用支出	专项项目支出	基本建设支出
72944046	**37818847**	**35125199**	**9817377**	**25307822**	**1993643**
488900	277841	211058	191850	19208	134834
138441	121770	16671	15657	1014	
5590571	2954239	2636333	557321	2079012	763
1994641	1145221	849420	213838	635583	57820
1645098	811299	833799	307735	526064	115518
605088	415495	189593	43795	145798	3640
806138	416560	389578	88428	301150	5688
1212189	627593	584595	114254	470342	99072
350000	238357	111643	88056	23587	
5036868	1725654	3311214	578541	2732673	50145
3244801	1878032	1366769	325907	1040862	327366
3769297	1980251	1789046	497967	1291079	1016
2036612	1090843	945769	323954	621815	695
4852125	1367787	3484337	1028310	2456027	105437
3942323	2190709	1751614	415249	1336364	
7699901	3912435	3787466	1059951	2727514	116021
2015734	928786	1086949	239645	847304	
5268216	3241607	2026609	506131	1520477	41407
4188592	2557387	1631205	594155	1037050	3751
2111125	1167060	944065	304017	640049	88336
806741	382401	424340	211988	212351	18497
992357	752701	239656	105107	134549	57535
3774252	2184506	1589746	404623	1185123	107130
2705705	1497971	1207735	600636	607099	126744
2314411	1160540	1153871	189695	964177	68247
118868	91307	27561	6190	21371	23932
2244179	1268342	975837	426154	549683	178873
1348152	640473	707678	165407	542271	22093
546861	166528	380333	58100	322233	86613
304739	147051	157688	35254	122433	
791124	478103	313020	119462	193559	152467
34963	26809	8154	2944	5210	
426099	254211	171887	59873	112015	
37825	7083	30742	3705	27037	
215423	98895	116528	13442	103086	

4-32 教育经费支出明细

地区	合计	个人部分	工资福利支出	对个人和家庭的补助支出	#助学金
合计	**244256541**	**169468316**	**156332982**	**13135334**	**7652801**
北京	1254248	630515	610449	20066	6644
天津	974988	836547	826807	9740	1614
河北	16584105	10992771	10125877	866893	534696
山西	6825288	4772827	4455117	317710	171856
内蒙古	5509902	3749286	3441854	307432	206972
辽宁	2768786	2160058	2093169	66889	33932
吉林	2825122	2013295	1904595	108701	56456
黑龙江	4157320	2884296	2543127	341169	50670
上海	1266451	916451	895717	20734	6854
江苏	15324385	10237372	9713480	523892	155176
浙江	12459064	8886897	8500439	386458	149233
安徽	12954523	9184210	8290218	893992	357390
福建	7839629	5802322	5563506	238816	77497
江西	11002695	6045134	5688176	356958	247423
山东	15004035	11061712	10640517	421195	196250
河南	19986030	12170108	11300065	870043	566729
湖北	6469831	4487782	4160087	327695	211603
湖南	15259122	9949500	9152737	796762	459620
广东	13793649	9601306	8999993	601313	207893
广西	7870669	5671208	5084895	586313	434567
海南	2172823	1347585	1265482	82103	52889
重庆	5182964	4133072	3759007	374065	225715
四川	13353239	9471857	8378923	1092935	709951
贵州	9929344	7096895	6235291	861604	577124
云南	10731167	8348508	7401891	946617	798574
西藏	1056964	914165	815629	98535	87341
陕西	6621934	4198881	3810210	388671	261223
甘肃	6349076	4979266	4438852	540414	256539
青海	2229189	1595715	1436802	158914	107832
宁夏	1475060	1170321	1107746	62575	47020
新疆	5024939	4158454	3692325	466129	395521
大连	157310	122347	117547	4800	704
宁波	1478891	1052792	1015576	37216	17912
厦门	72501	34676	33088	1588	164
青岛	612831	397408	375782	21626	1635
深圳					

(地方农村高中)

单位：千元

公用部分					基本建设支出
	商品和服务支出	其他资本性支出			
			专项公用支出	专项项目支出	
72807772	**37724872**	**35082900**	**9795039**	**25287860**	**1980454**
488900	277841	211058	191850	19208	134834
138441	121770	16671	15657	1014	
5590571	2954239	2636333	557321	2079012	763
1994641	1145221	849420	213838	635583	57820
1645098	811299	833799	307735	526064	115518
605088	415495	189593	43795	145798	3640
806138	416560	389578	88428	301150	5688
1173952	612679	561272	108165	453108	99072
350000	238357	111643	88056	23587	
5036868	1725654	3311214	578541	2732673	50145
3244801	1878032	1366769	325907	1040862	327366
3769297	1980251	1789046	497967	1291079	1016
2036612	1090843	945769	323954	621815	695
4852125	1367787	3484337	1028310	2456027	105437
3942323	2190709	1751614	415249	1336364	
7699901	3912435	3787466	1059951	2727514	116021
1982049	898610	1083439	236135	847304	
5268216	3241607	2026609	506131	1520477	41407
4188592	2557387	1631205	594155	1037050	3751
2111125	1167060	944065	304017	640049	88336
806741	382401	424340	211988	212351	18497
992357	752701	239656	105107	134549	57535
3774252	2184506	1589746	404623	1185123	107130
2705705	1497971	1207735	600636	607099	126744
2314411	1160540	1153871	189695	964177	68247
118868	91307	27561	6190	21371	23932
2244179	1268342	975837	426154	549683	178873
1347716	640038	707678	165407	542271	22093
546861	166528	380333	58100	322233	86613
304739	147051	157688	35254	122433	
727207	429653	297553	106722	190831	139278
34963	26809	8154	2944	5210	
426099	254211	171887	59873	112015	
37825	7083	30742	3705	27037	
215423	98895	116528	13442	103086	

4-33 教育经费支出明细

地区	合计	个人部分	工资福利支出	对个人和家庭的补助支出	#助学金
合计	**1046967557**	**753756499**	**684103871**	**69652628**	**32642770**
北京	28157209	18197002	17468454	728548	102173
天津	10764513	8783217	8489398	293819	66644
河北	46432200	33574651	30276144	3298507	1516401
山西	20759418	15261301	14235173	1026128	499150
内蒙古	16462055	12501523	11587822	913701	467847
辽宁	20777814	17253374	16280231	973143	257978
吉林	13103345	10269769	9820180	449588	154066
黑龙江	18580765	15398223	13290330	2107892	192604
上海	29366278	19847440	19091308	756132	368771
江苏	72174649	54445558	50480424	3965134	1081665
浙江	58382084	39612061	37243687	2368374	1301094
安徽	42565755	29623259	25485553	4137706	1275056
福建	33379091	24204999	22620195	1584805	615423
江西	35971463	21051411	19761686	1289725	754093
山东	76607281	58359330	54043509	4315821	1351359
河南	57321088	41692894	37421960	4270935	2440015
湖北	36069804	26338778	23911987	2426790	807193
湖南	44751266	30846735	27135110	3711626	1658328
广东	112638343	75757430	68500433	7256997	2654682
广西	31354620	23849050	21068944	2780106	1949209
海南	9353403	5560424	5276082	284342	158173
重庆	25156561	18018778	16135942	1882835	757640
四川	55922965	40843472	35670620	5172852	2653581
贵州	30739013	23335660	19713486	3622175	2455801
云南	32909940	27109548	23632328	3477221	2850127
西藏	6341136	4811158	4128837	682321	618041
陕西	25157547	16627263	15034988	1592275	1089226
甘肃	16621178	12611193	11185792	1425401	744299
青海	5963111	4363278	3865202	498075	278657
宁夏	6571193	4716959	4447390	269568	182544
新疆	26612471	18890761	16800674	2090087	1340932
大连	4338566	3601804	3504319	97485	14498
宁波	7894339	5575513	5266726	308786	166322
厦门	4916907	3374741	3083831	290910	19470
青岛	9693861	7411107	6838940	572167	78586
深圳	21567324	10672925	9495516	1177409	481288

(普通初中)

单位：千元

公用部分	商品和服务支出	其他资本性支出			基本建设支出
			专项公用支出	专项项目支出	
277322899	**145135092**	**132187808**	**36707817**	**95479991**	**15888158**
7810208	5778449	2031759	1542510	489249	2149999
1971022	1213198	757824	299153	458671	10274
12722872	6313685	6409187	1368608	5040579	134677
5365367	3328898	2036469	669986	1366482	132750
3828582	1835125	1993457	533283	1460174	131950
3413132	2403917	1009216	310659	698557	111308
2733934	1511159	1222775	370087	852688	99642
2997350	1952880	1044470	432109	612361	185192
9390796	6714486	2676310	1382131	1294180	128042
17625643	8408483	9217159	2076784	7140375	103448
17857709	9199258	8658452	1561159	7097292	912313
12503521	5906547	6596974	2150004	4446970	438975
9042449	4202719	4839730	1259429	3580302	131642
14523437	3781674	10741763	2915298	7826465	396615
18234651	7607969	10626682	1951539	8675143	13300
15305589	7579532	7726057	1328667	6397390	322604
9731026	4508249	5222777	1205498	4017279	
13687796	8062656	5625140	1685705	3939435	216736
31205146	20287520	10917626	4172791	6744835	5675767
6958660	3633240	3325420	1031355	2294065	546910
3680894	1613985	2066908	619574	1447334	112086
6301343	4145015	2156328	857730	1298598	836441
14679694	8728792	5950902	1714727	4236175	399798
7205254	3463847	3741407	1246352	2495055	198099
5625516	2827135	2798381	631095	2167286	174876
1450311	418632	1031678	357228	674450	79668
7973968	3737526	4236443	1261176	2975267	556315
3766833	1487834	2278999	480288	1798711	243152
1359952	500687	859265	161305	697960	239881
1809894	783271	1026623	368317	658305	44340
6560353	3198725	3361628	763271	2598357	1161357
694470	483199	211270	116124	95146	42292
2318826	1113149	1205677	210653	995024	
1514760	776897	737863	327316	410547	27406
2282754	1233764	1048990	438903	610087	
6034228	4574856	1459372	698076	761296	4860171

4-34 教育经费支出明细

地区	合计	个人部分	工资福利支出	对个人和家庭的补助支出	#助学金
合计	**1042924236**	**750953683**	**681657629**	**69296054**	**32577160**
北京	27544788	17846752	17128360	718391	101871
天津	10764513	8783217	8489398	293819	66644
河北	46432200	33574651	30276144	3298507	1516401
山西	20759418	15261301	14235173	1026128	499150
内蒙古	16462055	12501523	11587822	913701	467847
辽宁	20777814	17253374	16280231	973143	257978
吉林	12978619	10161631	9712206	449424	154009
黑龙江	18343191	15199179	13136576	2062603	192382
上海	29295465	19793230	19037359	755871	368771
江苏	72174649	54445558	50480424	3965134	1081665
浙江	58382084	39612061	37243687	2368374	1301094
安徽	42562247	29622944	25485238	4137706	1275056
福建	33379091	24204999	22620195	1584805	615423
江西	35971463	21051411	19761686	1289725	754093
山东	76607281	58359330	54043509	4315821	1351359
河南	57321088	41692894	37421960	4270935	2440015
湖北	36002575	26283709	23856919	2426790	807193
湖南	44714106	30814700	27103210	3711490	1658279
广东	112638343	75757430	68500433	7256997	2654682
广西	31354620	23849050	21068944	2780106	1949209
海南	9353403	5560424	5276082	284342	158173
重庆	25066287	17940451	16058016	1882435	757418
四川	55911145	40835436	35662643	5172793	2653521
贵州	30739013	23335660	19713486	3622175	2455801
云南	32909940	27109548	23632328	3477221	2850127
西藏	6341136	4811158	4128837	682321	618041
陕西	25078396	16568970	14979599	1589371	1089155
甘肃	16614285	12604976	11179762	1425215	744146
青海	5963111	4363278	3865202	498075	278657
宁夏	6571193	4716959	4447390	269568	182544
新疆	23910720	17037879	15244810	1793069	1276457
大连	4338566	3601804	3504319	97485	14498
宁波	7894339	5575513	5266726	308786	166322
厦门	4916907	3374741	3083831	290910	19470
青岛	9693861	7411107	6838940	572167	78586
深圳	21567324	10672925	9495516	1177409	481288

(地方普通初中)

单位：千元

公用部分	商品和服务支出	其他资本性支出	专项公用支出	专项项目支出	基本建设支出
276168299	**144495514**	**131672785**	**36586739**	**95086046**	**15802254**
7548038	5546015	2002023	1512782	489241	2149999
1971022	1213198	757824	299153	458671	10274
12722872	6313685	6409187	1368608	5040579	134677
5365367	3328898	2036469	669986	1366482	132750
3828582	1835125	1993457	533283	1460174	131950
3413132	2403917	1009216	310659	698557	111308
2717346	1494649	1222697	370009	852688	99642
2961055	1935093	1025962	427248	598714	182957
9374193	6699336	2674856	1380676	1294180	128042
17625643	8408483	9217159	2076784	7140375	103448
17857709	9199258	8658452	1561159	7097292	912313
12500327	5906377	6593951	2149739	4444211	438975
9042449	4202719	4839730	1259429	3580302	131642
14523437	3781674	10741763	2915298	7826465	396615
18234651	7607969	10626682	1951539	8675143	13300
15305589	7579532	7726057	1328667	6397390	322604
9718866	4500172	5218694	1203718	4014976	
13682671	8058439	5624231	1684797	3939435	216736
31205146	20287520	10917626	4172791	6744835	5675767
6958660	3633240	3325420	1031355	2294065	546910
3680894	1613985	2066908	619574	1447334	112086
6289395	4134183	2155213	856615	1298598	836441
14675911	8725616	5950295	1714120	4236175	399798
7205254	3463847	3741407	1246352	2495055	198099
5625516	2827135	2798381	631095	2167286	174876
1450311	418632	1031678	357228	674450	79668
7953111	3721625	4231486	1256219	2975267	556315
3766156	1487257	2278899	480238	1798661	243152
1359952	500687	859265	161305	697960	239881
1809894	783271	1026623	368317	658305	44340
5795152	2883977	2911175	687995	2223180	1077689
694470	483199	211270	116124	95146	42292
2318826	1113149	1205677	210653	995024	
1514760	776897	737863	327316	410547	27406
2282754	1233764	1048990	438903	610087	
6034228	4574856	1459372	698076	761296	4860171

4-35 教育经费支出明细

地区	合计	个人部分	工资福利支出	对个人和家庭的补助支出	#助学金
合计	**543389623**	**410524370**	**368377688**	**42146682**	**22578224**
北京	5148162	3345520	3211581	133940	35850
天津	2586906	2343965	2307421	36544	922
河北	30302749	21711365	19668064	2043302	1118227
山西	11579133	8751849	8134393	617456	339046
内蒙古	10177612	7907282	7319979	587303	322288
辽宁	8000891	7082316	6680940	401375	125839
吉林	7812826	6253327	5970607	282720	93169
黑龙江	10206913	8445046	7291919	1153127	104470
上海	3313257	2583045	2479331	103714	39795
江苏	29811849	23455441	21619259	1836182	527119
浙江	22246228	16142109	15023307	1118802	620323
安徽	29265906	21195161	18015267	3179894	1053572
福建	17208121	13423859	12779191	644668	225167
江西	23746737	13900842	13123044	777798	457393
山东	39192212	30580182	28238067	2342115	811255
河南	38469031	28248210	25140526	3107685	1884604
湖北	18058923	13651827	12251212	1400615	596000
湖南	28946905	20723921	17967663	2756259	1326183
广东	35506447	26906954	24554761	2352194	862697
广西	20909101	16459945	14258900	2201044	1589999
海南	5581091	3430533	3210074	220459	132740
重庆	12319249	9711912	8599988	1111925	564744
四川	33056307	25083345	21768081	3315264	1853664
贵州	20792250	17228724	14386557	2842167	2104190
云南	24035723	20588979	17847379	2741600	2398662
西藏	4382163	3384563	2920543	464020	421591
陕西	13460920	9272221	8185701	1086520	831357
甘肃	11939836	9305506	8170258	1135248	639584
青海	3777548	3000220	2632412	367807	238011
宁夏	3580550	2827423	2660171	167252	114625
新疆	17974077	13578777	11961094	1617683	1145137
大连	696429	635243	608034	27209	1670
宁波	2455057	1854683	1756488	98195	49032
厦门	350430	227021	189256	37765	3343
青岛	2062637	1676971	1519850	157121	15424
深圳					

（农村初中）

单位：千元

公用部分	商品和服务支出	其他资本性支出	专项公用支出	专项项目支出	基本建设支出
128193802	**63791940**	**64401862**	**16288627**	**48113235**	**4671451**
1506826	951171	555655	489043	66612	295816
242941	210528	32413	25709	6704	
8571957	4179319	4392638	948732	3443905	19427
2750371	1658354	1092017	325109	766907	76913
2197165	995805	1201360	272971	928389	73165
904969	703519	201450	63776	137675	13607
1512487	866670	645818	226326	419491	47012
1667295	1081421	585875	185977	399898	94571
730211	557226	172986	85473	87513	
6287008	3113581	3173427	711070	2462357	69400
5775546	3215603	2559942	562437	1997505	328574
7658501	3651136	4007365	1387327	2620038	412244
3728713	2003147	1725566	497589	1227976	55549
9697345	2295526	7401819	2099366	5302453	148550
8602730	3462977	5139753	793264	4346490	9300
10107565	4941194	5166371	866915	4299456	113255
4407097	1826386	2580711	422056	2158654	
8058179	4498352	3559827	902033	2657794	164805
8303278	5057862	3245415	1212593	2032823	296216
4304944	2310647	1994297	478116	1516180	144212
2047362	836792	1210570	430769	779801	103196
2466980	1562328	904652	270929	633723	140356
7646223	4425448	3220775	731628	2489147	326739
3419688	2011696	1407991	270563	1137428	143838
3367365	1799231	1568134	237622	1330512	79380
947444	277703	669741	223581	446160	50155
3944715	1733677	2211037	555288	1655749	243984
2458810	968725	1490086	328412	1161674	175520
623754	299650	324104	99422	224682	153574
728787	361095	367692	142579	225113	24340
3527547	1935171	1592376	441952	1150424	867753
61186	55845	5341	2804	2537	
600374	345160	255214	88163	167051	
123409	48208	75201	18423	56778	
385665	187548	198117	32457	165660	

4-36 教育经费支出明细

地区	合计	个人部分	工资福利支出	对个人和家庭的补助支出	#助学金
合计	**541543795**	**409086020**	**367183892**	**41902128**	**22535012**
北京	5148162	3345520	3211581	133940	35850
天津	2586906	2343965	2307421	36544	922
河北	30302749	21711365	19668064	2043302	1118227
山西	11579133	8751849	8134393	617456	339046
内蒙古	10177612	7907282	7319979	587303	322288
辽宁	8000891	7082316	6680940	401375	125839
吉林	7812826	6253327	5970607	282720	93169
黑龙江	9998261	8268041	7156214	1111827	104282
上海	3313257	2583045	2479331	103714	39795
江苏	29811849	23455441	21619259	1836182	527119
浙江	22246228	16142109	15023307	1118802	620323
安徽	29265906	21195161	18015267	3179894	1053572
福建	17208121	13423859	12779191	644668	225167
江西	23746737	13900842	13123044	777798	457393
山东	39192212	30580182	28238067	2342115	811255
河南	38469031	28248210	25140526	3107685	1884604
湖北	18058923	13651827	12251212	1400615	596000
湖南	28946905	20723921	17967663	2756259	1326183
广东	35506447	26906954	24554761	2352194	862697
广西	20909101	16459945	14258900	2201044	1589999
海南	5581091	3430533	3210074	220459	132740
重庆	12319249	9711912	8599988	1111925	564744
四川	33056307	25083345	21768081	3315264	1853664
贵州	20792250	17228724	14386557	2842167	2104190
云南	24035723	20588979	17847379	2741600	2398662
西藏	4382163	3384563	2920543	464020	421591
陕西	13460920	9272221	8185701	1086520	831357
甘肃	11932943	9299289	8164228	1135061	639431
青海	3777548	3000220	2632412	367807	238011
宁夏	3580550	2827423	2660171	167252	114625
新疆	16343793	12323647	10909032	1414616	1102266
大连	696429	635243	608034	27209	1670
宁波	2455057	1854683	1756488	98195	49032
厦门	350430	227021	189256	37765	3343
青岛	2062637	1676971	1519850	157121	15424
深圳					

(地方农村初中)

单位：千元

公用部分	商品和服务支出	其他资本性支出	专项公用支出	专项项目支出	基本建设支出
127826578	**63580537**	**64246041**	**16236003**	**48010037**	**4631197**
1506826	951171	555655	489043	66612	295816
242941	210528	32413	25709	6704	
8571957	4179319	4392638	948732	3443905	19427
2750371	1658354	1092017	325109	766907	76913
2197165	995805	1201360	272971	928389	73165
904969	703519	201450	63776	137675	13607
1512487	866670	645818	226326	419491	47012
1635648	1066213	569435	181186	388249	94571
730211	557226	172986	85473	87513	
6287008	3113581	3173427	711070	2462357	69400
5775546	3215603	2559942	562437	1997505	328574
7658501	3651136	4007365	1387327	2620038	412244
3728713	2003147	1725566	497589	1227976	55549
9697345	2295526	7401819	2099366	5302453	148550
8602730	3462977	5139753	793264	4346490	9300
10107565	4941194	5166371	866915	4299456	113255
4407097	1826386	2580711	422056	2158654	
8058179	4498352	3559827	902033	2657794	164805
8303278	5057862	3245415	1212593	2032823	296216
4304944	2310647	1994297	478116	1516180	144212
2047362	836792	1210570	430769	779801	103196
2466980	1562328	904652	270929	633723	140356
7646223	4425448	3220775	731628	2489147	326739
3419688	2011696	1407991	270563	1137428	143838
3367365	1799231	1568134	237622	1330512	79380
947444	277703	669741	223581	446160	50155
3944715	1733677	2211037	555288	1655749	243984
2458134	968148	1489986	328362	1161624	175520
623754	299650	324104	99422	224682	153574
728787	361095	367692	142579	225113	24340
3192646	1739552	1453094	394169	1058925	827500
61186	55845	5341	2804	2537	
600374	345160	255214	88163	167051	
123409	48208	75201	18423	56778	
385665	187548	198117	32457	165660	

4-37 教育经费支出明细

地区	合计				
		个人部分			
			工资福利支出	对个人和家庭的补助支出	
					#助学金
合计	**623963**	**476059**	**452965**	**23094**	
北京	95087	79750	77916	1834	
天津	62340	60599	58378	2221	
河北					
山西					
内蒙古					
辽宁					
吉林	2460	2324	1957	367	
黑龙江					
上海					
江苏	182380	133235	124996	8239	
浙江	262572	187116	178816	8300	
安徽					
福建					
江西					
山东					
河南					
湖北					
湖南	4035	2573	2533	40	
广东	15033	10462	8369	2093	
广西					
海南					
重庆					
四川					
贵州					
云南					
西藏					
陕西					
甘肃					
青海					
宁夏					
新疆	55				
大连					
宁波					
厦门					
青岛					
深圳					

(成人中学)

单位：千元

公用部分	商品和服务支出	其他资本性支出	专项公用支出	专项项目支出	基本建设支出
147903	**137202**	**10702**	**8281**	**2420**	
15337	15301	36	36		
1741	1695	47	47		
136	136				
49145	47575	1570	1570		
75456	67116	8341	6391	1950	
1462	1386	76	76		
4571	3938	633	163	470	
55	55				

4-38 教育经费支出明细

地区	合计	个人部分	工资福利支出	对个人和家庭的补助支出	#助学金
合计	**1625136607**	**1204009744**	**1083150916**	**120858828**	**46912670**
北京	49674586	34514658	33439180	1075478	165146
天津	16391435	13324585	12928964	395621	77609
河北	75401336	57097315	49987890	7109425	2369808
山西	33254168	25260322	23261704	1998617	718072
内蒙古	27535825	21672583	19839862	1832721	649600
辽宁	28236522	23393669	21801784	1591884	386698
吉林	20001622	16236746	15529378	707368	194425
黑龙江	22974519	19702438	16083051	3619387	414563
上海	37419367	26252993	25276844	976149	479377
江苏	108676835	82736379	74855225	7881154	1786125
浙江	92279592	62352278	58287709	4064568	1803896
安徽	61472828	44473285	38410448	6062838	1452715
福建	50867970	36892409	33998796	2893613	556303
江西	52544659	33698570	31637459	2061110	845646
山东	100766240	79439669	73318432	6121237	1270926
河南	85792820	64299288	58769872	5529416	3126552
湖北	51994757	36653382	33214598	3438784	1138264
湖南	64681963	46214072	41078275	5135797	2101819
广东	194730817	136896158	120803461	16092697	4917284
广西	55001547	43929452	39398491	4530961	2307613
海南	14421763	10157358	9857852	299506	151018
重庆	38584276	28120879	24426816	3694063	667335
四川	84242145	62509614	54068029	8441586	4167995
贵州	50978169	39790220	32720198	7070023	3531238
云南	56223246	47095451	40835500	6259951	4454590
西藏	13440716	10326275	8648904	1677371	1454573
陕西	42246146	27353251	24795201	2558050	1670565
甘肃	29785999	23161774	20316732	2845042	1293431
青海	10626113	7779058	6745910	1033148	567578
宁夏	10592735	7655642	7146345	509298	290304
新疆	44295892	35019972	31668007	3351965	1901602
大连	6026830	4888917	4704950	183968	8588
宁波	13264045	8959069	8463989	495079	202603
厦门	9209282	5960630	5439010	521620	57507
青岛	14040743	10916007	10044944	871063	156632
深圳	43966620	23340297	20354560	2985737	1447461

（小学）

单位：千元

公用部分	商品和服务支出	其他资本性支出			基本建设支出
			专项公用支出	专项项目支出	
400199379	**225092220**	**175107159**	**50501070**	**124606089**	**20927484**
13328220	10472919	2855301	2013289	842012	1831709
3038548	1945679	1092869	338219	754650	28301
18201757	9616438	8585319	2035855	6549464	102264
7673788	5044715	2629073	1063795	1565278	320058
5673288	2962900	2710388	681475	2028913	189954
4741420	3349095	1392326	501998	890328	101433
3583864	2171820	1412044	477965	934079	181012
3137386	2127321	1010065	448014	562051	134695
11120251	7866874	3253377	1175413	2077964	46124
25657551	12862044	12795508	2807949	9987558	282905
28553221	15204911	13348309	3022959	10325350	1374094
16701186	7750189	8950998	2912212	6038785	298356
13743876	6586440	7157436	2386925	4770511	231685
18461342	5509052	12952290	3342600	9609691	384747
21320791	10726818	10593973	2474032	8119941	5780
20940730	11657617	9283113	1706769	7576344	552803
15341375	7701104	7640271	1504854	6135417	
18168056	11742880	6425176	1923652	4501524	299835
49338935	35008443	14330492	6084357	8246135	8495724
10710668	5920549	4790118	1532796	3257323	361427
4135703	2454478	1681225	524818	1156407	128702
9403617	5672240	3731377	1305642	2425735	1059780
21138704	13725828	7412875	2743411	4669464	593827
11004632	5342688	5661945	1599886	4062059	183316
8838588	4876611	3961977	794132	3167845	289207
2602996	1027611	1575384	430331	1145053	511445
14459460	7134032	7325428	2257410	5068019	433435
6353083	2577469	3775614	643922	3131693	271142
2245832	981069	1264763	270642	994121	601224
2862963	1323976	1538986	534932	1004054	74130
7717549	3748410	3969139	960816	3008323	1558370
1137912	848784	289128	92877	196252	
4304976	2059333	2245643	340297	1905346	
3095081	1407269	1687811	857532	830279	153571
3124736	2051311	1073426	582049	491376	
12666443	10036103	2630340	1429835	1200505	7959879

4-39 教育经费支出明细

地区	合计	个人部分	工资福利支出	对个人和家庭的补助支出	#助学金
合计	**1619197796**	**1199787575**	**1079499668**	**120287907**	**46816217**
北京	49082149	34235116	33165771	1069345	164573
天津	16349144	13296151	12901859	394292	77609
河北	75401336	57097315	49987890	7109425	2369808
山西	33251323	25257751	23259278	1998473	718072
内蒙古	27535825	21672583	19839862	1832721	649600
辽宁	28236522	23393669	21801784	1591884	386698
吉林	19884836	16144910	15437968	706942	194425
黑龙江	22741695	19488953	15919851	3569102	414367
上海	37390100	26235265	25259119	976146	479377
江苏	108676835	82736379	74855225	7881154	1786125
浙江	92279592	62352278	58287709	4064568	1803896
安徽	61423526	44468858	38406020	6062838	1452715
福建	50867970	36892409	33998796	2893613	556303
江西	52544659	33698570	31637459	2061110	845646
山东	100766240	79439669	73318432	6121237	1270926
河南	85777489	64286479	58759895	5526584	3126534
湖北	51815765	36517655	33079319	3438336	1138264
湖南	64639390	46179627	41043913	5135714	2101819
广东	194730817	136896158	120803461	16092697	4917284
广西	55001547	43929452	39398491	4530961	2307613
海南	14421763	10157358	9857852	299506	151018
重庆	38485959	28039089	24347124	3691965	667335
四川	84224706	62497084	54057029	8440055	4167993
贵州	50978169	39790220	32720198	7070023	3531238
云南	56223246	47095451	40835500	6259951	4454590
西藏	13440716	10326275	8648904	1677371	1454573
陕西	42114696	27255188	24698049	2557139	1670563
甘肃	29768524	23146454	20302006	2844447	1292886
青海	10626113	7779058	6745910	1033148	567578
宁夏	10592735	7655642	7146345	509298	290304
新疆	39924411	31826512	28978649	2847863	1806486
大连	6026830	4888917	4704950	183968	8588
宁波	13264045	8959069	8463989	495079	202603
厦门	9209282	5960630	5439010	521620	57507
青岛	14040743	10916007	10044944	871063	156632
深圳	43966620	23340297	20354560	2985737	1447461

(地方小学)

单位：千元

公用部分	商品和服务支出	其他资本性支出			基本建设支出
			专项公用支出	专项项目支出	
398689894	**224210717**	**174479177**	**50285265**	**124193913**	**20720327**
13015325	10182400	2832925	1990913	842012	1831709
3024691	1933377	1091315	336665	754650	28301
18201757	9616438	8585319	2035855	6549464	102264
7673514	5044465	2629049	1063771	1565278	320058
5673288	2962900	2710388	681475	2028913	189954
4741420	3349095	1392326	501998	890328	101433
3558913	2150833	1408080	474001	934079	181012
3118046	2115278	1002768	444943	557825	134695
11108712	7856231	3252481	1174517	2077964	46124
25657551	12862044	12795508	2807949	9987558	282905
28553221	15204911	13348309	3022959	10325350	1374094
16656312	7747797	8908515	2908499	6000016	298356
13743876	6586440	7157436	2386925	4770511	231685
18461342	5509052	12952290	3342600	9609691	384747
21320791	10726818	10593973	2474032	8119941	5780
20938208	11655252	9282956	1706613	7576344	552803
15298110	7668975	7629135	1496207	6132928	
18159928	11735622	6424306	1922782	4501524	299835
49338935	35008443	14330492	6084357	8246135	8495724
10710668	5920549	4790118	1532796	3257323	361427
4135703	2454478	1681225	524818	1156407	128702
9387090	5661795	3725296	1299560	2425735	1059780
21133795	13721382	7412414	2742950	4669464	593827
11004632	5342688	5661945	1599886	4062059	183316
8838588	4876611	3961977	794132	3167845	289207
2602996	1027611	1575384	430331	1145053	511445
14426073	7114029	7312044	2250489	5061555	433435
6350928	2575883	3775045	643626	3131420	271142
2245832	981069	1264763	270642	994121	601224
2862963	1323976	1538986	534932	1004054	74130
6746685	3294276	3452409	804042	2648367	1351214
1137912	848784	289128	92877	196252	
4304976	2059333	2245643	340297	1905346	
3095081	1407269	1687811	857532	830279	153571
3124736	2051311	1073426	582049	491376	
12666443	10036103	2630340	1429835	1200505	7959879

4-40 教育经费支出明细

地区	合计	个人部分	工资福利支出	对个人和家庭的补助支出	#助学金
合计	1625134981	1204008379	1083149551	120858828	46912670
北京	49674586	34514658	33439180	1075478	165146
天津	16391435	13324585	12928964	395621	77609
河北	75401336	57097315	49987890	7109425	2369808
山西	33254168	25260322	23261704	1998617	718072
内蒙古	27535825	21672583	19839862	1832721	649600
辽宁	28236522	23393669	21801784	1591884	386698
吉林	20001622	16236746	15529378	707368	194425
黑龙江	22974519	19702438	16083051	3619387	414563
上海	37419367	26252993	25276844	976149	479377
江苏	108676835	82736379	74855225	7881154	1786125
浙江	92279592	62352278	58287709	4064568	1803896
安徽	61472828	44473285	38410448	6062838	1452715
福建	50866758	36891424	33997811	2893613	556303
江西	52544659	33698570	31637459	2061110	845646
山东	100766240	79439669	73318432	6121237	1270926
河南	85792820	64299288	58769872	5529416	3126552
湖北	51994757	36653382	33214598	3438784	1138264
湖南	64681963	46214072	41078275	5135797	2101819
广东	194730817	136896158	120803461	16092697	4917284
广西	55001547	43929452	39398491	4530961	2307613
海南	14421763	10157358	9857852	299506	151018
重庆	38583862	28120499	24426437	3694063	667335
四川	84242145	62509614	54068029	8441586	4167995
贵州	50978169	39790220	32720198	7070023	3531238
云南	56223246	47095451	40835500	6259951	4454590
西藏	13440716	10326275	8648904	1677371	1454573
陕西	42246146	27353251	24795201	2558050	1670565
甘肃	29785999	23161774	20316732	2845042	1293431
青海	10626113	7779058	6745910	1033148	567578
宁夏	10592735	7655642	7146345	509298	290304
新疆	44295892	35019972	31668007	3351965	1901602
大连	6026830	4888917	4704950	183968	8588
宁波	13264045	8959069	8463989	495079	202603
厦门	9209282	5960630	5439010	521620	57507
青岛	14040743	10916007	10044944	871063	156632
深圳	43966620	23340297	20354560	2985737	1447461

(普通小学)

单位：千元

公用部分	商品和服务支出	其他资本性支出			基本建设支出
			专项公用支出	专项项目支出	
400199118	**225091958**	**175107159**	**50501070**	**124606089**	**20927484**
13328220	10472919	2855301	2013289	842012	1831709
3038548	1945679	1092869	338219	754650	28301
18201757	9616438	8585319	2035855	6549464	102264
7673788	5044715	2629073	1063795	1565278	320058
5673288	2962900	2710388	681475	2028913	189954
4741420	3349095	1392326	501998	890328	101433
3583864	2171820	1412044	477965	934079	181012
3137386	2127321	1010065	448014	562051	134695
11120251	7866874	3253377	1175413	2077964	46124
25657551	12862044	12795508	2807949	9987558	282905
28553221	15204911	13348309	3022959	10325350	1374094
16701186	7750189	8950998	2912212	6038785	298356
13743649	6586213	7157436	2386925	4770511	231685
18461342	5509052	12952290	3342600	9609691	384747
21320791	10726818	10593973	2474032	8119941	5780
20940730	11657617	9283113	1706769	7576344	552803
15341375	7701104	7640271	1504854	6135417	
18168056	11742880	6425176	1923652	4501524	299835
49338935	35008443	14330492	6084357	8246135	8495724
10710668	5920549	4790118	1532796	3257323	361427
4135703	2454478	1681225	524818	1156407	128702
9403582	5672205	3731377	1305642	2425735	1059780
21138704	13725828	7412875	2743411	4669464	593827
11004632	5342688	5661945	1599886	4062059	183316
8838588	4876611	3961977	794132	3167845	289207
2602996	1027611	1575384	430331	1145053	511445
14459460	7134032	7325428	2257410	5068019	433435
6353083	2577469	3775614	643922	3131693	271142
2245832	981069	1264763	270642	994121	601224
2862963	1323976	1538986	534932	1004054	74130
7717549	3748410	3969139	960816	3008323	1558370
1137912	848784	289128	92877	196252	
4304976	2059333	2245643	340297	1905346	
3095081	1407269	1687811	857532	830279	153571
3124736	2051311	1073426	582049	491376	
12666443	10036103	2630340	1429835	1200505	7959879

4-41 教育经费支出明细

地区	合计	个人部分	工资福利支出	对个人和家庭的补助支出	#助学金
合计	**1619196170**	**1199786210**	**1079498303**	**120287907**	**46816217**
北京	49082149	34235116	33165771	1069345	164573
天津	16349144	13296151	12901859	394292	77609
河北	75401336	57097315	49987890	7109425	2369808
山西	33251323	25257751	23259278	1998473	718072
内蒙古	27535825	21672583	19839862	1832721	649600
辽宁	28236522	23393669	21801784	1591884	386698
吉林	19884836	16144910	15437968	706942	194425
黑龙江	22741695	19488953	15919851	3569102	414367
上海	37390100	26235265	25259119	976146	479377
江苏	108676835	82736379	74855225	7881154	1786125
浙江	92279592	62352278	58287709	4064568	1803896
安徽	61423526	44468858	38406020	6062838	1452715
福建	50866758	36891424	33997811	2893613	556303
江西	52544659	33698570	31637459	2061110	845646
山东	100766240	79439669	73318432	6121237	1270926
河南	85777489	64286479	58759895	5526584	3126534
湖北	51815765	36517655	33079319	3438336	1138264
湖南	64639390	46179627	41043913	5135714	2101819
广东	194730817	136896158	120803461	16092697	4917284
广西	55001547	43929452	39398491	4530961	2307613
海南	14421763	10157358	9857852	299506	151018
重庆	38485545	28038709	24346744	3691965	667335
四川	84224706	62497084	54057029	8440055	4167993
贵州	50978169	39790220	32720198	7070023	3531238
云南	56223246	47095451	40835500	6259951	4454590
西藏	13440716	10326275	8648904	1677371	1454573
陕西	42114696	27255188	24698049	2557139	1670563
甘肃	29768524	23146454	20302006	2844447	1292886
青海	10626113	7779058	6745910	1033148	567578
宁夏	10592735	7655642	7146345	509298	290304
新疆	39924411	31826512	28978649	2847863	1806486
大连	6026830	4888917	4704950	183968	8588
宁波	13264045	8959069	8463989	495079	202603
厦门	9209282	5960630	5439010	521620	57507
青岛	14040743	10916007	10044944	871063	156632
深圳	43966620	23340297	20354560	2985737	1447461

(地方普通小学)

单位：千元

公用部分					基本建设支出
	商品和服务支出	其他资本性支出			
			专项公用支出	专项项目支出	
398689632	**224210455**	**174479177**	**50285265**	**124193913**	**20720327**
13015325	10182400	2832925	1990913	842012	1831709
3024691	1933377	1091315	336665	754650	28301
18201757	9616438	8585319	2035855	6549464	102264
7673514	5044465	2629049	1063771	1565278	320058
5673288	2962900	2710388	681475	2028913	189954
4741420	3349095	1392326	501998	890328	101433
3558913	2150833	1408080	474001	934079	181012
3118046	2115278	1002768	444943	557825	134695
11108712	7856231	3252481	1174517	2077964	46124
25657551	12862044	12795508	2807949	9987558	282905
28553221	15204911	13348309	3022959	10325350	1374094
16656312	7747797	8908515	2908499	6000016	298356
13743649	6586213	7157436	2386925	4770511	231685
18461342	5509052	12952290	3342600	9609691	384747
21320791	10726818	10593973	2474032	8119941	5780
20938208	11655252	9282956	1706613	7576344	552803
15298110	7668975	7629135	1496207	6132928	
18159928	11735622	6424306	1922782	4501524	299835
49338935	35008443	14330492	6084357	8246135	8495724
10710668	5920549	4790118	1532796	3257323	361427
4135703	2454478	1681225	524818	1156407	128702
9387056	5661760	3725296	1299560	2425735	1059780
21133795	13721382	7412414	2742950	4669464	593827
11004632	5342688	5661945	1599886	4062059	183316
8838588	4876611	3961977	794132	3167845	289207
2602996	1027611	1575384	430331	1145053	511445
14426073	7114029	7312044	2250489	5061555	433435
6350928	2575883	3775045	643626	3131420	271142
2245832	981069	1264763	270642	994121	601224
2862963	1323976	1538986	534932	1004054	74130
6746685	3294276	3452409	804042	2648367	1351214
1137912	848784	289128	92877	196252	
4304976	2059333	2245643	340297	1905346	
3095081	1407269	1687811	857532	830279	153571
3124736	2051311	1073426	582049	491376	
12666443	10036103	2630340	1429835	1200505	7959879

4-42 教育经费支出明细

地区	合计	个人部分	工资福利支出	对个人和家庭的补助支出	#助学金
合计	**876306041**	**685429800**	**607681773**	**77748028**	**32624749**
北京	8475621	5737948	5502005	235943	52243
天津	3483342	3112737	3015089	97648	1078
河北	52952151	40768615	35375916	5392699	1964153
山西	20560806	16353912	14943274	1410638	460556
内蒙古	18856515	15264717	13874116	1390601	475821
辽宁	11776839	10494292	9682288	812004	181004
吉林	12916013	10769343	10275356	493987	126338
黑龙江	13408524	11715871	9511510	2204361	118266
上海	4670899	3659491	3501926	157564	61970
江苏	42002545	33900348	30116660	3783688	607203
浙江	36802278	25999160	24002780	1996380	756036
安徽	41935227	31567604	27014246	4553358	1223369
福建	26672464	20526560	18953989	1572570	120902
江西	35317122	23057445	21595636	1461808	613172
山东	53079579	43174336	39680449	3493886	642735
河南	60569351	46069931	41950901	4119030	2557202
湖北	25294773	19205720	17166895	2038825	869379
湖南	41097229	30185670	26572685	3612985	1771921
广东	61533072	48891832	43051642	5840189	1285823
广西	39397065	32268480	28504204	3764276	1910392
海南	9163944	7020346	6790987	229359	128906
重庆	19752425	16441619	13901811	2539808	554079
四川	50974834	39631807	34098432	5533375	2946864
贵州	37326438	30993003	25172311	5820692	3112986
云南	43579263	37796634	32527440	5269194	3893243
西藏	10834714	8337376	6967761	1369616	1191261
陕西	23016331	15441420	13475593	1965827	1320310
甘肃	23330966	18468494	16033617	2434878	1143392
青海	8004154	5924566	5074248	850319	539104
宁夏	6325328	5004099	4640629	363470	205084
新疆	33196226	27646426	24707377	2939049	1789955
大连	1082591	927894	858808	69085	664
宁波	4326192	3077620	2885451	192169	69499
厦门	879301	586326	478397	107929	1988
青岛	2920910	2342475	2100981	241494	13743
深圳					

（农村小学）

单位：千元

公用部分					基本建设支出
	商品和服务支出	其他资本性支出			
			专项公用支出	专项项目支出	
184625247	**100220171**	**84405077**	**21345466**	**63059611**	**6250993**
2089493	1542222	547271	326485	220786	648181
370605	319290	51315	31380	19936	
12090705	6685466	5405240	1323848	4081391	92830
4026837	2670887	1355950	441654	914296	180057
3479232	1834071	1645162	359482	1285680	112566
1263288	947555	315733	90190	225543	19260
2101195	1294525	806670	303074	503596	45475
1624848	1058179	566669	236624	330044	67805
1011409	741120	270289	116057	154232	
8016760	4459444	3557317	834866	2722451	85436
10003004	5697661	4305344	1064254	3241090	800114
10089202	4962384	5126818	1782029	3344790	278421
6066602	3177151	2889451	862303	2027148	79302
12039902	3299690	8740213	2296661	6443552	219775
9899464	4701356	5198107	932723	4265385	5780
14311962	8173546	6138416	1128076	5010340	187458
6089053	3150535	2938518	518773	2419745	
10745903	6625524	4120380	1045728	3074652	165656
12503039	8240257	4262782	1541397	2721385	138202
6992934	3957386	3035548	812691	2222857	135651
2032390	1073364	959026	304739	654287	111209
3200912	2113336	1087576	261610	825966	109894
10927069	6947554	3979515	958373	3021142	415958
6273085	3372778	2900307	578144	2322163	60349
5657115	3190619	2466497	408084	2058413	125514
2140264	867939	1272325	337280	935045	357073
7382544	3299524	4083020	1077331	3005689	192366
4632223	1848789	2783434	470140	2313294	230249
1602101	668231	933869	175757	758113	477487
1282020	718320	563699	217328	346372	39210
4680085	2581468	2098617	508389	1590229	869715
154698	140974	13723	3334	10390	
1248572	643888	604685	103533	501152	
271065	119414	151651	48779	102872	21911
578435	348713	229723	42680	187043	

4-43 教育经费支出明细

地区	合计	个人部分	工资福利支出	对个人和家庭的补助支出	#助学金
合计	**872962332**	**682789334**	**605492434**	**77296900**	**32547271**
北京	8475621	5737948	5502005	235943	52243
天津	3483342	3112737	3015089	97648	1078
河北	52952151	40768615	35375916	5392699	1964153
山西	20557962	16351342	14940848	1410494	460556
内蒙古	18856515	15264717	13874116	1390601	475821
辽宁	11776839	10494292	9682288	812004	181004
吉林	12916013	10769343	10275356	493987	126338
黑龙江	13204259	11527772	9371116	2156657	118081
上海	4670899	3659491	3501926	157564	61970
江苏	42002545	33900348	30116660	3783688	607203
浙江	36802278	25999160	24002780	1996380	756036
安徽	41935227	31567604	27014246	4553358	1223369
福建	26672464	20526560	18953989	1572570	120902
江西	35317122	23057445	21595636	1461808	613172
山东	53079579	43174336	39680449	3493886	642735
河南	60569351	46069931	41950901	4119030	2557202
湖北	25294773	19205720	17166895	2038825	869379
湖南	41097229	30185670	26572685	3612985	1771921
广东	61533072	48891832	43051642	5840189	1285823
广西	39397065	32268480	28504204	3764276	1910392
海南	9163944	7020346	6790987	229359	128906
重庆	19752425	16441619	13901811	2539808	554079
四川	50974834	39631807	34098432	5533375	2946864
贵州	37326438	30993003	25172311	5820692	3112986
云南	43579263	37796634	32527440	5269194	3893243
西藏	10834714	8337376	6967761	1369616	1191261
陕西	23016331	15441420	13475593	1965827	1320310
甘肃	23313490	18453174	16018891	2434283	1142847
青海	8004154	5924566	5074248	850319	539104
宁夏	6325328	5004099	4640629	363470	205084
新疆	30077102	25211949	22675584	2536365	1713207
大连	1082591	927894	858808	69085	664
宁波	4326192	3077620	2885451	192169	69499
厦门	879301	586326	478397	107929	1988
青岛	2920910	2342475	2100981	241494	13743
深圳					

（地方农村小学）

单位：千元

公用部分	商品和服务支出	其他资本性支出	专项公用支出	专项项目支出	基本建设支出
183984441	**99896470**	**84087970**	**21240897**	**62847073**	**6188558**
2089493	1542222	547271	326485	220786	648181
370605	319290	51315	31380	19936	
12090705	6685466	5405240	1323848	4081391	92830
4026563	2670637	1355926	441630	914296	180057
3479232	1834071	1645162	359482	1285680	112566
1263288	947555	315733	90190	225543	19260
2101195	1294525	806670	303074	503596	45475
1608682	1048752	559930	233600	326330	67805
1011409	741120	270289	116057	154232	
8016760	4459444	3557317	834866	2722451	85436
10003004	5697661	4305344	1064254	3241090	800114
10089202	4962384	5126818	1782029	3344790	278421
6066602	3177151	2889451	862303	2027148	79302
12039902	3299690	8740213	2296661	6443552	219775
9899464	4701356	5198107	932723	4265385	5780
14311962	8173546	6138416	1128076	5010340	187458
6089053	3150535	2938518	518773	2419745	
10745903	6625524	4120380	1045728	3074652	165656
12503039	8240257	4262782	1541397	2721385	138202
6992934	3957386	3035548	812691	2222857	135651
2032390	1073364	959026	304739	654287	111209
3200912	2113336	1087576	261610	825966	109894
10927069	6947554	3979515	958373	3021142	415958
6273085	3372778	2900307	578144	2322163	60349
5657115	3190619	2466497	408084	2058413	125514
2140264	867939	1272325	337280	935045	357073
7382544	3299524	4083020	1077331	3005689	192366
4630068	1847203	2782865	469843	2313021	230249
1602101	668231	933869	175757	758113	477487
1282020	718320	563699	217328	346372	39210
4057874	2269031	1788843	407164	1381678	807279
154698	140974	13723	3334	10390	
1248572	643888	604685	103533	501152	
271065	119414	151651	48779	102872	21911
578435	348713	229723	42680	187043	

4-44 教育经费支出明细

地区	合计	个人部分	工资福利支出	对个人和家庭的补助支出	#助学金
合计	**1627**	**1365**	**1365**		
北京					
天津					
河北					
山西					
内蒙古					
辽宁					
吉林					
黑龙江					
上海					
江苏					
浙江					
安徽					
福建	1212	985	985		
江西					
山东					
河南					
湖北					
湖南					
广东					
广西					
海南					
重庆	414	380	380		
四川					
贵州					
云南					
西藏					
陕西					
甘肃					
青海					
宁夏					
新疆					
大连					
宁波					
厦门					
青岛					
深圳					

(成人小学)

单位：千元

公用部分	商品和服务支出	其他资本性支出	专项公用支出	专项项目支出	基本建设支出
262	**262**				
227	227				
35	35				

4-45 教育经费支出明细

地区	合计	个人部分	工资福利支出	对个人和家庭的补助支出	#助学金
合计	**23528729**	**16298940**	**15086992**	**1211948**	**426020**
北京	742362	594806	560922	33884	9658
天津	255579	211042	204678	6364	256
河北	841189	649232	605539	43692	10195
山西	586005	439531	394459	45072	8743
内蒙古	479293	369774	357388	12386	4864
辽宁	748316	620448	575107	45342	7747
吉林	381465	300763	289056	11707	4407
黑龙江	530060	411799	364810	46989	10783
上海	1025380	778947	749444	29503	11402
江苏	1543286	1182559	1071434	111125	26266
浙江	1326707	838649	793576	45073	26438
安徽	1374295	427688	381771	45917	12564
福建	851534	615983	567939	48044	18776
江西	604154	341753	322035	19718	9606
山东	1720462	1337599	1214583	123016	50968
河南	825996	635602	588953	46649	17022
湖北	655750	478593	413906	64687	15540
湖南	940758	632928	584455	48473	23011
广东	2831404	1871582	1764599	106983	29780
广西	583569	404551	379726	24825	8815
海南	153158	100893	94354	6539	4433
重庆	367353	267516	244864	22652	7874
四川	1149624	693617	629765	63852	24566
贵州	744380	436119	394658	41462	18545
云南	643329	505110	466689	38421	30009
西藏	147428	128299	121424	6874	3275
陕西	545512	353879	331606	22273	7967
甘肃	259780	201780	188708	13072	3274
青海	111932	63182	57567	5615	2435
宁夏	252159	157456	138734	18722	10388
新疆	306511	247259	234243	13016	6413
大连	144208	126816	124566	2250	242
宁波	154571	114334	107297	7038	3180
厦门	175026	101437	94592	6845	1149
青岛	330142	259043	226668	32375	8866
深圳	596393	302436	295778	6658	1474

(特殊教育)

单位：千元

公用部分	商品和服务支出	其他资本性支出	专项公用支出	专项项目支出	基本建设支出
6828335	**3897708**	**2930627**	**931241**	**1999386**	**401454**
125178	111650	13528	12046	1482	22378
44536	40482	4055	4055		
180528	128297	52230	27680	24551	11429
146474	91882	54592	29122	25470	
106734	55260	51474	21402	30072	2785
126641	102900	23741	10152	13589	1227
72265	47782	24483	13724	10759	8437
115129	80514	34614	17734	16881	3133
246433	201699	44734	36426	8308	
359185	255944	103241	48101	55139	1542
462910	227925	234985	53085	181900	25147
941462	127326	814136	49809	764327	5145
235551	145962	89589	43397	46192	
244033	110260	133773	47842	85931	18368
382863	242420	140444	58046	82397	
189394	146831	42563	23689	18874	1000
177156	123543	53614	25661	27953	
304410	188260	116150	38943	77206	3420
857790	567590	290200	151954	138246	102032
170519	97732	72787	31963	40823	8500
51935	38319	13616	10203	3413	330
99837	79452	20384	14578	5806	
441971	235428	206543	48087	158456	14037
198264	122158	76107	21182	54925	109996
129187	83765	45422	21330	24092	9032
19129	11905	7224	724	6500	
138633	78511	60122	20973	39150	53000
58001	33972	24029	11347	12682	
48750	20769	27981	9356	18626	
94703	61317	33386	19840	13545	
58734	37853	20882	8792	12090	517
17392	15935	1457	1457		
40237	32094	8143	6547	1596	
73589	38179	35411	12804	22607	
71099	45699	25401	12276	13125	
212894	178593	34301	33973	328	81062

4-46 教育经费支出明细

地区	合计	个人部分	工资福利支出	对个人和家庭的补助支出	#助学金
合计	**22481815**	**15621723**	**14454584**	**1167139**	**420429**
北京	622099	499833	472924	26909	9413
天津	246080	203252	198301	4951	256
河北	841189	649232	605539	43692	10195
山西	559699	419147	374154	44993	8730
内蒙古	479293	369774	357388	12386	4864
辽宁	691543	570133	530269	39864	7708
吉林	368030	292351	281289	11062	4392
黑龙江	522005	406820	360334	46486	10783
上海	870823	659743	635096	24647	11123
江苏	1518178	1164780	1054894	109886	26182
浙江	1297958	821557	776993	44564	26385
安徽	1354355	415376	371702	43675	12564
福建	851534	615983	567939	48044	18776
江西	542403	314277	295834	18443	9605
山东	1720462	1337599	1214583	123016	50968
河南	805466	619795	574827	44968	16975
湖北	635829	464312	400954	63358	15540
湖南	899302	608965	561817	47149	22911
广东	2708613	1809944	1705569	104375	29451
广西	539252	390336	365797	24539	8815
海南	151282	100255	93716	6539	4433
重庆	356259	259258	237474	21784	7874
四川	1059338	646299	585432	60867	24156
贵州	621100	357554	323102	34452	14826
云南	620433	486800	449487	37313	29872
西藏	147428	128299	121424	6874	3275
陕西	521752	340494	318495	21999	7967
甘肃	259780	201780	188708	13072	3274
青海	111932	63182	57567	5615	2435
宁夏	252159	157456	138734	18722	10388
新疆	306239	247137	234243	12893	6290
大连	133756	117074	115066	2008	203
宁波	154571	114334	107297	7038	3180
厦门	175026	101437	94592	6845	1149
青岛	330142	259043	226668	32375	8866
深圳	561256	283052	277781	5271	1155

（特殊教育学校）

单位：千元

公用部分	商品和服务支出	其他资本性支出	专项公用支出	专项项目支出	基本建设支出
6459543	**3656981**	**2802561**	**886410**	**1916152**	**400549**
99888	90679	9209	7727	1482	22378
42828	38802	4027	4027		
180528	128297	52230	27680	24551	11429
140552	86181	54371	28902	25470	
106734	55260	51474	21402	30072	2785
120183	96825	23358	10108	13250	1227
67242	42896	24346	13587	10759	8437
112052	78371	33681	17488	16192	3133
211080	174021	37059	32059	5000	
351856	251773	100083	45646	54437	1542
451253	222351	228903	52170	176733	25147
933834	120203	813631	49303	764327	5145
235551	145962	89589	43397	46192	
209758	93967	115791	40493	75298	18368
382863	242420	140444	58046	82397	
184671	143312	41359	22659	18700	1000
171517	118565	52952	24999	27953	
286917	175363	111554	38763	72791	3420
797542	535241	262300	147892	114409	101127
140416	81055	59361	22267	37094	8500
50696	37297	13399	10057	3342	330
97001	76932	20069	14263	5806	
399003	219700	179304	44713	134591	14037
153550	80850	72700	18795	53905	109996
124600	80231	44370	20753	23616	9032
19129	11905	7224	724	6500	
128258	74761	53497	19156	34341	53000
58001	33972	24029	11347	12682	
48750	20769	27981	9356	18626	
94703	61317	33386	19840	13545	
58585	37704	20882	8792	12090	517
16682	15245	1437	1437		
40237	32094	8143	6547	1596	
73589	38179	35411	12804	22607	
71099	45699	25401	12276	13125	
197142	164875	32267	31938	328	81062

4-47 教育经费支出明细

地区	合计	个人部分	工资福利支出	对个人和家庭的补助支出	#助学金
合计	**1046914**	**677216**	**632408**	**44809**	**5591**
北京	120262	94973	87998	6975	245
天津	9499	7791	6377	1414	
河北					
山西	26306	20385	20305	79	13
内蒙古					
辽宁	56773	50315	44837	5477	39
吉林	13435	8412	7767	645	14
黑龙江	8056	4979	4476	503	
上海	154556	119203	114348	4856	279
江苏	25108	17779	16540	1239	84
浙江	28749	17092	16583	509	53
安徽	19940	12312	10070	2242	
福建					
江西	61751	27476	26201	1275	1
山东					
河南	20529	15807	14127	1681	47
湖北	19921	14281	12952	1329	
湖南	41455	23963	22638	1325	100
广东	122791	61637	59029	2608	329
广西	44317	14215	13929	286	
海南	1876	638	638		
重庆	11094	8258	7390	868	
四川	90286	47318	44333	2985	410
贵州	123280	78566	71556	7010	3719
云南	22896	18310	17202	1108	137
西藏					
陕西	23760	13384	13111	274	
甘肃					
青海					
宁夏					
新疆	272	122		122	122
大连	10452	9743	9500	243	39
宁波					
厦门					
青岛					
深圳	35136	19384	17997	1386	319

（工读学校）

单位：千元

公用部分	商品和服务支出	其他资本性支出			基本建设支出
			专项公用支出	专项项目支出	
368793	**240727**	**128066**	**44831**	**83235**	**905**
25290	20971	4319	4319		
1708	1680	28	28		
5922	5701	221	221		
6459	6076	383	44	339	
5023	4886	137	137		
3077	2143	934	245	688	
35353	27678	7675	4367	3308	
7329	4172	3158	2456	702	
11657	5575	6082	915	5167	
7628	7122	506	506		
34275	16293	17982	7349	10633	
4722	3519	1204	1030	174	
5640	4978	662	662		
17493	12897	4595	180	4415	
60249	32349	27900	4062	23838	905
30102	16677	13425	9696	3729	
1238	1021	217	145	71	
2836	2520	316	316		
42968	15728	27240	3374	23865	
44714	41307	3407	2387	1020	
4586	3534	1052	576	476	
10376	3750	6625	1817	4808	
149	149				
709	689	20	20		
15752	13718	2035	2035		

4-48 教育经费支出明细

地区	合计	个人部分	工资福利支出	对个人和家庭的补助支出	#助学金
合计	**524809175**	**329764902**	**316375897**	**13389005**	**6478816**
北京	22833264	14432978	14237536	195442	4330
天津	6035233	4078088	4017207	60881	1616
河北	17943531	12299720	11840264	459456	72313
山西	8512719	4834650	4646057	188593	112529
内蒙古	9135721	5560028	5344957	215072	93164
辽宁	6658270	4521075	4411697	109378	15548
吉林	4115021	2689263	2645273	43990	10112
黑龙江	4744350	3079572	2910301	169271	16701
上海	23172422	15164526	15021114	143413	29865
江苏	36400150	25238776	24634951	603825	198359
浙江	42415501	25032115	24423397	608718	299670
安徽	18079471	10755209	10246723	508486	222007
福建	19239944	11553103	11087003	466100	109321
江西	16469722	8102393	7926725	175668	107317
山东	33096889	21418458	20838508	579950	292219
河南	23119751	14350745	14059489	291256	174750
湖北	15574159	9463013	9195442	267571	114289
湖南	18149480	11112408	10664559	447849	247428
广东	65967459	42046680	39992401	2054279	593351
广西	12431312	8260341	7999977	260364	122337
海南	5199617	2716129	2600810	115319	53422
重庆	10355103	5509951	5062645	447306	314294
四川	28260821	16262733	15210858	1051875	616051
贵州	16595008	10367912	9376415	991497	721388
云南	13224026	9090277	8532317	557961	364029
西藏	4274178	3171854	2704673	467181	406536
陕西	15119309	9234665	8917473	317192	203754
甘肃	8928378	5868761	5499109	369653	118178
青海	1886442	1060449	897563	162887	119976
宁夏	2636383	1306425	1233388	73037	45850
新疆	14235542	11182604	10197068	985536	678111
大连	1852512	1327808	1285980	41829	695
宁波	6487781	4131214	4063458	67755	35465
厦门	4036954	2581155	2361554	219601	2725
青岛	5121395	3245169	3175417	69752	14718
深圳	17518351	10994758	10084924	909834	254315

（幼儿园）

单位：千元

公用部分	商品和服务支出	其他资本性支出	专项公用支出	专项项目支出	基本建设支出
191702110	**126571033**	**65131077**	**20507946**	**44623131**	**3342163**
8121017	7442564	678452	479239	199213	279270
1957145	1396805	560340	151397	408943	
5636521	3889166	1747355	422966	1324389	7290
3630559	2356759	1273800	365268	908532	47511
3489064	1902442	1586623	355791	1230831	86629
2104324	1784590	319734	200196	119538	32872
1415806	916186	499620	146801	352819	9952
1621202	1036047	585154	123496	461659	43576
7923346	6122686	1800661	803738	996923	84549
11138659	6828474	4310185	1499695	2810490	22715
16913006	10614524	6298482	1618723	4679760	470380
7278262	4075916	3202346	1131202	2071144	46000
7659234	4375823	3283411	1101691	2181720	27608
8225058	2379880	5845179	1193118	4652061	142271
11677931	7839130	3838801	1100271	2738530	500
8735813	5911926	2823886	654227	2169659	33193
6111146	3966340	2144807	648127	1496679	
7010389	4993355	2017034	612293	1404740	26683
23506998	17820090	5686908	2710447	2976462	413781
4020340	2662175	1358165	346585	1011579	150631
2431290	1569282	862008	396813	465195	52198
4808720	3732321	1076399	313847	762552	36432
11824685	7948187	3876498	1300469	2576028	173402
6110510	3703649	2406861	950266	1456595	116586
4052238	2861926	1190313	378202	812111	81510
997398	391817	605581	188311	417270	104926
5682915	3611472	2071444	579050	1492394	201729
2971875	1478574	1493301	236480	1256820	87742
666109	396345	269765	57164	212600	159883
1322578	821687	500891	192982	307909	7380
2657972	1740897	917075	249090	667985	394965
524703	455338	69365	55592	13773	
2356567	1330530	1026037	188487	837550	
1438141	992194	445947	249500	196448	17659
1876226	1272275	603951	274389	329563	
6177793	5107591	1070201	835545	234656	345801

4-49 教育经费支出明细

地区	合计	个人部分	工资福利支出	对个人和家庭的补助支出	#助学金
合计	**520588212**	**326780759**	**313556681**	**13224079**	**6460770**
北京	21263729	13184562	13041285	143278	4302
天津	5952342	4031964	3971124	60840	1615
河北	17912498	12274411	11815372	459038	72265
山西	8500069	4823292	4636046	187246	112529
内蒙古	9130316	5556035	5340963	215072	93164
辽宁	6541379	4419900	4319041	100859	15548
吉林	4088808	2666529	2623066	43463	10112
黑龙江	4442910	2839010	2673975	165035	16603
上海	22937803	15010235	14868810	141425	29865
江苏	36377554	25222039	24618254	603786	198320
浙江	42402879	25021933	24413678	608255	299670
安徽	18049530	10730090	10222826	507264	222007
福建	19227997	11544637	11078538	466100	109321
江西	16469722	8102393	7926725	175668	107317
山东	33096889	21418458	20838508	579950	292219
河南	23080939	14317556	14026400	291156	174699
湖北	15529056	9428568	9162681	265887	114287
湖南	18120392	11093885	10646073	447812	247427
广东	65927226	42013260	39961006	2052254	593083
广西	12430875	8259913	7999549	260364	122337
海南	5149474	2681266	2565947	115319	53422
重庆	10302605	5467987	5020957	447030	314294
四川	28216415	16228568	15178485	1050083	615349
贵州	16595008	10367912	9376415	991497	721388
云南	13212828	9082427	8524468	557959	364027
西藏	4274178	3171854	2704673	467181	406536
陕西	15073783	9198749	8882629	316120	203633
甘肃	8899451	5842657	5474360	368297	116994
青海	1886442	1060449	897563	162887	119976
宁夏	2633279	1303400	1230363	73037	45850
新疆	12861837	10416819	9516903	899916	662612
大连	1802256	1283561	1244075	39485	695
宁波	6487781	4131214	4063458	67755	35465
厦门	4032026	2577627	2358026	219601	2725
青岛	5121395	3245169	3175417	69752	14718
深圳	17516056	10993308	10083760	909547	254315

（地方幼儿园）

单位：千元

公用部分	商品和服务支出	其他资本性支出			基本建设支出
			专项公用支出	专项项目支出	
190540025	**125811550**	**64728475**	**20370997**	**44357478**	**3267428**
7799897	7159779	640118	453006	187112	279270
1920378	1360586	559792	150848	408943	
5630798	3883642	1747156	422817	1324339	7290
3629266	2355495	1273771	365240	908532	47511
3487652	1901485	1586167	355516	1230651	86629
2088607	1774218	314389	197441	116948	32872
1412327	914491	497836	145548	352288	9952
1560324	985997	574327	120858	453469	43576
7843019	6057757	1785262	797829	987433	84549
11132800	6825956	4306844	1496532	2810312	22715
16910566	10613487	6297079	1618369	4678710	470380
7273440	4072999	3200441	1129902	2070539	46000
7655753	4374124	3281628	1101600	2180028	27608
8225058	2379880	5845179	1193118	4652061	142271
11677931	7839130	3838801	1100271	2738530	500
8730189	5907672	2822517	653265	2169252	33193
6100488	3957114	2143374	646695	1496679	
6999824	4983651	2016173	611513	1404660	26683
23500185	17814833	5685352	2709272	2976080	413781
4020331	2662166	1358165	346585	1011579	150631
2416010	1565437	850573	394089	456483	52198
4798186	3728244	1069942	312180	757762	36432
11814445	7938849	3875596	1299619	2575977	173402
6110510	3703649	2406861	950266	1456595	116586
4048891	2860774	1188117	377577	810540	81510
997398	391817	605581	188311	417270	104926
5673305	3605177	2068128	577439	1490689	201729
2969052	1476722	1492330	235706	1256623	87742
666109	396345	269765	57164	212600	159883
1322498	821607	500891	192982	307909	7380
2124789	1498467	626321	169439	456882	320230
518695	451275	67420	54315	13105	
2356567	1330530	1026037	188487	837550	
1436741	990794	445947	249500	196448	17659
1876226	1272275	603951	274389	329563	
6176948	5106819	1070129	835473	234656	345801

4-50 教育经费支出明细

地区	合计	个人部分	工资福利支出	对个人和家庭的补助支出	#助学金
合计	**212757252**	**137001086**	**130284883**	**6716203**	**4211874**
北京	3630081	2094794	2081489	13305	692
天津	699264	504884	496645	8238	665
河北	11344228	7831157	7614138	217019	43603
山西	4248781	2423708	2316498	107210	72181
内蒙古	5152062	3266997	3144612	122385	43953
辽宁	1174334	796704	784430	12275	5496
吉林	1712802	1206890	1193688	13202	3946
黑龙江	2035931	1317872	1237283	80589	11812
上海	3035862	2224665	2201333	23332	4891
江苏	10421712	7276191	7070687	205504	109118
浙江	14825795	8644264	8422071	222193	80026
安徽	10374344	6290137	6017430	272707	108516
福建	8279146	4869955	4772624	97330	34265
江西	9944106	4932329	4815592	116737	83077
山东	13984329	9130453	8810441	320012	189439
河南	13181505	8353017	8178791	174226	144665
湖北	5585316	3359234	3232363	126871	87486
湖南	9560893	5893081	5629788	263293	168402
广东	13318929	8583907	8279217	304690	183286
广西	6829830	4567741	4404984	162757	92909
海南	2675686	1505594	1423319	82275	44767
重庆	3224355	1852497	1650323	202174	162648
四川	11189888	6693067	6070285	622782	422304
贵州	10350139	7207117	6445092	762026	596803
云南	7247365	5309317	4925005	384312	272482
西藏	3041942	2328028	1955981	372047	331302
陕西	7012782	4407593	4194893	212699	136885
甘肃	5971228	4169015	3939213	229802	39716
青海	1226707	646232	533719	112513	94579
宁夏	1224050	630873	583524	47349	32093
新疆	10253859	8683773	7859423	824350	609867
大连	140842	100190	99792	397	27
宁波	2063515	1255055	1229761	25294	11622
厦门	250282	137248	131180	6069	400
青岛	664874	447344	432987	14357	6392
深圳					

(农村幼儿园)

单位：千元

公用部分	商品和服务支出	其他资本性支出			基本建设支出
			专项公用支出	专项项目支出	
74461385	**44544132**	**29917254**	**7534275**	**22382979**	**1294780**
1495654	1365943	129711	72387	57324	39633
194381	170526	23855	14591	9264	
3509968	2236427	1273541	268948	1004593	3103
1812561	1074511	738051	177032	561018	12511
1845084	980739	864346	203536	660810	39981
376590	314438	62153	22133	40020	1039
504096	319935	184161	59885	124276	1816
684101	363515	320586	53881	266705	33958
811197	646274	164923	141629	23295	
3145521	1785812	1359709	380722	978987	
5932093	3398012	2534082	532749	2001333	249437
4049007	2363798	1685209	503274	1181935	35200
3400431	1698860	1701572	388988	1312583	8760
4967584	1324507	3643077	811779	2831298	44194
4853376	3110113	1743263	378787	1364475	500
4809442	3299991	1509451	326879	1182573	19045
2226082	1164128	1061954	218261	843693	
3645134	2496412	1148722	242128	906593	22678
4730057	3213154	1516904	614084	902820	4964
2174506	1410075	764431	181891	582539	87583
1117893	690778	427115	199953	227162	52198
1360299	1006713	353586	87556	266030	11560
4416510	2626679	1789832	444663	1345168	80312
3109681	1972582	1137099	226295	910804	33341
1881710	1343587	538124	188664	349460	56337
633916	227012	406904	153925	252980	79998
2559622	1436137	1123485	247144	876342	45567
1752249	831709	920541	138407	782134	49963
473487	265326	208161	36328	171833	106988
585797	377980	207817	106132	101685	7380
1403351	1028460	374891	111645	263247	166735
40652	37006	3646	3329	317	
808460	446433	362027	81465	280561	
113034	76159	36875	17824	19050	
217530	151452	66078	32019	34060	

4-51 教育经费支出明细

地区	合计	个人部分	工资福利支出	对个人和家庭的补助支出	#助学金
合计	**211834254**	**136409678**	**129753393**	**6656285**	**4200861**
北京	3617725	2084519	2071214	13305	692
天津	691717	499156	490918	8238	665
河北	11342684	7829844	7612826	217019	43603
山西	4246682	2421926	2314716	107210	72181
内蒙古	5152062	3266997	3144612	122385	43953
辽宁	1174334	796704	784430	12275	5496
吉林	1712802	1206890	1193688	13202	3946
黑龙江	1976550	1271976	1195205	76770	11722
上海	3035862	2224665	2201333	23332	4891
江苏	10421712	7276191	7070687	205504	109118
浙江	14825795	8644264	8422071	222193	80026
安徽	10374344	6290137	6017430	272707	108516
福建	8279146	4869955	4772624	97330	34265
江西	9944106	4932329	4815592	116737	83077
山东	13984329	9130453	8810441	320012	189439
河南	13179629	8351254	8177028	174226	144665
湖北	5584721	3358859	3231988	126871	87486
湖南	9560529	5892791	5629499	263292	168401
广东	13308478	8576174	8271843	304332	183019
广西	6829393	4567313	4404556	162757	92909
海南	2672492	1502574	1420300	82275	44767
重庆	3224355	1852497	1650323	202174	162648
四川	11189888	6693067	6070285	622782	422304
贵州	10350139	7207117	6445092	762026	596803
云南	7247365	5309317	4925005	384312	272482
西藏	3041942	2328028	1955981	372047	331302
陕西	7011168	4406074	4193378	212696	136882
甘肃	5957785	4157068	3927514	229553	39639
青海	1226707	646232	533719	112513	94579
宁夏	1224050	630873	583524	47349	32093
新疆	9445761	8184432	7415571	768861	599292
大连	140842	100190	99792	397	27
宁波	2063515	1255055	1229761	25294	11622
厦门	250282	137248	131180	6069	400
青岛	664874	447344	432987	14357	6392
深圳					

(地方农村幼儿园)

单位：千元

公用部分	商品和服务支出	其他资本性支出			基本建设支出
			专项公用支出	专项项目支出	
74168133	**44391098**	**29777035**	**7491178**	**22285857**	**1256443**
1493572	1364527	129045	71944	57102	39633
192561	168712	23849	14585	9264	
3509737	2236198	1273539	268946	1004593	3103
1812244	1074194	738051	177032	561018	12511
1845084	980739	864346	203536	660810	39981
376590	314438	62153	22133	40020	1039
504096	319935	184161	59885	124276	1816
670616	358452	312165	52123	260041	33958
811197	646274	164923	141629	23295	
3145521	1785812	1359709	380722	978987	
5932093	3398012	2534082	532749	2001333	249437
4049007	2363798	1685209	503274	1181935	35200
3400431	1698860	1701572	388988	1312583	8760
4967584	1324507	3643077	811779	2831298	44194
4853376	3110113	1743263	378787	1364475	500
4809330	3299879	1509451	326879	1182573	19045
2225862	1163908	1061954	218261	843693	
3645060	2496357	1148703	242110	906593	22678
4727340	3211003	1516337	613843	902494	4964
2174497	1410066	764431	181891	582539	87583
1117719	690615	427104	199942	227162	52198
1360299	1006713	353586	87556	266030	11560
4416510	2626679	1789832	444663	1345168	80312
3109681	1972582	1137099	226295	910804	33341
1881710	1343587	538124	188664	349460	56337
633916	227012	406904	153925	252980	79998
2559527	1436042	1123485	247143	876342	45567
1750754	830684	920070	138133	781937	49963
473487	265326	208161	36328	171833	106988
585797	377980	207817	106132	101685	7380
1132931	888095	244837	71301	173535	128397
40652	37006	3646	3329	317	
808460	446433	362027	81465	280561	
113034	76159	36875	17824	19050	
217530	151452	66078	32019	34060	

4-52 教育经费支出明细

地区	合计	个人部分	工资福利支出	对个人和家庭的补助支出	#助学金
合计	**43343647**	**24779270**	**20378698**	**4400571**	
北京	1008363	770285	698289	71996	
天津	360046	288198	269650	18548	
河北	954586	677095	532139	144957	
山西	1150952	834491	743854	90637	
内蒙古	763985	501603	411102	90501	
辽宁	769809	506004	417245	88759	
吉林	422172	267093	227104	39988	
黑龙江	1572935	828662	550334	278328	
上海	468017	379280	360289	18991	
江苏	2204631	1442522	1148777	293745	
浙江	2746125	1148348	960280	188068	
安徽	1531209	843191	653045	190146	
福建	1055539	531639	407654	123985	
江西	839026	436138	373695	62443	
山东	2870561	2223445	1979848	243597	
河南	1447231	814010	659481	154530	
湖北	1596030	889874	734072	155802	
湖南	2882082	1796553	1526082	270471	
广东	4408242	2233294	1650699	582595	
广西	573156	338476	293770	44707	
海南	350158	176373	166637	9736	
重庆	1674946	388947	272218	116729	
四川	3361591	1457685	1103915	353770	
贵州	1987433	1225502	1026925	198577	
云南	1586637	947819	834831	112988	
西藏	878251	502994	460254	42740	
陕西	1353138	524786	411638	113148	
甘肃	610992	431071	356358	74713	
青海	254563	171541	133672	37868	
宁夏	234257	190228	176059	14169	
新疆	1426983	1012123	838784	173339	
大连	112479	90868	80979	9889	
宁波	154033	112832	104184	8648	
厦门	243180	59448	46836	12612	
青岛	370113	285208	267535	17672	
深圳	862599	319802	203487	116314	

(教育行政单位)

单位：千元

公用部分	商品和服务支出	其他资本性支出	专项公用支出	专项项目支出	基本建设支出
18213934	**13562612**	**4651322**	**1602778**	**3048543**	**350443**
238078	227164	10914	10914		
71848	62550	9298	9298		
277490	248722	28768	16384	12384	
316461	230203	86259	47460	38799	
260991	228353	32637	27822	4815	1392
258499	194286	64213	34081	30132	5306
155079	140902	14177	12079	2098	
725098	359571	365526	143187	222339	19175
88737	84010	4726	1616	3110	
762110	653478	108631	97459	11172	
1540927	1008657	532270	158466	373804	56850
688018	568310	119709	76588	43121	
514314	440942	73372	53956	19416	9586
402888	350730	52158	33059	19100	
647116	554022	93094	63153	29941	
633220	539904	93316	37632	55684	
706150	506301	199849	46420	153429	7
1085529	830344	255185	91299	163886	
2157047	1973050	183997	114690	69307	17900
234680	209784	24897	22622	2275	
173785	153531	20254	10979	9275	
1285999	611024	674974	58319	616655	
1896933	1175644	721289	144516	576773	6973
702377	543258	159120	95134	63986	59554
550804	382699	168106	34392	133714	88014
306592	183421	123170	42742	80428	68665
822052	494836	327217	75719	251498	6300
179921	136880	43041	22404	20637	
74943	55373	19571	3068	16503	8079
44029	39427	4602	2364	2237	
412217	375237	36981	14956	22025	2643
21611	16725	4886	3091	1794	
41200	37514	3687	3687		
174146	161224	12921	11398	1523	9586
84905	76741	8164	8164		
533987	476258	57729	21694	36035	8810

4-53 教育经费支出明细

地区	合计	个人部分	工资福利支出	对个人和家庭的补助支出	#助学金
合计	**42903688**	**24500812**	**20180465**	**4320347**	
北京	744623	584276	537195	47081	
天津	360046	288198	269650	18548	
河北	954586	677095	532139	144957	
山西	1150952	834491	743854	90637	
内蒙古	763985	501603	411102	90501	
辽宁	769809	506004	417245	88759	
吉林	422172	267093	227104	39988	
黑龙江	1563071	820328	543492	276837	
上海	468017	379280	360289	18991	
江苏	2204631	1442522	1148777	293745	
浙江	2746125	1148348	960280	188068	
安徽	1531209	843191	653045	190146	
福建	1055539	531639	407654	123985	
江西	839026	436138	373695	62443	
山东	2870561	2223445	1979848	243597	
河南	1447231	814010	659481	154530	
湖北	1596030	889874	734072	155802	
湖南	2882082	1796553	1526082	270471	
广东	4408242	2233294	1650699	582595	
广西	573156	338476	293770	44707	
海南	350158	176373	166637	9736	
重庆	1674946	388947	272218	116729	
四川	3361591	1457685	1103915	353770	
贵州	1987433	1225502	1026925	198577	
云南	1586637	947819	834831	112988	
西藏	878251	502994	460254	42740	
陕西	1353138	524786	411638	113148	
甘肃	610992	431071	356358	74713	
青海	254563	171541	133672	37868	
宁夏	234257	190228	176059	14169	
新疆	1260628	928007	808488	119520	
大连	112479	90868	80979	9889	
宁波	154033	112832	104184	8648	
厦门	243180	59448	46836	12612	
青岛	370113	285208	267535	17672	
深圳	862599	319802	203487	116314	

(地方教育行政单位)

单位：千元

公用部分	商品和服务支出	其他资本性支出	专项公用支出	专项项目支出	基本建设支出
18053858	**13412518**	**4641340**	**1593120**	**3048220**	**349019**
160347	152494	7853	7853		
71848	62550	9298	9298		
277490	248722	28768	16384	12384	
316461	230203	86259	47460	38799	
260991	228353	32637	27822	4815	1392
258499	194286	64213	34081	30132	5306
155079	140902	14177	12079	2098	
723568	358156	365412	143168	222244	19175
88737	84010	4726	1616	3110	
762110	653478	108631	97459	11172	
1540927	1008657	532270	158466	373804	56850
688018	568310	119709	76588	43121	
514314	440942	73372	53956	19416	9586
402888	350730	52158	33059	19100	
647116	554022	93094	63153	29941	
633220	539904	93316	37632	55684	
706150	506301	199849	46420	153429	7
1085529	830344	255185	91299	163886	
2157047	1973050	183997	114690	69307	17900
234680	209784	24897	22622	2275	
173785	153531	20254	10979	9275	
1285999	611024	674974	58319	616655	
1896933	1175644	721289	144516	576773	6973
702377	543258	159120	95134	63986	59554
550804	382699	168106	34392	133714	88014
306592	183421	123170	42742	80428	68665
822052	494836	327217	75719	251498	6300
179921	136880	43041	22404	20637	
74943	55373	19571	3068	16503	8079
44029	39427	4602	2364	2237	
331402	301228	30174	8377	21796	1219
21611	16725	4886	3091	1794	
41200	37514	3687	3687		
174146	161224	12921	11398	1523	9586
84905	76741	8164	8164		
533987	476258	57729	21694	36035	8810

4-54 教育经费支出明细

地区	合计	个人部分	工资福利支出	对个人和家庭的补助支出	#助学金
合计	**88705038**	**49278593**	**44063598**	**5214995**	
北京	13153559	4937060	4705239	231821	
天津	1342545	1102070	1050518	51552	
河北	3097027	2202363	1917485	284878	
山西	2653604	1826335	1700252	126083	
内蒙古	2260473	1705511	1594000	111511	
辽宁	2800690	2143725	2030005	113720	
吉林	1367460	783632	720519	63113	
黑龙江	1213663	759532	613309	146224	
上海	6551038	3236530	3057682	178848	
江苏	5517409	3349420	2843665	505755	
浙江	7006083	3509997	3173898	336100	
安徽	1588136	817359	701547	115812	
福建	3609101	1683908	1493381	190527	
江西	1973194	1135008	1053666	81341	
山东	3998255	2396383	2104906	291477	
河南	3009031	1935245	1727168	208077	
湖北	2995798	1868672	1635429	233244	
湖南	1335790	877772	759065	118707	
广东	6569001	3240378	2637668	602710	
广西	1835182	1038725	971039	67686	
海南	539664	218043	210459	7584	
重庆	1341537	682138	524284	157855	
四川	3854027	2394706	2116984	277722	
贵州	658322	293378	250915	42463	
云南	1628524	894170	831539	62630	
西藏	1359285	557567	425764	131803	
陕西	2219281	1326966	1227590	99377	
甘肃	1217774	903715	783752	119963	
青海	622660	466897	392863	74034	
宁夏	341091	245358	232165	13192	
新疆	1045833	746030	576843	169187	
大连	493253	340283	329570	10713	
宁波	790182	442960	411403	31557	
厦门	687587	277605	233877	43727	
青岛	479452	341248	307744	33504	
深圳	1420116	440878	384707	56170	

(教育事业单位)

单位：千元

公用部分	商品和服务支出	其他资本性支出	专项公用支出	专项项目支出	基本建设支出
38877410	**30902375**	**7975034**	**3836120**	**4138915**	**549035**
8173463	7750434	423029	364583	58446	43037
240475	223061	17414	10874	6540	
894664	738139	156525	92268	64257	
806063	627828	178235	146027	32209	21206
551834	402650	149184	82189	66995	3128
644035	573009	71026	53330	17696	12930
581475	377625	203850	67713	136137	2354
451249	271532	179716	93395	86322	2882
3194960	2591625	603335	366155	237181	119548
2167927	1777950	389977	176923	213054	62
3451875	2236422	1215453	272404	943050	44210
770777	539817	230961	146708	84253	
1900093	1270652	629440	285889	343551	25100
837093	574738	262355	223806	38549	1094
1601872	1199393	402479	83518	318961	
1070124	835317	234807	99575	135232	3662
1127126	908658	218468	132022	86447	
458018	400937	57082	47024	10058	
3316081	2743392	572688	264679	308009	12542
786772	678780	107992	77798	30194	9685
321621	288828	32793	24088	8705	
659398	553032	106367	65053	41314	
1445309	1092131	353178	203080	150098	14013
346057	259546	86511	51797	34714	18887
626099	398870	227229	83413	143816	108255
699017	353723	345294	84079	261216	102700
892315	568956	323359	134738	188621	
314058	245866	68193	46970	21223	
155762	94007	61756	4449	57306	
95734	84834	10900	9361	1539	
296063	240625	55438	42213	13225	3740
152970	129286	23684	11939	11745	
347222	264538	82684	22881	59803	
384883	221000	163883	136870	27013	25100
138204	123263	14941	4488	10452	
967187	925587	41600	35489	6111	12051

4-55 教育经费支出明细

地区	合计	个人部分			
			工资福利支出	对个人和家庭的补助支出	
					#助学金
合计	**81053318**	**47968121**	**42806009**	**5162112**	
北京	5668795	3719506	3529851	189656	
天津	1342545	1102070	1050518	51552	
河北	3097027	2202363	1917485	284878	
山西	2653604	1826335	1700252	126083	
内蒙古	2260473	1705511	1594000	111511	
辽宁	2800690	2143725	2030005	113720	
吉林	1367460	783632	720519	63113	
黑龙江	1202126	748527	604167	144359	
上海	6551038	3236530	3057682	178848	
江苏	5517409	3349420	2843665	505755	
浙江	7006083	3509997	3173898	336100	
安徽	1588136	817359	701547	115812	
福建	3609101	1683908	1493381	190527	
江西	1973194	1135008	1053666	81341	
山东	3998255	2396383	2104906	291477	
河南	3009031	1935245	1727168	208077	
湖北	2995798	1868672	1635429	233244	
湖南	1335790	877772	759065	118707	
广东	6569001	3240378	2637668	602710	
广西	1835182	1038725	971039	67686	
海南	539664	218043	210459	7584	
重庆	1341537	682138	524284	157855	
四川	3854027	2394706	2116984	277722	
贵州	658322	293378	250915	42463	
云南	1628524	894170	831539	62630	
西藏	1359285	557567	425764	131803	
陕西	2219281	1326966	1227590	99377	
甘肃	1217774	903715	783752	119963	
青海	622660	466897	392863	74034	
宁夏	341091	245358	232165	13192	
新疆	890414	664117	503783	160334	
大连	493253	340283	329570	10713	
宁波	790182	442960	411403	31557	
厦门	687587	277605	233877	43727	
青岛	479452	341248	307744	33504	
深圳	1420116	440878	384707	56170	

(地方教育事业单位)

单位：千元

公用部分	商品和服务支出	其他资本性支出			基本建设支出
			专项公用支出	专项项目支出	
32544756	**24724659**	**7820097**	**3691688**	**4128409**	**540441**
1911106	1623454	287652	229206	58446	38183
240475	223061	17414	10874	6540	
894664	738139	156525	92268	64257	
806063	627828	178235	146027	32209	21206
551834	402650	149184	82189	66995	3128
644035	573009	71026	53330	17696	12930
581475	377625	203850	67713	136137	2354
450717	271047	179670	93349	86322	2882
3194960	2591625	603335	366155	237181	119548
2167927	1777950	389977	176923	213054	62
3451875	2236422	1215453	272404	943050	44210
770777	539817	230961	146708	84253	
1900093	1270652	629440	285889	343551	25100
837093	574738	262355	223806	38549	1094
1601872	1199393	402479	83518	318961	
1070124	835317	234807	99575	135232	3662
1127126	908658	218468	132022	86447	
458018	400937	57082	47024	10058	
3316081	2743392	572688	264679	308009	12542
786772	678780	107992	77798	30194	9685
321621	288828	32793	24088	8705	
659398	553032	106367	65053	41314	
1445309	1092131	353178	203080	150098	14013
346057	259546	86511	51797	34714	18887
626099	398870	227229	83413	143816	108255
699017	353723	345294	84079	261216	102700
892315	568956	323359	134738	188621	
314058	245866	68193	46970	21223	
155762	94007	61756	4449	57306	
95734	84834	10900	9361	1539	
226297	190374	35923	33204	2720	
152970	129286	23684	11939	11745	
347222	264538	82684	22881	59803	
384883	221000	163883	136870	27013	25100
138204	123263	14941	4488	10452	
967187	925587	41600	35489	6111	12051

4-56 教育经费支出明细

地区	合计	个人部分	工资福利支出	对个人和家庭的补助支出	#助学金
合计	**59913309**	**22149777**	**18972076**	**3177701**	**43662**
北京	4886760	995920	850057	145864	13896
天津	1247807	381021	358691	22330	
河北	1909052	978367	822455	155912	
山西	1619580	598372	540902	57470	
内蒙古	1293977	546703	502943	43760	
辽宁	1611939	848139	698062	150078	
吉林	853741	436603	395583	41020	749
黑龙江	818588	515327	428450	86877	1811
上海	1639436	618573	584222	34351	8821
江苏	3002357	1330176	1151340	178835	1104
浙江	4313521	1356771	914086	442685	1103
安徽	2037751	768138	672363	95775	257
福建	2856971	742489	650132	92357	3542
江西	2225169	553467	503113	50354	
山东	3513531	1527291	1393316	133974	
河南	2008863	888968	790661	98306	
湖北	3260316	831672	658633	173039	749
湖南	1740917	937201	694018	243182	2553
广东	2958715	1450125	1179484	270641	6391
广西	1069054	491004	454063	36942	
海南	449556	93665	91298	2366	
重庆	834839	354142	297819	56322	838
四川	4111106	1195343	955496	239847	1847
贵州	2019808	617929	533885	84043	
云南	1825336	742911	681458	61453	
西藏	284007	194070	189933	4137	
陕西	1401940	429748	409546	20202	
甘肃	927246	510760	464338	46422	
青海	728886	277999	244517	33482	
宁夏	413582	171682	161184	10498	
新疆	2048958	765205	700029	65176	
大连	193190	138190	104302	33887	
宁波	233871	133708	110849	22859	
厦门	134862	78302	61018	17285	
青岛	828454	172582	154789	17792	
深圳	671188	185283	158580	26703	4375

（其他教育机构）

单位：千元

公用部分					基本建设支出
	商品和服务支出	其他资本性支出			
			专项公用支出	专项项目支出	
33925098	**19076184**	**14848913**	**3636839**	**11212074**	**3838435**
3890840	3496858	393982	352448	41534	
350276	303959	46317	9504	36813	516511
723594	295066	428528	40974	387554	207091
909442	341917	567525	68815	498710	111765
701878	259145	442732	80164	362569	45396
720892	648875	72017	20321	51696	42907
410410	251833	158577	100836	57741	6729
277791	202212	75580	28048	47531	25470
945811	894194	51618	21205	30413	75052
1672182	783700	888482	413842	474640	
2853164	1510256	1342907	142160	1200748	103587
1031288	440833	590455	92955	497500	238325
1913055	518156	1394900	49206	1345694	201427
1155426	267819	887607	273335	614272	516276
1952240	970857	981383	80261	901122	34000
1108366	548559	559807	152268	407539	11530
2428644	791317	1637327	64042	1573285	
800297	470432	329865	67717	262148	3420
1280727	1093357	187370	69854	117517	227863
573293	298194	275099	81605	193494	4756
355891	199580	156311	60593	95719	
478459	284343	194116	166780	27336	2238
2601613	1854989	746624	310909	435716	314150
1276747	758027	518720	233824	284896	125133
803749	315897	487853	105323	382530	278676
84275	67894	16380	15889	492	5662
903629	281244	622385	304668	317717	68564
349321	245403	103917	19571	84347	67166
250469	140520	109949	46744	63205	200418
241900	108650	133250	51297	81952	
879430	432101	447330	111682	335648	404324
49701	42283	7417	1500	5917	5300
100163	85231	14932	4796	10136	
56559	49124	7435	6687	748	
655872	81819	574052	4228	569824	
287938	274559	13380	8684	4695	197967

4-57 教育经费支出明细

地区	合计	个人部分	工资福利支出	对个人和家庭的补助支出	#助学金
合计	**55216527**	**21244989**	**18203318**	**3041671**	**20282**
北京	1678363	459557	421692	37865	873
天津	1244629	381021	358691	22330	
河北	1908604	978367	822455	155912	
山西	1617276	598372	540902	57470	
内蒙古	1293977	546703	502943	43760	
辽宁	1606091	848139	698062	150078	
吉林	852841	436603	395583	41020	749
黑龙江	808013	512244	425777	86468	1811
上海	1152205	460386	432880	27506	2006
江苏	2937166	1330176	1151340	178835	1104
浙江	4305838	1356771	914086	442685	1103
安徽	2037199	768138	672363	95775	257
福建	2701780	677205	588818	88388	
江西	2224857	553467	503113	50354	
山东	3507417	1527291	1393316	133974	
河南	2002527	888968	790661	98306	
湖北	3242784	831672	658633	173039	749
湖南	1737813	937201	694018	243182	2553
广东	2958715	1450125	1179484	270641	6391
广西	1069054	491004	454063	36942	
海南	449556	93665	91298	2366	
重庆	834839	354142	297819	56322	838
四川	4078511	1195343	955496	239847	1847
贵州	2017329	617929	533885	84043	
云南	1802536	742911	681458	61453	
西藏	284007	194070	189933	4137	
陕西	1377895	429748	409546	20202	
甘肃	921665	510760	464338	46422	
青海	728886	277999	244517	33482	
宁夏	413582	171682	161184	10498	
新疆	1420574	623333	574964	48369	
大连	193190	138190	104302	33887	
宁波	233871	133708	110849	22859	
厦门	134862	78302	61018	17285	
青岛	828454	172582	154789	17792	
深圳	671188	185283	158580	26703	4375

(地方其他教育机构)

单位：千元

公用部分	商品和服务支出	其他资本性支出			基本建设支出
			专项公用支出	专项项目支出	
30436681	**15718746**	**14717935**	**3580738**	**11137197**	**3534856**
1218805	886058	332747	323505	9242	
347097	300780	46317	9504	36813	516511
723146	294618	428528	40974	387554	207091
907138	339613	567525	68815	498710	111765
701878	259145	442732	80164	362569	45396
715044	643027	72017	20321	51696	42907
409510	250933	158577	100836	57741	6729
270299	194728	75571	28039	47531	25470
616767	593016	23751	15324	8427	75052
1606991	718509	888482	413842	474640	
2845481	1502573	1342907	142160	1200748	103587
1030736	440281	590455	92955	497500	238325
1823148	433359	1389790	45104	1344685	201427
1155114	267507	887607	273335	614272	516276
1946127	964744	981383	80261	901122	34000
1102030	542223	559807	152268	407539	11530
2411112	773785	1637327	64042	1573285	
797192	467327	329865	67717	262148	3420
1280727	1093357	187370	69854	117517	227863
573293	298194	275099	81605	193494	4756
355891	199580	156311	60593	95719	
478459	284343	194116	166780	27336	2238
2569018	1822393	746624	310909	435716	314150
1274268	755547	518720	233824	284896	125133
780949	293097	487853	105323	382530	278676
84275	67894	16380	15889	492	5662
879584	257199	622385	304668	317717	68564
343739	239822	103917	19571	84347	67166
250469	140520	109949	46744	63205	200418
241900	108650	133250	51297	81952	
696496	285924	410572	94516	316056	100745
49701	42283	7417	1500	5917	5300
100163	85231	14932	4796	10136	
56559	49124	7435	6687	748	
655872	81819	574052	4228	569824	
287938	274559	13380	8684	4695	197967

第五部分

各地区各级各类教育机构财政补助支出明细

5-1 财政补助支出明细

地 区	合 计	个人部分	工资福利支出	对个人和家庭的补助支出	#助学金
合 计	**4645317469**	**3138678605**	**2759737001**	**378941604**	**193376074**
北 京	202270057	128997766	110755141	18242625	13601630
天 津	59544105	43248557	40562864	2685693	1557615
河 北	200514673	142331384	123153988	19177396	6933930
山 西	100172849	66902669	59819630	7083039	3680356
内蒙古	83332518	60494360	54405837	6088523	3350891
辽 宁	99865158	74359221	66393924	7965297	4070374
吉 林	65119283	45656803	41505721	4151083	2140700
黑龙江	81558815	60683541	49985027	10698514	2861560
上 海	155497343	95279770	88854345	6425426	4452463
江 苏	322214706	224148684	200718796	23429889	8714450
浙 江	264230150	166472541	152752374	13720166	6821047
安 徽	173361305	111486166	92318065	19168101	7102421
福 建	146160030	97109352	87557263	9552088	3433666
江 西	149492709	84176387	76608548	7567839	4855759
山 东	297841881	218677669	199038290	19639378	7295178
河 南	223468936	149068343	131965341	17103002	10773830
湖 北	164278859	108701290	95069407	13631883	6875925
湖 南	169302420	116625485	100835301	15790184	7862476
广 东	465742576	305989100	266769114	39219986	13237770
广 西	136133409	94402220	81988197	12414023	8174403
海 南	39131606	23153489	21284657	1868832	1260041
重 庆	111485101	73632704	62507293	11125410	5406561
四 川	228028716	153945949	130384321	23561628	13269959
贵 州	132870621	93675921	76729423	16946499	10247960
云 南	145207036	109356065	94252909	15103156	11565468
西 藏	34380185	24795099	20902121	3892978	3279585
陕 西	128475561	78784387	68695987	10088399	7376343
甘 肃	84842816	59928186	52011370	7916817	4338011
青 海	28122798	18929542	16343744	2585798	1387125
宁 夏	29094567	19732356	18020597	1711758	1034046
新 疆	123576679	87933599	77547405	10386194	6414530
大 连	15998170	12717790	12201178	516612	64524
宁 波	35024737	22523601	21175113	1348489	595865
厦 门	24172527	15290542	13503429	1787113	210728
青 岛	38117458	26453358	24173997	2279361	462627
深 圳	110178046	52239987	45465948	6774040	2934359

（各级各类教育机构）

单位：千元

公用部分	商品和服务支出	其他资本性支出		基本建设支出
			专项公用支出	专项项目支出	
1406312724	**720522807**	**685789917**	**228333868**	**457456049**	**100326139**
64129921	50212094	13917827	11188924	2728904	9142370
14627588	8685578	5942010	2041255	3900755	1667960
56565959	25389647	31176312	8225590	22950722	1617330
31851364	15860450	15990914	6344291	9646623	1418816
21475895	10593016	10882879	3504677	7378202	1362262
24192747	17277281	6915466	3712402	3203064	1313189
18916304	11244083	7672220	3340213	4332007	546177
19105424	11318940	7786484	3398624	4387860	1769850
56001873	40342380	15659493	9298318	6361175	4215700
97028677	47765613	49263063	13388662	35874401	1037345
91297226	44702320	46594906	12348362	34246544	6460383
58408376	25866117	32542259	11101226	21441033	3466763
48017179	21125770	26891409	8227251	18664159	1033499
62050124	14726640	47323484	11623596	35699889	3266198
78282161	33655537	44626624	11275335	33351288	882052
72013274	32648724	39364550	10157345	29207205	2387319
54910044	25479857	29430187	7605407	21824780	667526
51726931	28343998	23382932	8694364	14688568	950004
130519839	80412442	50107396	24565571	25541826	29233636
38931885	17832601	21099285	7840195	13259089	2799304
15269316	7496631	7772685	2812834	4959851	708801
34843634	20859570	13984064	5017493	8966571	3008763
71269443	38613809	32655634	10698532	21957102	2813324
36947415	15759975	21187440	7383866	13803575	2247285
34189317	14852474	19336842	4872051	14464791	1661654
8443164	3394419	5048745	1926244	3122502	1141922
46997375	24598131	22399245	7973730	14425514	2693799
23561460	10310048	13251412	3036741	10214671	1353170
7385031	2859122	4525909	1139427	3386482	1808225
8777112	4166343	4610769	1938174	2672594	585100
28576667	14129195	14447472	3653169	10794304	7066413
3087137	2356016	731121	370276	360846	193243
12501135	5405203	7095932	1439930	5656002	
8488185	4066695	4421490	1874659	2546831	393800
11664100	4626884	7037216	2199814	4837403	
33578687	24299452	9279235	7788357	1490877	24359372

5-2 财政补助支出明细

地区	合计	个人部分	工资福利支出	对个人和家庭的补助支出	#助学金
合计	**4398238344**	**2995968491**	**2650547877**	**345420613**	**166206398**
北京	135825699	91628042	86867177	4760864	1509774
天津	53166604	39794183	37594171	2200013	1117536
河北	199104672	141335701	122342348	18993354	6870167
山西	100170545	66902669	59819630	7083039	3680356
内蒙古	83332385	60494360	54405837	6088523	3350891
辽宁	93032635	69793953	62559896	7234057	3453338
吉林	58982468	41754344	38405064	3349281	1833967
黑龙江	74299624	56248681	46621320	9627361	2175585
上海	131900417	83164272	78810934	4353338	2528239
江苏	304832361	214311467	192940329	21371138	7008719
浙江	258504023	162819456	149856519	12962937	6118096
安徽	167794331	108081556	89812863	18268693	6438803
福建	142175090	94687450	85748137	8939312	2946794
江西	149492316	84176371	76608548	7567823	4855743
山东	291451497	214482570	195684231	18798339	6729516
河南	223021516	148905170	131819758	17085412	10768187
湖北	145404557	96496329	85034171	11462158	5059044
湖南	163125689	113569100	98429823	15139277	7342694
广东	453683672	299335732	261401120	37934612	12165259
广西	136133409	94402220	81988197	12414023	8174403
海南	39120692	23152486	21283654	1868832	1260041
重庆	106603691	70235958	59800386	10435572	4867334
四川	215218849	146856451	124359607	22496844	12415558
贵州	132812801	93674634	76729423	16945211	10246673
云南	145182718	109354546	94251392	15103154	11565467
西藏	34380185	24795099	20902121	3892978	3279585
陕西	114227336	70689463	62206698	8482764	6069334
甘肃	81640795	57739951	50312422	7427529	4055706
青海	28122798	18929542	16343744	2585798	1387125
宁夏	28364546	19242686	17616068	1626618	958406
新疆	107130424	78914048	69992292	8921756	5974057
大连	15993969	12713994	12197382	516612	64524
宁波	35024737	22523601	21175113	1348489	595865
厦门	24172527	15290542	13503429	1787113	210728
青岛	38117458	26453358	24173997	2279361	462627
深圳	109689038	52239537	45465498	6774040	2934359

(地方各级各类教育机构)

单位：千元

公用部分	商品和服务支出	其他资本性支出			基本建设支出
			专项公用支出	专项项目支出	
1312855859	**652612269**	**660243590**	**209885374**	**450358216**	**89413995**
38111888	29239681	8872206	7112723	1759484	6085770
12557533	7530212	5027321	1448100	3579222	814887
56193253	25138235	31055018	8130411	22924608	1575717
31849060	15858146	15990914	6344291	9646623	1418816
21475763	10592884	10882879	3504677	7378202	1362262
22104909	15755804	6349105	3239607	3109498	1133773
16713772	9367061	7346711	3044137	4302574	514352
16601942	9845467	6756475	2864868	3891607	1449001
45096483	31744864	13351619	7380609	5971010	3639663
89850209	42527062	47323146	11778890	35544256	670685
89653231	43561399	46091832	11898813	34193019	6031336
56566761	24700195	31866566	10527845	21338720	3146014
46501850	20129476	26372373	7867711	18504662	985790
62049746	14726262	47323484	11623596	35699889	3266198
76248460	32199517	44048943	10805899	33243044	720467
71896622	32564241	39332382	10125177	29207205	2219724
48820848	21007242	27813606	6299688	21513918	87380
48738736	26258439	22480296	7819324	14660973	817852
125120853	76589322	48531531	23176539	25354992	29227088
38931885	17832601	21099285	7840195	13259089	2799304
15259405	7495984	7763421	2811829	4951592	708801
33524343	19809905	13714438	4748108	8966330	2843389
65813614	35232546	30581068	9792084	20788984	2548784
36890882	15757496	21133386	7383866	13749521	2247285
34166517	14829674	19336842	4872051	14464791	1661654
8443164	3394419	5048745	1926244	3122502	1141922
41183162	20458062	20725100	6889423	13835677	2354712
22689618	9655106	13034512	2923982	10110530	1211225
7385031	2859122	4525909	1139427	3386482	1808225
8536760	3996394	4540365	1876092	2664273	585100
23879559	11955450	11924110	2689169	9234941	4336817
3086733	2355611	731121	370276	360846	193243
12501135	5405203	7095932	1439930	5656002	
8488185	4066695	4421490	1874659	2546831	393800
11664100	4626884	7037216	2199814	4837403	
33090128	24233775	8856353	7365476	1490877	24359372

5-3 财政补助支出明细

地区	合计	个人部分	工资福利支出	对个人和家庭的补助支出	#助学金
合计	**937424037**	**519330313**	**399068524**	**120261789**	**88741370**
北京	79034614	48457632	33304663	15152969	13216188
天津	18519618	10598383	8995698	1602685	1352540
河北	32248323	20297437	14701497	5595941	2550855
山西	20930358	10459421	7852981	2606440	1784796
内蒙古	14183444	9375075	7409788	1965287	1501610
辽宁	28662670	16663407	12777820	3885587	3145390
吉林	18303943	9756499	7398754	2357746	1523798
黑龙江	21570249	12848579	9766866	3081713	2069083
上海	51113368	25426705	21546885	3879820	3368363
江苏	66201048	37585220	30064594	7520626	5232775
浙江	48112178	25485167	20535833	4949334	3356098
安徽	29946898	16472187	10600385	5871802	3222256
福建	23722584	12917597	9710249	3207348	1962367
江西	24796244	13976987	11149543	2827443	2462507
山东	48783988	30929410	25553415	5375995	3654786
河南	39907168	19898352	15429783	4468570	3789413
湖北	42827923	26202660	20740262	5462398	4183623
湖南	28774994	17567876	13574441	3993436	2846266
广东	88985492	45215629	36443339	8772290	4937042
广西	22881041	9115430	5821767	3293663	2813050
海南	6656145	2877729	1981521	896207	702099
重庆	20426731	10918565	7944978	2973587	2631690
四川	42031978	23754540	18523096	5231444	4196931
贵州	19415659	10290646	6938318	3352328	2446334
云南	22016451	11366192	9011672	2354520	2154880
西藏	2741454	1717997	1271759	446239	415456
陕西	32654581	17693105	13351328	4341777	3672749
甘肃	15078873	7853429	5917120	1936309	1602594
青海	3886264	1850360	1474482	375878	200420
宁夏	4686557	2641650	2038889	602762	373017
新疆	18323200	9116446	7236801	1879645	1372391
大连	1324874	632252	562998	69254	31263
宁波	4238631	1878412	1553326	325086	211768
厦门	1839719	1059760	653933	405828	48994
青岛	2775290	513808	314819	198989	160541
深圳	24838764	8287473	7231152	1056321	652190

（高等学校）

单位：千元

公用部分					基本建设支出
	商品和服务支出	其他资本性支出			
			专项公用支出	专项项目支出	
382148101	**210288317**	**171859784**	**82630798**	**89228986**	**35945623**
26804309	19988852	6815457	5705794	1109663	3772673
6808595	3763646	3044949	1148845	1896104	1112641
10811932	5300299	5511634	2791557	2720076	1138954
9840606	4276653	5563953	2733877	2830076	630332
4271912	2269736	2002176	1017966	984211	536457
11143425	7964249	3179176	2245130	934046	855838
8384892	5633946	2750946	1788011	962935	162553
7788202	4460998	3327205	1681912	1645293	933468
22421189	16321266	6099923	4771624	1328299	3265474
28057217	17441558	10615659	5007224	5608435	558611
21445394	10384436	11060958	4543969	6516989	1181617
12201083	6207108	5993975	2952223	3041752	1273628
10548966	5288581	5260385	2219267	3041118	256021
9525576	3939316	5586260	2085203	3501057	1293681
17089944	7168093	9921851	4089780	5832071	764634
19418584	8765115	10653468	4163827	6489641	590232
15963588	8840639	7122949	3202735	3920214	661675
10912164	6404896	4507268	2848253	1659014	294954
35149470	21261753	13887717	9175081	4712636	8620394
13039824	4505380	8534444	3645815	4888630	725787
3402730	1451991	1950739	605194	1345545	375686
8926553	5219034	3707519	1657778	2049741	581613
17205266	8175195	9030072	2872534	6157538	1072172
8597560	3136654	5460906	1791406	3669501	527453
10336432	3799025	6537407	1776085	4761322	313827
907038	491314	415724	310217	105507	116418
14065975	9321498	4744477	2558554	2185923	895500
6846451	3725752	3120699	1182093	1938606	378993
1648786	440029	1208758	409872	798886	387118
1649906	1051461	598445	445435	153010	395000
6934532	3289844	3644687	1203537	2441150	2272222
567592	443874	123718	80755	42963	125030
2360219	1234750	1125469	427849	697621	
752810	400725	352084	84278	267807	27149
2261481	248532	2012949	435331	1577618	
10614257	6297872	4316385	4219323	97062	5937034

5-4 财政补助支出明细

地区	合计	个人部分	工资福利支出	对个人和家庭的补助支出	#助学金
合计	**714936335**	**389114686**	**300907579**	**88207107**	**61867588**
北京	22158161	13962037	12145676	1816362	1139567
天津	12182530	7168368	6050390	1117978	912807
河北	30852439	19313676	13901778	5411898	2487092
山西	20930358	10459421	7852981	2606440	1784796
内蒙古	14183444	9375075	7409788	1965287	1501610
辽宁	21843787	12104884	8950103	3154781	2528354
吉林	12450117	6076044	4517632	1558412	1217122
黑龙江	15157715	9092722	6936146	2156576	1385542
上海	28073716	13683473	11871082	1812392	1446539
江苏	48923257	27768003	22305213	5462790	3527959
浙江	42393735	21832082	17639977	4192105	2653147
安徽	24380732	13067577	8095183	4972394	2558638
福建	19777366	10510471	7912947	2597525	1478447
江西	24796244	13976987	11149543	2827443	2462507
山东	42399717	26734311	22199355	4534956	3089124
河南	39506268	19772106	15319344	4452762	3783915
湖北	24506881	14432590	11137891	3294699	2366778
湖南	22632822	14530603	11187963	3342640	2326485
广东	76973433	38596475	31103180	7493294	3865520
广西	22881041	9115430	5821767	3293663	2813050
海南	6656145	2877729	1981521	896207	702099
重庆	15785374	7725041	5440214	2284827	2092836
四川	29309845	16703830	12512504	4191325	3352843
贵州	19360317	10289359	6938318	3351041	2445047
云南	22016451	11366192	9011672	2354520	2154880
西藏	2741454	1717997	1271759	446239	415456
陕西	18703490	9798055	7055882	2742172	2366072
甘肃	11924711	5702330	4253183	1449148	1322225
青海	3886264	1850360	1474482	375878	200420
宁夏	3956535	2151981	1634359	517622	297377
新疆	13591986	7359478	5825748	1533731	1189336
大连	1324874	632252	562998	69254	31263
宁波	4238631	1878412	1553326	325086	211768
厦门	1839719	1059760	653933	405828	48994
青岛	2775290	513808	314819	198989	160541
深圳	24349755	8287023	7230702	1056321	652190

（地方高等学校）

单位：千元

公用部分	商品和服务支出	其他资本性支出			基本建设支出
			专项公用支出	专项项目支出	
299530014	**151128521**	**148401493**	**64922828**	**83478665**	**26291634**
7475196	5478064	1997132	1821053	176079	720928
4754594	2622780	2131815	557245	1574570	259568
10441421	5051082	5390339	2696378	2693961	1097341
9840606	4276653	5563953	2733877	2830076	630332
4271912	2269736	2002176	1017966	984211	536457
9062481	6449641	2612840	1772360	840480	676421
6243345	3810930	2432414	1498445	933969	130728
5450139	3060495	2389644	1167872	1221771	614854
11700807	7896827	3803979	2865252	938727	2689436
20963303	12284460	8678843	3400553	5278290	191951
19809083	9251198	10557884	4094421	6463464	752570
10360276	5041868	5318408	2378969	2939440	952879
9058583	4316955	4741628	1860006	2881621	208312
9525576	3939316	5586260	2085203	3501057	1293681
15062356	5718187	9344170	3620343	5723827	603050
19311525	8689895	10621630	4131989	6489641	422637
9992761	4461341	5531420	1916792	3614628	81530
7939418	4334706	3604712	1973213	1631499	162802
29763113	17449814	12313299	7787186	4526113	8613845
13039824	4505380	8534444	3645815	4888630	725787
3402730	1451991	1950739	605194	1345545	375686
7644094	4198238	3445856	1396356	2049500	416239
11798383	4839501	6958882	1968167	4990715	807632
8543506	3136654	5406852	1791406	3615447	527453
10336432	3799025	6537407	1776085	4761322	313827
907038	491314	415724	310217	105507	116418
8349022	5259638	3089384	1489342	1600042	556413
5985333	3079892	2905440	1070455	1834985	237048
1648786	440029	1208758	409872	798886	387118
1409554	881513	528041	383353	144688	395000
5438815	2641397	2797418	697445	2099973	793693
567592	443874	123718	80755	42963	125030
2360219	1234750	1125469	427849	697621	
752810	400725	352084	84278	267807	27149
2261481	248532	2012949	435331	1577618	
10125698	6232195	3893503	3796441	97062	5937034

5-5 财政补助支出明细

地 区	合 计	个人部分	工资福利支出	对个人和家庭的补助支出	#助学金
合 计	**928461230**	**512855818**	**393375255**	**119480563**	**88560281**
北 京	78037952	47713687	32608805	15104882	13216188
天 津	18277380	10400750	8807893	1592858	1351685
河 北	31732913	19868694	14335307	5533387	2543537
山 西	20767405	10321694	7728907	2592787	1783286
内蒙古	14079011	9300155	7342331	1957824	1501360
辽 宁	28388292	16431027	12564202	3866825	3145390
吉 林	17900207	9447099	7125845	2321254	1516294
黑龙江	21232917	12570349	9551669	3018679	2068917
上 海	50236496	24893360	21036468	3856892	3368250
江 苏	66046567	37500698	29994064	7506635	5231434
浙 江	47220947	24949411	20022923	4926488	3354516
安 徽	29806647	16395175	10535471	5859704	3222187
福 建	23396528	12741624	9564620	3177004	1952272
江 西	24526268	13767165	10968999	2798166	2440018
山 东	48592462	30797251	25436878	5360372	3654786
河 南	39777158	19785956	15332852	4453104	3788479
湖 北	42767066	26150818	20695704	5455114	4183623
湖 南	28473425	17365451	13395713	3969739	2846005
广 东	88029459	44451409	35821356	8630054	4935780
广 西	22734351	9035878	5758457	3277421	2803586
海 南	6579641	2834786	1946155	888632	694835
重 庆	20421038	10913340	7940770	2972570	2631690
四 川	41701432	23510078	18295985	5214093	4196313
贵 州	19216482	10160255	6863545	3296710	2400117
云 南	21961784	11320484	8966631	2353853	2154880
西 藏	2741454	1717997	1271759	446239	415456
陕 西	32273810	17426046	13152514	4273532	3610978
甘 肃	14965232	7764949	5834652	1930298	1602594
青 海	3857821	1823279	1449837	373442	200420
宁 夏	4686557	2641650	2038889	602762	373017
新 疆	18032532	8855302	6986056	1869246	1372386
大 连	1210117	528186	463343	64843	31263
宁 波	4032280	1776459	1455907	320552	211583
厦 门	1839719	1059760	653933	405828	48994
青 岛	2741203	485792	290172	195621	160541
深 圳	24756709	8228898	7179967	1048931	652190

（普通高等学校）

单位：千元

公用部分	商品和服务支出	其他资本性支出	专项公用支出	专项项目支出	基本建设支出
379695157	**208460151**	**171235006**	**32314718**	**88920288**	**35910255**
26551591	19777729	6773862	5667522	1106340	3772673
6783988	3749788	3034201	1138097	1896104	1092641
10725265	5234222	5491044	2772240	2718804	1138954
9815379	4255744	5559635	2731872	2827763	630332
4242399	2243325	1999074	1015375	983699	536457
11101428	7925841	3175586	2241540	934046	855838
8290555	5554223	2736333	1775312	961020	162553
7729101	4409656	3319445	1677331	1642114	933468
22077662	16005271	6072391	4750952	1321439	3265474
27987258	17386641	10600617	4994605	5606012	558611
21089974	10242739	10847235	4520238	6326997	1181562
12137844	6155955	5981888	2941302	3040587	1273628
10398883	5148356	5250528	2216545	3033983	256021
9465422	3879977	5585444	2084533	3500911	1293681
17043577	7128467	9915110	4083040	5832071	751634
19400970	8749052	10651918	4162712	6489206	590232
15954574	8832376	7122197	3201984	3920214	661675
10813020	6355527	4457492	2825926	1631567	294954
34957656	21115313	13842343	9138085	4704258	8620394
12972686	4467584	8505103	3623271	4881832	725787
3369169	1419581	1949587	604042	1345545	375686
8926085	5218566	3707519	1657778	2049741	581613
17119181	8095700	9023481	2868095	6155387	1072172
8528774	3105220	5423554	1769434	3654121	527453
10327473	3794309	6533165	1771843	4761322	313827
907038	491314	415724	310217	105507	116418
13953578	9244243	4709334	2539335	2169999	894187
6821289	3709117	3112173	1178526	1933646	378993
1647425	439667	1207758	408872	798886	387118
1649906	1051461	598445	445435	153010	395000
6906007	3273186	3632821	1198661	2434160	2271222
556901	433425	123476	80513	42963	125030
2255820	1216294	1039526	416534	622993	
752810	400725	352084	84278	267807	27149
2255410	243242	2012168	434550	1577618	
10590777	6275753	4315024	4217962	97062	5937034

5-6 财政补助支出明细

地　区	合　计	个人部分	工资福利支　出	对个人和家庭的补助支出	#助学金
合　计	**706268831**	**382825162**	**295393806**	**87431356**	**61686499**
北　京	21381264	13329596	11557972	1771624	1139567
天　津	11940291	6970735	5862585	1108151	911951
河　北	30337028	18884933	13535589	5349344	2479774
山　西	20767405	10321694	7728907	2592787	1783286
内蒙古	14079011	9300155	7342331	1957824	1501360
辽　宁	21569409	11872504	8736485	3136019	2528354
吉　林	12046380	5766644	4244724	1521921	1209619
黑龙江	14820384	8814492	6720950	2093543	1385376
上　海	27196845	13150129	11360665	1789464	1446427
江　苏	48768776	27683481	22234682	5448799	3526618
浙　江	41502503	21296326	17127067	4169259	2651565
安　徽	24240481	12990566	8030269	4960297	2558569
福　建	19451311	10334498	7767318	2567180	1468352
江　西	24526268	13767165	10968999	2798166	2440018
山　东	42208191	26602151	22082819	4519333	3089124
河　南	39376258	19659710	15222414	4437296	3782980
湖　北	24446024	14380748	11093333	3287415	2366778
湖　南	22331253	14328178	11009235	3318943	2326224
广　东	76017399	37832255	30481197	7351058	3864258
广　西	22734351	9035878	5758457	3277421	2803586
海　南	6579641	2834786	1946155	888632	694835
重　庆	15779680	7719816	5436006	2283810	2092836
四　川	28979298	16459368	12285393	4173975	3352225
贵　州	19161141	10158968	6863545	3295423	2398829
云　南	21961784	11320484	8966631	2353853	2154880
西　藏	2741454	1717997	1271759	446239	415456
陕　西	18322719	9530995	6857068	2673927	2304300
甘　肃	11811070	5613851	4170715	1443136	1322225
青　海	3857821	1823279	1449837	373442	200420
宁　夏	3956535	2151981	1634359	517622	297377
新　疆	13376855	7171801	5646344	1525458	1189331
大　连	1210117	528186	463343	64843	31263
宁　波	4032280	1776459	1455907	320552	211583
厦　门	1839719	1059760	653933	405828	48994
青　岛	2741203	485792	290172	195621	160541
深　圳	24267700	8228448	7179517	1048931	652190

(地方普通高等学校)

单位：千元

公用部分	商品和服务支出	其他资本性支出		基本建设支出
		专项公用支出	专项项目支出	
297187403	**149386735**	**147800668**	**64630702**	**83169966**	**26256267**
7330741	5352272	1978469	1805713	172757	720928
4729988	2608921	2121067	546496	1574570	239568
10354754	4985005	5369750	2677061	2692689	1097341
9815379	4255744	5559635	2731872	2827763	630332
4242399	2243325	1999074	1015375	983699	536457
9020484	6411234	2609251	1768770	840480	676421
6149008	3731207	2417801	1485746	932055	130728
5391037	3009153	2381884	1163291	1218592	614854
11357280	7580832	3776448	2844581	931867	2689436
20893344	12229543	8663800	3387934	5275866	191951
19453662	9109501	10344161	4070689	6273472	752515
10297037	4990715	5306321	2368048	2938274	952879
8908501	4176730	4731771	1857284	2874486	208312
9465422	3879977	5585444	2084533	3500911	1293681
15015989	5678560	9337429	3613603	5723827	590050
19293912	8673832	10620080	4130874	6489206	422637
9983747	4453078	5530669	1916040	3614628	81530
7840274	4285337	3554937	1950885	1604051	162802
29571299	17303375	12267925	7750190	4517734	8613845
12972686	4467584	8505103	3623271	4881832	725787
3369169	1419581	1949587	604042	1345545	375686
7643626	4197770	3445856	1396356	2049500	416239
11712298	4760006	6952292	1963727	4988564	807632
8474720	3105220	5369500	1769434	3600067	527453
10327473	3794309	6533165	1771843	4761322	313827
907038	491314	415724	310217	105507	116418
8236624	5182383	3054241	1470122	1584118	555100
5960171	3063257	2896914	1066888	1830025	237048
1647425	439667	1207758	408872	798886	387118
1409554	881513	528041	383353	144688	395000
5412361	2625788	2786573	693590	2092983	792693
556901	433425	123476	80513	42963	125030
2255820	1216294	1039526	416534	622993	
752810	400725	352084	84278	267807	27149
2255410	243242	2012168	434550	1577618	
10102218	6210076	3892142	3795080	97062	5937034

5-7 财政补助支出明细

地 区	合 计	个人部分	工资福利支 出	对个人和家庭的补助支出	#助学金
合 计	**701782066**	**394831697**	**304373643**	**90458054**	**66468224**
北 京	74578742	45478926	30586004	14892922	13096812
天 津	15188606	8389669	7066779	1322890	1137545
河 北	23472975	15364857	11042107	4322749	1847736
山 西	15732899	7397518	5557265	1840253	1208017
内蒙古	9164682	6256639	4931845	1324795	985222
辽 宁	22370714	13349998	10634733	2715265	2091357
吉 林	14528638	7983361	6141735	1841625	1115694
黑龙江	16937822	10195157	7916131	2279027	1571358
上 海	47719530	23686865	19944031	3742834	3286050
江 苏	49854549	28347905	22536369	5811537	4074248
浙 江	36473091	18845595	14992175	3853420	2618412
安 徽	19886689	11781422	7614251	4167171	2043819
福 建	16882995	9829908	7326337	2503572	1495891
江 西	15741662	9312549	7562472	1750077	1503409
山 东	32948443	21592342	17716560	3875781	2633807
河 南	24123224	12430389	9822418	2607971	2225645
湖 北	34026155	21268505	16976236	4292269	3393904
湖 南	18973000	11346140	8672753	2673387	1884904
广 东	65940732	32234892	25947624	6287268	3584889
广 西	13347497	6020704	3987323	2033380	1655448
海 南	5339749	2239811	1636963	602848	471243
重 庆	13408020	7879211	6014033	1865178	1637788
四 川	31283537	17961376	14530417	3430959	2845204
贵 州	11706500	6464231	4471524	1992707	1313683
云 南	15843468	7997833	6655129	1342704	1205963
西 藏	2131574	1289709	968960	320749	296254
陕 西	26084124	14475904	11129397	3346507	2829610
甘 肃	10742142	6009696	4653808	1355888	1082976
青 海	2989171	1356100	1082681	273419	141121
宁 夏	3329625	1907738	1430139	477599	278469
新 疆	11031510	6136745	4825444	1311301	911747
大 连	950055	365011	323666	41345	14170
宁 波	2806433	1108995	855166	253828	159275
厦 门	1252192	813689	506214	307475	35737
青 岛	1859260	180759	67946	112813	102692
深 圳	20208337	6235845	5438045	797800	525488

（普通高等本科学校）

单位：千元

公用部分	商品和服务支出	其他资本性支出	专项公用支出	专项项目支出	基本建设支出
276667356	**167492820**	**109174536**	**56648209**	**52526327**	**30283013**
25375584	18954788	6420796	5342022	1078774	3724232
5811296	3167349	2643947	884838	1759109	987641
7464972	3940606	3524366	1932958	1591408	643146
7705049	3163556	4541493	2322367	2219126	630332
2568887	1499902	1068985	523044	545942	339156
8228356	6569570	1658787	1364117	294670	792360
6393144	4866543	1526600	1254299	272301	152134
6033340	3592128	2441212	1144946	1296266	709324
21128288	15275447	5852841	4586432	1266409	2904376
20960183	13774595	7185588	3622234	3563354	546461
16656666	8225335	8431332	3221304	5210028	970830
7266937	4177585	3089351	1802133	1287218	838331
6898755	3960782	2937973	1515365	1422608	154332
5215220	2602127	2613093	892435	1720658	1213893
10850510	5386281	5464229	2649586	2814643	505591
11303066	6134724	5168342	2097521	3070821	389769
12095975	7698273	4397702	2181383	2216319	661675
7383330	4826646	2556684	1916099	640585	243530
25610235	16741406	8868829	6254547	2614282	8095605
6923552	3114321	3809231	1509716	2299515	403242
2844219	1083665	1760555	507269	1253286	255718
5219303	3399690	1819614	996155	823459	309505
12394966	6011137	6383830	1862450	4521380	927194
4858913	1784434	3074479	697351	2377128	383356
7590875	2652661	4938215	1382218	3555997	254759
734911	408042	326869	227744	99126	106954
10936247	8054006	2882241	2035546	846696	671972
4364206	3028823	1335383	692560	642823	368240
1321559	317203	1004356	259220	745136	311512
1171887	797049	374839	316748	58090	250000
3356922	2284147	1072775	653603	419172	1537843
460014	376696	83318	41233	42085	125030
1697438	987024	710414	263245	447169	
438503	319019	119484	48476	71008	
1678501	171055	1507447	359130	1148317	
8535190	5068060	3467130	3370068	97062	5437302

5-8 财政补助支出明细

地区	合计	个人部分	工资福利支出	对个人和家庭的补助支出	#助学金
合计	**482210526**	**265865682**	**207201521**	**58664161**	**39776794**
北京	18082292	11158274	9588379	1569895	1027712
天津	8851518	4959654	4121471	838183	697812
河北	22077091	14381096	10242389	4138707	1783973
山西	15732899	7397518	5557265	1840253	1208017
内蒙古	9164682	6256639	4931845	1324795	985222
辽宁	15551832	8791475	6807016	1984459	1474321
吉林	8674811	4302906	3260614	1042292	809018
黑龙江	10861116	6674599	5240279	1434319	917484
上海	24824419	12035584	10355423	1680161	1368654
江苏	32576759	18530688	14776987	3753701	2369431
浙江	30754648	15192510	12096319	3096191	1915461
安徽	14320523	8376812	5109049	3267763	1380200
福建	12937778	7422783	5529035	1893748	1011971
江西	15741662	9312549	7562472	1750077	1503409
山东	26564171	17397243	14362501	3034742	2068145
河南	23722324	12304143	9711980	2592163	2220146
湖北	15814584	9578628	7406169	2172460	1619823
湖南	12885937	8341491	6318899	2022592	1365123
广东	54234396	25759036	20741819	5017217	2521985
广西	13347497	6020704	3987323	2033380	1655448
海南	5339749	2239811	1636963	602848	471243
重庆	8910869	4743607	3540173	1203434	1125619
四川	18743112	11030772	8612309	2418462	2026536
贵州	11651159	6462944	4471524	1991420	1312396
云南	15843468	7997833	6655129	1342704	1205963
西藏	2131574	1289709	968960	320749	296254
陕西	12133033	6580854	4833951	1746902	1522933
甘肃	7587980	3858597	2989871	868726	802606
青海	2989171	1356100	1082681	273419	141121
宁夏	2599604	1418069	1025609	392459	202829
新疆	7559868	4693054	3677115	1015939	765939
大连	950055	365011	323666	41345	14170
宁波	2806433	1108995	855166	253828	159275
厦门	1252192	813689	506214	307475	35737
青岛	1859260	180759	67946	112813	102692
深圳	19719328	6235395	5437595	797800	525488

(地方普通高等本科学校)

单位：千元

公用部分	商品和服务支出	其他资本性支出	专项公用支出	专项项目支出	基本建设支出
195415056	**108907126**	**86507931**	**39288649**	**47219282**	**20929787**
6212489	4585368	1627121	1481931	145190	711529
3757296	2026483	1730813	293237	1437576	134568
7094461	3691389	3403072	1837779	1565293	601534
7705049	3163556	4541493	2322367	2219126	630332
2568887	1499902	1068985	523044	545942	339156
6147413	5054962	1092451	891347	201104	612944
4251597	3043528	1208069	964733	243335	120309
3795807	2248603	1547204	660891	886312	390711
10460496	6880050	3580446	2687196	893249	2328339
13866269	8617497	5248772	2015563	3233209	179801
15020355	7092097	7928258	2771755	5156503	541783
5426129	3012345	2413784	1228879	1184906	517581
5408372	2989156	2419216	1156105	1263111	106623
5215220	2602127	2613093	892435	1720658	1213893
8822922	3936375	4886548	2180149	2706399	344006
11196008	6059504	5136503	2065682	3070821	222173
6154426	3341211	2813214	899598	1913616	81530
4433068	2773939	1659129	1046059	613070	111378
20386303	12972382	7413921	4906040	2507881	8089056
6923552	3114321	3809231	1509716	2299515	403242
2844219	1083665	1760555	507269	1253286	255718
4023131	2465181	1557951	734733	823218	144131
7049686	2733731	4315955	961398	3354557	662654
4804859	1784434	3020425	697351	2323074	383356
7590875	2652661	4938215	1382218	3555997	254759
734911	408042	326869	227744	99126	106954
5219293	3992145	1227148	966333	260815	332886
3503088	2382963	1120125	580922	539202	226295
1321559	317203	1004356	259220	745136	311512
931536	627100	304435	254666	49769	250000
2545781	1755206	790575	382289	408286	321034
460014	376696	83318	41233	42085	125030
1697438	987024	710414	263245	447169	
438503	319019	119484	48476	71008	
1678501	171055	1507447	359130	1148317	
8046631	5002383	3044248	2947186	97062	5437302

5-9 财政补助支出明细

地区	合计	个人部分	工资福利支出	对个人和家庭的补助支出	#助学金
合计	**226679164**	**118024121**	**89001612**	**29022509**	**22092056**
北京	3459209	2234761	2022801	211960	119376
天津	3088774	2011081	1741114	269968	214140
河北	8259937	4503837	3293199	1210637	695801
山西	5034506	2924176	2171643	752533	575269
内蒙古	4914329	3043516	2410486	633029	516138
辽宁	6017577	3081028	1929468	1151560	1054033
吉林	3371569	1463739	984110	479629	400601
黑龙江	4295095	2375191	1635539	739653	497560
上海	2516967	1206495	1092437	114058	82200
江苏	16192018	9152793	7457695	1695098	1157187
浙江	10747856	6103815	5030748	1073068	736104
安徽	9919958	4613754	2921220	1692534	1178369
福建	6513533	2911715	2238283	673432	456381
江西	8784606	4454616	3406527	1048089	936609
山东	15644019	9204909	7720318	1484591	1020979
河南	15653934	7355567	5510434	1845133	1562833
湖北	8740911	4882313	3719468	1162845	789719
湖南	9500425	6019312	4722960	1296351	961101
广东	22088727	12216517	9873732	2342785	1350891
广西	9386854	3015174	1771133	1244041	1148138
海南	1239892	594975	309191	285784	223592
重庆	7013018	3034129	1926738	1107392	993902
四川	10417895	5548702	3765568	1783134	1351109
贵州	7509982	3696024	2392021	1304003	1086434
云南	6118316	3322651	2311502	1011149	948918
西藏	609880	428289	302799	125490	119202
陕西	6189687	2950141	2023117	927025	781367
甘肃	4223089	1755253	1180844	574410	519619
青海	868650	467178	367155	100023	59298
宁夏	1356931	733912	608750	125163	94548
新疆	7001022	2718557	2160612	557945	460639
大连	260062	163175	139677	23498	17093
宁波	1225847	667465	600741	66723	52308
厦门	587527	246071	147719	98352	13257
青岛	881943	305034	222226	82808	57849
深圳	4548372	1993053	1741922	251131	126702

(普通高职高专学校)

单位：千元

公用部分	商品和服务支出	其他资本性支出	专项公用支出	专项项目支出	基本建设支出
103027801	**40967331**	**62060470**	**25666509**	**36393961**	**5627242**
1176007	822941	353066	325500	27566	48441
972692	582438	390254	253259	136995	105000
3260293	1293616	1966678	839282	1127396	495807
2110330	1092188	1018142	409505	608637	
1673512	743423	930089	492332	437757	197301
2873071	1356272	1516800	877423	639376	63478
1897412	687679	1209732	521013	688720	10419
1695760	817527	878233	532386	345847	224143
949373	729823	219550	164520	55030	361098
7027075	3612046	3415029	1372371	2042658	12150
4433308	2017405	2415903	1298934	1116969	210732
4870907	1978370	2892537	1139169	1753368	435297
3500129	1187574	2312555	701180	1611375	101689
4250202	1277851	2972351	1192098	1780253	79788
6193067	1742186	4450881	1433454	3017428	246043
8097904	2614328	5483577	2065192	3418385	200463
3858598	1134103	2724495	1020600	1703895	
3429690	1528882	1900808	909826	990982	51424
9347421	4373907	4973514	2883538	2089975	524788
6049135	1353263	4695872	2113555	2582317	322545
524949	335917	189032	96773	92260	119968
3706782	1818876	1887905	661623	1226282	272107
4724215	2084563	2639652	1005645	1634007	144978
3669861	1320786	2349075	1072083	1276993	144097
2736598	1141648	1594950	389624	1205326	59068
172127	83273	88854	82473	6381	9464
3017331	1190238	1827093	503790	1323303	222215
2457083	680294	1776789	485966	1290823	10753
325866	122464	203402	149652	53750	75606
478019	254413	223606	128687	94919	145000
3549085	989039	2560046	545057	2014989	733379
96887	56729	40158	39280	878	
558382	229270	329112	153289	175823	
314307	81706	232601	35801	196799	27149
576909	72188	504721	75420	429301	
2055586	1207692	847894	847894		499732

5-10 财政补助支出明细

地 区	合 计	个人部分	工资福利支 出	对个人和家庭的补助支出	#助学金
合 计	**224058306**	**116959480**	**88192285**	**28767195**	**21909705**
北 京	3298972	2171322	1969593	201729	111855
天 津	3088774	2011081	1741114	269968	214140
河 北	8259937	4503837	3293199	1210637	695801
山 西	5034506	2924176	2171643	752533	575269
内蒙古	4914329	3043516	2410486	633029	516138
辽 宁	6017577	3081028	1929468	1151560	1054033
吉 林	3371569	1463739	984110	479629	400601
黑龙江	3959267	2139893	1480670	659223	467892
上 海	2372426	1114545	1005242	109303	77772
江 苏	16192018	9152793	7457695	1695098	1157187
浙 江	10747856	6103815	5030748	1073068	736104
安 徽	9919958	4613754	2921220	1692534	1178369
福 建	6513533	2911715	2238283	673432	456381
江 西	8784606	4454616	3406527	1048089	936609
山 东	15644019	9204909	7720318	1484591	1020979
河 南	15653934	7355567	5510434	1845133	1562833
湖 北	8631440	4802119	3687164	1114955	746955
湖 南	9445317	5986687	4690336	1296351	961101
广 东	21783003	12073219	9739378	2333841	1342273
广 西	9386854	3015174	1771133	1244041	1148138
海 南	1239892	594975	309191	285784	223592
重 庆	6868811	2976209	1895833	1080376	967216
四 川	10236186	5428596	3673084	1755512	1325689
贵 州	7509982	3696024	2392021	1304003	1086434
云 南	6118316	3322651	2311502	1011149	948918
西 藏	609880	428289	302799	125490	119202
陕 西	6189687	2950141	2023117	927025	781367
甘 肃	4223089	1755253	1180844	574410	519619
青 海	868650	467178	367155	100023	59298
宁 夏	1356931	733912	608750	125163	94548
新 疆	5816988	2478748	1969229	509519	423392
大 连	260062	163175	139677	23498	17093
宁 波	1225847	667465	600741	66723	52308
厦 门	587527	246071	147719	98352	13257
青 岛	881943	305034	222226	82808	57849
深 圳	4548372	1993053	1741922	251131	126702

(地方普通高职高专学校)

单位：千元

公用部分	商品和服务支出	其他资本性支出		基本建设支出
		专项公用支出	专项项目支出	
101772346	**40479609**	**61292737**	**25342053**	**35950684**	**5326479**
1118251	766903	351348	323782	27566	9399
972692	582438	390254	253259	136995	105000
3260293	1293616	1966678	839282	1127396	495807
2110330	1092188	1018142	409505	608637	
1673512	743423	930089	492332	437757	197301
2873071	1356272	1516800	877423	639376	63478
1897412	687679	1209732	521013	688720	10419
1595231	760550	834680	502400	332280	224143
896784	700782	196002	157385	38617	361098
7027075	3612046	3415029	1372371	2042658	12150
4433308	2017405	2415903	1298934	1116969	210732
4870907	1978370	2892537	1139169	1753368	435297
3500129	1187574	2312555	701180	1611375	101689
4250202	1277851	2972351	1192098	1780253	79788
6193067	1742186	4450881	1433454	3017428	246043
8097904	2614328	5483577	2065192	3418385	200463
3829321	1111866	2717455	1016442	1701012	
3407206	1511398	1895808	904826	990982	51424
9184996	4330993	4854004	2844151	2009853	524788
6049135	1353263	4695872	2113555	2582317	322545
524949	335917	189032	96773	92260	119968
3620495	1732590	1887905	661623	1226282	272107
4662612	2026276	2636336	1002329	1634007	144978
3669861	1320786	2349075	1072083	1276993	144097
2736598	1141648	1594950	389624	1205326	59068
172127	83273	88854	82473	6381	9464
3017331	1190238	1827093	503790	1323303	222215
2457083	680294	1776789	485966	1290823	10753
325866	122464	203402	149652	53750	75606
478019	254413	223606	128687	94919	145000
2866581	870582	1995999	311301	1684697	471659
96887	56729	40158	39280	878	
558382	229270	329112	153289	175823	
314307	81706	232601	35801	196799	27149
576909	72188	504721	75420	429301	
2055586	1207692	847894	847894		499732

5-11 财政补助支出明细

地 区	合 计	个人部分	工资福利支出	对个人和家庭的补助支出	#助学金
合 计	**8962806**	**6474495**	**5693269**	**781226**	**181089**
北 京	996663	743945	695858	48088	
天 津	242239	197632	187805	9827	856
河 北	515411	428744	366190	62554	7318
山 西	162954	137727	124074	13653	1510
内蒙古	104433	74920	67457	7463	250
辽 宁	274378	232381	213619	18762	
吉 林	403737	309400	272908	36492	7503
黑龙江	337332	278230	215197	63034	166
上 海	876871	533344	510417	22927	113
江 苏	154481	84522	70531	13991	1341
浙 江	891231	535756	512910	22846	1582
安 徽	140250	77011	64914	12097	69
福 建	326056	175973	145629	30344	10095
江 西	269976	209821	180544	29277	22489
山 东	191526	132159	116536	15623	
河 南	130010	112396	96930	15466	935
湖 北	60857	51842	44558	7284	1
湖 南	301569	202425	178728	23697	260
广 东	956034	764220	621983	142237	1262
广 西	146690	79552	63310	16242	9464
海 南	76504	42943	35367	7576	7264
重 庆	5693	5225	4208	1017	
四 川	330547	244462	227111	17351	618
贵 州	199177	130391	74773	55619	46218
云 南	54667	45708	45041	667	
西 藏					
陕 西	380771	267060	198815	68245	61772
甘 肃	113641	88480	82468	6012	
青 海	28443	27081	24645	2436	
宁 夏					
新 疆	290668	261144	250745	10399	5
大 连	114757	104066	99655	4411	
宁 波	206351	101952	97418	4534	185
厦 门					
青 岛	34087	28016	24648	3368	
深 圳	82055	58575	51185	7390	

（成人高等学校）

单位：千元

公用部分	商品和服务支出	其他资本性支出			基本建设支出
			专项公用支出	专项项目支出	
2452944	**1828166**	**624778**	**316080**	**308698**	**35368**
252717	211123	41595	38272	3322	
24607	13858	10748	10748		20000
86667	66077	20590	19318	1272	
25227	20908	4318	2005	2313	
29513	26411	3102	2590	512	
41997	38407	3590	3590		
94337	79723	14613	12699	1914	
59102	51342	7760	4581	3179	
343527	315995	27532	20671	6860	
69959	54917	15042	12619	2423	
355420	141697	213723	23732	189992	55
63239	51153	12087	10921	1166	
150082	140225	9857	2722	7135	
60155	59339	816	670	145	
46367	39627	6740	6740		13000
17613	16063	1550	1115	435	
9014	8263	752	752		
99144	49369	49775	22328	27448	
191814	146440	45374	36996	8379	
67138	37796	29342	22544	6798	
33562	32409	1152	1152		
468	468				
86085	79495	6590	4439	2151	
68786	31434	37352	21972	15380	
8959	4717	4243	4243		
112398	77255	35143	19219	15924	1313
25162	16635	8526	3567	4960	
1362	362	1000	1000		
28524	16658	11866	4877	6990	1000
10690	10449	242	242		
104399	18456	85943	11315	74628	
6071	5289	781	781		
23480	22119	1361	1361		

5-12 财政补助支出明细

地区	合计	个人部分	工资福利支出	对个人和家庭的补助支出	#助学金
合计	**8667503**	**6289524**	**5513774**	**775751**	**181089**
北京	776897	632442	587704	44738	
天津	242239	197632	187805	9827	856
河北	515411	428744	366190	62554	7318
山西	162954	137727	124074	13653	1510
内蒙古	104433	74920	67457	7463	250
辽宁	274378	232381	213619	18762	
吉林	403737	309400	272908	36492	7503
黑龙江	337332	278230	215197	63034	166
上海	876871	533344	510417	22927	113
江苏	154481	84522	70531	13991	1341
浙江	891231	535756	512910	22846	1582
安徽	140250	77011	64914	12097	69
福建	326056	175973	145629	30344	10095
江西	269976	209821	180544	29277	22489
山东	191526	132159	116536	15623	
河南	130010	112396	96930	15466	935
湖北	60857	51842	44558	7284	1
湖南	301569	202425	178728	23697	260
广东	956034	764220	621983	142237	1262
广西	146690	79552	63310	16242	9464
海南	76504	42943	35367	7576	7264
重庆	5693	5225	4208	1017	
四川	330547	244462	227111	17351	618
贵州	199177	130391	74773	55619	46218
云南	54667	45708	45041	667	
西藏					
陕西	380771	267060	198815	68245	61772
甘肃	113641	88480	82468	6012	
青海	28443	27081	24645	2436	
宁夏					
新疆	215131	187677	179404	8273	5
大连	114757	104066	99655	4411	
宁波	206351	101952	97418	4534	185
厦门					
青岛	34087	28016	24648	3368	
深圳	82055	58575	51185	7390	

(地方成人高等学校)

单位：千元

公用部分	商品和服务支出	其他资本性支出	专项公用支出	专项项目支出	基本建设支出
2342611	**1741786**	**600825**	**292127**	**308698**	**35368**
144455	125792	18663	15340	3322	
24607	13858	10748	10748		20000
86667	66077	20590	19318	1272	
25227	20908	4318	2005	2313	
29513	26411	3102	2590	512	
41997	38407	3590	3590		
94337	79723	14613	12699	1914	
59102	51342	7760	4581	3179	
343527	315995	27532	20671	6860	
69959	54917	15042	12619	2423	
355420	141697	213723	23732	189992	55
63239	51153	12087	10921	1166	
150082	140225	9857	2722	7135	
60155	59339	816	670	145	
46367	39627	6740	6740		13000
17613	16063	1550	1115	435	
9014	8263	752	752		
99144	49369	49775	22328	27448	
191814	146440	45374	36996	8379	
67138	37796	29342	22544	6798	
33562	32409	1152	1152		
468	468				
86085	79495	6590	4439	2151	
68786	31434	37352	21972	15380	
8959	4717	4243	4243		
112398	77255	35143	19219	15924	1313
25162	16635	8526	3567	4960	
1362	362	1000	1000		
26454	15609	10845	3855	6990	1000
10690	10449	242	242		
104399	18456	85943	11315	74628	
6071	5289	781	781		
23480	22119	1361	1361		

5-13 财政补助支出明细

地区	合计	个人部分	工资福利支出	对个人和家庭的补助支出	#助学金
合计	**285614572**	**156399678**	**135523123**	**20876554**	**10962255**
北京	6055923	4134782	3842329	292452	58001
天津	2491187	1837283	1717886	119397	41391
河北	17205981	9314678	7982255	1332423	521345
山西	7483405	3840820	3377971	462848	313171
内蒙古	4503848	2780030	2410055	369976	259296
辽宁	5688443	4013628	3376956	636672	168361
吉林	4044915	2468936	2266672	202264	121378
黑龙江	4249618	2997216	2467019	530197	82959
上海	6497313	3782492	3460865	321627	173424
江苏	20748006	13265217	12156816	1108401	272745
浙江	22202828	11352041	10769160	582881	284659
安徽	11271265	4969260	3764844	1204416	699027
福建	10034919	5150938	4640293	510646	155002
江西	10951244	3185598	2582887	602711	490943
山东	23157359	13271618	12005384	1266233	405515
河南	14497688	7013190	6123501	889689	575632
湖北	8975282	4565186	3863120	702067	373774
湖南	10574556	5557975	4632471	925504	613918
广东	28127169	17480716	15577783	1902934	386480
广西	7677387	3971738	3438068	533670	381568
海南	2030656	1122848	977281	145568	125272
重庆	7999085	3866932	2841668	1025263	717510
四川	12132481	6891425	5511361	1380064	846384
贵州	5394832	3032749	2252265	780484	640189
云南	8882064	4916398	3954514	961884	754628
西藏	1535517	926493	788480	138013	119808
陕西	5787091	3231118	2742138	488980	349022
甘肃	4487040	2444030	2052185	391845	264345
青海	1269680	624775	484257	140518	92983
宁夏	1464041	722223	624788	97434	68978
新疆	8193748	3667343	2837851	829492	604547
大连	1116735	806803	776421	30382	3741
宁波	3930137	2074317	1991631	82686	31768
厦门	2067937	1026212	839343	186869	80962
青岛	4068275	2508314	2255212	253102	27671
深圳	2825764	1576037	1365911	210126	77675

（中等职业学校）

单位：千元

公用部分	商品和服务支出	其他资本性支出			基本建设支出
			专项公用支出	专项项目支出	
124910687	**47762637**	**77148051**	**22508734**	**54639317**	**4304207**
1918861	1438822	480039	361173	118866	2280
653904	297212	356692	53107	303585	
7876442	2187176	5689265	1211654	4477611	14861
3595713	1135345	2460368	997321	1463047	46873
1606519	799792	806727	294568	512159	117299
1592197	1049004	543193	346352	196841	82618
1545721	558159	987562	221342	766220	30258
1212820	668346	544473	245215	299258	39582
2711672	2154334	557338	408556	148782	3149
7464872	3097637	4367235	1090271	3276964	17917
9582314	3476280	6106034	1642778	4463256	1268473
6227688	2035925	4191763	1230269	2961494	74317
4785124	1453366	3331758	908728	2423030	98857
7644689	950325	6694364	1037600	5656764	120957
9821904	3562115	6259788	1358548	4901240	63838
7389926	2718534	4671392	1010327	3661065	94572
4410096	1432040	2978056	645743	2332312	
4971730	2222242	2749488	1160565	1588923	44851
10566282	4946232	5620050	2560397	3059653	80171
3109371	1520390	1588981	841116	747865	596278
886701	492895	393806	338189	55617	21107
3999854	1921195	2078659	458404	1620255	132299
5137328	2212848	2924480	971393	1953087	103728
2236363	1003972	1232391	393936	838455	125720
3909136	1071405	2837731	1075980	1761751	56531
609024	189029	419995	231053	188941	
2531813	851363	1680450	422743	1257708	24161
1876967	508954	1368013	204448	1163565	166042
563546	205433	358113	162737	195376	81358
681818	281394	400424	237755	162669	60000
3790293	1320869	2469424	386467	2082957	736112
289312	247761	41551	24923	16628	20620
1855820	620762	1235058	242245	992813	
950690	336680	614010	167464	446546	91035
1559960	497430	1062530	384201	678329	
1222165	905962	316202	271349	44853	27562

5-14 财政补助支出明细

地区	合计	个人部分	工资福利支出	对个人和家庭的补助支出	#助学金
合计	**284293062**	**155884884**	**135113389**	**20771494**	**10917039**
北京	5946566	4053708	3762701	291007	58001
天津	2489336	1835432	1716401	119031	41047
河北	17204695	9313392	7980969	1332423	521345
山西	7483405	3840820	3377971	462848	313171
内蒙古	4503848	2780030	2410055	369976	259296
辽宁	5688443	4013628	3376956	636672	168361
吉林	4044915	2468936	2266672	202264	121378
黑龙江	4137128	2925040	2412865	512175	82310
上海	6495083	3780262	3458635	321627	173424
江苏	20727067	13258457	12150931	1107526	271870
浙江	22202828	11352041	10769160	582881	284659
安徽	11271265	4969260	3764844	1204416	699027
福建	10034919	5150938	4640293	510646	155002
江西	10951163	3185582	2582887	602695	490928
山东	23157359	13271618	12005384	1266233	405515
河南	14480830	6996936	6107324	889612	575555
湖北	8975248	4565152	3863120	702033	373740
湖南	10574556	5557975	4632471	925504	613918
广东	28083620	17448897	15552057	1896841	385759
广西	7677387	3971738	3438068	533670	381568
海南	2030656	1122848	977281	145568	125272
重庆	7999085	3866932	2841668	1025263	717510
四川	12088780	6858824	5502881	1355943	836503
贵州	5394832	3032749	2252265	780484	640189
云南	8882064	4916398	3954514	961884	754628
西藏	1535517	926493	788480	138013	119808
陕西	5786935	3230962	2742138	488823	348865
甘肃	4487040	2444030	2052185	391845	264345
青海	1269680	624775	484257	140518	92983
宁夏	1464041	722223	624788	97434	68978
新疆	7224771	3398806	2623169	775637	572085
大连	1116735	806803	776421	30382	3741
宁波	3930137	2074317	1991631	82686	31768
厦门	2067937	1026212	839343	186869	80962
青岛	4068275	2508314	2255212	253102	27671
深圳	2825764	1576037	1365911	210126	77675

(地方中等职业学校)

单位：千元

公用部分	商品和服务支出	其他资本性支出	专项公用支出	专项项目支出	基本建设支出
124491819	**47575361**	**76916459**	**22433007**	**54483451**	**3916359**
1890578	1411251	479327	360461	118866	2280
653904	297212	356692	53107	303585	
7876442	2187176	5689265	1211654	4477611	14861
3595713	1135345	2460368	997321	1463047	46873
1606519	799792	806727	294568	512159	117299
1592197	1049004	543193	346352	196841	82618
1545721	558159	987562	221342	766220	30258
1172506	659347	513159	242369	270790	39582
2711672	2154334	557338	408556	148782	3149
7450693	3083458	4367235	1090271	3276964	17917
9582314	3476280	6106034	1642778	4463256	1268473
6227688	2035925	4191763	1230269	2961494	74317
4785124	1453366	3331758	908728	2423030	98857
7644624	950260	6694364	1037600	5656764	120957
9821904	3562115	6259788	1358548	4901240	63838
7389322	2717930	4671392	1010327	3661065	94572
4410096	1432040	2978056	645743	2332312	
4971730	2222242	2749488	1160565	1588923	44851
10554552	4935482	5619070	2559417	3059653	80171
3109371	1520390	1588981	841116	747865	596278
886701	492895	393806	338189	55617	21107
3999854	1921195	2078659	458404	1620255	132299
5126227	2205092	2921135	969344	1951791	103728
2236363	1003972	1232391	393936	838455	125720
3909136	1071405	2837731	1075980	1761751	56531
609024	189029	419995	231053	188941	
2531813	851363	1680450	422743	1257708	24161
1876967	508954	1368013	204448	1163565	166042
563546	205433	358113	162737	195376	81358
681818	281394	400424	237755	162669	60000
3477701	1203517	2274184	317328	1956856	348264
289312	247761	41551	24923	16628	20620
1855820	620762	1235058	242245	992813	
950690	336680	614010	167464	446546	91035
1559960	497430	1062530	384201	678329	
1222165	905962	316202	271349	44853	27562

5-15 财政补助支出明细

地区	合计	个人部分	工资福利支出	对个人和家庭的补助支出	#助学金
合计	**132848915**	**72112089**	**61241442**	**10870646**	**5765857**
北京	2465121	1553470	1471327	82144	27885
天津	1468704	1021752	956101	65652	29335
河北	5468539	2947789	2233135	714653	314976
山西	2577872	1507314	1320578	186737	99255
内蒙古	1195192	731967	605902	126066	80653
辽宁	3136835	2316995	1869435	447560	60667
吉林	1347569	729979	665846	64133	36778
黑龙江	1072501	600367	499339	101027	29098
上海	3977439	2241238	2050019	191219	111680
江苏	15067372	9799876	8974906	824969	193420
浙江	3896441	1953255	1816160	137095	88332
安徽	9927114	4663574	3556303	1107271	625988
福建	7890482	4067687	3656261	411426	143720
江西	7003976	2170114	1784402	385712	292298
山东	11663274	6549271	5861381	687891	292068
河南	5009368	2438324	2016099	422225	293992
湖北	6103697	3015713	2571906	443807	238991
湖南	1203470	585059	474132	110926	88152
广东	12858493	7737411	6706702	1030710	230625
广西	5604290	2860492	2479850	380642	272367
海南	1204731	650316	571806	78510	73846
重庆	1604286	564785	300506	264279	239825
四川	3300247	2110871	1603166	507705	318113
贵州	1914244	1031831	687931	343900	271302
云南	3290680	1821247	1356512	464735	396701
西藏	1397240	891449	759417	132032	115373
陕西	948741	611939	521715	90224	59774
甘肃	3249069	1733130	1457326	275804	191775
青海	1267454	623211	483736	139475	91940
宁夏	536648	276047	230615	45432	26919
新疆	5197824	2305614	1698927	606687	430010
大连	580663	426422	407927	18494	1741
宁波	893775	507746	480053	27693	15893
厦门	1524958	786205	617138	169066	79152
青岛	400750	269209	235963	33246	864
深圳	761261	425225	376901	48325	21370

（中等专业学校）

单位：千元

公用部分	商品和服务支出	其他资本性支出			基本建设支出
			专项公用支出	专项项目支出	
58504851	**23606822**	**34898029**	**9894496**	**25003533**	**2231975**
909646	673986	235660	209525	26136	2005
446952	210157	236794	35534	201261	
2508340	726110	1782230	227472	1554758	12411
1057024	433676	623348	110769	512580	13534
394208	263400	130808	69783	61025	69017
787922	593474	194448	131884	62564	31918
617590	213633	403957	90710	313247	
468535	254772	213763	74372	139391	3600
1733053	1469258	263795	223732	40063	3149
5257580	2214028	3043552	847421	2196131	9917
1677602	573487	1104115	363523	740592	265584
5193223	1703030	3490192	1173818	2316374	70317
3769692	1174180	2595512	728906	1866607	53103
4737166	657500	4079666	729417	3350249	96696
5092030	1810213	3281817	574626	2707191	21972
2497193	1144077	1353115	385523	967593	73851
3087983	1062118	2025865	437220	1588646	
618411	542357	76055	41106	34949	
5090365	2268538	2821827	964507	1857320	30717
2326091	1123127	1202964	528656	674308	417707
554415	302018	252397	230023	22374	
1032891	540312	492580	158905	333674	6610
1127759	749401	378358	174829	203529	61617
797141	372691	424451	176744	247706	85272
1426646	525082	901564	252614	648950	42787
505791	168995	336796	219548	117249	
326422	220294	106128	72437	33691	10380
1352629	407700	944929	152202	792727	163310
562885	204922	357963	162587	195376	81358
230600	98214	132387	70576	61811	30000
2317067	906074	1410993	275529	1135464	575143
144677	123667	21011	7908	13103	9564
386029	132372	253657	93960	159697	
691268	272989	418279	132174	286105	47485
131541	101380	30161	24092	6069	
322703	237000	85703	59445	26258	13332

5-16 财政补助支出明细

地区	合计	个人部分	工资福利支出	对个人和家庭的补助支出	#助学金
合计	**131724504**	**71731439**	**60923032**	**10808408**	**5731273**
北京	2357454	1474086	1393387	80698	27885
天津	1468704	1021752	956101	65652	29335
河北	5467254	2946503	2231849	714653	314976
山西	2577872	1507314	1320578	186737	99255
内蒙古	1195192	731967	605902	126066	80653
辽宁	3136835	2316995	1869435	447560	60667
吉林	1347569	729979	665846	64133	36778
黑龙江	1068479	597134	496695	100438	28510
上海	3975209	2239008	2047789	191219	111680
江苏	15067372	9799876	8974906	824969	193420
浙江	3896441	1953255	1816160	137095	88332
安徽	9927114	4663574	3556303	1107271	625988
福建	7890482	4067687	3656261	411426	143720
江西	7003895	2170099	1784402	385697	292282
山东	11663274	6549271	5861381	687891	292068
河南	5009368	2438324	2016099	422225	293992
湖北	6103663	3015679	2571906	443773	238957
湖南	1203470	585059	474132	110926	88152
广东	12814945	7705593	6680976	1024617	229904
广西	5604290	2860492	2479850	380642	272367
海南	1204731	650316	571806	78510	73846
重庆	1604286	564785	300506	264279	239825
四川	3294863	2109957	1603166	506791	317199
贵州	1914244	1031831	687931	343900	271302
云南	3290680	1821247	1356512	464735	396701
西藏	1397240	891449	759417	132032	115373
陕西	948741	611939	521715	90224	59774
甘肃	3249069	1733130	1457326	275804	191775
青海	1267454	623211	483736	139475	91940
宁夏	536648	276047	230615	45432	26919
新疆	4237667	2043880	1490341	553539	397699
大连	580663	426422	407927	18494	1741
宁波	893775	507746	480053	27693	15893
厦门	1524958	786205	617138	169066	79152
青岛	400750	269209	235963	33246	864
深圳	761261	425225	376901	48325	21370

(地方中等专业学校)

单位：千元

公用部分	商品和服务支出	其他资本性支出			基本建设支出
			专项公用支出	专项项目支出	
58148938	**23448025**	**34700913**	**9823481**	**24877432**	**1844127**
881363	646415	234948	208813	26136	2005
446952	210157	236794	35534	201261	
2508340	726110	1782230	227472	1554758	12411
1057024	433676	623348	110769	512580	13534
394208	263400	130808	69783	61025	69017
787922	593474	194448	131884	62564	31918
617590	213633	403957	90710	313247	
467745	254192	213553	74162	139391	3600
1733053	1469258	263795	223732	40063	3149
5257580	2214028	3043552	847421	2196131	9917
1677602	573487	1104115	363523	740592	265584
5193223	1703030	3490192	1173818	2316374	70317
3769692	1174180	2595512	728906	1866607	53103
4737101	657435	4079666	729417	3350249	96696
5092030	1810213	3281817	574626	2707191	21972
2497193	1144077	1353115	385523	967593	73851
3087983	1062118	2025865	437220	1588646	
618411	542357	76055	41106	34949	
5078635	2257788	2820847	963527	1857320	30717
2326091	1123127	1202964	528656	674308	417707
554415	302018	252397	230023	22374	
1032891	540312	492580	158905	333674	6610
1123289	744931	378358	174829	203529	61617
797141	372691	424451	176744	247706	85272
1426646	525082	901564	252614	648950	42787
505791	168995	336796	219548	117249	
326422	220294	106128	72437	33691	10380
1352629	407700	944929	152202	792727	163310
562885	204922	357963	162587	195376	81358
230600	98214	132387	70576	61811	30000
2006492	790713	1215779	206416	1009362	187295
144677	123667	21011	7908	13103	9564
386029	132372	253657	93960	159697	
691268	272989	418279	132174	286105	47485
131541	101380	30161	24092	6069	
322703	237000	85703	59445	26258	13332

5-17 财政补助支出明细

地区	合计	个人部分	工资福利支出	对个人和家庭的补助支出	#助学金
合计	**107335165**	**57877132**	**50977669**	**6899463**	**3786307**
北京	2058002	1657375	1505726	151649	7687
天津	525429	468617	441413	27204	3594
河北	9455430	4550230	4140450	409781	185102
山西	4129055	1814739	1670592	144146	97100
内蒙古	3198629	1955389	1719555	235834	177836
辽宁	2041446	1354410	1246893	107517	37967
吉林	1751377	952885	898673	54212	32415
黑龙江	1805918	1267165	1037015	230150	46041
上海	2168373	1342729	1231383	111347	56469
江苏	3605387	2265476	2122472	143004	33811
浙江	15640822	8046964	7668165	378799	174268
安徽	227959	102833	39168	63665	53011
福建	838866	326581	289207	37374	5946
江西	3268848	665981	505872	160110	146741
山东	7411976	4237962	3836422	401540	78692
河南	5884966	2924558	2624297	300261	204907
湖北	2158668	1263624	1042237	221387	121640
湖南	8335684	4293009	3566050	726959	483000
广东	6065086	4216352	3801114	415238	53672
广西	136066	96527	78352	18175	7856
海南	492078	291260	242018	49242	35161
重庆	4537031	2495130	1933015	562114	367305
四川	7905952	4102152	3408405	693747	423581
贵州	2911437	1616353	1284634	331719	265519
云南	3400237	2062121	1698217	363904	269265
西藏					
陕西	3769574	1854374	1589642	264732	185228
甘肃	1093400	594261	489166	105095	69126
青海	2225	1564	521	1043	1043
宁夏	927393	446175	394173	52002	42059
新疆	1587853	610335	472822	137513	120265
大连	412436	319185	309404	9781	1688
宁波	2566471	1233663	1191603	42061	14120
厦门	174374	60943	56526	4417	343
青岛	3190867	1941873	1727571	214301	26303
深圳	1264034	712168	632360	79808	21004

(职业高中)

单位：千元

公用部分	商品和服务支出	其他资本性支出	专项公用支出	专项项目支出	基本建设支出
48264532	**15689391**	**32575141**	**8588770**	**23986371**	**1193501**
400352	322192	78160	48296	29863	275
56812	49167	7645	7115	530	
4902749	1104469	3798281	929272	2869009	2450
2286720	524661	1762059	823331	938728	27596
1194958	528508	666450	220741	445709	48281
653063	324890	328173	198429	129744	33973
778738	248773	529965	108717	421248	19754
503771	266892	236879	129465	107414	34982
825644	552201	273442	164723	108719	
1339911	379117	960794	119896	840898	
6959362	2421284	4538079	985798	3552281	634496
121126	78209	42917	10956	31962	4000
468734	87367	381367	92605	288763	43550
2578605	195453	2383152	263359	2119793	24261
3164014	839301	2324713	509203	1815509	10000
2951481	915386	2036095	330459	1705636	8927
895045	286841	608204	139421	468783	
3997824	1418200	2579624	1083220	1496405	44851
1828433	1121530	706903	372618	334285	20301
39539	17056	22483	13016	9467	
200450	116285	84165	61695	22470	368
2033645	999679	1033966	220403	813563	8256
3761689	1281626	2480062	764599	1715463	42111
1254635	455859	798776	211607	587169	40449
1324756	281980	1042776	186881	855895	13360
1901419	404008	1497411	327340	1170071	13781
496406	89552	406854	36346	370508	2733
661	511	150	150		
451218	183181	268037	167179	100858	30000
892772	195214	697558	61930	635629	84747
83777	77079	6698	6698		9474
1332808	380045	952763	126660	826103	
69881	14559	55321	5321	50000	43550
1248994	312094	936900	334643	602257	
537636	418606	119030	115287	3742	14230

5-18 财政补助支出明细

地 区	合 计	个人部分	工资福利支出	对个人和家庭的补助支出	#助学金
合 计	**107316674**	**57863535**	**50966937**	**6896598**	**3786272**
北 京	2058002	1657375	1505726	151649	7687
天 津	525429	468617	441413	27204	3594
河 北	9455430	4550230	4140450	409781	185102
山 西	4129055	1814739	1670592	144146	97100
内蒙古	3198629	1955389	1719555	235834	177836
辽 宁	2041446	1354410	1246893	107517	37967
吉 林	1751377	952885	898673	54212	32415
黑龙江	1787427	1253568	1026283	227285	46005
上 海	2168373	1342729	1231383	111347	56469
江 苏	3605387	2265476	2122472	143004	33811
浙 江	15640822	8046964	7668165	378799	174268
安 徽	227959	102833	39168	63665	53011
福 建	838866	326581	289207	37374	5946
江 西	3268848	665981	505872	160110	146741
山 东	7411976	4237962	3836422	401540	78692
河 南	5884966	2924558	2624297	300261	204907
湖 北	2158668	1263624	1042237	221387	121640
湖 南	8335684	4293009	3566050	726959	483000
广 东	6065086	4216352	3801114	415238	53672
广 西	136066	96527	78352	18175	7856
海 南	492078	291260	242018	49242	35161
重 庆	4537031	2495130	1933015	562114	367305
四 川	7905952	4102152	3408405	693747	423581
贵 州	2911437	1616353	1284634	331719	265519
云 南	3400237	2062121	1698217	363904	269265
西 藏					
陕 西	3769574	1854374	1589642	264732	185228
甘 肃	1093400	594261	489166	105095	69126
青 海	2225	1564	521	1043	1043
宁 夏	927393	446175	394173	52002	42059
新 疆	1587853	610335	472822	137513	120265
大 连	412436	319185	309404	9781	1688
宁 波	2566471	1233663	1191603	42061	14120
厦 门	174374	60943	56526	4417	343
青 岛	3190867	1941873	1727571	214301	26303
深 圳	1264034	712168	632360	79808	21004

(地方职业高中)

单位：千元

公用部分	商品和服务支出	其他资本性支出	专项公用支出	专项项目支出	基本建设支出
48259638	**15687180**	**32572458**	**8586523**	**23985935**	**1193501**
400352	322192	78160	48296	29863	275
56812	49167	7645	7115	530	
4902749	1104469	3798281	929272	2869009	2450
2286720	524661	1762059	823331	938728	27596
1194958	528508	666450	220741	445709	48281
653063	324890	328173	198429	129744	33973
778738	248773	529965	108717	421248	19754
498877	264681	234195	127217	106978	34982
825644	552201	273442	164723	108719	
1339911	379117	960794	119896	840898	
6959362	2421284	4538079	985798	3552281	634496
121126	78209	42917	10956	31962	4000
468734	87367	381367	92605	288763	43550
2578605	195453	2383152	263359	2119793	24261
3164014	839301	2324713	509203	1815509	10000
2951481	915386	2036095	330459	1705636	8927
895045	286841	608204	139421	468783	
3997824	1418200	2579624	1083220	1496405	44851
1828433	1121530	706903	372618	334285	20301
39539	17056	22483	13016	9467	
200450	116285	84165	61695	22470	368
2033645	999679	1033966	220403	813563	8256
3761689	1281626	2480062	764599	1715463	42111
1254635	455859	798776	211607	587169	40449
1324756	281980	1042776	186881	855895	13360
1901419	404008	1497411	327340	1170071	13781
496406	89552	406854	36346	370508	2733
661	511	150	150		
451218	183181	268037	167179	100858	30000
892772	195214	697558	61930	635629	84747
83777	77079	6698	6698		9474
1332808	380045	952763	126660	826103	
69881	14559	55321	5321	50000	43550
1248994	312094	936900	334643	602257	
537636	418606	119030	115287	3742	14230

5-19 财政补助支出明细

地区	合计	个人部分	工资福利支出	对个人和家庭的补助支出	#助学金
合计	**50626844**	**25071968**	**21966231**	**3105737**	**2097941**
北京	130142	109888	104264	5625	1515
天津	109885	95524	94316	1208	179
河北	5830003	2628130	2373197	254933	145126
山西	2388998	1104093	1012848	91245	62134
内蒙古	2044593	1220487	1084100	136387	108577
辽宁	485563	381402	353068	28334	11064
吉林	890014	490034	458796	31238	22383
黑龙江	793757	559454	463223	96231	31958
上海	181416	129701	118469	11233	7571
江苏	1744337	910215	859137	51078	15867
浙江	6053578	2995663	2841835	153828	60375
安徽	90041	48175	10326	37849	35273
福建	534932	175434	154216	21218	3267
江西	2540681	435349	364971	70378	60589
山东	2108751	1152860	1070057	82803	19741
河南	3555343	1706851	1539288	167562	125622
湖北	633319	392486	324564	67922	53678
湖南	4564061	2189430	1831724	357706	276507
广东	583935	379739	347897	31842	10817
广西	93030	68730	61004	7726	3488
海南	212949	103214	72376	30838	24926
重庆	1896363	963092	757069	206023	138601
四川	4357403	2056408	1692622	363787	271401
贵州	1780356	1010803	785037	225766	186807
云南	2383434	1472468	1253045	219423	173075
西藏					
陕西	2363732	1088991	920646	168344	101195
甘肃	886457	452950	385392	67558	40880
青海	2225	1564	521	1043	1043
宁夏	476467	252495	218886	33609	29938
新疆	911080	496337	413335	83002	74345
大连	46788	42096	41389	707	65
宁波	765383	355141	342182	12959	6583
厦门	174374	60943	56526	4417	343
青岛	44268	30931	29560	1371	443
深圳					

(农村职业高中)

单位：千元

公用部分	商品和服务支出	其他资本性支出			基本建设支出
			专项公用支出	专项项目支出	
25131515	**6643352**	**18488163**	**3531108**	**14957054**	**423362**
20254	15659	4595	4595		
14361	11305	3056	2574	482	
3199424	688497	2510926	489810	2021116	2450
1276534	314194	962340	344464	617876	8370
804871	324662	480209	134011	346198	19235
104100	75318	28781	18009	10772	61
383981	134481	249499	52167	197332	16000
203032	115627	87405	58100	29305	31272
51715	37521	14194	7183	7010	
834123	148648	685475	54134	631341	
2967389	858956	2108433	263938	1844494	90526
37866	18622	19244	140	19103	4000
315949	44711	271238	59531	211707	43550
2081070	139411	1941659	175602	1766057	24261
955890	250683	705208	86891	618316	
1848192	549336	1298856	154565	1144292	300
240833	89855	150978	37222	113756	
2331599	755810	1575789	545330	1030459	43032
204195	79114	125082	30348	94734	
24299	11751	12548	9101	3447	
109367	55805	53562	41977	11585	368
932071	297128	634943	87204	547739	1200
2269670	680999	1588671	313188	1275483	31325
758203	218871	539331	78997	460335	11350
897605	157915	739690	135660	604030	13360
1261352	257900	1003451	168893	834559	13390
430775	63318	367456	29091	338366	2733
661	511	150	150		
223972	77581	146390	95761	50629	
348164	169161	179004	52471	126533	66579
4692	3729	963	963		
410241	108880	301362	24975	276386	
69881	14559	55321	5321	50000	43550
13337	12755	582	111	471	

5-20 财政补助支出明细

地区	合计	个人部分	工资福利支出	对个人和家庭的补助支出	#助学金
合计	**50618778**	**25065739**	**21962244**	**3103495**	**2097941**
北京	130142	109888	104264	5625	1515
天津	109885	95524	94316	1208	179
河北	5830003	2628130	2373197	254933	145126
山西	2388998	1104093	1012848	91245	62134
内蒙古	2044593	1220487	1084100	136387	108577
辽宁	485563	381402	353068	28334	11064
吉林	890014	490034	458796	31238	22383
黑龙江	785691	553226	459237	93989	31958
上海	181416	129701	118469	11233	7571
江苏	1744337	910215	859137	51078	15867
浙江	6053578	2995663	2841835	153828	60375
安徽	90041	48175	10326	37849	35273
福建	534932	175434	154216	21218	3267
江西	2540681	435349	364971	70378	60589
山东	2108751	1152860	1070057	82803	19741
河南	3555343	1706851	1539288	167562	125622
湖北	633319	392486	324564	67922	53678
湖南	4564061	2189430	1831724	357706	276507
广东	583935	379739	347897	31842	10817
广西	93030	68730	61004	7726	3488
海南	212949	103214	72376	30838	24926
重庆	1896363	963092	757069	206023	138601
四川	4357403	2056408	1692622	363787	271401
贵州	1780356	1010803	785037	225766	186807
云南	2383434	1472468	1253045	219423	173075
西藏					
陕西	2363732	1088991	920646	168344	101195
甘肃	886457	452950	385392	67558	40880
青海	2225	1564	521	1043	1043
宁夏	476467	252495	218886	33609	29938
新疆	911080	496337	413335	83002	74345
大连	46788	42096	41389	707	65
宁波	765383	355141	342182	12959	6583
厦门	174374	60943	56526	4417	343
青岛	44268	30931	29560	1371	443
深圳					

(地方农村职业高中)

单位：千元

公用部分	商品和服务支出	其他资本性支出			基本建设支出
			专项公用支出	专项项目支出	
25129677	**6642615**	**18487063**	**3530283**	**14956779**	**423362**
20254	15659	4595	4595		
14361	11305	3056	2574	482	
3199424	688497	2510926	489810	2021116	2450
1276534	314194	962340	344464	617876	8370
804871	324662	480209	134011	346198	19235
104100	75318	28781	18009	10772	61
383981	134481	249499	52167	197332	16000
201194	114889	86305	57275	29030	31272
51715	37521	14194	7183	7010	
834123	148648	685475	54134	631341	
2967389	858956	2108433	263938	1844494	90526
37866	18622	19244	140	19103	4000
315949	44711	271238	59531	211707	43550
2081070	139411	1941659	175602	1766057	24261
955890	250683	705208	86891	618316	
1848192	549336	1298856	154565	1144292	300
240833	89855	150978	37222	113756	
2331599	755810	1575789	545330	1030459	43032
204195	79114	125082	30348	94734	
24299	11751	12548	9101	3447	
109367	55805	53562	41977	11585	368
932071	297128	634943	87204	547739	1200
2269670	680999	1588671	313188	1275483	31325
758203	218871	539331	78997	460335	11350
897605	157915	739690	135660	604030	13360
1261352	257900	1003451	168893	834559	13390
430775	63318	367456	29091	338366	2733
661	511	150	150		
223972	77581	146390	95761	50629	
348164	169161	179004	52471	126533	66579
4692	3729	963	963		
410241	108880	301362	24975	276386	
69881	14559	55321	5321	50000	43550
13337	12755	582	111	471	

5-21 财政补助支出明细

地 区	合 计	个人部分	工资福利支出	对个人和家庭的补助支出	#助学金
合 计	**37407221**	**20330811**	**17806399**	**2524413**	**1355759**
北 京	1504746	904726	846652	58074	22429
天 津	473832	326188	303260	22928	8462
河 北	1018758	702093	601318	100775	21112
山 西	697864	454843	325997	128846	116631
内蒙古	66023	50561	45811	4750	807
辽 宁	510162	342223	260629	81594	69727
吉 林	261394	181872	122044	59828	52106
黑龙江	682972	499402	418332	81070	7795
上 海	212032	159453	145128	14324	5276
江 苏	1846159	1062510	938436	124074	41328
浙 江	2218412	1040259	988675	51583	21678
安 徽	1050466	164042	133303	30739	20029
福 建	1280154	737281	677538	59743	5336
江 西	497565	266686	213126	53560	51904
山 东	3865472	2359290	2196470	162820	34382
河 南	2785227	1092583	963099	129484	69490
湖 北	675204	258554	229985	28569	12230
湖 南	482866	326709	283594	43115	20549
广 东	9037651	5414306	4971183	443123	101777
广 西	1879271	971473	841467	130006	101301
海 南	317119	173682	155945	17736	16266
重 庆	1070581	337827	204378	133448	105459
四 川	653693	451932	300696	151236	102453
贵 州	472920	342580	247589	94991	94927
云 南	1695883	595340	498860	96480	86243
西 藏	138277	35044	29063	5981	4435
陕 西	799751	533936	405840	128096	104020
甘 肃	90897	65417	58514	6903	3366
青 海					
宁 夏					
新 疆	1121872	480001	399467	80534	54244
大 连	123637	61197	59091	2106	312
宁 波	194645	129097	125419	3678	1756
厦 门	368605	179064	165679	13386	1466
青 岛	476657	297232	291677	5555	503
深 圳	800469	438643	356650	81993	35300

(技工学校)

单位：千元

公用部分					基本建设支出
	商品和服务支出	其他资本性支出			
			专项公用支出	专项项目支出	
16246727	**7238642**	**9008085**	**3867951**	**5140134**	**829683**
600020	434365	165655	102788	62867	
147644	35438	112206	10412	101794	
316666	254057	62608	45059	17550	
237279	164072	73207	61468	11739	5742
15462	6236	9226	3800	5426	
151213	130640	20572	16039	4533	16726
70116	40146	29970	8789	21182	9405
182570	99439	83131	33709	49423	1000
52579	35429	17151	17151		
775649	474345	301304	118052	183252	8000
809760	369811	439949	272975	166974	368393
886424	232168	654255	42285	611970	
540668	187672	352996	86335	266661	2205
230879	67103	163776	37387	126389	
1474317	896798	577519	253068	324451	31865
1680851	536138	1144713	281609	863104	11794
416650	75102	341548	66665	274884	
156157	96996	59161	29957	29204	
3594192	1524024	2070168	1220509	849659	29153
729228	365907	363321	299231	64090	178570
122698	65868	56830	46057	10773	20739
663269	219511	443758	58173	385586	69485
201761	138346	63415	30297	33118	
130340	130340				
1100160	216081	884079	630948	253131	384
103233	20034	83198	11506	71693	
265815	206521	59294	19316	39978	
25480	9918	15562	15562		
565649	206137	359512	48808	310704	76222
60858	47015	13843	10317	3526	1582
65548	47186	18362	13700	4661	
189541	49132	140410	29969	110441	
179426	83956	95469	25466	70004	
361825	250356	111470	96616	14853	

5-22 财政补助支出明细

地区	合计	个人部分	工资福利支出	对个人和家庭的补助支出	#助学金
合计	**37256387**	**20235346**	**17745217**	**2490129**	**1345191**
北京	1504746	904726	846652	58074	22429
天津	471980	324336	301774	22562	8118
河北	1018758	702093	601318	100775	21112
山西	697864	454843	325997	128846	116631
内蒙古	66023	50561	45811	4750	807
辽宁	510162	342223	260629	81594	69727
吉林	261394	181872	122044	59828	52106
黑龙江	613150	462821	391105	71716	7769
上海	212032	159453	145128	14324	5276
江苏	1825219	1055750	932550	123199	40453
浙江	2218412	1040259	988675	51583	21678
安徽	1050466	164042	133303	30739	20029
福建	1280154	737281	677538	59743	5336
江西	497565	266686	213126	53560	51904
山东	3865472	2359290	2196470	162820	34382
河南	2768369	1076329	946922	129407	69413
湖北	675204	258554	229985	28569	12230
湖南	482866	326709	283594	43115	20549
广东	9037651	5414306	4971183	443123	101777
广西	1879271	971473	841467	130006	101301
海南	317119	173682	155945	17736	16266
重庆	1070581	337827	204378	133448	105459
四川	615376	420245	292216	128029	93486
贵州	472920	342580	247589	94991	94927
云南	1695883	595340	498860	96480	86243
西藏	138277	35044	29063	5981	4435
陕西	799595	533779	405840	127940	103863
甘肃	90897	65417	58514	6903	3366
青海					
宁夏					
新疆	1118983	477827	397541	80286	54121
大连	123637	61197	59091	2106	312
宁波	194645	129097	125419	3678	1756
厦门	368605	179064	165679	13386	1466
青岛	476657	297232	291677	5555	503
深圳	800469	438643	356650	81993	35300

(地方技工学校)

单位：千元

公用部分	商品和服务支出	其他资本性支出			基本建设支出
			专项公用支出	专项项目支出	
16191358	**7214479**	**8976879**	**3865584**	**5111294**	**829683**
600020	434365	165655	102788	62867	
147644	35438	112206	10412	101794	
316666	254057	62608	45059	17550	
237279	164072	73207	61468	11739	5742
15462	6236	9226	3800	5426	
151213	130640	20572	16039	4533	16726
70116	40146	29970	8789	21182	9405
149329	94059	55270	33391	21879	1000
52579	35429	17151	17151		
761470	460166	301304	118052	183252	8000
809760	369811	439949	272975	166974	368393
886424	232168	654255	42285	611970	
540668	187672	352996	86335	266661	2205
230879	67103	163776	37387	126389	
1474317	896798	577519	253068	324451	31865
1680246	535533	1144713	281609	863104	11794
416650	75102	341548	66665	274884	
156157	96996	59161	29957	29204	
3594192	1524024	2070168	1220509	849659	29153
729228	365907	363321	299231	64090	178570
122698	65868	56830	46057	10773	20739
663269	219511	443758	58173	385586	69485
195131	135061	60070	28248	31822	
130340	130340				
1100160	216081	884079	630948	253131	384
103233	20034	83198	11506	71693	
265815	206521	59294	19316	39978	
25480	9918	15562	15562		
564934	205423	359512	48808	310704	76222
60858	47015	13843	10317	3526	1582
65548	47186	18362	13700	4661	
189541	49132	140410	29969	110441	
179426	83956	95469	25466	70004	
361825	250356	111470	96616	14853	

5-23 财政补助支出明细

地区	合计	个人部分	工资福利支出	对个人和家庭的补助支出	#助学金
合计	**8023271**	**6079646**	**5497613**	**582033**	**54332**
北京	28054	19211	18625	586	
天津	23223	20726	17113	3613	
河北	1263253	1114566	1007352	107214	156
山西	78614	63924	60804	3119	186
内蒙古	44004	42112	38787	3325	
辽宁					
吉林	684576	604199	580109	24091	79
黑龙江	688226	630283	512333	117950	25
上海	139468	39073	34335	4738	
江苏	229088	137356	121002	16354	4186
浙江	447152	311563	296159	15404	382
安徽	65727	38811	36069	2742	
福建	25418	19389	17287	2102	
江西	180856	82816	79488	3328	
山东	216637	125095	111111	13983	372
河南	818127	557725	520007	37719	7243
湖北	37713	27295	18992	8303	913
湖南	552536	353198	308694	44504	22217
广东	165939	112647	98784	13863	406
广西	57759	43246	38399	4847	43
海南	16729	7591	7511	80	
重庆	787187	469190	403768	65422	4921
四川	272589	226470	199093	27377	2236
贵州	96231	41984	32111	9874	8441
云南	495264	437690	400924	36766	2419
西藏					
陕西	269026	230869	224942	5927	
甘肃	53675	51223	47179	4044	79
青海					
宁夏					
新疆	286199	271393	266635	4759	28
大连					
宁波	275245	203811	194556	9254	
厦门					
青岛					
深圳					

(成人中等专业学校)

单位：千元

公用部分	商品和服务支出	其他资本性支出	专项公用支出	专项项目支出	基本建设支出
1894577	**1227781**	**666796**	**157517**	**509279**	**49048**
8843	8279	564	564		
2497	2451	46	46		
148687	102541	46146	9852	36295	
14690	12937	1753	1753		
1892	1648	244	244		
79277	55607	23670	13126	10543	1100
57944	47243	10700	7670	3030	
100395	97445	2950	2950		
91732	30147	61584	4902	56683	
135590	111698	23891	20482	3410	
26916	22518	4398	3210	1188	
6029	4147	1883	883	1000	
98039	30269	67770	7437	60334	
91542	15803	75739	21651	54088	
260402	122933	137468	12736	124732	
10418	7980	2438	2438		
199338	164690	34648	6282	28366	
53293	32140	21152	2763	18389	
14513	14300	213	213		
9138	8724	414	414		
270049	161694	108355	20923	87431	47948
46119	43474	2645	1668	977	
54247	45083	9165	5585	3580	
57574	48262	9312	5536	3775	
38157	20539	17617	3650	13968	
2452	1784	668	338	330	
14806	13445	1361	200	1161	
71435	61158	10277	7925	2351	

5-24 财政补助支出明细

地区	合计	个人部分	工资福利支出	对个人和家庭的补助支出	#助学金
合计	**7995497**	**6054563**	**5478203**	**576360**	**54304**
北京	26365	17522	16936	586	
天津	23223	20726	17113	3613	
河北	1263253	1114566	1007352	107214	156
山西	78614	63924	60804	3119	186
内蒙古	44004	42112	38787	3325	
辽宁					
吉林	684576	604199	580109	24091	79
黑龙江	668073	611518	498781	112736	25
上海	139468	39073	34335	4738	
江苏	229088	137356	121002	16354	4186
浙江	447152	311563	296159	15404	382
安徽	65727	38811	36069	2742	
福建	25418	19389	17287	2102	
江西	180856	82816	79488	3328	
山东	216637	125095	111111	13983	372
河南	818127	557725	520007	37719	7243
湖北	37713	27295	18992	8303	913
湖南	552536	353198	308694	44504	22217
广东	165939	112647	98784	13863	406
广西	57759	43246	38399	4847	43
海南	16729	7591	7511	80	
重庆	787187	469190	403768	65422	4921
四川	272589	226470	199093	27377	2236
贵州	96231	41984	32111	9874	8441
云南	495264	437690	400924	36766	2419
西藏					
陕西	269026	230869	224942	5927	
甘肃	53675	51223	47179	4044	79
青海					
宁夏					
新疆	280268	266765	262465	4300	
大连					
宁波	275245	203811	194556	9254	
厦门					
青岛					
深圳					

(地方成人中等专业学校)

单位：千元

公用部分	商品和服务支出	其他资本性支出	专项公用支出	专项项目支出	基本建设支出
1891886	**1225676**	**666210**	**157419**	**508791**	**49048**
8843	8279	564	564		
2497	2451	46	46		
148687	102541	46146	9852	36295	
14690	12937	1753	1753		
1892	1648	244	244		
79277	55607	23670	13126	10543	1100
56555	46415	10140	7598	2542	
100395	97445	2950	2950		
91732	30147	61584	4902	56683	
135590	111698	23891	20482	3410	
26916	22518	4398	3210	1188	
6029	4147	1883	883	1000	
98039	30269	67770	7437	60334	
91542	15803	75739	21651	54088	
260402	122933	137468	12736	124732	
10418	7980	2438	2438		
199338	164690	34648	6282	28366	
53293	32140	21152	2763	18389	
14513	14300	213	213		
9138	8724	414	414		
270049	161694	108355	20923	87431	47948
46119	43474	2645	1668	977	
54247	45083	9165	5585	3580	
57574	48262	9312	5536	3775	
38157	20539	17617	3650	13968	
2452	1784	668	338	330	
13503	12168	1335	174	1161	
71435	61158	10277	7925	2351	

5-25 财政补助支出明细

地 区	合 计	个人部分	工资福利支出	对个人和家庭的补助支出	#助学金
合 计	**1435054837**	**1044142971**	**949847223**	**94295748**	**41949786**
北 京	40406867	27161918	25967524	1194394	136851
天 津	15796071	13273184	12860865	412319	84604
河 北	62561174	45873577	41527612	4345965	1676735
山 西	30454709	22469521	20928412	1541109	752538
内蒙古	26533719	19553672	18066737	1486935	845580
辽 宁	29815897	24988586	23619561	1369025	351134
吉 林	18271786	14301253	13600707	700546	288845
黑龙江	26748233	21522296	18724336	2797960	270025
上 海	37555792	25068514	24102050	966464	407412
江 苏	103489184	75856524	70371472	5485052	1276678
浙 江	75204629	52940729	50104573	2836155	1251301
安 徽	56914317	39321560	33982597	5338964	1581630
福 建	44462633	32716824	30588363	2128460	660492
江 西	48740187	28533794	26692927	1840867	1022176
山 东	104446768	81829334	76193323	5636011	1651867
河 南	77597543	55328727	49713199	5615528	3156302
湖 北	50134531	36349173	33080171	3269002	1091719
湖 南	58433468	42143465	37259203	4884262	2147562
广 东	145142488	100706763	91171098	9535665	2744141
广 西	43912306	33453249	29747623	3705626	2573550
海 南	12605616	7658555	7254426	404129	232957
重 庆	37109702	27217695	24499785	2717910	1128642
四 川	71207695	52899061	46064776	6834285	3526750
贵 州	43276683	32110197	27343004	4767193	3124704
云 南	47229470	38560399	33695769	4864631	3914889
西 藏	9739262	7273448	6293511	979937	879936
陕 西	35367182	23553283	21349287	2203996	1495740
甘 肃	25872899	19898847	17743224	2155623	1061167
青 海	9451329	6964582	6216820	747762	419761
宁 夏	9828934	7259910	6864588	395322	260276
新 疆	36743761	27354330	24219678	3134653	1933820
大 连	6101729	5225753	5087449	138304	20765
宁 波	10359335	7375848	7036779	339069	134896
厦 门	7324119	4929715	4527932	401783	22072
青 岛	13478518	10318162	9521263	796899	95790
深 圳	31507825	14417972	12863440	1554532	573148

(中学)

单位：千元

公用部分					基本建设支出
	商品和服务支出	其他资本性支出			
			专项公用支出	专项项目支出	
360244571	**169071984**	**191172587**	**53307826**	**137864761**	**30667296**
10053926	7263662	2790264	2207854	582410	3191023
2512380	1610591	901789	361819	539969	10507
16552156	6986965	9565191	1850485	7714707	135440
7744116	4226830	3517286	1080206	2437081	241072
6600823	3126722	3474101	1065143	2408958	379223
4649252	3193017	1456235	431691	1024543	178060
3825651	2018301	1807350	571523	1235826	144882
4658068	2919688	1738380	657178	1081202	567869
11865473	7993445	3872029	1921073	1950956	621805
27479066	10196087	17282980	3239692	14043288	153593
20327875	9805880	10521995	2049923	8472072	1936025
16061764	7061080	9000684	2814682	6186001	1530993
11562593	4874642	6687951	1718528	4969423	183216
19417589	3856648	15560942	3807233	11753709	788804
22604133	8731225	13872908	2567765	11305143	13300
21168488	9123046	12045443	2729070	9316372	1100328
13779514	5457821	8321693	1702993	6618700	5844
16013162	8166870	7846292	2292313	5553979	276842
33172495	19038333	14134162	5749308	8384854	11263230
9516817	4753794	4763023	1524814	3238209	942240
4816284	1937948	2878336	938208	1940127	130777
8695606	5770811	2924794	1230341	1694453	1196402
17787612	9486005	8301607	2550021	5751586	521022
10185845	4151075	6034770	2461815	3572954	980640
8232468	3672808	4559660	925777	3633883	436603
2233710	685598	1548112	623204	924908	232105
10802788	5020755	5782033	1839517	3942516	1011111
5591967	2159327	3432640	739929	2692711	382085
2116602	766943	1349659	224436	1125223	370146
2520435	1023042	1497393	509420	987973	48590
7695912	3993026	3702886	921863	2781022	1693519
833684	618007	215677	123653	92023	42292
2983487	1073007	1910480	337448	1573032	
2324704	1034754	1289950	474509	815441	69700
3160356	1276281	1884075	582508	1301566	
7300649	5424653	1875996	1364108	511888	9789205

5-26 财政补助支出明细

地区	合计	个人部分	工资福利支出	对个人和家庭的补助支出	#助学金
合计	**1427793857**	**1039101617**	**945342166**	**93759451**	**41830858**
北京	38915419	26139021	24975837	1163184	135160
天津	15796071	13273184	12860865	412319	84604
河北	62561174	45873577	41527612	4345965	1676735
山西	30454709	22469521	20928412	1541109	752538
内蒙古	26533719	19553672	18066737	1486935	845580
辽宁	29815897	24988586	23619561	1369025	351134
吉林	18098633	14165482	13467335	698147	288789
黑龙江	26351567	21206918	18478665	2728253	268535
上海	37320911	24878845	23913807	965039	407412
江苏	103489184	75856524	70371472	5485052	1276678
浙江	75204629	52940729	50104573	2836155	1251301
安徽	56914317	39321560	33982597	5338964	1581630
福建	44462633	32716824	30588363	2128460	660492
江西	48740187	28533794	26692927	1840867	1022176
山东	104446768	81829334	76193323	5636011	1651867
河南	77597543	55328727	49713199	5615528	3156302
湖北	49769046	36047211	32779750	3267461	1091719
湖南	58422313	42136961	37252750	4884211	2147562
广东	145142488	100706763	91171098	9535665	2744141
广西	43912306	33453249	29747623	3705626	2573550
海南	12605616	7658555	7254426	404129	232957
重庆	36957416	27085563	24368329	2717234	1128269
四川	71204195	52898930	46064776	6834153	3526619
贵州	43276683	32110197	27343004	4767193	3124704
云南	47229470	38560399	33695769	4864631	3914889
西藏	9739262	7273448	6293511	979937	879936
陕西	35203674	23436300	21238036	2198264	1495690
甘肃	25861870	19888900	17733547	2155353	1060961
青海	9451329	6964582	6216820	747762	419761
宁夏	9828934	7259910	6864588	395322	260276
新疆	32485894	24544350	21832852	2711498	1818891
大连	6101729	5225753	5087449	138304	20765
宁波	10359335	7375848	7036779	339069	134896
厦门	7324119	4929715	4527932	401783	22072
青岛	13478518	10318162	9521263	796899	95790
深圳	31507825	14417972	12863440	1554532	573148

(地方中学)

单位：千元

公用部分	商品和服务支出	其他资本性支出	专项公用支出	专项项目支出	基本建设支出
358299763	**167952153**	**190347610**	**53054241**	**137293369**	**30392477**
9585375	6865031	2720344	2137983	582361	3191023
2512380	1610591	901789	361819	539969	10507
16552156	6986965	9565191	1850485	7714707	135440
7744116	4226830	3517286	1080206	2437081	241072
6600823	3126722	3474101	1065143	2408958	379223
4649252	3193017	1456235	431691	1024543	178060
3788268	1983336	1804933	569106	1235826	144882
4579015	2883654	1695361	645912	1049449	565633
11820260	7953757	3866503	1915547	1950956	621805
27479066	10196087	17282980	3239692	14043288	153593
20327875	9805880	10521995	2049923	8472072	1936025
16061764	7061080	9000684	2814682	6186001	1530993
11562593	4874642	6687951	1718528	4969423	183216
19417589	3856648	15560942	3807233	11753709	788804
22604133	8731225	13872908	2567765	11305143	13300
21168488	9123046	12045443	2729070	9316372	1100328
13715991	5408160	8307831	1691918	6615913	5844
16008510	8162219	7846292	2292313	5553979	276842
33172495	19038333	14134162	5749308	8384854	11263230
9516817	4753794	4763023	1524814	3238209	942240
4816284	1937948	2878336	938208	1940127	130777
8675452	5752538	2922913	1228460	1694453	1196402
17784243	9482636	8301607	2550021	5751586	521022
10185845	4151075	6034770	2461815	3572954	980640
8232468	3672808	4559660	925777	3633883	436603
2233710	685598	1548112	623204	924908	232105
10756264	4984134	5772130	1830127	3942003	1011111
5590885	2158345	3432540	739879	2692661	382085
2116602	766943	1349659	224436	1125223	370146
2520435	1023042	1497393	509420	987973	48590
6520607	3496070	3024537	779755	2244782	1420936
833684	618007	215677	123653	92023	42292
2983487	1073007	1910480	337448	1573032	
2324704	1034754	1289950	474509	815441	69700
3160356	1276281	1884075	582508	1301566	
7300649	5424653	1875996	1364108	511888	9789205

5-27 财政补助支出明细

地区	合计	个人部分	工资福利支出	对个人和家庭的补助支出	#助学金
合计	**1434469167**	**1043671438**	**949398529**	**94272909**	**41949786**
北京	40311869	27082168	25889608	1192561	136851
天津	15733866	13212585	12802487	410098	84604
河北	62561174	45873577	41527612	4345965	1676735
山西	30454709	22469521	20928412	1541109	752538
内蒙古	26533719	19553672	18066737	1486935	845580
辽宁	29815897	24988586	23619561	1369025	351134
吉林	18269326	14298929	13598750	700178	288845
黑龙江	26748233	21522296	18724336	2797960	270025
上海	37555792	25068514	24102050	966464	407412
江苏	103313405	75725299	70248484	5476815	1276678
浙江	74969489	52755964	49927899	2828066	1251301
安徽	56914317	39321560	33982597	5338964	1581630
福建	44462633	32716824	30588363	2128460	660492
江西	48740187	28533794	26692927	1840867	1022176
山东	104446768	81829334	76193323	5636011	1651867
河南	77597543	55328727	49713199	5615528	3156302
湖北	50134531	36349173	33080171	3269002	1091719
湖南	58431044	42141054	37256792	4884262	2147562
广东	145129879	100696304	91162729	9533575	2744141
广西	43912306	33453249	29747623	3705626	2573550
海南	12605616	7658555	7254426	404129	232957
重庆	37109702	27217695	24499785	2717910	1128642
四川	71207695	52899061	46064776	6834285	3526750
贵州	43276683	32110197	27343004	4767193	3124704
云南	47229470	38560399	33695769	4864631	3914889
西藏	9739262	7273448	6293511	979937	879936
陕西	35367182	23553283	21349287	2203996	1495740
甘肃	25872899	19898847	17743224	2155623	1061167
青海	9451329	6964582	6216820	747762	419761
宁夏	9828934	7259910	6864588	395322	260276
新疆	36743706	27354330	24219678	3134653	1933820
大连	6101729	5225753	5087449	138304	20765
宁波	10359335	7375848	7036779	339069	134896
厦门	7324119	4929715	4527932	401783	22072
青岛	13478518	10318162	9521263	796899	95790
深圳	31507825	14417972	12863440	1554532	573148

(普通中学)

单位：千元

公用部分	商品和服务支出	其他资本性支出	专项公用支出	专项项目支出	基本建设支出
360130433	**168964110**	**191166323**	**53302182**	**137864141**	**30667296**
10038677	7248449	2790228	2207818	582410	3191023
2510774	1609025	901750	361780	539969	10507
16552156	6986965	9565191	1850485	7714707	135440
7744116	4226830	3517286	1080206	2437081	241072
6600823	3126722	3474101	1065143	2408958	379223
4649252	3193017	1456235	431691	1024543	178060
3825515	2018165	1807350	571523	1235826	144882
4658068	2919688	1738380	657178	1081202	567869
11865473	7993445	3872029	1921073	1950956	621805
27434512	10153028	17281485	3238197	14043288	153593
20277500	9759687	10517813	2045891	8471922	1936025
16061764	7061080	9000684	2814682	6186001	1530993
11562593	4874642	6687951	1718528	4969423	183216
19417589	3856648	15560942	3807233	11753709	788804
22604133	8731225	13872908	2567765	11305143	13300
21168488	9123046	12045443	2729070	9316372	1100328
13779514	5457821	8321693	1702993	6618700	5844
16013149	8166857	7846292	2292313	5553979	276842
33170345	19036695	14133650	5749267	8384383	11263230
9516817	4753794	4763023	1524814	3238209	942240
4816284	1937948	2878336	938208	1940127	130777
8695606	5770811	2924794	1230341	1694453	1196402
17787612	9486005	8301607	2550021	5751586	521022
10185845	4151075	6034770	2461815	3572954	980640
8232468	3672808	4559660	925777	3633883	436603
2233710	685598	1548112	623204	924908	232105
10802788	5020755	5782033	1839517	3942516	1011111
5591967	2159327	3432640	739929	2692711	382085
2116602	766943	1349659	224436	1125223	370146
2520435	1023042	1497393	509420	987973	48590
7695857	3992971	3702886	921863	2781022	1693519
833684	618007	215677	123653	92023	42292
2983487	1073007	1910480	337448	1573032	
2324704	1034754	1289950	474509	815441	69700
3160356	1276281	1884075	582508	1301566	
7300649	5424653	1875996	1364108	511888	9789205

5-28 财政补助支出明细

地区	合计	个人部分	工资福利支出	对个人和家庭的补助支出	#助学金
合计	**1427208188**	**1038630085**	**944893472**	**93736613**	**41830858**
北京	38820421	26059271	24897921	1161350	135160
天津	15733866	13212585	12802487	410098	84604
河北	62561174	45873577	41527612	4345965	1676735
山西	30454709	22469521	20928412	1541109	752538
内蒙古	26533719	19553672	18066737	1486935	845580
辽宁	29815897	24988586	23619561	1369025	351134
吉林	18096173	14163158	13465378	697780	288789
黑龙江	26351567	21206918	18478665	2728253	268535
上海	37320911	24878845	23913807	965039	407412
江苏	103313405	75725299	70248484	5476815	1276678
浙江	74969489	52755964	49927899	2828066	1251301
安徽	56914317	39321560	33982597	5338964	1581630
福建	44462633	32716824	30588363	2128460	660492
江西	48740187	28533794	26692927	1840867	1022176
山东	104446768	81829334	76193323	5636011	1651867
河南	77597543	55328727	49713199	5615528	3156302
湖北	49769046	36047211	32779750	3267461	1091719
湖南	58419889	42134550	37250339	4884211	2147562
广东	145129879	100696304	91162729	9533575	2744141
广西	43912306	33453249	29747623	3705626	2573550
海南	12605616	7658555	7254426	404129	232957
重庆	36957416	27085563	24368329	2717234	1128269
四川	71204195	52898930	46064776	6834153	3526619
贵州	43276683	32110197	27343004	4767193	3124704
云南	47229470	38560399	33695769	4864631	3914889
西藏	9739262	7273448	6293511	979937	879936
陕西	35203674	23436300	21238036	2198264	1495690
甘肃	25861870	19888900	17733547	2155353	1060961
青海	9451329	6964582	6216820	747762	419761
宁夏	9828934	7259910	6864588	395322	260276
新疆	32485839	24544350	21832852	2711498	1818891
大连	6101729	5225753	5087449	138304	20765
宁波	10359335	7375848	7036779	339069	134896
厦门	7324119	4929715	4527932	401783	22072
青岛	13478518	10318162	9521263	796899	95790
深圳	31507825	14417972	12863440	1554532	573148

(地方普通中学)

单位：千元

公用部分	商品和服务支出	其他资本性支出			基本建设支出
			专项公用支出	专项项目支出	
358185626	**167844280**	**190341346**	**53048597**	**137292749**	**30392477**
9570127	6849819	2720308	2137947	582361	3191023
2510774	1609025	901750	361780	539969	10507
16552156	6986965	9565191	1850485	7714707	135440
7744116	4226830	3517286	1080206	2437081	241072
6600823	3126722	3474101	1065143	2408958	379223
4649252	3193017	1456235	431691	1024543	178060
3788133	1983200	1804933	569106	1235826	144882
4579015	2883654	1695361	645912	1049449	565633
11820260	7953757	3866503	1915547	1950956	621805
27434512	10153028	17281485	3238197	14043288	153593
20277500	9759687	10517813	2045891	8471922	1936025
16061764	7061080	9000684	2814682	6186001	1530993
11562593	4874642	6687951	1718528	4969423	183216
19417589	3856648	15560942	3807233	11753709	788804
22604133	8731225	13872908	2567765	11305143	13300
21168488	9123046	12045443	2729070	9316372	1100328
13715991	5408160	8307831	1691918	6615913	5844
16008498	8162206	7846292	2292313	5553979	276842
33170345	19036695	14133650	5749267	8384383	11263230
9516817	4753794	4763023	1524814	3238209	942240
4816284	1937948	2878336	938208	1940127	130777
8675452	5752538	2922913	1228460	1694453	1196402
17784243	9482636	8301607	2550021	5751586	521022
10185845	4151075	6034770	2461815	3572954	980640
8232468	3672808	4559660	925777	3633883	436603
2233710	685598	1548112	623204	924908	232105
10756264	4984134	5772130	1830127	3942003	1011111
5590885	2158345	3432540	739879	2692661	382085
2116602	766943	1349659	224436	1125223	370146
2520435	1023042	1497393	509420	987973	48590
6520553	3496015	3024537	779755	2244782	1420936
833684	618007	215677	123653	92023	42292
2983487	1073007	1910480	337448	1573032	
2324704	1034754	1289950	474509	815441	69700
3160356	1276281	1884075	582508	1301566	
7300649	5424653	1875996	1364108	511888	9789205

5-29 财政补助支出明细

地区	合计	个人部分	工资福利支出	对个人和家庭的补助支出	#助学金
合计	**500235914**	**358997810**	**331559318**	**27438492**	**11202184**
北京	14644323	10237723	9766519	471205	37058
天津	5719678	4931224	4811795	119429	19610
河北	22047370	16169148	14786217	1382931	489217
山西	12323453	8960379	8418909	541470	265151
内蒙古	10758685	7481114	6889320	591794	379754
辽宁	9928613	8274060	7866599	407461	103286
吉林	6106583	4640127	4377282	262845	139706
黑龙江	9171640	6919815	6207946	711869	89279
上海	12413718	7962377	7708138	254239	68411
江苏	39029379	26860033	25216166	1643868	261005
浙江	26447863	18535545	17781290	754255	192841
安徽	18974156	13046722	11713272	1333450	379567
福建	14569741	10634473	10017536	616936	89683
江西	16588501	9738828	9096530	642298	343341
山东	33921311	27478343	26077398	1400945	336464
河南	26500844	18002095	16510048	1492046	800939
湖北	17939326	12465949	11558777	907172	313178
湖南	19783774	14521267	13193360	1327907	570120
广东	53192504	36247210	33478068	2769142	469818
广西	14258947	10744065	9771466	972598	653380
海南	4014833	2570352	2441573	128779	78502
重庆	13234066	9896256	9031021	865235	397639
四川	23682135	17395913	15487495	1908418	997694
贵州	15134973	10353783	9040004	1313780	774081
云南	16139517	12623617	11181870	1441747	1102089
西藏	3400964	2463487	2164870	298617	261982
陕西	12444016	8263181	7613740	649441	420016
甘肃	9639910	7522475	6782929	739546	320152
青海	3555932	2618114	2357649	260465	149978
宁夏	3617308	2740583	2602209	138374	87654
新疆	11051850	8699549	7609321	1090228	610590
大连	1957956	1720739	1679029	41711	6793
宁波	3646760	2514577	2428887	85690	20292
厦门	2630295	1651117	1523040	128077	4554
青岛	4709930	3433674	3205305	228369	20805
深圳	12949909	5096823	4654356	442467	120448

（普通高中）

单位：千元

公用部分	商品和服务支出	其他资本性支出	专项公用支出	专项项目支出	基本建设支出
126458967	**56482054**	**69976913**	**20289670**	**49687242**	**14779137**
3365575	2491732	873843	718932	154911	1041024
788221	621874	166347	73938	92409	233
5877458	2325282	3552176	629082	2923094	763
3254752	1594896	1659856	471378	1188478	108322
3030298	1477891	1552407	569798	982610	247273
1587801	1093949	493852	142566	351286	66752
1421216	712023	709193	214117	495076	45240
1869148	1147285	721863	241308	480555	382676
3957578	2506498	1451080	630634	820446	493763
12119200	3432318	8686882	1448569	7238313	50145
6888606	3407562	3481044	825650	2655395	1023712
4835417	2022253	2813164	800249	2012914	1092017
3883694	1567198	2316496	618662	1697834	51574
6457484	1255647	5201837	1128254	4073583	392189
6442968	2648229	3794738	785310	3009429	
7721025	3003402	4717623	1511855	3205769	777724
5467532	1909866	3557666	632432	2925234	5844
5202401	2552207	2650194	756491	1893703	60106
11357831	5952098	5405733	2380892	3024841	5587463
3119553	1561103	1558450	550731	1007719	395330
1425789	569351	856438	340730	515708	18692
2977849	2031200	946649	442310	504339	359961
6164998	3071095	3093903	1021858	2072045	121224
3998648	1493760	2504888	1313670	1191218	782542
3254173	1291273	1962900	399887	1563014	261727
785040	267212	517828	265976	251852	152437
3726039	1993076	1732963	644730	1088233	454796
1978502	797613	1180889	271662	909227	138933
807554	280697	526857	81151	445706	130264
872475	357545	514931	164596	350334	4250
1820139	1045917	774222	212253	561969	532162
237217	226360	10857	8331	2526	
1132183	361336	770847	157665	613182	
936884	347334	589550	160979	428571	42294
1276256	372366	903890	169417	734473	
2924052	2122801	801252	755956	45296	4929034

5-30 财政补助支出明细

地区	合计	个人部分	工资福利支出	对个人和家庭的补助支出	#助学金
合计	**496799543**	**356658610**	**329403540**	**27255070**	**11148588**
北京	13656228	9528721	9080712	448009	35657
天津	5719678	4931224	4811795	119429	19610
河北	22047370	16169148	14786217	1382931	489217
山西	12323453	8960379	8418909	541470	265151
内蒙古	10758685	7481114	6889320	591794	379754
辽宁	9928613	8274060	7866599	407461	103286
吉林	6052689	4607514	4346903	260611	139706
黑龙江	9012478	6803427	6115977	687451	88010
上海	12238435	7823416	7570341	253075	68411
江苏	39029379	26860033	25216166	1643868	261005
浙江	26447863	18535545	17781290	754255	192841
安徽	18974156	13046722	11713272	1333450	379567
福建	14569741	10634473	10017536	616936	89683
江西	16588501	9738828	9096530	642298	343341
山东	33921311	27478343	26077398	1400945	336464
河南	26500844	18002095	16510048	1492046	800939
湖北	17639275	12217261	11311630	905631	313178
湖南	19777409	14517612	13189734	1327878	570120
广东	53192504	36247210	33478068	2769142	469818
广西	14258947	10744065	9771466	972598	653380
海南	4014833	2570352	2441573	128779	78502
重庆	13172054	9842451	8977491	864960	397487
四川	23680224	17395842	15487495	1908346	997623
贵州	15134973	10353783	9040004	1313780	774081
云南	16139517	12623617	11181870	1441747	1102089
西藏	3400964	2463487	2164870	298617	261982
陕西	12354016	8201655	7555129	646527	419969
甘肃	9635774	7518744	6779282	739463	320099
青海	3555932	2618114	2357649	260465	149978
宁夏	3617308	2740583	2602209	138374	87654
新疆	9456388	7728790	6766056	962734	559988
大连	1957956	1720739	1679029	41711	6793
宁波	3646760	2514577	2428887	85690	20292
厦门	2630295	1651117	1523040	128077	4554
青岛	4709930	3433674	3205305	228369	20805
深圳	12949909	5096823	4654356	442467	120448

(地方普通高中)

单位：千元

公用部分	商品和服务支出	其他资本性支出	专项公用支出	专项项目支出	基本建设支出
125550710	**55913501**	**69637210**	**20141498**	**49495711**	**14590223**
3086482	2261958	824524	669654	154870	1041024
788221	621874	166347	73938	92409	233
5877458	2325282	3552176	629082	2923094	763
3254752	1594896	1659856	471378	1188478	108322
3030298	1477891	1552407	569798	982610	247273
1587801	1093949	493852	142566	351286	66752
1399935	693081	706854	211778	495076	45240
1826374	1129022	697352	234903	462449	382676
3921256	2474531	1446726	626280	820446	493763
12119200	3432318	8686882	1448569	7238313	50145
6888606	3407562	3481044	825650	2655395	1023712
4835417	2022253	2813164	800249	2012914	1092017
3883694	1567198	2316496	618662	1697834	51574
6457484	1255647	5201837	1128254	4073583	392189
6442968	2648229	3794738	785310	3009429	
7721025	3003402	4717623	1511855	3205769	777724
5416169	1868282	3547887	623138	2924750	5844
5199691	2549497	2650194	756491	1893703	60106
11357831	5952098	5405733	2380892	3024841	5587463
3119553	1561103	1558450	550731	1007719	395330
1425789	569351	856438	340730	515708	18692
2969642	2023759	945883	441544	504339	359961
6163158	3069255	3093903	1021858	2072045	121224
3998648	1493760	2504888	1313670	1191218	782542
3254173	1291273	1962900	399887	1563014	261727
785040	267212	517828	265976	251852	152437
3697565	1970387	1727178	639457	1087721	454796
1978097	797208	1180889	271662	909227	138933
807554	280697	526857	81151	445706	130264
872475	357545	514931	164596	350334	4250
1384351	852980	531371	141790	389581	343248
237217	226360	10857	8331	2526	
1132183	361336	770847	157665	613182	
936884	347334	589550	160979	428571	42294
1276256	372366	903890	169417	734473	
2924052	2122801	801252	755956	45296	4929034

5-31 财政补助支出明细

地区	合计	个人部分	工资福利支出	对个人和家庭的补助支出	#助学金
合计	**194046821**	**144598266**	**133038483**	**11559784**	**6605961**
北京	899269	454529	435153	19376	6058
天津	868136	782503	772763	9740	1614
河北	11732003	8334961	7699720	635241	309333
山西	5936680	4323391	4025382	298009	161371
内蒙古	5218783	3630548	3341877	288671	206572
辽宁	2299918	1958370	1895757	62612	31186
吉林	2350726	1749320	1648072	101248	52033
黑龙江	3367850	2562826	2255559	307267	46562
上海	1115762	861320	844542	16778	4200
江苏	13001255	8906707	8430442	476265	134829
浙江	9399532	7043731	6733021	310710	92909
安徽	9564060	7096400	6350357	746042	263911
福建	6320676	4957998	4757093	200905	50737
江西	8634802	4805407	4507602	297806	200463
山东	11053169	9227730	8845342	382387	171869
河南	13729468	9533772	8838669	695103	478248
湖北	4995146	3627976	3346610	281366	181417
湖南	10588517	7824204	7184873	639330	390590
广东	10086982	8243238	7717151	526086	150449
广西	6695829	5081498	4529411	552087	408812
海南	1761931	1130362	1050993	79369	51455
重庆	4762306	3931647	3566204	365443	220642
四川	11159989	8372513	7394205	978308	637408
贵州	7989995	6116064	5342538	773526	516595
云南	9365850	7615139	6725222	889916	757205
西藏	1056964	914165	815629	98535	87341
陕西	5947566	3854852	3483709	371143	254271
甘肃	5952602	4876456	4348581	527874	251865
青海	2017927	1524680	1380439	144240	93709
宁夏	1314034	1065546	1006875	58671	43415
新疆	4859092	4190417	3764689	425729	348894
大连	116707	100526	96296	4230	504
宁波	1068762	796287	772574	23713	6205
厦门	69447	34625	33088	1537	113
青岛	467557	316157	295493	20664	1113
深圳					

（农村高中）

单位：千元

公用部分	商品和服务支出	其他资本性支出			基本建设支出
			专项公用支出	专项项目支出	
47454913	**20254472**	**27200440**	**6882769**	**20317671**	**1993643**
309906	107453	202453	183687	18766	134834
85633	74159	11474	10798	676	
3396278	1280748	2115530	363726	1751804	763
1555470	766282	789188	175502	613686	57820
1472716	648569	824147	302362	521784	115518
337908	178132	159776	24343	135433	3640
595718	231448	364270	70139	294131	5688
705952	438610	267342	91965	175377	99072
254442	161874	92568	76908	15660	
4044403	1142414	2901990	440267	2461723	50145
2028435	1100174	928261	197094	731167	327366
2466644	992762	1473882	328178	1145704	1016
1361983	661222	700761	208896	491865	695
3723958	700793	3023165	788966	2234199	105437
1825439	811536	1013903	156002	857902	
4079675	1636378	2443298	698882	1744416	116021
1367169	482670	884499	150988	733512	
2722907	1333513	1389394	291424	1097971	41407
1839993	967973	872020	273851	598169	3751
1525996	775492	750504	197594	552910	88336
613072	258369	354703	151486	203217	18497
773124	545629	227495	97263	130232	57535
2680346	1351239	1329107	321589	1007518	107130
1747186	816038	931148	494976	436172	126744
1682464	654171	1028293	116868	911424	68247
118868	91307	27561	6190	21371	23932
1913841	1008832	905009	391053	513956	178873
1054054	430426	623627	139033	484595	22093
406634	120255	286379	42610	243768	86613
248488	97601	150888	31288	119600	
516208	388402	127806	58841	68965	152467
16180	14484	1696	872	824	
272475	128241	144234	39372	104862	
34822	4180	30642	3605	27037	
151400	36881	114519	11443	103076	

5-32 财政补助支出明细

地 区	合 计	个人部分	工资福利支 出	对个人和家庭的补助支出	#助学金
合 计	**193542540**	**144229722**	**132711888**	**11517834**	**6600986**
北 京	899269	454529	435153	19376	6058
天 津	868136	782503	772763	9740	1614
河 北	11732003	8334961	7699720	635241	309333
山 西	5936680	4323391	4025382	298009	161371
内蒙古	5218783	3630548	3341877	288671	206572
辽 宁	2299918	1958370	1895757	62612	31186
吉 林	2350726	1749320	1648072	101248	52033
黑龙江	3232015	2464181	2178991	285190	45499
上 海	1115762	861320	844542	16778	4200
江 苏	13001255	8906707	8430442	476265	134829
浙 江	9399532	7043731	6733021	310710	92909
安 徽	9564060	7096400	6350357	746042	263911
福 建	6320676	4957998	4757093	200905	50737
江 西	8634802	4805407	4507602	297806	200463
山 东	11053169	9227730	8845342	382387	171869
河 南	13729468	9533772	8838669	695103	478248
湖 北	4835235	3494602	3214366	280236	181417
湖 南	10588517	7824204	7184873	639330	390590
广 东	10086982	8243238	7717151	526086	150449
广 西	6695829	5081498	4529411	552087	408812
海 南	1761931	1130362	1050993	79369	51455
重 庆	4762306	3931647	3566204	365443	220642
四 川	11159989	8372513	7394205	978308	637408
贵 州	7989995	6116064	5342538	773526	516595
云 南	9365850	7615139	6725222	889916	757205
西 藏	1056964	914165	815629	98535	87341
陕 西	5947566	3854852	3483709	371143	254271
甘 肃	5948466	4872725	4344934	527791	251812
青 海	2017927	1524680	1380439	144240	93709
宁 夏	1314034	1065546	1006875	58671	43415
新 疆	4654693	4057623	3650554	407070	345037
大 连	116707	100526	96296	4230	504
宁 波	1068762	796287	772574	23713	6205
厦 门	69447	34625	33088	1537	113
青 岛	467557	316157	295493	20664	1113
深 圳					

(地方农村高中)

单位：千元

公用部分	商品和服务支出	其他资本性支出	专项公用支出	专项项目支出	基本建设支出
47332364	**20169546**	**27162819**	**6864611**	**20298208**	**1980454**
309906	107453	202453	183687	18766	134834
85633	74159	11474	10798	676	
3396278	1280748	2115530	363726	1751804	763
1555470	766282	789188	175502	613686	57820
1472716	648569	824147	302362	521784	115518
337908	178132	159776	24343	135433	3640
595718	231448	364270	70139	294131	5688
668761	423900	244862	86719	158143	99072
254442	161874	92568	76908	15660	
4044403	1142414	2901990	440267	2461723	50145
2028435	1100174	928261	197094	731167	327366
2466644	992762	1473882	328178	1145704	1016
1361983	661222	700761	208896	491865	695
3723958	700793	3023165	788966	2234199	105437
1825439	811536	1013903	156002	857902	
4079675	1636378	2443298	698882	1744416	116021
1340633	458994	881639	148128	733512	
2722907	1333513	1389394	291424	1097971	41407
1839993	967973	872020	273851	598169	3751
1525996	775492	750504	197594	552910	88336
613072	258369	354703	151486	203217	18497
773124	545629	227495	97263	130232	57535
2680346	1351239	1329107	321589	1007518	107130
1747186	816038	931148	494976	436172	126744
1682464	654171	1028293	116868	911424	68247
118868	91307	27561	6190	21371	23932
1913841	1008832	905009	391053	513956	178873
1053648	430021	623627	139033	484595	22093
406634	120255	286379	42610	243768	86613
248488	97601	150888	31288	119600	
457792	342267	115525	48789	66736	139278
16180	14484	1696	872	824	
272475	128241	144234	39372	104862	
34822	4180	30642	3605	27037	
151400	36881	114519	11443	103076	

5-33 财政补助支出明细

地区	合计	个人部分	工资福利支出	对个人和家庭的补助支出	#助学金
合计	**934233254**	**684673629**	**617839211**	**66834418**	**30747602**
北京	25667546	16844445	16123089	721356	99793
天津	10014188	8281360	7990692	290668	64994
河北	40513805	29704430	26741395	2963034	1187518
山西	18131256	13509142	12509503	999639	487387
内蒙古	15775034	12072559	11177417	895141	465826
辽宁	19887285	16714526	15752962	961564	247848
吉林	12162742	9658801	9221468	437333	149139
黑龙江	17576593	14602481	12516389	2086091	180746
上海	25142075	17106137	16393912	712224	339001
江苏	64284026	48865266	45032319	3832947	1015672
浙江	48521626	34220419	32146609	2073811	1058460
安徽	37940161	26274839	22269325	4005514	1202063
福建	29892892	22082351	20570827	1511524	570810
江西	32151686	18794966	17596397	1198569	678835
山东	70525456	54350991	50115925	4235066	1315403
河南	51096699	37326633	33203151	4123482	2355363
湖北	32195206	23883224	21521394	2361830	778541
湖南	38647271	27619787	24063432	3556355	1577442
广东	91937375	64449094	57684661	6764433	2274323
广西	29653359	22709184	19976156	2733028	1920170
海南	8590783	5088203	4812853	275350	154456
重庆	23875636	17321439	15468764	1852675	731003
四川	47525560	35503148	30577281	4925867	2529056
贵州	28141710	21756414	18303000	3453413	2350623
云南	31089953	25936782	22513899	3422883	2812800
西藏	6338299	4809961	4128641	681319	617954
陕西	22923166	15290102	13735548	1554554	1075724
甘肃	16232989	12376372	10960295	1416077	741015
青海	5895397	4346468	3859171	487297	269783
宁夏	6211626	4519326	4262379	256948	172622
新疆	25691856	18654781	16610356	2044425	1323230
大连	4143773	3505014	3408420	96594	13972
宁波	6712575	4861271	4607892	253379	114604
厦门	4693824	3278598	3004892	273706	17518
青岛	8768588	6884488	6315959	568530	74985
深圳	18557916	9321149	8209084	1112065	452700

（普通初中）

单位：千元

公用部分	商品和服务支出	其他资本性支出	专项公用支出	专项项目支出	基本建设支出
233671467	**112482056**	**121189410**	**33012512**	**88176898**	**15888158**
6673102	4756717	1916386	1488886	427499	2149999
1722554	987151	735403	287843	447560	10274
10674698	4661683	6013015	1221403	4791613	134677
4489364	2631934	1857430	608828	1248603	132750
3570525	1648831	1921694	495345	1426349	131950
3061451	2099068	962383	289125	673258	111308
2404299	1306142	1098157	357407	740750	99642
2788920	1772403	1016517	415870	600647	185192
7907896	5486947	2420949	1290439	1130510	128042
15315312	6720710	8594602	1789627	6804975	103448
13388893	6352125	7036769	1220241	5816527	912313
11226347	5038827	6187520	2014433	4173087	438975
7678899	3307444	4371455	1099866	3271589	131642
12960105	2601000	10359105	2678979	7680126	396615
16161165	6082996	10078169	1782455	8295714	13300
13447463	6119644	7327819	1217216	6110604	322604
8311982	3547955	4764027	1070561	3693466	
10810748	5614650	5196097	1535822	3660275	216736
21812514	13084596	8727918	3368375	5359542	5675767
6397265	3192691	3204573	974083	2230491	546910
3390495	1368597	2021898	597478	1424420	112086
5717756	3739611	1978145	788031	1190114	836441
11622614	6414910	5207704	1528163	3679541	399798
6187197	2657315	3529882	1148145	2381737	198099
4978295	2381535	2596760	525890	2070870	174876
1448670	418386	1030284	357228	673056	79668
7076749	3027678	4049070	1194788	2854282	556315
3613465	1361713	2251751	468267	1783484	243152
1309048	486246	822802	143285	679517	239881
1647960	665497	982463	344824	637639	44340
5875717	2947054	2928664	709610	2219053	1161357
596467	391647	204820	115323	89497	42292
1851304	711671	1139632	179782	959850	
1387820	687420	700400	313529	386871	27406
1884099	903915	980184	413091	567093	
4376596	3301852	1074744	608152	466592	4860171

5-34 财政补助支出明细

地区	合计	个人部分	工资福利支出	对个人和家庭的补助支出	#助学金
合计	**930408645**	**681971475**	**615489932**	**66481543**	**30682270**
北京	25164193	16530550	15817209	713341	99503
天津	10014188	8281360	7990692	290668	64994
河北	40513805	29704430	26741395	2963034	1187518
山西	18131256	13509142	12509503	999639	487387
内蒙古	15775034	12072559	11177417	895141	465826
辽宁	19887285	16714526	15752962	961564	247848
吉林	12043483	9555644	9118475	437169	149082
黑龙江	17339089	14403491	12362688	2040802	180525
上海	25082475	17055430	16343466	711964	339001
江苏	64284026	48865266	45032319	3832947	1015672
浙江	48521626	34220419	32146609	2073811	1058460
安徽	37940161	26274839	22269325	4005514	1202063
福建	29892892	22082351	20570827	1511524	570810
江西	32151686	18794966	17596397	1198569	678835
山东	70525456	54350991	50115925	4235066	1315403
河南	51096699	37326633	33203151	4123482	2355363
湖北	32129771	23829950	21468120	2361830	778541
湖南	38642480	27616938	24060605	3556332	1577442
广东	91937375	64449094	57684661	6764433	2274323
广西	29653359	22709184	19976156	2733028	1920170
海南	8590783	5088203	4812853	275350	154456
重庆	23785362	17243112	15390838	1852274	730782
四川	47523971	35503088	30577281	4925807	2528996
贵州	28141710	21756414	18303000	3453413	2350623
云南	31089953	25936782	22513899	3422883	2812800
西藏	6338299	4809961	4128641	681319	617954
陕西	22849659	15234645	13682907	1551737	1075721
甘肃	16226095	12370155	10954265	1415890	740862
青海	5895397	4346468	3859171	487297	269783
宁夏	6211626	4519326	4262379	256948	172622
新疆	23029451	16815560	15066796	1748765	1258903
大连	4143773	3505014	3408420	96594	13972
宁波	6712575	4861271	4607892	253379	114604
厦门	4693824	3278598	3004892	273706	17518
青岛	8768588	6884488	6315959	568530	74985
深圳	18557916	9321149	8209084	1112065	452700

(地方普通初中)

单位：千元

公用部分	商品和服务支出	其他资本性支出	专项公用支出	专项项目支出	基本建设支出
232634916	**111930779**	**120704137**	**32907099**	**87797037**	**15802254**
6483645	4587861	1895784	1468293	427491	2149999
1722554	987151	735403	287843	447560	10274
10674698	4661683	6013015	1221403	4791613	134677
4489364	2631934	1857430	608828	1248603	132750
3570525	1648831	1921694	495345	1426349	131950
3061451	2099068	962383	289125	673258	111308
2388197	1290119	1098079	357329	740750	99642
2752641	1754632	998009	411010	586999	182957
7899004	5479226	2419778	1289267	1130510	128042
15315312	6720710	8594602	1789627	6804975	103448
13388893	6352125	7036769	1220241	5816527	912313
11226347	5038827	6187520	2014433	4173087	438975
7678899	3307444	4371455	1099866	3271589	131642
12960105	2601000	10359105	2678979	7680126	396615
16161165	6082996	10078169	1782455	8295714	13300
13447463	6119644	7327819	1217216	6110604	322604
8299821	3539878	4759943	1068781	3691163	
10808806	5612709	5196097	1535822	3660275	216736
21812514	13084596	8727918	3368375	5359542	5675767
6397265	3192691	3204573	974083	2230491	546910
3390495	1368597	2021898	597478	1424420	112086
5705809	3728779	1977030	786916	1190114	836441
11621085	6413381	5207704	1528163	3679541	399798
6187197	2657315	3529882	1148145	2381737	198099
4978295	2381535	2596760	525890	2070870	174876
1448670	418386	1030284	357228	673056	79668
7058699	3013747	4044952	1190669	2854282	556315
3612788	1361137	2251651	468217	1783434	243152
1309048	486246	822802	143285	679517	239881
1647960	665497	982463	344824	637639	44340
5136202	2643036	2493166	637965	1855201	1077689
596467	391647	204820	115323	89497	42292
1851304	711671	1139632	179782	959850	
1387820	687420	700400	313529	386871	27406
1884099	903915	980184	413091	567093	
4376596	3301852	1074744	608152	466592	4860171

5-35 财政补助支出明细

地区	合计	个人部分	工资福利支出	对个人和家庭的补助支出	#助学金
合计	**503731143**	**385991847**	**345155755**	**40836091**	**21787369**
北京	4714617	3114982	2983277	131705	34525
天津	2518980	2288718	2252207	36510	922
河北	26519654	19283206	17478106	1805101	884764
山西	10592961	8084179	7481027	603151	333180
内蒙古	9918482	7747621	7170823	576798	321645
辽宁	7849922	6994220	6594902	399319	124245
吉林	7509910	6060330	5781813	278517	91459
黑龙江	9853362	8163961	7025970	1137992	99116
上海	2955513	2390467	2295917	94550	37091
江苏	26961344	21491725	19703672	1788053	500339
浙江	19653206	14589017	13553933	1035084	560503
安徽	26602354	19290532	16196702	3093831	1010682
福建	15792139	12537770	11929381	608389	196206
江西	21618276	12722118	11984048	738070	425590
山东	36335327	28567022	26281170	2285852	792194
河南	34719476	25581255	22556432	3024824	1844933
湖北	16879969	12940002	11574110	1365892	583828
湖南	25737964	19185731	16524266	2661465	1291654
广东	31905361	24902357	22637350	2265007	793580
广西	20414174	16132611	13959756	2172855	1575425
海南	5306528	3248453	3033007	215447	129870
重庆	12017024	9575407	8467916	1107491	561746
四川	30452278	23410369	20204176	3206192	1819824
贵州	19718356	16595810	13875317	2720493	2033644
云南	23537286	20301866	17594145	2707721	2376747
西藏	4379654	3383682	2920543	463139	421591
陕西	12727436	8932858	7863180	1069678	825644
甘肃	11833329	9250388	8118939	1131449	639084
青海	3730768	2990044	2630163	359881	231106
宁夏	3464791	2761307	2595504	165802	113738
新疆	17510702	13473839	11888004	1585835	1132495
大连	673162	623460	596893	26567	1393
宁波	2192646	1686248	1593753	92495	43582
厦门	341490	221178	183721	37457	3036
青岛	1981767	1630622	1473834	156788	15124
深圳					

（农村初中）

单位：千元

公用部分	商品和服务支出	其他资本性支出			基本建设支出
			专项公用支出	专项项目支出	
113067846	**52740181**	**60327665**	**14921087**	**45406577**	**4671451**
1303819	759598	544222	481246	62976	295816
230262	201470	28792	25698	3094	
7217020	3088233	4128787	848666	3280121	19427
2431869	1405070	1026799	293324	733475	76913
2097696	919914	1177783	264405	913377	73165
842095	648047	194048	58674	135374	13607
1402568	775908	626660	220681	405979	47012
1594829	1016429	578400	182012	396389	94571
565047	451551	113496	78846	34650	
5400219	2539344	2860875	597635	2263241	69400
4735615	2466175	2269440	480209	1789231	328574
6899578	3096507	3803071	1307611	2495460	412244
3198819	1660529	1538291	439997	1098294	55549
8747608	1633808	7113800	1925769	5188030	148550
7759005	2843372	4915633	714941	4200691	9300
9024966	4140009	4884957	799131	4085826	113255
3939966	1562714	2377252	375842	2001411	
6387428	3067639	3319790	803877	2515912	164805
6706789	4026627	2680161	1029861	1650301	296216
4137351	2182760	1954591	456802	1497789	144212
1954879	761810	1193069	420637	772432	103196
2301261	1410428	890833	264243	626590	140356
6715171	3699721	3015450	672698	2342752	326739
2978708	1633666	1345042	242596	1102446	143838
3156041	1660293	1495747	220960	1274788	79380
945817	277470	668347	223581	444766	50155
3550594	1445944	2104650	531973	1572676	243984
2407421	938596	1468825	321577	1147249	175520
587149	293304	293845	86063	207782	153574
679145	325549	353596	140024	213572	24340
3169110	1807697	1361413	411509	949904	867753
49702	45116	4586	2663	1923	
506399	261956	244443	81493	162950	
120311	45370	74942	18164	56778	
351145	157607	193538	30146	163393	

5-36 财政补助支出明细

地 区	合 计	个人部分	工资福利支出	对个人和家庭的补助支出	#助学金
合 计	**501904815**	**384560445**	**343968249**	**40592197**	**21744166**
北 京	4714617	3114982	2983277	131705	34525
天 津	2518980	2288718	2252207	36510	922
河 北	26519654	19283206	17478106	1805101	884764
山 西	10592961	8084179	7481027	603151	333180
内蒙古	9918482	7747621	7170823	576798	321645
辽 宁	7849922	6994220	6594902	399319	124245
吉 林	7509910	6060330	5781813	278517	91459
黑龙江	9644780	7987010	6890318	1096692	98929
上 海	2955513	2390467	2295917	94550	37091
江 苏	26961344	21491725	19703672	1788053	500339
浙 江	19653206	14589017	13553933	1035084	560503
安 徽	26602354	19290532	16196702	3093831	1010682
福 建	15792139	12537770	11929381	608389	196206
江 西	21618276	12722118	11984048	738070	425590
山 东	36335327	28567022	26281170	2285852	792194
河 南	34719476	25581255	22556432	3024824	1844933
湖 北	16879969	12940002	11574110	1365892	583828
湖 南	25737964	19185731	16524266	2661465	1291654
广 东	31905361	24902357	22637350	2265007	793580
广 西	20414174	16132611	13959756	2172855	1575425
海 南	5306528	3248453	3033007	215447	129870
重 庆	12017024	9575407	8467916	1107491	561746
四 川	30452278	23410369	20204176	3206192	1819824
贵 州	19718356	16595810	13875317	2720493	2033644
云 南	23537286	20301866	17594145	2707721	2376747
西 藏	4379654	3383682	2920543	463139	421591
陕 西	12727436	8932858	7863180	1069678	825644
甘 肃	11826435	9244171	8112909	1131263	638931
青 海	3730768	2990044	2630163	359881	231106
宁 夏	3464791	2761307	2595504	165802	113738
新 疆	15899850	12225605	10842179	1383426	1089633
大 连	673162	623460	596893	26567	1393
宁 波	2192646	1686248	1593753	92495	43582
厦 门	341490	221178	183721	37457	3036
青 岛	1981767	1630622	1473834	156788	15124
深 圳					

（地方农村初中）

单位：千元

公用部分	商品和服务支出	其他资本性支出	专项公用支出	专项项目支出	基本建设支出
112713173	**52533863**	**60179310**	**14871602**	**45307708**	**4631197**
1303819	759598	544222	481246	62976	295816
230262	201470	28792	25698	3094	
7217020	3088233	4128787	848666	3280121	19427
2431869	1405070	1026799	293324	733475	76913
2097696	919914	1177783	264405	913377	73165
842095	648047	194048	58674	135374	13607
1402568	775908	626660	220681	405979	47012
1563198	1001237	561961	177221	384740	94571
565047	451551	113496	78846	34650	
5400219	2539344	2860875	597635	2263241	69400
4735615	2466175	2269440	480209	1789231	328574
6899578	3096507	3803071	1307611	2495460	412244
3198819	1660529	1538291	439997	1098294	55549
8747608	1633808	7113800	1925769	5188030	148550
7759005	2843372	4915633	714941	4200691	9300
9024966	4140009	4884957	799131	4085826	113255
3939966	1562714	2377252	375842	2001411	
6387428	3067639	3319790	803877	2515912	164805
6706789	4026627	2680161	1029861	1650301	296216
4137351	2182760	1954591	456802	1497789	144212
1954879	761810	1193069	420637	772432	103196
2301261	1410428	890833	264243	626590	140356
6715171	3699721	3015450	672698	2342752	326739
2978708	1633666	1345042	242596	1102446	143838
3156041	1660293	1495747	220960	1274788	79380
945817	277470	668347	223581	444766	50155
3550594	1445944	2104650	531973	1572676	243984
2406744	938019	1468725	321527	1147199	175520
587149	293304	293845	86063	207782	153574
679145	325549	353596	140024	213572	24340
2846745	1617147	1229598	366864	862734	827500
49702	45116	4586	2663	1923	
506399	261956	244443	81493	162950	
120311	45370	74942	18164	56778	
351145	157607	193538	30146	163393	

5-37 财政补助支出明细

地区	合计	个人部分	工资福利支出	对个人和家庭的补助支出	#助学金
合计	**585670**	**471532**	**448694**	**22838**	
北京	94998	79750	77916	1834	
天津	62205	60599	58378	2221	
河北					
山西					
内蒙古					
辽宁					
吉林	2460	2324	1957	367	
黑龙江					
上海					
江苏	175779	131225	122988	8237	
浙江	235140	184764	176675	8090	
安徽					
福建					
江西					
山东					
河南					
湖北					
湖南	2424	2411	2411		
广东	12609	10459	8369	2090	
广西					
海南					
重庆					
四川					
贵州					
云南					
西藏					
陕西					
甘肃					
青海					
宁夏					
新疆	55				
大连					
宁波					
厦门					
青岛					
深圳					

(成人中学)

单位：千元

公用部分	商品和服务支出	其他资本性支出	专项公用支出	专项项目支出	基本建设支出
114137	**107873**	**6264**	**5644**	**620**	
15248	15213	36	36		
1606	1567	39	39		
136	136				
44554	43059	1495	1495		
50376	46193	4182	4032	150	
13	13				
2150	1639	512	41	470	
55	55				

5-38 财政补助支出明细

地 区	合 计	个人部分	工资福利支出	对个人和家庭的补助支出	#助学金
合 计	**1488511877**	**1125240562**	**1007145635**	**118094927**	**45489489**
北 京	44877821	31985846	30918976	1066870	162968
天 津	15536094	12728677	12334122	394555	77608
河 北	70987175	54154966	47284419	6870547	2140830
山 西	30990389	23847945	21864383	1983561	712484
内蒙古	26964993	21361016	19552749	1808267	647350
辽 宁	27296797	22859449	21273096	1586353	382560
吉 林	19247747	15782669	15085482	697187	192116
黑龙江	22259092	19132209	15546598	3585611	412419
上 海	32828426	23662466	22720342	942124	459129
江 苏	99704817	76857121	69103940	7753182	1739920
浙 江	80556993	56677905	52848101	3829804	1641059
安 徽	58426842	42342301	36419362	5922939	1426042
福 建	48089220	35560741	32702949	2857792	537017
江 西	48075449	31239334	29276776	1962558	777230
山 东	94358704	75302329	69250696	6051633	1253599
河 南	76899961	58016877	52635364	5381513	3079635
湖 北	47414626	33922531	30565681	3356849	1111018
湖 南	57731487	43389320	38388238	5001082	2053454
广 东	160819416	117984674	102421946	15562728	4586509
广 西	52283334	42034218	37547682	4486536	2288391
海 南	12968777	9257990	8970447	287543	145393
重 庆	37202350	27573656	23894838	3678818	662391
四 川	74495663	56140418	47925249	8215168	4092746
贵 州	48381906	38407910	31550962	6856947	3411798
云 南	54694382	46304899	40122115	6182783	4411964
西 藏	13434449	10325552	8648845	1676708	1454573
陕 西	38818114	25500084	22994709	2505375	1657004
甘 肃	29327205	22928233	20096176	2832057	1292054
青 海	10499370	7745705	6729113	1016593	554852
宁 夏	10201545	7500360	7002680	497679	281911
新 疆	43138733	34713164	31469599	3243566	1843464
大 连	5698312	4730534	4547384	183150	7841
宁 波	11627210	8229856	7754120	475736	185702
厦 门	8764916	5797741	5280843	516897	55345
青 岛	13106664	10365800	9496129	869671	155417
深 圳	36854150	19781893	16918346	2863547	1384382

（小学）

单位：千元

公用部分	商品和服务支出	其他资本性支出	专项公用支出	专项项目支出	基本建设支出
342343832	**179630084**	**162713747**	**46093395**	**116620353**	**20927484**
11060267	8450080	2610187	1912010	698177	1831709
2779115	1712329	1066786	329638	737149	28301
16729945	8475281	8254664	1952263	6302401	102264
6822387	4328225	2494162	1008463	1485698	320058
5414023	2759675	2654348	660032	1994316	189954
4335915	3005683	1330232	479658	850574	101433
3284065	1964359	1319707	465359	854348	181012
2992188	1998028	994160	440750	553410	134695
9119836	6229788	2890049	1083901	1806148	46124
22564790	10324602	12240188	2474624	9765565	282905
22504994	11191479	11313515	2565130	8748385	1374094
15786186	7029994	8756192	2834837	5921354	298356
12296793	5611156	6685638	2208264	4477374	231685
16451368	3816380	12634989	3145776	9489213	384747
19050596	9147559	9903037	2308250	7594787	5780
18330281	9511792	8818489	1548787	7269702	552803
13492096	6325759	7166337	1353105	5813232	
14042332	7973849	6068483	1760488	4307995	299835
34339018	23120445	11218573	4861688	6356885	8495724
9887689	5278962	4608727	1434530	3174197	361427
3582085	2013918	1568168	482774	1085394	128702
8568914	5142747	3426166	1200655	2225511	1059780
17761419	10758408	7003011	2555231	4447780	593827
9790681	4299002	5491679	1503724	3987954	183316
8100277	4347980	3752297	705835	3046462	289207
2597452	1027326	1570126	430331	1139795	511445
12884596	5846930	7037666	2157240	4880426	433435
6127830	2424629	3703202	630839	3072363	271142
2152441	971831	1180610	264077	916533	601224
2627055	1141098	1485957	509550	976407	74130
6867199	3400794	3466405	825584	2640821	1558370
967778	692038	275740	90635	185105	
3397353	1461833	1935520	281535	1653985	
2813604	1223974	1589631	805362	784268	153571
2740864	1765518	975346	564448	410898	
9112378	7191987	1920391	1237730	682661	7959879

5-39 财政补助支出明细

地 区	合 计	个人部分	工资福利支 出	对个人和家庭的补助支出	#助学金
合 计	**1482914834**	**1121171752**	**1003637002**	**117534750**	**45393470**
北 京	44383544	31744076	30681575	1062500	162395
天 津	15503014	12708298	12314350	393948	77608
河 北	70987175	54154966	47284419	6870547	2140830
山 西	30990389	23847945	21864383	1983561	712484
内蒙古	26964993	21361016	19552749	1808267	647350
辽 宁	27296797	22859449	21273096	1586353	382560
吉 林	19141665	15697380	15000263	697117	192116
黑龙江	22026360	18918807	15383481	3535325	412223
上 海	32807469	23644790	22702669	942120	459129
江 苏	99704817	76857121	69103940	7753182	1739920
浙 江	80556993	56677905	52848101	3829804	1641059
安 徽	58426842	42342301	36419362	5922939	1426042
福 建	48089220	35560741	32702949	2857792	537017
江 西	48075449	31239334	29276776	1962558	777230
山 东	94358704	75302329	69250696	6051633	1253599
河 南	76889223	58007911	52628055	5379856	3079616
湖 北	47245242	33789638	30433236	3356401	1111018
湖 南	57719770	43380441	38379384	5001058	2053454
广 东	160819416	117984674	102421946	15562728	4586509
广 西	52283334	42034218	37547682	4486536	2288391
海 南	12968777	9257990	8970447	287543	145393
重 庆	37114876	27502668	23824252	3678416	662391
四 川	74494118	56140416	47925249	8215166	4092744
贵 州	48381906	38407910	31550962	6856947	3411798
云 南	54694382	46304899	40122115	6182783	4411964
西 藏	13434449	10325552	8648845	1676708	1454573
陕 西	38710794	25417564	22912210	2505354	1657001
甘 肃	29309730	22912912	20081451	2831462	1291509
青 海	10499370	7745705	6729113	1016593	554852
宁 夏	10201545	7500360	7002680	497679	281911
新 疆	38834471	31542439	28800567	2741872	1748783
大 连	5698312	4730534	4547384	183150	7841
宁 波	11627210	8229856	7754120	475736	185702
厦 门	8764916	5797741	5280843	516897	55345
青 岛	13106664	10365800	9496129	869671	155417
深 圳	36854150	19781893	16918346	2863547	1384382

(地方小学)

单位：千元

公用部分	商品和服务支出	其他资本性支出			基本建设支出
			专项公用支出	专项项目支出	
341022755	**178842516**	**162180239**	**45905304**	**116274935**	**20720327**
10807760	8206217	2601543	1903366	698177	1831709
2766414	1701182	1065232	328083	737149	28301
16729945	8475281	8254664	1952263	6302401	102264
6822387	4328225	2494162	1008463	1485698	320058
5414023	2759675	2654348	660032	1994316	189954
4335915	3005683	1330232	479658	850574	101433
3263273	1946924	1316349	462001	854348	181012
2972858	1985995	986863	437679	549183	134695
9116555	6226693	2889862	1083715	1806148	46124
22564790	10324602	12240188	2474624	9765565	282905
22504994	11191479	11313515	2565130	8748385	1374094
15786186	7029994	8756192	2834837	5921354	298356
12296793	5611156	6685638	2208264	4477374	231685
16451368	3816380	12634989	3145776	9489213	384747
19050596	9147559	9903037	2308250	7594787	5780
18328509	9510177	8818332	1548630	7269702	552803
13455604	6300310	7155294	1344551	5810743	
14039494	7971011	6068483	1760488	4307995	299835
34339018	23120445	11218573	4861688	6356885	8495724
9887689	5278962	4608727	1434530	3174197	361427
3582085	2013918	1568168	482774	1085394	128702
8552428	5132344	3420085	1194573	2225511	1059780
17759876	10756896	7002980	2555200	4447780	593827
9790681	4299002	5491679	1503724	3987954	183316
8100277	4347980	3752297	705835	3046462	289207
2597452	1027326	1570126	430331	1139795	511445
12859795	5831095	7028700	2151694	4877006	433435
6125675	2423043	3702633	630543	3072090	271142
2152441	971831	1180610	264077	916533	601224
2627055	1141098	1485957	509550	976407	74130
5940818	2960034	2980784	674972	2305812	1351214
967778	692038	275740	90635	185105	
3397353	1461833	1935520	281535	1653985	
2813604	1223974	1589631	805362	784268	153571
2740864	1765518	975346	564448	410898	
9112378	7191987	1920391	1237730	682661	7959879

5-40 财政补助支出明细

地区	合计	个人部分	工资福利支出	对个人和家庭的补助支出	#助学金
合计	**1488510251**	**1125239197**	**1007144270**	**118094927**	**45489489**
北京	44877821	31985846	30918976	1066870	162968
天津	15536094	12728677	12334122	394555	77608
河北	70987175	54154966	47284419	6870547	2140830
山西	30990389	23847945	21864383	1983561	712484
内蒙古	26964993	21361016	19552749	1808267	647350
辽宁	27296797	22859449	21273096	1586353	382560
吉林	19247747	15782669	15085482	697187	192116
黑龙江	22259092	19132209	15546598	3585611	412419
上海	32828426	23662466	22720342	942124	459129
江苏	99704817	76857121	69103940	7753182	1739920
浙江	80556993	56677905	52848101	3829804	1641059
安徽	58426842	42342301	36419362	5922939	1426042
福建	48088008	35559756	32701963	2857792	537017
江西	48075449	31239334	29276776	1962558	777230
山东	94358704	75302329	69250696	6051633	1253599
河南	76899961	58016877	52635364	5381513	3079635
湖北	47414626	33922531	30565681	3356849	1111018
湖南	57731487	43389320	38388238	5001082	2053454
广东	160819416	117984674	102421946	15562728	4586509
广西	52283334	42034218	37547682	4486536	2288391
海南	12968777	9257990	8970447	287543	145393
重庆	37201935	27573276	23894458	3678818	662391
四川	74495663	56140418	47925249	8215168	4092746
贵州	48381906	38407910	31550962	6856947	3411798
云南	54694382	46304899	40122115	6182783	4411964
西藏	13434449	10325552	8648845	1676708	1454573
陕西	38818114	25500084	22994709	2505375	1657004
甘肃	29327205	22928233	20096176	2832057	1292054
青海	10499370	7745705	6729113	1016593	554852
宁夏	10201545	7500360	7002680	497679	281911
新疆	43138733	34713164	31469599	3243566	1843464
大连	5698312	4730534	4547384	183150	7841
宁波	11627210	8229856	7754120	475736	185702
厦门	8764916	5797741	5280843	516897	55345
青岛	13106664	10365800	9496129	869671	155417
深圳	36854150	19781893	16918346	2863547	1384382

(普通小学)

单位：千元

公用部分	商品和服务支出	其他资本性支出	专项公用支出	专项项目支出	基本建设支出
342343570	**179629822**	**162713747**	**46093395**	**116620353**	**20927484**
11060267	8450080	2610187	1912010	698177	1831709
2779115	1712329	1066786	329638	737149	28301
16729945	8475281	8254664	1952263	6302401	102264
6822387	4328225	2494162	1008463	1485698	320058
5414023	2759675	2654348	660032	1994316	189954
4335915	3005683	1330232	479658	850574	101433
3284065	1964359	1319707	465359	854348	181012
2992188	1998028	994160	440750	553410	134695
9119836	6229788	2890049	1083901	1806148	46124
22564790	10324602	12240188	2474624	9765565	282905
22504994	11191479	11313515	2565130	8748385	1374094
15786186	7029994	8756192	2834837	5921354	298356
12296566	5610929	6685638	2208264	4477374	231685
16451368	3816380	12634989	3145776	9489213	384747
19050596	9147559	9903037	2308250	7594787	5780
18330281	9511792	8818489	1548787	7269702	552803
13492096	6325759	7166337	1353105	5813232	
14042332	7973849	6068483	1760488	4307995	299835
34339018	23120445	11218573	4861688	6356885	8495724
9887689	5278962	4608727	1434530	3174197	361427
3582085	2013918	1568168	482774	1085394	128702
8568879	5142713	3426166	1200655	2225511	1059780
17761419	10758408	7003011	2555231	4447780	593827
9790681	4299002	5491679	1503724	3987954	183316
8100277	4347980	3752297	705835	3046462	289207
2597452	1027326	1570126	430331	1139795	511445
12884596	5846930	7037666	2157240	4880426	433435
6127830	2424629	3703202	630839	3072363	271142
2152441	971831	1180610	264077	916533	601224
2627055	1141098	1485957	509550	976407	74130
6867199	3400794	3466405	825584	2640821	1558370
967778	692038	275740	90635	185105	
3397353	1461833	1935520	281535	1653985	
2813604	1223974	1589631	805362	784268	153571
2740864	1765518	975346	564448	410898	
9112378	7191987	1920391	1237730	682661	7959879

5-41 财政补助支出明细

地 区	合 计	个人部分	工资福利支出	对个人和家庭的补助支出	#助学金
合 计	**1482913208**	**1121170387**	**1003635637**	**117534750**	**45393470**
北 京	44383544	31744076	30681575	1062500	162395
天 津	15503014	12708298	12314350	393948	77608
河 北	70987175	54154966	47284419	6870547	2140830
山 西	30990389	23847945	21864383	1983561	712484
内蒙古	26964993	21361016	19552749	1808267	647350
辽 宁	27296797	22859449	21273096	1586353	382560
吉 林	19141665	15697380	15000263	697117	192116
黑龙江	22026360	18918807	15383481	3535325	412223
上 海	32807469	23644790	22702669	942120	459129
江 苏	99704817	76857121	69103940	7753182	1739920
浙 江	80556993	56677905	52848101	3829804	1641059
安 徽	58426842	42342301	36419362	5922939	1426042
福 建	48088008	35559756	32701963	2857792	537017
江 西	48075449	31239334	29276776	1962558	777230
山 东	94358704	75302329	69250696	6051633	1253599
河 南	76889223	58007911	52628055	5379856	3079616
湖 北	47245242	33789638	30433236	3356401	1111018
湖 南	57719770	43380441	38379384	5001058	2053454
广 东	160819416	117984674	102421946	15562728	4586509
广 西	52283334	42034218	37547682	4486536	2288391
海 南	12968777	9257990	8970447	287543	145393
重 庆	37114461	27502288	23823872	3678416	662391
四 川	74494118	56140416	47925249	8215166	4092744
贵 州	48381906	38407910	31550962	6856947	3411798
云 南	54694382	46304899	40122115	6182783	4411964
西 藏	13434449	10325552	8648845	1676708	1454573
陕 西	38710794	25417564	22912210	2505354	1657001
甘 肃	29309730	22912912	20081451	2831462	1291509
青 海	10499370	7745705	6729113	1016593	554852
宁 夏	10201545	7500360	7002680	497679	281911
新 疆	38834471	31542439	28800567	2741872	1748783
大 连	5698312	4730534	4547384	183150	7841
宁 波	11627210	8229856	7754120	475736	185702
厦 门	8764916	5797741	5280843	516897	55345
青 岛	13106664	10365800	9496129	869671	155417
深 圳	36854150	19781893	16918346	2863547	1384382

(地方普通小学)

单位：千元

公用部分	商品和服务支出	其他资本性支出	专项公用支出	专项项目支出	基本建设支出
341022493	**178842254**	**162180239**	**45905304**	**116274935**	**20720327**
10807760	8206217	2601543	1903366	698177	1831709
2766414	1701182	1065232	328083	737149	28301
16729945	8475281	8254664	1952263	6302401	102264
6822387	4328225	2494162	1008463	1485698	320058
5414023	2759675	2654348	660032	1994316	189954
4335915	3005683	1330232	479658	850574	101433
3263273	1946924	1316349	462001	854348	181012
2972858	1985995	986863	437679	549183	134695
9116555	6226693	2889862	1083715	1806148	46124
22564790	10324602	12240188	2474624	9765565	282905
22504994	11191479	11313515	2565130	8748385	1374094
15786186	7029994	8756192	2834837	5921354	298356
12296566	5610929	6685638	2208264	4477374	231685
16451368	3816380	12634989	3145776	9489213	384747
19050596	9147559	9903037	2308250	7594787	5780
18328509	9510177	8818332	1548630	7269702	552803
13455604	6300310	7155294	1344551	5810743	
14039494	7971011	6068483	1760488	4307995	299835
34339018	23120445	11218573	4861688	6356885	8495724
9887689	5278962	4608727	1434530	3174197	361427
3582085	2013918	1568168	482774	1085394	128702
8552393	5132309	3420085	1194573	2225511	1059780
17759876	10756896	7002980	2555200	4447780	593827
9790681	4299002	5491679	1503724	3987954	183316
8100277	4347980	3752297	705835	3046462	289207
2597452	1027326	1570126	430331	1139795	511445
12859795	5831095	7028700	2151694	4877006	433435
6125675	2423043	3702633	630543	3072090	271142
2152441	971831	1180610	264077	916533	601224
2627055	1141098	1485957	509550	976407	74130
5940818	2960034	2980784	674972	2305812	1351214
967778	692038	275740	90635	185105	
3397353	1461833	1935520	281535	1653985	
2813604	1223974	1589631	805362	784268	153571
2740864	1765518	975346	564448	410898	
9112378	7191987	1920391	1237730	682661	7959879

5-42 财政补助支出明细

地区	合计	个人部分	工资福利支出	对个人和家庭的补助支出	#助学金
合计	**830625143**	**658754550**	**582429170**	**76325379**	**31988044**
北京	7728677	5390620	5156855	233765	51166
天津	3388951	3039348	2941877	97471	1078
河北	50241604	38937512	33704536	5232976	1811938
山西	19760916	15865610	14463058	1402552	457874
内蒙古	18610304	15159165	13782960	1376205	474531
辽宁	11600776	10387641	9576676	810965	180116
吉林	12615500	10596874	10107600	489274	124974
黑龙江	13160104	11515305	9325684	2189621	117683
上海	4185993	3457173	3311234	145939	59356
江苏	39286929	32181077	28456633	3724443	593589
浙江	33507464	24319836	22396802	1923034	717950
安徽	40147319	30304545	25831324	4473221	1206627
福建	25457400	19948690	18399216	1549473	107696
江西	32775896	21689057	20276000	1413057	586023
山东	50100554	41127660	37680233	3447426	634606
河南	54810677	41807007	37791289	4015718	2530997
湖北	23650687	18198792	16205451	1993341	854343
湖南	37410757	28746041	25241894	3504147	1740718
广东	56171931	45921466	40172112	5749354	1232916
广西	38390949	31508618	27777900	3730718	1898549
海南	8574893	6630276	6408882	221394	124975
重庆	19387645	16334361	13802949	2531411	552393
四川	47785194	37624682	32204605	5420076	2916798
贵州	36046884	30345402	24697907	5647495	3024046
云南	43023431	37619095	32401692	5217403	3858736
西藏	10828507	8336713	6967761	1368952	1191261
陕西	22075569	15026701	13100431	1926270	1311819
甘肃	23199887	18414179	15988302	2425877	1142021
青海	7902727	5904533	5068036	836497	527290
宁夏	6164647	4925326	4569939	355386	199305
新疆	32632371	27491245	24619330	2871916	1756669
大连	1010057	891908	823383	68525	103
宁波	3897004	2874775	2684678	190097	67696
厦门	866894	578251	470747	107504	1563
青岛	2803737	2280550	2039328	241222	13472
深圳					

(农村小学)

单位：千元

公用部分	商品和服务支出	其他资本性支出			基本建设支出
			专项公用支出	专项项目支出	
165619600	**85554990**	**80064610**	**19974342**	**60090268**	**6250993**
1689875	1174484	515392	308680	206712	648181
349603	299443	50160	30224	19936	
11211262	5963241	5248021	1274517	3973504	92830
3715249	2428212	1287037	414207	872830	180057
3338573	1716533	1622040	355734	1266306	112566
1193875	884684	309192	88898	220293	19260
1973151	1190266	782885	297362	485523	45475
1576994	1011891	565103	235098	330004	67805
728820	605236	123584	107960	15624	
7020416	3671197	3349219	711031	2638188	85436
8387515	4611539	3775976	922067	2853909	800114
9564353	4531514	5032839	1741670	3291169	278421
5429408	2737191	2692217	809952	1882265	79302
10867065	2362203	8504863	2157418	6347445	219775
8967114	4039724	4927391	859915	4067475	5780
12816211	6977288	5838923	1057863	4781060	187458
5451895	2722829	2729066	457142	2271924	
8499060	4545186	3953874	975478	2978396	165656
10112263	6628356	3483907	1324838	2159069	138202
6746680	3754824	2991855	791810	2200045	135651
1833408	920642	912766	281629	631137	111209
2943391	1885426	1057965	255352	802613	109894
9744555	5878702	3865853	896608	2969245	415958
5641132	2810878	2830255	538356	2291898	60349
5278822	2930488	2348334	372769	1975565	125514
2134720	867654	1267067	337280	929787	357073
6856501	2887064	3969437	1051630	2917806	192366
4555459	1804366	2751093	461586	2289506	230249
1520707	661130	859577	172990	686587	477487
1200111	645554	554557	212197	342360	39210
4271411	2407245	1864166	472080	1392086	869715
118148	107192	10956	2967	7989	
1022228	535989	486239	77441	408798	
266733	115440	151293	48421	102872	21911
523186	302321	220865	39190	181675	

5-43 财政补助支出明细

地区	合计	个人部分	工资福利支出	对个人和家庭的补助支出	#助学金
合计	**827318586**	**656130073**	**580254771**	**75875301**	**31910588**
北京	7728677	5390620	5156855	233765	51166
天津	3388951	3039348	2941877	97471	1078
河北	50241604	38937512	33704536	5232976	1811938
山西	19760916	15865610	14463058	1402552	457874
内蒙古	18610304	15159165	13782960	1376205	474531
辽宁	11600776	10387641	9576676	810965	180116
吉林	12615500	10596874	10107600	489274	124974
黑龙江	12955932	11327290	9185373	2141917	117498
上海	4185993	3457173	3311234	145939	59356
江苏	39286929	32181077	28456633	3724443	593589
浙江	33507464	24319836	22396802	1923034	717950
安徽	40147319	30304545	25831324	4473221	1206627
福建	25457400	19948690	18399216	1549473	107696
江西	32775896	21689057	20276000	1413057	586023
山东	50100554	41127660	37680233	3447426	634606
河南	54810677	41807007	37791289	4015718	2530997
湖北	23650687	18198792	16205451	1993341	854343
湖南	37410757	28746041	25241894	3504147	1740718
广东	56171931	45921466	40172112	5749354	1232916
广西	38390949	31508618	27777900	3730718	1898549
海南	8574893	6630276	6408882	221394	124975
重庆	19387645	16334361	13802949	2531411	552393
四川	47785194	37624682	32204605	5420076	2916798
贵州	36046884	30345402	24697907	5647495	3024046
云南	43023431	37619095	32401692	5217403	3858736
西藏	10828507	8336713	6967761	1368952	1191261
陕西	22075569	15026701	13100431	1926270	1311819
甘肃	23182412	18398859	15973576	2425282	1141476
青海	7902727	5904533	5068036	836497	527290
宁夏	6164647	4925326	4569939	355386	199305
新疆	29547461	25070105	22599968	2470137	1679944
大连	1010057	891908	823383	68525	103
宁波	3897004	2874775	2684678	190097	67696
厦门	866894	578251	470747	107504	1563
青岛	2803737	2280550	2039328	241222	13472
深圳					

(地方农村小学)

单位：千元

公用部分					基本建设支出
	商品和服务支出	其他资本性支出			
			专项公用支出	专项项目支出	
164999955	**85237287**	**79762668**	**19875064**	**59887604**	**6188558**
1689875	1174484	515392	308680	206712	648181
349603	299443	50160	30224	19936	
11211262	5963241	5248021	1274517	3973504	92830
3715249	2428212	1287037	414207	872830	180057
3338573	1716533	1622040	355734	1266306	112566
1193875	884684	309192	88898	220293	19260
1973151	1190266	782885	297362	485523	45475
1560838	1002474	558364	232074	326290	67805
728820	605236	123584	107960	15624	
7020416	3671197	3349219	711031	2638188	85436
8387515	4611539	3775976	922067	2853909	800114
9564353	4531514	5032839	1741670	3291169	278421
5429408	2737191	2692217	809952	1882265	79302
10867065	2362203	8504863	2157418	6347445	219775
8967114	4039724	4927391	859915	4067475	5780
12816211	6977288	5838923	1057863	4781060	187458
5451895	2722829	2729066	457142	2271924	
8499060	4545186	3953874	975478	2978396	165656
10112263	6628356	3483907	1324838	2159069	138202
6746680	3754824	2991855	791810	2200045	135651
1833408	920642	912766	281629	631137	111209
2943391	1885426	1057965	255352	802613	109894
9744555	5878702	3865853	896608	2969245	415958
5641132	2810878	2830255	538356	2291898	60349
5278822	2930488	2348334	372769	1975565	125514
2134720	867654	1267067	337280	929787	357073
6856501	2887064	3969437	1051630	2917806	192366
4553304	1802781	2750523	461290	2289233	230249
1520707	661130	859577	172990	686587	477487
1200111	645554	554557	212197	342360	39210
3670077	2100546	1569532	376123	1193408	807279
118148	107192	10956	2967	7989	
1022228	535989	486239	77441	408798	
266733	115440	151293	48421	102872	21911
523186	302321	220865	39190	181675	

5-44 财政补助支出明细

地区	合计				
		个人部分			
			工资福利支出	对个人和家庭的补助支出	#助学金
合计	**1627**	**1365**	**1365**		
北京					
天津					
河北					
山西					
内蒙古					
辽宁					
吉林					
黑龙江					
上海					
江苏					
浙江					
安徽					
福建	1212	985	985		
江西					
山东					
河南					
湖北					
湖南					
广东					
广西					
海南					
重庆	414	380	380		
四川					
贵州					
云南					
西藏					
陕西					
甘肃					
青海					
宁夏					
新疆					
大连					
宁波					
厦门					
青岛					
深圳					

(成人小学)

单位：千元

公用部分	商品和服务支出	其他资本性支出		基本建设支出
		专项公用支出	专项项目支出	
262	**262**			
227	227			
35	35			

5-45 财政补助支出明细

地区	合计	个人部分			
			工资福利支出	对个人和家庭的补助支出	
					#助学金
合计	**23218508**	**16194275**	**15001061**	**1193213**	**417154**
北京	741482	594802	560918	33884	9658
天津	253753	210789	204530	6259	203
河北	834145	643654	600168	43486	10117
山西	580857	436036	392512	43524	8727
内蒙古	478135	369269	357070	12198	4812
辽宁	747785	620164	575107	45058	7747
吉林	378349	299993	288709	11284	4094
黑龙江	529031	411498	364627	46871	10666
上海	1019730	778532	749444	29088	11368
江苏	1518613	1175912	1065383	110529	26038
浙江	1302024	828792	785177	43616	25079
安徽	1364122	423139	378419	44721	12085
福建	839735	612238	564451	47787	18606
江西	593394	338923	319332	19591	9491
山东	1713353	1332669	1209806	122863	50967
河南	821281	632318	585679	46639	17022
湖北	644823	474362	411657	62705	15327
湖南	902642	618006	572740	45266	21571
广东	2791519	1851738	1745416	106322	29355
广西	571097	402791	378091	24700	8774
海南	152312	100282	93743	6539	4433
重庆	365851	267352	244700	22652	7874
四川	1139120	692946	629098	63849	24563
贵州	728757	433431	393105	40326	18091
云南	636041	501539	465304	36235	28450
西藏	147428	128299	121424	6874	3275
陕西	528593	350570	328903	21667	7373
甘肃	257951	201069	188358	12711	3250
青海	106921	63162	57567	5595	2415
宁夏	239154	154976	136978	17998	9725
新疆	290509	245024	232649	12375	5997
大连	144161	126816	124566	2250	242
宁波	152646	114314	107280	7034	3176
厦门	173138	101428	94592	6836	1149
青岛	327823	257245	224952	32293	8866
深圳	595069	302436	295778	6658	1474

（特殊教育）

单位：千元

公用部分					基本建设支出
	商品和服务支出	其他资本性支出			
			专项公用支出	专项项目支出	
6622779	**3758800**	**2863980**	**901071**	**1962909**	**401454**
124302	110858	13444	11962	1482	22378
42963	39198	3765	3765		
179062	127079	51982	27456	24527	11429
144821	90411	54410	28940	25470	
106081	54717	51364	21292	30072	2785
126395	102694	23701	10112	13589	1227
69919	46560	23359	13629	9731	8437
114401	80020	34381	17500	16881	3133
241198	196642	44557	36249	8308	
341160	245233	95926	46453	49473	1542
448084	216515	231569	50072	181497	25147
935838	122633	813205	48878	764327	5145
227497	139247	88250	42085	46166	
236103	103604	132498	46917	85582	18368
380683	240508	140175	57778	82397	
187963	145414	42550	23676	18874	1000
170461	118864	51597	23694	27903	
281216	171711	109505	36281	73224	3420
837750	551197	286552	149921	136631	102032
159807	88037	71769	31009	40760	8500
51699	38083	13616	10203	3413	330
98499	78961	19538	14478	5060	
432138	230071	202067	47541	154526	14037
185329	114565	70764	19453	51311	109996
125469	81223	44246	20421	23825	9032
19129	11905	7224	724	6500	
125024	72635	52389	18846	33543	53000
56882	32976	23906	11224	12682	
43759	20374	23386	4760	18626	
84178	50815	33364	19818	13545	
44968	36050	8918	5932	2986	517
17345	15888	1457	1457		
38331	30423	7908	6313	1596	
71710	36717	34993	12386	22607	
70578	45177	25401	12276	13125	
211570	177269	34301	33973	328	81062

5-46 财政补助支出明细

地区	合计	个人部分	工资福利支出	对个人和家庭的补助支出	#助学金
合计	**22228207**	**15533091**	**14382577**	**1150513**	**411865**
北京	621660	499833	472924	26909	9413
天津	245030	203054	198196	4858	203
河北	834145	643654	600168	43486	10117
山西	554575	415651	372206	43445	8715
内蒙古	478135	369269	357070	12198	4812
辽宁	691024	569849	530269	39580	7708
吉林	364957	291624	280984	10639	4080
黑龙江	520977	406519	360151	46369	10666
上海	865396	659482	635096	24386	11095
江苏	1493539	1158167	1048877	109290	25954
浙江	1273281	811707	768600	43107	25026
安徽	1344182	410827	368349	42478	12085
福建	839735	612238	564451	47787	18606
江西	532526	311530	293214	18316	9490
山东	1713353	1332669	1209806	122863	50967
河南	800752	616511	571553	44958	16975
湖北	624902	460081	398704	61377	15327
湖南	879122	600334	555833	44502	21471
广东	2681292	1797103	1693340	103764	29026
广西	534999	389015	364579	24436	8774
海南	150435	99644	93105	6539	4433
重庆	354757	259094	237309	21784	7874
四川	1051848	645631	584765	60867	24156
贵州	608306	356170	322158	34012	14589
云南	614036	483842	448102	35740	28388
西藏	147428	128299	121424	6874	3275
陕西	513553	337185	315792	21393	7373
甘肃	257951	201069	188358	12711	3250
青海	106921	63162	57567	5595	2415
宁夏	239154	154976	136978	17998	9725
新疆	290237	244902	232649	12253	5875
大连	133709	117074	115066	2008	203
宁波	152646	114314	107280	7034	3176
厦门	173138	101428	94592	6836	1149
青岛	327823	257245	224952	32293	8866
深圳	560351	283052	277781	5271	1155

(特殊教育学校)

单位：千元

公用部分					基本建设支出
	商品和服务支出	其他资本性支出			
			专项公用支出	专项项目支出	
6294568	**3546744**	**2747824**	**858663**	**1889161**	**400549**
99449	90324	9126	7643	1482	22378
41975	38238	3738	3738		
179062	127079	51982	27456	24527	11429
138924	84735	54189	28720	25470	
106081	54717	51364	21292	30072	2785
119948	96630	23318	10068	13250	1227
64896	41674	23223	13492	9731	8437
111325	77877	33447	17255	16192	3133
205914	169032	36882	31882	5000	
333830	241062	92769	43998	48771	1542
436427	210940	225487	49157	176330	25147
928210	115510	812699	48372	764327	5145
227497	139247	88250	42085	46166	
202628	88112	114516	39568	74949	18368
380683	240508	140175	57778	82397	
183241	141895	41346	22646	18700	1000
164821	113886	50935	23032	27903	
275368	168118	107250	36211	71039	3420
783062	523437	259625	145977	113647	101127
137484	79007	58477	21446	37031	8500
50461	37062	13399	10057	3342	330
95664	76441	19222	14163	5060	
392180	214810	177370	44179	133191	14037
142140	74550	67590	17299	50291	109996
121161	77967	43194	19845	23349	9032
19129	11905	7224	724	6500	
123367	71915	51453	18846	32607	53000
56882	32976	23906	11224	12682	
43759	20374	23386	4760	18626	
84178	50815	33364	19818	13545	
44819	35901	8918	5932	2986	517
16636	15198	1437	1437		
38331	30423	7908	6313	1596	
71710	36717	34993	12386	22607	
70578	45177	25401	12276	13125	
196236	163969	32267	31938	328	81062

5-47 财政补助支出明细

地区	合计	个人部分	工资福利支出	对个人和家庭的补助支出	#助学金
合计	**990300**	**661184**	**618484**	**42700**	**5289**
北京	119822	94969	87994	6975	245
天津	8723	7735	6334	1401	
河北					
山西	26282	20385	20305	79	13
内蒙古					
辽宁	56761	50315	44837	5477	39
吉林	13392	8369	7724	645	14
黑龙江	8055	4979	4476	503	
上海	154335	119050	114348	4702	272
江苏	25074	17745	16506	1239	84
浙江	28742	17085	16576	509	53
安徽	19940	12312	10070	2242	
福建					
江西	60868	27394	26118	1275	1
山东					
河南	20529	15807	14127	1681	47
湖北	19921	14281	12952	1329	
湖南	23520	17672	16907	765	100
广东	110227	54634	52076	2558	329
广西	36099	13776	13512	264	
海南	1876	638	638		
重庆	11094	8258	7390	868	
四川	87272	47315	44333	2982	406
贵州	120451	77261	70947	6314	3502
云南	22005	17697	17202	496	61
西藏					
陕西	15041	13384	13111	274	
甘肃					
青海					
宁夏					
新疆	272	122		122	122
大连	10452	9743	9500	243	39
宁波					
厦门					
青岛					
深圳	34718	19384	17997	1386	319

(工读学校)

单位：千元

公用部分	商品和服务支出	其他资本性支出	专项公用支出	专项项目支出	基本建设支出
328212	**212056**	**116156**	**42408**	**73748**	**905**
24853	20534	4319	4319		
988	960	28	28		
5897	5676	221	221		
6447	6064	383	44	339	
5023	4886	137	137		
3076	2142	934	245	688	
35284	27610	7675	4367	3308	
7329	4172	3158	2456	702	
11657	5575	6082	915	5167	
7628	7122	506	506		
33474	15492	17982	7349	10633	
4722	3519	1204	1030	174	
5640	4978	662	662		
5848	3592	2255	70	2185	
54688	27760	26928	3944	22983	905
22323	9030	13293	9564	3729	
1238	1021	217	145	71	
2836	2520	316	316		
39958	15261	24697	3362	21335	
43190	40016	3174	2154	1020	
4308	3255	1052	576	476	
1656	720	936		936	
149	149				
709	689	20	20		
15334	13299	2035	2035		

5-48 财政补助支出明细

地区	合计	个人部分	工资福利支出	对个人和家庭的补助支出	#助学金
合计	**300857202**	**184211853**	**172276869**	**11934985**	**5779099**
北京	16563122	11067530	10938575	128955	4149
天津	4127516	2858824	2800134	58689	1268
河北	11259876	8258980	7847300	411680	34048
山西	4630595	2606346	2429800	176545	108640
内蒙古	6589812	4335396	4128036	207360	92243
辽宁	2687115	1733897	1641413	92484	15183
吉林	2351574	1569561	1528639	40922	9720
黑龙江	2753485	1702612	1549574	153038	15300
上海	18559022	12517911	12380455	137456	28361
江苏	20989185	13555245	13046632	508613	165190
浙江	24027745	13311355	12778752	532602	261747
安徽	10674734	5617991	5215178	402813	161123
福建	12159146	7334691	6927129	407562	97229
江西	11481709	4855889	4712560	143330	93411
山东	15923294	9934728	9405430	529299	278444
河南	7665294	4596049	4349265	246784	155825
湖北	6997084	3697345	3466561	230784	99715
湖南	7264196	3830665	3510112	320553	177363
广东	26852332	15923472	14011922	1911550	548368
广西	5918403	3592983	3367693	225291	109070
海南	3507103	1650461	1539659	110802	49886
重庆	4903834	2387359	2006536	380823	257616
四川	16307680	8592776	7615530	977246	580965
贵州	11373504	7285832	6454740	831092	606844
云南	6988291	5158678	4681469	477210	300657
西藏	4268613	3169481	2702335	467146	406536
陕西	10533769	6207545	5906708	300837	194455
甘肃	7272981	4808222	4454927	353296	114600
青海	1431078	773607	614778	158829	116694
宁夏	1792380	858452	792998	65453	40139
新疆	13002726	10417969	9472031	945938	654310
大连	829876	626376	587592	38784	673
宁波	3632233	2164550	2108735	55814	28554
厦门	2970563	1960842	1765355	195488	2206
青岛	2744184	1694877	1635410	59468	14341
深圳	10667324	6929828	6045616	884212	241115

（幼儿园）

单位：千元

公用部分	商品和服务支出	其他资本性支出	专项公用支出	专项项目支出	基本建设支出
113303185	**59226867**	**54076318**	**14642802**	**39433516**	**3342163**
5216323	4751407	464916	341006	123910	279270
1268693	769602	499090	117320	381771	
2993606	1451030	1542576	285928	1256648	7290
1976738	878813	1097926	253552	844373	47511
2167787	875640	1292148	275646	1016501	86629
920347	728037	192310	105688	86621	32872
772061	354080	417981	111009	306972	9952
1007297	470464	536833	99949	436885	43576
5956563	4383867	1572696	703325	869371	84549
7411225	4079797	3331428	885203	2446225	22715
10246011	5661232	4584779	989318	3595461	470380
5010743	2119700	2891042	921309	1969734	46000
4796848	2015816	2781032	771119	2009913	27608
6483549	935643	5547905	984308	4563597	142271
5988066	2879588	3108478	714814	2393664	500
3036052	767329	2268723	410300	1858423	33193
3299739	1535795	1763944	458928	1305017	
3406848	1921575	1485274	404086	1081187	26683
10515079	6405422	4109657	1677084	2432573	413781
2174789	1018698	1156091	207752	948339	150631
1804443	1042671	761773	344717	417055	52198
2480043	1586807	893235	200434	692801	36432
7541502	4072397	3469105	1091241	2377864	173402
3971086	1806791	2164295	841417	1322878	116586
1748102	983197	764905	174747	590158	81510
994206	390728	603478	188131	415347	104926
4124495	2284098	1840397	468063	1372334	201729
2377017	961841	1415176	192201	1222975	87742
497588	246953	250634	50039	200595	159883
926549	465469	461079	162630	298449	7380
2189792	1382380	807412	211538	595873	394965
203501	166006	37494	32824	4670	
1467684	678827	788857	115699	673158	
992061	632690	359371	178494	180877	17659
1049306	568633	480673	205083	275590	
3391695	2656761	734935	598618	136317	345801

5-49 财政补助支出明细

地 区	合 计	个人部分	工资福利支出	对个人和家庭的补助支出	#助学金
合 计	**298484672**	**182642011**	**170799758**	**11842252**	**5761824**
北 京	15792116	10428799	10302057	126742	4121
天 津	4125213	2856695	2798007	58688	1266
河 北	11247493	8248344	7836664	411680	34048
山 西	4630595	2606346	2429800	176545	108640
内蒙古	6589679	4335396	4128036	207360	92243
辽 宁	2679323	1727152	1635102	92050	15183
吉 林	2348721	1568617	1527695	40922	9720
黑龙江	2680691	1646986	1498184	148802	15202
上 海	18443864	12440609	12303967	136642	28361
江 苏	20970761	13542005	13033432	508574	165151
浙 江	24027745	13311355	12778752	532602	261747
安 徽	10674478	5617991	5215178	402813	161123
福 建	12159146	7334691	6927129	407562	97229
江 西	11481709	4855889	4712560	143330	93411
山 东	15923294	9934728	9405430	529299	278444
河 南	7652705	4584342	4337606	246736	155777
湖 北	6996260	3697343	3466561	230782	99713
湖 南	7255612	3826935	3506419	320516	177362
广 东	26849037	15921077	14009812	1911265	548100
广 西	5918403	3592983	3367693	225291	109070
海 南	3496189	1649458	1538656	110802	49886
重 庆	4903541	2387258	2006435	380823	257616
四 川	16301289	8586723	7609887	976835	580666
贵 州	11373504	7285832	6454740	831092	606844
云 南	6986773	5157160	4679952	477208	300656
西 藏	4268613	3169481	2702335	467146	406536
陕 西	10531665	6207332	5906616	300716	194334
甘 肃	7259208	4796353	4444318	352035	113416
青 海	1431078	773607	614778	158829	116694
宁 夏	1792380	858452	792998	65453	40139
新 疆	11693584	9692070	8828958	863111	639125
大 连	825676	622580	583796	38784	673
宁 波	3632233	2164550	2108735	55814	28554
厦 门	2970563	1960842	1765355	195488	2206
青 岛	2744184	1694877	1635410	59468	14341
深 圳	10667324	6929828	6045616	884212	241115

(地方幼儿园)

单位:千元

公用部分	商品和服务支出	其他资本性支出			基本建设支出
			专项公用支出	专项项目支出	
112575233	**58819618**	**53755615**	**14540942**	**39214673**	**3267428**
5084047	4633987	450060	329645	120414	279270
1268518	769428	499090	117320	381771	
2991859	1449283	1542576	285928	1256648	7290
1976738	878813	1097926	253552	844373	47511
2167655	875507	1292148	275646	1016501	86629
919300	727016	192284	105663	86621	32872
770152	353373	416779	110274	306504	9952
990129	463944	526185	97490	428695	43576
5918706	4350243	1568463	699092	869371	84549
7406041	4077714	3328327	882102	2446225	22715
10246011	5661232	4584779	989318	3595461	470380
5010486	2119570	2890916	921182	1969734	46000
4796848	2015816	2781032	771119	2009913	27608
6483549	935643	5547905	984308	4563597	142271
5988066	2879588	3108478	714814	2393664	500
3035171	766620	2268550	410127	1858423	33193
3298917	1535120	1763797	458780	1305017	
3401994	1916800	1485194	404086	1081107	26683
10514179	6404990	4109190	1676927	2432263	413781
2174789	1018698	1156091	207752	948339	150631
1794532	1042023	752509	343712	408797	52198
2479851	1586615	893235	200434	692801	36432
7541164	4072059	3469105	1091241	2377864	173402
3971086	1806791	2164295	841417	1322878	116586
1748102	983197	764905	174747	590158	81510
994206	390728	603478	188131	415347	104926
4122605	2282390	1840215	467905	1372310	201729
2375113	960908	1414205	191427	1222778	87742
497588	246953	250634	50039	200595	159883
926549	465469	461079	162630	298449	7380
1681284	1149098	532186	134133	398053	320230
203096	165602	37494	32824	4670	
1467684	678827	788857	115699	673158	
992061	632690	359371	178494	180877	17659
1049306	568633	480673	205083	275590	
3391695	2656761	734935	598618	136317	345801

5-50 财政补助支出明细

地区	合计	个人部分	工资福利支出	对个人和家庭的补助支出	#助学金
合计	**137128305**	**87943530**	**81831195**	**6112335**	**3851515**
北京	2984863	1734748	1721455	13293	687
天津	556708	409885	402046	7840	348
河北	7881543	5809613	5611197	198416	28495
山西	2895729	1666284	1561654	104630	70684
内蒙古	4224933	2855808	2736988	118820	43334
辽宁	646065	446456	435576	10880	5382
吉林	1119962	826012	813381	12631	3802
黑龙江	1493021	961225	886991	74235	10713
上海	2599920	1981282	1959743	21539	4542
江苏	6395888	4167472	3991460	176012	95810
浙江	8921568	4813431	4607931	205500	74426
安徽	6603134	3753836	3536858	216978	69229
福建	5483034	3189278	3108124	81154	28194
江西	7309090	3269066	3170476	98589	72926
山东	7718369	5004873	4703773	301100	183412
河南	4359223	2763750	2607472	156278	133407
湖北	2929414	1491897	1380257	111640	78882
湖南	4350649	2389951	2190172	199779	137354
广东	5314434	2965997	2687899	278098	171670
广西	3559325	2178407	2039075	139332	81933
海南	2060574	1114724	1036044	78680	41677
重庆	1917498	1156901	976146	180755	144215
四川	7714049	4508776	3929340	579436	398866
贵州	7534865	5607920	4949786	658134	522794
云南	4460753	3528033	3206378	321655	222661
西藏	3040528	2327874	1955854	372020	331302
陕西	5623687	3562034	3357001	205033	132043
甘肃	5416157	3835043	3610602	224441	38522
青海	1037808	553023	443787	109236	91336
宁夏	947272	502221	458420	43802	29561
新疆	10028244	8567708	7755308	812401	603308
大连	87360	63972	63873	100	7
宁波	1224479	644354	624086	20268	9498
厦门	207980	119414	115578	3836	400
青岛	483294	324270	310183	14087	6340
深圳					

(农村幼儿园)

单位：千元

公用部分	商品和服务支出	其他资本性支出	专项公用支出	专项项目支出	基本建设支出
47889995	**21837886**	**26052108**	**5614771**	**20437337**	**1294780**
1210481	1101419	109062	62794	46268	39633
146822	126833	19989	12081	7908	
2068827	918085	1150743	186770	963972	3103
1216934	540394	676540	135610	540930	12511
1329144	507496	821648	169800	651848	39981
198570	147751	50819	11803	39016	1039
292135	129373	162761	51055	111707	1816
497838	198672	299166	47306	251860	33958
618638	476783	141855	120196	21659	
2228417	1144598	1083819	253239	830580	
3858699	1926583	1932116	349870	1582245	249437
2814098	1273224	1540874	412165	1128709	35200
2284996	778453	1506542	251757	1254785	8760
3995831	523592	3472239	691792	2780447	44194
2712996	1238237	1474759	223903	1250856	500
1576428	382496	1193932	218384	975548	19045
1437517	456893	980623	176381	804242	
1938020	1056712	881308	141779	739529	22678
2343473	1139325	1204148	411625	792523	4964
1293335	626861	666474	114774	551700	87583
893651	517453	376198	178933	197264	52198
749037	437311	311726	60239	251487	11560
3124961	1509659	1615302	382938	1232364	80312
1893605	902072	991532	164511	827021	33341
876383	510639	365744	86622	279123	56337
632656	226894	405761	153745	252017	79998
2016086	986484	1029601	205314	824288	45567
1531151	650947	880203	114820	765384	49963
377797	183936	193861	32236	161625	106988
437671	245633	192037	93036	99002	7380
1293801	973076	320724	99292	221432	166735
23388	22277	1111	961	150	
580125	254879	325247	58222	267024	
88565	58741	29824	12722	17102	
159024	102382	56642	24305	32338	

5-51 财政补助支出明细

地 区	合 计	个人部分	工资福利支出	对个人和家庭的补助支出	#助学金
合 计	**136249181**	**87384677**	**81331802**	**6052875**	**3840501**
北 京	2981426	1732188	1718895	13293	687
天 津	556708	409885	402046	7840	348
河 北	7881395	5809613	5611197	198416	28495
山 西	2895729	1666284	1561654	104630	70684
内蒙古	4224933	2855808	2736988	118820	43334
辽 宁	646065	446456	435576	10880	5382
吉 林	1119962	826012	813381	12631	3802
黑龙江	1434104	915329	844913	70416	10623
上 海	2599920	1981282	1959743	21539	4542
江 苏	6395888	4167472	3991460	176012	95810
浙 江	8921568	4813431	4607931	205500	74426
安 徽	6603134	3753836	3536858	216978	69229
福 建	5483034	3189278	3108124	81154	28194
江 西	7309090	3269066	3170476	98589	72926
山 东	7718369	5004873	4703773	301100	183412
河 南	4359223	2763750	2607472	156278	133407
湖 北	2929270	1491897	1380257	111640	78882
湖 南	4350633	2389950	2190172	199778	137353
广 东	5311140	2963602	2685789	277813	171402
广 西	3559325	2178407	2039075	139332	81933
海 南	2060574	1114724	1036044	78680	41677
重 庆	1917498	1156901	976146	180755	144215
四 川	7714049	4508776	3929340	579436	398866
贵 州	7534865	5607920	4949786	658134	522794
云 南	4460753	3528033	3206378	321655	222661
西 藏	3040528	2327874	1955854	372020	331302
陕 西	5623514	3561940	3356909	205030	132040
甘 肃	5403992	3824282	3599994	224287	38445
青 海	1037808	553023	443787	109236	91336
宁 夏	947272	502221	458420	43802	29561
新 疆	9227414	8070565	7313363	757203	592733
大 连	87360	63972	63873	100	7
宁 波	1224479	644354	624086	20268	9498
厦 门	207980	119414	115578	3836	400
青 岛	483294	324270	310183	14087	6340
深 圳					

（地方农村幼儿园）

单位：千元

公用部分	商品和服务支出	其他资本性支出	专项公用支出	专项项目支出	基本建设支出
47608061	**21691452**	**25916610**	**5572444**	**20344165**	**1256443**
1209605	1100988	108618	62531	46087	39633
146822	126833	19989	12081	7908	
2068679	917937	1150743	186770	963972	3103
1216934	540394	676540	135610	540930	12511
1329144	507496	821648	169800	651848	39981
198570	147751	50819	11803	39016	1039
292135	129373	162761	51055	111707	1816
484818	194074	290744	45549	245196	33958
618638	476783	141855	120196	21659	
2228417	1144598	1083819	253239	830580	
3858699	1926583	1932116	349870	1582245	249437
2814098	1273224	1540874	412165	1128709	35200
2284996	778453	1506542	251757	1254785	8760
3995831	523592	3472239	691792	2780447	44194
2712996	1238237	1474759	223903	1250856	500
1576428	382496	1193932	218384	975548	19045
1437373	456749	980623	176381	804242	
1938005	1056697	881308	141779	739529	22678
2342574	1138893	1203680	411468	792213	4964
1293335	626861	666474	114774	551700	87583
893651	517453	376198	178933	197264	52198
749037	437311	311726	60239	251487	11560
3124961	1509659	1615302	382938	1232364	80312
1893605	902072	991532	164511	827021	33341
876383	510639	365744	86622	279123	56337
632656	226894	405761	153745	252017	79998
2016008	986407	1029601	205313	824288	45567
1529747	650014	879732	114545	765187	49963
377797	183936	193861	32236	161625	106988
437671	245633	192037	93036	99002	7380
1028451	833420	195031	59419	135613	128397
23388	22277	1111	961	150	
580125	254879	325247	58222	267024	
88565	58741	29824	12722	17102	
159024	102382	56642	24305	32338	

5-52 财政补助支出明细

地区	合计	个人部分	工资福利支出	对个人和家庭的补助支出	#助学金
合计	**41987076**	**24551408**	**20261145**	**4290263**	
北京	1003013	770251	698255	71996	
天津	358242	288198	269650	18548	
河北	944326	676946	532023	144923	
山西	1133007	832051	743550	88500	
内蒙古	732446	496545	410375	86170	
辽宁	762388	503212	416835	86377	
吉林	413745	265276	226747	38529	
黑龙江	1543132	824875	549536	275339	
上海	465233	378518	360104	18414	
江苏	2114722	1432770	1141085	291685	
浙江	2689582	1144515	957553	186962	
安徽	1452608	817255	637115	180140	
福建	1008514	520151	402811	117340	
江西	820313	430410	368822	61588	
山东	2796012	2219053	1978306	240747	
河南	1431651	811983	658685	153298	
湖北	1561726	874513	721384	153129	
湖南	2752761	1774432	1509600	264832	
广东	4283382	2219604	1638737	580867	
广西	552108	335732	292833	42899	
海南	345099	175220	166543	8677	
重庆	1648431	387880	271151	116729	
四川	3310399	1452671	1101795	350875	
贵州	1878394	1210578	1016713	193865	
云南	1503027	939209	832810	106399	
西藏	878249	502994	460254	42740	
陕西	1335600	520676	410956	109720	
甘肃	591469	428578	355446	73132	
青海	243261	167269	133446	33823	
宁夏	221370	186257	174081	12176	
新疆	1212863	963785	823941	139844	
大连	112479	90868	80979	9889	
宁波	151496	112832	104184	8648	
厦门	232593	59448	46836	12612	
青岛	367125	285208	267535	17672	
深圳	828826	319673	203487	116185	

(教育行政单位)

单位：千元

公用部分	商品和服务支出	其他资本性支出			基本建设支出
			专项公用支出	专项项目支出	
17085225	**12591519**	**4493706**	**1535143**	**2958563**	**350443**
232762	223909	8852	8852		
70044	60746	9298	9298		
267379	239353	28027	15935	12092	
300956	220788	80169	46611	33558	
234510	203176	31333	26518	4815	1392
253871	192150	61721	34059	27662	5306
148469	135117	13352	11255	2098	
699082	339295	359787	138708	221079	19175
86715	81988	4726	1616	3110	
681952	575880	106072	94900	11172	
1488217	977292	510925	148517	362408	56850
635354	519632	115722	73188	42534	
478777	407748	71028	51989	19040	9586
389903	338645	51258	32158	19100	
576959	491470	85489	59859	25630	
619668	526898	92771	37087	55684	
687207	489690	197517	44206	153311	7
978329	728093	250236	89464	160772	
2045877	1903699	142178	105761	36417	17900
216376	191776	24601	22326	2275	
169879	149990	19888	10613	9275	
1260551	586248	674303	57648	616655	
1850755	1131527	719228	142758	576470	6973
608263	453878	154385	91259	63125	59554
475804	318761	157043	26518	130525	88014
306590	183419	123170	42742	80428	68665
808624	482759	325865	75359	250506	6300
162891	125076	37815	21539	16277	
67913	49195	18718	2648	16070	8079
35113	33466	1647	1636	10	
246435	229856	16579	10115	6464	2643
21611	16725	4886	3091	1794	
38664	35321	3342	3342		
163559	152193	11365	9842	1523	9586
81917	74318	7600	7600		
500343	474128	26215	19249	6967	8810

5-53 财政补助支出明细

地　区	合　计	个人部分	工资福利支　出	对个人和家庭的补助支出	#助学金
合　计	**41576697**	**24296915**	**20062911**	**4234004**	
北　京	739273	584242	537161	47081	
天　津	358242	288198	269650	18548	
河　北	944326	676946	532023	144923	
山　西	1133007	832051	743550	88500	
内蒙古	732446	496545	410375	86170	
辽　宁	762388	503212	416835	86377	
吉　林	413745	265276	226747	38529	
黑龙江	1533269	816542	542694	273847	
上　海	465233	378518	360104	18414	
江　苏	2114722	1432770	1141085	291685	
浙　江	2689582	1144515	957553	186962	
安　徽	1452608	817255	637115	180140	
福　建	1008514	520151	402811	117340	
江　西	820313	430410	368822	61588	
山　东	2796012	2219053	1978306	240747	
河　南	1431651	811983	658685	153298	
湖　北	1561726	874513	721384	153129	
湖　南	2752761	1774432	1509600	264832	
广　东	4283382	2219604	1638737	580867	
广　西	552108	335732	292833	42899	
海　南	345099	175220	166543	8677	
重　庆	1648431	387880	271151	116729	
四　川	3310399	1452671	1101795	350875	
贵　州	1878394	1210578	1016713	193865	
云　南	1503027	939209	832810	106399	
西　藏	878249	502994	460254	42740	
陕　西	1335600	520676	410956	109720	
甘　肃	591469	428578	355446	73132	
青　海	243261	167269	133446	33823	
宁　夏	221370	186257	174081	12176	
新　疆	1076088	903635	793644	109991	
大　连	112479	90868	80979	9889	
宁　波	151496	112832	104184	8648	
厦　门	232593	59448	46836	12612	
青　岛	367125	285208	267535	17672	
深　圳	828826	319673	203487	116185	

(地方教育行政单位)

单位：千元

公用部分					基本建设支出
	商品和服务支出	其他资本性支出			
			专项公用支出	专项项目支出	
16930764	**12446291**	**4484472**	**1526233**	**2958240**	**349019**
155031	149240	5792	5792		
70044	60746	9298	9298		
267379	239353	28027	15935	12092	
300956	220788	80169	46611	33558	
234510	203176	31333	26518	4815	1392
253871	192150	61721	34059	27662	5306
148469	135117	13352	11255	2098	
697552	337880	359672	138688	220984	19175
86715	81988	4726	1616	3110	
681952	575880	106072	94900	11172	
1488217	977292	510925	148517	362408	56850
635354	519632	115722	73188	42534	
478777	407748	71028	51989	19040	9586
389903	338645	51258	32158	19100	
576959	491470	85489	59859	25630	
619668	526898	92771	37087	55684	
687207	489690	197517	44206	153311	7
978329	728093	250236	89464	160772	
2045877	1903699	142178	105761	36417	17900
216376	191776	24601	22326	2275	
169879	149990	19888	10613	9275	
1260551	586248	674303	57648	616655	
1850755	1131527	719228	142758	576470	6973
608263	453878	154385	91259	63125	59554
475804	318761	157043	26518	130525	88014
306590	183419	123170	42742	80428	68665
808624	482759	325865	75359	250506	6300
162891	125076	37815	21539	16277	
67913	49195	18718	2648	16070	8079
35113	33466	1647	1636	10	
171235	160714	10521	4285	6236	1219
21611	16725	4886	3091	1794	
38664	35321	3342	3342		
163559	152193	11365	9842	1523	9586
81917	74318	7600	7600		
500343	474128	26215	19249	6967	8810

5-54 财政补助支出明细

地区	合计	个人部分	工资福利支出	对个人和家庭的补助支出	#助学金
合计	**76059755**	**47076646**	**42151964**	**4924683**	
北京	9267885	3980790	3781615	199175	
天津	1224575	1076522	1025526	50996	
河北	2611104	2151461	1874272	277190	
山西	2361749	1812394	1689353	123041	
内蒙古	2091959	1678574	1569801	108773	
辽宁	2639125	2128764	2015075	113689	
吉林	1293077	776908	715204	61704	
黑龙江	1116936	737581	594104	143478	
上海	6150719	3121784	3020846	100938	
江苏	4567033	3133505	2657967	475537	
浙江	6045970	3391466	3072604	318861	
安徽	1447530	785606	673748	111859	
福建	3156543	1617388	1432049	185338	
江西	1897891	1111588	1031688	79900	
山东	3309188	2339056	2053458	285598	
河南	2688303	1901305	1697479	203827	
湖北	2530634	1789217	1566457	222759	
湖南	1184781	818502	703733	114769	
广东	5889280	3177627	2598249	579378	
广西	1360811	1022910	957820	65091	
海南	440478	217021	209926	7096	
重庆	1023833	660087	506592	153495	
四川	3461430	2346196	2073234	272962	
贵州	529134	291046	249011	42035	
云南	1506124	868728	810414	58314	
西藏	1351207	556764	425580	131184	
陕西	2081180	1302359	1206145	96214	
甘肃	1091501	879066	761147	117919	
青海	585634	462708	389391	73318	
宁夏	283232	240193	227623	12570	
新疆	870908	699529	561854	137675	
大连	482297	340199	329487	10711	
宁波	716885	439915	408357	31557	
厦门	668396	277399	233877	43522	
青岛	428961	338649	305175	33474	
深圳	1395355	440498	384707	55790	

（教育事业单位）

单位：千元

公用部分	商品和服务支出	其他资本性支出	专项公用支出	专项项目支出	基本建设支出
28434073	**21379965**	**7054108**	**3259095**	**3795013**	**549035**
5244058	4898314	345743	292855	52888	43037
148053	134303	13750	8386	5364	
459642	350156	109486	51574	57912	
528150	371932	156218	126900	29318	21206
410257	277644	132614	65780	66834	3128
497431	437212	60219	42534	17685	12930
513816	315236	198580	62443	136137	2354
376473	199412	177061	90739	86322	2882
2909387	2316063	593324	356144	237181	119548
1433466	1084875	348591	146701	201890	62
2610294	1647107	963187	222379	740808	44210
661923	437848	224075	140119	83956	
1514056	912864	601192	265056	336135	25100
785210	534110	251100	212907	38193	1094
970131	606122	364009	48200	315809	
783336	569278	214058	83454	130604	3662
741417	543595	197822	113624	84198	
366279	323235	43045	38205	4840	
2699111	2172107	527004	221745	305259	12542
328215	245996	82220	53860	28360	9685
223457	191129	32328	23623	8705	
363746	293607	70139	33134	37005	
1101221	830779	270441	165173	105268	14013
219202	154288	64914	50628	14286	18887
529141	318216	210925	68668	142257	108255
691742	347205	344537	83952	260585	102700
778821	463072	315749	129546	186203	
212435	163185	49250	37275	11976	
122926	61373	61553	4246	57306	
43039	35222	7816	6277	1539	
167639	144479	23160	12968	10192	3740
142099	118917	23181	11436	11745	
276970	196419	80552	20749	59803	
365897	202205	163693	136680	27013	25100
90312	75603	14708	4256	10452	
942806	901309	41497	35392	6105	12051

5-55 财政补助支出明细

地区	合计	个人部分	工资福利支出	对个人和家庭的补助支出	#助学金
合计	**72122492**	**46668297**	**41770894**	**4897402**	
北京	5488460	3663946	3481707	182239	
天津	1224575	1076522	1025526	50996	
河北	2611104	2151461	1874272	277190	
山西	2361749	1812394	1689353	123041	
内蒙古	2091959	1678574	1569801	108773	
辽宁	2639125	2128764	2015075	113689	
吉林	1293077	776908	715204	61704	
黑龙江	1105399	726575	584962	141613	
上海	6150719	3121784	3020846	100938	
江苏	4567033	3133505	2657967	475537	
浙江	6045970	3391466	3072604	318861	
安徽	1447530	785606	673748	111859	
福建	3156543	1617388	1432049	185338	
江西	1897891	1111588	1031688	79900	
山东	3309188	2339056	2053458	285598	
河南	2688303	1901305	1697479	203827	
湖北	2530634	1789217	1566457	222759	
湖南	1184781	818502	703733	114769	
广东	5889280	3177627	2598249	579378	
广西	1360811	1022910	957820	65091	
海南	440478	217021	209926	7096	
重庆	1023833	660087	506592	153495	
四川	3461430	2346196	2073234	272962	
贵州	529134	291046	249011	42035	
云南	1506124	868728	810414	58314	
西藏	1351207	556764	425580	131184	
陕西	2081180	1302359	1206145	96214	
甘肃	1091501	879066	761147	117919	
青海	585634	462708	389391	73318	
宁夏	283232	240193	227623	12570	
新疆	724608	619030	489835	129196	
大连	482297	340199	329487	10711	
宁波	716885	439915	408357	31557	
厦门	668396	277399	233877	43522	
青岛	428961	338649	305175	33474	
深圳	1395355	440498	384707	55790	

（地方教育事业单位）

单位：千元

公用部分	商品和服务支出	其他资本性支出			基本建设支出
			专项公用支出	专项项目支出	
24913754	**17949235**	**6964519**	**3176993**	**3787526**	**540441**
1786332	1514146	272186	219298	52888	38183
148053	134303	13750	8386	5364	
459642	350156	109486	51574	57912	
528150	371932	156218	126900	29318	21206
410257	277644	132614	65780	66834	3128
497431	437212	60219	42534	17685	12930
513816	315236	198580	62443	136137	2354
375941	198926	177015	90693	86322	2882
2909387	2316063	593324	356144	237181	119548
1433466	1084875	348591	146701	201890	62
2610294	1647107	963187	222379	740808	44210
661923	437848	224075	140119	83956	
1514056	912864	601192	265056	336135	25100
785210	534110	251100	212907	38193	1094
970131	606122	364009	48200	315809	
783336	569278	214058	83454	130604	3662
741417	543595	197822	113624	84198	
366279	323235	43045	38205	4840	
2699111	2172107	527004	221745	305259	12542
328215	245996	82220	53860	28360	9685
223457	191129	32328	23623	8705	
363746	293607	70139	33134	37005	
1101221	830779	270441	165173	105268	14013
219202	154288	64914	50628	14286	18887
529141	318216	210925	68668	142257	108255
691742	347205	344537	83952	260585	102700
778821	463072	315749	129546	186203	
212435	163185	49250	37275	11976	
122926	61373	61553	4246	57306	
43039	35222	7816	6277	1539	
105577	98403	7174	4469	2705	
142099	118917	23181	11436	11745	
276970	196419	80552	20749	59803	
365897	202205	163693	136680	27013	25100
90312	75603	14708	4256	10452	
942806	901309	41497	35392	6105	12051

5-56 财政补助支出明细

地区	合计	个人部分	工资福利支出	对个人和家庭的补助支出	#助学金
合计	**56589606**	**21530900**	**18461458**	**3069442**	**36921**
北京	4319329	844215	742285	101930	13816
天津	1237049	376699	354453	22246	
河北	1862570	959685	804443	155242	
山西	1607778	598137	540667	57470	
内蒙古	1254162	544784	501227	43558	
辽宁	1564937	848114	698062	150053	
吉林	814146	435708	394807	40901	749
黑龙江	789039	506675	422368	84307	1108
上海	1307740	542848	513353	29495	4406
江苏	2882097	1287169	1110906	176264	1104
浙江	4088200	1340572	900621	439951	1103
安徽	1862991	736867	646418	90448	257
福建	2686735	678784	588969	89815	2952
江西	2136278	503865	474014	29851	
山东	3353216	1519471	1388473	130998	
河南	1960046	869541	772386	97155	
湖北	3192229	826303	654115	172188	749
湖南	1683536	925245	684765	240480	2343
广东	2851497	1428877	1160625	268252	5874
广西	976922	473168	436621	36547	
海南	425420	93381	91111	2271	
重庆	805284	353177	297045	56132	838
四川	3942268	1175916	940183	235733	1621
贵州	1891752	613533	531305	82228	
云南	1751186	740022	678842	61179	
西藏	284006	194070	189933	4137	
陕西	1369450	425646	405812	19834	
甘肃	862897	486712	442787	43925	
青海	649261	277374	243892	33482	
宁夏	377355	168336	157972	10364	
新疆	1800230	756007	693002	63005	
大连	187706	138190	104302	33887	
宁波	216165	133558	110699	22859	
厦门	131147	77997	60718	17279	
青岛	820618	171294	153501	17792	
深圳	664969	184179	157509	26669	4375

(其他教育机构)

单位：千元

公用部分					基本建设支出
	商品和服务支出	其他资本性支出			
			专项公用支出	专项项目支出	
31220271	**16812635**	**14407636**	**3455004**	**10952632**	**3838435**
3475115	3086190	388925	347417	41508	
343840	297950	45890	9077	36813	516511
695795	272308	423487	38738	384749	207091
897876	331454	566422	68419	498003	111765
663982	225914	438068	77732	360336	45396
673916	605236	68680	17177	51502	42907
371709	218326	153383	95642	57741	6729
256894	182689	74205	26674	47531	25470
689840	664989	24851	15831	9020	75052
1594928	719944	874984	403594	471390	
2644042	1342098	1301944	136276	1165667	103587
887799	332198	555601	85721	469880	238325
1806525	422349	1384176	42216	1341960	201427
1116137	251968	864169	271494	592674	516276
1799745	828857	970889	70341	900548	34000
1078975	521319	557656	150818	406839	11530
2365926	735654	1630272	60378	1569893	
754871	431528	323343	64709	258633	3420
1194757	1013254	181504	64586	116918	227863
498997	229568	269429	78973	190455	4756
332038	178007	154031	59312	94719	
449869	260158	189710	164620	25090	2238
2452202	1716579	735623	302640	432983	314150
1153086	639749	513337	230227	283110	125133
732489	259861	472628	98020	374608	278676
84274	67894	16380	15889	492	5662
875240	255021	620219	303862	316357	68564
309018	208309	100710	17193	83517	67166
171469	96992	74477	16611	57866	200418
209019	84375	124644	45652	78992	
639899	331897	308002	75164	232838	404324
44216	36799	7417	1500	5917	5300
82606	73861	8745	4751	3994	
53150	46758	6392	5644	748	
649325	75391	573934	4109	569824	
282824	269512	13312	8616	4695	197967

5-57 财政补助支出明细

地区	合计	个人部分	工资福利支出	对个人和家庭的补助支出	#助学金
合计	**52907214**	**20901600**	**17918732**	**2982867**	**18626**
北京	1660677	457410	419545	37865	873
天津	1233871	376699	354453	22246	
河北	1862122	959685	804443	155242	
山西	1605474	598137	540667	57470	
内蒙古	1254162	544784	501227	43558	
辽宁	1559089	848114	698062	150053	
吉林	813246	435708	394807	40901	749
黑龙江	778464	503593	419695	83898	1108
上海	1123692	457458	430380	27078	2006
江苏	2816906	1287169	1110906	176264	1104
浙江	4080517	1340572	900621	439951	1103
安徽	1862439	736867	646418	90448	257
福建	2647012	664007	577144	86863	
江西	2135966	503865	474014	29851	
山东	3347102	1519471	1388473	130998	
河南	1953710	869541	772386	97155	
湖北	3174697	826303	654115	172188	749
湖南	1680431	925245	684765	240480	2343
广东	2851497	1428877	1160625	268252	5874
广西	976922	473168	436621	36547	
海南	425420	93381	91111	2271	
重庆	805284	353177	297045	56132	838
四川	3909673	1175916	940183	235733	1621
贵州	1889273	613533	531305	82228	
云南	1728386	740022	678842	61179	
西藏	284006	194070	189933	4137	
陕西	1345405	425646	405812	19834	
甘肃	857315	486712	442787	43925	
青海	649261	277374	243892	33482	
宁夏	377355	168336	157972	10364	
新疆	1217841	616760	570487	46274	
大连	187706	138190	104302	33887	
宁波	216165	133558	110699	22859	
厦门	131147	77997	60718	17279	
青岛	820618	171294	153501	17792	
深圳	664969	184179	157509	26669	4375

(地方其他教育机构)

单位：千元

公用部分					基本建设支出
	商品和服务支出	其他资本性支出			
			专项公用支出	专项项目支出	
28470758	**14141302**	**14329456**	**3424971**	**10904485**	**3534856**
1203266	870888	332379	323164	9215	
340661	294771	45890	9077	36813	516511
695347	271860	423487	38738	384749	207091
895572	329150	566422	68419	498003	111765
663982	225914	438068	77732	360336	45396
668068	599388	68680	17177	51502	42907
370809	217426	153383	95642	57741	6729
249401	175205	74196	26665	47531	25470
591183	568317	22865	14438	8427	75052
1529737	654753	874984	403594	471390	
2636359	1334415	1301944	136276	1165667	103587
887247	331646	555601	85721	469880	238325
1781578	397681	1383897	41937	1341960	201427
1115825	251656	864169	271494	592674	516276
1793631	822743	970889	70341	900548	34000
1072639	514983	557656	150818	406839	11530
2348394	718122	1630272	60378	1569893	
751766	428423	323343	64709	258633	3420
1194757	1013254	181504	64586	116918	227863
498997	229568	269429	78973	190455	4756
332038	178007	154031	59312	94719	
449869	260158	189710	164620	25090	2238
2419607	1683984	735623	302640	432983	314150
1150607	637270	513337	230227	283110	125133
709689	237061	472628	98020	374608	278676
84274	67894	16380	15889	492	5662
851195	230976	620219	303862	316357	68564
303437	202727	100710	17193	83517	67166
171469	96992	74477	16611	57866	200418
209019	84375	124644	45652	78992	
500335	211694	288641	71065	217576	100745
44216	36799	7417	1500	5917	5300
82606	73861	8745	4751	3994	
53150	46758	6392	5644	748	
649325	75391	573934	4109	569824	
282824	269512	13312	8616	4695	197967

第六部分

各地区各级各类教育机构一般公共预算教育事业费和基本建设支出明细

6-1 一般公共预算教育事业费和

地区	合计	个人部分	工资福利支出	对个人和家庭的补助支出	#助学金
合计	**3811096538**	**2645959470**	**2336163370**	**309796100**	**186198547**
北京	167895051	106132938	91287194	14845745	13074188
天津	51128661	38297514	35780022	2517492	1535903
河北	177110232	130850199	113728287	17121912	6915412
山西	81841815	56058954	50423216	5635738	3603336
内蒙古	64949652	46453441	42343946	4109495	3281063
辽宁	78626956	58004708	52080605	5924104	3960426
吉林	53310844	37325274	33703608	3621666	2133956
黑龙江	66020241	48550546	41174896	7375650	2824206
上海	104281656	67950665	63561612	4389052	3635107
江苏	250939549	184277770	165180238	19097532	8204003
浙江	215029582	146190938	134090980	12099958	6543536
安徽	142664168	92250769	77105735	15145034	6735269
福建	118752354	87527489	80238694	7288795	3234498
江西	127815262	76689918	69610863	7079055	4774308
山东	251422806	195735122	178334051	17401071	7168159
河南	177568393	118898030	106266541	12631489	10697161
湖北	142131527	96149698	84091498	12058200	6741570
湖南	150874563	108996182	94284949	14711233	7821954
广东	377555020	249569410	223899335	25670075	11540722
广西	112781181	79338461	67972287	11366174	8119040
海南	30944004	17283209	15633201	1650008	1193814
重庆	84962798	55300852	48798067	6502784	5219508
四川	189324248	130021161	108596464	21424698	13026263
贵州	112262073	81588802	66227191	15361611	9905166
云南	114672359	87163330	74889912	12273418	11153465
西藏	29954386	20543344	16667148	3876196	3279398
陕西	112142965	70918862	61463606	9455256	7099567
甘肃	70622327	50097935	43010612	7087323	4234741
青海	22080025	13626475	12096387	1530088	1365132
宁夏	22190812	13603357	12380682	1222675	1018005
新疆	109241028	80564117	71241544	9322574	6159672
大连	12056716	9637541	9410831	226709	50149
宁波	28930160	19669260	18561937	1107323	576311
厦门	17557494	13097660	11996808	1100852	191068
青岛	30046730	22889018	20786502	2102516	411005
深圳	84058159	35882957	32342564	3540393	1476669

基本建设支出明细(各级各类教育机构)

单位：千元

公用部分					基本建设支出
	商品和服务支出	其他资本性支出			
			专项公用支出	专项项目支出	
1071218601	**628391558**	**442827043**	**174112038**	**268715005**	**93918467**
52863894	41353624	11510270	9314557	2195713	8898219
11463684	8129573	3334111	1750767	1583344	1367464
44675325	24310394	20364931	6881473	13483458	1584708
24711130	14159654	10551476	4009292	6542184	1071731
17243281	9265504	7977778	2792625	5185152	1252929
19546189	14759545	4786644	3061206	1725438	1076058
15476117	9926074	5550043	2886251	2663792	509452
16153861	10095039	6058823	2921474	3137349	1315833
32149557	25182248	6967310	5456834	1510476	4181434
65750952	40160237	25590715	9354486	16236229	910827
62723030	38475491	24247539	9061055	15186484	6115613
47758818	23588709	24170109	9245002	14925107	2654581
30480173	18171922	12308252	5106624	7201628	744692
48031767	13994804	34036964	9928550	24108414	3093577
54805633	29055537	25750096	8378097	17371999	882052
56872001	30755487	26116514	8058606	18057909	1798361
45322202	23106021	22216181	6827860	15388322	659627
40951180	24879582	16071597	6341306	9730292	927201
99138173	69107933	30030240	17858738	12171502	28847436
30896405	17120982	13775422	5999211	7776212	2546316
13013343	6997685	6015658	2438128	3577529	647452
26971031	19506685	7464346	3849236	3615110	2690915
56620043	34961247	21658796	7414771	14244025	2683044
28520382	14383848	14136534	4416785	9719749	2152889
26008332	12850811	13157521	3604237	9553284	1500697
8290462	3308004	4982459	1910545	3071913	1120580
38568687	21584551	16984136	6782651	10201485	2655417
19198991	9627769	9571222	2652277	6918945	1325402
6697273	2705399	3991873	1052610	2939263	1756278
8002355	3815647	4186708	1811731	2374978	585100
22314328	13051554	9262773	2945051	6317722	6362583
2225933	1771628	454305	245686	208619	193243
9260900	4681795	4579105	1196068	3383037	
4257368	3319995	937373	677114	260259	202466
7157712	3220361	3937351	1533263	2404088	
23882605	19625071	4257533	3986404	271130	24292598

6-2 一般公共预算教育事业费和

地区	合计	个人部分	工资福利支出	对个人和家庭的补助支出	#助学金
合计	**3627061797**	**2531039139**	**2251389324**	**279649814**	**161078762**
北京	117022527	75074256	72739603	2334653	1482163
天津	46605546	35628113	33585588	2042526	1106519
河北	175855434	129980374	113037237	16943136	6851649
山西	81841815	56058954	50423216	5635738	3603336
内蒙古	64949520	46453441	42343946	4109495	3281063
辽宁	73050168	54063391	48854541	5208850	3359377
吉林	48663081	34105360	31248615	2856744	1827223
黑龙江	60738985	44913868	38552171	6361697	2139013
上海	90099987	59934306	57174567	2759739	2125187
江苏	239351178	176754777	159329023	17425754	6884403
浙江	210303721	143202901	131806404	11396497	5894353
安徽	139513068	89984969	75439525	14545444	6261014
福建	115646467	85537563	78708298	6829264	2836411
江西	127815181	76689903	69610863	7079040	4774292
山东	246564186	192640447	175907481	16732967	6622775
河南	177320928	118760114	106140382	12619732	10691518
湖北	127232713	86182796	76167088	10015708	5025464
湖南	146902145	106372650	92312069	14060581	7302403
广东	368608769	243818197	219432952	24385245	10468331
广西	112781181	79338461	67972287	11366174	8119040
海南	30933090	17282206	15632198	1650008	1193814
重庆	80553243	52319974	46506617	5813357	4680360
四川	179028394	124020243	103657965	20362278	12173978
贵州	112260786	81587515	66227191	15360324	9903879
云南	114672358	87163328	74889912	12273416	11153463
西藏	29954386	20543344	16667148	3876196	3279398
陕西	101606538	64279732	56243966	8035766	5973845
甘肃	67794369	48090939	41448733	6642207	3996430
青海	22080025	13626475	12096387	1530088	1365132
宁夏	21492703	13145599	12008064	1137535	942364
新疆	95819306	73484945	65225287	8259658	5760565
大连	12055114	9635938	9409229	226709	50149
宁波	28930160	19669260	18561937	1107323	576311
厦门	17557494	13097660	11996808	1100852	191068
青岛	30046730	22889018	20786502	2102516	411005
深圳	83607297	35882507	32342114	3540393	1476669

基本建设支出明细(地方各级各类教育机构)

单位：千元

公用部分	商品和服务支出	其他资本性支出			基本建设支出
			专项公用支出	专项项目支出	
1011530494	**586075695**	**425454799**	**160731873**	**264722926**	**84492164**
35926572	28149973	7776599	6212500	1564100	6021699
10163041	7245962	2917080	1355942	1561137	814391
44307875	24062555	20245320	6787977	13457343	1567186
24711130	14159654	10551476	4009292	6542184	1071731
17243149	9265371	7977778	2792625	5185152	1252929
17986900	13676573	4310326	2677980	1632346	999877
14080094	8710200	5369894	2727889	2642005	477627
14610385	9172562	5437823	2554291	2883532	1214732
26560285	20865133	5695151	4396290	1298861	3605396
62014414	37608964	24405450	8256983	16148467	581988
61414254	37606896	23807358	8674399	15132959	5686566
46900188	23084336	23815852	8978772	14837080	2627911
29406649	17551614	11855034	4808352	7046683	702256
48031702	13994738	34036964	9928550	24108414	3093577
53203272	27988049	25215223	7947694	17267530	720467
56762453	30678106	26084346	8026438	18057909	1798361
40967396	20140109	20827287	5749827	15077460	82520
39734446	24035351	15699094	5996398	9702696	795049
95949684	67070917	28878767	16811382	12067385	28840888
30896405	17120982	13775422	5999211	7776212	2546316
13003432	6997038	6006394	2437123	3569271	647452
25707281	18495476	7211805	3596936	3614869	2525989
52589647	31767764	20821882	6616581	14205301	2418504
28520382	14383848	14136534	4416785	9719749	2152889
26008332	12850811	13157521	3604237	9553284	1500697
8290462	3308004	4982459	1910545	3071913	1120580
35008424	19361281	15647143	5950659	9696484	2318383
18516194	9161379	9354815	2540011	6814804	1187236
6697273	2705399	3991873	1052610	2939263	1756278
7762004	3645698	4116305	1749649	2366656	585100
18556771	11210948	7345823	2163945	5181878	3777589
2225933	1771628	454305	245686	208619	193243
9260900	4681795	4579105	1196068	3383037	
4257368	3319995	937373	677114	260259	202466
7157712	3220361	3937351	1533263	2404088	
23432193	19595223	3836970	3565840	271130	24292598

6-3 一般公共预算教育事业费和

地　区	合　计	个人部分	工资福利支出	对个人和家庭的补助支出	#助学金
合　计	**766229393**	**450581915**	**343152957**	**107428958**	**85769811**
北　京	66105710	42227926	28121765	14106161	12692955
天　津	13881537	8818570	7292014	1526556	1330829
河　北	30146504	19873110	14415863	5457247	2547376
山　西	18459021	9882677	7611596	2271081	1774870
内蒙古	11555148	7444140	5828920	1615220	1486304
辽　宁	23339626	13375724	9972378	3403345	3126843
吉　林	15322350	8365695	6207938	2157756	1522492
黑龙江	18459395	11603394	8711124	2892270	2062309
上　海	35911507	17738021	14601318	3136703	2889376
江　苏	49992790	30118860	24235689	5883171	4789172
浙　江	37404862	20806477	16387852	4418625	3267395
安　徽	24662000	14014869	9286169	4728699	2947554
福　建	18262059	11301556	8721806	2579750	1806052
江　西	21259024	13609503	10847407	2762097	2427304
山　东	41327474	28832333	23759487	5072847	3632041
河　南	32525937	17236922	13069021	4167901	3757458
湖　北	35896414	23112322	17878158	5234164	4070330
湖　南	24388255	16820476	12919200	3901276	2824160
广　东	72148209	39825572	33434631	6390941	4806463
广　西	17230426	8334610	5132066	3202544	2799744
海　南	5733357	2320161	1494031	826130	668596
重　庆	17177156	9416476	6533621	2882855	2600043
四　川	37934750	22286228	17151639	5134590	4181680
贵　州	16474901	8817032	6033449	2783583	2336986
云　南	16670778	9495227	7258251	2236976	2109546
西　藏	2470556	1467918	1022827	445091	415456
陕　西	26781504	15089335	11046713	4042622	3477270
甘　肃	12531637	6556599	4770051	1786548	1535745
青　海	3267969	1353659	1108710	244949	199930
宁　夏	3784074	1919885	1461782	458103	369019
新　疆	15124461	8516637	6837480	1679157	1314512
大　连	979044	527699	469774	57926	31263
宁　波	3473015	1495349	1219287	276062	211561
厦　门	1425416	949741	591000	358741	39083
青　岛	1653283	430037	231138	198899	160451
深　圳	18580242	6628344	5926270	702075	593675

基本建设支出明细(高等学校)

单位：千元

公用部分					基本建设支出
	商品和服务支出	其他资本性支出			
			专项公用支出	专项项目支出	
281994308	**170531563**	**111462745**	**66864484**	**44598262**	**33653170**
20285191	14790236	5494954	4723098	771856	3592593
4250327	3271051	979276	897056	82220	812641
9167061	5084062	4082999	2751302	1331697	1106332
8053145	3855646	4197498	1622525	2574973	523199
3574551	2020509	1554042	853847	700195	536457
9211299	6769320	2441979	2094283	347695	752603
6796156	4758976	2037180	1564221	472959	160500
6210243	3789983	2420260	1486253	934007	645758
14908012	11272030	3635982	3124700	511283	3265474
19366057	13231479	6134578	4033610	2100968	507873
15512037	8516483	6995554	3634892	3360663	1086347
9740687	5163780	4576907	2516152	2060755	906445
6771444	4381468	2389976	1802084	587892	189060
6514855	3542651	2972204	1670757	1301447	1134665
11730506	5654466	6076040	3524570	2551470	764634
14881831	8093693	6788138	3719834	3068303	407185
12125456	7004798	5120658	2800287	2320371	658636
7295628	4332720	2962908	1971835	991073	272151
23766082	15579549	8186533	5939649	2246884	8556555
8203413	4315965	3887448	2695877	1191572	692404
3098795	1244193	1854602	509244	1345359	314401
7204313	5156697	2047616	1524664	522953	556368
14582835	7323315	7259520	2704401	4555118	1065687
7159898	2915694	4244204	1710734	2533470	497972
6876762	2992438	3884324	1538243	2346081	298788
906903	491186	415717	310210	105507	95735
10808571	7373699	3434873	2278761	1156111	883598
5609644	3404148	2205496	1139099	1066397	365393
1527192	350964	1176228	391087	785141	387118
1469188	918657	550531	427857	122674	395000
4386225	2931706	1454519	903351	551168	2221598
326314	242547	83767	72197	11570	125030
1977666	1174347	803319	395930	407389	
475674	362838	112837	59980	52857	
1223246	173061	1050185	432510	617676	
6042477	4184741	1857736	1762190	95547	5909420

6-4 一般公共预算教育事业费和

地区	合计	个人部分	工资福利支出	对个人和家庭的补助支出	#助学金
合计	**601350099**	**346045108**	**267605494**	**78439615**	**60943313**
北京	21720781	13638469	11939478	1698991	1116165
天津	9395526	6173397	5120834	1052564	901791
河北	28905375	19015207	13736735	5278471	2483613
山西	18459021	9882677	7611596	2271081	1774870
内蒙古	11555148	7444140	5828920	1615220	1486304
辽宁	17767366	9438403	6749877	2688526	2525794
吉林	10956677	5367784	3972481	1395304	1215816
黑龙江	13957363	8585708	6579232	2006477	1379549
上海	22143987	10007169	8495630	1511539	1381855
江苏	38437516	22610126	18397819	4212307	3470487
浙江	32679001	17818440	14103276	3715164	2618211
安徽	21511157	11749069	7619960	4129109	2473299
福建	15186737	9322275	7199104	2123171	1410917
江西	21259024	13609503	10847407	2762097	2427304
山东	36468854	25737659	21332916	4404743	3086657
河南	32310777	17128639	12972351	4156288	3751959
湖北	21532524	13579586	10385889	3193697	2354261
湖南	20447143	14216055	10965320	3250735	2304610
广东	63248670	34108480	28996008	5112471	3735060
广西	17230426	8334610	5132066	3202544	2799744
海南	5733357	2320161	1494031	826130	668596
重庆	13003966	6635130	4440624	2194506	2061268
四川	27688382	16318446	12221621	4096825	3339698
贵州	16473614	8815745	6033449	2782296	2335698
云南	16670778	9495227	7258251	2236976	2109546
西藏	2470556	1467918	1022827	445091	415456
陕西	16518166	8650078	6020916	2629162	2351879
甘肃	9739035	4579820	3236394	1343427	1299370
青海	3267969	1353659	1108710	244949	199930
宁夏	3085964	1462127	1089164	372963	293378
新疆	11525239	7179399	5692608	1486792	1170223
大连	979044	527699	469774	57926	31263
宁波	3473015	1495349	1219287	276062	211561
厦门	1425416	949741	591000	358741	39083
青岛	1653283	430037	231138	198899	160451
深圳	18129380	6627894	5925820	702075	593675

基本建设支出明细(地方高等学校)

单位：千元

公用部分					基本建设支出
	商品和服务支出	其他资本性支出			
			专项公用支出	专项项目支出	
229914445	**133905920**	**96008525**	**54195071**	**41813454**	**25390545**
7361384	5381020	1980364	1804285	176079	720928
2962560	2398761	563799	503786	60014	259568
8801359	4837971	3963388	2657806	1305582	1088810
8053145	3855646	4197498	1622525	2574973	523199
3574551	2020509	1554042	853847	700195	536457
7652542	5686860	1965682	1711078	254604	676421
5460217	3596209	1864009	1412368	451640	128675
4824762	2933053	1891708	1138786	752922	546893
9447382	7072735	2374647	2074386	300261	2689436
15648356	10696150	4952206	2939001	2013206	179033
14203261	7647887	6555373	3248236	3307137	657301
8882312	4659537	4222776	2250048	1972728	879776
5717838	3780801	1937037	1504090	432947	146623
6514855	3542651	2972204	1670757	1301447	1134665
10128146	4586978	5541167	3094167	2447000	603050
14774953	8018654	6756299	3687996	3068303	407185
7871408	4114593	3756815	1742030	2014785	81530
6091089	3500603	2590485	1626928	963558	139999
20590185	13553707	7036477	4893426	2143051	8550006
8203413	4315965	3887448	2695877	1191572	692404
3098795	1244193	1854602	509244	1345359	314401
5977394	4174356	1803038	1280326	522712	391442
10568789	4142807	6425982	1908293	4517689	801147
7159898	2915694	4244204	1710734	2533470	497972
6876762	2992438	3884324	1538243	2346081	298788
906903	491186	415717	310210	105507	95735
7321523	5204592	2116931	1461864	655067	546565
4931988	2941259	1990729	1027953	962776	227227
1527192	350964	1176228	391087	785141	387118
1228837	748709	480128	365775	114353	395000
3552647	2499433	1053214	559919	493295	793193
326314	242547	83767	72197	11570	125030
1977666	1174347	803319	395930	407389	
475674	362838	112837	59980	52857	
1223246	173061	1050185	432510	617676	
5592066	4154893	1437173	1341626	95547	5909420

6-5 一般公共预算教育事业费和

地区	合计	个人部分	工资福利支出	对个人和家庭的补助支出	#助学金
合计	**758886471**	**445311104**	**338399722**	**106911382**	**85589356**
北京	65303899	41612584	27529345	14083238	12692955
天津	13669667	8651155	7131645	1519510	1329973
河北	29665575	19477776	14075020	5402757	2540059
山西	18324941	9773078	7506480	2266598	1773361
内蒙古	11465417	7383796	5769275	1614522	1486054
辽宁	23128091	13201974	9802203	3399771	3126843
吉林	15012591	8146073	6003959	2142113	1514989
黑龙江	18224463	11399502	8546408	2853095	2062144
上海	35184232	17347758	14218082	3129676	2889263
江苏	49878897	30063809	24185172	5878637	4787832
浙江	36756589	20352727	15950025	4402702	3265812
安徽	24544457	13959803	9236193	4723610	2947485
福建	17963804	11150944	8590231	2560713	1795956
江西	20995530	13405049	10671932	2733117	2404815
山东	41158013	28721040	23663756	5057284	3632041
河南	32428521	17155575	12991739	4163836	3756523
湖北	35844612	23069534	17841631	5227904	4070330
湖南	24161070	16640500	12757498	3883002	2823900
广东	71373303	39222379	32918429	6303950	4805211
广西	17100868	8271022	5080956	3190067	2790280
海南	5683932	2286462	1467027	819435	661956
重庆	17174426	9414136	6531386	2882750	2600043
四川	37646677	22082127	16959446	5122682	4181063
贵州	16319911	8704777	5972840	2731937	2290768
云南	16628634	9461846	7224897	2236949	2109546
西藏	2470556	1467918	1022827	445091	415456
陕西	26424128	14843900	10867961	3975939	3415499
甘肃	12437997	6487989	4704172	1783817	1535745
青海	3249048	1336100	1091151	244949	199930
宁夏	3784074	1919885	1461782	458103	369019
新疆	14882548	8299884	6626257	1673626	1314507
大连	896627	454646	396726	57920	31263
宁波	3324197	1410791	1136921	273870	211376
厦门	1425416	949741	591000	358741	39083
青岛	1627248	408873	213343	195531	160451
深圳	18528144	6596009	5893934	702075	593675

基本建设支出明细(普通高等学校)

单位：千元

公用部分	商品和服务支出	其他资本性支出	专项公用支出	专项项目支出	基本建设支出
279957565	**168858992**	**111098573**	**66616298**	**44482275**	**33617802**
20098723	14622969	5475753	4707219	768534	3592593
4225871	3257344	968528	886308	82220	792641
9081466	5019052	4062415	2731990	1330424	1106332
8028663	3835253	4193410	1620751	2572659	523199
3545164	1994224	1550939	851257	699683	536457
9173514	6733632	2439882	2092187	347695	752603
6706019	4681519	2024500	1551550	472949	160500
6179202	3765789	2413413	1482585	930828	645758
14571000	10962526	3608474	3104051	504422	3265474
19307215	13182002	6125213	4026668	2098545	507873
15317570	8382166	6935403	3612304	3323100	1086292
9678209	5113359	4564850	2505261	2059589	906445
6623800	4243581	2380219	1799462	580757	189060
6455815	3484427	2971389	1670087	1301302	1134665
11685339	5615758	6069581	3518112	2551470	751634
14865760	8078173	6787587	3719284	3068303	407185
12116442	6996535	5119906	2799536	2320371	658636
7248419	4292436	2955983	1967569	988414	272151
23594369	15446675	8147695	5907591	2240104	8556555
8137442	4278930	3858512	2673333	1185179	692404
3083068	1229590	1853479	508120	1345359	314401
7203923	5156307	2047616	1524664	522953	556368
14498863	7244782	7254081	2699962	4554118	1065687
7117163	2890309	4226853	1698763	2528090	497972
6867999	2987917	3880082	1534001	2346081	298788
906903	491186	415717	310210	105507	95735
10697943	7298213	3399730	2259542	1140188	882285
5584615	3387646	2196970	1135532	1061437	365393
1525831	350603	1175228	390087	785141	387118
1469188	918657	550531	427857	122674	395000
4362067	2917433	1444634	900456	544178	2220598
316951	233425	83525	71955	11570	125030
1913407	1156030	757376	384615	372761	
475674	362838	112837	59980	52857	
1218375	168689	1049686	432010	617676	
6022715	4166315	1856400	1760854	95547	5909420

6-6 一般公共预算教育事业费和

地区	合计	个人部分	工资福利支出	对个人和家庭的补助支出	#助学金
合计	**594182089**	**340903893**	**262979756**	**77924137**	**60762858**
北京	21038589	13098449	11420377	1678072	1116165
天津	9183655	6005983	4960465	1045517	900936
河北	28424446	18619873	13395891	5223981	2476295
山西	18324941	9773078	7506480	2266598	1773361
内蒙古	11465417	7383796	5769275	1614522	1486054
辽宁	17555832	9264653	6579701	2684952	2525794
吉林	10646917	5148163	3768502	1379661	1208313
黑龙江	13722430	8381817	6414516	1967301	1379383
上海	21416712	9616907	8112394	1504512	1381743
江苏	38323622	22555075	18347302	4207773	3469147
浙江	32030728	17364689	13665449	3699240	2616629
安徽	21393614	11694003	7569984	4124020	2473230
福建	14888481	9171664	7067529	2104135	1400822
江西	20995530	13405049	10671932	2733117	2404815
山东	36299393	25626366	21237185	4389180	3086657
河南	32213360	17047292	12895070	4152223	3751024
湖北	21480721	13536798	10349362	3187436	2354260
湖南	20219958	14036080	10803618	3232462	2304350
广东	62473764	33505287	28479807	5025480	3733808
广西	17100868	8271022	5080956	3190067	2790280
海南	5683932	2286462	1467027	819435	661956
重庆	13001235	6632790	4438389	2194401	2061268
四川	27400309	16114345	12029427	4084917	3339080
贵州	16318624	8703490	5972840	2730650	2289481
云南	16628634	9461846	7224897	2236949	2109546
西藏	2470556	1467918	1022827	445091	415456
陕西	16160790	8404643	5842164	2562479	2290108
甘肃	9645396	4511210	3170514	1340696	1299370
青海	3249048	1336100	1091151	244949	199930
宁夏	3085964	1462127	1089164	372963	293378
新疆	11338622	7016919	5535563	1481356	1170218
大连	896627	454646	396726	57920	31263
宁波	3324197	1410791	1136921	273870	211376
厦门	1425416	949741	591000	358741	39083
青岛	1627248	408873	213343	195531	160451
深圳	18077282	6595559	5893484	702075	593675

基本建设支出明细(地方普通高等学校)

单位：千元

公用部分	商品和服务支出	其他资本性支出		基本建设支出
		专项公用支出	专项项目支出	
227923019	**132276924**	**95646095**	**53948628**	**41697467**	**25355177**
7219212	5257328	1961884	1789127	172757	720928
2938105	2385054	553051	493038	60014	239568
8715764	4772960	3942804	2638494	1304310	1088810
8028663	3835253	4193410	1620751	2572659	523199
3545164	1994224	1550939	851257	699683	536457
7614757	5651172	1963586	1708982	254604	676421
5370080	3518752	1851328	1399698	451630	128675
4793721	2908859	1884862	1135118	749743	546893
9110369	6763231	2347138	2053738	293400	2689436
15589514	10646673	4942842	2932059	2010782	179033
14008793	7513571	6495223	3225648	3269574	657246
8819835	4609116	4210719	2239157	1971562	879776
5570194	3642914	1927280	1501468	425812	146623
6455815	3484427	2971389	1670087	1301302	1134665
10082978	4548269	5534709	3087709	2447000	590050
14758883	8003134	6755749	3687446	3068303	407185
7862394	4106330	3756064	1741278	2014785	81530
6043879	3460320	2583560	1622661	960898	139999
20418471	13420833	6997639	4861367	2136271	8550006
8137442	4278930	3858512	2673333	1185179	692404
3083068	1229590	1853479	508120	1345359	314401
5977004	4173966	1803038	1280326	522712	391442
10484817	4064274	6420543	1903854	4516689	801147
7117163	2890309	4226853	1698763	2528090	497972
6867999	2987917	3880082	1534001	2346081	298788
906903	491186	415717	310210	105507	95735
7210895	5129107	2081788	1442644	639144	545252
4906959	2924756	1982203	1024386	957817	227227
1525831	350603	1175228	390087	785141	387118
1228837	748709	480128	365775	114353	395000
3529510	2485160	1044350	558045	486305	792193
316951	233425	83525	71955	11570	125030
1913407	1156030	757376	384615	372761	
475674	362838	112837	59980	52857	
1218375	168689	1049686	432010	617676	
5572303	4136467	1435836	1340290	95547	5909420

6-7 一般公共预算教育事业费和

地区	合计	个人部分	工资福利支出	对个人和家庭的补助支出	#助学金
合计	**577896237**	**340802595**	**260207290**	**80595306**	**63911048**
北京	62032332	39515512	25619277	13896235	12577861
天津	10925389	6839815	5577660	1262155	1115957
河北	22234234	15118339	10867355	4250984	1845478
山西	13797946	7039458	5474416	1565042	1201285
内蒙古	7588134	4934734	3850873	1083861	975293
辽宁	18223694	10634786	8317576	2317211	2072870
吉林	12379942	6840183	5166261	1673923	1115694
黑龙江	14717793	9504272	7249408	2254864	1564839
上海	33629401	16694949	13644672	3050276	2824702
江苏	37069036	22733552	18185124	4548429	3668700
浙江	29022627	15651137	12089693	3561444	2546550
安徽	16163082	9937835	6676676	3261159	1791746
福建	13468864	8486801	6486634	2000167	1386652
江西	14042899	9126902	7407562	1719340	1497768
山东	28524634	20078504	16429014	3649490	2612698
河南	20518888	10744407	8276836	2467571	2214388
湖北	28497433	18551572	14465213	4086359	3282644
湖南	15708532	10822261	8171168	2651094	1883054
广东	54234295	28296643	23864438	4432205	3530014
广西	10723462	5444248	3466795	1977453	1655160
海南	4648534	1835939	1272617	563322	438685
重庆	11402627	6719836	4918928	1800908	1611434
四川	28248078	16768582	13406118	3362464	2830983
贵州	10208350	5470365	3873532	1596834	1269387
云南	11788566	6591548	5337124	1254425	1170887
西藏	1917895	1096848	776708	320140	296254
陕西	21417044	12136537	9066751	3069786	2640948
甘肃	9392504	5033702	3790246	1243457	1019818
青海	2524294	999070	819476	179594	140941
宁夏	2690849	1409205	1050981	358225	274474
新疆	10154881	5745053	4608161	1136892	853882
大连	694686	349592	308792	40800	14170
宁波	2403347	931445	713256	218189	159068
厦门	1132289	731326	458738	272588	30032
青岛	975637	163991	51269	112723	102602
深圳	16130150	5231953	4660737	571215	524461

基本建设支出明细(普通高等本科学校)

单位：千元

公用部分	商品和服务支出	其他资本性支出	专项公用支出	专项项目支出	基本建设支出
208775576	**131313074**	**77462503**	**45255298**	**32207204**	**28318065**
18972669	13835130	5137539	4396571	740968	3544152
3397933	2680256	717677	635470	82207	687641
6505370	3763742	2741628	1896452	845176	610525
6235288	2867856	3367431	1240887	2126544	523199
2314244	1265723	1048521	502579	545942	339156
6899782	5397758	1502024	1244351	257673	689125
5389678	4026713	1362965	1107961	255004	150081
4730913	3012976	1717937	988120	729817	482608
14030076	10557230	3472846	3007001	465845	2904376
13839761	9712679	4127081	2764101	1362980	495723
12429093	6679210	5749883	2606420	3143463	942398
5700671	3210489	2490183	1423593	1066590	524576
4833004	3279368	1553636	1275643	277992	149060
3859469	2278123	1581347	858699	722648	1056527
7940540	3927076	4013464	2380389	1633075	505591
9567759	5596655	3971103	1989079	1982025	206722
9287225	5899710	3387515	1865768	1521748	658636
4658543	2871409	1787134	1186347	600787	227727
17901450	12155222	5746229	3959476	1786752	8036201
4891601	2935495	1956106	1259287	696819	387612
2618162	948886	1669276	415991	1253286	194433
4398530	3348483	1050047	917040	133007	284260
10555864	5439784	5116080	1731601	3384480	923632
4378715	1647522	2731194	668100	2063094	359269
4957297	1861417	3095880	1169238	1926642	239721
734776	407913	326863	227737	99126	86271
8615709	6116687	2499022	1756641	742381	664799
3999112	2716298	1282813	685990	596823	359690
1213712	229568	984145	243404	740741	311512
1031644	685258	346386	304084	42302	250000
2886986	1958439	928547	547279	381268	1522843
220064	176696	43367	32675	10692	125030
1471902	932420	539482	231327	308156	
400963	300267	100696	47839	52857	
811646	96682	714964	356590	358375	
5488510	3738639	1749871	1654324	95547	5409688

6-8 一般公共预算教育事业费和

地区	合计	个人部分			
			工资福利支出	对个人和家庭的补助支出	
					#助学金
合计	**414964345**	**237212372**	**185395944**	**51816428**	**39266890**
北京	17916011	11053754	9553752	1500002	1008592
天津	6439377	4194643	3406480	788162	686920
河北	20993105	14260435	10188227	4072209	1781715
山西	13797946	7039458	5474416	1565042	1201285
内蒙古	7588134	4934734	3850873	1083861	975293
辽宁	12651434	6697465	5095074	1602391	1471821
吉林	8014268	3842273	2930803	911470	809018
黑龙江	10333403	6575491	5163533	1411958	911746
上海	19975298	9050514	7620974	1429540	1321609
江苏	25513762	15224818	12347254	2877565	2350015
浙江	24296767	12663099	9805117	2857983	1897367
安徽	13012239	7672035	5010466	2661569	1317491
福建	10393542	6507520	4963932	1543588	991517
江西	14042899	9126902	7407562	1719340	1497768
山东	23666014	16983829	14002443	2981386	2067314
河南	20303727	10636124	8180166	2455958	2208890
湖北	14243013	9099029	7005248	2093781	1609339
湖南	11822496	8250465	6249912	2000553	1363504
广东	45509785	22709346	19546993	3162353	2467229
广西	10723462	5444248	3466795	1977453	1655160
海南	4648534	1835939	1272617	563322	438685
重庆	7351123	3973890	2834647	1139244	1099345
四川	18178974	10917461	8565384	2352077	2014420
贵州	10207063	5469078	3873532	1595546	1268100
云南	11788566	6591548	5337124	1254425	1170887
西藏	1917895	1096848	776708	320140	296254
陕西	11153706	5697280	4040954	1656325	1515557
甘肃	6599903	3056923	2256588	800336	783443
青海	2524294	999070	819476	179594	140941
宁夏	1992740	951447	678363	273085	198834
新疆	7364868	4656701	3670531	986170	746831
大连	694686	349592	308792	40800	14170
宁波	2403347	931445	713256	218189	159068
厦门	1132289	731326	458738	272588	30032
青岛	975637	163991	51269	112723	102602
深圳	15679289	5231503	4660287	571215	524461

基本建设支出明细(地方普通高等本科学校)

单位：千元

公用部分	商品和服务支出	其他资本性支出			基本建设支出
			专项公用支出	专项项目支出	
157430894	**95165444**	**62265450**	**32772139**	**29493311**	**20321079**
6150728	4525341	1625387	1480197	145190	711529
2110167	1807967	302200	242200	60000	134568
6139667	3517650	2622017	1802956	819061	593002
6235288	2867856	3367431	1240887	2126544	523199
2314244	1265723	1048521	502579	545942	339156
5341025	4315297	1025727	861146	164581	612944
4053739	2863945	1189793	956108	233685	118256
3374169	2169118	1205051	642752	562299	383743
8596445	6383689	2212757	1957934	254823	2328339
10122060	7177350	2944710	1669492	1275218	166883
11120316	5810614	5309702	2219764	3089938	513351
4842297	2706245	2136052	1157489	978563	497907
3779399	2678701	1100697	977650	123047	106623
3859469	2278123	1581347	858699	722648	1056527
6338179	2859587	3478592	1949986	1528606	344006
9460881	5521616	3939265	1957240	1982025	206722
5062454	3031740	2030714	811668	1219045	81530
3476456	2056745	1419711	846440	573271	95575
14770787	10169237	4601550	2918630	1682919	8029653
4891601	2935495	1956106	1259287	696819	387612
2618162	948886	1669276	415991	1253286	194433
3257898	2452429	805469	672702	132766	119335
6602421	2316563	4285858	938807	3347051	659092
4378715	1647522	2731194	668100	2063094	359269
4957297	1861417	3095880	1169238	1926642	239721
734776	407913	326863	227737	99126	86271
5128661	3947580	1181081	939744	241337	327765
3321456	2253409	1068047	574844	493202	221524
1213712	229568	984145	243404	740741	311512
791292	515309	275983	242002	33981	250000
2387133	1642807	744326	366465	377860	321034
220064	176696	43367	32675	10692	125030
1471902	932420	539482	231327	308156	
400963	300267	100696	47839	52857	
811646	96682	714964	356590	358375	
5038098	3708791	1329307	1233761	95547	5409688

6-9 一般公共预算教育事业费和

地　区	合　计	个人部分	工资福利支　出	对个人和家庭的补助支出	#助学金
合　计	**180990234**	**104508509**	**78192432**	**26316076**	**21678309**
北　京	3271567	2097072	1910069	187003	115094
天　津	2744278	1811340	1553985	257355	214016
河　北	7431341	4359437	3207665	1151773	694580
山　西	4526995	2733620	2032064	701556	572076
内蒙古	3877284	2449062	1918402	530661	510761
辽　宁	4904398	2567188	1484627	1082560	1053973
吉　林	2632649	1305890	837699	468191	399295
黑龙江	3506670	1895230	1296999	598231	497305
上　海	1554831	652809	573410	79400	64561
江　苏	12809861	7330256	6000048	1330208	1119131
浙　江	7733961	4701590	3860333	841258	719262
安　徽	8381375	4021968	2559517	1462451	1155738
福　建	4494940	2664144	2103597	560547	409304
江　西	6952632	4278147	3264371	1013777	907046
山　东	12633379	8642536	7234742	1407794	1019343
河　南	11909633	6411168	4714903	1696265	1542135
湖　北	7347179	4517962	3376418	1141544	787685
湖　南	8452538	5818239	4586331	1231908	940846
广　东	17139008	10925736	9053991	1871745	1275197
广　西	6377406	2826774	1614161	1212613	1135121
海　南	1035398	450523	194410	256114	223271
重　庆	5771800	2694300	1612457	1081842	988609
四　川	9398599	5313545	3553328	1760217	1350080
贵　州	6111561	3234411	2099308	1135104	1021380
云　南	4840068	2870298	1887773	982525	938659
西　藏	552661	371070	246119	124951	119202
陕　西	5007084	2707364	1801210	906154	774551
甘　肃	3045493	1454287	913926	540360	515927
青　海	724755	337030	271675	65355	58990
宁　夏	1093224	510680	410801	99879	94545
新　疆	4727667	2554831	2018096	536734	460624
大　连	201941	105054	87934	17120	17093
宁　波	920850	479346	423665	55681	52308
厦　门	293127	218416	132263	86153	9051
青　岛	651611	244882	162074	82808	57849
深　圳	2397993	1364056	1233197	130859	69215

基本建设支出明细(普通高职高专学校)

单位：千元

公用部分	商品和服务支出	其他资本性支出	专项公用支出	专项项目支出	基本建设支出
71181988	**37545918**	**33636071**	**21361000**	**12275070**	**5299737**
1126054	787839	338215	310648	27566	48441
827938	577087	250851	250838	14	105000
2576096	1255310	1320786	835538	485248	495807
1793375	967396	825979	379863	446115	
1230920	728501	502419	348678	153741	197301
2273732	1335874	937858	847836	90022	63478
1316341	654806	661535	443590	217945	10419
1448290	752813	695477	494465	201011	163150
540924	405296	135628	97050	38577	361098
5467455	3469323	1998132	1262567	735564	12150
2888477	1702956	1185521	1005884	179636	143894
3977538	1902871	2074667	1081668	992999	381869
1790796	964213	826583	523819	302764	40000
2596346	1206304	1390042	811388	578654	78138
3744799	1688682	2056117	1137723	918394	246043
5298002	2481518	2816484	1730205	1086279	200463
2829216	1096826	1732391	933768	798623	
2589875	1421027	1168848	781222	387627	44424
5692919	3291453	2401466	1948114	453352	520353
3245841	1343435	1902406	1414046	488360	304791
464907	280704	184203	92130	92073	119968
2805393	1807824	997569	607623	389946	272107
3942998	1804998	2138000	968362	1169639	142056
2738447	1242788	1495660	1030664	464996	138702
1910702	1126500	784202	364762	419439	59068
172127	83273	88854	82473	6381	9464
2082234	1181526	900707	502901	397807	217487
1585503	671347	914156	449542	464614	5703
312119	121035	191083	146683	44401	75606
437544	233399	204145	123773	80372	145000
1475081	958994	516087	353177	162910	697755
96887	56729	40158	39280	878	
441505	223611	217894	153289	64606	
74711	62570	12141	12141		
406729	72008	334721	75420	259301	
534205	427676	106529	106529		499732

6-10 一般公共预算教育事业费和

地区	合计	个人部分	工资福利支出	对个人和家庭的补助支出	#助学金
合计	**179217744**	**103691521**	**77583811**	**26107709**	**21495968**
北京	3122578	2044695	1866624	178070	107573
天津	2744278	1811340	1553985	257355	214016
河北	7431341	4359437	3207665	1151773	694580
山西	4526995	2733620	2032064	701556	572076
内蒙古	3877284	2449062	1918402	530661	510761
辽宁	4904398	2567188	1484627	1082560	1053973
吉林	2632649	1305890	837699	468191	399295
黑龙江	3389028	1806325	1250983	555343	467637
上海	1441414	566392	491420	74972	60134
江苏	12809861	7330256	6000048	1330208	1119131
浙江	7733961	4701590	3860333	841258	719262
安徽	8381375	4021968	2559517	1462451	1155738
福建	4494940	2664144	2103597	560547	409304
江西	6952632	4278147	3264371	1013777	907046
山东	12633379	8642536	7234742	1407794	1019343
河南	11909633	6411168	4714903	1696265	1542135
湖北	7237708	4437769	3344114	1093655	744921
湖南	8397462	5785615	4553706	1231908	940846
广东	16963979	10795941	8932814	1863127	1266579
广西	6377406	2826774	1614161	1212613	1135121
海南	1035398	450523	194410	256114	223271
重庆	5650113	2658899	1603742	1055157	961924
四川	9221335	5196884	3464044	1732840	1324660
贵州	6111561	3234411	2099308	1135104	1021380
云南	4840068	2870298	1887773	982525	938659
西藏	552661	371070	246119	124951	119202
陕西	5007084	2707364	1801210	906154	774551
甘肃	3045493	1454287	913926	540360	515927
青海	724755	337030	271675	65355	58990
宁夏	1093224	510680	410801	99879	94545
新疆	3973754	2360217	1865031	495186	423388
大连	201941	105054	87934	17120	17093
宁波	920850	479346	423665	55681	52308
厦门	293127	218416	132263	86153	9051
青岛	651611	244882	162074	82808	57849
深圳	2397993	1364056	1233197	130859	69215

基本建设支出明细(地方普通高职高专学校)

单位：千元

公用部分	商品和服务支出	其他资本性支出			基本建设支出
			专项公用支出	专项项目支出	
70492125	**37111480**	**33380645**	**21176489**	**12204156**	**5034098**
1068484	731987	336497	308930	27566	9399
827938	577087	250851	250838	14	105000
2576096	1255310	1320786	835538	485248	495807
1793375	967396	825979	379863	446115	
1230920	728501	502419	348678	153741	197301
2273732	1335874	937858	847836	90022	63478
1316341	654806	661535	443590	217945	10419
1419552	739742	679811	492367	187444	163150
513924	379542	134381	95804	38577	361098
5467455	3469323	1998132	1262567	735564	12150
2888477	1702956	1185521	1005884	179636	143894
3977538	1902871	2074667	1081668	992999	381869
1790796	964213	826583	523819	302764	40000
2596346	1206304	1390042	811388	578654	78138
3744799	1688682	2056117	1137723	918394	246043
5298002	2481518	2816484	1730205	1086279	200463
2799939	1074589	1725350	929610	795740	
2567423	1403575	1163848	776222	387627	44424
5647685	3251596	2396089	1942737	453352	520353
3245841	1343435	1902406	1414046	488360	304791
464907	280704	184203	92130	92073	119968
2719106	1721537	997569	607623	389946	272107
3882395	1747710	2134685	965046	1169639	142056
2738447	1242788	1495660	1030664	464996	138702
1910702	1126500	784202	364762	419439	59068
172127	83273	88854	82473	6381	9464
2082234	1181526	900707	502901	397807	217487
1585503	671347	914156	449542	464614	5703
312119	121035	191083	146683	44401	75606
437544	233399	204145	123773	80372	145000
1142377	842353	300024	191580	108445	471159
96887	56729	40158	39280	878	
441505	223611	217894	153289	64606	
74711	62570	12141	12141		
406729	72008	334721	75420	259301	
534205	427676	106529	106529		499732

6-11 一般公共预算教育事业费和

地 区	合 计	个人部分	工资福利支 出	对个人和家庭的补助支出	#助学金
合 计	**7342922**	**5270811**	**4753235**	**517576**	**180455**
北 京	801811	615343	592420	22922	
天 津	211870	167415	160369	7046	856
河 北	480929	395334	340844	54490	7318
山 西	134080	109599	105116	4483	1510
内蒙古	89731	60344	59646	698	250
辽 宁	211535	173750	170176	3574	
吉 林	309759	219622	203979	15643	7503
黑龙江	234932	203892	164716	39176	166
上 海	727275	390263	383236	7027	113
江 苏	113893	55052	50517	4535	1341
浙 江	648273	453750	437827	15924	1582
安 徽	117543	55066	49976	5089	69
福 建	298255	150612	131575	19036	10095
江 西	263494	204454	175474	28979	22489
山 东	169461	111293	95731	15562	
河 南	97417	81346	77282	4065	935
湖 北	51802	42788	36527	6261	1
湖 南	227185	179975	161702	18274	260
广 东	774906	603193	516202	86991	1252
广 西	129559	63587	51110	12477	9464
海 南	49425	33699	27004	6695	6640
重 庆	2730	2340	2235	105	
四 川	288073	204101	192193	11908	618
贵 州	154990	112255	60610	51645	46218
云 南	42144	33381	33354	27	
西 藏					
陕 西	357376	245435	178752	66683	61772
甘 肃	93640	68611	65880	2731	
青 海	18921	17559	17559		
宁 夏					
新 疆	241912	216754	211223	5531	5
大 连	82416	73053	73047	6	
宁 波	148818	84558	82366	2192	185
厦 门					
青 岛	26035	21164	17795	3368	
深 圳	52098	32335	32335		

基本建设支出明细(成人高等学校)

单位：千元

公用部分					基本建设支出
	商品和服务支出	其他资本性支出	专项公用支出	专项项目支出	
2036743	**1672571**	**364172**	**248185**	**115987**	**35368**
186468	167267	19201	15879	3322	
24455	13707	10748	10748		20000
85595	65011	20584	19312	1272	
24482	20394	4088	1774	2313	
29387	26285	3102	2590	512	
37785	35688	2097	2097		
90137	77457	12680	12670	10	
31041	24194	6847	3668	3179	
337013	309504	27509	20648	6860	
58842	49477	9365	6941	2423	
194467	134316	60151	22588	37563	55
62478	50421	12057	10891	1166	
147644	137887	9757	2622	7135	
59040	58224	816	670	145	
45167	38709	6459	6459		13000
16070	15520	550	550		
9014	8263	752	752		
47210	40284	6926	4266	2660	
171713	132875	38838	32058	6780	
65971	37035	28936	22544	6393	
15726	14603	1123	1123		
390	390				
83972	78533	5439	4439	1000	
42735	25385	17350	11970	5380	
8763	4521	4243	4243		
110629	75486	35143	19219	15924	1313
25029	16503	8526	3567	4960	
1362	362	1000	1000		
24159	14273	9885	2895	6990	1000
9364	9122	242	242		
64260	18317	45943	11315	34628	
4871	4372	500	500		
19762	18426	1336	1336		

6-12 一般公共预算教育事业费和

地区	合计	个人部分	工资福利支出	对个人和家庭的补助支出	#助学金
合计	**7168009**	**5141216**	**4625738**	**515478**	**180455**
北京	682192	540020	519102	20919	
天津	211870	167415	160369	7046	856
河北	480929	395334	340844	54490	7318
山西	134080	109599	105116	4483	1510
内蒙古	89731	60344	59646	698	250
辽宁	211535	173750	170176	3574	
吉林	309759	219622	203979	15643	7503
黑龙江	234932	203892	164716	39176	166
上海	727275	390263	383236	7027	113
江苏	113893	55052	50517	4535	1341
浙江	648273	453750	437827	15924	1582
安徽	117543	55066	49976	5089	69
福建	298255	150612	131575	19036	10095
江西	263494	204454	175474	28979	22489
山东	169461	111293	95731	15562	
河南	97417	81346	77282	4065	935
湖北	51802	42788	36527	6261	1
湖南	227185	179975	161702	18274	260
广东	774906	603193	516202	86991	1252
广西	129559	63587	51110	12477	9464
海南	49425	33699	27004	6695	6640
重庆	2730	2340	2235	105	
四川	288073	204101	192193	11908	618
贵州	154990	112255	60610	51645	46218
云南	42144	33381	33354	27	
西藏					
陕西	357376	245435	178752	66683	61772
甘肃	93640	68611	65880	2731	
青海	18921	17559	17559		
宁夏					
新疆	186618	162481	157045	5436	5
大连	82416	73053	73047	6	
宁波	148818	84558	82366	2192	185
厦门					
青岛	26035	21164	17795	3368	
深圳	52098	32335	32335		

基本建设支出明细(地方成人高等学校)

单位：千元

公用部分	商品和服务支出	其他资本性支出			基本建设支出
			专项公用支出	专项项目支出	
1991426	**1628996**	**362430**	**246443**	**115987**	**35368**
142172	123691	18480	15158	3322	
24455	13707	10748	10748		20000
85595	65011	20584	19312	1272	
24482	20394	4088	1774	2313	
29387	26285	3102	2590	512	
37785	35688	2097	2097		
90137	77457	12680	12670	10	
31041	24194	6847	3668	3179	
337013	309504	27509	20648	6860	
58842	49477	9365	6941	2423	
194467	134316	60151	22588	37563	55
62478	50421	12057	10891	1166	
147644	137887	9757	2622	7135	
59040	58224	816	670	145	
45167	38709	6459	6459		13000
16070	15520	550	550		
9014	8263	752	752		
47210	40284	6926	4266	2660	
171713	132875	38838	32058	6780	
65971	37035	28936	22544	6393	
15726	14603	1123	1123		
390	390				
83972	78533	5439	4439	1000	
42735	25385	17350	11970	5380	
8763	4521	4243	4243		
110629	75486	35143	19219	15924	1313
25029	16503	8526	3567	4960	
1362	362	1000	1000		
23137	14273	8864	1874	6990	1000
9364	9122	242	242		
64260	18317	45943	11315	34628	
4871	4372	500	500		
19762	18426	1336	1336		

6-13 一般公共预算教育事业费和

地 区	合 计				
		个人部分			
			工资福利支 出	对个人和家庭的补助支出	
					#助学金
合 计	**207128791**	**129800085**	**113362962**	**16437123**	**10154061**
北 京	5101968	3341045	3203077	137968	56250
天 津	2199530	1625862	1518160	107701	41391
河 北	11868503	8552982	7372306	1180676	518796
山 西	4925947	3082960	2727471	355489	301940
内蒙古	3483588	2133111	1850474	282637	254852
辽 宁	4007896	2940845	2520100	420745	112326
吉 林	2831369	1963925	1787860	176065	121057
黑龙江	3528070	2384512	2045992	338520	76996
上 海	3628886	2554674	2427009	127665	77694
江 苏	14437080	10174783	9377659	797125	245332
浙 江	16163804	9725132	9273829	451303	250627
安 徽	7727536	3954050	2990141	963909	655011
福 建	6727270	4467856	4129000	338855	139508
江 西	6333428	2887282	2318106	569177	481006
山 东	17302903	11767176	10670387	1096790	400268
河 南	9874176	5586582	4948238	638343	564779
湖 北	6633236	3814156	3214235	599921	370419
湖 南	8644653	5157848	4284504	873344	604928
广 东	22331820	14867146	13611773	1255373	342882
广 西	6405167	3373817	2897759	476057	374592
海 南	1674538	863922	732953	130969	120786
重 庆	5369605	2869568	2132765	736803	665974
四 川	9241204	5878114	4602468	1275647	838642
贵 州	3901584	2402874	1768322	634552	539893
云 南	5689484	3833734	3106984	726750	668912
西 藏	1353675	747661	610673	136988	119808
陕 西	4351483	2881862	2413745	468117	345890
甘 肃	3210973	2026554	1685308	341246	257376
青 海	1021200	443688	349346	94342	89821
宁 夏	1199234	512314	434255	78058	65604
新 疆	5958979	2984050	2358062	625988	450704
大 连	823744	581142	575637	5505	3741
宁 波	2957891	1607848	1567802	40046	17460
厦 门	1205278	821424	724832	96592	72188
青 岛	2738047	2101040	1855926	245114	27671
深 圳	1938100	1019437	894980	124457	61905

基本建设支出明细(中等职业学校)

单位：千元

公用部分	商品和服务支出	其他资本性支出			基本建设支出
			专项公用支出	专项项目支出	
73577947	**41755804**	**31822143**	**15622305**	**16199838**	**3750759**
1758643	1299137	459506	340910	118596	2280
573668	291559	282109	50621	231488	
3300660	1988853	1311807	658456	653350	14861
1799911	1037048	762863	342341	420522	43076
1235579	686007	549572	252161	297411	114899
993644	806699	186945	132554	54391	73407
846590	496376	350215	192468	157747	20854
1110837	624910	485926	225203	260724	32722
1071064	866962	204102	123681	80421	3149
4247797	2738376	1509421	716750	792670	14500
5314033	2971556	2342477	1155059	1187418	1124639
3699170	1882991	1816179	909437	906742	74317
2239540	1055601	1183939	470049	713889	19874
3325189	903980	2421209	862386	1558823	120957
5471889	3116430	2355459	936637	1418822	63838
4199374	2564790	1634584	755570	879013	88221
2819080	1357537	1461543	611946	849597	
3441955	2104530	1337425	714556	622869	44851
7408311	4366963	3041348	2032120	1009228	56363
2500898	1430991	1069908	648890	421017	530452
789509	446753	342757	294613	48144	21107
2421007	1781230	639777	408168	231608	79030
3259362	2038415	1220947	637688	583258	103728
1396806	833727	563078	271323	291755	101904
1799219	934949	864270	466009	398261	56531
606014	186019	419995	231053	188941	
1448310	798130	650180	287488	362692	21311
1021374	470789	550585	169450	381135	163045
500750	195568	305183	161892	143291	76762
626921	264878	362043	230151	131892	60000
2350845	1214052	1136793	332673	804120	624084
221982	202666	19315	14315	5000	20620
1350043	488500	861543	201629	659914	
369598	169756	199842	96367	103475	14256
637007	302966	334041	196130	137911	
891100	726969	164131	133481	30651	27562

6-14 一般公共预算教育事业费和

地区	合计	个人部分	工资福利支出	对个人和家庭的补助支出	#助学金
合计	206008964	129369962	113019850	16350112	10110724
北京	5010008	3276350	3138499	137852	56250
天津	2197678	1624010	1516674	107336	41047
河北	11867217	8551696	7371020	1180676	518796
山西	4925947	3082960	2727471	355489	301940
内蒙古	3483588	2133111	1850474	282637	254852
辽宁	4007896	2940845	2520100	420745	112326
吉林	2831369	1963925	1787860	176065	121057
黑龙江	3417628	2314383	1993885	320498	76347
上海	3626656	2552444	2424779	127665	77694
江苏	14416141	10168023	9371773	796250	244457
浙江	16163804	9725132	9273829	451303	250627
安徽	7727536	3954050	2990141	963909	655011
福建	6727270	4467856	4129000	338855	139508
江西	6333347	2887267	2318106	569161	480991
山东	17302903	11767176	10670387	1096790	400268
河南	9857318	5570328	4932062	638266	564702
湖北	6633202	3814122	3214235	599887	370385
湖南	8644653	5157848	4284504	873344	604928
广东	22288271	14835327	13586048	1249280	342160
广西	6405167	3373817	2897759	476057	374592
海南	1674538	863922	732953	130969	120786
重庆	5369605	2869568	2132765	736803	665974
四川	9197502	5845513	4593988	1251526	828761
贵州	3901584	2402874	1768322	634552	539893
云南	5689484	3833734	3106984	726750	668912
西藏	1353675	747661	610673	136988	119808
陕西	4351326	2881706	2413745	467961	345733
甘肃	3210973	2026554	1685308	341246	257376
青海	1021200	443688	349346	94342	89821
宁夏	1199234	512314	434255	78058	65604
新疆	5172241	2781758	2192905	588852	420121
大连	823744	581142	575637	5505	3741
宁波	2957891	1607848	1567802	40046	17460
厦门	1205278	821424	724832	96592	72188
青岛	2738047	2101040	1855926	245114	27671
深圳	1938100	1019437	894980	124457	61905

基本建设支出明细(地方中等职业学校)

单位：千元

公用部分	商品和服务支出	其他资本性支出			基本建设支出
			专项公用支出	专项项目支出	
73276091	**41580934**	**31695157**	**15551790**	**16143367**	**3362911**
1731377	1272584	458794	340198	118596	2280
573668	291559	282109	50621	231488	
3300660	1988853	1311807	658456	653350	14861
1799911	1037048	762863	342341	420522	43076
1235579	686007	549572	252161	297411	114899
993644	806699	186945	132554	54391	73407
846590	496376	350215	192468	157747	20854
1070523	615911	454612	222356	232256	32722
1071064	866962	204102	123681	80421	3149
4233618	2724197	1509421	716750	792670	14500
5314033	2971556	2342477	1155059	1187418	1124639
3699170	1882991	1816179	909437	906742	74317
2239540	1055601	1183939	470049	713889	19874
3325123	903914	2421209	862386	1558823	120957
5471889	3116430	2355459	936637	1418822	63838
4198769	2564186	1634584	755570	879013	88221
2819080	1357537	1461543	611946	849597	
3441955	2104530	1337425	714556	622869	44851
7396581	4356213	3040368	2031140	1009228	56363
2500898	1430991	1069908	648890	421017	530452
789509	446753	342757	294613	48144	21107
2421007	1781230	639777	408168	231608	79030
3248261	2030659	1217602	635639	581963	103728
1396806	833727	563078	271323	291755	101904
1799219	934949	864270	466009	398261	56531
606014	186019	419995	231053	188941	
1448310	798130	650180	287488	362692	21311
1021374	470789	550585	169450	381135	163045
500750	195568	305183	161892	143291	76762
626921	264878	362043	230151	131892	60000
2154248	1108090	1046159	268746	777413	236236
221982	202666	19315	14315	5000	20620
1350043	488500	861543	201629	659914	
369598	169756	199842	96367	103475	14256
637007	302966	334041	196130	137911	
891100	726969	164131	133481	30651	27562

6-15 一般公共预算教育事业费和

地区	合计	个人部分	工资福利支出	对个人和家庭的补助支出	#助学金
合计	**96346460**	**59288650**	**50598595**	**8690055**	**5359320**
北京	1994837	1219009	1147929	71080	26164
天津	1355413	915997	857127	58870	29335
河北	3733574	2807922	2136274	671648	313320
山西	1785300	1162439	1052689	109750	89136
内蒙古	951413	555787	464985	90802	77804
辽宁	2201273	1675413	1361210	314203	44393
吉林	898534	591539	533668	57871	36589
黑龙江	925890	497583	429427	68156	25609
上海	2094706	1538955	1474849	64106	42828
江苏	10498549	7545553	6939893	605660	167838
浙江	2457364	1488213	1412211	76002	55638
安徽	7132939	3701406	2821641	879765	587982
福建	5363606	3515071	3243775	271296	128309
江西	3991478	1965657	1611774	353883	282406
山东	8419216	5714948	5132425	582523	289167
河南	3722413	1967872	1646699	321173	291174
湖北	4498776	2493835	2098958	394877	235686
湖南	1113615	542821	433719	109102	87819
广东	9739435	6584509	5858946	725563	204784
广西	4742823	2421767	2084328	337439	265391
海南	1047440	514277	436642	77635	73846
重庆	1109745	441922	200094	241828	239540
四川	2869169	1820193	1357418	462775	315019
贵州	1514565	865011	576731	288280	246413
云南	2359881	1462386	1070117	392268	384065
西藏	1236332	730644	599375	131269	115373
陕西	757903	499209	413853	85356	59475
甘肃	2363832	1437165	1196625	240540	190969
青海	1018975	442124	348825	93299	88778
宁夏	442627	193419	163808	29612	23545
新疆	4004838	1976006	1492583	483422	340926
大连	403817	298664	296765	1898	1741
宁波	654486	331165	325597	5568	2114
厦门	961177	619284	526262	93022	70379
青岛	225801	175174	145240	29934	864
深圳	539831	278916	246391	32525	19101

基本建设支出明细(中等专业学校)

单位：千元

公用部分	商品和服务支出	其他资本性支出	专项公用支出	专项项目支出	基本建设支出
35055260	**20032338**	**15022922**	**7626319**	**7396603**	**2002550**
773822	553466	220356	194220	26136	2005
439416	205107	234309	33048	201261	
913242	640749	272493	159002	113491	12411
609497	385622	223875	88946	134928	13365
326609	199288	127321	66547	60775	69017
498202	389620	108582	82139	26443	27657
306995	195692	111304	82742	28562	
428307	230993	197314	73290	124025	
552602	467900	84703	71599	13104	3149
2946496	1930547	1015950	523041	492909	6500
814332	433304	381028	191660	189368	154819
3361216	1604206	1757011	887616	869395	70317
1828662	857654	971007	395920	575087	19874
1929126	619179	1309947	616300	693647	96696
2682295	1569229	1113067	388442	724624	21972
1680690	1074713	605977	328536	277441	73851
2004941	1002325	1002616	414551	588065	
570795	505858	64937	33247	31690	
3124209	2002531	1121678	716866	404812	30717
1911009	1061835	849175	498647	350527	410047
533163	291645	241518	219144	22374	
662823	484381	178442	150596	27846	5000
987359	686358	301002	153162	147839	61617
588098	320509	267589	157396	110193	61455
854708	476745	377963	243557	134406	42787
505687	168891	336796	219548	117249	
248315	188780	59534	31663	27871	10380
766354	374214	392140	123919	268221	160313
500089	195056	305033	161742	143291	76762
219207	87338	131870	70535	61334	30000
1486992	828604	658388	248697	409691	541840
95589	85427	10162	5162	5000	9564
323320	97768	225552	72324	153228	
327637	143822	183815	80340	103475	14256
50627	40139	10488	5888	4600	
247582	189880	57702	31444	26258	13332

6-16 一般公共预算教育事业费和

地 区	合 计	个人部分	工资福利支 出	对个人和家庭的补助支出	#助学金
合 计	**95418814**	**58988696**	**50343335**	**8645360**	**5326615**
北 京	1904565	1156004	1085039	70964	26164
天 津	1355413	915997	857127	58870	29335
河 北	3732289	2806636	2134988	671648	313320
山 西	1785300	1162439	1052689	109750	89136
内蒙古	951413	555787	464985	90802	77804
辽 宁	2201273	1675413	1361210	314203	44393
吉 林	898534	591539	533668	57871	36589
黑龙江	921868	494351	426783	67568	25021
上 海	2092476	1536725	1472619	64106	42828
江 苏	10498549	7545553	6939893	605660	167838
浙 江	2457364	1488213	1412211	76002	55638
安 徽	7132939	3701406	2821641	879765	587982
福 建	5363606	3515071	3243775	271296	128309
江 西	3991397	1965641	1611774	353868	282390
山 东	8419216	5714948	5132425	582523	289167
河 南	3722413	1967872	1646699	321173	291174
湖 北	4498742	2493801	2098958	394843	235652
湖 南	1113615	542821	433719	109102	87819
广 东	9695886	6552690	5833220	719470	204063
广 西	4742823	2421767	2084328	337439	265391
海 南	1047440	514277	436642	77635	73846
重 庆	1109745	441922	200094	241828	239540
四 川	2863785	1819279	1357418	461861	314105
贵 州	1514565	865011	576731	288280	246413
云 南	2359881	1462386	1070117	392268	384065
西 藏	1236332	730644	599375	131269	115373
陕 西	757903	499209	413853	85356	59475
甘 肃	2363832	1437165	1196625	240540	190969
青 海	1018975	442124	348825	93299	88778
宁 夏	442627	193419	163808	29612	23545
新 疆	3224050	1778588	1332099	446489	310493
大 连	403817	298664	296765	1898	1741
宁 波	654486	331165	325597	5568	2114
厦 门	961177	619284	526262	93022	70379
青 岛	225801	175174	145240	29934	864
深 圳	539831	278916	246391	32525	19101

基本建设支出明细(地方中等专业学校)

单位：千元

公用部分					基本建设支出
	商品和服务支出	其他资本性支出			
			专项公用支出	专项项目支出	
34815417	**19885010**	**14930407**	**7560511**	**7369896**	**1614702**
746557	526913	219644	193508	26136	2005
439416	205107	234309	33048	201261	
913242	640749	272493	159002	113491	12411
609497	385622	223875	88946	134928	13365
326609	199288	127321	66547	60775	69017
498202	389620	108582	82139	26443	27657
306995	195692	111304	82742	28562	
427517	230413	197105	73080	124025	
552602	467900	84703	71599	13104	3149
2946496	1930547	1015950	523041	492909	6500
814332	433304	381028	191660	189368	154819
3361216	1604206	1757011	887616	869395	70317
1828662	857654	971007	395920	575087	19874
1929060	619113	1309947	616300	693647	96696
2682295	1569229	1113067	388442	724624	21972
1680690	1074713	605977	328536	277441	73851
2004941	1002325	1002616	414551	588065	
570795	505858	64937	33247	31690	
3112479	1991781	1120698	715886	404812	30717
1911009	1061835	849175	498647	350527	410047
533163	291645	241518	219144	22374	
662823	484381	178442	150596	27846	5000
982889	681887	301002	153162	147839	61617
588098	320509	267589	157396	110193	61455
854708	476745	377963	243557	134406	42787
505687	168891	336796	219548	117249	
248315	188780	59534	31663	27871	10380
766354	374214	392140	123919	268221	160313
500089	195056	305033	161742	143291	76762
219207	87338	131870	70535	61334	30000
1291470	723695	567775	184791	382984	153992
95589	85427	10162	5162	5000	9564
323320	97768	225552	72324	153228	
327637	143822	183815	80340	103475	14256
50627	40139	10488	5888	4600	
247582	189880	57702	31444	26258	13332

6-17 一般公共预算教育事业费和

地区	合计	个人部分	工资福利支出	对个人和家庭的补助支出	#助学金
合计	**75535611**	**48336357**	**42836904**	**5499453**	**3509628**
北京	1581104	1204794	1195446	9348	7656
天津	463725	407321	380563	26758	3594
河北	6120697	4116246	3774410	341836	184909
山西	2476024	1484644	1362034	122610	96051
内蒙古	2450404	1510790	1320287	190504	176241
辽宁	1422109	1032519	961703	70815	35532
吉林	1187537	759858	715039	44819	32285
黑龙江	1498441	999187	841833	157354	43566
上海	1287942	899332	836646	62686	34655
江苏	2314721	1726325	1623809	102517	32367
浙江	11526048	7099312	6770899	328413	173182
安徽	155180	84850	30323	54526	47001
福建	496838	288861	255044	33817	5936
江西	1849233	609022	450411	158611	146697
山东	5147367	3750152	3378215	371937	78692
河南	3827968	2325089	2100885	224204	197733
湖北	1668999	1079318	903099	176219	121590
湖南	6639226	4021299	3333897	687402	474344
广东	4884548	3397664	3124980	272685	48364
广西	123165	84477	67923	16554	7856
海南	393158	214176	177567	36609	30820
重庆	3146920	1834215	1474127	360088	316103
四川	5548587	3462309	2812992	649318	419679
贵州	2122992	1375457	1072448	303009	250282
云南	2004263	1565737	1330609	235128	199392
西藏					
陕西	2591765	1678256	1426323	251934	182400
甘肃	733005	502565	408282	94282	62962
青海	2225	1564	521	1043	1043
宁夏	756608	318894	270448	48447	42059
新疆	1114811	502121	436142	65979	56636
大连	327939	240014	237051	2962	1688
宁波	1914615	993290	968423	24866	13591
厦门	69743	51298	49737	1562	343
青岛	2114024	1664242	1454004	210238	26303
深圳	873179	442478	405590	36888	16914

基本建设支出明细(职业高中)

单位：千元

公用部分	商品和服务支出	其他资本性支出			基本建设支出
			专项公用支出	专项项目支出	
26123277	**14039816**	**12083461**	**5330665**	**6752796**	**1075977**
376034	303103	72932	43338	29593	275
56404	48759	7645	7115	530	
2002001	1022175	979826	458233	521593	2450
966560	484440	482120	203488	278632	24819
893733	479341	414392	182067	232325	45881
360568	291648	68920	41516	27403	29023
407925	213317	194608	96108	98500	19754
467532	257028	210504	119788	90717	31722
388610	277650	110960	43644	67317	
588396	354385	234011	83366	150645	
3792240	2120020	1672220	764344	907876	634496
66330	37391	28939	3348	25591	4000
207977	71734	136243	20795	115448	
1215949	191052	1024898	209173	815725	24261
1387215	668259	718956	277867	441089	10000
1493952	889137	604815	249559	355256	8927
589681	277054	312627	137760	174868	
2573076	1352668	1220409	659323	561086	44851
1466583	962006	504576	314524	190052	20301
38688	16504	22184	12717	9467	
178614	106019	72595	57598	14997	368
1308818	931165	377653	203960	173694	3887
2044166	1184253	859913	458051	401862	42111
707086	420762	286325	108342	177982	40449
425166	240520	184646	102040	82606	13360
902577	385926	516651	235776	280875	10931
227708	85426	142282	29698	112584	2733
661	511	150	150		
407713	177540	230173	159616	70558	30000
581312	190024	391288	47362	343926	31379
78452	73505	4947	4947		9474
921325	306863	614462	109999	504463	
18445	14094	4351	4351		
449781	187152	262630	165319	97311	
416471	323316	93154	89729	3426	14230

6-18 一般公共预算教育事业费和

地区	合计	个人部分	工资福利支出	对个人和家庭的补助支出	#助学金
合计	**75518012**	**48323652**	**42827064**	**5496588**	**3509593**
北京	1581104	1204794	1195446	9348	7656
天津	463725	407321	380563	26758	3594
河北	6120697	4116246	3774410	341836	184909
山西	2476024	1484644	1362034	122610	96051
内蒙古	2450404	1510790	1320287	190504	176241
辽宁	1422109	1032519	961703	70815	35532
吉林	1187537	759858	715039	44819	32285
黑龙江	1480843	986483	831993	154489	43531
上海	1287942	899332	836646	62686	34655
江苏	2314721	1726325	1623809	102517	32367
浙江	11526048	7099312	6770899	328413	173182
安徽	155180	84850	30323	54526	47001
福建	496838	288861	255044	33817	5936
江西	1849233	609022	450411	158611	146697
山东	5147367	3750152	3378215	371937	78692
河南	3827968	2325089	2100885	224204	197733
湖北	1668999	1079318	903099	176219	121590
湖南	6639226	4021299	3333897	687402	474344
广东	4884548	3397664	3124980	272685	48364
广西	123165	84477	67923	16554	7856
海南	393158	214176	177567	36609	30820
重庆	3146920	1834215	1474127	360088	316103
四川	5548587	3462309	2812992	649318	419679
贵州	2122992	1375457	1072448	303009	250282
云南	2004263	1565737	1330609	235128	199392
西藏					
陕西	2591765	1678256	1426323	251934	182400
甘肃	733005	502565	408282	94282	62962
青海	2225	1564	521	1043	1043
宁夏	756608	318894	270448	48447	42059
新疆	1114811	502121	436142	65979	56636
大连	327939	240014	237051	2962	1688
宁波	1914615	993290	968423	24866	13591
厦门	69743	51298	49737	1562	343
青岛	2114024	1664242	1454004	210238	26303
深圳	873179	442478	405590	36888	16914

基本建设支出明细(地方职业高中)

单位：千元

公用部分	商品和服务支出	其他资本性支出	专项公用支出	专项项目支出	基本建设支出
26118383	**14037605**	**12080778**	**5328418**	**6752360**	**1075977**
376034	303103	72932	43338	29593	275
56404	48759	7645	7115	530	
2002001	1022175	979826	458233	521593	2450
966560	484440	482120	203488	278632	24819
893733	479341	414392	182067	232325	45881
360568	291648	68920	41516	27403	29023
407925	213317	194608	96108	98500	19754
462638	254817	207821	117540	90280	31722
388610	277650	110960	43644	67317	
588396	354385	234011	83366	150645	
3792240	2120020	1672220	764344	907876	634496
66330	37391	28939	3348	25591	4000
207977	71734	136243	20795	115448	
1215949	191052	1024898	209173	815725	24261
1387215	668259	718956	277867	441089	10000
1493952	889137	604815	249559	355256	8927
589681	277054	312627	137760	174868	
2573076	1352668	1220409	659323	561086	44851
1466583	962006	504576	314524	190052	20301
38688	16504	22184	12717	9467	
178614	106019	72595	57598	14997	368
1308818	931165	377653	203960	173694	3887
2044166	1184253	859913	458051	401862	42111
707086	420762	286325	108342	177982	40449
425166	240520	184646	102040	82606	13360
902577	385926	516651	235776	280875	10931
227708	85426	142282	29698	112584	2733
661	511	150	150		
407713	177540	230173	159616	70558	30000
581312	190024	391288	47362	343926	31379
78452	73505	4947	4947		9474
921325	306863	614462	109999	504463	
18445	14094	4351	4351		
449781	187152	262630	165319	97311	
416471	323316	93154	89729	3426	14230

6-19 一般公共预算教育事业费和

地区	合计	个人部分	工资福利支出	对个人和家庭的补助支出	#助学金
合计	**34001846**	**21424379**	**18700502**	**2723877**	**2008995**
北京	103243	83315	81793	1522	1515
天津	95823	81462	80254	1208	179
河北	3719323	2398323	2171778	226545	145009
山西	1380783	894586	816765	77822	61200
内蒙古	1534433	975622	857517	118105	107258
辽宁	377867	282893	268222	14671	9964
吉林	608007	395696	367894	27802	22382
黑龙江	662762	448592	372941	75652	31548
上海	56077	39663	38970	693	647
江苏	1023000	763698	717203	46495	14474
浙江	3890866	2698846	2553337	145509	59646
安徽	84264	43888	6600	37287	35273
福建	268883	165086	147426	17660	3257
江西	1366880	387219	318046	69173	60544
山东	1459994	1036593	967079	69514	19741
河南	2332886	1369731	1223077	146654	125257
湖北	558352	370619	302747	67872	53628
湖南	3671526	2056090	1709518	346571	275535
广东	476274	328909	304118	24791	10251
广西	81753	57533	51201	6332	3488
海南	189108	80212	52130	28082	22826
重庆	1157173	718845	567081	151764	138601
四川	2923762	1758617	1410493	348124	269392
贵州	1272422	854002	645834	208167	174180
云南	1422712	1137769	986108	151661	139223
西藏					
陕西	1580375	985799	828535	157264	98528
甘肃	575136	382727	319881	62846	40716
青海	2225	1564	521	1043	1043
宁夏	401972	181271	149498	31773	29938
新疆	723964	445209	383935	61275	53751
大连	37162	32781	32416	365	65
宁波	443917	314250	304633	9617	6054
厦门	69743	51298	49737	1562	343
青岛	32819	24604	23233	1371	443
深圳					

基本建设支出明细(农村职业高中)

单位：千元

公用部分	商品和服务支出	其他资本性支出	专项公用支出	专项项目支出	基本建设支出
12243282	**6199256**	**6044027**	**2533385**	**3510642**	**334184**
19928	15347	4581	4581		
14361	11305	3056	2574	482	
1318549	634272	684277	307331	376947	2450
480604	283696	196908	111251	85657	5593
539576	299071	240505	101975	138530	19235
94912	69858	25054	16832	8221	61
196311	128159	68153	47836	20317	16000
182898	113513	69386	54012	15373	31272
16414	13161	3253	3253		
259302	142995	116307	48982	67325	
1101494	755277	346217	211020	135197	90526
36377	17133	19244	140	19103	4000
103797	33392	70405	13146	57258	
955400	137116	818284	146645	671639	24261
423400	229538	193862	36810	157052	
962855	534745	428109	103709	324401	300
187733	89855	97878	37122	60756	
1572404	731201	841203	471372	369832	43032
147365	73006	74359	29543	44816	
24221	11673	12548	9101	3447	
108528	55646	52882	41977	10905	368
437129	283690	153439	83201	70237	1200
1133820	640382	493438	238283	255155	31325
407070	201144	205926	68522	137404	11350
271583	146212	125371	73590	51781	13360
584037	245339	338698	115748	222950	10540
189676	60850	128826	22794	106032	2733
661	511	150	150		
220701	76549	144152	93822	50329	
252176	164618	87558	38062	49496	26579
4381	3729	653	653		
129668	86445	43222	22336	20886	
18445	14094	4351	4351		
8215	8146	69	69		

6-20 一般公共预算教育事业费和

地区	合计	个人部分	工资福利支出	对个人和家庭的补助支出	#助学金
合计	**33994672**	**21419043**	**18697408**	**2721635**	**2008995**
北京	103243	83315	81793	1522	1515
天津	95823	81462	80254	1208	179
河北	3719323	2398323	2171778	226545	145009
山西	1380783	894586	816765	77822	61200
内蒙古	1534433	975622	857517	118105	107258
辽宁	377867	282893	268222	14671	9964
吉林	608007	395696	367894	27802	22382
黑龙江	655589	443256	369847	73410	31548
上海	56077	39663	38970	693	647
江苏	1023000	763698	717203	46495	14474
浙江	3890866	2698846	2553337	145509	59646
安徽	84264	43888	6600	37287	35273
福建	268883	165086	147426	17660	3257
江西	1366880	387219	318046	69173	60544
山东	1459994	1036593	967079	69514	19741
河南	2332886	1369731	1223077	146654	125257
湖北	558352	370619	302747	67872	53628
湖南	3671526	2056090	1709518	346571	275535
广东	476274	328909	304118	24791	10251
广西	81753	57533	51201	6332	3488
海南	189108	80212	52130	28082	22826
重庆	1157173	718845	567081	151764	138601
四川	2923762	1758617	1410493	348124	269392
贵州	1272422	854002	645834	208167	174180
云南	1422712	1137769	986108	151661	139223
西藏					
陕西	1580375	985799	828535	157264	98528
甘肃	575136	382727	319881	62846	40716
青海	2225	1564	521	1043	1043
宁夏	401972	181271	149498	31773	29938
新疆	723964	445209	383935	61275	53751
大连	37162	32781	32416	365	65
宁波	443917	314250	304633	9617	6054
厦门	69743	51298	49737	1562	343
青岛	32819	24604	23233	1371	443
深圳					

基本建设支出明细(地方农村职业高中)

单位：千元

公用部分					基本建设支出
	商品和服务支出	其他资本性支出			
			专项公用支出	专项项目支出	
12241445	**6198518**	**6042927**	**2532560**	**3510367**	**334184**
19928	15347	4581	4581		
14361	11305	3056	2574	482	
1318549	634272	684277	307331	376947	2450
480604	283696	196908	111251	85657	5593
539576	299071	240505	101975	138530	19235
94912	69858	25054	16832	8221	61
196311	128159	68153	47836	20317	16000
181061	112775	68285	53187	15098	31272
16414	13161	3253	3253		
259302	142995	116307	48982	67325	
1101494	755277	346217	211020	135197	90526
36377	17133	19244	140	19103	4000
103797	33392	70405	13146	57258	
955400	137116	818284	146645	671639	24261
423400	229538	193862	36810	157052	
962855	534745	428109	103709	324401	300
187733	89855	97878	37122	60756	
1572404	731201	841203	471372	369832	43032
147365	73006	74359	29543	44816	
24221	11673	12548	9101	3447	
108528	55646	52882	41977	10905	368
437129	283690	153439	83201	70237	1200
1133820	640382	493438	238283	255155	31325
407070	201144	205926	68522	137404	11350
271583	146212	125371	73590	51781	13360
584037	245339	338698	115748	222950	10540
189676	60850	128826	22794	106032	2733
661	511	150	150		
220701	76549	144152	93822	50329	
252176	164618	87558	38062	49496	26579
4381	3729	653	653		
129668	86445	43222	22336	20886	
18445	14094	4351	4351		
8215	8146	69	69		

6-21 一般公共预算教育事业费和

地区	合计	个人部分	工资福利支出	对个人和家庭的补助支出	#助学金
合计	**29102924**	**17475445**	**15563824**	**1911621**	**1230781**
北京	1502049	902033	844519	57514	22429
天津	360605	285059	266316	18743	8462
河北	938186	648230	555673	92557	20411
山西	608256	390400	268685	121715	116567
内蒙古	49235	35890	34972	918	807
辽宁	384514	232913	197186	35727	32401
吉林	206454	143678	87261	56416	52105
黑龙江	585529	418114	369277	48837	7795
上海	119848	89994	89485	510	212
江苏	1431640	797907	717784	80123	40940
浙江	1787400	859194	824948	34246	21425
安徽	392340	136767	107809	28958	20029
福建	845105	647353	614667	32686	5263
江西	362806	235400	181946	53454	51904
山东	3592456	2193879	2062457	131422	32036
河南	1723194	878669	797276	81393	68630
湖北	438526	224211	202884	21327	12230
湖南	390775	276291	239118	37173	20547
广东	7567666	4792622	4544980	247643	89327
广西	1502202	835557	717295	118262	101301
海南	233940	135469	118744	16725	16120
重庆	609515	277088	153450	123638	105410
四川	604525	415877	277011	138867	101707
贵州	173163	125452	90630	34822	34758
云南	978313	491638	401879	89759	83036
西藏	117343	17016	11298	5719	4435
陕西	764384	503962	377978	125984	104015
甘肃	74926	49446	45350	4096	3366
青海					
宁夏					
新疆	758027	435334	362948	72386	53114
大连	91988	42465	41821	644	312
宁波	150303	101832	99374	2457	1756
厦门	174358	150842	148833	2008	1466
青岛	398222	261624	256682	4942	503
深圳	525090	298043	242999	55044	25890

基本建设支出明细(技工学校)

单位：千元

公用部分	商品和服务支出	其他资本性支出			基本建设支出
			专项公用支出	专项项目支出	
10957005	**6617991**	**4339014**	**2534519**	**1804495**	**670475**
600016	434361	165655	102788	62867	
75547	35438	40109	10412	29697	
289956	241911	48046	33894	14151	
212964	156395	56569	49607	6962	4892
13345	5730	7615	3303	4312	
134874	125431	9443	8898	545	16726
62777	38134	24642	3461	21182	
166415	97583	68832	25879	42953	1000
29854	24365	5489	5489		
625733	425429	200304	106818	93486	8000
592881	321704	271178	183596	87582	335324
255573	229742	25831	15262	10568	
197752	122946	74806	52452	22354	
127406	64054	63352	33885	29468	
1366712	865609	501103	249154	251949	31865
839082	493246	345836	167562	178275	5443
214315	70450	143865	57201	86664	
114484	90557	23928	15715	8212	
2769698	1374537	1395162	998438	396724	5345
546240	347904	198336	137313	61023	120405
77732	49088	28644	17871	10773	20739
262942	217027	45914	32872	13043	69485
188648	130256	58392	25274	33118	
47711	47711				
486291	191229	295062	117488	177574	384
100327	17128	83198	11506	71693	
260422	204045	56377	16399	39978	
25480	9918	15562	15562		
271828	186064	85764	36421	49343	50865
47941	43734	4207	4207		1582
48472	35278	13194	12504	689	
23516	11840	11676	11676		
136599	75676	60923	24923	36000	
227047	213772	13275	12308	967	

6-22 一般公共预算教育事业费和

地 区	合 计	个人部分	工资福利支 出	对个人和家庭的补助支出	#助学金
合 计	**28952793**	**17380510**	**15503048**	**1877463**	**1220212**
北 京	1502049	902033	844519	57514	22429
天 津	358754	283207	264830	18377	8118
河 北	938186	648230	555673	92557	20411
山 西	608256	390400	268685	121715	116567
内蒙古	49235	35890	34972	918	807
辽 宁	384514	232913	197186	35727	32401
吉 林	206454	143678	87261	56416	52105
黑龙江	515706	381533	342050	39483	7769
上 海	119848	89994	89485	510	212
江 苏	1410701	791147	711899	79248	40065
浙 江	1787400	859194	824948	34246	21425
安 徽	392340	136767	107809	28958	20029
福 建	845105	647353	614667	32686	5263
江 西	362806	235400	181946	53454	51904
山 东	3592456	2193879	2062457	131422	32036
河 南	1706336	862415	781099	81316	68553
湖 北	438526	224211	202884	21327	12230
湖 南	390775	276291	239118	37173	20547
广 东	7567666	4792622	4544980	247643	89327
广 西	1502202	835557	717295	118262	101301
海 南	233940	135469	118744	16725	16120
重 庆	609515	277088	153450	123638	105410
四 川	566208	384190	268531	115659	92740
贵 州	173163	125452	90630	34822	34758
云 南	978313	491638	401879	89759	83036
西 藏	117343	17016	11298	5719	4435
陕 西	764228	503806	377978	125828	103859
甘 肃	74926	49446	45350	4096	3366
青 海					
宁 夏					
新 疆	755841	433690	361426	72263	52991
大 连	91988	42465	41821	644	312
宁 波	150303	101832	99374	2457	1756
厦 门	174358	150842	148833	2008	1466
青 岛	398222	261624	256682	4942	503
深 圳	525090	298043	242999	55044	25890

基本建设支出明细(地方技工学校)

单位：千元

公用部分	商品和服务支出	其他资本性支出	专项公用支出	专项项目支出	基本建设支出
10901808	**6594000**	**4307807**	**2532152**	**1775655**	**670475**
600016	434361	165655	102788	62867	
75547	35438	40109	10412	29697	
289956	241911	48046	33894	14151	
212964	156395	56569	49607	6962	4892
13345	5730	7615	3303	4312	
134874	125431	9443	8898	545	16726
62777	38134	24642	3461	21182	
133173	92203	40970	25562	15409	1000
29854	24365	5489	5489		
611554	411250	200304	106818	93486	8000
592881	321704	271178	183596	87582	335324
255573	229742	25831	15262	10568	
197752	122946	74806	52452	22354	
127406	64054	63352	33885	29468	
1366712	865609	501103	249154	251949	31865
838478	492642	345836	167562	178275	5443
214315	70450	143865	57201	86664	
114484	90557	23928	15715	8212	
2769698	1374537	1395162	998438	396724	5345
546240	347904	198336	137313	61023	120405
77732	49088	28644	17871	10773	20739
262942	217027	45914	32872	13043	69485
182018	126971	55047	23225	31822	
47711	47711				
486291	191229	295062	117488	177574	384
100327	17128	83198	11506	71693	
260422	204045	56377	16399	39978	
25480	9918	15562	15562		
271286	185522	85764	36421	49343	50865
47941	43734	4207	4207		1582
48472	35278	13194	12504	689	
23516	11840	11676	11676		
136599	75676	60923	24923	36000	
227047	213772	13275	12308	967	

6-23 一般公共预算教育事业费和

地区	合计	个人部分	工资福利支出	对个人和家庭的补助支出	#助学金
合计	**6143796**	**4699633**	**4363639**	**335994**	**54332**
北京	23979	15208	15183	25	
天津	19787	17485	14155	3330	
河北	1076045	980584	905950	74634	156
山西	56367	45477	44063	1414	186
内蒙古	32535	30643	30231	412	
辽宁					
吉林	538843	468850	451892	16958	79
黑龙江	518210	469627	405455	64172	25
上海	126390	26392	26029	363	
江苏	192170	104998	96173	8825	4186
浙江	392992	278413	265772	12641	382
安徽	47077	31027	30368	659	
福建	21720	16571	15515	1056	
江西	129911	77203	73975	3228	
山东	143864	108198	97290	10908	372
河南	600602	414952	403380	11573	7243
湖北	26936	16792	9295	7498	913
湖南	501037	317437	277770	39667	22217
广东	140171	92350	82868	9482	406
广西	36977	32016	28214	3802	43
海南					
重庆	503425	316342	305093	11249	4921
四川	218923	179735	155047	24688	2236
贵州	90864	36954	28513	8441	8441
云南	347027	313974	304378	9596	2419
西藏					
陕西	237431	200435	195591	4844	
甘肃	39210	37378	35051	2327	79
青海					
宁夏					
新疆	81303	70589	66389	4201	28
大连					
宁波	238487	181561	174407	7154	
厦门					
青岛					
深圳					

基本建设支出明细(成人中等专业学校)

单位：千元

公用部分	商品和服务支出	其他资本性支出			基本建设支出
			专项公用支出	专项项目支出	
1442405	**1065659**	**376746**	**130802**	**245944**	**1758**
8771	8207	564	564		
2302	2256	46	46		
95460	84018	11442	7327	4115	
10890	10591	299	299		
1892	1648	244	244		
68893	49233	19660	10157	9504	1100
48583	39307	9276	6246	3030	
99997	97047	2950	2950		
87172	28015	59156	3525	55631	
114579	96528	18052	15460	2592	
16050	11652	4398	3210	1188	
5149	3267	1883	883	1000	
52708	29696	23012	3028	19984	
35667	13334	22333	21173	1160	
185650	107694	77956	9914	68042	
10143	7709	2435	2435		
183600	155448	28152	6272	21881	
47820	27889	19932	2292	17640	
4961	4748	213	213		
186424	148657	37767	20741	17026	658
39188	37548	1640	1201	439	
53910	44746	9165	5585	3580	
33053	26454	6599	2924	3675	
36996	19379	17617	3650	13968	
1832	1231	601	271	330	
10714	9360	1353	193	1161	
56926	48591	8335	6801	1534	

6-24 一般公共预算教育事业费和

地区	合计	个人部分	工资福利支出	对个人和家庭的补助支出	#助学金
合计	**6119345**	**4677103**	**4346403**	**330701**	**54304**
北京	22290	13519	13494	25	
天津	19787	17485	14155	3330	
河北	1076045	980584	905950	74634	156
山西	56367	45477	44063	1414	186
内蒙古	32535	30643	30231	412	
辽宁					
吉林	538843	468850	451892	16958	79
黑龙江	499211	452017	393059	58958	25
上海	126390	26392	26029	363	
江苏	192170	104998	96173	8825	4186
浙江	392992	278413	265772	12641	382
安徽	47077	31027	30368	659	
福建	21720	16571	15515	1056	
江西	129911	77203	73975	3228	
山东	143864	108198	97290	10908	372
河南	600602	414952	403380	11573	7243
湖北	26936	16792	9295	7498	913
湖南	501037	317437	277770	39667	22217
广东	140171	92350	82868	9482	406
广西	36977	32016	28214	3802	43
海南					
重庆	503425	316342	305093	11249	4921
四川	218923	179735	155047	24688	2236
贵州	90864	36954	28513	8441	8441
云南	347027	313974	304378	9596	2419
西藏					
陕西	237431	200435	195591	4844	
甘肃	39210	37378	35051	2327	79
青海					
宁夏					
新疆	77539	67359	63238	4121	
大连					
宁波	238487	181561	174407	7154	
厦门					
青岛					
深圳					

基本建设支出明细(地方成人中等专业学校)

单位：千元

公用部分	商品和服务支出	其他资本性支出			基本建设支出
			专项公用支出	专项项目支出	
1440483	**1064318**	**376165**	**130709**	**245456**	**1758**
8771	8207	564	564		
2302	2256	46	46		
95460	84018	11442	7327	4115	
10890	10591	299	299		
1892	1648	244	244		
68893	49233	19660	10157	9504	1100
47194	38478	8716	6174	2542	
99997	97047	2950	2950		
87172	28015	59156	3525	55631	
114579	96528	18052	15460	2592	
16050	11652	4398	3210	1188	
5149	3267	1883	883	1000	
52708	29696	23012	3028	19984	
35667	13334	22333	21173	1160	
185650	107694	77956	9914	68042	
10143	7709	2435	2435		
183600	155448	28152	6272	21881	
47820	27889	19932	2292	17640	
4961	4748	213	213		
186424	148657	37767	20741	17026	658
39188	37548	1640	1201	439	
53910	44746	9165	5585	3580	
33053	26454	6599	2924	3675	
36996	19379	17617	3650	13968	
1832	1231	601	271	330	
10180	8848	1332	172	1161	
56926	48591	8335	6801	1534	

6-25 一般公共预算教育事业费和

地区	合计	个人部分	工资福利支出	对个人和家庭的补助支出	#助学金
合计	**1187579880**	**875571945**	**800189881**	**75382064**	**40542332**
北京	33699103	21339972	21108770	231203	136042
天津	14395050	11987895	11607944	379951	84604
河北	55746097	42025818	38196393	3829425	1670251
山西	24971155	18460768	17235559	1225209	721877
内蒙古	20550851	15064739	14028587	1036152	824590
辽宁	23197158	19416542	18554761	861781	330564
吉林	15044861	11548693	10961897	586796	284329
黑龙江	21156567	16714145	15073101	1641045	253309
上海	24200721	17938380	17462494	475886	282934
江苏	79990163	62073508	57532320	4541188	1259764
浙江	62527559	46783589	44354421	2429168	1179899
安徽	46651392	32184682	27915805	4268877	1561417
福建	37549164	29800191	28187468	1612724	648178
江西	43057346	25552102	23857307	1694795	999815
山东	88710679	72660625	67765837	4894788	1610507
河南	62284321	43692408	39869459	3822949	3134630
湖北	44327350	32349818	29579787	2770031	1084807
湖南	52604658	39212736	34730691	4482046	2141223
广东	117567227	80644984	74582046	6062938	2263413
广西	37248876	27919318	24492039	3427278	2555554
海南	9528447	5597329	5246426	350903	217133
重庆	28883614	20552737	19153973	1398764	1078899
四川	58393174	43755023	37561433	6193589	3437805
贵州	36597256	28070770	23620707	4450062	3045606
云南	38575509	30969234	26849771	4119462	3791375
西藏	8476856	6012524	5039574	972949	879936
陕西	31881889	21477655	19424564	2053091	1452817
甘肃	21726317	16648667	14705551	1943116	1046030
青海	7251045	5008070	4576162	431909	401878
宁夏	7314123	4929609	4639504	290105	257882
新疆	33471352	25179416	22275531	2903885	1905264
大连	4624072	3912533	3871390	41143	10018
宁波	8642913	6432607	6156238	276369	133633
厦门	5258756	4225207	4007405	217802	21979
青岛	10805650	8763625	8028295	735330	78443
深圳	23939804	8750937	8219329	531608	133922

基本建设支出明细(中学)

单位：千元

公用部分	商品和服务支出	其他资本性支出	其他资本性支出：专项公用支出	其他资本性支出：专项项目支出	基本建设支出
283122563	**152583383**	**130539180**	**38497657**	**92041522**	**28885373**
9218804	7000878	2217927	1674207	543720	3140327
2397145	1593070	804074	351278	452797	10011
13584838	6665174	6919664	1486169	5433495	135440
6333856	3726995	2606861	829883	1776978	176531
5190241	2729415	2460826	818868	1641957	295872
3646716	2716213	930503	337513	592990	133900
3351631	1861013	1490618	474368	1016250	144537
3998693	2671113	1327580	497313	830267	443729
5640536	4456131	1184405	846152	338253	621805
17833143	8914809	8918334	1824624	7093710	83512
13840771	8510907	5329864	1366700	3963164	1903198
13380718	6734353	6646364	2253644	4392721	1085993
7593857	4271931	3321926	848854	2473072	155115
16727867	3780302	12947565	3293254	9654312	777377
16036754	7676882	8359872	1583479	6776393	13300
17625871	8636683	8989188	1984838	7004350	966042
11976547	5294442	6682105	1485342	5196763	984
13115080	7556242	5558838	1668762	3890076	276842
25743567	17166097	8577470	4495050	4082420	11178676
8468608	4573452	3895156	1185618	2709538	860950
3800342	1864518	1935824	845873	1089951	130777
7323398	5345474	1977923	985035	992888	1007480
14173681	8677029	5496652	1556894	3939757	464469
7552293	3889195	3663098	961804	2701294	974193
7185482	3340460	3845023	677168	3167855	420793
2232228	684402	1547826	623131	924695	232105
9412758	4760850	4651908	1516707	3135202	991476
4697515	2044965	2652550	595419	2057131	380136
1887942	756165	1131777	200664	931113	355032
2335924	955469	1380456	475788	904668	48590
6815755	3728752	3087003	753262	2333741	1476181
669246	519411	149835	104314	45521	42292
2210306	925068	1285238	254743	1030495	
991255	847101	144154	124072	20082	42294
2042025	879301	1162725	275446	887279	
5404694	4544837	859857	822701	37156	9784173

6-26 一般公共预算教育事业费和

地 区	合 计	个人部分	工资福利支出	对个人和家庭的补助支出	#助学金
合 计	1181087972	871269395	796319959	74949436	40423642
北 京	32254486	20363760	20160786	202973	134351
天 津	14395050	11987895	11607944	379951	84604
河 北	55746097	42025818	38196393	3829425	1670251
山 西	24971155	18460768	17235559	1225209	721877
内蒙古	20550851	15064739	14028587	1036152	824590
辽 宁	23197158	19416542	18554761	861781	330564
吉 林	14871708	11412923	10828525	584397	284272
黑龙江	20789150	16427901	14847573	1580327	251819
上 海	24031621	17798278	17323817	474461	282934
江 苏	79990163	62073508	57532320	4541188	1259764
浙 江	62527559	46783589	44354421	2429168	1179899
安 徽	46651392	32184682	27915805	4268877	1561417
福 建	37549164	29800191	28187468	1612724	648178
江 西	43057346	25552102	23857307	1694795	999815
山 东	88710679	72660625	67765837	4894788	1610507
河 南	62284321	43692408	39869459	3822949	3134630
湖 北	43962668	32048581	29280091	2768490	1084807
湖 南	52593652	39206232	34724237	4481995	2141223
广 东	117567227	80644984	74582046	6062938	2263413
广 西	37248876	27919318	24492039	3427278	2555554
海 南	9528447	5597329	5246426	350903	217133
重 庆	28731328	20420605	19022517	1398089	1078526
四 川	58389674	43754892	37561433	6193458	3437674
贵 州	36597256	28070770	23620707	4450062	3045606
云 南	38575509	30969234	26849771	4119462	3791375
西 藏	8476856	6012524	5039574	972949	879936
陕 西	31718382	21360672	19313312	2047359	1452766
甘 肃	21717189	16640620	14697711	1942909	1045824
青 海	7251045	5008070	4576162	431909	401878
宁 夏	7314123	4929609	4639504	290105	257882
新 疆	29837841	22980229	20407864	2572364	1790574
大 连	4624072	3912533	3871390	41143	10018
宁 波	8642913	6432607	6156238	276369	133633
厦 门	5258756	4225207	4007405	217802	21979
青 岛	10805650	8763625	8028295	735330	78443
深 圳	23939804	8750937	8219329	531608	133922

基本建设支出明细(地方中学)

单位：千元

公用部分	商品和服务支出	其他资本性支出			基本建设支出
			专项公用支出	专项项目支出	
281207950	**151487467**	**129720483**	**38248295**	**91472189**	**28610627**
8750399	6602393	2148007	1604335	543671	3140327
2397145	1593070	804074	351278	452797	10011
13584838	6665174	6919664	1486169	5433495	135440
6333856	3726995	2606861	829883	1776978	176531
5190241	2729415	2460826	818868	1641957	295872
3646716	2716213	930503	337513	592990	133900
3314248	1826047	1488201	471951	1016250	144537
3919756	2635195	1284561	486047	798514	441493
5611537	4431676	1179862	841608	338253	621805
17833143	8914809	8918334	1824624	7093710	83512
13840771	8510907	5329864	1366700	3963164	1903198
13380718	6734353	6646364	2253644	4392721	1085993
7593857	4271931	3321926	848854	2473072	155115
16727867	3780302	12947565	3293254	9654312	777377
16036754	7676882	8359872	1583479	6776393	13300
17625871	8636683	8989188	1984838	7004350	966042
11913103	5244860	6668243	1474267	5193976	984
13110579	7551741	5558838	1668762	3890076	276842
25743567	17166097	8577470	4495050	4082420	11178676
8468608	4573452	3895156	1185618	2709538	860950
3800342	1864518	1935824	845873	1089951	130777
7303244	5327201	1976042	983154	992888	1007480
14170312	8673661	5496652	1556894	3939757	464469
7552293	3889195	3663098	961804	2701294	974193
7185482	3340460	3845023	677168	3167855	420793
2232228	684402	1547826	623131	924695	232105
9366234	4724229	4642005	1507316	3134689	991476
4696433	2043983	2652450	595369	2057081	380136
1887942	756165	1131777	200664	931113	355032
2335924	955469	1380456	475788	904668	48590
5653942	3239989	2413953	614393	1799560	1203671
669246	519411	149835	104314	45521	42292
2210306	925068	1285238	254743	1030495	
991255	847101	144154	124072	20082	42294
2042025	879301	1162725	275446	887279	
5404694	4544837	859857	822701	37156	9784173

6-27 一般公共预算教育事业费和

地区	合计	个人部分	工资福利支出	对个人和家庭的补助支出	#助学金
合计	**1187071110**	**875170790**	**799806067**	**75364723**	**40542332**
北京	33626092	21282196	21050995	231201	136042
天津	14336943	11931393	11553536	377858	84604
河北	55746097	42025818	38196393	3829425	1670251
山西	24971155	18460768	17235559	1225209	721877
内蒙古	20550851	15064739	14028587	1036152	824590
辽宁	23197158	19416542	18554761	861781	330564
吉林	15043265	11547205	10960475	586730	284329
黑龙江	21156567	16714145	15073101	1641045	253309
上海	24200721	17938380	17462494	475886	282934
江苏	79844836	61969452	57436067	4533385	1259764
浙江	62306551	46610257	44188422	2421835	1179899
安徽	46651392	32184682	27915805	4268877	1561417
福建	37549164	29800191	28187468	1612724	648178
江西	43057346	25552102	23857307	1694795	999815
山东	88710679	72660625	67765837	4894788	1610507
河南	62284321	43692408	39869459	3822949	3134630
湖北	44327350	32349818	29579787	2770031	1084807
湖南	52602645	39210736	34728691	4482046	2141223
广东	117559573	80638983	74576090	6062894	2263413
广西	37248876	27919318	24492039	3427278	2555554
海南	9528447	5597329	5246426	350903	217133
重庆	28883614	20552737	19153973	1398764	1078899
四川	58393174	43755023	37561433	6193589	3437805
贵州	36597256	28070770	23620707	4450062	3045606
云南	38575509	30969234	26849771	4119462	3791375
西藏	8476856	6012524	5039574	972949	879936
陕西	31881889	21477655	19424564	2053091	1452817
甘肃	21726317	16648667	14705551	1943116	1046030
青海	7251045	5008070	4576162	431909	401878
宁夏	7314123	4929609	4639504	290105	257882
新疆	33471298	25179416	22275531	2903885	1905264
大连	4624072	3912533	3871390	41143	10018
宁波	8642913	6432607	6156238	276369	133633
厦门	5258756	4225207	4007405	217802	21979
青岛	10805650	8763625	8028295	735330	78443
深圳	23939804	8750937	8219329	531608	133922

基本建设支出明细(普通中学)

单位：千元

公用部分	商品和服务支出	其他资本性支出			基本建设支出
			专项公用支出	专项项目支出	
283014947	**152480521**	**130534426**	**38493054**	**92041372**	**28885373**
9203569	6985679	2217891	1674171	543720	3140327
2395539	1591504	804035	351238	452797	10011
13584838	6665174	6919664	1486169	5433495	135440
6333856	3726995	2606861	829883	1776978	176531
5190241	2729415	2460826	818868	1641957	295872
3646716	2716213	930503	337513	592990	133900
3351523	1860905	1490618	474368	1016250	144537
3998693	2671113	1327580	497313	830267	443729
5640536	4456131	1184405	846152	338253	621805
17791873	8874468	8917404	1823694	7093710	83512
13793096	8466940	5326156	1363142	3963014	1903198
13380718	6734353	6646364	2253644	4392721	1085993
7593857	4271931	3321926	848854	2473072	155115
16727867	3780302	12947565	3293254	9654312	777377
16036754	7676882	8359872	1583479	6776393	13300
17625871	8636683	8989188	1984838	7004350	966042
11976547	5294442	6682105	1485342	5196763	984
13115067	7556229	5558838	1668762	3890076	276842
25741913	17164484	8577429	4495009	4082420	11178676
8468608	4573452	3895156	1185618	2709538	860950
3800342	1864518	1935824	845873	1089951	130777
7323398	5345474	1977923	985035	992888	1007480
14173681	8677029	5496652	1556894	3939757	464469
7552293	3889195	3663098	961804	2701294	974193
7185482	3340460	3845023	677168	3167855	420793
2232228	684402	1547826	623131	924695	232105
9412758	4760850	4651908	1516707	3135202	991476
4697515	2044965	2652550	595419	2057131	380136
1887942	756165	1131777	200664	931113	355032
2335924	955469	1380456	475788	904668	48590
6815701	3728698	3087003	753262	2333741	1476181
669246	519411	149835	104314	45521	42292
2210306	925068	1285238	254743	1030495	
991255	847101	144154	124072	20082	42294
2042025	879301	1162725	275446	887279	
5404694	4544837	859857	822701	37156	9784173

6-28 一般公共预算教育事业费和

地区	合计	个人部分	工资福利支出	对个人和家庭的补助支出	#助学金
合计	1180579202	870868240	795936145	74932095	40423642
北京	32181475	20305984	20103012	202972	134351
天津	14336943	11931393	11553536	377858	84604
河北	55746097	42025818	38196393	3829425	1670251
山西	24971155	18460768	17235559	1225209	721877
内蒙古	20550851	15064739	14028587	1036152	824590
辽宁	23197158	19416542	18554761	861781	330564
吉林	14870112	11411435	10827103	584332	284272
黑龙江	20789150	16427901	14847573	1580327	251819
上海	24031621	17798278	17323817	474461	282934
江苏	79844836	61969452	57436067	4533385	1259764
浙江	62306551	46610257	44188422	2421835	1179899
安徽	46651392	32184682	27915805	4268877	1561417
福建	37549164	29800191	28187468	1612724	648178
江西	43057346	25552102	23857307	1694795	999815
山东	88710679	72660625	67765837	4894788	1610507
河南	62284321	43692408	39869459	3822949	3134630
湖北	43962668	32048581	29280091	2768490	1084807
湖南	52591640	39204232	34722237	4481995	2141223
广东	117559573	80638983	74576090	6062894	2263413
广西	37248876	27919318	24492039	3427278	2555554
海南	9528447	5597329	5246426	350903	217133
重庆	28731328	20420605	19022517	1398089	1078526
四川	58389674	43754892	37561433	6193458	3437674
贵州	36597256	28070770	23620707	4450062	3045606
云南	38575509	30969234	26849771	4119462	3791375
西藏	8476856	6012524	5039574	972949	879936
陕西	31718382	21360672	19313312	2047359	1452766
甘肃	21717189	16640620	14697711	1942909	1045824
青海	7251045	5008070	4576162	431909	401878
宁夏	7314123	4929609	4639504	290105	257882
新疆	29837786	22980229	20407864	2572364	1790574
大连	4624072	3912533	3871390	41143	10018
宁波	8642913	6432607	6156238	276369	133633
厦门	5258756	4225207	4007405	217802	21979
青岛	10805650	8763625	8028295	735330	78443
深圳	23939804	8750937	8219329	531608	133922

基本建设支出明细(地方普通中学)

单位：千元

公用部分	商品和服务支出	其他资本性支出			基本建设支出
			专项公用支出	专项项目支出	
281100335	**151384605**	**129715730**	**38243691**	**91472039**	**28610627**
8735165	6587194	2147971	1604300	543671	3140327
2395539	1591504	804035	351238	452797	10011
13584838	6665174	6919664	1486169	5433495	135440
6333856	3726995	2606861	829883	1776978	176531
5190241	2729415	2460826	818868	1641957	295872
3646716	2716213	930503	337513	592990	133900
3314140	1825939	1488201	471951	1016250	144537
3919756	2635195	1284561	486047	798514	441493
5611537	4431676	1179862	841608	338253	621805
17791873	8874468	8917404	1823694	7093710	83512
13793096	8466940	5326156	1363142	3963014	1903198
13380718	6734353	6646364	2253644	4392721	1085993
7593857	4271931	3321926	848854	2473072	155115
16727867	3780302	12947565	3293254	9654312	777377
16036754	7676882	8359872	1583479	6776393	13300
17625871	8636683	8989188	1984838	7004350	966042
11913103	5244860	6668243	1474267	5193976	984
13110566	7551728	5558838	1668762	3890076	276842
25741913	17164484	8577429	4495009	4082420	11178676
8468608	4573452	3895156	1185618	2709538	860950
3800342	1864518	1935824	845873	1089951	130777
7303244	5327201	1976042	983154	992888	1007480
14170312	8673661	5496652	1556894	3939757	464469
7552293	3889195	3663098	961804	2701294	974193
7185482	3340460	3845023	677168	3167855	420793
2232228	684402	1547826	623131	924695	232105
9366234	4724229	4642005	1507316	3134689	991476
4696433	2043983	2652450	595369	2057081	380136
1887942	756165	1131777	200664	931113	355032
2335924	955469	1380456	475788	904668	48590
5653887	3239934	2413953	614393	1799560	1203671
669246	519411	149835	104314	45521	42292
2210306	925068	1285238	254743	1030495	
991255	847101	144154	124072	20082	42294
2042025	879301	1162725	275446	887279	
5404694	4544837	859857	822701	37156	9784173

6-29 一般公共预算教育事业费和

地 区	合 计	个人部分	工资福利支 出	对个人和家庭的补助支出	#助学金
合 计	**406034249**	**298290538**	**277168566**	**21121972**	**10773237**
北 京	12089038	7998362	7911215	87148	36589
天 津	5206706	4447955	4341409	106547	19610
河 北	19099488	14819407	13639786	1179621	484947
山 西	10126591	7301145	6889780	411365	254789
内蒙古	8520904	5782874	5334663	448211	372695
辽 宁	7689137	6402177	6137755	264422	101194
吉 林	5048565	3709357	3474920	234437	137249
黑龙江	7228414	5430558	4985875	444683	85825
上 海	7891767	5587672	5485989	101683	32169
江 苏	28470855	21594727	20321883	1272844	253063
浙 江	21702177	16077225	15485014	592211	189234
安 徽	14444427	10227104	9212050	1015054	370601
福 建	11900590	9536558	9148418	388140	84861
江 西	14302830	8665924	8077616	588308	337157
山 东	28917687	24432872	23198132	1234741	335804
河 南	21198569	14264655	13306374	958281	790158
湖 北	15118777	10968005	10224483	743521	309364
湖 南	17376352	13494385	12269961	1224424	565965
广 东	42695089	28797425	27204695	1592730	351468
广 西	11992185	8846896	7958535	888362	645476
海 南	3060386	1896334	1776987	119347	78118
重 庆	10239489	7457533	7010467	447066	386312
四 川	18944210	14345053	12653995	1691058	970903
贵 州	12237152	8866238	7732443	1133795	719430
云 南	13041782	9962891	8796687	1166204	1049114
西 藏	2987455	2050311	1757416	292895	261982
陕 西	11130206	7449820	6846674	603146	412841
甘 肃	7968766	6222370	5578959	643411	313736
青 海	2706729	1884343	1737552	146791	134006
宁 夏	2651649	1840488	1743594	96894	87654
新 疆	10046278	7929873	6925241	1004632	600920
大 连	1462469	1254599	1244780	9819	6490
宁 波	2889883	2043816	1993053	50763	20292
厦 门	1785520	1387233	1339836	47397	4554
青 岛	3844442	2862860	2641796	221064	20805
深 圳	10312171	3102168	2981986	120182	12256

基本建设支出明细(普通高中)

单位：千元

公用部分	商品和服务支出	其他资本性支出			基本建设支出
			专项公用支出	专项项目支出	
93915186	**50667610**	**43247576**	**13838928**	**29408648**	**13828525**
3081750	2400260	681490	536024	145466	1008926
758750	620705	138045	72315	65729	
4279317	2160445	2118872	546489	1572383	763
2741152	1423459	1317693	364785	952908	84294
2544071	1318795	1225276	485673	739602	193960
1224571	874360	350211	103263	246948	62389
1293968	657123	636845	184927	451919	45240
1522138	1014932	507206	197108	310098	275719
1810332	1403886	406447	232436	174011	493763
6826127	2958632	3867495	681674	3185821	50000
4601564	2881989	1719575	573139	1146437	1023388
3560305	1906157	1654148	554399	1099749	657017
2313153	1352063	961090	306851	654239	50879
5249908	1225672	4024237	1019417	3004820	386998
4484815	2341342	2143473	438093	1705380	
6190363	2825594	3364769	1109204	2255565	743552
4149789	1889542	2260246	487876	1772370	984
3821861	2407657	1414203	407236	1006968	60106
8347210	5288669	3058541	1882835	1175706	5550454
2750009	1505347	1244661	371390	873272	395280
1145360	546421	598939	315027	283912	18692
2551544	1893085	658459	341831	316628	230412
4481433	2770400	1711033	532790	1178243	117724
2591537	1373140	1218398	409738	808659	779376
2817664	1165155	1652510	247703	1404807	261227
784707	266992	517716	265903	251813	152437
3234044	1888794	1345250	574478	770772	446341
1607584	749650	857934	196502	661432	138813
698074	277824	420250	76659	343591	124312
806911	333660	473251	153263	319988	4250
1645174	945860	699314	169900	529414	471232
207870	199279	8591	7257	1334	
846067	310926	535141	121033	414108	
355992	288269	67723	61327	6396	42294
981582	307065	674517	93109	581408	
2285840	1783744	502096	495864	6232	4924164

6-30 一般公共预算教育事业费和

地区	合计	个人部分	工资福利支出	对个人和家庭的补助支出	#助学金
合 计	**402930178**	**296261490**	**275294762**	**20966729**	**10719689**
北 京	11137817	7326088	7260237	65851	35187
天 津	5206706	4447955	4341409	106547	19610
河 北	19099488	14819407	13639786	1179621	484947
山 西	10126591	7301145	6889780	411365	254789
内蒙古	8520904	5782874	5334663	448211	372695
辽 宁	7689137	6402177	6137755	264422	101194
吉 林	4994671	3676744	3444541	232202	137249
黑龙江	7074632	5319527	4899262	420265	84557
上 海	7779065	5495228	5394709	100519	32169
江 苏	28470855	21594727	20321883	1272844	253063
浙 江	21702177	16077225	15485014	592211	189234
安 徽	14444427	10227104	9212050	1015054	370601
福 建	11900590	9536558	9148418	388140	84861
江 西	14302830	8665924	8077616	588308	337157
山 东	28917687	24432872	23198132	1234741	335804
河 南	21198569	14264655	13306374	958281	790158
湖 北	14818727	10719317	9977336	741980	309364
湖 南	17370084	13490730	12266334	1224396	565965
广 东	42695089	28797425	27204695	1592730	351468
广 西	11992185	8846896	7958535	888362	645476
海 南	3060386	1896334	1776987	119347	78118
重 庆	10177477	7403728	6956937	446791	386160
四 川	18942299	14344981	12653995	1690986	970832
贵 州	12237152	8866238	7732443	1133795	719430
云 南	13041782	9962891	8796687	1166204	1049114
西 藏	2987455	2050311	1757416	292895	261982
陕 西	11040205	7388294	6788063	600232	412793
甘 肃	7965441	6219450	5576092	643358	313683
青 海	2706729	1884343	1737552	146791	134006
宁 夏	2651649	1840488	1743594	96894	87654
新 疆	8677375	7179853	6276466	903386	550367
大 连	1462469	1254599	1244780	9819	6490
宁 波	2889883	2043816	1993053	50763	20292
厦 门	1785520	1387233	1339836	47397	4554
青 岛	3844442	2862860	2641796	221064	20805
深 圳	10312171	3102168	2981986	120182	12256

基本建设支出明细(地方普通高中)

单位：千元

公用部分	商品和服务支出	其他资本性支出			基本建设支出
			专项公用支出	专项项目支出	
93029005	**50118045**	**42910960**	**13692249**	**29218711**	**13639683**
2802803	2170631	632172	486746	145425	1008926
758750	620705	138045	72315	65729	
4279317	2160445	2118872	546489	1572383	763
2741152	1423459	1317693	364785	952908	84294
2544071	1318795	1225276	485673	739602	193960
1224571	874360	350211	103263	246948	62389
1272687	638181	634506	182588	451919	45240
1479386	996692	482695	190703	291992	275719
1790075	1387006	403069	229059	174011	493763
6826127	2958632	3867495	681674	3185821	50000
4601564	2881989	1719575	573139	1146437	1023388
3560305	1906157	1654148	554399	1099749	657017
2313153	1352063	961090	306851	654239	50879
5249908	1225672	4024237	1019417	3004820	386998
4484815	2341342	2143473	438093	1705380	
6190363	2825594	3364769	1109204	2255565	743552
4098426	1847958	2250467	478582	1771886	984
3819247	2405044	1414203	407236	1006968	60106
8347210	5288669	3058541	1882835	1175706	5550454
2750009	1505347	1244661	371390	873272	395280
1145360	546421	598939	315027	283912	18692
2543337	1885644	657693	341065	316628	230412
4479593	2768560	1711033	532790	1178243	117724
2591537	1373140	1218398	409738	808659	779376
2817664	1165155	1652510	247703	1404807	261227
784707	266992	517716	265903	251813	152437
3205570	1866105	1339465	569206	770259	446341
1607179	749245	857934	196502	661432	138813
698074	277824	420250	76659	343591	124312
806911	333660	473251	153263	319988	4250
1215133	756558	458574	99954	358620	282390
207870	199279	8591	7257	1334	
846067	310926	535141	121033	414108	
355992	288269	67723	61327	6396	42294
981582	307065	674517	93109	581408	
2285840	1783744	502096	495864	6232	4924164

6-31 一般公共预算教育事业费和

地区	合计				
		个人部分			
			工资福利支出	对个人和家庭的补助支出	
					#助学金
合计	**161464123**	**121945284**	**112014483**	**9930802**	**6420869**
北京	656899	349767	342809	6957	6058
天津	787384	701751	693359	8392	1614
河北	9959690	7557068	6991318	565750	308860
山西	4891255	3521952	3284119	237833	152452
内蒙古	4198108	2864600	2627582	237018	204487
辽宁	1830580	1534106	1490961	43145	31055
吉林	1978569	1414749	1324072	90677	50817
黑龙江	2764925	2015189	1818698	196491	45247
上海	735924	626941	623244	3697	3222
江苏	9605910	7166497	6758417	408080	128287
浙江	7949406	6271722	5992204	279518	91235
安徽	7610593	5796391	5145106	651285	255945
福建	5673472	4553715	4395721	157994	50416
江西	7464710	4234212	3954510	279702	195998
山东	9360119	8199987	7858978	341009	171209
河南	11200768	7611650	7039239	572411	472293
湖北	4396332	3272281	3001623	270658	180812
湖南	9469890	7171203	6577783	593421	388555
广东	8335176	6691375	6355602	335773	146987
广西	5649781	4165568	3649115	516453	402142
海南	1415847	865448	788808	76641	51439
重庆	3681076	2980303	2736725	243579	219900
四川	9038840	6934043	6034986	899057	617189
贵州	6699141	5215782	4518669	697113	473672
云南	7690801	6086551	5331401	755150	720508
西藏	933372	790633	694989	95644	87341
陕西	5481265	3551771	3208889	342883	247656
甘肃	4981477	4063150	3586603	476546	245834
青海	1526516	1113562	1020412	93150	83997
宁夏	960379	727416	678682	48735	43415
新疆	4535920	3895899	3489859	406040	342228
大连	87117	70937	69585	1352	504
宁波	850353	665123	650808	14315	6205
厦门	36262	29681	28589	1092	113
青岛	325365	249405	229336	20068	1113
深圳					

基本建设支出明细(农村高中)

单位：千元

公用部分	商品和服务支出	其他资本性支出	其他资本性支出：专项公用支出	其他资本性支出：专项项目支出	基本建设支出
37632960	**18899739**	**18733221**	**5272131**	**13461090**	**1885879**
172298	106868	65430	46664	18766	134834
85633	74159	11474	10798	676	
2401858	1229352	1172506	321386	851120	763
1333792	686017	647775	124530	523245	35511
1217990	594927	623062	269838	353224	115518
292835	155289	137545	23513	114033	3640
558131	213150	344981	60895	284086	5688
650663	423784	226880	86965	139915	99072
108983	96084	12898	12898		
2389413	929774	1459639	244849	1214790	50000
1350642	949006	401636	165359	236276	327042
1813186	962378	850808	280622	570186	1016
1119757	606260	513497	154823	358674	
3125061	688649	2436412	723818	1712594	105437
1160131	736211	423920	98523	325397	
3496186	1560932	1935254	528556	1406698	92931
1124051	479374	644677	145802	498875	
2257280	1287913	969367	263712	705655	41407
1640050	914668	725382	240727	484655	3751
1395882	753528	642354	180286	462068	88331
531901	256235	275667	137347	138319	18497
693238	526485	166753	73552	93202	7535
2001167	1265154	736012	155342	580670	103630
1356615	767079	589536	238240	351296	126744
1536002	599874	936127	100986	835142	68247
118808	91285	27522	6190	21332	23932
1757873	963464	794409	353206	441203	171620
896234	399553	496681	96834	399847	22093
326784	118891	207893	42388	165505	86170
232963	93302	139661	30492	109169	
487554	370092	117462	52990	64472	152467
16180	14484	1696	872	824	
185230	116441	68789	36924	31865	
6581	3295	3286	3286		
75960	21091	54869	10849	44020	

6-32 一般公共预算教育事业费和

地区	合计	个人部分	工资福利支出	对个人和家庭的补助支出	#助学金
合计	**160997467**	**121613355**	**111720629**	**9892726**	**6415894**
北京	656899	349767	342809	6957	6058
天津	787384	701751	693359	8392	1614
河北	9959690	7557068	6991318	565750	308860
山西	4891255	3521952	3284119	237833	152452
内蒙古	4198108	2864600	2627582	237018	204487
辽宁	1830580	1534106	1490961	43145	31055
吉林	1978569	1414749	1324072	90677	50817
黑龙江	2634469	1921901	1747486	174415	44183
上海	735924	626941	623244	3697	3222
江苏	9605910	7166497	6758417	408080	128287
浙江	7949406	6271722	5992204	279518	91235
安徽	7610593	5796391	5145106	651285	255945
福建	5673472	4553715	4395721	157994	50416
江西	7464710	4234212	3954510	279702	195998
山东	9360119	8199987	7858978	341009	171209
河南	11200768	7611650	7039239	572411	472293
湖北	4236422	3138907	2869379	269528	180812
湖南	9469890	7171203	6577783	593421	388555
广东	8335176	6691375	6355602	335773	146987
广西	5649781	4165568	3649115	516453	402142
海南	1415847	865448	788808	76641	51439
重庆	3681076	2980303	2736725	243579	219900
四川	9038840	6934043	6034986	899057	617189
贵州	6699141	5215782	4518669	697113	473672
云南	7690801	6086551	5331401	755150	720508
西藏	933372	790633	694989	95644	87341
陕西	5481265	3551771	3208889	342883	247656
甘肃	4978151	4060230	3583737	476493	245781
青海	1526516	1113562	1020412	93150	83997
宁夏	960379	727416	678682	48735	43415
新疆	4362955	3793552	3402328	391225	338371
大连	87117	70937	69585	1352	504
宁波	850353	665123	650808	14315	6205
厦门	36262	29681	28589	1092	113
青岛	325365	249405	229336	20068	1113
深圳					

基本建设支出明细(地方农村高中)

单位：千元

公用部分	商品和服务支出	其他资本性支出	专项公用支出	专项项目支出	基本建设支出
37511422	**18815674**	**18695748**	**5254121**	**13441627**	**1872690**
172298	106868	65430	46664	18766	134834
85633	74159	11474	10798	676	
2401858	1229352	1172506	321386	851120	763
1333792	686017	647775	124530	523245	35511
1217990	594927	623062	269838	353224	115518
292835	155289	137545	23513	114033	3640
558131	213150	344981	60895	284086	5688
613496	409096	204400	81719	122681	99072
108983	96084	12898	12898		
2389413	929774	1459639	244849	1214790	50000
1350642	949006	401636	165359	236276	327042
1813186	962378	850808	280622	570186	1016
1119757	606260	513497	154823	358674	
3125061	688649	2436412	723818	1712594	105437
1160131	736211	423920	98523	325397	
3496186	1560932	1935254	528556	1406698	92931
1097515	455698	641816	142942	498875	
2257280	1287913	969367	263712	705655	41407
1640050	914668	725382	240727	484655	3751
1395882	753528	642354	180286	462068	88331
531901	256235	275667	137347	138319	18497
693238	526485	166753	73552	93202	7535
2001167	1265154	736012	155342	580670	103630
1356615	767079	589536	238240	351296	126744
1536002	599874	936127	100986	835142	68247
118808	91285	27522	6190	21332	23932
1757873	963464	794409	353206	441203	171620
895829	399148	496681	96834	399847	22093
326784	118891	207893	42388	165505	86170
232963	93302	139661	30492	109169	
430124	324796	105329	43086	62243	139278
16180	14484	1696	872	824	
185230	116441	68789	36924	31865	
6581	3295	3286	3286		
75960	21091	54869	10849	44020	

6-33　一般公共预算教育事业费和

地　区	合　计	个人部分	工资福利支　出	对个人和家庭的补助支出	#助学金
合　计	**781036862**	**576880252**	**522637502**	**54242751**	**29769096**
北　京	21537055	13283834	13139781	144054	99453
天　津	9130237	7483438	7212127	271311	64994
河　北	36646609	27206411	24556607	2649804	1185304
山　西	14844564	11159623	10345779	813844	467088
内蒙古	12029948	9281866	8693925	587941	451895
辽　宁	15508020	13014365	12417006	597359	229370
吉　林	9994700	7837848	7485555	352293	147079
黑龙江	13928153	11283588	10087226	1196362	167483
上　海	16308954	12350708	11976505	374203	250764
江　苏	51373982	40374725	37114184	3260541	1006701
浙　江	40604374	30533032	28703408	1829624	990665
安　徽	32206966	21957578	18703756	3253822	1190816
福　建	25648574	20263633	19039049	1224584	563317
江　西	28754515	16886178	15779691	1106487	662658
山　东	59792992	48227753	44567705	3660048	1274703
河　南	41085751	29427752	26563085	2864668	2344471
湖　北	29208572	21381814	19355304	2026510	775443
湖　南	35226293	25716351	22458730	3257621	1575258
广　东	74864484	51841558	47371394	4470164	1911945
广　西	25256691	19072421	16533505	2538917	1910078
海　南	6468061	3700994	3469438	231556	139015
重　庆	18644125	13095204	12143506	951698	692587
四　川	39448964	29409970	24907438	4502532	2466901
贵　州	24360104	19204531	15888265	3316267	2326176
云　南	25533727	21006342	18053084	2953258	2742260
西　藏	5489401	3962213	3282158	680055	617954
陕　西	20751683	14027835	12577890	1449945	1039976
甘　肃	13757551	10426297	9126592	1299705	732294
青　海	4544316	3123727	2838610	285117	267873
宁　夏	4662474	3089121	2895910	193211	170228
新　疆	23425019	17249543	15350290	1899253	1304344
大　连	3161603	2657935	2626611	31324	3528
宁　波	5753030	4388791	4163185	225606	113341
厦　门	3473236	2837974	2667569	170405	17425
青　岛	6961208	5900765	5386499	514266	57637
深　圳	13627632	5648769	5237343	411426	121665

基本建设支出明细(普通初中)

单位：千元

公用部分	商品和服务支出	其他资本性支出	专项公用支出	专项项目支出	基本建设支出
189099761	**101812912**	**87286850**	**24654126**	**62632724**	**15056848**
6121819	4585419	1536401	1138147	398254	2131401
1636789	970798	665991	278923	387067	10011
9305521	4504729	4800792	939680	3861111	134677
3592704	2303536	1289168	465098	824070	92237
2646170	1410620	1235550	333195	902355	101912
2422145	1841853	580292	234251	346042	71511
2057555	1203782	853773	289441	564332	99297
2476556	1656181	820374	300205	520170	168010
3830204	3052246	777958	613715	164243	128042
10965745	5915836	5049909	1142020	3907889	33512
9191532	5584951	3606581	790003	2816578	879810
9820412	4828196	4992216	1699244	3292972	428975
5280704	2919869	2360836	542003	1818833	104236
11477959	2554630	8923329	2273837	6649492	390379
11551939	5335540	6216399	1145386	5071013	13300
11435508	5811089	5624419	875634	4748785	222491
7826759	3404900	4421859	997466	3424393	
9293207	5148572	4144635	1261526	2883109	216736
17394704	11875816	5518888	2612173	2906715	5628223
5718600	3068105	2650495	814228	1836266	465670
2654981	1318097	1336884	530846	806039	112086
4771853	3452389	1319464	643204	676261	777068
9692248	5906629	3785619	1024105	2761515	346745
4960756	2516056	2444701	552066	1892635	194817
4367818	2175305	2192513	429465	1763048	159567
1447520	417410	1030110	357228	672882	79668
6178714	2872056	3306658	942228	2364430	545135
3089931	1295315	1794616	398917	1395699	241323
1189868	478341	711527	124005	587522	230721
1529013	621808	907205	322525	584680	44340
5170527	2782838	2387689	583362	1804327	1004950
461376	320132	141244	97057	44187	42292
1364239	614142	750097	133710	616387	
635262	558831	76431	62745	13686	
1060443	572235	488208	182337	305871	
3118854	2761093	357761	326838	30924	4860009

6-34 一般公共预算教育事业费和

地区	合计	个人部分	工资福利支出	对个人和家庭的补助支出	#助学金
合计	**777649024**	**574606750**	**520641384**	**53965366**	**29703953**
北京	21043658	12979896	12842775	137121	99164
天津	9130237	7483438	7212127	271311	64994
河北	36646609	27206411	24556607	2649804	1185304
山西	14844564	11159623	10345779	813844	467088
内蒙古	12029948	9281866	8693925	587941	451895
辽宁	15508020	13014365	12417006	597359	229370
吉林	9875441	7734691	7382562	352129	147023
黑龙江	13714518	11108374	9948312	1160062	167262
上海	16252555	12303050	11929108	373942	250764
江苏	51373982	40374725	37114184	3260541	1006701
浙江	40604374	30533032	28703408	1829624	990665
安徽	32206966	21957578	18703756	3253822	1190816
福建	25648574	20263633	19039049	1224584	563317
江西	28754515	16886178	15779691	1106487	662658
山东	59792992	48227753	44567705	3660048	1274703
河南	41085751	29427752	26563085	2864668	2344471
湖北	29143942	21329264	19302754	2026510	775443
湖南	35221556	25713502	22455903	3257599	1575258
广东	74864484	51841558	47371394	4470164	1911945
广西	25256691	19072421	16533505	2538917	1910078
海南	6468061	3700994	3469438	231556	139015
重庆	18553851	13016877	12065579	951298	692366
四川	39447375	29409910	24907438	4502472	2466842
贵州	24360104	19204531	15888265	3316267	2326176
云南	25533727	21006342	18053084	2953258	2742260
西藏	5489401	3962213	3282158	680055	617954
陕西	20678176	13972377	12525250	1447128	1039973
甘肃	13751748	10421170	9121619	1299552	732141
青海	4544316	3123727	2838610	285117	267873
宁夏	4662474	3089121	2895910	193211	170228
新疆	21160411	15800376	14131398	1668978	1240207
大连	3161603	2657935	2626611	31324	3528
宁波	5753030	4388791	4163185	225606	113341
厦门	3473236	2837974	2667569	170405	17425
青岛	6961208	5900765	5386499	514266	57637
深圳	13627632	5648769	5237343	411426	121665

基本建设支出明细(地方普通初中)

单位：千元

公用部分					基本建设支出
	商品和服务支出	其他资本性支出			
			专项公用支出	专项项目支出	
188071330	**101266561**	**86804769**	**24551441**	**62253328**	**14970944**
5932362	4416563	1515799	1117553	398246	2131401
1636789	970798	665991	278923	387067	10011
9305521	4504729	4800792	939680	3861111	134677
3592704	2303536	1289168	465098	824070	92237
2646170	1410620	1235550	333195	902355	101912
2422145	1841853	580292	234251	346042	71511
2041453	1187758	853695	289363	564332	99297
2440370	1638503	801866	295344	506522	165775
3821463	3044670	776793	612550	164243	128042
10965745	5915836	5049909	1142020	3907889	33512
9191532	5584951	3606581	790003	2816578	879810
9820412	4828196	4992216	1699244	3292972	428975
5280704	2919869	2360836	542003	1818833	104236
11477959	2554630	8923329	2273837	6649492	390379
11551939	5335540	6216399	1145386	5071013	13300
11435508	5811089	5624419	875634	4748785	222491
7814678	3396902	4417776	995686	3422090	
9291318	5146684	4144635	1261526	2883109	216736
17394704	11875816	5518888	2612173	2906715	5628223
5718600	3068105	2650495	814228	1836266	465670
2654981	1318097	1336884	530846	806039	112086
4759906	3441557	1318349	642089	676261	777068
9690719	5905100	3785619	1024105	2761515	346745
4960756	2516056	2444701	552066	1892635	194817
4367818	2175305	2192513	429465	1763048	159567
1447520	417410	1030110	357228	672882	79668
6160664	2858125	3302540	938110	2364430	545135
3089254	1294738	1794516	398867	1395649	241323
1189868	478341	711527	124005	587522	230721
1529013	621808	907205	322525	584680	44340
4438754	2483375	1955378	514439	1440940	921281
461376	320132	141244	97057	44187	42292
1364239	614142	750097	133710	616387	
635262	558831	76431	62745	13686	
1060443	572235	488208	182337	305871	
3118854	2761093	357761	326838	30924	4860009

6-35 一般公共预算教育事业费和

地 区	合 计	个人部分	工资福利支 出	对个人和家庭的补助支出	#助学金
合 计	**429454568**	**327689499**	**292895577**	**34793922**	**21442437**
北 京	3825351	2502110	2458286	43824	34525
天 津	2293348	2063096	2031644	31453	922
河 北	24033842	17541144	15892084	1649060	882979
山 西	8624311	6624673	6120959	503714	318130
内蒙古	7613154	6010760	5611768	398992	318696
辽 宁	6259830	5509213	5239978	269234	122402
吉 林	6184353	4905419	4676463	228956	89580
黑龙江	7918698	6305665	5610209	695456	86016
上 海	1969897	1639139	1610603	28536	25690
江 苏	21740851	17772471	16230483	1541988	495233
浙 江	17012294	13129665	12191203	938462	528148
安 徽	22670226	16156561	13659694	2496868	1003643
福 建	14380374	11686054	11164252	521802	191358
江 西	19445619	11339177	10661548	677629	411631
山 东	30999603	25368355	23412024	1956331	774451
河 南	28288065	20230094	18010029	2220065	1835348
湖 北	15490989	11761093	10485487	1275606	580905
湖 南	23789217	17798799	15314714	2484085	1291409
广 东	26342717	19965901	18483326	1482576	785338
广 西	17479108	13602656	11548028	2054628	1568590
海 南	4019046	2389261	2207812	181449	115210
重 庆	9217535	7253690	6581197	672493	544169
四 川	25543614	19457617	16464760	2992857	1780527
贵 州	17547423	14600786	11971426	2629360	2014941
云 南	19548610	16664500	14251077	2413423	2331817
西 藏	3760547	2765328	2303099	462229	421591
陕 西	11677263	8227298	7218740	1008558	790873
甘 肃	10172451	7805104	6754862	1050242	630673
青 海	2848963	2169875	1925558	244317	229195
宁 夏	2592279	1929719	1799189	130530	113738
新 疆	16164990	12514277	11005076	1509201	1124710
大 连	498526	467220	453787	13433	93
宁 波	1862951	1482462	1406410	76052	43278
厦 门	240290	196251	163180	33071	3036
青 岛	1629709	1401667	1270892	130775	11414
深 圳					

基本建设支出明细(农村初中)

单位：千元

公用部分	商品和服务支出	其他资本性支出	专项公用支出	专项项目支出	基本建设支出
97472422	**49883710**	**47588712**	**12123137**	**35465574**	**4292646**
1027425	744130	283295	220319	62976	295816
230252	201470	28782	25690	3091	
6473270	3009642	3463628	682879	2780749	19427
1954815	1243540	711275	226612	484663	44822
1556378	819905	736473	182510	553963	46017
749213	588490	160723	50107	110616	1404
1232221	729333	502888	196505	306383	46712
1521382	983986	537396	176809	360587	91651
330758	281142	49616	44118	5499	
3968380	2201310	1767070	415079	1351992	
3586230	2190832	1395398	364247	1031151	296399
6101422	2986241	3115180	1136136	1979045	412244
2638770	1507501	1131270	309243	822027	55549
7963571	1610077	6353494	1702839	4650655	142871
5621947	2667788	2954159	504054	2450105	9300
7944716	4031483	3913233	556867	3356367	113255
3729896	1529671	2200225	318656	1881570	
5825614	2991494	2834120	735417	2098703	164805
6095101	3879466	2215634	958471	1257163	281715
3748822	2097741	1651081	366120	1284960	127631
1526589	741321	785268	372204	413064	103196
1826276	1333671	492604	200161	292443	137570
5812311	3473638	2338673	455380	1883293	273686
2805129	1582390	1222739	210883	1011856	141508
2820040	1560125	1259915	200380	1059535	64070
945064	276891	668173	223581	444592	50155
3215622	1365596	1850026	447157	1402869	234342
2191826	896498	1295329	298496	996833	175520
534541	288264	246277	75641	170636	144546
638220	307753	330467	130336	200131	24340
2856618	1762319	1094299	336243	758056	794095
31305	28375	2930	1240	1690	
380489	227391	153098	59251	93847	
44040	41487	2552	1944	608	
228041	109461	118581	6712	111868	

6-36 一般公共预算教育事业费和

地 区	合 计	个人部分	工资福利支 出	对个人和家庭的补助支出	#助学金
合 计	**427907936**	**326534638**	**291933985**	**34600653**	**21399234**
北 京	3825351	2502110	2458286	43824	34525
天 津	2293348	2063096	2031644	31453	922
河 北	24033842	17541144	15892084	1649060	882979
山 西	8624311	6624673	6120959	503714	318130
内蒙古	7613154	6010760	5611768	398992	318696
辽 宁	6259830	5509213	5239978	269234	122402
吉 林	6184353	4905419	4676463	228956	89580
黑龙江	7733984	6152490	5489344	663146	85828
上 海	1969897	1639139	1610603	28536	25690
江 苏	21740851	17772471	16230483	1541988	495233
浙 江	17012294	13129665	12191203	938462	528148
安 徽	22670226	16156561	13659694	2496868	1003643
福 建	14380374	11686054	11164252	521802	191358
江 西	19445619	11339177	10661548	677629	411631
山 东	30999603	25368355	23412024	1956331	774451
河 南	28288065	20230094	18010029	2220065	1835348
湖 北	15490989	11761093	10485487	1275606	580905
湖 南	23789217	17798799	15314714	2484085	1291409
广 东	26342717	19965901	18483326	1482576	785338
广 西	17479108	13602656	11548028	2054628	1568590
海 南	4019046	2389261	2207812	181449	115210
重 庆	9217535	7253690	6581197	672493	544169
四 川	25543614	19457617	16464760	2992857	1780527
贵 州	17547423	14600786	11971426	2629360	2014941
云 南	19548610	16664500	14251077	2413423	2331817
西 藏	3760547	2765328	2303099	462229	421591
陕 西	11677263	8227298	7218740	1008558	790873
甘 肃	10166647	7799978	6749889	1050089	630520
青 海	2848963	2169875	1925558	244317	229195
宁 夏	2592279	1929719	1799189	130530	113738
新 疆	14808875	11517716	10169321	1348395	1081847
大 连	498526	467220	453787	13433	93
宁 波	1862951	1482462	1406410	76052	43278
厦 门	240290	196251	163180	33071	3036
青 岛	1629709	1401667	1270892	130775	11414
深 圳					

基本建设支出明细(地方农村初中)

单位：千元

公用部分	商品和服务支出	其他资本性支出	专项公用支出	专项项目支出	基本建设支出
97120906	**49679790**	**47441115**	**12073946**	**35367170**	**4252393**
1027425	744130	283295	220319	62976	295816
230252	201470	28782	25690	3091	
6473270	3009642	3463628	682879	2780749	19427
1954815	1243540	711275	226612	484663	44822
1556378	819905	736473	182510	553963	46017
749213	588490	160723	50107	110616	1404
1232221	729333	502888	196505	306383	46712
1489844	968887	520956	172018	348939	91651
330758	281142	49616	44118	5499	
3968380	2201310	1767070	415079	1351992	
3586230	2190832	1395398	364247	1031151	296399
6101422	2986241	3115180	1136136	1979045	412244
2638770	1507501	1131270	309243	822027	55549
7963571	1610077	6353494	1702839	4650655	142871
5621947	2667788	2954159	504054	2450105	9300
7944716	4031483	3913233	556867	3356367	113255
3729896	1529671	2200225	318656	1881570	
5825614	2991494	2834120	735417	2098703	164805
6095101	3879466	2215634	958471	1257163	281715
3748822	2097741	1651081	366120	1284960	127631
1526589	741321	785268	372204	413064	103196
1826276	1333671	492604	200161	292443	137570
5812311	3473638	2338673	455380	1883293	273686
2805129	1582390	1222739	210883	1011856	141508
2820040	1560125	1259915	200380	1059535	64070
945064	276891	668173	223581	444592	50155
3215622	1365596	1850026	447157	1402869	234342
2191150	895921	1295229	298446	996783	175520
534541	288264	246277	75641	170636	144546
638220	307753	330467	130336	200131	24340
2537317	1574074	963243	291893	671350	753841
31305	28375	2930	1240	1690	
380489	227391	153098	59251	93847	
44040	41487	2552	1944	608	
228041	109461	118581	6712	111868	

6-37 一般公共预算教育事业费和

地 区	合 计				
		个人部分	工资福利支 出	对个人和家庭的补助支出	
					#助学金
合 计	**508770**	**401155**	**383813**	**17341**	
北 京	73011	57776	57775	1	
天 津	58107	56502	54408	2093	
河 北					
山 西					
内蒙古					
辽 宁					
吉 林	1596	1488	1423	65	
黑龙江					
上 海					
江 苏	145326	104056	96253	7803	
浙 江	221008	173332	165999	7333	
安 徽					
福 建					
江 西					
山 东					
河 南					
湖 北					
湖 南	2013	2000	2000		
广 东	7654	6000	5956	44	
广 西					
海 南					
重 庆					
四 川					
贵 州					
云 南					
西 藏					
陕 西					
甘 肃					
青 海					
宁 夏					
新 疆	55				
大 连					
宁 波					
厦 门					
青 岛					
深 圳					

基本建设支出明细(成人中学)

单位：千元

公用部分					基本建设支出
	商品和服务支出	其他资本性支出			
			专项公用支出	专项项目支出	
107616	**102862**	**4754**	**4604**	**150**	
15235	15199	36	36		
1606	1567	39	39		
108	108				
41270	40341	929	929		
47675	43967	3708	3558	150	
13	13				
1654	1613	41	41		
55	55				

6-38 一般公共预算教育事业费和

地区	合计	个人部分	工资福利支出	对个人和家庭的补助支出	#助学金
合计	**1245340409**	**943117408**	**851281842**	**91835566**	**43701296**
北京	37646842	25441430	25220422	221008	162312
天津	14182720	11545247	11182968	362279	77607
河北	63996206	49063912	43167954	5895958	2135155
山西	25395672	19550872	18087107	1463765	689462
内蒙古	20680129	16183391	15184666	998725	640655
辽宁	21444784	17792858	16808674	984184	368974
吉林	15829937	12780678	12207345	573333	191603
黑龙江	17476671	14657615	12556046	2101569	404956
上海	21276646	16624016	16110972	513043	347064
江苏	80666975	64789513	58133787	6655727	1727589
浙江	68602840	50903320	47441591	3461730	1575301
安徽	49550498	35087294	30538186	4549107	1405267
福建	41234858	32282555	30058154	2224401	525028
江西	43403730	28111845	26352711	1759134	765156
山东	80968795	66896184	61684690	5211494	1196291
河南	61991335	45693903	41972579	3721325	3069412
湖北	42399879	30310491	27485834	2824657	1102222
湖南	52903387	40446922	35839592	4607329	2050857
广东	129997937	93148460	83604311	9544149	3578449
广西	44207493	34976825	31017866	3958959	2272523
海南	9936226	6714407	6492993	221414	137942
重庆	27197256	19427317	18377464	1049853	611872
四川	61448877	46239183	38987764	7251419	3972775
贵州	41929019	33934955	27480838	6454117	3375725
云南	44029026	36612728	31852912	4759816	4292306
西藏	11613305	8574916	6901552	1673364	1454387
陕西	35398979	23508585	21113144	2395441	1623197
甘肃	25016172	19213164	16713135	2500030	1279352
青海	8107277	5553609	4949896	603714	554394
宁夏	7591794	5123200	4787572	335628	281911
新疆	39215145	31928011	28969116	2958895	1831553
大连	4284794	3583517	3509864	73653	4228
宁波	9902506	7489439	7076061	413378	182255
厦门	6352979	4993786	4662666	331120	54463
青岛	10965875	9132591	8354296	778295	121560
深圳	26764335	12047038	10731715	1315323	467761

基本建设支出明细(小学)

单位：千元

公用部分	商品和服务支出	其他资本性支出	专项公用支出	专项项目支出	基本建设支出
282377162	**164107771**	**118269390**	**34891882**	**83377508**	**19845839**
10380203	8188821	2191381	1639744	551637	1825209
2609172	1687088	922084	319126	602958	28301
14830030	8208066	6621964	1607204	5014760	102264
5608531	3830151	1778380	771293	1007088	236268
4323493	2347874	1975619	497718	1477901	173245
3592615	2620853	971762	364474	607288	59311
2885752	1806131	1079621	388713	690908	163507
2719668	1838500	881168	388421	492747	99388
4606506	3579317	1027189	665534	361655	46124
15596838	9366047	6230791	1506730	4724062	280624
16384921	9835795	6549126	1862677	4686449	1314600
14164848	6673789	7491060	2578407	4912653	298356
8780618	4972157	3808461	1312846	2495615	171685
14909316	3739372	11169944	2700047	8469897	382569
14066831	7968578	6098253	1600340	4497913	5780
16000093	9159181	6840912	1163608	5677304	297338
12089388	6176484	5912904	1323248	4589657	
12156631	7559143	4597488	1418471	3179017	299835
28525383	20948811	7576572	3634448	3942125	8324093
8918903	5113183	3805720	1134821	2670899	311765
3093116	1913953	1179163	399955	779208	128702
6753977	4788726	1965251	683669	1281583	1015961
14628629	9894455	4734174	1354988	3379185	581065
7811790	3963284	3848506	814756	3033750	182273
7137745	3924728	3213016	598585	2614431	278553
2526944	969628	1557316	418651	1138665	511445
11457955	5437098	6020858	1865205	4155652	432439
5537058	2326382	3210676	514191	2696485	265949
1979270	948820	1030450	226722	803728	574398
2394464	1083442	1311022	464961	846062	74130
5906474	3237918	2668556	672329	1996227	1380660
701277	530877	170400	43024	127376	
2413066	1238834	1174232	223917	950315	
1265622	958512	307110	249700	57410	93571
1833284	1130536	702748	419044	283704	
6767915	6082472	685443	656262	29181	7949382

6-39 一般公共预算教育事业费和

地 区	合 计				
		个人部分			
			工资福利支 出	对个人和家庭的补助支出	
					#助学金
合 计	**1240456863**	**939750680**	**848359543**	**91391137**	**43605678**
北 京	37167423	25214518	24997829	216689	161739
天 津	14149640	11524868	11163195	361672	77607
河 北	63996206	49063912	43167954	5895958	2135155
山 西	25395672	19550872	18087107	1463765	689462
内蒙古	20680129	16183391	15184666	998725	640655
辽 宁	21444784	17792858	16808674	984184	368974
吉 林	15723855	12695388	12122126	573263	191603
黑龙江	17268036	14468260	12408110	2060150	404760
上 海	21256394	16606920	16093880	513040	347064
江 苏	80666975	64789513	58133787	6655727	1727589
浙 江	68602840	50903320	47441591	3461730	1575301
安 徽	49550498	35087294	30538186	4549107	1405267
福 建	41234858	32282555	30058154	2224401	525028
江 西	43403730	28111845	26352711	1759134	765156
山 东	80968795	66896184	61684690	5211494	1196291
河 南	61985231	45688985	41967679	3721306	3069393
湖 北	42230495	30177598	27353390	2824209	1102222
湖 南	52891671	40438043	35830738	4607305	2050857
广 东	129997937	93148460	83604311	9544149	3578449
广 西	44207493	34976825	31017866	3958959	2272523
海 南	9936226	6714407	6492993	221414	137942
重 庆	27113471	19360017	18310567	1049450	611872
四 川	61447332	46239181	38987764	7251417	3972773
贵 州	41929019	33934955	27480838	6454117	3375725
云 南	44029026	36612728	31852912	4759816	4292306
西 藏	11613305	8574916	6901552	1673364	1454387
陕 西	35291659	23426065	21030645	2395420	1623195
甘 肃	25002391	19201538	16702054	2499485	1278807
青 海	8107277	5553609	4949896	603714	554394
宁 夏	7591794	5123200	4787572	335628	281911
新 疆	35572701	29408451	26846107	2562345	1737272
大 连	4284794	3583517	3509864	73653	4228
宁 波	9902506	7489439	7076061	413378	182255
厦 门	6352979	4993786	4662666	331120	54463
青 岛	10965875	9132591	8354296	778295	121560
深 圳	26764335	12047038	10731715	1315323	467761

基本建设支出明细(地方小学)

单位：千元

公用部分	商品和服务支出	其他资本性支出	专项公用支出	专项项目支出	基本建设支出
281067500	**163327425**	**117740076**	**34705024**	**83035052**	**19638682**
10127696	7944958	2182738	1631101	551637	1825209
2596471	1675942	920529	317571	602958	28301
14830030	8208066	6621964	1607204	5014760	102264
5608531	3830151	1778380	771293	1007088	236268
4323493	2347874	1975619	497718	1477901	173245
3592615	2620853	971762	364474	607288	59311
2864959	1788696	1076263	385355	690908	163507
2700388	1826517	873871	385351	488520	99388
4603350	3576222	1027128	665473	361655	46124
15596838	9366047	6230791	1506730	4724062	280624
16384921	9835795	6549126	1862677	4686449	1314600
14164848	6673789	7491060	2578407	4912653	298356
8780618	4972157	3808461	1312846	2495615	171685
14909316	3739372	11169944	2700047	8469897	382569
14066831	7968578	6098253	1600340	4497913	5780
15998908	9158152	6840756	1163451	5677304	297338
12052896	6151035	5901862	1314694	4587168	
12153792	7556305	4597488	1418471	3179017	299835
28525383	20948811	7576572	3634448	3942125	8324093
8918903	5113183	3805720	1134821	2670899	311765
3093116	1913953	1179163	399955	779208	128702
6737492	4778322	1959170	677587	1281583	1015961
14627086	9892944	4734142	1354957	3379185	581065
7811790	3963284	3848506	814756	3033750	182273
7137745	3924728	3213016	598585	2614431	278553
2526944	969628	1557316	418651	1138665	511445
11433155	5421263	6011891	1859659	4152232	432439
5534903	2324797	3210107	513895	2696212	265949
1979270	948820	1030450	226722	803728	574398
2394464	1083442	1311022	464961	846062	74130
4990747	2803743	2187003	522825	1664179	1173503
701277	530877	170400	43024	127376	
2413066	1238834	1174232	223917	950315	
1265622	958512	307110	249700	57410	93571
1833284	1130536	702748	419044	283704	
6767915	6082472	685443	656262	29181	7949382

6-40 一般公共预算教育事业费和

地 区	合 计				
		个人部分	工资福利支 出	对个人和家庭的补助支出	#助学金
合 计	1245338864	943116125	851280559	91835566	43701296
北 京	37646842	25441430	25220422	221008	162312
天 津	14182720	11545247	11182968	362279	77607
河 北	63996206	49063912	43167954	5895958	2135155
山 西	25395672	19550872	18087107	1463765	689462
内蒙古	20680129	16183391	15184666	998725	640655
辽 宁	21444784	17792858	16808674	984184	368974
吉 林	15829937	12780678	12207345	573333	191603
黑龙江	17476671	14657615	12556046	2101569	404956
上 海	21276646	16624016	16110972	513043	347064
江 苏	80666975	64789513	58133787	6655727	1727589
浙 江	68602840	50903320	47441591	3461730	1575301
安 徽	49550498	35087294	30538186	4549107	1405267
福 建	41233646	32281570	30057169	2224401	525028
江 西	43403730	28111845	26352711	1759134	765156
山 东	80968795	66896184	61684690	5211494	1196291
河 南	61991335	45693903	41972579	3721325	3069412
湖 北	42399879	30310491	27485834	2824657	1102222
湖 南	52903387	40446922	35839592	4607329	2050857
广 东	129997937	93148460	83604311	9544149	3578449
广 西	44207493	34976825	31017866	3958959	2272523
海 南	9936226	6714407	6492993	221414	137942
重 庆	27196923	19427019	18377166	1049853	611872
四 川	61448877	46239183	38987764	7251419	3972775
贵 州	41929019	33934955	27480838	6454117	3375725
云 南	44029026	36612728	31852912	4759816	4292306
西 藏	11613305	8574916	6901552	1673364	1454387
陕 西	35398979	23508585	21113144	2395441	1623197
甘 肃	25016172	19213164	16713135	2500030	1279352
青 海	8107277	5553609	4949896	603714	554394
宁 夏	7591794	5123200	4787572	335628	281911
新 疆	39215145	31928011	28969116	2958895	1831553
大 连	4284794	3583517	3509864	73653	4228
宁 波	9902506	7489439	7076061	413378	182255
厦 门	6352979	4993786	4662666	331120	54463
青 岛	10965875	9132591	8354296	778295	121560
深 圳	26764335	12047038	10731715	1315323	467761

基本建设支出明细(普通小学)

单位：千元

公用部分					基本建设支出
	商品和服务支出	其他资本性支出			
			专项公用支出	专项项目支出	
282376900	**164107510**	**118269390**	**34891882**	**83377508**	**19845839**
10380203	8188821	2191381	1639744	551637	1825209
2609172	1687088	922084	319126	602958	28301
14830030	8208066	6621964	1607204	5014760	102264
5608531	3830151	1778380	771293	1007088	236268
4323493	2347874	1975619	497718	1477901	173245
3592615	2620853	971762	364474	607288	59311
2885752	1806131	1079621	388713	690908	163507
2719668	1838500	881168	388421	492747	99388
4606506	3579317	1027189	665534	361655	46124
15596838	9366047	6230791	1506730	4724062	280624
16384921	9835795	6549126	1862677	4686449	1314600
14164848	6673789	7491060	2578407	4912653	298356
8780391	4971930	3808461	1312846	2495615	171685
14909316	3739372	11169944	2700047	8469897	382569
14066831	7968578	6098253	1600340	4497913	5780
16000093	9159181	6840912	1163608	5677304	297338
12089388	6176484	5912904	1323248	4589657	
12156631	7559143	4597488	1418471	3179017	299835
28525383	20948811	7576572	3634448	3942125	8324093
8918903	5113183	3805720	1134821	2670899	311765
3093116	1913953	1179163	399955	779208	128702
6753943	4788691	1965251	683669	1281583	1015961
14628629	9894455	4734174	1354988	3379185	581065
7811790	3963284	3848506	814756	3033750	182273
7137745	3924728	3213016	598585	2614431	278553
2526944	969628	1557316	418651	1138665	511445
11457955	5437098	6020858	1865205	4155652	432439
5537058	2326382	3210676	514191	2696485	265949
1979270	948820	1030450	226722	803728	574398
2394464	1083442	1311022	464961	846062	74130
5906474	3237918	2668556	672329	1996227	1380660
701277	530877	170400	43024	127376	
2413066	1238834	1174232	223917	950315	
1265622	958512	307110	249700	57410	93571
1833284	1130536	702748	419044	283704	
6767915	6082472	685443	656262	29181	7949382

6-41 一般公共预算教育事业费和

地区	合计				
		个人部分			
			工资福利支出	对个人和家庭的补助支出	
					#助学金
合计	**1240455318**	**939749397**	**848358260**	**91391137**	**43605678**
北京	37167423	25214518	24997829	216689	161739
天津	14149640	11524868	11163195	361672	77607
河北	63996206	49063912	43167954	5895958	2135155
山西	25395672	19550872	18087107	1463765	689462
内蒙古	20680129	16183391	15184666	998725	640655
辽宁	21444784	17792858	16808674	984184	368974
吉林	15723855	12695388	12122126	573263	191603
黑龙江	17268036	14468260	12408110	2060150	404760
上海	21256394	16606920	16093880	513040	347064
江苏	80666975	64789513	58133787	6655727	1727589
浙江	68602840	50903320	47441591	3461730	1575301
安徽	49550498	35087294	30538186	4549107	1405267
福建	41233646	32281570	30057169	2224401	525028
江西	43403730	28111845	26352711	1759134	765156
山东	80968795	66896184	61684690	5211494	1196291
河南	61985231	45688985	41967679	3721306	3069393
湖北	42230495	30177598	27353390	2824209	1102222
湖南	52891671	40438043	35830738	4607305	2050857
广东	129997937	93148460	83604311	9544149	3578449
广西	44207493	34976825	31017866	3958959	2272523
海南	9936226	6714407	6492993	221414	137942
重庆	27113138	19359719	18310269	1049450	611872
四川	61447332	46239181	38987764	7251417	3972773
贵州	41929019	33934955	27480838	6454117	3375725
云南	44029026	36612728	31852912	4759816	4292306
西藏	11613305	8574916	6901552	1673364	1454387
陕西	35291659	23426065	21030645	2395420	1623195
甘肃	25002391	19201538	16702054	2499485	1278807
青海	8107277	5553609	4949896	603714	554394
宁夏	7591794	5123200	4787572	335628	281911
新疆	35572701	29408451	26846107	2562345	1737272
大连	4284794	3583517	3509864	73653	4228
宁波	9902506	7489439	7076061	413378	182255
厦门	6352979	4993786	4662666	331120	54463
青岛	10965875	9132591	8354296	778295	121560
深圳	26764335	12047038	10731715	1315323	467761

基本建设支出明细(地方普通小学)

单位：千元

公用部分	商品和服务支出	其他资本性支出	专项公用支出	专项项目支出	基本建设支出
281067239	**163327163**	**117740076**	**34705024**	**83035052**	**19638682**
10127696	7944958	2182738	1631101	551637	1825209
2596471	1675942	920529	317571	602958	28301
14830030	8208066	6621964	1607204	5014760	102264
5608531	3830151	1778380	771293	1007088	236268
4323493	2347874	1975619	497718	1477901	173245
3592615	2620853	971762	364474	607288	59311
2864959	1788696	1076263	385355	690908	163507
2700388	1826517	873871	385351	488520	99388
4603350	3576222	1027128	665473	361655	46124
15596838	9366047	6230791	1506730	4724062	280624
16384921	9835795	6549126	1862677	4686449	1314600
14164848	6673789	7491060	2578407	4912653	298356
8780391	4971930	3808461	1312846	2495615	171685
14909316	3739372	11169944	2700047	8469897	382569
14066831	7968578	6098253	1600340	4497913	5780
15998908	9158152	6840756	1163451	5677304	297338
12052896	6151035	5901862	1314694	4587168	
12153792	7556305	4597488	1418471	3179017	299835
28525383	20948811	7576572	3634448	3942125	8324093
8918903	5113183	3805720	1134821	2670899	311765
3093116	1913953	1179163	399955	779208	128702
6737457	4778288	1959170	677587	1281583	1015961
14627086	9892944	4734142	1354957	3379185	581065
7811790	3963284	3848506	814756	3033750	182273
7137745	3924728	3213016	598585	2614431	278553
2526944	969628	1557316	418651	1138665	511445
11433155	5421263	6011891	859659	4152232	432439
5534903	2324797	3210107	513895	2696212	265949
1979270	948820	1030450	226722	803728	574398
2394464	1083442	1311022	464961	846062	74130
4990747	2803743	2187003	522825	1664179	1173503
701277	530877	170400	43024	127376	
2413066	1238834	1174232	223917	950315	
1265622	958512	307110	249700	57410	93571
1833284	1130536	702748	419044	283704	
6767915	6082472	685443	656262	29181	7949382

6-42 一般公共预算教育事业费和

地区	合计	个人部分	工资福利支出	对个人和家庭的补助支出	#助学金
合计	**703735598**	**552947428**	**492230676**	**60716752**	**31506270**
北京	6535270	4326289	4260307	65982	50674
天津	3096613	2747876	2662806	85071	1078
河北	45393190	35008735	30529618	4479117	1806379
山西	15997892	12765560	11770893	994667	439599
内蒙古	14211205	11427367	10669975	757392	470082
辽宁	9217534	8148944	7624924	524021	178956
吉林	10367237	8540786	8136865	403920	124625
黑龙江	10187364	8649450	7377286	1272164	110361
上海	2756171	2292200	2243819	48381	43169
江苏	31269831	26743843	23640971	3102872	585066
浙江	28908758	21900029	20137950	1762078	683027
安徽	33996924	25002175	21546888	3455287	1200777
福建	22812885	18260574	17050748	1209825	102488
江西	29662315	19334990	18079315	1255674	574528
山东	43396001	36458062	33555221	2902840	616263
河南	44857671	33027322	30076232	2951089	2520844
湖北	21621513	16415389	14618780	1796609	846795
湖南	34356870	26693108	23494118	3198991	1739311
广东	45122910	35752291	32632725	3119566	1218699
广西	32839010	26461195	23146880	3314315	1883980
海南	6497995	4771072	4606916	164156	117532
重庆	14099762	11471913	10634025	837888	511524
四川	39897008	30975929	26137150	4838779	2840577
贵州	31716255	26641140	21310347	5330793	2992602
云南	34839043	29967189	25891221	4075968	3774933
西藏	9367015	6936756	5569626	1367130	1191104
陕西	20256202	13836387	12008795	1827592	1279557
甘肃	19954276	15446994	13313161	2133833	1129832
青海	6180428	4295894	3729778	566116	526831
宁夏	4539785	3408020	3166547	241473	199305
新疆	29780665	25239949	22606788	2633162	1745770
大连	740839	666930	622235	44695	102
宁波	3227467	2538953	2384327	154626	67061
厦门	613064	475553	391168	84385	1563
青岛	2433189	2027695	1824835	202859	13472
深圳					

基本建设支出明细(农村小学)

单位：千元

公用部分					基本建设支出
	商品和服务支出	其他资本性支出			
			专项公用支出	专项项目支出	
144893413	**80702325**	**64191088**	**16841758**	**47349331**	**5894757**
1560800	1160963	399837	278466	121372	648181
348737	298898	49839	30191	19648	
10291624	5800376	4491248	1102554	3388694	92830
3135823	2160708	975115	342680	632436	96508
2682744	1517289	1165456	280003	885452	101094
1062543	793011	269532	77332	192200	6047
1781046	1103050	677996	261558	416438	45405
1478623	967385	511238	220796	290442	59290
463971	402500	61471	58855	2616	
4440551	3289381	1151170	383436	767735	85436
6250455	4109213	2141243	695346	1445897	758274
8716328	4358593	4357735	1612514	2745222	278421
4489009	2550456	1938553	642418	1296135	63302
10107645	2317970	7789676	1939859	5849817	219680
6932159	3767230	3164929	679417	2485512	5780
11650112	6817498	4832614	798889	4033725	180237
5206124	2641079	2565045	448065	2116980	
7498105	4425070	3073036	841712	2231323	165656
9267417	6276208	2991209	1172226	1818983	103202
6247150	3649690	2597459	665411	1932049	130665
1615714	869013	746701	231023	515678	111209
2520407	1784076	736331	199533	536798	107442
8514883	5492195	3022689	688438	2334250	406196
5014801	2661450	2353351	497513	1855838	60314
4753996	2687619	2066377	311905	1754472	117859
2073185	810311	1262874	334217	928657	357073
6227448	2695408	3532041	903487	2628554	192366
4277534	1725187	2552346	388395	2163951	229749
1420312	644882	775430	161393	614037	464221
1092555	606988	485567	181919	303648	39210
3771608	2318629	1452980	412206	1040774	769108
73909	65292	8617	1431	7186	
688514	427161	261353	57544	203809	
131601	102116	29484	18815	10669	5911
405494	221106	184388	29085	155304	

6-43 一般公共预算教育事业费和

地区	合计	个人部分	工资福利支出	对个人和家庭的补助支出	#助学金
合计	**700944810**	**550832223**	**490480097**	**60352126**	**31428814**
北京	6535270	4326289	4260307	65982	50674
天津	3096613	2747876	2662806	85071	1078
河北	45393190	35008735	30529618	4479117	1806379
山西	15997892	12765560	11770893	994667	439599
内蒙古	14211205	11427367	10669975	757392	470082
辽宁	9217534	8148944	7624924	524021	178956
吉林	10367237	8540786	8136865	403920	124625
黑龙江	10007289	8485482	7252156	1233326	110176
上海	2756171	2292200	2243819	48381	43169
江苏	31269831	26743843	23640971	3102872	585066
浙江	28908758	21900029	20137950	1762078	683027
安徽	33996924	25002175	21546888	3455287	1200777
福建	22812885	18260574	17050748	1209825	102488
江西	29662315	19334990	18079315	1255674	574528
山东	43396001	36458062	33555221	2902840	616263
河南	44857671	33027322	30076232	2951089	2520844
湖北	21621513	16415389	14618780	1796609	846795
湖南	34356870	26693108	23494118	3198991	1739311
广东	45122910	35752291	32632725	3119566	1218699
广西	32839010	26461195	23146880	3314315	1883980
海南	6497995	4771072	4606916	164156	117532
重庆	14099762	11471913	10634025	837888	511524
四川	39897008	30975929	26137150	4838779	2840577
贵州	31716255	26641140	21310347	5330793	2992602
云南	34839043	29967189	25891221	4075968	3774933
西藏	9367015	6936756	5569626	1367130	1191104
陕西	20256202	13836387	12008795	1827592	1279557
甘肃	19940495	15435368	13302080	2133288	1129287
青海	6180428	4295894	3729778	566116	526831
宁夏	4539785	3408020	3166547	241473	199305
新疆	27183733	23300340	20992421	2307919	1669044
大连	740839	666930	622235	44695	102
宁波	3227467	2538953	2384327	154626	67061
厦门	613064	475553	391168	84385	1563
青岛	2433189	2027695	1824835	202859	13472
深圳					

基本建设支出明细(地方农村小学)

单位：千元

公用部分					基本建设支出
	商品和服务支出	其他资本性支出			
			专项公用支出	专项项目支出	
144280265	**80388377**	**63891888**	**16742995**	**47148893**	**5832322**
1560800	1160963	399837	278466	121372	648181
348737	298898	49839	30191	19648	
10291624	5800376	4491248	1102554	3388694	92830
3135823	2160708	975115	342680	632436	96508
2682744	1517289	1165456	280003	885452	101094
1062543	793011	269532	77332	192200	6047
1781046	1103050	677996	261558	416438	45405
1462517	958017	504500	217772	286728	59290
463971	402500	61471	58855	2616	
4440551	3289381	1151170	383436	767735	85436
6250455	4109213	2141243	695346	1445897	758274
8716328	4358593	4357735	1612514	2745222	278421
4489009	2550456	1938553	642418	1296135	63302
10107645	2317970	7789676	1939859	5849817	219680
6932159	3767230	3164929	679417	2485512	5780
11650112	6817498	4832614	798889	4033725	180237
5206124	2641079	2565045	448065	2116980	
7498105	4425070	3073036	841712	2231323	165656
9267417	6276208	2991209	1172226	1818983	103202
6247150	3649690	2597459	665411	1932049	130665
1615714	869013	746701	231023	515678	111209
2520407	1784076	736331	199533	536798	107442
8514883	5492195	3022689	688438	2334250	406196
5014801	2661450	2353351	497513	1855838	60314
4753996	2687619	2066377	311905	1754472	117859
2073185	810311	1262874	334217	928657	357073
6227448	2695408	3532041	903487	2628554	192366
4275379	1723602	2551777	388099	2163678	229749
1420312	644882	775430	161393	614037	464221
1092555	606988	485567	181919	303648	39210
3176721	2015634	1161087	316764	844323	706672
73909	65292	8617	1431	7186	
688514	427161	261353	57544	203809	
131601	102116	29484	18815	10669	5911
405494	221106	184388	29085	155304	

6-44　一般公共预算教育事业费和

地　区	合　计	个人部分	工资福利支　出	对个人和家庭的补助支出	#助学金
合　计	**1545**	**1283**	**1283**		
北　京					
天　津					
河　北					
山　西					
内蒙古					
辽　宁					
吉　林					
黑龙江					
上　海					
江　苏					
浙　江					
安　徽					
福　建	1212	985	985		
江　西					
山　东					
河　南					
湖　北					
湖　南					
广　东					
广　西					
海　南					
重　庆	333	298	298		
四　川					
贵　州					
云　南					
西　藏					
陕　西					
甘　肃					
青　海					
宁　夏					
新　疆					
大　连					
宁　波					
厦　门					
青　岛					
深　圳					

基本建设支出明细(成人小学)

单位：千元

公用部分	商品和服务支出	其他资本性支出	专项公用支出	专项项目支出	基本建设支出
262	**262**				
227	227				
35	35				

6-45 一般公共预算教育事业费和

地区	合计	个人部分	工资福利支出	对个人和家庭的补助支出	#助学金
合计	**19243787**	**13214359**	**12378097**	**836262**	**393760**
北京	608000	468755	454136	14619	9658
天津	229883	187956	182741	5216	203
河北	771019	587664	553712	33952	9896
山西	417844	302218	284549	17670	8450
内蒙古	380796	281247	275206	6040	4785
辽宁	578463	473219	449558	23661	7584
吉林	314578	242779	233496	9283	4013
黑龙江	421705	315431	289892	25539	10631
上海	722196	580815	568343	12471	6585
江苏	1241628	947562	864941	82621	24659
浙江	1107119	723520	688003	35517	24323
安徽	1232580	324956	293954	31002	12038
福建	737030	563747	526159	37587	17246
江西	537688	302457	285171	17286	8716
山东	1492263	1179334	1072351	106984	50633
河南	667078	488273	468232	20041	16555
湖北	512248	365651	334224	31427	15204
湖南	799815	569265	529555	39710	21393
广东	2312506	1482807	1403214	79593	27060
广西	440789	309814	294017	15797	7796
海南	122784	73528	67804	5724	3993
重庆	281202	195990	186730	9261	7232
四川	886610	556528	504027	52501	23683
贵州	637585	371976	336834	35142	17537
云南	524889	399392	367037	32355	28184
西藏	123794	104691	99210	5481	3275
陕西	464590	305515	284973	20542	7213
甘肃	220769	171367	160267	11100	3250
青海	86848	44482	41295	3187	2415
宁夏	112683	76457	71740	4716	3552
新疆	256805	216965	206726	10238	5997
大连	110071	95121	94682	438	242
宁波	135473	100659	94969	5690	3176
厦门	127601	88313	85026	3287	1149
青岛	251309	207450	181841	25609	8565
深圳	435101	186602	183026	3576	1352

基本建设支出明细(特殊教育)

单位: 千元

公用部分	商品和服务支出	其他资本性支出			基本建设支出
			专项公用支出	专项项目支出	
5660271	**3363854**	**2296417**	**714943**	**1581474**	**369157**
116867	104239	12628	11146	1482	22378
41927	38343	3584	3584		
171926	124182	47744	26340	21404	11429
115626	77431	38195	20539	17656	
96764	51040	45724	17675	28049	2785
104017	83686	20331	9560	10771	1227
65361	44563	20798	13488	7310	6437
103142	74592	28550	17158	11392	3133
141381	116685	24696	24539	157	
292524	222112	70412	37124	33288	1542
358452	199914	158538	38920	119618	25147
902480	114114	788366	30469	757897	5145
173284	123970	49313	29428	19886	
216863	99731	117132	41767	75365	18368
312929	224361	88567	47565	41002	
177804	139461	38343	22198	16145	1000
146597	96891	49705	23288	26417	
227129	163338	63791	19787	44005	3420
727667	507268	220399	122231	98168	102032
130059	73960	56100	28523	27577	915
48926	36910	12017	8675	3342	330
85212	69649	15562	10533	5030	
316046	212009	104037	22673	81364	14037
175325	105948	69377	18488	50889	90284
116465	77857	38609	17484	21125	9032
19102	11879	7224	724	6500	
109075	68741	40335	18193	22141	50000
49403	32479	16924	10849	6074	
42367	19131	23236	4760	18476	
36227	15642	20584	12321	8263	
39323	33726	5596	4912	684	517
14950	13545	1405	1405		
34814	27600	7214	6019	1196	
39288	33643	5645	5166	479	
43859	36633	7226	6840	387	
167436	147575	19861	19533	328	81062

6-46 一般公共预算教育事业费和

地区	合计	个人部分	工资福利支出	对个人和家庭的补助支出	#助学金
合计	**18450984**	**12682006**	**11868866**	**813141**	**388882**
北京	509952	394512	380666	13845	9413
天津	222538	181599	177343	4256	203
河北	771019	587664	553712	33952	9896
山西	396144	286307	268717	17590	8438
内蒙古	380796	281247	275206	6040	4785
辽宁	534719	433977	413348	20629	7545
吉林	303413	236297	227659	8638	3999
黑龙江	415708	311955	286417	25539	10631
上海	611744	492091	481128	10963	6339
江苏	1219167	931680	850294	81385	24575
浙江	1083634	708693	673406	35287	24270
安徽	1222376	316380	286479	29901	12038
福建	737030	563747	526159	37587	17246
江西	487738	281319	264342	16977	8715
山东	1492263	1179334	1072351	106984	50633
河南	652481	477111	457127	19984	16508
湖北	495940	354984	324886	30098	15204
湖南	778651	551614	512648	38966	21293
广东	2213483	1435372	1357270	78102	26731
广西	408037	298301	282703	15597	7796
海南	121681	72998	67274	5724	3993
重庆	272816	190384	181226	9158	7232
四川	826589	515004	465059	49945	23276
贵州	533491	305538	276280	29258	14419
云南	506978	385514	353654	31859	28122
西藏	123794	104691	99210	5481	3275
陕西	451968	294549	274274	20275	7213
甘肃	220769	171367	160267	11100	3250
青海	86848	44482	41295	3187	2415
宁夏	112683	76457	71740	4716	3552
新疆	256533	216843	206726	10116	5875
大连	102853	88031	87661	370	203
宁波	135473	100659	94969	5690	3176
厦门	127601	88313	85026	3287	1149
青岛	251309	207450	181841	25609	8565
深圳	411318	174148	170891	3257	1033

基本建设支出明细(特殊教育学校)

单位：千元

公用部分	商品和服务支出	其他资本性支出			基本建设支出
			专项公用支出	专项项目支出	
5400725	**3182948**	**2217778**	**682733**	**1535045**	**368252**
93062	84499	8563	7081	1482	22378
40939	37383	3556	3556		
171926	124182	47744	26340	21404	11429
109837	71755	38082	20426	17656	
96764	51040	45724	17675	28049	2785
99515	79546	19969	9536	10432	1227
60679	40018	20661	13351	7310	6437
100620	72475	28145	17134	11011	3133
119652	98452	21201	21201		
285945	217989	67956	34668	33288	1542
349795	194339	155455	38005	117450	25147
900852	112495	788357	30459	757897	5145
173284	123970	49313	29428	19886	
188051	84904	103148	38416	64732	18368
312929	224361	88567	47565	41002	
174370	136230	38139	21995	16145	1000
140957	91913	49043	22626	26417	
223617	159826	63791	19787	44005	3420
676985	482842	194143	118959	75184	101127
108821	66014	42807	18960	23847	915
48353	36397	11957	8615	3342	330
82432	67185	15247	10217	5030	
297549	198559	98990	21245	77745	14037
137669	71243	66426	16547	49879	90284
112432	74601	37831	17182	20649	9032
19102	11879	7224	724	6500	
107419	68020	39399	18193	21205	50000
49403	32479	16924	10849	6074	
42367	19131	23236	4760	18476	
36227	15642	20584	12321	8263	
39174	33577	5596	4912	684	517
14822	13417	1405	1405		
34814	27600	7214	6019	1196	
39288	33643	5645	5166	479	
43859	36633	7226	6840	387	
156107	137610	18497	18169	328	81062

6-47 一般公共预算教育事业费和

地 区	合 计	个人部分	工资福利支 出	对个人和家庭的补助支出	#助学金
合 计	**792803**	**532353**	**509231**	**23121**	**4878**
北 京	98049	74243	73469	774	245
天 津	7345	6357	5398	959	
河 北					
山 西	21701	15911	15832	79	13
内蒙古					
辽 宁	43744	39242	36210	3031	39
吉 林	11164	6482	5837	645	14
黑龙江	5998	3476	3475	1	
上 海	110452	88723	87215	1508	246
江 苏	22461	15882	14646	1236	84
浙 江	23485	14828	14598	230	53
安 徽	10204	8576	7475	1101	
福 建					
江 西	49950	21138	20829	309	1
山 东					
河 南	14597	11162	11105	57	47
湖 北	16307	10668	9339	1329	
湖 南	21164	17651	16907	744	100
广 东	99023	47436	45944	1491	329
广 西	32752	11514	11314	200	
海 南	1103	530	530		
重 庆	8386	5607	5504	102	
四 川	60021	41524	38968	2556	406
贵 州	104094	66438	60554	5884	3118
云 南	17911	13878	13382	496	61
西 藏					
陕 西	12622	10966	10699	267	
甘 肃					
青 海					
宁 夏					
新 疆	272	122		122	122
大 连	7218	7090	7021	68	39
宁 波					
厦 门					
青 岛					
深 圳	23783	12455	12135	319	319

基本建设支出明细(工读学校)

单位：千元

公用部分	商品和服务支出	其他资本性支出	专项公用支出	专项项目支出	基本建设支出
259546	**180906**	**78640**	**32210**	**46430**	**905**
23805	19740	4065	4065		
988	960	28	28		
5789	5676	113	113		
4503	4140	363	24	339	
4682	4546	137	137		
2522	2117	405	24	381	
21729	18233	3495	3339	157	
6579	4123	2456	2456		
8657	5575	3082	915	2167	
1628	1618	10	10		
28812	14827	13984	3352	10633	
3434	3231	204	204		
5640	4978	662	662		
3512	3512				
50682	24426	26256	3273	22983	905
21238	7945	13293	9564	3729	
573	513	60	60		
2779	2464	316	316		
18497	13450	5047	1428	3619	
37656	34705	2951	1941	1009	
4033	3255	778	302	476	
1656	720	936		936	
149	149				
128	128				
11328	9965	1363	1363		

6-48 一般公共预算教育事业费和

地 区	合 计	个人部分	工资福利支 出	对个人和家庭的补助支出	#助学金
合 计	**247797056**	**160229222**	**150069091**	**10160131**	**5600455**
北 京	14333676	9057535	9036772	20763	3156
天 津	3621478	2577209	2522282	54927	1268
河 北	9846400	7517433	7186992	330441	33938
山 西	3511232	2197381	2043764	153617	106737
内蒙古	5107240	3392726	3290762	101964	69878
辽 宁	2238300	1451625	1377409	74216	14135
吉 林	1870794	1270711	1237977	32735	9712
黑龙江	2338484	1354974	1263693	91281	14897
上 海	12382637	9550062	9481155	68907	27049
江 苏	17296819	11819309	11367077	452232	156382
浙 江	19602008	12280122	11794271	485851	244888
安 徽	8990068	4882292	4535104	347188	153725
福 建	9421088	6709744	6443085	266658	95535
江 西	8892570	4410237	4274180	136056	92310
山 东	13517611	9087563	8582070	505493	278419
河 南	5597825	3687551	3503152	184399	154327
湖 北	5857537	3266826	3077707	189119	97839
湖 南	6466087	3602518	3312686	289832	177049
广 东	22880553	14508434	12937165	1571269	516581
广 西	4902571	3024617	2827419	197198	108830
海 南	3026661	1383940	1279343	104596	45364
重 庆	3931771	1897069	1600958	296111	254739
四 川	13536753	7477189	6576358	900831	570058
贵 州	9175012	6331656	5535902	795754	589419
云 南	5579014	4057220	3722207	335013	263142
西 藏	3740347	2641797	2175891	465907	406536
陕 西	9345983	5696636	5409629	287006	193180
甘 肃	5858105	4058866	3736106	322759	112987
青 海	1285698	659775	523385	136391	116694
宁 夏	1559550	674266	623003	51264	40036
新 疆	12083183	9701939	8791585	910354	651642
大 连	696497	548398	514626	33772	658
宁 波	2968036	2000150	1947084	53067	28226
厦 门	2444765	1711184	1630846	80338	2206
青 岛	2468132	1586685	1531818	54868	14316
深 圳	10150899	6674928	5902913	772015	213678

基本建设支出明细(幼儿园)

单位：千元

公用部分	商品和服务支出	其他资本性支出			基本建设支出
			专项公用支出	专项项目支出	
84397652	**53395968**	**31001684**	**10834030**	**20167654**	**3170182**
4998945	4578079	420867	303739	117128	277195
1044269	762029	282240	110537	171703	
2321678	1420422	901256	260329	640927	7290
1297618	809196	488422	215102	273320	16234
1631066	799821	831245	204656	626589	83449
772926	666241	106685	64414	42271	13749
590211	329691	260520	97105	163415	9872
939934	459605	480329	95754	384575	43576
2750426	2285165	465261	386434	78827	82149
5454795	3633938	1820857	655979	1164878	22715
6864852	5139699	1725153	649189	1075964	457034
4061777	1896724	2165053	784380	1380673	46000
2684687	1812397	872290	453692	418598	26658
4340063	917891	3422172	854439	2567734	142271
4429548	2595778	1833769	517597	1316172	500
1884029	730770	1153259	235755	917504	26245
2590711	1529049	1061662	386031	675631	
2836886	1759689	1077198	370356	706841	26683
7987201	6023659	1963542	1315112	648430	384918
1738018	979904	758114	179658	578456	139936
1590587	1016259	574328	301099	273229	52134
2004769	1419828	584941	177110	407831	29934
5891738	3771976	2119761	655464	1464298	167827
2726790	1652771	1074019	285746	788273	116566
1440334	863303	577030	140863	436168	81460
993623	390347	603276	187929	415347	104926
3447618	2175732	1271887	387300	884587	201729
1711497	929188	782309	166324	615986	87742
471451	245586	225865	45072	180794	154471
877903	437831	440072	153342	286730	7380
2021704	1363403	658301	193526	464775	359540
148099	141034	7065	5269	1796	
967886	549219	418667	88645	330022	
715922	568710	147212	125374	21838	17659
881447	486032	395414	187707	207707	
3147021	2546288	600733	535734	64999	328951

6-49 一般公共预算教育事业费和

地区	合计	个人部分	工资福利支出	对个人和家庭的补助支出	#助学金
合计	**245662883**	**158847698**	**148772126**	**10075572**	**5583269**
北京	13609737	8457871	8438653	19218	3128
天津	3619305	2575211	2520285	54925	1266
河北	9834017	7506797	7176356	330441	33938
山西	3511232	2197381	2043764	153617	106737
内蒙古	5107108	3392726	3290762	101964	69878
辽宁	2233771	1447629	1373848	73781	14135
吉林	1867941	1269767	1237033	32735	9712
黑龙江	2270400	1304048	1217004	87045	14800
上海	12280765	9486004	9417419	68585	27049
江苏	17284661	11811809	11359617	452192	156343
浙江	19602008	12280122	11794271	485851	244888
安徽	8989812	4882292	4535104	347188	153725
福建	9421088	6709744	6443085	266658	95535
江西	8892570	4410237	4274180	136056	92310
山东	13517611	9087563	8582070	505493	278419
河南	5588482	3679089	3494739	184351	154279
湖北	5856713	3266824	3077707	189117	97837
湖南	6457503	3598789	3308993	289795	177048
广东	22877390	14506132	12935130	1571002	516314
广西	4902571	3024617	2827419	197198	108830
海南	3015747	1382936	1278340	104596	45364
重庆	3931479	1896968	1600857	296111	254739
四川	13536015	7476788	6576358	900430	569769
贵州	9175012	6331656	5535902	795754	589419
云南	5579012	4057218	3722207	335011	263141
西藏	3740347	2641797	2175891	465907	406536
陕西	9343879	5696422	5409537	286885	193058
甘肃	5845657	4048322	3726806	321516	111803
青海	1285698	659775	523385	136391	116694
宁夏	1559550	674266	623003	51264	40036
新疆	10925801	9086896	8252400	834495	636538
大连	694894	546795	513023	33772	658
宁波	2968036	2000150	1947084	53067	28226
厦门	2444765	1711184	1630846	80338	2206
青岛	2468132	1586685	1531818	54868	14316
深圳	10150899	6674928	5902913	772015	213678

基本建设支出明细(地方幼儿园)

单位：千元

公用部分	商品和服务支出	其他资本性支出			基本建设支出
			专项公用支出	专项项目支出	
83714313	**52998742**	**30715571**	**10737561**	**19978010**	**3100872**
4874671	4467353	407317	293685	113632	277195
1044094	761855	282240	110537	171703	
2319930	1418675	901256	260329	640927	7290
1297618	809196	488422	215102	273320	16234
1630934	799688	831245	204656	626589	83449
772393	665730	106663	64393	42271	13749
588302	328984	259317	96370	162948	9872
922776	453095	469680	93295	376386	43576
2712613	2251585	461028	382201	78827	82149
5450137	3632174	1817963	653085	1164878	22715
6864852	5139699	1725153	649189	1075964	457034
4061520	1896594	2164926	784253	1380673	46000
2684687	1812397	872290	453692	418598	26658
4340063	917891	3422172	854439	2567734	142271
4429548	2595778	1833769	517597	1316172	500
1883147	730061	1153086	235582	917504	26245
2589888	1528374	1061514	385883	675631	
2832031	1754914	1077118	370356	706761	26683
7986339	6023235	1963105	1314959	648146	384918
1738018	979904	758114	179658	578456	139936
1580676	1015612	565064	300093	264971	52134
2004577	1419636	584941	177110	407831	29934
5891400	3771638	2119761	655464	1464298	167827
2726790	1652771	1074019	285746	788273	116566
1440334	863303	577030	140863	436168	81460
993623	390347	603276	187929	415347	104926
3445728	2174023	1271705	387142	884563	201729
1709593	928255	781338	165549	615789	87742
471451	245586	225865	45072	180794	154471
877903	437831	440072	153342	286730	7380
1548676	1132558	416118	119990	296128	290230
148099	141034	7065	5269	1796	
967886	549219	418667	88645	330022	
715922	568710	147212	125374	21838	17659
881447	486032	395414	187707	207707	
3147021	2546288	600733	535734	64999	328951

6-50 一般公共预算教育事业费和

地 区	合 计				
		个人部分	工资福利支 出	对个人和家庭的补助支出	#助学金
合 计	113909181	76692092	71127517	5564575	3790910
北 京	2704357	1470089	1467839	2250	687
天 津	530350	385034	377393	7642	348
河 北	6816747	5254074	5092646	161428	28387
山 西	2182045	1404692	1309441	95251	69235
内蒙古	3185589	2244669	2183852	60817	43074
辽 宁	536800	373971	365382	8590	5323
吉 林	902309	671597	660315	11282	3795
黑龙江	1269034	766682	716140	50542	10625
上 海	1826627	1513839	1508180	5659	4207
江 苏	5426717	3611575	3453331	158244	93961
浙 江	7200702	4491352	4298183	193169	65479
安 徽	5394729	3232528	3048562	183966	62504
福 建	4098295	2988774	2914556	74219	27432
江 西	5715139	2961381	2865236	96146	72147
山 东	6585642	4573063	4281391	291672	183412
河 南	3347699	2237319	2090556	146763	132327
湖 北	2284493	1316370	1210447	105923	77273
湖 南	3883094	2250672	2060756	189917	137045
广 东	3982370	2449925	2210428	239497	171013
广 西	3028780	1835402	1703391	132011	81813
海 南	1778160	917014	843866	73148	37157
重 庆	1608146	918516	763029	155488	143878
四 川	6351949	3847560	3299010	548551	390766
贵 州	6395364	4860608	4225791	634816	507249
云 南	3655666	2818475	2566778	251697	220681
西 藏	2653332	1941141	1570158	370983	331302
陕 西	4924545	3238000	3045098	192902	131353
甘 肃	4451252	3235434	3036024	199410	36909
青 海	950763	485738	384585	101153	91336
宁 夏	836365	402960	364687	38273	29457
新 疆	9402122	7993636	7210468	783168	600735
大 连	77890	58554	58469	86	7
宁 波	917726	589940	570449	19491	9201
厦 门	160259	91980	88176	3804	400
青 岛	403509	304197	293638	10559	6340
深 圳					

基本建设支出明细(农村幼儿园)

单位：千元

公用部分	商品和服务支出	其他资本性支出	专项公用支出	专项项目支出	基本建设支出
35951562	**20305996**	**15645566**	**4501274**	**11144292**	**1265527**
1196709	1091478	105230	61851	43380	37559
145316	126818	18497	12081	6417	
1559570	904591	654979	167801	487178	3103
769784	494377	275406	115107	160299	7570
901180	455419	445761	105595	340166	39741
162628	137783	24846	11277	13569	200
228977	119756	109220	44456	64765	1736
468394	194705	273689	43790	229899	33958
312788	265492	47295	47295		
1815141	1012460	802681	204907	597774	
2467183	1742888	724296	221565	502731	242167
2127001	1072013	1054988	327803	727185	35200
1100760	733256	367504	177063	190441	8760
2709564	515221	2194343	630288	1564054	44194
2012079	1159601	852478	158151	694327	500
1091335	374220	717115	139390	577724	19045
968123	454819	513304	167846	345458	
1609744	998267	611477	128818	482658	22678
1527481	1018735	508746	290558	218189	4964
1110624	604279	506345	105554	400791	82754
809011	504147	304864	155555	149310	52134
678069	394789	283281	56575	226705	11560
2427517	1423870	1003647	285357	718290	76872
1501416	876718	624698	150002	474696	33341
780904	472623	308281	71545	236736	56287
632193	226614	405579	153563	252017	79998
1640978	916930	724048	157847	566201	45567
1165855	629514	536341	104197	432144	49963
358037	183225	174812	29674	145138	106988
426026	243985	182040	86318	95722	7380
1247177	957403	289774	89445	200329	161310
19336	18522	814	664	150	
327787	197270	130517	41288	89229	
68279	58305	9974	9974		
99312	66026	33286	20087	13199	

6-51 一般公共预算教育事业费和

地区	合计	个人部分	工资福利支出	对个人和家庭的补助支出	#助学金
合计	**113128758**	**76206538**	**70697816**	**5508722**	**3779977**
北京	2700920	1467529	1465278	2250	687
天津	530350	385034	377393	7642	348
河北	6816599	5254074	5092646	161428	28387
山西	2182045	1404692	1309441	95251	69235
内蒙古	3185589	2244669	2183852	60817	43074
辽宁	536800	373971	365382	8590	5323
吉林	902309	671597	660315	11282	3795
黑龙江	1214827	725485	678762	46723	10536
上海	1826627	1513839	1508180	5659	4207
江苏	5426717	3611575	3453331	158244	93961
浙江	7200702	4491352	4298183	193169	65479
安徽	5394729	3232528	3048562	183966	62504
福建	4098295	2988774	2914556	74219	27432
江西	5715139	2961381	2865236	96146	72147
山东	6585642	4573063	4281391	291672	183412
河南	3347699	2237319	2090556	146763	132327
湖北	2284349	1316370	1210447	105923	77273
湖南	3883078	2250671	2060756	189916	137044
广东	3979207	2447623	2208393	239230	170746
广西	3028780	1835402	1703391	132011	81813
海南	1778160	917014	843866	73148	37157
重庆	1608146	918516	763029	155488	143878
四川	6351949	3847560	3299010	548551	390766
贵州	6395364	4860608	4225791	634816	507249
云南	3655666	2818475	2566778	251697	220681
西藏	2653332	1941141	1570158	370983	331302
陕西	4924373	3237905	3045006	192899	131350
甘肃	4440412	3225997	3026723	199274	36832
青海	950763	485738	384585	101153	91336
宁夏	836365	402960	364687	38273	29457
新疆	8693827	7563673	6832132	731541	590240
大连	77890	58554	58469	86	7
宁波	917726	589940	570449	19491	9201
厦门	160259	91980	88176	3804	400
青岛	403509	304197	293638	10559	6340
深圳					

基本建设支出明细(地方农村幼儿园)

单位：千元

公用部分	商品和服务支出	其他资本性支出	专项公用支出	专项项目支出	基本建设支出
35689606	**20161819**	**15527787**	**4462468**	**11065319**	**1232614**
1195833	1091047	104786	61587	43198	37559
145316	126818	18497	12081	6417	
1559422	904443	654979	167801	487178	3103
769784	494377	275406	115107	160299	7570
901180	455419	445761	105595	340166	39741
162628	137783	24846	11277	13569	200
228977	119756	109220	44456	64765	1736
455384	190117	265267	42032	223236	33958
312788	265492	47295	47295		
1815141	1012460	802681	204907	597774	
2467183	1742888	724296	221565	502731	242167
2127001	1072013	1054988	327803	727185	35200
1100760	733256	367504	177063	190441	8760
2709564	515221	2194343	630288	1564054	44194
2012079	1159601	852478	158151	694327	500
1091335	374220	717115	139390	577724	19045
967979	454675	513304	167846	345458	
1609729	998253	611477	128818	482658	22678
1526620	1018311	508309	290405	217905	4964
1110624	604279	506345	105554	400791	82754
809011	504147	304864	155555	149310	52134
678069	394789	283281	56575	226705	11560
2427517	1423870	1003647	285357	718290	76872
1501416	876718	624698	150002	474696	33341
780904	472623	308281	71545	236736	56287
632193	226614	405579	153563	252017	79998
1640900	916853	724048	157847	566201	45567
1164451	628581	535870	103923	431947	49963
358037	183225	174812	29674	145138	106988
426026	243985	182040	86318	95722	7380
1001756	819986	181770	53087	128682	128397
19336	18522	814	664	150	
327787	197270	130517	41288	89229	
68279	58305	9974	9974		
99312	66026	33286	20087	13199	

6-52 一般公共预算教育事业费和

地区	合计	个人部分	工资福利支出	对个人和家庭的补助支出	#助学金
合计	**32409767**	**19055184**	**16366438**	**2688746**	
北京	712891	510871	504912	5958	
天津	315541	254717	238683	16034	
河北	828516	570338	477595	92743	
山西	899079	638001	584191	53810	
内蒙古	533156	333181	306948	26233	
辽宁	573328	367088	326281	40808	
吉林	344437	204051	174140	29911	
黑龙江	1163827	598552	424473	174079	
上海	339469	257316	251656	5660	
江苏	1642433	1062907	856451	206456	
浙江	1917430	955261	804082	151178	
安徽	1170216	613451	487623	125829	
福建	848780	440115	360302	79813	
江西	665105	370187	325264	44923	
山东	2431891	1898825	1718570	180255	
河南	1051981	565406	520009	45397	
湖北	1289219	735450	622379	113071	
湖南	2477729	1603815	1385035	218781	
广东	3366273	1551330	1252920	298410	
广西	446303	247109	224069	23040	
海南	282314	119963	113331	6632	
重庆	885470	243688	203555	40133	
四川	2089604	1089064	849268	239797	
贵州	1545929	972792	829049	143743	
云南	1058887	621284	593646	27638	
西藏	749085	382785	340971	41813	
陕西	963542	442523	361259	81265	
甘肃	475771	339054	286723	52331	
青海	177832	105296	95474	9822	
宁夏	144588	112326	110038	2288	
新疆	1019141	848436	737542	110893	
大连	82389	62673	61384	1288	
宁波	117082	81358	78677	2681	
厦门	193746	39285	39081	204	
青岛	321584	249350	231677	17672	
深圳	580127	193479	133599	59880	

基本建设支出明细(教育行政单位)

单位：千元

公用部分	商品和服务支出	其他资本性支出	专项公用支出	专项项目支出	基本建设支出
13075196	**10738766**	**2336430**	**1211129**	**1125301**	**279387**
202020	194163	7857	7857		
60825	59681	1144	1144		
258178	230840	27338	15246	12092	
261078	200863	60215	41518	18697	
199975	172698	27277	25304	1973	
205654	166930	38724	21641	17083	585
140387	127400	12987	10889	2098	
546099	300160	245939	113664	132276	19175
82153	80534	1619	1616	3	
579526	490252	89274	80355	8919	
905320	803694	101625	89680	11946	56850
556764	458690	98074	56905	41169	
399079	343778	55301	41591	13710	9586
294918	245291	49627	30992	18635	
533066	450895	82171	58454	23717	
486575	456012	30563	22774	7789	
553762	416788	136974	39654	97321	7
873914	698272	175642	79175	96467	
1802969	1687781	115189	89282	25907	11974
199194	175300	23894	21696	2198	
162351	142993	19358	10083	9275	
641782	487308	154475	23324	131151	
995539	850823	144716	108815	35901	5000
527460	387825	139635	78024	61611	45676
391463	263191	128272	16494	111778	46140
297635	175882	121753	42734	79018	68665
514718	321458	193260	56254	137006	6300
136716	109606	27110	19827	7283	
64457	45931	18526	2456	16070	8079
32262	31894	367	367		
169355	161832	7523	3314	4209	1350
19716	14931	4786	3091	1694	
35724	34440	1284	1284		
144875	133510	11365	9842	1523	9586
72234	64678	7556	7556		
377838	352987	24851	17884	6967	8810

6-53 一般公共预算教育事业费和

地区	合计	个人部分	工资福利支出	对个人和家庭的补助支出	#助学金
合计	**32135726**	**18904558**	**16238080**	**2666479**	
北京	548568	411104	405258	5846	
天津	315541	254717	238683	16034	
河北	828516	570338	477595	92743	
山西	899079	638001	584191	53810	
内蒙古	533156	333181	306948	26233	
辽宁	573328	367088	326281	40808	
吉林	344437	204051	174140	29911	
黑龙江	1154046	590302	417714	172588	
上海	339469	257316	251656	5660	
江苏	1642433	1062907	856451	206456	
浙江	1917430	955261	804082	151178	
安徽	1170216	613451	487623	125829	
福建	848780	440115	360302	79813	
江西	665105	370187	325264	44923	
山东	2431891	1898825	1718570	180255	
河南	1051981	565406	520009	45397	
湖北	1289219	735450	622379	113071	
湖南	2477729	1603815	1385035	218781	
广东	3366273	1551330	1252920	298410	
广西	446303	247109	224069	23040	
海南	282314	119963	113331	6632	
重庆	885470	243688	203555	40133	
四川	2089604	1089064	849268	239797	
贵州	1545929	972792	829049	143743	
云南	1058887	621284	593646	27638	
西藏	749085	382785	340971	41813	
陕西	963542	442523	361259	81265	
甘肃	475771	339054	286723	52331	
青海	177832	105296	95474	9822	
宁夏	144588	112326	110038	2288	
新疆	919204	805828	715598	90230	
大连	82389	62673	61384	1288	
宁波	117082	81358	78677	2681	
厦门	193746	39285	39081	204	
青岛	321584	249350	231677	17672	
深圳	580127	193479	133599	59880	

基本建设支出明细(地方教育行政单位)

单位：千元

公用部分	商品和服务支出	其他资本性支出			基本建设支出
			专项公用支出	专项项目支出	
12953130	**10621058**	**2332072**	**1207094**	**1124978**	**278037**
137464	132550	4914	4914		
60825	59681	1144	1144		
258178	230840	27338	15246	12092	
261078	200863	60215	41518	18697	
199975	172698	27277	25304	1973	
205654	166930	38724	21641	17083	585
140387	127400	12987	10889	2098	
544569	298744	245825	113644	132181	19175
82153	80534	1619	1616	3	
579526	490252	89274	80355	8919	
905320	803694	101625	89680	11946	56850
556764	458690	98074	56905	41169	
399079	343778	55301	41591	13710	9586
294918	245291	49627	30992	18635	
533066	450895	82171	58454	23717	
486575	456012	30563	22774	7789	
553762	416788	136974	39654	97321	7
873914	698272	175642	79175	96467	
1802969	1687781	115189	89282	25907	11974
199194	175300	23894	21696	2198	
162351	142993	19358	10083	9275	
641782	487308	154475	23324	131151	
995539	850823	144716	108815	35901	5000
527460	387825	139635	78024	61611	45676
391463	263191	128272	16494	111778	46140
297635	175882	121753	42734	79018	68665
514718	321458	193260	56254	137006	6300
136716	109606	27110	19827	7283	
64457	45931	18526	2456	16070	8079
32262	31894	367	367		
113377	107154	6223	2242	3981	
19716	14931	4786	3091	1694	
35724	34440	1284	1284		
144875	133510	11365	9842	1523	9586
72234	64678	7556	7556		
377838	352987	24851	17884	6967	8810

6-54 一般公共预算教育事业费和

地区	合计	个人部分	工资福利支出	对个人和家庭的补助支出	#助学金
合计	**60975483**	**37682988**	**34505402**	**3177586**	
北京	7119262	2996461	2969075	27386	
天津	1110729	965039	919120	45919	
河北	2294466	1912116	1676480	235636	
山西	1947800	1502327	1438423	63904	
内蒙古	1588894	1231303	1198918	32385	
辽宁	1984357	1591823	1544823	47000	
吉林	1072975	626702	587746	38956	
黑龙江	835873	542276	478372	63904	
上海	4852351	2320525	2285441	35083	
江苏	3693152	2459322	2078805	380517	
浙江	4527339	2857852	2609890	247962	
安徽	1081443	608574	531600	76974	
福建	2574595	1402101	1293497	108604	
江西	1753366	998091	925277	72814	
山东	2924751	2063653	1829145	234508	
河南	1984783	1326280	1302777	23504	
湖北	2237554	1506499	1344658	161840	
湖南	1100781	770509	666550	103959	
广东	4694728	2531426	2160809	370617	
广西	1120516	798417	754695	43723	
海南	336706	146692	144214	2478	
重庆	751109	470805	389093	81712	
四川	2779686	1865038	1642007	223031	
贵州	459756	234719	207546	27173	
云南	1085034	627934	617420	10514	
西藏	1172516	445911	315085	130826	
陕西	1730847	1145426	1055706	89720	
甘肃	884736	714744	612122	102622	
青海	340491	278900	274882	4018	
宁夏	188416	150278	148815	1463	
新疆	746471	591246	502412	88835	
大连	335442	247823	246032	1791	
宁波	563091	361682	339010	22672	
厦门	448143	217091	204770	12322	
青岛	354053	269405	240062	29342	
深圳	1105283	279963	254611	25352	

基本建设支出明细(教育事业单位)

单位：千元

公用部分	商品和服务支出	其他资本性支出			基本建设支出
			专项公用支出	专项项目支出	
22847314	**18218036**	**4629279**	**2525731**	**2103548**	**445181**
4084565	3765070	319495	266607	52888	38237
145690	131981	13710	8345	5364	
382350	332641	49709	39164	10545	
442260	318348	123912	106977	16935	3213
356762	247158	109604	45132	64472	828
384604	347022	37582	20423	17159	7930
443920	294391	149528	54166	95363	2354
290716	172813	117902	71136	46766	2882
2412278	2013074	399204	268346	130858	119548
1233768	963079	270689	119478	151211	62
1625276	1233429	391847	142449	249398	44210
472869	353765	119104	85824	33280	
1147395	818633	328762	111641	217121	25100
754182	520480	233702	206003	27700	1094
861097	566374	294723	40312	254411	
657702	478068	179634	60611	119023	800
731055	540111	190944	107580	83364	
330272	292658	37614	35074	2540	
2150760	1926775	223984	173503	50481	12542
312413	233554	78859	51999	26860	9685
190014	162118	27896	19191	8705	
280304	233985	46319	28194	18125	
900636	739914	160721	121609	39112	14013
206151	148705	57446	50577	6869	18887
419746	259637	160109	56839	103269	37355
623905	330933	292972	80224	212748	102700
585421	433930	151491	111418	40073	
169992	140230	29762	20947	8816	
61590	50591	11000	4195	6805	
38138	31650	6488	5504	984	
151484	136920	14565	12262	2302	3740
87619	75108	12511	766	11745	
201409	177515	23894	20187	3707	
205952	200319	5633	3786	1847	25100
84648	72312	12336	3921	8415	
813269	776983	36286	30180	6105	12051

6-55 一般公共预算教育事业费和

地 区	合 计	个人部分	工资福利支 出	对个人和家庭的补助支出	#助学金
合 计	**58348259**	**37480085**	**34316705**	**3163380**	
北 京	4622945	2863754	2844719	19035	
天 津	1110729	965039	919120	45919	
河 北	2294466	1912116	1676480	235636	
山 西	1947800	1502327	1438423	63904	
内蒙古	1588894	1231303	1198918	32385	
辽 宁	1984357	1591823	1544823	47000	
吉 林	1072975	626702	587746	38956	
黑龙江	824336	531270	469230	62039	
上 海	4852351	2320525	2285441	35083	
江 苏	3693152	2459322	2078805	380517	
浙 江	4527339	2857852	2609890	247962	
安 徽	1081443	608574	531600	76974	
福 建	2574595	1402101	1293497	108604	
江 西	1753366	998091	925277	72814	
山 东	2924751	2063653	1829145	234508	
河 南	1984783	1326280	1302777	23504	
湖 北	2237554	1506499	1344658	161840	
湖 南	1100781	770509	666550	103959	
广 东	4694728	2531426	2160809	370617	
广 西	1120516	798417	754695	43723	
海 南	336706	146692	144214	2478	
重 庆	751109	470805	389093	81712	
四 川	2779686	1865038	1642007	223031	
贵 州	459756	234719	207546	27173	
云 南	1085034	627934	617420	10514	
西 藏	1172516	445911	315085	130826	
陕 西	1730847	1145426	1055706	89720	
甘 肃	884736	714744	612122	102622	
青 海	340491	278900	274882	4018	
宁 夏	188416	150278	148815	1463	
新 疆	627102	532057	447212	84844	
大 连	335442	247823	246032	1791	
宁 波	563091	361682	339010	22672	
厦 门	448143	217091	204770	12322	
青 岛	354053	269405	240062	29342	
深 圳	1105283	279963	254611	25352	

基本建设支出明细(地方教育事业单位)

单位：千元

公用部分	商品和服务支出	其他资本性支出			基本建设支出
			专项公用支出	专项项目支出	
20431587	**15879694**	**4551894**	**2450560**	**2101334**	**436587**
1725808	1473080	252728	199840	52888	33383
145690	131981	13710	8345	5364	
382350	332641	49709	39164	10545	
442260	318348	123912	106977	16935	3213
356762	247158	109604	45132	64472	828
384604	347022	37582	20423	17159	7930
443920	294391	149528	54166	95363	2354
290184	172328	117856	71090	46766	2882
2412278	2013074	399204	268346	130858	119548
1233768	963079	270689	119478	151211	62
1625276	1233429	391847	142449	249398	44210
472869	353765	119104	85824	33280	
1147395	818633	328762	111641	217121	25100
754182	520480	233702	206003	27700	1094
861097	566374	294723	40312	254411	
657702	478068	179634	60611	119023	800
731055	540111	190944	107580	83364	
330272	292658	37614	35074	2540	
2150760	1926775	223984	173503	50481	12542
312413	233554	78859	51999	26860	9685
190014	162118	27896	19191	8705	
280304	233985	46319	28194	18125	
900636	739914	160721	121609	39112	14013
206151	148705	57446	50577	6869	18887
419746	259637	160109	56839	103269	37355
623905	330933	292972	80224	212748	102700
585421	433930	151491	11418	40073	
169992	140230	29762	20947	8816	
61590	50591	11000	4195	6805	
38138	31650	6488	5504	984	
95046	91053	3993	3905	88	
87619	75108	12511	766	11745	
201409	177515	23894	20187	3707	
205952	200319	5633	3786	1847	25100
84648	72312	12336	3921	8415	
813269	776983	36286	30180	6105	12051

6-56 一般公共预算教育事业费和

地区	合计	个人部分	工资福利支出	对个人和家庭的补助支出	#助学金
合计	**44391971**	**16706365**	**14856700**	**1849665**	**36831**
北京	2567599	748943	668265	80678	13816
天津	1192193	335021	316112	18908	
河北	1612522	746826	680991	65835	
山西	1314066	441750	410556	31194	
内蒙古	1069850	389604	379465	10140	
辽宁	1263045	594985	526619	68365	
吉林	679541	322040	305208	16832	749
黑龙江	639648	379647	332204	47444	1108
上海	967244	386857	373223	13635	4406
江苏	1978510	832005	733510	98495	1104
浙江	3176620	1155664	737041	418624	1103
安徽	1598434	580602	527153	53449	257
福建	1397509	559625	519222	40403	2952
江西	1913005	448215	425440	22775	
山东	2746438	1349427	1251514	97913	
河南	1590958	620705	613075	7629	
湖北	2978089	688483	554515	133969	749
湖南	1489197	812093	617136	194957	2343
广东	2255767	1009250	912465	96785	5874
广西	779039	353933	332356	21577	
海南	302971	63268	62106	1163	
重庆	485613	227202	219910	7292	748
四川	3013590	874793	721501	153293	1621
贵州	1541032	452029	414544	37486	
云南	1459738	546577	521683	24894	
西藏	254253	165141	161365	3776	
陕西	1224148	371324	353873	17451	
甘肃	697848	368920	341349	27571	
青海	541664	178995	177239	1756	
宁夏	296350	105022	103972	1049	
新疆	1365491	597417	563089	34328	
大连	120664	78635	67442	11192	
宁波	170153	100167	82809	17358	
厦门	100811	51629	51183	446	
青岛	488797	148836	131449	17387	
深圳	564268	102228	96121	6107	4375

基本建设支出明细(其他教育机构)

单位：千元

公用部分					基本建设支出
	商品和服务支出	其他资本性支出			
			专项公用支出	专项项目支出	
24166188	**13696413**	**10469775**	**2949877**	**7519898**	**3519419**
1818656	1433001	385655	347250	38406	
340661	294771	45890	9077	36813	516511
658605	256154	402451	37262	365189	207091
799105	303976	495129	59114	436015	73211
634850	210982	423868	77264	346604	45396
634713	582581	52132	16343	35789	33347
356110	207534	148575	90834	57741	1392
234531	163363	71168	26573	44595	25470
537201	512350	24851	15831	9020	43185
1146505	600145	546360	379836	166523	
1917369	1264015	653354	121489	531865	103587
779506	310503	469003	29786	439217	238325
690270	391986	298284	36438	261845	147614
948513	245107	703407	268905	434502	516276
1363011	801771	561241	69142	492098	34000
958723	496829	461894	93416	368478	11530
2289606	689921	1599685	50485	1549200	
673684	412991	260693	63289	197405	3420
1026233	901029	125204	57344	67860	220284
424899	224675	200223	52130	148094	208
239703	169990	69713	49396	20317	
256269	223788	32481	8541	23940	2142
1871578	1453309	418269	252237	166032	267219
963870	486698	477172	225333	251839	125133
641117	194249	446868	92552	354316	272044
84108	67728	16380	15889	492	5004
784259	214914	569345	261325	308019	68564
265791	169982	95809	16172	79637	63137
162252	92644	69608	15762	53846	200418
191329	76184	115145	41441	73704	
473161	243244	229917	69422	160495	294912
36730	31508	5221	1304	3917	5300
69986	66271	3715	3715		
49182	45607	3575	2826	748	
339961	74841	265120	4109	261011	
270854	262218	8635	8438	197	191186

6-57 一般公共预算教育事业费和

地区	合计	个人部分	工资福利支出	对个人和家庭的补助支出	#助学金
合计	**42773732**	**16162508**	**14383805**	**1778703**	**18536**
北京	1480580	379674	360245	19429	873
天津	1192193	335021	316112	18908	
河北	1612522	746826	680991	65835	
山西	1314066	441750	410556	31194	
内蒙古	1069850	389604	379465	10140	
辽宁	1263045	594985	526619	68365	
吉林	679541	322040	305208	16832	749
黑龙江	636321	376565	329531	47034	1108
上海	846548	324836	313601	11235	2006
江苏	1978510	832005	733510	98495	1104
浙江	3176620	1155664	737041	418624	1103
安徽	1598434	580602	527153	53449	257
福建	1366945	548979	511529	37450	
江西	1913005	448215	425440	22775	
山东	2746438	1349427	1251514	97913	
河南	1590958	620705	613075	7629	
湖北	2978089	688483	554515	133969	749
湖南	1489197	812093	617136	194957	2343
广东	2255767	1009250	912465	96785	5874
广西	779039	353933	332356	21577	
海南	302971	63268	62106	1163	
重庆	485613	227202	219910	7292	748
四川	3013590	874793	721501	153293	1621
贵州	1541032	452029	414544	37486	
云南	1459738	546577	521683	24894	
西藏	254253	165141	161365	3776	
陕西	1224148	371324	353873	17451	
甘肃	697848	368920	341349	27571	
青海	541664	178995	177239	1756	
宁夏	296350	105022	103972	1049	
新疆	988857	498579	468200	30379	
大连	120664	78635	67442	11192	
宁波	170153	100167	82809	17358	
厦门	100811	51629	51183	446	
青岛	488797	148836	131449	17387	
深圳	564268	102228	96121	6107	4375

基本建设支出明细(地方其他教育机构)

单位：千元

公用部分	商品和服务支出	其他资本性支出	专项公用支出	专项项目支出	基本建设支出
23306478	**12911726**	**10394752**	**2921684**	**7473068**	**3304746**
1100906	771797	329109	322996	6113	
340661	294771	45890	9077	36813	516511
658605	256154	402451	37262	365189	207091
799105	303976	495129	59114	436015	73211
634850	210982	423868	77264	346604	45396
634713	582581	52132	16343	35789	33347
356110	207534	148575	90834	57741	1392
234286	163127	71159	26564	44595	25470
478527	455661	22865	14438	8427	43185
1146505	600145	546360	379836	166523	
1917369	1264015	653354	121489	531865	103587
779506	310503	469003	29786	439217	238325
670351	372346	298005	36159	261845	147614
948513	245107	703407	268905	434502	516276
1363011	801771	561241	69142	492098	34000
958723	496829	461894	93416	368478	11530
2289606	689921	1599685	50485	1549200	
673684	412991	260693	63289	197405	3420
1026233	901029	125204	57344	67860	220284
424899	224675	200223	52130	148094	208
239703	169990	69713	49396	20317	
256269	223788	32481	8541	23940	2142
1871578	1453309	418269	252237	166032	267219
963870	486698	477172	225333	251839	125133
641117	194249	446868	92552	354316	272044
84108	67728	16380	15889	492	5004
784259	214914	569345	261325	308019	68564
265791	169982	95809	16172	79637	63137
162252	92644	69608	15762	53846	200418
191329	76184	115145	41441	73704	
410039	196325	213713	67163	146550	80240
36730	31508	5221	1304	3917	5300
69986	66271	3715	3715		
49182	45607	3575	2826	748	
339961	74841	265120	4109	261011	
270854	262218	8635	8438	197	191186

第七部分

各地区教育和其他部门各级各类学校生均教育经费

7-1 各级各类学校生均

地区	普通高等学校	普通高等本科学校	普通高职高专学校	中等职业学校	普通高中	农村高中
合计	**22205.41**	**25154.80**	**16167.17**	**17461.54**	**19117.92**	**14963.87**
北京	39930.94	39072.07	66041.61	70641.67	66383.09	94074.26
天津	21410.37	23399.50	15838.04	25619.45	29029.81	23854.14
河北	19814.53	22145.02	15168.55	16740.99	15975.60	14053.95
山西	22624.28	25718.58	16323.62	17786.25	18222.98	17435.86
内蒙古	20773.21	22226.93	18421.34	22191.72	22570.85	22002.68
辽宁	17380.90	18511.47	13731.46	17569.00	15704.12	11829.54
吉林	19287.82	19926.47	16764.56	22080.33	13193.49	13621.66
黑龙江	19790.84	21132.24	15345.74	21950.71	13673.14	11607.38
上海	36079.54	36132.93	35235.07	62283.53	58423.21	45082.60
江苏	22295.99	23955.88	18545.60	20314.50	28349.21	22319.45
浙江	28018.42	31843.53	19729.39	29244.92	35003.78	31121.32
安徽	18255.56	20151.57	15209.01	15655.94	16599.15	13701.79
福建	21212.63	24308.26	15513.34	19562.48	20081.32	18256.93
江西	19513.95	24076.20	13905.67	15179.84	15495.58	14449.64
山东	18698.00	20605.86	15486.67	20026.99	20212.84	15405.53
河南	15444.30	17983.93	12375.67	9632.01	11944.58	9736.92
湖北	21496.45	24991.49	13597.85	15875.78	18838.53	15025.93
湖南	15855.60	17634.71	13401.70	15576.20	17000.23	14297.81
广东	32189.36	40864.15	20031.93	20227.92	25436.49	15511.19
广西	14491.23	15763.48	12704.99	10707.65	11596.08	9907.18
海南	30156.75	33317.15	18860.17	12472.09	19728.39	20322.70
重庆	19036.56	20889.82	15636.34	14800.68	16605.01	13685.59
四川	22339.12	24193.10	17904.75	13838.81	15500.35	12906.50
贵州	22802.00	28480.61	17282.97	8579.17	15402.61	13001.25
云南	18124.17	20829.03	13548.49	12536.83	15226.96	13688.55
西藏	56176.00	57306.48	52506.51	39013.91	39420.42	29261.13
陕西	19700.64	21734.21	14151.58	14932.98	19352.96	18230.75
甘肃	19881.92	21557.21	16436.86	18440.82	16778.69	15640.08
青海	42315.28	45184.43	36493.17	20391.48	22088.04	21380.58
宁夏	28530.27	32558.34	22116.03	18670.70	16494.97	14602.86
新疆	21724.43	24429.08	17905.71	19875.50	20325.25	17397.46
大连	28287.95	40943.46	13230.18	27289.99	21227.52	19586.95
宁波	26093.80	30421.94	19898.13	37938.20	38834.13	33419.90
厦门	42011.07	40333.99	47036.42	35773.15	32001.71	23896.04
青岛	68926.42		28073.75	34540.72	30981.57	33007.07
深圳	109661.38	127225.21	73649.01	42678.87	82228.51	

一般公共预算教育经费

单位：元

普通初中		普通小学		幼儿园	
	农村初中		农村小学		农村幼儿园
18151.98	**16245.06**	**12791.64**	**12238.66**	**10198.39**	**7834.51**
61512.55	92317.96	35791.53	49684.63	33995.47	35975.96
28877.17	25720.00	19629.97	20299.32	22145.49	12330.2
14666.50	13866.26	10557.45	10927.70	7997.68	7074.3
18092.51	18225.13	12596.72	14864.13	6668.71	5976.37
20600.46	22601.76	15731.39	19123.45	16021.62	16736.44
17594.20	17310.02	11546.53	15446.57	6116.37	3979.96
19253.48	22323.98	14834.05	19287.43	11837.36	12249.72
17748.13	19812.34	15534.29	19901.90	11022.04	11289.44
44994.53	44051.49	31954.07	30604.13	36081.75	34655.94
23603.87	20283.46	15497.60	13421.05	11064.98	8417.47
29204.74	27957.03	20263.06	20586.81	16954.18	15995.17
17744.90	17238.67	11413.09	11228.53	8490.01	7213.84
19342.71	18967.04	12317.46	12140.18	9960.05	7966.2
14995.23	14841.82	11696.44	12098.30	10544.19	9842.69
18364.61	17366.69	11898.77	11723.03	6487.23	5420.42
10541.81	9999.30	7339.74	7440.33	4432.57	3438.89
18349.76	17458.91	11703.77	11466.22	8144.00	5555.23
16091.79	15120.20	10839.84	10723.27	5680.97	5032.24
21955.12	16455.38	14942.65	11530.91	10217.69	4131.17
11637.40	11213.44	8904.78	9270.84	4354.50	3500.32
18558.99	19438.54	12878.22	14185.03	14226.86	14084.34
17860.55	17392.01	14049.53	16035.08	7643.69	6970.78
16252.52	15568.29	12235.79	12584.31	9331.32	6995.71
14656.91	13944.00	11168.63	11385.47	9667.48	8690.03
14879.17	14243.90	11908.66	12100.60	6992.07	5489.82
38904.38	36278.77	32704.15	33546.42	27901.16	24259.48
19872.61	19970.91	13399.48	14555.88	13312.09	12236.13
16188.82	16441.80	12640.86	13914.26	10398.88	9824.2
20656.82	19643.14	15675.89	16872.25	8929.63	8562.04
16726.97	16635.39	12441.68	13069.28	9648.98	8851.65
20916.25	20492.95	13164.90	13275.39	14842.29	14493.77
21523.37	26401.92	12044.59	19449.38	9271.77	7127.07
30726.41	27214.45	20615.81	19056.16	17484.06	16471.31
26143.21	29928.73	19224.45	20581.59	18920.59	16689.23
29192.60	39128.43	19082.52	29725.97	12188.17	10035.69
48093.12		35895.24		29705.53	

7-2 各级各类地方学校生均

地　区	普通高等学校			中等职业学校	普通高中	
		普通高等本科学校	普通高职高专学校			农村高中
合　计	**20833.20**	**23828.73**	**16176.34**	**17457.40**	**19081.55**	**14956.27**
北　京	62230.62	61260.37	68237.37	71796.68	67497.57	94074.26
天　津	18637.96	20118.15	15838.04	25619.45	29029.81	23854.14
河　北	19864.66	22399.14	15168.55	16739.11	15975.60	14053.95
山　西	22624.28	25718.58	16323.62	17786.25	18222.98	17435.86
内蒙古	20773.21	22226.93	18421.34	22191.72	22570.85	22002.68
辽　宁	15879.97	16742.81	13731.46	17569.00	15704.12	11829.54
吉　林	17400.80	17623.15	16764.56	22080.33	13128.54	13621.66
黑龙江	18120.74	19216.42	15345.74	21950.71	13673.14	11607.38
上　海	42309.82	42655.75	39104.04	62283.53	58877.08	45082.60
江　苏	21392.51	23227.48	18545.60	20314.50	28349.21	22319.45
浙　江	27052.70	31078.71	19729.39	29244.92	35003.78	31121.32
安　徽	17334.25	18923.34	15209.01	15655.94	16599.15	13701.79
福　建	20579.13	24118.82	15513.34	19562.48	20081.32	18256.93
江　西	19513.95	24076.20	13905.67	15179.84	15495.58	14449.64
山　东	17971.67	19715.70	15486.67	20026.99	20212.84	15405.53
河　南	15353.80	17830.11	12375.67	9632.01	11944.58	9736.92
湖　北	18404.39	22278.55	13631.97	15876.94	18692.42	14741.85
湖　南	15019.33	16339.00	13514.19	15576.20	17009.98	14297.81
广　东	31984.09	42426.35	20134.77	20227.92	25436.49	15511.19
广　西	14491.23	15763.48	12704.99	10707.65	11596.08	9907.18
海　南	30156.75	33317.15	18860.17	12472.09	19728.39	20322.70
重　庆	16979.14	17975.90	15636.34	14800.68	16584.20	13685.59
四　川	21060.31	22974.80	17904.75	13838.81	15505.00	12906.50
贵　州	22801.83	28480.27	17282.97	8579.17	15402.61	13001.25
云　南	18124.17	20829.03	13548.49	12536.83	15226.96	13688.55
西　藏	56176.00	57306.48	52506.51	39013.91	39420.42	29261.13
陕　西	16258.10	17494.18	14151.58	14932.98	19357.72	18230.75
甘　肃	17979.29	18921.38	16436.86	18440.82	16775.16	15634.36
青　海	42315.28	45184.43	36493.17	20391.48	22088.04	21380.58
宁　夏	28408.03	34060.02	22116.03	18670.70	16494.97	14602.86
新　疆	21724.43	24429.08	17905.71	19875.50	20325.25	17397.46
大　连	28287.95	40943.46	13230.18	27289.99	21227.52	19586.95
宁　波	26093.80	30421.94	19898.13	37938.20	38834.13	33419.90
厦　门	42011.07	40333.99	47036.42	35773.15	32001.71	23896.04
青　岛	68926.42		28073.75	34540.72	30981.57	33007.07
深　圳	107338.19	123768.95	73649.01	42678.87	82228.51	

一般公共预算教育经费

单位：元

普通初中	农村初中	普通小学	农村小学	幼儿园	农村幼儿园
18146.72	**16244.95**	**12789.93**	**12238.55**	**10203.60**	**7834.8**
62214.95	92317.96	35896.90	49684.63	37950.54	36266.54
28877.17	25720.00	19654.47	20299.32	22348.54	12330.2
14666.50	13866.26	10557.45	10927.70	7996.58	7074.3
18092.51	18225.13	12596.99	14864.73	6676.82	5978.34
20600.46	22601.76	15731.39	19123.45	16055.55	16736.44
17594.20	17310.02	11546.53	15446.57	6238.97	3979.96
19239.45	22323.98	14853.07	19287.43	11999.98	12249.72
17748.13	19812.34	15534.29	19901.90	11060.27	11289.44
45055.84	44051.49	32009.96	30604.13	36105.81	34655.94
23603.87	20283.46	15497.60	13421.05	11064.71	8417.47
29204.74	27957.03	20263.06	20586.81	16961.68	15995.17
17745.05	17238.67	11413.72	11228.53	8507.60	7213.84
19342.71	18967.04	12317.46	12140.18	9979.46	7966.2
14995.23	14841.82	11696.44	12098.30	10544.19	9842.69
18364.61	17366.69	11898.77	11723.03	6487.23	5420.42
10541.81	9999.30	7339.47	7440.33	4438.70	3439.09
18334.67	17458.91	11696.22	11466.22	8188.40	5556.58
16099.47	15120.20	10843.53	10723.27	5681.65	5032.42
21955.12	16455.38	14942.65	11530.91	10228.76	4131.7
11637.40	11213.44	8904.78	9270.84	4354.63	3500.45
18558.99	19438.54	12878.22	14185.03	14331.93	14115.08
17862.56	17392.01	14043.45	16035.08	7677.13	6970.78
16255.17	15568.29	12237.31	12584.31	9345.88	6995.71
14656.91	13944.00	11168.63	11385.47	9667.48	8690.03
14879.17	14243.90	11908.66	12100.60	7000.59	5489.82
38904.38	36278.77	32704.15	33546.42	27901.16	24259.48
19899.13	19970.91	13418.12	14555.88	13367.76	12239.19
16185.39	16437.14	12637.47	13910.26	10434.93	9823.45
20656.82	19643.14	15675.89	16872.25	8929.63	8562.04
16726.97	16635.39	12441.68	13069.28	9666.32	8851.65
20916.25	20492.95	13164.90	13275.39	14905.41	14494.38
21523.37	26401.92	12044.59	19449.38	9595.47	7127.07
30726.41	27214.45	20615.81	19056.16	17484.06	16471.31
26143.21	29928.73	19224.45	20581.59	19100.11	16689.23
29192.60	39128.43	19082.52	29725.97	12188.17	10035.69
48093.12		35895.24		29721.04	

7-3 生均教育经费支出(高等学校)

地 区	教育经费支出	个人和公用部分支出			基本建设支出
			个人部分	公用部分	
合 计	**38120.00**	**37228.88**	**19683.65**	**17545.22**	**891.12**
北 京	78794.54	76770.51	39403.83	37366.68	2024.02
天 津	45211.97	43565.40	22267.33	21298.07	1646.57
河 北	31693.29	30922.50	17904.54	13017.96	770.79
山 西	29131.88	28444.26	14862.09	13582.18	687.62
内蒙古	30491.22	29567.94	18588.00	10979.94	923.28
辽 宁	32943.39	32287.71	17636.67	14651.04	655.68
吉 林	30755.75	30570.86	16259.87	14310.98	184.89
黑龙江	32482.26	31543.90	17808.59	13735.31	938.36
上 海	78744.98	75662.42	36643.64	39018.77	3082.56
江 苏	42102.55	41878.81	23719.77	18159.04	223.74
浙 江	53342.05	52487.65	25629.35	26858.30	854.40
安 徽	32654.86	31790.48	17146.34	14644.13	864.38
福 建	41189.88	40914.08	22578.66	18335.43	275.79
江 西	27717.41	26746.66	14287.67	12458.98	970.75
山 东	32545.46	32235.89	17184.56	15051.33	309.56
河 南	23465.83	23219.52	12312.93	10906.58	246.31
湖 北	37137.06	36765.37	20823.91	15941.46	371.69
湖 南	26416.21	26251.79	14276.06	11975.73	164.41
广 东	44477.70	41642.71	20829.69	20813.02	2834.99
广 西	26105.83	25552.33	12251.61	13300.72	553.50
海 南	43733.48	42276.98	20799.69	21477.29	1456.50
重 庆	36070.95	35365.05	19271.94	16093.11	705.90
四 川	37501.31	36887.20	19367.22	17519.98	614.11
贵 州	30324.36	29689.38	14479.08	15210.30	634.97
云 南	30555.79	30228.48	14062.88	16165.59	327.32
西 藏	52332.56	50314.63	32139.56	18175.06	2017.94
陕 西	38215.05	37608.53	20552.77	17055.76	606.52
甘 肃	28568.19	28039.36	14916.98	13122.39	528.83
青 海	42646.48	39005.09	19780.81	19224.29	3641.38
宁 夏	49405.06	46939.33	29987.55	16951.78	2465.73
新 疆	28090.18	26741.07	14343.18	12397.88	1349.12
大 连	42336.11	39114.56	19443.64	19670.92	3221.55
宁 波	52416.66	52416.66	23224.84	29191.82	
厦 门	51599.40	51009.35	28908.17	22101.18	590.04
青 岛	69357.50	69357.50	12202.42	57155.08	
深 圳	137533.81	111603.01	44656.74	66946.27	25930.80

7-4 生均一般公共预算教育事业费和基本建设支出(高等学校)

单位：元

地区	一般公共预算教育事业费和基本建设支出	事业费支出	个人部分	公用部分	基本建设支出
合计	**21941.10**	**21019.51**	**12859.26**	**8160.25**	**921.58**
北京	40383.25	38183.91	25774.54	12409.37	2199.34
天津	21069.17	19827.55	13352.85	6474.70	1241.62
河北	21775.56	20954.68	14236.26	6718.42	820.88
山西	20888.91	20289.59	11099.77	9189.82	599.32
内蒙古	20649.19	19684.89	13306.20	6378.69	964.30
辽宁	18238.90	17626.43	10182.25	7444.18	612.47
吉林	19370.71	19163.41	10422.88	8740.52	207.30
黑龙江	19961.73	19283.80	12533.46	6750.35	677.92
上海	36415.10	33060.29	18150.67	14909.63	3354.80
江苏	21641.72	21417.96	12920.61	8497.35	223.77
浙江	27902.20	27028.73	16165.80	10862.93	873.47
安徽	17972.14	17296.42	10124.68	7171.74	675.72
福建	20887.65	20668.03	12376.15	7791.88	219.62
江西	18147.89	17187.89	11560.58	5627.30	960.00
山东	18278.20	17925.45	12821.20	5104.25	352.76
河南	14727.25	14537.67	7623.26	6914.42	189.58
湖北	21231.00	20832.22	13539.32	7292.90	398.78
湖南	15400.51	15225.83	10592.88	4632.95	174.68
广东	31767.38	28258.95	17527.10	10731.86	3508.43
广西	14041.47	13445.42	6481.98	6963.45	596.05
海南	30631.27	29445.08	11515.02	17930.06	1186.19
重庆	18699.22	18015.36	10197.23	7818.13	683.86
四川	22971.50	22294.80	13128.68	9166.12	676.71
贵州	20035.19	19410.22	10494.57	8915.65	624.97
云南	18216.81	17876.71	10064.53	7812.18	340.10
西藏	48273.80	46403.17	28682.60	17720.57	1870.63
陕西	19253.91	18597.24	10769.59	7827.65	656.67
甘肃	18502.99	17958.49	9614.56	8343.93	544.49
青海	34090.84	30046.06	14089.27	15956.79	4044.78
宁夏	27620.41	24972.76	14129.83	10842.93	2647.65
新疆	21786.07	20276.95	13537.20	6739.75	1509.12
大连	29291.06	25550.39	15787.71	9762.68	3740.66
宁波	29040.45	29040.45	12909.02	16131.43	
厦门	36752.78	36752.78	24574.28	12178.50	
青岛	68784.43	68784.43	13404.61	55379.82	
深圳	101833.37	71506.74	36091.27	35415.47	30326.63

7-5 生均教育经费支出(中央属高等学校)

地 区	教育经费支出	个人和公用部分支出			基本建设支出
			个人部分	公用部分	
合 计	**71109.71**	**69736.22**	**35183.42**	**34552.79**	**1373.49**
北 京	81116.18	79059.46	39247.28	39812.17	2056.72
天 津	82659.18	77211.03	34585.60	42625.44	5448.15
河 北	33408.60	32778.07	20733.07	12045.00	630.53
山 西					
内蒙古					
辽 宁	58789.77	57959.75	29749.59	28210.16	830.01
吉 林	61786.82	61598.64	33953.78	27644.86	188.18
黑龙江	71257.00	69373.81	29121.03	40252.78	1883.19
上 海	96448.93	95271.43	43165.84	52105.59	1177.50
江 苏	57307.16	56637.88	31368.05	25269.83	669.29
浙 江	96656.82	93566.79	43678.98	49887.81	3090.03
安 徽	66645.50	64393.00	33399.84	30993.16	2252.50
福 建	68287.57	67909.41	38415.88	29493.53	378.16
江 西					
山 东	63349.37	62623.73	31090.07	31533.65	725.64
河 南	74314.60	43824.23	24016.91	19807.33	30490.36
湖 北	56953.42	55890.48	31758.19	24132.28	1062.94
湖 南	59840.43	59126.82	28124.12	31002.70	713.61
广 东	75402.21	75379.26	33709.02	41670.24	22.95
广 西					
海 南					
重 庆	55380.39	54211.09	31247.36	22963.73	1169.29
四 川	68747.97	68001.01	35469.92	32531.09	746.96
贵 州					
云 南					
西 藏					
陕 西	69019.18	68133.90	35987.47	32146.44	885.28
甘 肃	46130.86	44709.18	28040.94	16668.24	1421.69
青 海					
宁 夏	40228.76	40228.76	23006.15	17222.61	
新 疆					
大 连					
宁 波					
厦 门					
青 岛					
深 圳					

7-6 生均一般公共预算教育事业费和基本建设支出（中央属高等学校）

单位：元

地区	一般公共预算教育事业费和基本建设支出	事业费支出			基本建设支出
			个人部分	公用部分	
合计	**28821.80**	**27596.94**	**18445.47**	**9151.47**	**1224.85**
北京	34143.95	31934.87	21992.98	9941.88	2209.08
天津	28690.03	25152.89	16917.05	8235.84	3537.15
河北	19697.54	19419.45	13615.50	5803.95	278.09
山西					
内蒙古					
辽宁	25982.62	25627.40	18359.15	7268.25	355.22
吉林	25815.99	25627.80	17727.85	7899.95	188.19
黑龙江	26896.34	26289.84	17966.80	8323.04	606.50
上海	29329.68	28102.52	16469.45	11633.07	1227.16
江苏	23473.65	22805.64	15253.42	7552.22	668.01
浙江	34904.85	31735.94	22069.42	9666.52	3168.91
安徽	22832.25	22639.00	16418.88	6220.12	193.26
福建	24916.39	24572.57	16036.22	8536.36	343.82
江西					
山东	23279.32	22505.12	14827.65	7677.46	774.21
河南	39143.79	39143.79	19699.72	19444.07	
湖北	26825.67	25744.24	17789.08	7955.16	1081.43
湖南	22198.20	21453.85	14669.32	6784.53	744.34
广东	33011.55	32987.26	21206.72	11780.53	24.29
广西					
海南					
重庆	28953.79	27775.16	19623.71	8151.45	1178.63
四川	29165.86	28399.60	16948.18	11451.42	766.26
贵州					
云南					
西藏					
陕西	28580.30	27641.76	17931.39	9710.38	938.54
甘肃	30381.22	28878.09	21505.74	7372.35	1503.13
青海					
宁夏	28986.44	28986.44	19006.72	9979.73	
新疆					
大连					
宁波					
厦门					
青岛					
深圳					

7-7 生均教育经费支出(地方高等学校)

地区	教育经费支出	个人和公用部分支出	个人部分	公用部分	基本建设支出
合计	**31866.96**	**31067.26**	**16745.74**	**14321.52**	**799.69**
北京	69732.96	67836.57	40014.85	27821.72	1896.39
天津	33917.58	33417.59	18552.03	14865.56	499.99
河北	31613.10	30835.75	17772.30	13063.45	777.35
山西	29131.88	28444.26	14862.09	13582.18	687.62
内蒙古	30491.22	29567.94	18588.00	10979.94	923.28
辽宁	27813.54	27192.47	15232.56	11959.91	621.08
吉林	23363.46	23179.35	12044.79	11134.56	184.11
黑龙江	24155.15	23419.70	15379.18	8040.52	735.45
上海	63554.00	58836.79	31047.23	27789.56	4717.21
江苏	37828.36	37729.86	21569.76	16160.11	98.50
浙江	48508.02	47903.12	23614.97	24288.15	604.89
安徽	29005.22	28289.88	15401.18	12888.71	715.34
福建	36928.01	36668.31	20087.81	16580.50	259.69
江西	27717.41	26746.66	14287.67	12458.98	970.75
山东	29493.30	29224.96	15806.76	13418.20	268.34
河南	23348.92	23172.14	12286.02	10886.12	176.78
湖北	28375.30	28309.25	15989.34	12319.91	66.05
湖南	22568.82	22467.62	12682.04	9785.58	101.19
广东	40850.67	37685.86	19319.12	18366.74	3164.80
广西	26105.83	25552.33	12251.61	13300.72	553.50
海南	43733.48	42276.98	20799.69	21477.29	1456.50
重庆	32069.56	31459.69	16790.34	14669.35	609.87
四川	29550.02	28969.72	15269.59	13700.12	580.30
贵州	30257.73	29622.76	14477.53	15145.23	634.97
云南	30555.79	30228.48	14062.88	16165.59	327.32
西藏	52332.56	50314.63	32139.56	18175.06	2017.94
陕西	27343.06	26834.92	15105.25	11729.67	508.14
甘肃	25725.40	25341.10	12792.66	12548.44	384.31
青海	42646.48	39005.09	19780.81	19224.29	3641.38
宁夏	51312.98	48334.58	31439.11	16895.47	2978.40
新疆	28090.18	26741.07	14343.18	12397.88	1349.12
大连	42336.11	39114.56	19443.64	19670.92	3221.55
宁波	52416.66	52416.66	23224.84	29191.82	
厦门	51599.40	51009.35	28908.17	22101.18	590.04
青岛	69357.50	69357.50	12202.42	57155.08	
深圳	135009.28	109078.47	44654.42	64424.06	25930.80

7-8 生均一般公共预算教育事业费和基本建设支出（地方高等学校）

单位：元

地 区	一般公共预算教育事业费和基本建设支出	事业费支出			基本建设支出
			个人部分	公用部分	
合 计	**20575.49**	**19714.10**	**11750.57**	**7963.53**	**861.40**
北 京	64699.13	62537.78	40512.10	22025.68	2161.35
天 津	18677.05	18155.97	12234.07	5921.90	521.08
河 北	21877.47	21029.97	14266.70	6763.27	847.50
山 西	20888.91	20289.59	11099.77	9189.82	599.32
内蒙古	20649.19	19684.89	13306.20	6378.69	964.30
辽 宁	16601.66	15934.80	8453.42	7481.38	666.86
吉 林	17569.14	17356.49	8381.01	8975.48	212.65
黑龙江	18428.43	17734.72	11332.11	6402.61	693.72
上 海	43014.59	37678.07	19716.59	17961.48	5336.53
江 苏	21134.35	21033.63	12274.52	8759.11	100.73
浙 江	27046.75	26453.70	15444.61	11009.09	593.06
安 徽	17411.94	16680.61	9399.18	7281.43	731.33
福 建	20213.35	20014.52	12347.24	7667.28	198.83
江 西	18147.89	17187.89	11560.58	5627.30	960.00
山 东	17745.36	17437.50	12607.42	4830.08	307.85
河 南	14664.61	14474.54	7592.27	6882.27	190.06
湖 北	18560.48	18487.55	11510.78	6976.78	72.93
湖 南	14526.26	14424.84	10068.61	4356.24	101.41
广 东	31591.66	27591.12	17007.38	10583.74	4000.54
广 西	14041.47	13445.42	6481.98	6963.45	596.05
海 南	30631.27	29445.08	11515.02	17930.06	1186.19
重 庆	16569.12	15988.04	8239.15	7748.89	581.08
四 川	21232.28	20580.72	12056.26	8524.46	651.56
贵 州	20033.58	19408.60	10492.95	8915.65	624.97
云 南	18216.81	17876.71	10064.53	7812.18	340.10
西 藏	48273.80	46403.17	28682.60	17720.57	1870.63
陕 西	15858.84	15304.78	8162.50	7142.28	554.06
甘 肃	16617.76	16225.41	7727.27	8498.13	392.35
青 海	34090.84	30046.06	14089.27	15956.79	4044.78
宁 夏	27310.68	24062.71	13024.06	11038.65	3247.97
新 疆	21786.07	20276.95	13537.20	6739.75	1509.12
大 连	29291.06	25550.39	15787.71	9762.68	3740.66
宁 波	29040.45	29040.45	12909.02	16131.43	
厦 门	36752.78	36752.78	24574.28	12178.50	
青 岛	68784.43	68784.43	13404.61	55379.82	
深 圳	99096.15	68769.51	36088.54	32680.98	30326.63

7-9 生均教育经费支出(普通高等学校)

地 区	教育经费支出	个人和公用部分支出	个人部分	公用部分	基本建设支出
合 计	**39204.05**	**38277.72**	**20233.53**	**18044.19**	**926.33**
北 京	85386.03	83159.22	42678.03	40481.20	2226.81
天 津	45588.81	43940.65	22346.35	21594.30	1648.17
河 北	32465.77	31662.40	18295.45	13366.95	803.37
山 西	29976.78	29262.69	15241.03	14021.66	714.09
内蒙古	30771.47	29829.59	18770.48	11059.11	941.88
辽 宁	32752.63	32094.51	17494.97	14599.54	658.12
吉 林	31299.88	31107.89	16433.51	14674.38	191.99
黑龙江	33141.55	32169.70	18066.99	14102.72	971.84
上 海	80124.90	76943.83	37238.43	39705.40	3181.08
江 苏	42153.47	41929.01	23748.81	18180.20	224.46
浙 江	54354.79	53466.02	26122.48	27343.54	888.77
安 徽	33903.41	32998.40	17794.03	15204.36	905.01
福 建	41805.76	41520.55	23019.37	18501.18	285.21
江 西	28318.29	27311.44	14555.01	12756.43	1006.85
山 东	32997.13	32686.00	17496.97	15189.02	311.14
河 南	24305.82	24049.39	12737.88	11311.51	256.44
湖 北	37230.39	36857.22	20871.87	15985.35	373.17
湖 南	27717.55	27542.35	15020.02	12522.33	175.20
广 东	49180.17	45994.52	22954.55	23039.98	3185.64
广 西	26642.67	26072.58	12495.26	13577.32	570.09
海 南	44946.47	43428.17	21288.79	22139.39	1518.29
重 庆	36153.56	35445.64	19315.53	16130.11	707.91
四 川	38342.28	37706.08	19849.62	17856.46	636.20
贵 州	31155.88	30495.67	14858.70	15636.97	660.21
云 南	30376.64	30048.86	14000.38	16048.49	327.78
西 藏	52332.56	50314.63	32139.56	18175.06	2017.94
陕 西	39909.38	39268.41	21426.77	17841.64	640.96
甘 肃	28981.27	28439.14	15102.39	13336.75	542.14
青 海	45270.68	41369.26	20883.24	20486.02	3901.41
宁 夏	49405.06	46939.33	29987.55	16951.78	2465.73
新 疆	29913.89	28440.26	15255.89	13184.37	1473.63
大 连	40485.86	37051.83	17705.30	19346.54	3434.02
宁 波	53318.59	53318.59	23788.59	29530.00	
厦 门	51599.40	51009.35	28908.17	22101.18	590.04
青 岛	125171.60	125171.60	21138.90	104032.70	
深 圳	151560.44	122862.67	49043.72	73818.95	28697.77

7-10 生均一般公共预算教育事业费和基本建设支出(普通高等学校)

单位：元

地 区	一般公共预算教育事业费和基本建设支出	事业费支出	个人部分	公用部分	基本建设支出
合 计	**21852.46**	**20926.53**	**12779.15**	**8147.39**	**925.92**
北 京	41388.62	39106.80	26350.43	12756.37	2281.83
天 津	20796.85	19583.59	13134.60	6448.99	1213.26
河 北	21528.34	20703.26	14014.29	6688.97	825.08
山 西	21342.47	20725.60	11295.56	9430.04	616.87
内蒙古	20487.89	19523.59	13197.73	6325.87	964.30
辽 宁	18066.76	17454.29	10040.85	7413.43	612.47
吉 林	19110.30	18901.47	10213.86	8687.61	208.83
黑龙江	19700.76	19022.84	12306.98	6715.87	677.92
上 海	35667.93	32313.12	17749.73	14563.40	3354.80
江 苏	21622.96	21398.87	12915.12	8483.75	224.09
浙 江	27643.11	26761.48	15950.99	10810.49	881.63
安 徽	17884.11	17208.39	10083.44	7124.95	675.72
福 建	20672.26	20451.24	12782.24	7669.00	221.02
江 西	18196.32	17221.23	11558.53	5662.70	975.10
山 东	18200.02	17853.26	12769.86	5083.41	346.76
河 南	14685.04	14495.42	7587.01	6908.41	189.62
湖 北	21199.64	20800.86	13513.42	7287.44	398.78
湖 南	15281.58	15106.60	10495.83	4610.76	174.99
广 东	31448.17	27935.66	17270.25	10665.42	3512.51
广 西	13979.36	13381.19	6450.04	6931.16	598.16
海 南	30329.74	29143.55	11309.44	17834.12	1186.19
重 庆	18695.87	18012.01	10194.36	7817.65	683.86
四 川	22788.78	22112.07	12999.10	9112.97	676.71
贵 州	20129.49	19495.42	10504.40	8991.02	634.07
云 南	18168.84	17828.74	10026.53	7802.21	340.10
西 藏	48273.80	46403.17	28682.60	17720.57	1870.63
陕 西	19549.58	18874.51	10900.14	7974.38	675.07
甘 肃	18385.54	17840.39	9523.76	8316.63	545.15
青 海	33893.15	29848.37	13905.80	15942.56	4044.78
宁 夏	27620.41	24972.76	14129.83	10842.93	2647.65
新 疆	21431.01	19923.80	13228.07	6695.73	1507.21
大 连	26825.32	23084.66	13602.12	9482.54	3740.66
宁 波	27822.23	27822.23	12204.42	15617.81	
厦 门	36752.78	36752.78	24574.28	12178.50	
青 岛	67593.06	67593.06	12436.15	55156.90	
深 圳	101517.08	71190.45	35894.96	35295.49	30326.63

7-11 生均教育经费支出(中央属普通高等学校)

地区	教育经费支出	个人和公用部分支出			基本建设支出
			个人部分	公用部分	
合计	**72505.59**	**71101.02**	**35900.22**	**35200.80**	**1404.57**
北京	88075.39	85819.18	42720.38	43098.81	2256.21
天津	82659.18	77211.03	34585.60	42625.44	5448.15
河北	33408.60	32778.07	20733.07	12045.00	630.53
山西					
内蒙古					
辽宁	58875.37	58043.42	29772.37	28271.05	831.95
吉林	61786.82	61598.64	33953.78	27644.86	188.18
黑龙江	71257.00	69373.81	29121.03	40252.78	1883.19
上海	96448.93	95271.43	43165.84	52105.59	1177.50
江苏	57307.16	56637.88	31368.05	25269.83	669.29
浙江	96656.82	93566.79	43678.98	49887.81	3090.03
安徽	66645.50	64393.00	33399.84	30993.16	2252.50
福建	68287.57	67909.41	38415.88	29493.53	378.16
江西					
山东	63349.37	62623.73	31090.07	31533.65	725.64
河南	74314.60	43824.23	24016.91	19807.33	30490.36
湖北	56953.42	55890.48	31758.19	24132.28	1062.94
湖南	59840.43	59126.82	28124.12	31002.70	713.61
广东	75402.21	75379.26	33709.02	41670.24	22.95
广西					
海南					
重庆	55380.39	54211.09	31247.36	22963.73	1169.29
四川	68747.97	68001.01	35469.92	32531.09	746.96
贵州					
云南					
西藏					
陕西	69019.18	68133.90	35987.47	32146.44	885.28
甘肃	46130.86	44709.18	28040.94	16668.24	1421.69
青海					
宁夏	40228.76	40228.76	23006.15	17222.61	
新疆					
大连					
宁波					
厦门					
青岛					
深圳					

7-12 生均一般公共预算教育事业费和基本建设支出（中央属普通高等学校）

单位：元

地区	一般公共预算教育事业费和基本建设支出	事业费支出	个人部分	公用部分	基本建设支出
合计	**29101.52**	**27863.86**	**18624.71**	**9239.15**	**1237.66**
北京	35634.79	33323.02	22954.66	10368.36	2311.77
天津	28690.03	25152.89	16917.05	8235.84	3537.15
河北	19697.54	19419.45	13615.50	5803.95	278.09
山西					
内蒙古					
辽宁	25982.62	25627.40	18359.15	7268.25	355.22
吉林	25815.99	25627.80	17727.85	7899.95	188.19
黑龙江	26896.34	26289.84	17966.80	8323.04	606.50
上海	29329.68	28102.52	16469.45	11633.07	1227.16
江苏	23473.65	22805.64	15253.42	7552.22	668.01
浙江	34904.85	31735.94	22069.42	9666.52	3168.91
安徽	22832.25	22639.00	16418.88	6220.12	193.26
福建	24916.39	24572.57	16036.22	8536.36	343.82
江西					
山东	23279.32	22505.12	14827.65	7677.46	774.21
河南	39143.79	39143.79	19699.72	19444.07	
湖北	26825.67	25744.24	17789.08	7955.16	1081.43
湖南	22198.20	21453.85	14669.32	6784.53	744.34
广东	33011.55	32987.26	21206.72	11780.53	24.29
广西					
海南					
重庆	28953.79	27775.16	19623.71	8151.45	1178.63
四川	29165.86	28399.60	16948.18	11451.42	766.26
贵州					
云南					
西藏					
陕西	28580.30	27641.76	17931.39	9710.38	938.54
甘肃	30381.22	28878.09	21505.74	7372.35	1503.13
青海					
宁夏	28986.44	28986.44	19006.72	9979.73	
新疆					
大连					
宁波					
厦门					
青岛					
深圳					

7-13 生均教育经费支出(地方普通高等学校)

地区	教育经费支出	个人和公用部分支出			基本建设支出
			个人部分	公用部分	
合计	**32759.36**	**31925.57**	**17201.63**	**14723.95**	**833.78**
北京	74737.60	72627.22	42510.36	30116.87	2110.38
天津	34125.71	33652.60	18561.67	15090.93	473.12
河北	32419.74	31607.93	18176.44	13431.49	811.81
山西	29976.78	29262.69	15241.03	14021.66	714.09
内蒙古	30771.47	29829.59	18770.48	11059.11	941.88
辽宁	27559.30	26935.74	15054.17	11881.57	623.56
吉林	23688.94	23496.00	12059.64	11436.36	192.94
黑龙江	24598.45	23830.87	15589.36	8241.51	767.58
上海	65262.75	60257.53	31841.84	28415.69	5005.23
江苏	37876.17	37777.27	21598.20	16179.07	98.90
浙江	49421.44	48789.38	24075.01	24714.38	632.05
安徽	30203.92	29451.17	16030.76	13420.41	752.76
福建	37475.26	37205.25	20501.62	16703.62	270.01
江西	28318.29	27311.44	14555.01	12756.43	1006.85
山东	29915.29	29646.24	16116.78	13529.45	269.05
河南	24186.11	24002.05	12710.88	11291.17	184.06
湖北	28459.50	28393.07	16030.69	12362.38	66.43
湖南	23747.42	23638.77	13400.46	10238.31	108.65
广东	45673.40	42064.80	21516.31	20548.48	3608.60
广西	26642.67	26072.58	12495.26	13577.32	570.09
海南	44946.47	43428.17	21288.79	22139.39	1518.29
重庆	32155.55	31543.58	16834.44	14709.14	611.98
四川	30252.57	29645.83	15693.69	13952.14	606.73
贵州	31086.61	30426.40	14857.09	15569.31	660.21
云南	30376.64	30048.86	14000.38	16048.49	327.78
西藏	52332.56	50314.63	32139.56	18175.06	2017.94
陕西	28807.38	28259.59	15873.57	12386.02	547.79
甘肃	26123.85	25728.26	12946.60	12781.66	395.59
青海	45270.68	41369.26	20883.24	20486.02	3901.41
宁夏	51312.98	48334.58	31439.11	16895.47	2978.40
新疆	29913.89	28440.26	15255.89	13184.37	1473.63
大连	40485.86	37051.83	17705.30	19346.54	3434.02
宁波	53318.59	53318.59	23788.59	29530.00	
厦门	51599.40	51009.35	28908.17	22101.18	590.04
青岛	125171.60	125171.60	21138.90	104032.70	
深圳	148766.52	120068.75	49041.15	71027.61	28697.77

7-14 生均一般公共预算教育事业费和基本建设支出
(地方普通高等学校)

单位：元

地区	一般公共预算教育事业费和基本建设支出	事业费支出	个人部分	公用部分	基本建设支出
合计	**20421.59**	**19557.20**	**11625.31**	**7931.89**	**864.39**
北京	62901.01	60731.14	39046.50	21684.64	2169.87
天津	18313.35	17831.28	11944.50	5886.78	482.07
河北	21618.62	20766.57	14033.95	6732.61	852.05
山西	21342.47	20725.60	11295.56	9430.04	616.87
内蒙古	20487.89	19523.59	13197.73	6325.87	964.30
辽宁	16393.11	15726.25	8282.13	7444.13	666.86
吉林	17218.24	17003.59	8093.73	8909.86	214.65
黑龙江	18109.77	17416.06	11055.55	6360.51	693.72
上海	41571.49	36234.97	18942.21	17292.76	5336.53
江苏	21109.44	21008.53	12266.30	8742.23	100.91
浙江	26746.66	26147.39	15195.67	10951.71	599.27
安徽	17313.76	16582.43	9353.19	7229.24	731.33
福建	19956.61	19756.30	12233.55	7522.75	200.31
江西	18196.32	17221.23	11558.53	5662.70	975.10
山东	17658.85	17357.63	12550.61	4807.02	301.22
河南	14622.27	14432.17	7555.92	6876.24	190.11
湖北	18514.14	18441.22	11472.50	6968.72	72.93
湖南	14390.26	14288.65	9958.01	4330.64	101.62
广东	31227.07	27221.22	16713.51	10507.71	4005.85
广西	13979.36	13381.19	6450.04	6931.16	598.16
海南	30329.74	29143.55	11309.44	17834.12	1186.19
重庆	16565.07	15983.99	8235.67	7748.31	581.08
四川	20998.25	20346.69	11890.30	8456.39	651.56
贵州	20127.85	19493.78	10502.76	8991.02	634.07
云南	18168.84	17828.74	10026.53	7802.21	340.10
西藏	48273.80	46403.17	28682.60	17720.57	1870.63
陕西	16128.16	15552.91	8236.24	7316.67	575.25
甘肃	16479.01	16086.12	7619.41	8466.71	392.89
青海	33893.15	29848.37	13905.80	15942.56	4044.78
宁夏	27310.68	24062.71	13024.06	11038.65	3247.97
新疆	21431.01	19923.80	13228.07	6695.73	1507.21
大连	26825.32	23084.66	13602.12	9482.54	3740.66
宁波	27822.23	27822.23	12204.42	15617.81	
厦门	36752.78	36752.78	24574.28	12178.50	
青岛	67593.06	67593.06	12436.15	55156.90	
深圳	98779.86	68453.22	35892.23	32561.00	30326.63

7-15 生均教育经费支出(普通高等本科学校)

地 区	教育经费支出	个人和公用部分支出			基本建设支出
			个人部分	公用部分	
合 计	**45486.60**	**44349.90**	**23544.42**	**20805.48**	**1136.70**
北 京	85700.67	83434.67	42575.77	40858.90	2266.01
天 津	52907.75	50896.48	24923.06	25973.42	2011.27
河 北	37190.82	36520.72	21225.87	15294.85	670.09
山 西	34232.99	33187.58	16665.39	16522.20	1045.40
内蒙古	32568.17	31607.41	20602.48	11004.92	960.77
辽 宁	35659.36	34871.32	19214.93	15656.39	788.04
吉 林	32426.14	32205.70	17594.77	14610.93	220.44
黑龙江	35988.59	34995.21	19486.95	15508.26	993.39
上 海	81869.97	78867.47	37915.61	40951.86	3002.49
江 苏	48590.88	48271.10	27185.11	21085.99	319.79
浙 江	62715.05	61655.03	29603.78	32051.25	1060.01
安 徽	40129.17	39179.53	21611.72	17567.81	949.63
福 建	49752.79	49486.95	28780.76	20706.19	265.85
江 西	32204.63	30622.27	16861.22	13761.05	1582.36
山 东	36767.97	36453.34	19709.07	16744.27	314.62
河 南	28076.91	27780.25	15392.69	12387.57	296.65
湖 北	43351.51	42825.58	24453.23	18372.35	525.93
湖 南	32339.92	32101.94	17004.71	15097.24	237.98
广 东	60932.37	56113.26	27444.61	28668.65	4819.11
广 西	27593.76	27080.58	14077.36	13003.22	513.17
海 南	48426.73	46498.11	22200.72	24297.39	1928.61
重 庆	40642.78	40063.42	22962.54	17100.88	579.36
四 川	43157.32	42396.11	22509.34	19886.77	761.21
贵 州	40189.48	39231.88	19729.86	19502.01	957.61
云 南	34388.73	33982.92	16143.83	17839.09	405.81
西 藏	54216.85	51783.13	32184.30	19598.82	2433.72
陕 西	45290.89	44646.47	24594.63	20051.84	644.42
甘 肃	31778.40	31009.30	17569.34	13439.96	769.10
青 海	51897.27	47259.65	22979.71	24279.94	4637.62
宁 夏	46972.00	44736.17	24872.75	19863.41	2235.83
新 疆	29748.08	28737.84	17273.78	11464.06	1010.24
大 连	53291.69	47333.31	20429.82	26903.50	5958.37
宁 波	67115.85	67115.85	29093.07	38022.78	
厦 门	52976.20	52976.20	32120.88	20855.32	
青 岛					
深 圳	180990.97	143029.72	54007.80	89021.92	37961.25

7-16　生均一般公共预算教育事业费和基本建设支出（普通高等本科学校）

单位：元

地　区	一般公共预算教育事业费和基本建设支出	事业费支出			基本建设支出
			个人部分	公用部分	
合　计	**24940.41**	**23780.55**	**14712.41**	**9068.14**	**1159.86**
北　京	40613.78	38288.68	25851.44	12437.24	2325.10
天　津	22575.64	21147.38	14096.59	7050.79	1428.26
河　北	24358.51	23674.80	16427.88	7246.92	683.71
山　西	24070.48	23150.66	12237.11	10913.55	919.82
内蒙古	21940.58	20954.11	14273.45	6680.66	986.47
辽　宁	19001.11	18266.57	10946.04	7320.53	734.55
吉　林	19874.13	19629.44	10884.17	8745.27	244.70
黑龙江	21081.59	20383.74	13576.89	6806.85	697.85
上　海	36444.10	33271.61	18198.23	15073.38	3172.49
江　苏	23200.08	22884.54	14119.08	8765.46	315.54
浙　江	31520.93	30403.13	17919.65	12483.47	1117.80
安　徽	19511.17	18873.80	11949.22	6924.58	637.37
福　建	23980.88	23711.97	15031.16	8680.81	268.91
江　西	22099.70	20458.77	14355.41	6103.36	1640.93
山　东	20036.83	19665.01	14278.04	5386.97	371.82
河　南	17119.94	16944.00	8805.07	8138.93	175.94
湖　北	24438.02	23862.79	15751.85	8110.95	575.23
湖　南	17202.39	16949.80	11819.01	5130.79	252.58
广　东	40840.12	35231.11	21413.89	13817.22	5609.01
广　西	15240.89	14667.53	7525.61	7141.92	573.36
海　南	33458.87	31940.83	12218.87	19721.96	1518.04
重　庆	20478.88	19939.04	11979.49	7959.55	539.84
四　川	24880.49	24048.78	14543.55	9505.22	831.71
贵　州	25879.03	24950.88	13658.62	11292.26	928.15
云　南	20976.03	20541.87	11563.97	8977.90	434.16
西　藏	49020.11	46815.09	28034.70	18780.39	2205.02
陕　西	21642.28	20947.21	12195.57	8751.64	695.07
甘　肃	20691.70	19894.10	11026.16	8867.94	797.60
青　海	39291.42	34432.63	15501.80	18930.83	4858.79
宁　夏	31463.59	28964.84	16691.50	12273.34	2498.75
新　疆	23808.95	22765.55	15021.77	7743.79	1043.39
大　连	38251.55	31366.99	19249.62	12117.37	6884.56
宁　波	33399.47	33399.47	13516.03	19883.43	
厦　门	39071.50	39071.50	25266.08	13805.42	
青　岛					
深　圳	129369.79	88765.98	41081.27	47684.70	40603.82

7-17 生均教育经费支出(中央属普通高等本科学校)

地区	教育经费支出	个人和公用部分支出			基本建设支出
			个人部分	公用部分	
合计	**72824.96**	**71417.04**	**36044.42**	**35372.62**	**1407.92**
北京	88174.79	85940.94	42775.54	43165.40	2233.85
天津	82659.18	77211.03	34585.60	42625.44	5448.15
河北	33408.60	32778.07	20733.07	12045.00	630.53
山西					
内蒙古					
辽宁	58875.37	58043.42	29772.37	28271.05	831.95
吉林	61786.82	61598.64	33953.78	27644.86	188.18
黑龙江	71257.00	69373.81	29121.03	40252.78	1883.19
上海	97644.11	96445.04	43640.10	52804.95	1199.06
江苏	57307.16	56637.88	31368.05	25269.83	669.29
浙江	96656.82	93566.79	43678.98	49887.81	3090.03
安徽	66645.50	64393.00	33399.84	30993.16	2252.50
福建	68287.57	67909.41	38415.88	29493.53	378.16
江西					
山东	63349.37	62623.73	31090.07	31533.65	725.64
河南	74314.60	43824.23	24016.91	19807.33	30490.36
湖北	57349.86	56275.65	31986.56	24289.10	1074.21
湖南	62527.19	61772.69	29161.92	32610.77	754.50
广东	77409.63	77385.57	34393.65	42991.92	24.05
广西					
海南					
重庆	55380.39	54211.09	31247.36	22963.73	1169.29
四川	68747.97	68001.01	35469.92	32531.09	746.96
贵州					
云南					
西藏					
陕西	69019.18	68133.90	35987.47	32146.44	885.28
甘肃	46130.86	44709.18	28040.94	16668.24	1421.69
青海					
宁夏	40228.76	40228.76	23006.15	17222.61	
新疆					
大连					
宁波					
厦门					
青岛					
深圳					

7-18 生均一般公共预算教育事业费和基本建设支出（中央属普通高等本科学校）

单位：元

地区	一般公共预算教育事业费和基本建设支出	事业费支出	个人部分	公用部分	基本建设支出
合计	**29221.30**	**27981.37**	**18703.65**	**9277.72**	**1239.92**
北京	35627.74	33340.15	22985.33	10354.82	2287.59
天津	28690.03	25152.89	16917.05	8235.84	3537.15
河北	19697.54	19419.45	13615.50	5803.95	278.09
山西					
内蒙古					
辽宁	25982.62	25627.40	18359.15	7268.25	355.22
吉林	25815.99	25627.80	17727.85	7899.95	188.19
黑龙江	26896.34	26289.84	17966.80	8323.04	606.50
上海	29643.76	28393.15	16596.46	11796.69	1250.61
江苏	23473.65	22805.64	15253.42	7552.22	668.01
浙江	34904.85	31735.94	22069.42	9666.52	3168.91
安徽	22832.25	22639.00	16418.88	6220.12	193.26
福建	24916.39	24572.57	16036.22	8536.36	343.82
江西					
山东	23279.32	22505.12	14827.65	7677.46	774.21
河南	39143.79	39143.79	19699.72	19444.07	
湖北	27000.74	25907.59	17905.02	8002.57	1093.16
湖南	23199.15	22410.22	15353.30	7056.92	788.93
广东	34013.46	33987.93	21782.69	12205.24	25.53
广西					
海南					
重庆	28953.79	27775.16	19623.71	8151.45	1178.63
四川	29165.86	28399.60	16948.18	11451.42	766.26
贵州					
云南					
西藏					
陕西	28580.30	27641.76	17931.39	9710.38	938.54
甘肃	30381.22	28878.09	21505.74	7372.35	1503.13
青海					
宁夏	28986.44	28986.44	19006.72	9979.73	
新疆					
大连					
宁波					
厦门					
青岛					
深圳					

7-19 生均教育经费支出(地方普通高等本科学校)

地区	教育经费支出	个人和公用部分支出			基本建设支出
			个人部分	公用部分	
合计	**37125.21**	**36071.47**	**19721.33**	**16350.14**	**1053.74**
北京	74384.38	71971.29	41662.04	30309.25	2413.09
天津	38979.88	38577.55	20399.63	18177.92	402.33
河北	37470.09	36797.08	21262.26	15534.82	673.02
山西	34232.99	33187.58	16665.39	16522.20	1045.40
内蒙古	32568.17	31607.41	20602.48	11004.92	960.77
辽宁	29320.32	28544.26	16332.26	12212.00	776.05
吉林	22893.74	22662.82	12283.56	10379.26	230.92
黑龙江	25037.10	24320.02	16495.38	7824.63	717.09
上海	66306.68	61524.87	32267.64	29257.22	4781.81
江苏	44477.94	44323.07	25211.30	19111.76	154.87
浙江	56649.84	55952.58	27088.62	28863.96	697.26
安徽	35029.42	34330.36	19344.57	14985.79	699.06
福建	44606.40	44371.74	26105.46	18266.28	234.66
江西	32204.63	30622.27	16861.22	13761.05	1582.36
山东	32492.09	32243.58	17878.33	14365.25	248.51
河南	27882.66	27712.85	15356.45	12356.39	169.81
湖北	32822.78	32709.23	18787.11	13922.12	113.54
湖南	26106.13	25974.82	14494.20	11480.62	131.31
广东	57249.01	51358.01	25891.21	25466.80	5891.01
广西	27593.76	27080.58	14077.36	13003.22	513.17
海南	48426.73	46498.11	22200.72	24297.39	1928.61
重庆	35336.28	34969.34	19979.46	14989.88	366.94
四川	32666.44	31899.39	17196.15	14703.23	767.05
贵州	40051.24	39093.63	19726.65	19366.99	957.61
云南	34388.73	33982.92	16143.83	17839.09	405.81
西藏	54216.85	51783.13	32184.30	19598.82	2433.72
陕西	31352.29	30849.36	17902.19	12947.17	502.93
甘肃	27996.95	27399.78	14810.38	12589.40	597.16
青海	51897.27	47259.65	22979.71	24279.94	4637.62
宁夏	49456.44	46396.85	25560.48	20836.38	3059.59
新疆	29748.08	28737.84	17273.78	11464.06	1010.24
大连	53291.69	47333.31	20429.82	26903.50	5958.37
宁波	67115.85	67115.85	29093.07	38022.78	
厦门	52976.20	52976.20	32120.88	20855.32	
青岛					
深圳	176886.87	138925.63	54004.02	84921.60	37961.25

7-20 生均一般公共预算教育事业费和基本建设支出（地方普通高等本科学校）

单位：元

地区	一般公共预算教育事业费和基本建设支出	事业费支出	个人部分	公用部分	基本建设支出
合计	**23562.34**	**22428.25**	**13427.58**	**9000.67**	**1134.09**
北京	62198.07	59710.57	38258.69	21451.88	2487.50
天津	19634.78	19220.84	12740.03	6480.81	413.94
河北	24712.36	23997.86	16641.39	7356.47	714.50
山西	24070.48	23150.66	12237.11	10913.55	919.82
内蒙古	21940.58	20954.11	14273.45	6680.66	986.47
辽宁	16932.23	16085.27	8749.26	7336.02	846.95
吉林	17611.67	17345.46	8278.33	9067.14	266.21
黑龙江	19288.27	18562.25	12223.01	6339.24	726.02
上海	43330.01	38211.46	19820.15	18391.31	5118.56
江苏	23075.24	22920.54	13601.46	9319.08	154.70
浙江	30873.53	30148.14	17125.74	13022.40	725.39
安徽	18842.14	18115.30	11048.81	7066.49	726.84
福建	23712.91	23465.46	14743.27	8722.19	247.45
江西	22099.70	20458.77	14355.41	6103.36	1640.93
山东	19448.90	19150.03	14178.38	4971.65	298.86
河南	17016.43	16839.66	8753.87	8085.79	176.76
湖北	22245.50	22113.37	13909.70	8203.67	132.13
湖南	15834.01	15703.82	11012.54	4691.28	130.20
广东	42568.28	35545.82	21320.53	14225.29	7022.46
广西	15240.89	14667.53	7525.61	7141.92	573.36
海南	33458.87	31940.83	12218.87	19721.96	1518.04
重庆	17411.69	17103.04	9212.94	7890.10	308.65
四川	22947.26	22086.02	13458.77	8627.25	861.24
贵州	25875.71	24947.56	13655.30	11292.26	928.15
云南	20976.03	20541.87	11563.97	8977.90	434.16
西藏	49020.11	46815.09	28034.70	18780.39	2205.02
陕西	17471.30	16922.59	8747.33	8175.26	548.71
甘肃	18211.10	17594.12	8343.29	9250.82	616.98
青海	39291.42	34432.63	15501.80	18930.83	4858.79
宁夏	32529.77	28955.54	15695.00	13260.54	3574.24
新疆	23808.95	22765.55	15021.77	7743.79	1043.39
大连	38251.55	31366.99	19249.62	12117.37	6884.56
宁波	33399.47	33399.47	13516.03	19883.43	
厦门	39071.50	39071.50	25266.08	13805.42	
青岛					
深圳	125297.58	84693.77	41077.21	43616.56	40603.82

7-21 生均教育经费支出(地方普通高职高专学校)

地区	教育经费支出	个人和公用部分支出	个人部分	公用部分	基本建设支出
合计	**25381.77**	**24919.69**	**12943.75**	**11975.94**	**462.08**
北京	76965.44	76764.38	47860.95	28903.44	201.05
天津	24680.27	24069.41	14985.29	9084.12	610.85
河北	22562.50	21479.79	12153.56	9326.23	1082.71
山西	20803.32	20803.32	12171.09	8632.23	
内蒙古	27842.64	26931.54	15784.09	11147.45	911.10
辽宁	22843.61	22628.39	11631.65	10996.74	215.22
吉林	26335.14	26268.58	11314.50	14954.08	66.56
黑龙江	23460.24	22561.64	13238.45	9323.19	898.59
上海	55179.37	48016.15	27728.97	20287.19	7163.22
江苏	28048.43	28032.85	16219.54	11813.30	15.58
浙江	35840.61	35331.06	18412.98	16918.08	509.55
安徽	23331.59	22502.36	11311.31	11191.05	829.23
福建	27258.00	26937.35	12472.64	14464.71	320.66
江西	22597.44	22437.76	11160.19	11277.57	159.68
山东	25504.94	25200.72	13101.79	12098.93	304.21
河南	19289.80	19086.86	9206.65	9880.21	202.94
湖北	22307.62	22307.62	12144.35	10163.27	
湖南	20670.48	20591.39	11973.68	8617.71	79.09
广东	30278.12	29705.06	15697.81	14007.25	573.06
广西	25109.11	24447.24	9944.24	14503.00	661.86
海南	32068.58	32068.58	17914.38	14154.20	
重庆	27807.87	26860.96	12535.56	14325.40	946.91
四川	25789.24	25478.93	12915.60	12563.34	310.30
贵州	22082.94	21721.42	9966.32	11755.10	361.52
云南	22736.42	22557.25	9918.59	12638.66	179.18
西藏	46307.97	45619.42	31996.53	13622.89	688.56
陕西	24096.72	23465.91	12118.57	11347.33	630.81
甘肃	22901.54	22852.73	9740.32	13112.41	48.81
青海	31384.49	29025.81	16490.04	12535.77	2358.68
宁夏	53717.77	50844.53	39053.73	11790.80	2873.24
新疆	30153.24	28010.69	12343.01	15667.68	2142.54
大连	23065.33	23065.33	13998.97	9066.35	
宁波	33547.91	33547.91	16187.58	17360.34	
厦门	48433.10	46486.10	21519.76	24966.34	1947.00
青岛	46172.04	46172.04	17554.37	28617.68	
深圳	88800.93	79857.18	38458.00	41399.18	8943.75

7-22 生均一般公共预算教育事业费和基本建设支出（地方普通高职高专学校）

单位：元

地 区	一般公共预算教育事业费和基本建设支出	事业费支出			基本建设支出
			个人部分	公用部分	
合 计	**15538.97**	**15093.84**	**8823.49**	**6270.35**	**445.13**
北 京	67252.83	67049.40	43923.81	23125.59	203.43
天 津	15813.74	15202.78	10439.68	4763.10	610.95
河 北	15886.23	14779.33	9202.65	5576.67	1106.91
山 西	15787.66	15787.66	9378.36	6409.30	
内蒙古	18137.68	17209.25	11457.39	5751.87	928.43
辽 宁	15050.68	14832.28	7118.94	7713.34	218.41
吉 林	16092.48	16025.35	7565.53	8459.82	67.13
黑龙江	15125.00	14513.11	8098.74	6414.37	611.89
上 海	25275.09	17918.61	10806.20	7112.41	7356.48
江 苏	18059.57	18042.10	10194.85	7847.25	17.47
浙 江	19239.86	18870.01	11684.88	7185.13	369.86
安 徽	15269.71	14532.37	7085.46	7446.91	737.33
福 建	14580.84	14447.98	8541.80	5806.18	132.85
江 西	13397.98	13241.38	8120.38	5121.00	156.60
山 东	15108.29	14803.72	10231.26	4572.46	304.57
河 南	11742.95	11536.80	6115.22	5421.58	206.15
湖 北	13917.66	13917.66	8470.23	5447.43	
湖 南	12743.61	12674.59	8755.28	3919.31	69.02
广 东	18357.65	17774.90	11485.71	6289.19	582.75
广 西	12208.17	11575.18	4939.94	6635.25	632.99
海 南	19144.94	19144.94	8058.76	11086.18	
重 庆	15424.54	14476.44	6919.14	7557.30	948.10
四 川	17785.81	17479.85	9305.08	8174.77	305.96
贵 州	14541.52	14193.26	7438.81	6754.44	348.26
云 南	13420.04	13239.07	7425.73	5813.34	180.97
西 藏	45851.30	45066.10	30785.67	14280.43	785.20
陕 西	13839.17	13218.68	7365.24	5853.44	620.49
甘 肃	13643.18	13617.17	6434.25	7182.92	26.00
青 海	22938.91	20545.93	10667.19	9878.74	2392.98
宁 夏	21500.60	18615.85	10050.67	8565.18	2884.75
新 疆	18073.59	15911.50	10695.54	5215.97	2162.08
大 连	13230.18	13230.18	6882.62	6347.56	
宁 波	19838.50	19838.50	10326.87	9511.63	
厦 门	29804.81	29804.81	22501.33	7303.48	
青 岛	28188.93	28188.93	9576.89	18612.04	
深 圳	44408.65	35154.07	25261.08	9892.99	9254.58

7-23 生均教育经费支出(地方中等职业学校)

地区	教育经费支出	个人和公用部分支出			基本建设支出
			个人部分	公用部分	
合计	**24665.15**	**24338.96**	**13271.76**	**11067.20**	**326.20**
北京	87525.47	87493.39	58311.31	29182.08	32.09
天津	30801.95	30801.95	21997.26	8804.70	
河北	24773.99	24752.33	13300.68	11451.65	21.66
山西	27248.00	27078.05	13828.50	13249.55	169.95
内蒙古	28551.01	27802.17	17546.45	10255.72	748.83
辽宁	24528.26	24187.38	16847.44	7339.95	340.88
吉林	32316.46	32077.75	19240.90	12836.85	238.71
黑龙江	28088.64	27828.31	20192.24	7636.07	260.34
上海	77533.12	77497.63	45008.86	32488.77	35.49
江苏	30181.60	30157.37	19004.81	11152.55	24.23
浙江	42224.69	39879.22	20964.84	18914.38	2345.47
安徽	24541.94	24387.41	10756.71	13630.70	154.53
福建	27324.18	27065.67	13407.73	13657.94	258.51
江西	26314.43	26033.43	7606.18	18427.25	281.00
山东	25083.56	25025.33	14461.46	10563.87	58.23
河南	13746.53	13656.61	6590.91	7065.70	89.92
湖北	23377.61	23377.61	11869.28	11508.33	
湖南	19597.41	19518.19	9955.76	9562.43	79.21
广东	26523.65	26449.78	16123.21	10326.58	73.86
广西	14887.01	13876.46	7685.67	6190.79	1010.55
海南	15755.89	15595.56	8695.18	6900.38	160.33
重庆	24354.24	23992.51	11698.15	12294.36	361.74
四川	19175.25	19008.53	10506.15	8502.37	166.72
贵州	14161.73	13882.98	7876.35	6006.63	278.74
云南	20912.51	20786.36	10942.94	9843.42	126.15
西藏	46144.87	46144.87	27842.68	18302.19	
陕西	21915.00	21829.57	11609.58	10219.99	85.43
甘肃	26339.08	25407.45	14024.33	11383.12	931.63
青海	25287.83	23675.36	12440.16	11235.20	1612.47
宁夏	23759.67	22821.59	11295.87	11525.72	938.08
新疆	29913.48	28617.72	13030.03	15587.69	1295.76
大连	37452.34	36784.11	26213.87	10570.24	668.24
宁波	56344.25	56344.25	27532.47	28811.78	
厦门	53773.35	51547.79	24066.57	27481.22	2225.56
青岛	42516.66	42516.66	26119.15	16397.52	
深圳	57092.01	56538.10	29390.37	27147.74	553.91

7-24 生均一般公共预算教育事业费和基本建设支出
（地方中等职业学校）

单位：元

地区	一般公共预算教育事业费和基本建设支出	事业费支出			基本建设支出
			个人部分	公用部分	
合　计	**16530.29**	**16250.31**	**10418.23**	**5832.08**	**279.98**
北　京	70488.58	70456.50	46102.86	24353.64	32.09
天　津	25640.28	25640.28	8805.62	6834.66	
河　北	16395.60	16373.94	11895.78	4478.16	21.66
山　西	17262.79	17106.60	10803.62	6302.99	156.18
内蒙古	21689.64	20956.13	13279.34	7676.79	733.51
辽　宁	16521.30	16218.42	12131.73	4086.70	302.87
吉　林	21686.98	21522.46	14945.14	6577.32	164.52
黑龙江	21634.76	21419.54	15161.21	6258.34	215.22
上　海	40826.42	40790.93	28718.98	12071.95	35.49
江　苏	19128.56	19108.95	13653.32	5455.63	19.61
浙　江	28664.12	26584.60	17404.28	9180.32	2079.52
安　徽	15157.44	15002.90	7776.77	7226.13	154.53
福　建	17099.07	17047.10	11319.86	5727.24	51.97
江　西	14198.16	13917.16	6364.21	7552.95	281.00
山　东	17970.05	17911.82	12487.19	5424.64	58.23
河　南	8887.16	8803.27	5094.72	3708.55	83.88
湖　北	15977.17	15977.17	9188.78	6788.40	
湖　南	14501.01	14421.80	8669.83	5751.97	79.21
广　东	19245.84	19193.91	12823.10	6370.82	51.93
广　西	10569.19	9670.20	5591.63	4078.57	898.99
海　南	12321.53	12161.20	6371.34	5789.85	160.33
重　庆	14219.11	14003.03	7511.27	6491.76	216.09
四　川	13473.92	13307.19	8479.59	4827.61	166.72
贵　州	8530.22	8304.29	5217.54	3086.75	225.94
云　南	12131.86	12005.71	8050.30	3955.40	126.15
西　藏	40680.22	40680.22	22468.47	18211.75	
陕　西	14426.65	14351.30	9592.07	4759.23	75.35
甘　肃	17796.54	16881.73	11182.12	5699.60	914.82
青　海	19681.26	18159.89	8663.63	9496.26	1521.37
宁　夏	18327.80	17389.72	7639.70	9750.02	938.08
新　疆	19214.87	18335.92	10333.83	8002.09	878.95
大　连	26695.52	26027.28	18833.40	7193.88	668.24
宁　波	38989.25	38989.25	21222.65	17766.60	
厦　门	28366.57	28018.04	18986.00	9032.05	348.53
青　岛	27244.51	27244.51	21444.41	5800.10	
深　圳	36251.10	35697.19	18389.36	17307.83	553.91

7-25 生均教育经费支出(地方中等专业学校)

地 区	教育经费支出	个人和公用部分支出	个人部分	公用部分	基本建设支出
合 计	**24065.17**	**23741.38**	**12967.66**	**10773.73**	**323.79**
北 京	84405.50	84337.37	51986.94	32350.43	68.13
天 津	29194.93	29194.93	19587.73	9607.21	
河 北	28722.67	28653.71	15457.07	13196.64	68.96
山 西	28973.98	28826.12	16768.79	12057.34	147.85
内蒙古	25945.30	24441.42	15877.73	8563.70	1503.88
辽 宁	24626.14	24386.97	17851.02	6535.95	239.17
吉 林	31217.45	31217.45	16513.84	14703.61	
黑龙江	18703.44	18641.74	11806.82	6834.93	61.70
上 海	75197.61	75141.95	42779.13	32362.82	55.66
江 苏	31871.56	31852.07	20352.15	11499.92	19.49
浙 江	47960.46	44859.96	22444.09	22415.88	3100.49
安 徽	23177.93	23021.66	10781.43	12240.23	156.27
福 建	26376.84	26205.87	13300.85	12905.02	170.96
江 西	23257.13	22947.36	7214.47	15732.89	309.77
山 东	25423.97	25375.75	14428.75	10947.00	48.22
河 南	10586.16	10424.12	5304.99	5119.13	162.04
湖 北	22985.80	22985.80	11375.81	11609.99	
湖 南	17979.36	17979.36	8599.99	9379.37	
广 东	26155.67	26094.32	15514.83	10579.49	61.34
广 西	14980.43	13968.98	7699.21	6269.77	1011.45
海 南	13321.59	13321.59	7247.46	6074.13	
重 庆	28434.13	28334.67	11346.28	16988.40	99.46
四 川	16196.81	15889.68	9995.04	5894.64	307.13
贵 州	16178.69	15570.04	8469.78	7100.26	608.65
云 南	18777.52	18547.79	9575.18	8972.62	229.73
西 藏	45248.87	45248.87	28869.10	16379.77	
陕 西	21237.01	21026.99	13191.03	7835.96	210.02
甘 肃	24743.96	23558.35	13108.23	10450.12	1185.61
青 海	25287.83	23675.36	12440.16	11235.20	1612.47
宁 夏	24831.62	23497.28	12085.41	11411.87	1334.34
新 疆	25376.66	24319.67	11920.44	12399.23	1056.98
大 连	38066.31	37453.49	27456.40	9997.09	612.82
宁 波	52574.94	52574.94	29519.11	23055.82	
厦 门	54719.04	53042.69	27830.66	25212.03	1676.36
青 岛	54178.50	54178.50	35444.75	18733.75	
深 圳	74960.20	73691.35	40469.38	33221.97	1268.86

7-26 生均一般公共预算教育事业费和基本建设支出（地方中等专业学校）

单位：元

地区	一般公共预算教育事业费和基本建设支出	事业费支出			基本建设支出
			个人部分	公用部分	
合计	**16063.03**	**15779.52**	**9979.89**	**5799.63**	**283.51**
北京	64716.56	64648.44	39280.67	25367.77	68.13
天津	25710.43	25710.43	17092.77	8617.66	
河北	18101.83	18032.86	13968.36	4064.50	68.96
山西	19168.42	19022.41	12464.22	6558.19	146.00
内蒙古	19837.13	18333.25	11599.54	6733.71	1503.88
辽宁	16489.14	16281.90	12553.82	3728.08	207.24
吉林	19798.36	19798.36	13047.32	6751.04	
黑龙江	13602.21	13602.21	8313.63	5288.58	
上海	36915.23	36859.57	27091.22	9768.36	55.66
江苏	20393.12	20380.34	14762.22	5618.12	12.77
浙江	27363.72	25556.32	16313.95	9242.37	1807.40
安徽	14997.55	14841.27	7762.85	7078.42	156.27
福建	17104.91	17040.93	11248.58	5792.35	63.98
江西	12498.97	12189.20	6152.38	6036.82	309.77
山东	17643.91	17595.69	12179.82	5415.88	48.22
河南	7317.06	7155.02	4084.30	3070.72	162.04
湖北	15528.34	15528.34	8654.87	6873.48	
湖南	14771.98	14771.98	7100.36	7671.62	
广东	18116.91	18055.57	12317.61	5737.96	61.34
广西	11094.91	10102.01	5701.96	4400.06	992.90
海南	11034.92	11034.92	5383.80	5651.12	
重庆	16005.51	15930.28	6111.04	9819.24	75.23
四川	12439.85	12132.72	7843.02	4289.70	307.13
贵州	10749.74	10311.08	6113.40	4197.68	438.65
云南	11510.75	11281.03	6800.41	4480.62	229.73
西藏	40037.95	40037.95	23661.53	16376.42	
陕西	14898.96	14688.95	9921.54	4767.40	210.02
甘肃	17137.94	15974.08	10410.49	5563.60	1163.85
青海	19681.26	18159.89	8663.63	9496.26	1521.37
宁夏	18889.00	17554.66	7811.42	9743.24	1334.34
新疆	18159.78	17290.74	10014.63	7276.11	869.04
大连	25875.17	25262.35	19137.33	6125.02	612.82
宁波	37975.69	37975.69	19215.44	18760.25	
厦门	33932.29	33429.00	21862.47	11566.53	503.29
青岛	28456.36	28456.36	22076.14	6380.22	
深圳	51376.56	50107.70	26544.39	23562.81	1268.86

7-27 生均教育经费支出(地方职业高中)

地区	教育经费支出	个人和公用部分支出	个人部分	公用部分	基本建设支出
合计	**26058.11**	**25775.87**	**13731.34**	**12044.53**	**282.24**
北京	137994.96	137976.92	108972.63	29004.29	18.04
天津	35163.64	35163.64	30792.42	4371.22	
河北	22470.74	22464.99	10769.14	11695.85	5.74
山西	27253.97	27068.65	11795.89	15272.76	185.32
内蒙古	28823.09	28384.05	17510.34	10873.71	439.04
辽宁	22767.16	22405.37	14463.06	7942.30	361.79
吉林	27394.58	27089.14	14763.90	12325.24	305.44
黑龙江	30053.52	29479.13	20818.08	8661.05	574.39
上海	75160.99	75160.99	45486.20	29674.79	
江苏	30164.91	30164.91	18850.11	11314.80	
浙江	41346.04	39689.70	20850.92	18838.78	1656.34
安徽	46844.20	46001.98	21053.37	24948.60	842.22
福建	41318.94	39352.56	14417.43	24935.13	1966.38
江西	38493.13	38218.43	7763.30	30455.13	274.70
山东	32397.83	32397.83	18512.15	13885.68	
河南	15517.63	15494.11	7531.94	7962.17	23.51
湖北	22621.64	22621.64	13182.34	9439.30	
湖南	19395.93	19294.53	9693.35	9601.18	101.39
广东	30855.98	30755.73	20875.69	9880.04	100.24
广西	15968.19	15968.19	11221.28	4746.91	
海南	21874.25	21856.54	13252.02	8604.52	17.71
重庆	22281.42	22242.34	11675.10	10567.23	39.08
四川	20374.20	20264.43	10280.65	9983.78	109.77
贵州	14574.49	14377.67	7842.20	6535.47	196.83
云南	23234.74	23145.31	13779.40	9365.91	89.43
西藏					
陕西	25508.65	25415.29	12113.73	13301.56	93.37
甘肃	29879.46	29804.97	15336.65	14468.31	74.49
青海					
宁夏	23178.62	22455.33	10867.90	11587.43	723.29
新疆	40137.09	38362.65	13025.89	25336.76	1774.44
大连	34959.89	34192.51	25854.48	8338.03	767.38
宁波	55472.28	55472.28	24092.32	31379.96	
厦门	53924.38	44726.26	12871.71	31854.56	9198.11
青岛	48464.63	48464.63	29179.53	19285.10	
深圳	54503.72	53899.35	29731.63	24167.71	604.38

7-28 生均一般公共预算教育事业费和基本建设支出(地方职业高中)

单位：元

地 区	一般公共预算教育事业费和基本建设支出	事业费支出			基本建设支出
			个人部分	公用部分	
合 计	**17501.48**	**17247.27**	**11223.71**	**6023.56**	**254.21**
北 京	103679.87	103661.83	79001.74	24660.09	18.04
天 津	30345.83	30345.83	26654.82	3691.01	
河 北	14316.37	14310.63	9636.99	4673.64	5.74
山 西	15863.17	15696.50	9515.93	6180.58	166.67
内蒙古	21876.47	21459.25	13472.32	7986.93	417.22
辽 宁	15134.47	14825.39	10994.51	3830.88	309.08
吉 林	17970.77	17665.33	11475.33	6190.00	305.44
黑龙江	24313.51	23792.65	16197.50	7595.14	520.86
上 海	43191.56	43191.56	30156.93	13034.63	
江 苏	18479.42	18479.42	13879.08	4600.34	
浙 江	28808.04	27151.70	18000.71	9150.99	1656.34
安 徽	31288.05	30445.83	17074.19	13371.64	842.22
福 建	22013.63	22013.63	12685.53	9328.10	
江 西	20043.65	19768.95	6199.67	13569.28	274.70
山 东	21857.18	21857.18	16180.56	5676.62	
河 南	9829.13	9805.62	5898.87	3906.75	23.51
湖 北	16701.66	16701.66	10753.65	5948.01	
湖 南	14171.88	14070.49	8620.07	5450.42	101.39
广 东	23834.12	23733.88	16542.76	7191.12	100.24
广 西	14130.35	14130.35	9691.80	4438.55	
海 南	16873.60	16855.88	9486.22	7369.67	17.71
重 庆	14575.98	14557.58	8453.31	6104.27	18.40
四 川	13611.13	13501.35	8445.18	5056.17	109.77
贵 州	10108.27	9911.44	6493.07	3418.37	196.83
云 南	13220.06	13130.63	10321.25	2809.38	89.43
西 藏					
陕 西	16937.02	16862.96	10865.10	5997.86	74.06
甘 肃	19035.49	18960.99	12893.85	6067.14	74.49
青 海					
宁 夏	18023.60	17300.32	7546.62	9753.70	723.29
新 疆	23307.17	22650.16	10507.03	12143.13	657.01
大 连	26563.11	25795.73	19441.14	6354.59	767.38
宁 波	37311.74	37311.74	19357.63	17954.12	
厦 门	14730.29	14730.29	10834.64	3895.65	
青 岛	31137.10	31137.10	24590.92	6546.18	
深 圳	36612.44	36008.06	18336.92	17671.14	604.38

7-29 生均教育经费支出(地方农村职业高中)

地 区	教育经费支出	个人和公用部分支出			基本建设支出
			个人部分	公用部分	
合 计	**23567.67**	**23374.40**	**11380.33**	**11994.07**	**193.28**
北 京	121068.41	121068.41	99311.57	21756.84	
天 津	31579.18	31579.18	27452.06	4127.12	
河 北	22868.83	22859.33	10227.44	12631.89	9.50
山 西	26614.32	26520.63	12189.95	14330.68	93.69
内蒙古	31067.60	30771.15	18347.21	12423.94	296.46
辽 宁	15891.01	15889.15	11556.52	4332.64	1.85
吉 林	25959.05	25495.35	14043.44	11451.91	463.71
黑龙江	29128.67	27991.35	20363.69	7627.67	1137.31
上 海	70922.69	70922.69	47694.40	23228.28	
江 苏	33513.19	33513.19	17388.80	16124.39	
浙 江	38383.93	37809.65	18669.83	19139.82	574.28
安 徽	215279.74	205066.97	115598.37	89468.61	10212.77
福 建	47036.29	43713.97	13225.31	30488.66	3322.31
江 西	51891.99	51407.20	8523.73	42883.47	484.79
山 东	22567.11	22567.11	12345.57	10221.53	
河 南	14787.64	14786.40	6948.63	7837.76	1.24
湖 北	16175.93	16175.93	9968.75	6207.18	
湖 南	18299.08	18134.28	8513.55	9620.73	164.80
广 东	23973.61	23973.61	15076.84	8896.77	
广 西	15568.83	15568.83	11328.75	4240.07	
海 南	25781.74	25733.54	13540.45	12193.09	48.20
重 庆	24858.34	24843.00	12324.28	12518.73	15.34
四 川	19448.09	19309.04	8974.34	10334.70	139.05
贵 州	13593.31	13507.72	7500.73	6007.00	85.59
云 南	23855.28	23722.94	14573.47	9149.47	132.33
西 藏					
陕 西	25187.63	25046.06	11267.94	13778.12	141.57
甘 肃	30179.06	30088.54	14928.02	15160.52	90.51
青 海					
宁 夏	23910.51	23910.51	12648.17	11262.33	
新 疆	28020.31	26493.17	11516.75	14976.42	1527.14
大 连	28609.32	28609.32	19181.04	9428.28	
宁 波	45623.60	45623.60	20857.55	24766.04	
厦 门	53924.38	44726.26	12871.71	31854.56	9198.11
青 岛	21666.46	21666.46	16258.81	5407.65	
深 圳					

7-30 生均一般公共预算教育事业费和基本建设支出(地方农村职业高中)

单位：元

地区	一般公共预算教育事业费和基本建设支出	事业费支出			基本建设支出
			个人部分	公用部分	
合计	**15144.99**	**14992.43**	**9546.67**	**5445.75**	**152.57**
北京	93276.67	93276.67	75284.78	17991.89	
天津	27537.98	27537.98	23410.86	4127.12	
河北	14404.42	14394.92	9293.64	5101.29	9.50
山西	15033.81	14971.21	9793.95	5177.26	62.60
内蒙古	23049.22	22752.77	14610.54	8142.23	296.46
辽宁	11407.99	11406.13	8540.70	2865.44	1.85
吉林	17170.49	16706.78	11038.00	5668.78	463.71
黑龙江	23843.06	22705.75	16120.76	6584.99	1137.31
上海	20564.80	20564.80	14519.23	6045.56	
江苏	19214.99	19214.99	14344.52	4870.47	
浙江	23595.11	23020.83	16430.59	6590.24	574.28
安徽	200531.86	190319.09	104651.86	85667.23	10212.77
福建	20351.67	20351.67	12433.27	7918.39	
江西	26378.54	25893.74	7001.00	18892.74	484.79
山东	15224.55	15224.55	10956.64	4267.91	
河南	9475.73	9474.49	5516.95	3957.53	1.24
湖北	13210.73	13210.73	8768.93	4441.81	
湖南	13537.93	13373.13	7606.29	5766.84	164.80
广东	18868.94	18868.94	12874.85	5994.09	
广西	13263.04	13263.04	9333.66	3929.38	
海南	22398.06	22349.86	10445.09	11904.78	48.20
重庆	14663.53	14648.20	9113.14	5535.06	15.34
四川	12362.74	12223.69	7460.24	4763.46	139.05
贵州	9420.17	9334.57	6268.35	3066.22	85.59
云南	14000.06	13867.73	11201.70	2666.03	132.33
西藏					
陕西	16296.25	16184.82	10108.79	6076.03	111.44
甘肃	18878.92	18788.40	12564.04	6224.37	90.51
青海					
宁夏	19614.43	19614.43	8881.97	10732.45	
新疆	16567.54	15957.90	10204.84	5753.06	609.64
大连	16932.96	16932.96	14936.70	1996.26	
宁波	25963.43	25963.43	18405.64	7557.79	
厦门	14730.29	14730.29	10834.64	3895.65	
青岛	15172.01	15172.01	12744.13	2427.88	
深圳					

7-31 生均教育经费支出(地方技工学校)

地区	教育经费支出	个人和公用部分支出			基本建设支出
			个人部分	公用部分	
合计	**20788.68**	**20363.64**	**10940.28**	**9423.36**	**425.04**
北京	60637.14	60637.14	35271.25	25365.89	
天津	29996.86	29996.86	19660.08	10336.78	
河北	15619.52	15619.52	10634.27	4985.25	
山西	28595.77	28369.02	18082.49	10286.53	226.75
内蒙古	86675.03	86675.03	66871.99	19803.04	
辽宁	34675.24	33560.91	22840.98	10719.93	1114.33
吉林	16883.44	16195.36	10146.60	6048.76	688.07
黑龙江	21795.14	21762.81	16099.85	5662.95	32.34
上海	104418.82	104418.82	76147.46	28271.36	
江苏	21452.28	21370.07	12321.26	9048.81	82.20
浙江	35105.86	29699.81	16147.36	13552.46	5406.05
安徽	43551.26	43551.26	7379.19	36172.07	
福建	27377.41	27331.47	13694.03	13637.44	45.94
江西	16231.14	16231.14	8517.00	7714.14	
山东	16666.78	16531.66	10209.09	6322.57	135.12
河南	13616.65	13561.45	5159.88	8401.58	55.19
湖北	32905.05	32905.05	12459.80	20445.25	
湖南	15754.57	15754.57	9095.19	6659.39	
广东	24548.16	24470.79	14277.15	10193.64	77.37
广西	14722.68	13627.00	7446.99	6180.00	1095.68
海南	22734.62	21377.91	11782.80	9595.12	1356.70
重庆	22392.44	21263.00	9095.07	12167.93	1129.44
四川	18397.11	18397.11	11747.52	6649.59	
贵州	10097.31	10097.31	7302.21	2795.10	
云南	17691.87	17688.30	5813.31	11874.98	3.57
西藏	57687.48	57687.48	14620.01	43067.47	
陕西	13709.22	13709.22	7589.77	6119.45	
甘肃	36627.24	36627.24	22267.22	14360.03	
青海					
宁夏					
新疆	30773.66	29030.33	11453.31	17577.02	1743.32
大连	44746.39	44201.79	21066.04	23135.76	544.60
宁波	31310.25	31310.25	19102.58	12207.66	
厦门	50266.80	50266.80	17230.33	33036.47	
青岛	20401.09	20401.09	13558.86	6842.22	
深圳	49019.14	49019.14	21467.74	27551.40	

7-32　生均一般公共预算教育事业费和基本建设支出(地方技工学校)

单位：元

地　区	一般公共预算教育事业费和基本建设支出	事业费支出	个人部分	公用部分	基本建设支出
合　计	**13867.15**	**13523.67**	**8322.98**	**5200.69**	**343.48**
北　京	56900.23	56900.23	34187.27	22712.95	
天　津	19927.66	19927.66	15511.18	4416.48	
河　北	13658.32	13658.32	9375.25	4283.08	
山　西	23211.93	23018.75	14853.61	8165.14	193.18
内蒙古	62667.82	62667.82	45646.76	17021.06	
辽　宁	25483.05	24368.72	15493.20	8875.52	1114.33
吉　林	11816.61	11816.61	7263.81	4552.80	
黑龙江	16676.20	16643.86	12337.48	4306.38	32.34
上　海	51239.03	51239.03	38475.53	12763.50	
江　苏	13375.23	13293.03	7919.86	5373.16	82.20
浙　江	25383.34	20462.57	12345.52	8117.05	4920.77
安　徽	13968.93	13968.93	5453.48	8515.45	
福　建	14934.40	14934.40	11198.80	3735.60	
江　西	10407.18	10407.18	6524.13	3883.06	
山　东	14445.46	14310.35	9173.65	5136.70	135.12
河　南	7892.49	7867.02	3972.90	3894.12	25.47
湖　北	19436.03	19436.03	9616.81	9819.22	
湖　南	9425.77	9425.77	6662.79	2762.98	
广　东	18181.95	18167.76	11433.09	6734.67	14.19
广　西	9168.55	8429.76	5080.90	3348.86	738.79
海　南	15303.88	13947.18	8862.10	5085.08	1356.70
重　庆	9070.94	7941.50	3942.93	3998.57	1129.44
四　川	14777.15	14777.15	9389.27	5387.89	
贵　州	1819.62	1819.62	1318.27	501.35	
云　南	9043.47	9039.89	4523.63	4516.27	3.57
西　藏	48954.19	48954.19	7099.05	41855.14	
陕　西	7530.94	7530.94	5195.07	2335.87	
甘　肃	20627.36	20627.36	13544.95	7082.41	
青　海					
宁　夏					
新　疆	17287.43	16124.05	9919.26	6204.80	1163.38
大　连	31665.37	31120.78	14617.88	16502.89	544.60
宁　波	21318.10	21318.10	14866.64	6451.46	
厦　门	16497.48	16497.48	13518.16	2979.32	
青　岛	15051.81	15051.81	11712.22	3339.59	
深　圳	25591.59	25591.59	13012.50	12579.09	

7-33 生均教育经费支出(地方普通中学)

地 区	教育经费支出	个人和公用部分支出	个人部分	公用部分	基本建设支出
合 计	**22565.34**	**22099.46**	**16125.43**	**5974.03**	**465.89**
北 京	81631.09	74974.79	54484.21	20490.58	6656.29
天 津	32533.35	32512.21	27122.27	5389.94	21.14
河 北	17097.66	17060.75	12458.59	4602.16	36.91
山 西	21824.33	21652.60	15882.89	5769.71	171.72
内蒙古	26679.74	26303.17	19567.34	6735.83	376.57
辽 宁	21524.23	21399.06	17679.06	3720.01	125.17
吉 林	21100.38	20941.09	16275.62	4665.47	159.29
黑龙江	21392.92	20958.41	17146.03	3812.37	434.52
上 海	63207.68	62153.45	41903.66	20249.79	1054.24
江 苏	31418.14	31372.85	22720.75	8652.10	45.29
浙 江	38130.48	37186.58	25872.91	11313.67	943.90
安 徽	21826.80	21258.81	15053.31	6205.50	567.99
福 建	23569.34	23476.26	16938.64	6537.62	93.08
江 西	18054.17	17779.74	10462.73	7317.01	274.43
山 东	21781.10	21778.35	16838.20	4940.15	2.74
河 南	13914.99	13722.68	9756.89	3965.79	192.31
湖 北	22385.67	22383.18	16038.13	6345.05	2.48
湖 南	19293.86	19210.40	13172.02	6038.38	83.46
广 东	28853.71	26653.39	19373.91	7279.48	2200.31
广 西	14135.28	13842.69	10592.87	3249.82	292.59
海 南	25404.59	25144.84	15340.88	9803.96	259.76
重 庆	22908.63	22188.14	16462.46	5725.68	720.49
四 川	20026.41	19887.29	14689.10	5198.19	139.12
贵 州	18380.97	17977.93	13311.70	4666.24	403.04
云 南	18664.71	18497.88	15022.39	3475.49	166.83
西 藏	43839.58	42795.54	32729.56	10065.97	1044.04
陕 西	21819.63	21208.01	14337.80	6870.22	611.62
甘 肃	19540.89	19258.16	14813.45	4444.71	282.73
青 海	27733.36	26671.92	20081.91	6590.01	1061.44
宁 夏	23659.59	23547.49	17190.28	6357.22	112.10
新 疆	22951.90	21987.21	16822.91	5164.30	964.69
大 连	27921.72	27732.74	23581.13	4151.61	188.98
宁 波	39726.74	39726.74	27621.89	12104.85	
厦 门	36989.78	36648.67	24517.36	12131.31	341.11
青 岛	35083.33	35083.33	27143.57	7939.77	
深 圳	72625.51	49578.87	31147.76	18431.11	23046.64

7-34 生均一般公共预算教育事业费和基本建设支出(地方普通中学)

单位：元

地 区	一般公共预算教育事业费和基本建设支出	事业费支出			基本建设支出
			个人部分	公用部分	
合 计	**17835.56**	**17397.01**	**13216.40**	**4180.61**	**438.56**
北 京	66739.79	60189.24	42151.31	18037.94	6550.54
天 津	28765.72	28745.57	23962.43	4783.15	20.14
河 北	14825.60	14788.69	11297.51	3491.18	36.91
山 西	17291.56	17165.81	12838.60	4327.21	125.75
内蒙古	20291.29	19997.49	14925.12	5072.37	293.80
辽 宁	16291.35	16197.23	13647.98	2549.25	94.12
吉 林	16279.42	16120.51	12499.23	3621.28	158.91
黑龙江	15953.15	15614.00	12618.48	2995.52	339.15
上 海	40217.51	39163.27	29844.78	9318.49	1054.24
江 苏	23311.99	23287.36	18217.71	5069.66	24.63
浙 江	29697.31	28769.41	22242.35	6527.06	927.90
安 徽	16935.08	16532.19	11807.73	4724.45	402.90
福 建	18963.58	18884.78	15094.79	3789.99	78.80
江 西	14853.38	14582.93	8840.09	5742.83	270.45
山 东	17895.24	17892.49	14770.87	3121.62	2.74
河 南	10529.55	10360.71	7475.89	2884.82	168.84
湖 北	18524.61	18524.19	13529.27	4994.92	0.42
湖 南	15599.62	15516.16	11736.00	3780.16	83.46
广 东	22369.34	20185.55	15381.30	4804.25	2183.79
广 西	11495.75	11228.41	8645.96	2582.45	267.35
海 南	18780.49	18520.74	11052.73	7468.00	259.76
重 庆	17129.62	16522.90	12179.02	4343.88	606.72
四 川	15441.79	15317.81	11622.22	3695.59	123.98
贵 州	14872.51	14472.12	11407.36	3064.77	400.39
云 南	14859.58	14698.93	11968.21	2730.72	160.64
西 藏	38130.11	37086.07	27045.19	10040.88	1044.04
陕 西	19012.72	18413.04	12858.16	5554.89	599.68
甘 肃	16040.55	15759.26	12291.33	3467.94	281.29
青 海	20777.80	19759.70	14350.65	5409.05	1018.10
宁 夏	16825.00	16712.90	11360.43	5352.47	112.10
新 疆	20254.53	19437.35	15600.95	3836.40	817.18
大 连	20658.47	20469.49	17479.03	2990.46	188.98
宁 波	31486.89	31486.89	23373.62	8113.27	
厦 门	25682.88	25475.89	20635.97	4839.92	206.99
青 岛	27375.26	27375.26	22918.07	4457.19	
深 圳	55013.49	31978.70	19307.69	12671.01	23034.79

7-35 生均教育经费支出(地方普通高中)

地区	教育经费支出	个人和公用部分支出			基本建设支出
			个人部分	公用部分	
合计	**24792.64**	**24119.10**	**17045.85**	**7073.25**	**673.53**
北京	88421.73	81869.92	60687.29	21182.63	6551.81
天津	33486.79	33485.50	28186.95	5298.54	1.30
河北	19540.16	19539.52	13774.28	5765.24	0.64
山西	22628.66	22437.52	15859.30	6578.22	191.14
内蒙古	28350.13	27715.09	19524.28	8190.81	635.03
辽宁	21011.72	20880.03	16587.30	4292.73	131.69
吉林	17984.20	17866.44	13360.93	4505.51	117.76
黑龙江	19229.51	18498.90	14343.78	4155.13	730.61
上海	80510.20	77468.48	49173.49	28294.99	3041.72
江苏	37685.43	37640.13	25094.58	12545.55	45.30
浙江	44999.34	43364.18	30273.74	13090.44	1635.16
安徽	23577.67	22369.09	15755.47	6613.63	1208.57
福建	26286.96	26202.59	18164.11	8038.48	84.38
江西	19583.20	19159.88	11275.30	7884.58	423.32
山东	24368.05	24368.05	18817.08	5550.97	
河南	16299.18	15864.97	10443.92	5421.05	434.22
湖北	25604.87	25597.43	17341.35	8256.08	7.44
湖南	21854.68	21799.66	14445.81	7353.85	55.02
广东	33890.45	30622.62	21469.70	9152.93	3267.82
广西	15169.48	14788.13	10891.52	3896.61	381.36
海南	27043.00	26922.30	16986.62	9935.68	120.70
重庆	22844.78	22261.69	16474.87	5786.83	583.09
四川	20395.54	20299.63	14494.65	5804.98	95.92
贵州	20847.03	19845.11	13600.91	6244.19	1001.92
云南	19658.63	19358.82	14905.15	4453.67	299.81
西藏	44556.60	42561.87	32257.03	10304.85	1994.72
陕西	22088.42	21300.33	14390.77	6909.56	788.08
甘肃	20749.19	20464.55	15625.59	4838.96	284.64
青海	29621.00	28582.51	21080.27	7502.25	1038.48
宁夏	24383.46	24356.76	18037.15	6319.61	26.70
新疆	22613.51	21840.58	17676.34	4164.24	772.93
大连	29549.35	29549.35	25186.58	4362.77	
宁波	50697.68	50697.68	34086.15	16611.53	
厦门	46636.41	45940.64	28376.06	17564.58	695.77
青岛	38096.11	38096.11	28462.33	9633.79	
深圳	100786.80	63135.30	37412.51	25722.79	37651.50

7-36 生均一般公共预算教育事业费和基本建设支出(地方普通高中)

单位：元

地区	一般公共预算教育事业费和基本建设支出	事业费支出			基本建设支出
			个人部分	公用部分	
合计	**18387.43**	**17757.80**	**13545.57**	**4212.23**	**629.62**
北京	69817.28	63467.48	45982.73	17484.75	6349.80
天津	28909.08	28909.08	24698.37	4210.71	
河北	15800.52	15799.88	12297.10	3502.78	0.64
山西	17418.87	17270.13	12546.95	4723.18	148.74
内蒙古	21741.74	21243.62	14790.78	6452.84	498.12
辽宁	15167.42	15044.33	12630.09	2414.24	123.08
吉林	12975.19	12857.43	9547.34	3310.09	117.76
黑龙江	13497.68	12971.28	10153.59	2817.69	526.40
上海	47862.54	44820.83	33817.09	11003.74	3041.72
江苏	25590.27	25545.10	19449.20	6095.90	45.17
浙江	33764.66	32130.02	25040.99	7089.03	1634.64
安徽	15866.91	15139.77	11241.48	3898.29	727.14
福建	19424.69	19341.45	15576.23	3765.21	83.24
江西	15280.05	14862.34	9262.09	5600.25	417.71
山东	19167.57	19167.57	16342.76	2824.81	
河南	11448.42	11033.28	7778.16	3255.12	415.14
湖北	18726.50	18725.25	13530.63	5194.62	1.25
湖南	15738.25	15683.23	12258.21	3425.02	55.02
广东	24752.97	21506.79	16672.91	4833.87	3246.18
广西	11503.01	11121.70	8497.64	2624.06	381.31
海南	19591.36	19470.66	12155.17	7315.49	120.70
重庆	16311.73	15938.50	11868.09	4070.41	373.24
四川	14919.84	14826.70	11301.67	3525.02	93.15
贵州	15450.54	14452.67	11169.84	3282.83	997.87
云南	15043.13	14743.91	1155[illegible].32	3192.59	299.21
西藏	39092.58	37097.86	26829.51	10268.35	1994.72
陕西	18803.83	18030.39	12665.58	5364.82	773.43
甘肃	16265.76	15981.37	12693.13	3288.23	284.39
青海	21559.96	20568.94	15006.64	5562.29	991.03
宁夏	16636.94	16610.24	11557.85	5052.40	26.70
新疆	19536.47	18900.58	16166.32	2734.26	635.89
大连	20843.60	20843.60	17880.91	2962.69	
宁波	37747.38	37747.38	26503.81	11243.57	
厦门	29362.44	28666.67	22816.81	5849.86	695.77
青岛	28913.57	28913.57	23337.27	5576.31	
深圳	77977.16	40362.86	22959.86	17403.00	37614.30

7-37 生均教育经费支出(地方农村高中)

地区	教育经费支出	个人和公用部分支出			基本建设支出
			个人部分	公用部分	
合计	**19351.78**	**19170.00**	**13738.68**	**5431.32**	**181.78**
北京	142863.80	121659.02	71401.77	50257.25	21204.78
天津	27309.33	27309.33	24249.25	3060.08	
河北	17646.63	17645.55	11916.72	5728.83	1.09
山西	21312.65	21112.60	15012.98	6099.63	200.04
内蒙古	27505.78	26916.34	18719.50	8196.84	589.44
辽宁	16080.56	16057.43	12696.32	3361.11	23.12
吉林	17706.13	17667.20	12744.13	4923.07	38.93
黑龙江	16309.75	15870.63	12258.18	3612.45	439.12
上海	60552.46	60552.46	44735.07	15817.39	
江苏	29907.12	29799.97	19863.72	9936.25	107.15
浙江	38847.48	37559.14	28322.21	9236.93	1288.34
安徽	19659.86	19658.01	13998.98	5659.03	1.85
福建	22241.67	22239.44	16686.02	5553.42	2.23
江西	17897.97	17696.55	9707.51	7989.04	201.43
山东	18947.31	18947.31	14743.57	4203.74	
河南	13585.92	13482.37	8825.16	4657.21	103.54
湖北	19813.97	19813.97	13825.34	5988.63	
湖南	18946.47	18886.34	12480.73	6405.61	60.12
广东	21309.72	21302.67	15804.15	5498.52	7.05
广西	12644.18	12489.58	9235.70	3253.88	154.60
海南	26537.04	26271.20	16899.72	9371.47	265.84
重庆	18827.76	18613.77	15028.21	3585.57	213.99
四川	17105.35	16954.37	12349.09	4605.28	150.98
贵州	17098.15	16843.66	12493.42	4350.25	254.48
云南	17477.76	17371.17	13782.93	3588.24	106.60
西藏	33697.77	32934.80	29145.08	3789.72	762.98
陕西	20173.24	19579.06	12868.99	6710.07	594.18
甘肃	19168.61	19100.75	15054.54	4046.20	67.87
青海	29353.68	28166.59	21093.72	7072.87	1187.08
宁夏	21295.63	21295.63	16923.02	4372.62	
新疆	19203.14	18664.76	15917.17	2747.59	538.38
大连	26573.47	26573.47	22721.23	3852.24	
宁波	43873.83	43873.83	33574.49	10299.35	
厦门	46247.74	46247.74	22119.61	24128.12	
青岛	40775.13	40775.13	27337.33	13437.80	
深圳					

7-38 生均一般公共预算教育事业费和基本建设支出(地方农村高中)

单位：元

地区	一般公共预算教育事业费和基本建设支出	事业费支出			基本建设支出
			个人部分	公用部分	
合计	**14620.35**	**14448.51**	**11061.90**	**3386.61**	**171.84**
北京	103169.42	81964.64	54924.56	27040.08	21204.78
天津	23956.00	23956.00	21350.53	2605.47	
河北	13934.48	13933.39	10574.64	3358.75	1.09
山西	16669.92	16547.06	11990.02	4557.04	122.86
内蒙古	21346.28	20756.84	14581.37	6175.47	589.44
辽宁	11629.16	11606.03	9745.69	1860.35	23.12
吉林	13517.93	13479.00	9664.53	3814.47	38.93
黑龙江	11664.91	11225.79	8517.53	2708.26	439.12
上海	37996.23	37996.23	32369.39	5626.84	
江苏	20385.99	20279.15	15226.76	5052.40	106.84
浙江	30186.98	28899.91	23767.68	5132.23	1287.06
安徽	13781.30	13779.45	10488.47	3290.98	1.85
福建	18122.48	18122.48	14563.42	3559.06	
江西	14026.45	13825.02	7951.63	5873.39	201.43
山东	14609.98	14609.98	12755.79	1854.19	
河南	9461.17	9378.23	6572.58	2805.65	82.94
湖北	14775.74	14775.74	10905.29	3870.45	
湖南	13597.75	13537.63	10318.62	3219.01	60.12
广东	15571.85	15564.80	12520.08	3044.73	7.05
广西	9853.81	9699.22	7267.25	2431.97	154.59
海南	20257.86	19992.02	12395.65	7596.37	265.84
重庆	13579.46	13551.43	10983.55	2567.88	28.02
四川	12700.01	12553.96	9742.13	2811.83	146.04
贵州	13195.51	12941.03	10248.49	2692.54	254.48
云南	13678.01	13571.41	10888.93	2682.48	106.60
西藏	29757.44	28994.47	25206.69	3787.78	762.98
陕西	17867.33	17297.24	11619.99	5677.25	570.09
甘肃	15279.04	15211.17	12461.36	2749.81	67.87
青海	20912.43	19731.42	15252.66	4478.76	1181.01
宁夏	14672.71	14672.71	11136.92	3535.79	
新疆	16865.01	16326.63	14663.98	1662.65	538.38
大连	19690.48	19690.48	16033.34	3657.13	
宁波	33242.20	33242.20	25745.33	7496.87	
厦门	23131.13	23131.13	18933.18	4197.95	
青岛	27535.56	27535.56	21216.09	6319.47	
深圳					

7-39　生均教育经费支出(地方普通初中)

地　区	教育经费支　出	个人和公用部分支出			基本建设支　出
			个人部分	公用部分	
合　计	**21458.32**	**21095.64**	**15667.95**	**5427.68**	**362.68**
北　京	78264.65	71556.56	51409.05	20147.51	6708.09
天　津	31992.79	31960.39	26518.63	5441.76	32.39
河　北	15922.27	15867.91	11825.45	4042.46	54.36
山　西	21279.80	21121.22	15898.86	5222.36	158.58
内蒙古	25626.72	25413.09	19594.49	5818.60	213.62
辽　宁	21807.93	21686.37	18283.39	3402.98	121.55
吉　林	23379.01	23189.35	18406.92	4782.43	189.66
黑龙江	22849.45	22614.28	19032.67	3581.61	235.17
上　海	56637.34	56337.82	39143.07	17194.75	299.52
江　苏	28380.61	28335.32	21570.23	6765.08	45.29
浙　江	35112.76	34472.55	23939.48	10533.07	640.21
安　徽	20943.93	20698.95	14699.25	5999.70	244.98
福　建	22345.41	22248.42	16386.73	5861.68	96.99
江　西	17326.92	17123.31	10076.25	7047.06	203.61
山　东	20658.37	20654.43	15979.37	4675.06	3.94
河　南	12828.51	12746.43	9443.80	3302.63	82.08
湖　北	20772.74	20772.74	15385.18	5387.56	
湖　南	18036.48	17939.06	12546.58	5392.47	97.42
广　东	26327.50	24662.61	18322.76	6339.85	1664.90
广　西	13644.33	13393.88	10451.10	2942.78	250.45
海　南	24676.75	24355.22	14609.78	9745.44	321.53
重　庆	22946.41	22144.61	16455.13	5689.49	801.79
四　川	19837.66	19676.44	14788.52	4887.92	161.22
贵　州	17215.10	17095.19	13174.96	3920.23	119.91
云　南	18178.82	18077.00	15079.71	2997.29	101.82
西　藏	43464.00	42917.93	32977.08	9940.85	546.07
陕　西	21674.38	21158.12	14309.17	6848.96	516.26
甘　肃	18857.74	18576.09	14354.28	4221.80	281.65
青　海	26672.91	25598.58	19521.05	6077.52	1074.33
宁　夏	23239.43	23077.76	16698.71	6379.05	161.67
新　疆	23097.96	22050.50	16454.55	5595.96	1047.45
大　连	27178.38	26903.10	22847.93	4055.17	275.29
宁　波	35548.11	35548.11	25159.77	10388.34	
厦　门	32904.74	32713.82	22883.33	9830.50	190.92
青　岛	33657.73	33657.73	26519.55	7138.18	
深　圳	60079.24	43539.29	28356.73	15182.56	16539.95

7-40 生均一般公共预算教育事业费和基本建设支出(地方普通初中)

单位：元

地 区	一般公共预算教育事业费和基本建设支出	事业费支出			基本建设支出
			个人部分	公用部分	
合 计	**17561.27**	**17217.68**	**13052.79**	**4164.90**	**343.59**
北 京	65214.13	58564.07	40251.89	18312.17	6650.06
天 津	28684.43	28652.87	23545.17	5107.70	31.56
河 北	14356.45	14302.09	10816.49	3485.60	54.36
山 西	17205.37	17095.18	13036.04	4059.14	110.19
内蒙古	19376.92	19211.92	15009.80	4202.12	164.99
辽 宁	16913.50	16835.40	14211.42	2623.98	78.09
吉 林	18695.57	18506.56	14657.74	3848.82	189.00
黑龙江	17606.31	17393.23	14277.98	3115.25	213.08
上 海	37314.43	37014.91	28336.36	8678.54	299.52
江 苏	22207.79	22193.12	17620.85	4572.27	14.67
浙 江	27910.38	27292.98	21012.81	6280.17	617.40
安 徽	17473.71	17234.31	12093.27	5141.04	239.40
福 建	18755.91	18679.11	14877.96	3801.15	76.80
江 西	14650.44	14450.03	8639.38	5810.65	200.41
山 东	17343.05	17339.11	14088.68	3250.44	3.94
河 南	10110.82	10054.21	7338.14	2716.07	56.61
湖 北	18423.46	18423.46	13528.59	4894.87	
湖 南	15531.54	15434.12	11479.58	3954.54	97.42
广 东	21173.83	19522.88	14733.49	4789.39	1650.95
广 西	11492.31	11279.06	8716.37	2562.70	213.25
海 南	18420.27	18098.74	10562.99	7535.75	321.53
重 庆	17613.61	16868.73	12363.02	4505.71	744.88
四 川	15708.69	15568.94	11786.13	3782.81	139.75
贵 州	14599.25	14481.32	11519.65	2961.68	117.92
云 南	14769.85	14676.95	12172.01	2504.94	92.91
西 藏	37625.96	37079.89	27158.16	9921.73	546.07
陕 西	19125.61	18619.83	12962.23	5657.60	505.79
甘 肃	15913.22	15633.69	12064.16	3569.53	279.53
青 海	20338.39	19305.09	13982.12	5322.97	1033.31
宁 夏	16934.16	16772.49	11245.84	5526.65	161.67
新 疆	20564.46	19669.03	15356.91	4312.11	895.43
大 连	20573.92	20298.63	17295.49	3003.14	275.29
宁 波	29102.38	29102.38	22181.39	6920.99	
厦 门	24124.70	24124.70	19712.45	4412.25	
青 岛	26647.36	26647.36	22719.72	3927.64	
深 圳	44782.83	28243.43	17680.60	10562.84	16539.40

7-41 生均教育经费支出(地方农村初中)

地区	教育经费支出	个人和公用部分支出	个人部分	公用部分	基本建设支出
合计	**19059.02**	**18884.68**	**14549.55**	**4335.12**	**174.34**
北京	117456.49	110011.58	77409.49	32602.08	7444.91
天津	28643.05	28643.05	26003.41	2639.64	
河北	15080.73	15069.36	11112.73	3956.63	11.37
山西	21668.02	21508.65	16550.46	4958.20	159.36
内蒙古	27911.97	27706.99	21743.19	5963.80	204.98
辽宁	21482.27	21445.14	19133.38	2311.76	37.13
吉林	26950.62	26783.60	21679.68	5103.92	167.02
黑龙江	25202.20	24960.17	20893.12	4067.05	242.04
上海	57506.95	57506.95	45673.45	11833.51	
江苏	24454.93	24392.82	19424.74	4968.09	62.11
浙江	32680.33	32143.55	23811.04	8332.51	536.78
安徽	20428.85	20110.72	14896.32	5214.40	318.13
福建	21107.34	21034.66	16620.78	4413.88	72.68
江西	17004.72	16893.18	9963.16	6930.02	111.53
山东	19515.19	19510.14	15425.04	4085.10	5.04
河南	12063.80	12023.76	8979.15	3044.61	40.04
湖北	19597.86	19597.86	14984.56	4613.30	
湖南	17056.67	16951.86	12332.90	4618.96	104.81
广东	19776.54	19591.45	15475.64	4115.81	185.09
广西	13024.77	12932.69	10310.87	2621.82	92.08
海南	25570.43	25074.06	15670.83	9403.23	496.37
重庆	22770.40	22506.11	17967.97	4538.14	264.29
四川	18985.11	18788.23	14483.58	4304.66	196.88
贵州	16147.64	16031.09	13453.60	2577.49	116.55
云南	17257.66	17199.76	14812.29	2387.47	57.91
西藏	41316.08	40843.21	31910.48	8932.73	472.88
陕西	21694.21	21292.23	15069.76	6222.47	401.98
甘肃	19048.90	18766.97	14857.76	3909.21	281.93
青海	25766.32	24717.48	20468.09	4249.39	1048.84
宁夏	22907.93	22750.84	18089.70	4661.13	157.09
新疆	22350.78	21215.98	16853.63	4362.34	1134.80
大连	34368.11	34368.11	31803.43	2564.68	
宁波	32858.38	32858.38	24940.30	7918.08	
厦门	39340.61	39340.61	25480.38	13860.23	
青岛	44814.48	44814.48	36891.49	7922.99	
深圳					

7-42 生均一般公共预算教育事业费和基本建设支出(地方农村初中)

单位：元

地区	一般公共预算教育事业费和基本建设支出	事业费支出	个人部分	公用部分	基本建设支出
合计	**15922.48**	**15762.41**	**12213.13**	**3549.28**	**160.07**
北京	94806.81	87361.90	61826.99	25534.91	7444.91
天津	25766.68	25766.68	23181.38	2585.30	
河北	13622.88	13611.51	10093.61	3517.90	11.37
山西	17445.01	17352.14	13498.44	3853.70	92.87
内蒙古	21265.52	21136.59	16820.61	4315.98	128.92
辽宁	17068.56	17064.72	15034.82	2029.90	3.83
吉林	21917.67	21751.71	17398.41	4353.30	165.96
黑龙江	19780.55	19545.99	15745.88	3800.10	234.56
上海	37539.60	37539.60	31236.96	6302.64	
江苏	19289.13	19289.13	15872.03	3417.10	
浙江	27137.97	26653.76	20963.78	5689.98	484.21
安徽	17156.98	16838.85	12323.93	4514.92	318.13
福建	18753.72	18681.03	15279.83	3401.21	72.68
江西	14520.71	14413.44	8497.22	5916.22	107.27
山东	16486.13	16481.09	13609.46	2871.62	5.04
河南	9639.32	9599.28	6995.26	2604.02	40.04
湖北	17570.88	17570.88	13369.61	4201.27	
湖南	14893.65	14788.84	11249.61	3539.22	104.81
广东	16188.72	16012.69	12357.96	3654.73	176.03
广西	11116.24	11034.75	8670.92	2363.83	81.50
海南	19273.35	18776.98	11472.95	7304.03	496.37
重庆	17194.71	16935.67	13544.85	3390.83	259.04
四川	15284.89	15119.98	11667.06	3452.92	164.91
贵州	14100.58	13985.91	11740.37	2245.55	114.66
云南	14232.06	14185.32	12137.46	2047.86	46.74
西藏	35455.34	34982.47	26072.18	8910.29	472.88
陕西	19457.03	19071.27	13725.98	5345.29	385.76
甘肃	16328.19	16046.26	12528.01	3518.24	281.93
青海	19436.46	18449.27	14807.31	3641.96	987.19
宁夏	16720.01	16562.92	12454.61	4108.30	157.09
新疆	20308.33	19274.54	15794.96	3479.58	1033.79
大连	25414.66	25414.66	23818.74	1595.92	
宁波	26387.60	26387.60	20954.51	5433.09	
厦门	27682.17	27682.17	22608.68	5073.49	
青岛	36832.73	36832.73	31710.48	5122.26	
深圳					

7-43 生均教育经费支出(地方普通小学)

地区	教育经费支出	个人和公用部分支出			基本建设支出
			个人部分	公用部分	
合计	**15236.57**	**15025.74**	**11441.81**	**3583.93**	**210.83**
北京	44385.02	42549.29	31772.26	10777.03	1835.74
天津	21646.19	21607.13	17770.33	3836.79	39.06
河北	11633.21	11616.19	8931.02	2685.18	17.02
山西	14893.77	14738.76	11472.90	3265.86	155.01
内蒙古	19903.65	19764.59	15693.91	4070.68	139.06
辽宁	14394.82	14341.67	12003.24	2338.43	53.15
吉林	18085.52	17916.92	14772.15	3144.77	168.60
黑龙江	19996.30	19876.82	17185.38	2691.44	119.48
上海	40227.61	40169.94	29107.18	11062.76	57.67
江苏	18604.00	18552.04	14295.48	4256.57	51.95
浙江	23981.22	23583.89	16382.30	7201.58	397.33
安徽	13654.78	13585.55	9900.82	3684.73	69.23
福建	14345.85	14278.11	10448.84	3829.27	67.74
江西	13538.72	13436.92	8666.36	4770.56	101.80
山东	13443.99	13443.16	10761.85	2681.32	0.82
河南	9038.73	8973.37	6875.55	2097.83	65.36
湖北	13513.87	13513.87	9645.74	3868.13	
湖南	12379.31	12318.59	8908.78	3409.81	60.72
广东	18061.24	17069.45	13128.92	3940.53	991.79
广西	10762.02	10689.31	8653.48	2035.83	72.72
海南	17054.67	16886.17	12186.50	4699.67	168.50
重庆	19044.48	18507.60	13965.59	4542.01	536.88
四川	15185.97	15069.82	11429.12	3640.70	116.15
贵州	13037.20	12988.73	10230.56	2758.17	48.48
云南	14818.64	14740.99	12458.82	2282.17	77.65
西藏	36508.67	35119.45	28049.00	7070.45	1389.22
陕西	14719.69	14558.51	9506.44	5052.08	161.18
甘肃	14727.33	14591.99	11470.29	3121.70	135.34
青海	20517.79	19354.14	15017.80	4336.35	1163.64
宁夏	17583.36	17459.29	12710.33	4748.97	124.07
新疆	14571.23	14077.51	11617.62	2459.89	493.72
大连	15393.31	15393.31	12652.17	2741.13	
宁波	24764.62	24764.62	16912.88	7851.75	
厦门	24853.54	24412.21	16253.21	8159.00	441.33
青岛	21497.91	21497.91	17046.29	4451.62	
深圳	44521.80	33981.41	21807.12	12174.28	10540.39

7-44 生均一般公共预算教育事业费和基本建设支出(地方普通小学)

单位：元

地区	一般公共预算教育事业费和基本建设支出	事业费支出			基本建设支出
			个人部分	公用部分	
合计	**12456.43**	**12256.61**	**9472.81**	**2783.80**	**199.82**
北京	37094.35	35265.13	25210.09	10055.04	1829.22
天津	19485.35	19446.29	15889.43	3556.85	39.06
河北	10446.45	10429.42	8079.28	2350.15	17.02
山西	12105.11	11990.68	9365.53	2625.15	114.43
内蒙古	15116.55	14989.72	11843.23	3146.49	126.83
辽宁	11232.47	11201.39	9323.23	1878.17	31.08
吉林	14605.01	14452.71	11806.62	2646.09	152.29
黑龙江	15314.13	15225.97	12833.67	2392.30	88.16
上海	26317.86	26260.19	20609.61	5650.58	57.67
江苏	14680.88	14629.34	11871.52	2757.82	51.54
浙江	19475.02	19094.92	14486.60	4608.32	380.10
安徽	11383.10	11313.88	8078.44	3235.43	69.23
福建	12002.17	11951.97	9398.95	2553.03	50.20
江西	11452.89	11351.66	7430.22	3921.45	101.22
山东	11396.76	11395.94	9465.87	1930.07	0.82
河南	7115.93	7080.78	5325.39	1755.39	35.16
湖北	11760.14	11760.14	8420.85	3339.29	
湖南	10603.04	10542.32	8159.37	2382.94	60.72
广东	14459.09	13487.34	10368.26	3119.07	971.75
广西	8861.13	8798.40	7030.52	1767.88	62.72
海南	12898.29	12729.79	8746.86	3982.93	168.50
重庆	13708.41	13193.73	9796.21	3397.52	514.68
四川	11872.27	11758.62	8981.36	2777.26	113.65
贵州	11048.78	11000.58	8950.07	2050.51	48.20
云南	11790.20	11715.41	9814.53	1900.88	74.79
西藏	31544.92	30155.70	23291.82	6863.87	1389.22
陕西	12987.97	12827.17	8640.88	4186.28	160.81
甘肃	12475.17	12342.42	9582.93	2759.49	132.75
青海	15672.16	14560.43	10733.29	3827.14	1111.72
宁夏	12693.71	12569.64	8574.57	3995.06	124.07
新疆	12997.33	12568.54	10745.47	1823.07	428.79
大连	11434.81	11434.81	9563.40	1871.41	
宁波	19934.54	19934.54	15088.74	4845.80	
厦门	17849.99	17581.08	14021.43	3559.65	268.90
青岛	17854.88	17854.88	14915.57	2939.31	
深圳	33223.42	22696.93	13806.73	8890.21	10526.49

7-45 生均教育经费支出(地方农村小学)

地区	教育经费支出	个人和公用部分支出			基本建设支出
			个人部分	公用部分	
合计	**14565.34**	**14457.89**	**11483.49**	**2974.40**	**107.46**
北京	63651.71	58308.54	44389.01	13919.53	5343.16
天津	22559.07	22559.07	20237.67	2321.40	
河北	12017.98	11995.37	9388.56	2606.81	22.61
山西	17834.56	17671.37	14290.47	3380.90	163.19
内蒙古	24405.27	24258.74	19779.71	4479.03	146.53
辽宁	19253.83	19221.95	17222.77	1999.18	31.88
吉林	23444.40	23360.60	19625.31	3735.29	83.81
黑龙江	25865.12	25731.98	22597.36	3134.61	133.15
上海	40337.73	40337.73	32170.15	8167.58	
江苏	16535.67	16500.40	13472.19	3028.21	35.27
浙江	24273.50	23711.28	17231.86	6479.42	562.22
安徽	13552.98	13459.35	10242.94	3216.41	93.63
福建	13787.89	13746.10	10626.25	3119.85	41.79
江西	13995.11	13906.53	9137.50	4769.03	88.58
山东	13199.05	13197.53	10876.46	2321.06	1.52
河南	9126.24	9094.71	7037.28	2057.43	31.53
湖北	12994.00	12994.00	9984.43	3009.57	
湖南	12226.37	12175.01	9037.10	3137.92	51.36
广东	14432.36	14396.71	11805.68	2591.03	35.65
广西	11021.50	10983.22	9045.56	1937.65	38.29
海南	18938.55	18694.30	14655.57	4038.74	244.24
重庆	22130.21	22006.39	18440.38	3566.01	123.82
四川	15517.61	15387.75	12106.31	3281.44	129.86
贵州	13299.85	13277.99	11062.75	2215.24	21.86
云南	15022.02	14978.63	13041.19	1937.44	43.39
西藏	37039.27	35818.59	28501.93	7316.65	1220.68
陕西	15856.43	15721.02	10666.97	5054.04	135.41
甘肃	16136.53	15976.79	12777.37	3199.42	159.74
青海	22042.50	20726.46	16315.20	4411.26	1316.05
宁夏	18369.61	18255.37	14542.91	3712.46	114.24
新疆	14592.53	14200.84	12232.28	1968.57	391.69
大连	25078.33	25078.33	22125.51	2952.82	
宁波	24131.01	24131.01	17212.81	6918.20	
厦门	26569.77	25872.74	17471.28	8401.46	697.03
青岛	32758.55	32758.55	26666.59	6091.96	
深圳					

7-46 生均一般公共预算教育事业费和基本建设支出(地方农村小学)

单位：元

地 区	一般公共预算教育事业费和基本建设支出	事业费支出			基本建设支出
			个人部分	公用部分	
合 计	**12070.03**	**11968.76**	**9519.61**	**2449.15**	**101.27**
北 京	53734.33	48391.17	35567.03	12824.14	5343.16
天 津	20332.23	20332.23	18047.70	2284.53	
河 北	10828.51	10805.91	8426.39	2379.51	22.61
山 西	14316.11	14228.64	11464.94	2763.71	87.47
内蒙古	18484.33	18352.74	14871.23	3481.50	131.60
辽 宁	15255.82	15245.81	13488.67	1757.14	10.01
吉 林	19082.51	18998.83	15727.56	3271.28	83.68
黑龙江	19648.73	19532.31	16662.73	2869.57	116.43
上 海	25580.51	25580.51	21274.57	4305.94	
江 苏	12818.78	12783.51	11022.83	1760.68	35.27
浙 江	20006.37	19473.54	15169.60	4303.95	532.82
安 徽	11308.38	11214.74	8340.62	2874.12	93.63
福 建	12010.73	11977.37	9518.82	2358.54	33.36
江 西	11930.67	11842.12	7787.14	4054.98	88.54
山 东	11289.53	11288.01	9538.14	1749.87	1.52
河 南	7294.74	7264.42	5464.11	1800.31	30.32
湖 北	11555.63	11555.63	8788.91	2766.73	
湖 南	10561.53	10510.17	8251.26	2258.91	51.36
广 东	11446.83	11420.21	9126.18	2294.04	26.62
广 西	9255.29	9218.41	7465.41	1753.00	36.88
海 南	14203.55	13959.30	10461.05	3498.26	244.24
重 庆	15860.38	15739.32	12909.32	2830.00	121.06
四 川	12408.87	12282.06	9644.92	2637.14	126.81
贵 州	11456.23	11434.38	9625.70	1808.69	21.85
云 南	12042.38	12001.63	10358.72	1642.91	40.75
西 藏	32021.83	30801.15	23713.81	7087.34	1220.68
陕 西	14181.77	14046.36	9694.68	4351.67	135.41
甘 肃	13832.97	13673.57	10708.44	2965.13	159.40
青 海	17022.76	15743.28	11833.06	3910.22	1279.48
宁 夏	13220.19	13105.95	9929.39	3176.55	114.24
新 疆	13189.39	12846.52	11305.19	1541.33	342.87
大 连	18368.99	18368.99	16543.79	1825.19	
宁 波	18552.92	18552.92	14598.85	3954.08	
厦 门	19417.44	19229.41	15128.45	4100.95	188.03
青 岛	28409.43	28409.43	23707.91	4701.52	
深 圳					

7-47 生均教育经费支出(地方特殊教育学校)

地区	教育经费支出	个人和公用部分支出			基本建设支出
			个人部分	公用部分	
合计	68326.47	67098.59	47521.19	19577.40	1227.87
北京	192382.00	185461.67	154571.59	30890.08	6920.33
天津	79329.49	79329.49	65522.75	13806.73	
河北	47018.35	46371.47	36397.62	9973.84	646.88
山西	59374.03	59374.03	44814.95	14559.08	
内蒙古	78048.01	77594.50	60213.92	17380.59	453.51
辽宁	76405.11	76269.59	62991.20	13278.39	135.53
吉林	64098.83	62617.87	51168.90	11448.97	1480.96
黑龙江	47068.45	46785.98	36682.41	10103.57	282.47
上海	193789.01	193789.01	146816.21	46972.80	
江苏	76571.56	76493.60	58745.42	17748.18	77.96
浙江	106880.37	104797.15	67663.29	37133.86	2083.22
安徽	94175.18	93816.18	28788.05	65028.13	359.00
福建	66806.20	66806.20	48326.28	18479.92	
江西	43113.12	41640.73	24976.33	16664.40	1472.39
山东	83554.02	83554.02	65688.37	17865.66	
河南	31488.40	31448.99	24280.78	7168.21	39.41
湖北	54249.30	54249.30	39632.36	14616.94	
湖南	46862.87	46682.64	31810.57	14872.07	180.23
广东	105475.80	101509.12	70385.59	31123.53	3966.69
广西	48738.90	47966.59	35387.21	12579.38	772.31
海南	67707.77	67560.07	44870.39	22689.68	147.70
重庆	58869.59	58869.59	42848.66	16020.94	
四川	60097.48	59301.17	36665.27	22635.91	796.31
贵州	50125.05	41247.97	28855.92	12392.05	8877.09
云南	45628.49	44963.21	35797.74	9165.47	665.28
西藏	134066.00	134066.00	116670.63	17395.37	
陕西	78147.52	70070.31	50879.66	19190.64	8077.22
甘肃	57618.02	57618.02	44753.71	12864.32	
青海	65177.93	65177.93	36790.62	28387.31	
宁夏	122966.16	122966.16	76930.71	46035.44	
新疆	56468.71	56370.36	45567.01	10803.35	98.35
大连	95882.62	95882.62	83923.92	11958.70	
宁波	123328.12	123328.12	91224.29	32103.83	
厦门	154389.62	154389.62	89476.91	64912.71	
青岛	141066.43	141066.43	110758.76	30307.67	
深圳	253008.18	216466.13	127596.84	88869.29	36542.05

7-48 生均一般公共预算教育事业费和基本建设支出(地方特殊教育学校)

单位：元

地 区	一般公共预算教育事业费和基本建设支出	事业费支出			基本建设支出
			个人部分	公用部分	
合 计	**56155.80**	**55026.93**	**38653.39**	**16373.54**	**1128.87**
北 京	157700.83	150780.50	122001.33	28779.17	6920.33
天 津	71740.14	71740.14	58542.60	13197.54	
河 北	43368.50	42721.62	33159.97	9561.65	646.88
山 西	41621.61	41621.61	30434.18	11187.43	
内蒙古	62008.77	61555.26	45798.16	15757.09	453.51
辽 宁	59078.41	58942.88	47947.98	10994.90	135.53
吉 林	52756.59	51626.69	41329.74	10296.95	1129.90
黑龙江	37483.78	37201.31	28128.55	9072.76	282.47
上 海	136134.62	136134.62	109507.77	26626.85	
江 苏	61652.66	61574.70	47115.24	14459.47	77.96
浙 江	89575.58	87492.36	58575.61	28916.75	2083.22
安 徽	85088.99	84729.98	21976.39	62753.59	359.00
福 建	57822.91	57822.91	44228.14	13594.78	
江 西	38909.47	37437.08	22437.44	14999.65	1472.39
山 东	72154.01	72154.01	57810.98	14343.03	
河 南	25618.05	25578.63	18784.40	6794.23	39.41
湖 北	42334.12	42334.12	30328.48	12005.65	
湖 南	40827.52	40647.30	29052.40	11594.90	180.23
广 东	86627.50	82660.81	56148.42	26512.39	3966.69
广 西	36984.62	36901.48	27092.47	9809.01	83.14
海 南	54459.75	54312.05	32670.95	21641.10	147.70
重 庆	45069.71	45069.71	31462.39	13607.32	
四 川	46893.36	46097.05	29216.76	16880.29	796.31
贵 州	43054.71	35768.43	24658.04	11110.39	7286.28
云 南	37325.70	36660.42	28390.00	8270.42	665.28
西 藏	112573.78	112573.78	95202.64	17371.14	
陕 西	68083.20	60463.19	44367.70	16095.49	7620.02
甘 肃	48965.52	48965.52	38008.26	10957.25	
青 海	50571.68	50571.68	25901.50	24670.19	
宁 夏	54711.23	54711.23	37294.75	17416.48	
新 疆	47555.26	47456.91	40248.56	7208.36	98.35
大 连	73729.90	73729.90	63104.58	10625.32	
宁 波	108090.43	108090.43	80313.26	27777.17	
厦 门	112555.71	112555.71	77900.08	34655.63	
青 岛	107081.71	107081.71	88517.09	18564.62	
深 圳	185417.41	148875.36	78503.84	70371.52	36542.05

7-49 生均教育经费支出(地方幼儿园)

地 区	教育经费支出	个人和公用部分支出			基本建设支出
			个人部分	公用部分	
合 计	**14884.27**	**14741.70**	**9081.56**	**5660.14**	**142.58**
北 京	50059.51	48987.27	33162.09	15825.18	1072.24
天 津	28190.65	28190.65	20124.69	8065.96	
河 北	10312.81	10306.72	7213.73	3092.99	6.09
山 西	10588.25	10495.64	5745.57	4750.08	92.61
内蒙古	22024.72	21756.37	13763.76	7992.61	268.34
辽 宁	9161.05	9068.06	5893.61	3174.45	92.99
吉 林	17237.92	17167.24	11250.25	5916.99	70.67
黑龙江	14815.38	14595.68	9135.37	5460.31	219.71
上 海	46765.50	46557.68	31247.61	15310.06	207.82
江 苏	17193.34	17178.65	11907.18	5271.47	14.69
浙 江	26336.68	25925.42	14404.20	11521.22	411.26
安 徽	12641.69	12595.30	6873.09	5722.21	46.39
福 建	15680.08	15648.20	9093.61	6554.59	31.88
江 西	15981.91	15809.71	6958.61	8851.10	172.21
山 东	10562.41	10562.15	6813.67	3748.48	0.26
河 南	8151.71	8125.42	4502.00	3623.41	26.29
湖 北	12664.31	12664.31	7065.36	5598.95	
湖 南	9816.62	9792.39	5554.56	4237.83	24.22
广 东	17195.29	16983.35	10590.43	6392.92	211.94
广 西	7193.32	7047.32	4608.52	2438.81	146.00
海 南	17322.71	17059.01	8165.68	8893.33	263.70
重 庆	13613.84	13535.41	6154.00	7381.41	78.43
四 川	12717.36	12592.15	6680.80	5911.35	125.20
贵 州	13646.83	13520.11	8152.40	5367.71	126.72
云 南	9845.97	9741.99	6867.20	2874.79	103.98
西 藏	30850.33	30082.51	22923.69	7158.81	767.82
陕 西	15936.51	15627.43	9441.73	6185.70	309.08
甘 肃	13563.63	13395.09	8976.38	4418.71	168.54
青 海	10853.12	9665.33	5870.68	3794.65	1187.80
宁 夏	13787.10	13737.74	6182.20	7555.54	49.35
新 疆	16151.68	15710.94	13292.36	2418.58	440.74
大 连	14515.18	14515.18	10417.13	4098.05	
宁 波	28359.29	28359.29	16860.45	11498.84	
厦 门	26079.87	25910.97	16721.86	9189.11	168.90
青 岛	17517.85	17517.85	11093.69	6424.16	
深 圳	37891.01	36787.90	23477.79	13310.10	1103.12

7-50 生均一般公共预算教育事业费和基本建设支出(地方幼儿园)

单位：元

地区	一般公共预算教育事业费和基本建设支出	事业费支出			基本建设支出
			个人部分	公用部分	
合计	**9876.44**	**9741.13**	**6526.30**	**3214.84**	**135.31**
北京	38945.12	37880.85	24429.39	13451.46	1064.28
天津	22372.49	22372.49	16954.82	5417.67	
河北	7967.42	7961.33	6254.07	1707.26	6.09
山西	6380.50	6348.86	4105.20	2243.66	31.64
内蒙古	15204.65	14946.15	10326.86	4619.29	258.49
辽宁	6009.42	5970.53	3936.41	2034.12	38.89
吉林	12103.13	12033.03	8296.53	3736.50	70.10
黑龙江	11039.99	10820.28	6421.89	4398.39	219.71
上海	30037.39	29835.46	23271.83	6563.63	201.92
江苏	10407.00	10392.31	7398.89	2993.43	14.69
浙江	16033.85	15634.26	10002.81	5631.45	399.59
安徽	8540.50	8494.11	4832.05	3662.07	46.39
福建	9963.64	9932.86	7223.80	2709.06	30.79
江西	10336.20	10164.00	5212.97	4951.03	172.21
山东	6224.66	6224.40	4485.21	1739.19	0.26
河南	4292.63	4271.84	2852.06	1409.78	20.79
湖北	8258.87	8258.87	4733.97	3474.90	
湖南	5434.95	5410.73	3152.67	2248.05	24.22
广东	10054.42	9857.27	6401.22	3456.04	197.16
广西	4407.10	4271.47	2812.39	1459.08	135.63
海南	14422.80	14159.42	6576.32	7583.10	263.38
重庆	7389.89	7325.45	3682.99	3642.46	64.44
四川	8898.01	8776.83	4960.99	3815.84	121.18
贵州	9738.41	9611.71	6694.61	2917.10	126.70
云南	6841.08	6737.16	5052.33	1684.83	103.92
西藏	26987.99	26220.17	19081.32	7138.85	767.82
陕西	12890.82	12581.74	8133.59	4448.15	309.08
甘肃	10330.94	10162.40	7320.68	2841.72	168.54
青海	8628.98	7481.39	4365.36	3116.02	1147.59
宁夏	9879.65	9830.29	4212.95	5617.34	49.35
新疆	14859.48	14460.03	12370.36	2089.67	399.45
大连	9268.64	9268.64	7350.50	1918.14	
宁波	16537.90	16537.90	11062.42	5475.48	
厦门	18932.54	18763.64	13175.35	5588.29	168.90
青岛	11861.01	11861.01	7986.24	3874.77	
深圳	29224.68	28175.31	18548.33	9626.98	1049.36

7-51 生均教育经费支出(地方农村幼儿园)

地区	教育经费支出	个人和公用部分支出			基本建设支出
			个人部分	公用部分	
合计	**11249.87**	**11159.24**	**7076.58**	**4082.66**	**90.63**
北京	44796.42	44143.85	27719.58	16424.27	652.57
天津	14359.26	14359.26	10693.25	3666.01	
河北	9125.22	9121.92	6412.29	2709.63	3.30
山西	9286.58	9251.52	5112.16	4139.36	35.06
内蒙古	22508.83	22308.21	14334.95	7973.25	200.63
辽宁	5878.62	5870.88	3974.61	1896.27	7.74
吉林	16458.79	16431.57	11815.65	4615.93	27.22
黑龙江	15007.18	14684.06	9434.52	5249.53	323.12
上海	43320.63	43320.63	32614.68	10705.95	
江苏	12806.15	12806.15	8919.09	3887.07	
浙江	24937.48	24374.17	13418.71	10955.47	563.30
安徽	10689.62	10639.66	5984.72	4654.94	49.96
福建	13100.05	13082.28	7343.56	5738.72	17.77
江西	14645.43	14566.47	6564.78	8001.70	78.96
山东	8596.86	8596.42	5655.79	2940.63	0.44
河南	6275.40	6255.64	3498.80	2756.84	19.76
湖北	9523.69	9523.69	5136.13	4387.56	
湖南	8501.39	8470.26	4862.58	3607.69	31.13
广东	8967.68	8961.57	5448.71	3512.87	6.10
广西	5724.31	5611.43	3676.28	1935.15	112.89
海南	17017.08	16577.76	9212.13	7365.63	439.32
重庆	11107.10	11051.26	5905.25	5146.02	55.84
四川	9655.60	9562.78	5522.88	4039.90	92.82
贵州	11858.16	11810.61	8139.69	3670.92	47.55
云南	7714.77	7627.05	5683.78	1943.27	87.72
西藏	27242.12	26525.22	20860.49	5664.73	716.90
陕西	14636.46	14516.59	9120.06	5396.53	119.87
甘肃	12370.32	12253.40	8730.07	3523.33	116.92
青海	9999.05	9003.33	5302.96	3700.37	995.71
宁夏	11677.70	11594.71	5717.04	5877.66	82.99
新疆	15508.54	15293.58	13500.54	1793.04	214.95
大连	10044.30	10044.30	7172.34	2871.96	
宁波	29597.36	29597.36	16304.42	13292.94	
厦门	22690.89	22690.89	11310.45	11380.44	
青岛	13722.30	13722.30	9187.65	4534.65	
深圳					

7-52 生均一般公共预算教育事业费和基本建设支出(地方农村幼儿园)

单位：元

地 区	一般公共预算教育事业费和基本建设支出	事业费支出	个人部分	公用部分	基本建设支出
合 计	**7696.19**	**7607.28**	**5315.46**	**2291.82**	**88.91**
北 京	37488.64	36870.23	21786.76	15083.47	618.41
天 津	12413.56	12413.56	9310.07	3103.49	
河 北	7038.78	7035.48	5572.34	1463.14	3.30
山 西	5724.17	5702.96	3790.15	1912.81	21.21
内蒙古	15366.55	15167.13	11017.38	4149.75	199.42
辽 宁	3913.87	3912.38	2762.73	1149.64	1.49
吉 林	12394.24	12368.22	9285.44	3082.78	26.02
黑龙江	11182.31	10859.19	6711.76	4147.43	323.12
上 海	29600.60	29600.60	24534.01	5066.60	
江 苏	7925.06	7925.06	5500.87	2424.19	
浙 江	15233.22	14686.34	9523.98	5162.36	546.88
安 徽	7232.76	7182.81	4508.10	2674.70	49.96
福 建	8037.16	8019.38	5954.98	2064.40	17.77
江 西	9730.32	9651.36	5142.74	4508.62	78.96
山 东	5219.78	5219.34	3882.77	1336.57	0.44
河 南	3355.71	3335.95	2270.99	1064.96	19.76
湖 北	5602.97	5602.97	3282.81	2320.16	
湖 南	4922.98	4891.85	3001.69	1890.16	31.13
广 东	4088.63	4082.53	2655.24	1427.29	6.10
广 西	3577.61	3470.95	2242.11	1228.84	106.66
海 南	14236.03	13797.25	7336.02	6461.23	438.78
重 庆	6859.61	6803.77	4054.21	2749.56	55.84
四 川	6837.76	6748.92	4208.98	2539.94	88.85
贵 州	8895.83	8848.28	6733.65	2114.63	47.55
云 南	5484.86	5397.22	4281.53	1115.69	87.64
西 藏	23764.10	23047.20	17394.52	5652.67	716.90
陕 西	11837.55	11717.68	8014.59	3703.09	119.87
甘 肃	9771.21	9654.29	7232.90	2421.39	116.92
青 海	8223.03	7227.31	4173.19	3054.13	995.71
宁 夏	8972.19	8889.19	4273.54	4615.66	82.99
新 疆	14485.89	14270.94	12617.12	1653.82	214.95
大 连	7124.82	7124.82	5345.20	1779.61	
宁 波	16136.58	16136.58	10364.83	5771.75	
厦 门	16570.36	16570.36	9497.40	7072.96	
青 岛	9416.26	9416.26	7185.78	2230.48	
深 圳					

附 录

简要说明

简要说明

为了便于参考和使用教育经费统计年鉴，现就教育经费统计指标、统计范围、统计时间等作简要说明。

一、教育经费来源主要指标

教育经费来源包括国家财政性教育经费，民办学校中举办者投入，捐赠收入，事业收入及其他教育经费。

1．国家财政性教育经费：指学校（单位）取得的所有属于财政性质的经费。包括一般公共预算安排的教育经费，政府性基金预算安排的教育经费，国有及国有控股企业办学中的企业拨款，校办产业和社会服务收入用于教育的经费，其他属于国家财政性教育经费。

（1）一般公共预算安排的教育经费：指学校（单位）从同级财政部门取得的一般公共预算拨款。包括教育事业费、基本建设经费、教育费附加、科研经费和其他经费。

① 教育事业费：指学校（单位）从同级财政部门取得的、列《政府收支分类科目》一般公共预算205类 “教育支出”的拨款，不含基本建设经费和教育费附加。

② 基本建设经费：指学校（单位）从同级发展与改革部门取得的、列《政府收支分类科目》309类“资本性支出（基本建设）”的拨款。

③ 教育费附加：指学校（单位）从同级财政部门取得的、列《政府收支分类科目》205类09款 “教育费附加安排的教育支出”的拨款。

④ 科研经费:指学校（单位）从同级财政部门取得的、列《政府收支分类科目》206类“科学技术支出”的拨款。

⑤ 其他：指学校（单位）从同级财政部门取得的《政府收支分类科目》205类“教育支出”、206类“科学技术支出”以外（如208类“社会保障和就业支出”、210类“卫生健康支出”、221类“住房保障支出”等）的其他一般公共预算拨款。

（2）政府性基金预算安排的教育经费：指学校（单位）从同级财政部门取得的政府性基金预算拨款。包括城市基础设施配套费收入、彩票公益金收入等安排用于学校（单位）的支出。

（3）国有及国有控股企业办学中的企业拨款：指中央和地方所属国有及国有控股企业在企业营业外资金列支或企业自有资金列支，并实际拨付所属学校的办学经费。

（4）校办产业和社会服务收入用于教育的经费：指非民办学校举办的校办产业和各种经营取得的收益及投资收益中用于补充教育经费的部分。

（5）其他属于国家财政性教育经费：指学校（单位）取得的除上述财政性收入以外的其他属于财政性质的经费。

2．民办学校中举办者投人：指民办学校举办者投入给民办学校的办学经费。

3．捐赠收入：指境内外社会各界及个人对教育的资助和捐赠资金。

4．事业收入：指学校（单位）开展教学、科研及其辅助活动依法取得的、经财政部门核准留用的资金和从财政专户核拨回的资金。

其中，学费：指学校经财政部门核准留用或经财政专户核拨回的学费金额。

5．其他教育经费：指学校（单位）取得的除上述各项收入以外的其他收入。

二、教育经费支出主要指标

教育经费支出包括个人部分支出、公用部分支出和基本建设支出三部分

1．个人部分支出：包括工资福利支出、对个人和家庭的补助支出。

（1）工资福利支出：指学校（单位）开支的在职教职工和编制外长期聘用人员的各类劳动报酬，以及为上述人员缴纳的各项社会保险费等。

（2）对个人和家庭的补助支出：指学校（单位）对个人和家庭的补助支出。

2．公用部分支出：包括商品和服务支出、资本性支出。

（1）商品和服务支出：指学校（单位）购买商品和服务的支出（不包括用于购置固定资产的支出）。

（2）资本性支出：指非发展与改革部门集中安排用于学校（单位）购置固定资产、土地、无形资产和大型修缮等所发生的支出。包括专项公用支出和专项项目支出。

① 专项公用支出：指非发展与改革部门集中安排用于学校（单位）购置办公设备、专用设备、交通工具和无形资产等所发生的支出。

② 专项项目支出：指非发展与改革部门集中安排用于学校（单位）房屋建筑物构建、大型修缮所发生的支出。

3．基本建设支出：指各级发展与改革部门集中安排的一般公共预算（不包括政府性基金以及各类拼盘自筹资金等）用于学校（单位）购置固定资产、土地、无形资产和大型修缮所发生的支出。

财政补助支出：指学校（单位）取得的一般公共预算安排的教育经费和政府性基金预算安排的教育经费列支的支出。

一般公共预算教育事业费和基本建设支出：指学校（单位）取得的一般公共预算教育事业费和基本建设列支的支出。

三、统计范围

1．教育部门举办的各级各类学校（包括幼儿园，以下简称各级各类学校）、教育事业单位；其他部门举办的各级各类学校、列一般公共预算支出功能分类科目205类“教育支出”的教育事业单位；县级及以上教育行政部门；独立师资并按学校体制管理的中央、省（自治区、直辖市）、地（市、州、盟）、县（市、区、旗）各级党委举办的党校，各级政府举办的社会主义学院、行政学院（不含行业、部门举办的党校和行政学院）；财政部举办的国家会计学院。

2．国有及国有控股企业举办的各级各类学校和经过教育主管部门批准承认学历的成人高校、成人中等专业学校、成人中学、成人小学等。

3．由国家机构以外的社会组织或者个人，利用非国家财政性经费，面向社会举办的，经政府部门按照国家规定的权限审批的各级各类学校等。

4．由外国教育机构同中国教育机构在中国境内合作举办以中国公民为主要招生对象的各级各类学校，以及香港特别行政区、澳门特别行政区和台湾地区的教育机构与内地教育机构合作举办的各级各类学校。

5．其他涉及教育性支出的机构等。

香港特别行政区、澳门特别行政区和台湾地区的教育经费统计资料暂缺。

四、统计时间

2022 年 1 月 1 日至 2022 年 12 月 31 日。

五、其他

1. 本年鉴 1-1（续）表和第二部分所有表中央和地方教育经费按经费来源划分。其余表中央和地方教育经费按学校与其他教育机构隶属关系划分，即中央教育经费指中央属学校及其他教育机构的经费，地方教育经费指地方属学校及其他教育机构的经费。

2. 2013 年及以前教育经费统计城乡划分标准以民政部门口径为准，即城市指城镇，包括城市（设区市的市辖区城区和不设区市的市政府所在地城区）以及县城（县政府所在地的城区）；农村指除城市、县城以外的区域。从 2014 年开始，教育经费统计采用了国家统计局颁布的《统计用城乡划分代码》，新的城乡划分标准调整为三大类七小类，即城区（主城区和城乡结合部）、镇区（镇中心区、镇乡结合区、特殊区域）、乡村（乡中心区和村庄），其中城市指城区，农村指镇区和乡村。

3. 本年鉴中部分数据合计数或相对数由于单位取舍不同而产生的误差，均未做机械调整。